U0128607

中国人民大学亚洲研究中心资助项目"18世纪世界的共时性：风尚（Manners）·社会（Society）·风雅（Taste）"（22YYA03）

日本学术振兴会科学研究费助成事业平成30年度～令和3年度基盘研究(B)「十八世纪世界的共时性：风俗（マナーズ）·社中（ソサエティ）·风雅（テイスト）」（18H00620）

风尚、社会与风雅

十八世纪东西方的共时性

毛立平 [日]张小钢 牛贯杰 ○ 主编

Une synchronicité historique entre l'Est et l'Ouest :

mode, société et élégance au
XVIIIe siècle

中国社会科学出版社

图书在版编目（CIP）数据

风尚、社会与风雅：十八世纪东西方的共时性／毛立平，（日）张小钢，
牛贯杰主编. —北京：中国社会科学出版社，2023.10
ISBN 978 - 7 - 5227 - 2566 - 6

Ⅰ.①风…　Ⅱ.①毛…②张…③牛…　Ⅲ.①思想史—研究—世界—
十八世纪　Ⅳ.①B142

中国国家版本馆 CIP 数据核字（2023）第 167293 号

出 版 人	赵剑英	
责任编辑	马　明　郭　鹏	
责任校对	魏瑛慧	
责任印制	王　超	

出　　版	中国社会科学出版社
社　　址	北京鼓楼西大街甲 158 号
邮　　编	100720
网　　址	http://www.csspw.cn
发 行 部	010 - 84083685
门 市 部	010 - 84029450
经　　销	新华书店及其他书店

印刷装订	北京君升印刷有限公司
版　　次	2023 年 10 月第 1 版
印　　次	2023 年 10 月第 1 次印刷

开　　本	710×1000　1/16
印　　张	34
字　　数	474 千字
定　　价	158.00 元

凡购买中国社会科学出版社图书，如有质量问题请与本社营销中心联系调换
电话：010 - 84083683

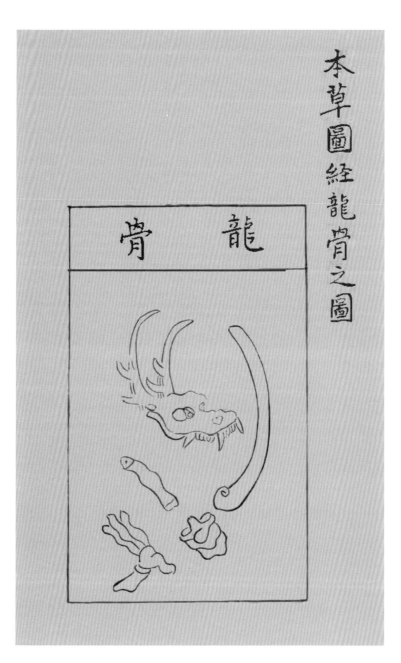

图一　木内石亭《龙骨辨》中的"龙骨"

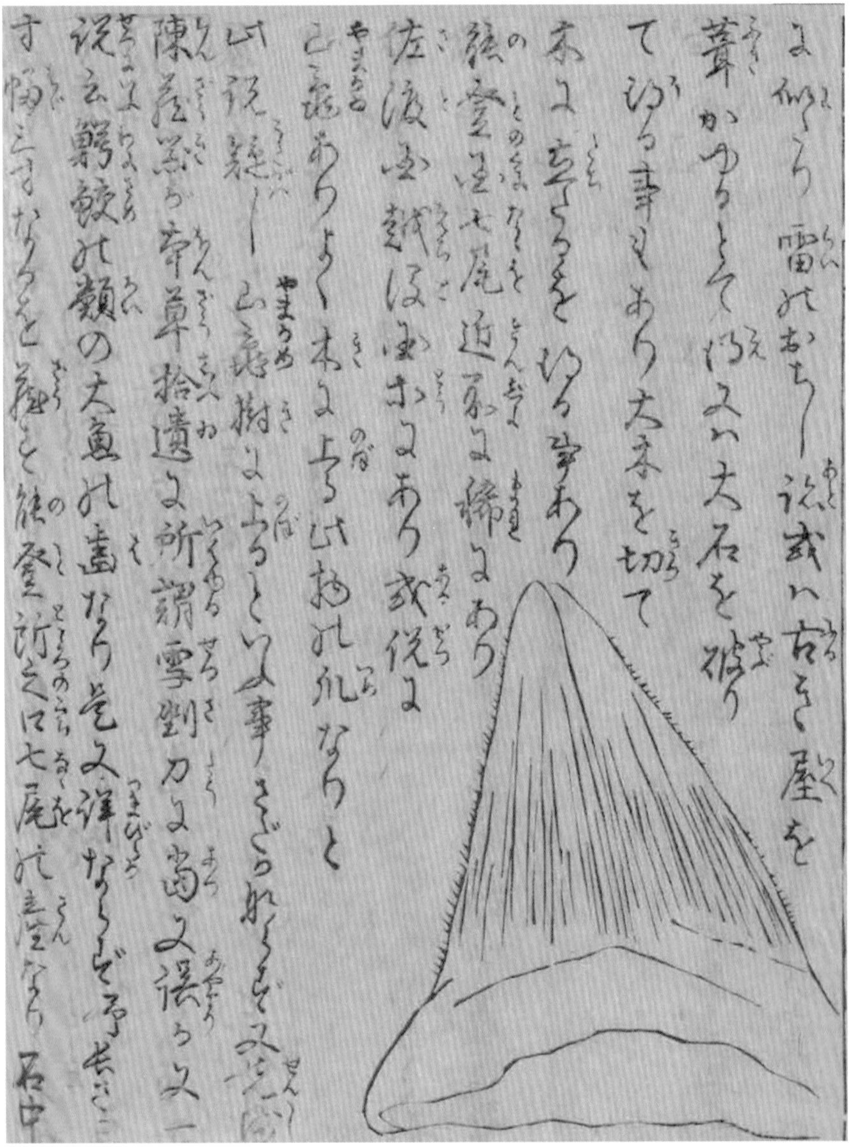

图二　木内石亭《云根志》中的"天狗爪石"

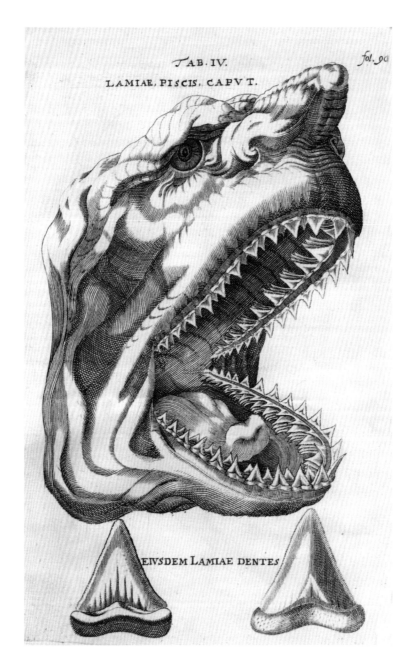

图三　尼古拉斯·斯坦诺《试论自然固体中的固体》中的
"吸血鱼的头与吮血齿"

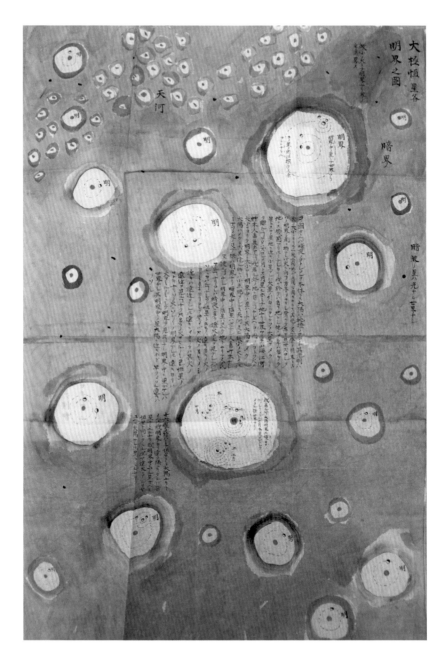

图四 《梦之代》中的"太极恒星各明界之图"

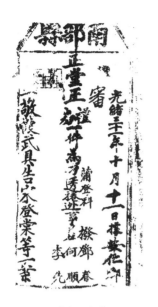

1. 四川南部县档案卷面

2. 四川巴县档案卷面

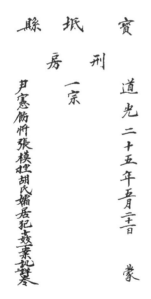

3. 直隶宝坻县档案卷面

4. 台湾新竹县档案卷面

图五　清代四川南部县、四川巴县、直隶宝坻县、台湾新竹县四地的档案卷面

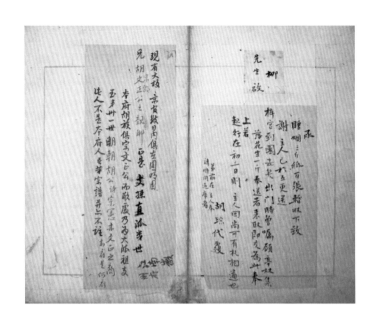

图六 《东华笔话集》

图七 吴友如《点石斋画谱》

图八 《尾张名所图会》

图九 版画"Antrim 州海岸巨大柱状玄武岩"

图十　版画"格林德瓦冰河"

图十一　版画"1754 年维苏威的喷火"

图十二　版画"王立哥白林染织厂"局部

图十三　版画"制造玻璃瓶"局部

图十四　版画"天秤制作者"局部

图十五　版画"制造烟草"（上部一）

图十六　版画"制造烟草"(上部二)

图十七　版画"铁工厂"局部

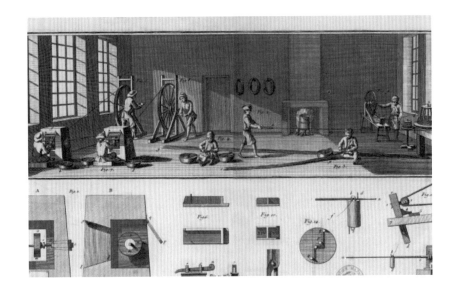

图十八 版画"制造别针"局部

图十九 版画"渔业"局部

前　言

　　启蒙与"现代化"进程有着密不可分的关系。Norbert Elias、Albert Otto Hirschman、Jean Starobinski 等人在启蒙思想史和文化史方面做了经典的阐释。历史学方面，François Furet 对法国革命作出了再评价。此外，J. G. A. Pocock、Robert Darnton、Keith Baker 等人从社交性（sociability）、商业社会论（commercial society）等角度捕捉十八世纪的政治、社会、思想脉络，通过史料揭示出社会史和文化史的深层内涵。在诸位先贤筚路蓝缕的开拓基础之上，随着研究的深入，重新认识和理解"现代化的起源"成为十八世纪研究的重点。

　　近年来，日本十八世纪学会与中国、韩国的学者鼎力合作，共同推进了东西方"十八世纪共时性"的比较研究。尽管东亚和欧洲在知识、思想、文化等方面存在千差万别，但也有不少相似之处。具体言之，主要有四点：第一，科学技术知识的共享与交流；第二，社交性和趣味的高雅；第三，商业出版的兴盛以及公共舆论圈的扩大；第四，超越国境的"文艺共和国"等。这些相似之处都与上述文化史、社会史的研究互为表里，显示出十八世纪东西方不仅存在互相影响的关系，而且存在平行发展的关系。中、日、韩三国的共同研究成果，显示出在全球化历史研究的潮流中，十八世纪的东西方在社会史、文化史以及思想史方面所具有的共时性。在二十世纪中叶的历史研究中，启蒙被理解为具有普遍意义的欧洲近代化的形成期。在这一过程中，十九世纪至二十世纪，亚洲也开始注意到有关启蒙的研究。在这方面，可以说十八世纪东西方的共时性研究，使我们得以重新认识十八世纪的历史，进而对世界史的时代区分、近世、近代思想史等问题的再评价，都会产生积极的影响。

本书的出版得到"中国人民大学亚洲研究项目"的资助，收录了十余年来"日本学术振兴会科学基盘研究 B"先后任代表的高桥博巳、张小钢研究团队关于"十八世纪共时性"研究的代表性成果，以及中国人民大学历史学院毛立平、胡祥雨、牛贯杰，曲阜师范大学历史学院吴佩林、姚春敏等中国学者的相关研究，再加上韩国学者的有关成果，以供研究同仁参考、批评。

值得说明的是，本书多半内容原稿为日文及韩文，且文稿内容与参考文献涉及法文、英文、德文、俄文等多种西方文字，译者为此花费了大量心血。在此特别感谢在日本的名古屋大学韩丹、东北大学程永超、熊本县立大学刘鸽以及张素芳、许丽老师，中国人民大学刘姗姗、北京大学王俏人、天津师范大学覃思远等译者。最后，借此向为本书的出版提供指导的中国社会科学出版社社长赵剑英先生以及付出辛劳努力的出版社黄春生、郭鹏、马明诸位先生致以感谢。

本书的出版，对于重新审视十八世纪东西方的社会和文化，思考今后全球化的演变和发展，或许是一个有意义的尝试。

毛立平　张小钢　牛贯杰

2023 年 8 月

目录 sommaire

社 会 篇

风 雅 篇

十八世纪的知识、文化和
东西方的共时性

长尾伸一[*]

一 十八世纪的知识、文化与东西方的共时性

以十八世纪的西方思想作为基准（reference point），而发展成为一种形态。诸多思想家在此基础上理解所谓现代。例如围绕马克斯·韦伯（Max Weber）合理性概念的种种论考，马克斯·霍克海默（Max Horkheimer）、西奥多·阿多诺（Theodor W. Adorno）的《启蒙的辩证法》（*Dialektik der Aufklärung*）等二十世纪的古典研究，在理解现代世界的起源这一问题时，参照了启蒙时代理性和合理主义的观念。

此外，在现代思想方面具有代表性的成果，例如有哈贝马斯（Jürgen Habermas）的《公共领域的结构转型》（*Strukturwandel der Öffentlichkeit*），在英语世界将其扩展为"公共领域"（Public sphere）概念，以其《交往行为理论》（*Theorie des Kommunikativen Handelens*）而公式化的交往合理性（kommunikative Rationalität），米歇尔·福柯（Michel Foucault）的规训权力（pouvoir disciplinaire）、安东尼·吉登斯（Anthony Giddens）的自反性现代化（reflexive modernization）等表现现代的若干概念，亦是从启蒙思想史的研究而产生。在现代的诸多

---

* 长尾伸一，日本十八世纪学会前会长、名古屋大学名誉教授。

历史记述里，西方的十八世纪通常被称为"启蒙"的"理性时代"，是在思想、文化、制度准备形成十九世纪至现今世界形态的划时代的世纪。为此，一般认为，至今也继承、推进西方的现代的观点，以及后现代和反欧洲中心主义等"现代批判"的观点，均与这个世纪的"现代化"的形成相关联。

然而，在二十世纪中叶以后的启蒙研究，逐渐改变了按照以上的现代观的启蒙形象。例如二十世纪中叶在思想史、文化史方面有诺贝特·埃利亚斯的《文明的进程》（Norbert Elias, *On the Process of Civilisation*, 1939）以及让·斯塔罗宾斯基（Jean Starobinski）的诸多研究成果。这些研究成果与十九世纪以后不同时代其他学者描述的启蒙时代形象不同。

此外，在第二次世界大战后的历史学研究中，随着光荣革命体制和自由民主主义的确立，对线性进化地描述西方的历史开始提出不同意见，采取批判"辉格史观"态度进行的研究日益盛行。即使是与启蒙相关联时代的东西也成为研究的对象。弗朗索瓦·傅勒（François Furet）等推进的法国革命形象的转换（*Penser la Révolution française*, 1978）以及彼得·拉斯莱特的英格兰史研究（Peter Laslett, *The World We Have Lost: England Before the Industrial Age*, 1965）等研究成果相继问世。在此基础上，从二十世纪的最后的 25 年开始，尝试着对十八世纪的西方思想进行历史的内在审视，逐渐成为启蒙研究的主流。

其中，昆廷·斯金纳（Quentin R. D. Skinner, *The Foundations of Modern Political Thought*, 1978）、约翰·达恩（John Dunn, *The Political Thought of John Lock*, 1969）、约翰·波考克（John G. A. Pocock, *The Machiavellian Moment*, 1975）等被称为"剑桥学派"的政治思想史学家们推进的以历史情境主义（Historical Contextualism）为基础的近代思想史研究，阿尔伯特·赫希曼的《欲望与利益：资本主义胜利之前的政治争论》（Albert Otto Hirschman, *The Passions and the Interests: Political Arguments for Capitalism before its Triumph*, 1977）等，是二十世纪七十年

代以后诸多研究成果之一。在 1967 年，进而成立了国际十八世纪学会（ISECS），以此为舞台，以罗伯特·达恩顿（Robert Darnton）为代表的诸多研究，用跨学科和社会史的方法展开了丰富多彩的研究。其中，以社交性（sociability）和商业社会论（commercial society）为基轴，把握十八世纪的政治/社会思想的脉络，在史料方面详解启蒙时代的社会史、文化史的实际情形等，重视多样性和历史脉络性的讨论成为中心内容。随着这些实证研究的深化，在历史内在性地订正"现代的起源"的旧有启蒙理解上，成为现在的十八世纪研究的重要立脚点。正因如此，现今二十世纪的思想家们在构建各自的现代性理论时，不得不对一直以来所依据的近代思想史形象重新进行批判性研究。

然而，重视历史脉络的跨学科的欧美十八世纪研究开始以来，已有半个世纪之久，逐渐显现出这些研究的局限性。这些局限性就是与二十世纪的思想家们所论及的普遍史的近代形象有所不同的思想/文化的现状，通过具体事例加以实证，在这方面，提出了极其富有说服力的论述。不过，能够取代过去的"现代"论的新近代思想史的形象，还没有成功地揭示在我们面前。即使在国际十八世纪学会等研讨会上，至今还能看到将欧洲启蒙期作为普遍史的"现代"论的主张。

当然，在国际十八世纪学会，也有通过对启蒙的"他者"形象，尝试构建立体化的启蒙概念，其中之一就是将"东方"和"亚洲"列为研究对象。做出这种努力并取得研究成果的有雅克·普鲁斯特关于欧洲和日本的研究（Jacques Proust, L'Europe au Prisme du Japon. XVIe – XVIIIe siècle. Entre humanisme, Contre-Réforme et Lumières, 1997）等。但是，在传统的欧美研究中，由于工业革命和近代法律制度等蕴育了现代的西方诸国，成为十九世纪以后扩散至欧洲地域的诸要素，没有与西方史固有的特殊性加以区分。我认为，这正是难以描绘启蒙新形象的障碍。例如，通过法国大革命而成为国家建设重要指标的户籍和官僚制度等，确立直接管理个人的中央集权的权力，在中国历史上很早以前就已经实现。还有，十八世纪的弗朗索瓦·魁奈（François

Quesnay）所提倡的运用知识的统治，虽说"自然的统治（physiocratie）"与医学家魁奈所论述的自然科学的学问有所不同，但基于人文学问基础上的知识分子的统治体制，在中国诸王朝和朝鲜王朝早已制度化了。

在启蒙时代，东亚也能够看到与西方类似的思想、文化的展开。本书中，有若干事例提示了这一现象。通过比较这些事例，对这个时代的西方所固有的发展与东西方类似现象加以区别，还有，虽然在同时代的东亚没有出现，但在十九世纪以后，由欧美支配世界格局的普遍历史当中，相信可以提取出这些要素。然而，迄今为止，由欧美进行的研究，在史料方面只以西方近代思想为对象。为此，利用原始史料的东亚诸国的学者们有必要构建新的近代思想史的形象。1979 年成立的日本十八世纪学会，其会员主要是研究十八世纪思想/文化的学者，自成立以来，展开了日本江户时代（1603—1868）思想/文化方面的丰富多彩的研究，有清朝和欧洲交流的研究，有通过荷兰的西方与日本交流的研究，还有朝鲜通信使等日朝交流史方面的研究，等等。这些研究都是超过欧美学者视野的十八世纪研究。日本十八世纪学会在进入十八世纪后，与韩国十八世纪学会进行了合作研究，还在与中国人民大学清史研究所交流的基础上，探究了由于出版和社交活动所实现的实用知识的形成与扩散，知识人际网络的形成，风俗的改善，等等。与同时期的欧洲平行产生的现象，在东亚也得到了揭示。

这些与十八世纪同一时代位相下的东西方比较研究，在这个时代，虽然东亚与欧洲在知识、思想、文化方面存在着程度上的差异，但也陆续显示了共通的动向。那就是：第一，知识的普及；第二，社交性和趣味的高雅；第三，超越国境的话语圈的交叉；等等。

1. 知识的普及

以十八世纪为中心，在近世的欧洲和东亚，以交流知识为目的的社团雨后春笋般出现，出版文化日益兴盛，在此背景下，产生了社会各个领域百科全书式知识的普及以及与此并行的科学和文化知识共有化的现象。这一现象与知识诸领域细分化、专业化的十九世纪不同，具有被称作"编辑性知识"① 相互参照的特征。

2. 社交性与高雅的品位：表象世界的革新

这种近世知性世界的展开，在市场经济和都市发展的欧洲与东亚双方，都表现为以知识为基础的自由的人际社交网络的形成，伴随着公共言论的扩大，进而是品位高雅的文明化和世俗伦理的发达，支撑着新的社交性。这一新的社交性，在语言的再建构、新修辞学的产生、出版物的视觉表象等理解世界的诸方面，刷新了表象世界的领域。

这些现象与欧美文化史、社会史的启蒙研究所究明的诸现象相对应。这一点，可以说不局限于十八世纪的西方和东亚的相互交流和影响，也有平行的文化、学术、社会发展的一面。这一成果与全球发展中的近世东亚经济研究的成果相对应，显示出与以十八世纪为中心的西方和东亚的社会、文化、思想史的展开有着某种共通性。

3. 跨国的话语圈交叉与共同发展

在以上两点思想和文化同时展开的背景之下，有着东西"话语圈"的交叉。在近世，通过中国的耶稣基督教会的布教活动，以及蚕食东亚国际市场的荷兰等欧洲各国的商业活动，从欧洲到东亚，从东亚到欧洲这种双向的往来、双方的话语圈的交叉情况，是人尽皆知的事实。在这样的交流中，欧洲的科学知识传播到中国，进而传播到朝鲜王国、琉球王国以及日本，此外还有通过荷兰直接传到日本的知识。以中国为中心的东亚信息也传到欧洲，这在十八世纪也产生了重大影响。当时的东亚内部，由于有外交关系、共同的汉字和儒教文

---

① ［日］寺田元一：《"编辑知识"的世纪——18 世纪法国的"市民公共领域"与"百科全书"》，日本评论社 2003 年版。

化，因而形成了与同时代欧洲的泛欧知识分子话语圈相提并论的"东亚文艺共和国"。

作为这两个地域的知性基础，东西方的话语圈交会，带来了如下作用。从东往西的知识传播由启蒙的"自然的统治"所象征的理念，不是宗教，而是基于理性和知识的世俗伦理的统治，此外，对国家机器的自立理念也做出了贡献。从西往东，则带来了西方近世的科学知识的普及，以天文学和地理知识为中心的世界图像的扩大。此外，在东亚，以亚洲贸易为媒介，将东南亚的表象话语圈也融合进来。在这些方面，迄今为止，在近世欧亚大陆产生了很多思想和文化方面共通发展的关系，而且这种规模过去从未有过。这样，就可以和十九世纪欧洲诸国依靠武力强行实现的"现代化"相比较。

4. 科学话语的分离与自治观念

然而，伴随着共通性和共同演进，导致欧亚大陆的话语圈分化的十九世纪的转折也正在准备之中。虽说显现出许多同时代的特征，近世的东亚并没有看到欧洲从十七世纪到十八世纪形成的"科学的知识"，它由一个完全基于数学和实验符号的系统组成，区别和独立于其他知识领域。从思想史的角度看，十九世纪以来的欧美特有的工业化和近代化可以说是以"知识的科学化"为基础进行的。另外与东亚相比，欧洲是一个相对分权的社会，随着知识的普及，作为智慧存在者的人类的自律性思想在社会中流传，人民（demos）自治的观念也随之广泛传播。但是，正如从江户时代的拉瓦锡（Antoine-Laurent de Lavoisie，1743—1794）的主要著作的日文翻译中看到的那样，东西方科学思考的差距并不是那么大。这样被称为"现代"的近代欧洲普遍的历史性的实现，在思想史方面，包括不在本书研究范围之内的伊斯兰教圈，在缓慢地发展的欧亚大陆近世思想史中能够得到理解。

本书包括了研究课题代表高桥博巳、张小钢，将迄今为止究明的十八世纪的共时性的成果，并综合过去的十六年间日本十八世纪学会会员们的共同研究的成果，公之于学界，以广为就教。当今在亚洲地域，十九世纪以后的统治逐渐走向终焉，将近代欧洲作为发展模式的思维也已失去了影响力。然而，在近代西方思想中，启蒙期发展的科学和人权等具有人类普遍性的思想还依然存在。将这些思想放在东亚十八世纪所显现的亚洲内部发展中重新认识和评价，对于思考今后的世界具有重要意义。

因此，本书试图重新解读通常被视为"现代性起源"时期的十八世纪，不仅限于"启蒙世纪"的欧洲，结合几个具体事例将其与在社会、文化、知识方面也有同样发展并与之具有共时性的东亚（日本、朝鲜王国、中国）进行比较，来揭示一个新的视角和理解。试举几个事例。十八世纪的两个地域虽有程度之差，但与科学和技术知识的成长、发展、流传一样，礼仪、社交性、品位的高雅也广为流传。这一点，在当时的欧亚大陆的东西方，都可以看作是由于到来的工业化而终焉的"近世"，或者说"早期近代"（early modern）的全盛期。这样看来，将十八世纪与欧洲走向支配世界的十九世纪以后的"近代"相对比，其固有性和对后世的连续性都一目了然，可以提示出一个非欧洲中心的世界史形象。以下，对本书的内容作一个简要的介绍。

二 本书的构成：第一部分

本书的第一部分内容是东西方"文艺共和国"、知识的现状以及东西方之间的交流。

1. 知识的共和国

"文艺共和国"（respublica litteraturia, république des lettres, republic of letters）是文艺复兴时代出现的词语，因时代、论者而赋有不同的内涵。不过，一般而言，在初近代，在分裂抗争的欧洲各地，具有超越国家、民族界限的知识分子共同体的意思。这一背景下的知识共同体，最初是通用语的拉丁语，到了十八世纪被法语取而代之。为此，人文科学和自然科学等知识成为共有，开拓了超越民族、国境的启蒙的知性世界。十九世纪以后，随着世界各地的民族国家建立，文艺共和国就逐渐消亡了。

日本江户文化、思想的研究学者高桥博已提出了与此类似的知识分子共同体在十八世纪的中国（北京）、朝鲜王国（京城）和日本（大阪）已经形成的观点。在展开其文化交流方面，当时独立的琉球王国（1429—1879）发挥了巨大作用。探讨中国和朝鲜王国通过汉字文化的交流的韩国学者郑珉，接受了高桥的学说，从朝鲜王国的发展和中朝关系史的角度，进一步论述了"东亚文艺共和国"的概念。这个共同体与文艺复兴时代欧洲的拉丁语相对应，作为书面（écriture）文字的汉语成为知识分子的共通语，而朱子学则赋予知识的理论框架和伦理学。此外，通过汉语的诗文和书画共享"风雅"。欧洲文艺共和国之所以能够存在，是因为在近代国家形成期，国内尚未统一（光荣革命以后，只有财政和军事国家发达的不列颠具有高度的政治统合性。① 与此相比，十八世纪的中国、朝鲜王朝和日本已经形成了集权而强有力的国家，在和平的外交关系下，出现了超越国境的共通知性空间，知识分子们朝着基于中华文明理念的文明化做出了努力。这一点，在比较东西异同时值得注意。

这在西方也有同样的现象。研究代表启蒙巨大工程的百科全书（*Encyclopédie, ou Dictionnaire raisonné des sciences, des arts et des métiers*）的有日本学者逸见龙生和鹫见洋一。逸见龙生尤其注意到百科全书的中心人物狄德罗（Denis Diderot，1713—1784），指出他思想的乌托邦性，显示出屡屡理想化的西方文艺共和国的理想与现实格格不入。将百科全书数码化，与法国合作并创立了日本百科全书研究会的鹫见洋一，说明了百科全书里图版和研究方法。这对于识字率不高的十八世

---

① John Brewer, *The Sinews of Power: War, Money and the English State 1688 – 1783*, Unwin Hyman, London, Boston, Wellington, 1989.

纪来说，知识（尤其是技术知识）的广泛传播，不仅是文字的说明，视觉表象也极为重要。这种情形在同一时期的东亚也同样可见到。

在东西方知识分子的共同体中，与人文知识并列的科学知识也成为共有。特别是围绕宗教分裂而发生战乱的西方，自发团体（例如，十七世纪英格兰的 invisible college）形成的同时，得到了公权力的保护，形成了科学家集团。研究十八世纪科学史的隐岐清香，概述了从文艺复兴到十八世纪成为制度化的科学院在欧洲的理念、展开以及终结。从诞生时培根主义的理念，到十七世纪末牛顿科学的形成，这些最终催生出与东亚不同的数学与实验科学，成为近代西方知识的显著特征之一。

2. 知识的交流和比较

在西方知识共同体的发展中，博物学发挥了重要的作用。其广泛的渗透，富有启蒙时代的知识特征，对博物学的关心扩展到社会中层以上，个人成为收藏家，促进了创办博物馆和动植物园。这种热情不仅出于学问或是伴随国际贸易发展的实用理由，而且来自初期近代世界交通发展带来的刺激，即伴随着好奇心和对新奇事物的渴求所致。其结果是带来了围绕着地球上或宇宙的表象世界的扩大。

同样的现象在近世东亚也已产生。鹫见洋一指出的与百科全书相对应，具有视觉形象的百科事典知识的普及和爱好，在这里也随处可见。研究近世中国和日本文化交流的张小钢，从图像学视点研究了对东亚世界来说属于异样存在的"昆仑奴"，他们由荷兰商人带到了中国和日本，由于"昆仑奴"来自南海的不同地域，因而造成了"昆仑奴"表象的不同。随着近世东亚贸易圈的形成，以及伴随着西方的参与，具有起源的表象也融入其中。在江户时代的日本，对新奇事物的喜好和流行是博物学知识普及的要因之一。研究十八世纪德国思想文化的坂本贵志，在介绍荷兰商人带来的珍奇化石"蛇石"的相关轶闻的同时，比较了当时东西方知识的现状。这个事例在东西方都是超自然的和"奇异"的（mirabilis），即使现在也可以说是知识欲望所驱使。这在西方也是同样，例如十七世纪英国皇家协会的会员们肯定女巫的存在（Joseph Glanvill，1636—1680），在十八世纪的科学杂志中特别刊载了这类文章。与此相反，日本的画家司马江汉（1747—1818）看上去冷静地记述了此事，东亚的知识分子所具有的现代意义上的科学视野并不逊色于同时代的西方人。在这方面，西方和东亚知识界的主要区别在于，西方的知识界仍主要受限于宣扬上帝创造世界的宗教，而东亚的知识界则由朱子学主导，试图理性地解释世界的形成，不受神秘力量的干预。

相较于十九世纪西方诸国依靠武力恫吓和军事介入而强行实现国际化，十八世纪的东西方知识交流则以和平的形式进行。就西方而言，尤其是有关中国的知识是由游记传播开来，成为启蒙的一个源泉。和逸见龙生共同研究百科全书的小关武史利用原始资料，对这个过程中的事例进行了具体分析。另外，从西方到东亚，大约这个时期传入了西方的科学。由传教士将西方文献翻译成汉语，这在中国的明代就已经开始，各种知识从那时起已经传播开来。朝鲜王国的知识分子，特别是受到清朝实证主义学风影响的北学派，由此接受了西方的科学知识。就日本而言，从翻译的荷兰文献中吸收了许多科学知识。肩负十八世纪末"化学革命"使命的拉瓦锡（Lavoisier）的主要著作在十九世纪也已经被翻译成日语。以研究夏特莱侯爵夫人（Marquise du Châtelet，1706—1749）和拉瓦锡（Lavoisier）为中心的法国科学史学者川岛庆子，分析了日本宇田川榕庵的译著。技术、数学、博物学等学问，在世界来看，中国的宋代和明代都是先进的，这个时代的学问有了相当的发展。然而，现代科学的核心数理实验科学则是西方领先。但是，日本的知识分子在短期内迅速接受了将牛顿的科学方法引进到化学领域，引导"化学革命"的拉瓦锡（Lavoisier）的著作。这一事实说明，这个时代东西方科学知识的差距并不是那么大。

截至十八世纪的科学伴随着包括宗教在内的缓慢的知识世界的综

合化过程，这与科学主义（scientism）支配的十九世纪不同，研究牛顿主义和复数世界论的长尾伸一，在第十章综述近代初期的天文学的复数世界论（宇宙人存在说）的基础上，比较了东西方接受复数世界论的形态。在十八世纪的欧洲占主导地位的天文学的复数世界论，虽然引入东亚，其意义远不止于天文学范围。复数世界论正如在朝鲜王国的中心人物洪大容、日本的片山蟠桃的著作中所见到的那样，在伦理学、人文主义领域也与十八世纪欧洲新斯多葛主义相对应的那样，基于宇宙观支撑的自然理性的自律性观念，由朱子学传统的发展而产生。这一点，也能够看到东西方的共时性。

三 本书的构成：第二部分

本书的第二部分，主要是考察东西方风尚与礼仪的发展，以及其各种制度基础。

1. 礼仪的形成

在西方，以启蒙时代为中心，伴随着商业社会（commercial society）的发展，在参与政治和保卫国土的前提下，古希腊市民的道德以及基于基督教理念和制度的中世纪基督教共同体，与行业分工的社会有所不同，在行业分工的社会里，新的社交也得到了发展。于是，礼仪（manner）取代了美德（virtue）和信仰（belief），发挥了巨大作用。在人际关系方面，重视礼仪的习惯早已在文艺复兴时期的贵族阶层广泛存在，在那个时代，改变一下内容就推广到社会的各个阶层。十八世纪的孟德斯鸠与同时代的知识分子不同，知识分子主要是基于游记得到的信息，赞美中华文明，而孟德斯鸠对"专制国家"的中国采取了批判态度。尽管如此，他还是指出了中国社会要求个人按照儒家的伦理规范来行动，以此维持安定的社会秩序。研究清史的伊东贵之在波克（J. G. A. Pocock）学说的基础上探讨了清代社交礼仪的问题。在商业社会里，社会的统合原理从美德（virtue）转变为礼仪（manner）的学说是波克提出的。伊东贵之基于这一学说指出，同样经济发展和社会成熟化的清朝，也可以看到围绕普及儒教礼仪的社交得到发展。这不是孟德斯鸠认为的专制国家的强制，而是知识和社交的发展与品位高雅的文明化过程，我们应该以此过程来尝试理解清代社会。

与扎根于农业的古代社会相比，主张近代商业社会优越性的大卫·休谟（David Hume）们，认为这种新的社交在约束个人行为的同时，还发挥了富裕社会中品位（taste）高雅的重要作用。这一点，道德与审美密切相关。康德的《判断力批判》（*Kritik der Urteilskraft*）也认为，审美判断（ästhetische Urteil）不是基于客观的理念，而是凭借个人感觉的经验，是有关品位（Geschmack）的判断。此外，按照康德的说法，大宇宙里与知性共通的普遍的纯粹理性，与实践理性不同，是地球上人类固有的东西。对品位重视的这一点，显示了向后期启蒙的人本主义的方向转换。研究十八世纪修辞学的玉田敦子，以修辞学和文学表现为中心，主要调查了西欧的礼仪和品位的发展以及"崇高"观念。这与女主人从活跃的华丽沙龙，到禁欲家长制的中产阶级的一夫一妻小家庭的性别意识的变化也密切相关。

2. 制度和性别

新的社交被大卫·休谟（David Hume）等看作是社会秩序的基础，但实际上没有公权力的制度保障，社交就不可能存在。研究法国刑法比较史的福田真希，通过比较十八世纪的法国和日本的刑法，发现了东亚的先进性。日本的江户时代，在同时代西方启蒙思想家们的眼中，江户时代的日本总是由全副武装的武士恣意统治的蛮夷国家。但实际上调查一下当时的法律体系，我们知道事实上存在着一个罪行法定主义制度。这一点，江户时代的法律制度毫不逊色于西方。

中华帝国自古以来就有独立的官僚机构、法制和征税制度，国家决定社会秩序。胡祥雨讨论了清前期京师司法审判制度的变更。东亚内部虽有程度之差，但与分权的西方有所不同。不过，中华帝国的政治统治阶级的官僚人数极少，很大程度上依靠处理行政事务的被称为"胥吏"的下级官吏。清史研究者吴佩林依据原始资料，探究了清代地方组织的实态。在清代中华帝国制度完善的同时，其局限性也呈现出来。此外，清代的社会秩序，不单是罪与罚等法的直接规制，而且基于儒家原理使每个人依据道德规范来行动。基于制度上强制的法和只依据个人的伦理判断，这种法和道德的分离是启蒙思想家们所重视的，并被视为近代社会的特征。然而，在西方社会，中世纪以来基督教会这一强有力的组织规范着个人的行为。近代以后，国家设立的公共教育制度、与国家相关的各种社会团体与至今支配着多数市民的心灵的教会，一起规范着个人的伦理行为。即使是现代的西方社会，公权力和道德之间也有某种形式的联系。研究清史的姚春敏等，探讨了长寿女性的表彰制度，探究了清代公权力与性别和礼仪的关系。此外，在中华帝国，宫女们在王朝的更替和稳定内部秩序方面发挥了重要作用。同样，研究清代社会的毛立平，通过实证揭示出清代中期宫廷女性的境遇。清朝既是中华帝国，又是土耳其帝国那样的异族统治体制，其统治机构具有双重结构的特点。从这个意义上来说，清朝宫廷女性的生态尤其耐人寻味。

3. 商业社会和品位

东西方商业社会的发展，带来了新的文学艺术和风雅品位。研究近世东亚小说的染谷智幸，认为江户时代活跃在商业都市大阪的井原西鹤（1642—1693）创作出"经济小说"。染谷智幸分析了这在同时代所未见的、别具一格、充满商业社会气息的文学体裁的产生及其背景。西鹤的作品中，描绘了成功商业人士的群像，不过，与描写企业家们活跃的现代经济小说不同的是，他尤其强调伦理。当时东亚商业社会商人们的礼仪，对我们了解十八世纪的日本社会富有启示。思想史方面也是如此。当时的商业中心地区是关西，在那里，出现了伊藤仁斋的古义学（批判朱子学，回归孔孟本来的学问）、石田梅岩的心学等，在商人阶层形成独立的世俗伦理学派。

柏拉图的著作《国家》里主张统治阶级有义务共同进餐，通过共同进餐可以习熟礼仪，自古以来都是社交最为基础的部分，在启蒙时期，尤其是知识分子和上流社会不可或缺的基础。与中国菜、土耳其菜比肩的世界三大菜系之一的法国菜，在文艺复兴时期由意大利传入，并在宫廷社会得到发扬光大。十八世纪，它在代表启蒙时代社交的沙龙文化中得到推广。十九世纪，它以"美食"（gastronomie）的形式，进而普及至法国社会的各个阶层。研究法国美食文化及其思想的桥本周子，以美食家葛立莫·德·拉·黑尼叶（Alexandre-Barthazar-Laurent Grimod de la Reynière，175－1837）为中心，探讨了从十八世纪到十九世纪的社交和美食变迁的关系。

四 结论：关于欧亚大陆近世史的时代区分

十九世纪以前东西方世界的互动，基本上局限于贸易和知识的交流。然而，进入十九世纪以后，由于工业革命和近代国家制度的形成，在经济和军事占据优势的西方诸国率军队侵入东亚地域。研究清史和民国史的牛贯杰，运用新闻和杂志史料，探讨了当时中国人心中的西方形象。他们承认西方科学和技术先进的同时，也看到了中国文化自身的优点。日本的朱子学者、主导德川幕府政治的新井白石（1657—1725），审问过 1708 年为了传教潜入日本的意大利传教士乔瓦尼·巴蒂斯塔·西多蒂（Giovanni Battista Sidotti，1668—1714），并从他那里直接得到西方的知识。新井白石对西方的科学技术非常敬佩，但对其哲学和宗教的不合理性感到震惊。二十世纪初的中国人和十八世纪的日本人新井白石都接受了合理的、现世的朱子学的哲学体系，他们都以此比较和评价西方文化。

对西方文明的高度评价也是如此。日本的政治思想史学者渡边浩指出，十九世纪的思想家横井小楠面对西方文明，感到"儒学者多年以来相信理想的儒学统治，其实现今在西方已经实现"①。渡边就十九世纪中叶的日本思想家福泽谕吉的《文明论之概略》，论及福泽认为"所谓文明的进步，就是人们在德行、智慧、道德性和知识能力方面变得'高尚'"。② 他们模仿西方，提倡近代化，认为以朱子学理念为基础的知识的文明化在西方已经高度实现。这样，在肯定和否定的两个方面，东亚都是基于朱子学的文明化理念对西方进行了评价。

然而，随着西方诸国依靠武力支配世界的进展，不久，东亚也摄取了西方的价值观和文化，迄今为止，这些都被称为近代化（modernisation）。因此，十九世纪、二十世纪的世界史是在欧美诸国的绝对优势下展开的，近代化和欧洲化有被视为同一语意的倾向。即使是现代思想史里的"现代论"，也不能说现代的普遍历史意义和近代西方固有的要素被有意识地分离了。启蒙研究亦是如此。到二十世纪中叶为止，启蒙时代一直被认为是近代欧洲的形成时期，具有普遍的历史意义。关于十九世纪和二十世纪"亚洲的启蒙"问题的讨论，基本上也是在这个脉络中予以讨论。

本书依据全球的历史，与近世东亚地域的经济研究相对应，在以十八世纪为中心的西方和东亚的社会、文化、思想史的展开过程中，用若干事例证明某种共通性。这种对十八世纪东亚和西方共时性的研究，将影响到对前近代和近代思想史的重新审视，包括世界史的分期。特别是世界文明中心之一的中国史，与西方史的古代、中世、近代的时代区分不接轨，因此期待一个能包括这些问题在内的十八世纪形象的确立。

---

① ［日］渡边浩：《日本政治思想史：十七—十九世纪》，东京大学出版会 2010 年版，第360 页。

② ［日］渡边浩：《日本政治思想史：十七—十九世纪》，东京大学出版会 2010 年版，第449 页。

　　为此，我们有必要重新考虑近年来主要在欧洲史上使用的"早期近代"（early modern）概念。早期近代在欧洲历史上是指从文艺复兴到十八世纪的漫长时期。一般认为，这一时期与经过工业化带来的社会巨变，并延续到现代的狭义上的"近代"的十九世纪，不能视为具有同样特征的时代。就日本而言，江户时代是一个长期的国内和平时代，也是追赶中国和朝鲜王国等先进地区的时期。由于这个原因，与欧洲近代早期几乎通义的"近世"，在日本史中多指十八世纪中叶"近代化"以前的江户时代。不过，关于其他的东亚地区，很难说是同样的情况。尤其是中国史的"近世"，内藤湖南①和宫崎市定②认为始于宋代以后。基于中国史的特征，包括了比欧洲史还要长的部分。就欧洲史而言也是如此，由于大开垦时代和贸易发展而带来都市繁荣的中世全盛期，被认为是欧洲的形成期，这个时代由于接受了西亚学术的影响而遍地开花的"十二世纪文艺复兴"③，甚至在文化和知识方面比文艺复兴还要重要。欧洲的"中世社会"并没有持续发展下去，经过"中世纪危机"，欧洲的社会体系发生了巨大变动。早期近代的时代划分在这一点上很好地对应了西方史的发展。但中华帝国自宋代以后，在异民族的交替统治过程中几乎连续地发展，直至十八世纪。综观欧洲史和东亚史，可以把宋朝以后划分为欧亚的早期近代或是近世。

　　正如宫崎市定在谈到西亚时曾指出的那样，欧亚大陆作为一个地区自古以来就通过商业、移民和征服等方式存在着相互交流。马克思和恩格斯认为战争也是一种交通方式（Verkersformen）④，不仅是丝绸之路和大航海线路的和平交流，而且在广阔的欧亚大陆上移动的各个游牧民族从事贸易和掠夺，有时还建立大型帝国，也在很大程度上参

---

　　① ［日］内藤湖南：《概论唐宋时代观》，《东洋文化史研究》，弘文堂1936年版。

　　② ［日］宫崎市定：《东洋的近世》，教育时报出版社1950年版。

　　③ ［日］伊藤俊太郎：《十二世纪文艺复兴：阿拉伯文明对西欧世界的影响》，岩波书店1993年版。

　　④ Karl Marx-Friedrich Engels, *Die deutsche Ideologie*, *Karl Marx-Friedrich Engels-Werke*, Band 3, S5 – 530, Dietz Verlag, Berlin, DDR, 1969。

与其中。尽管当时交通和通信技术的局限性意味着不存在像今天这样的"同时性"，而且欧洲和东亚内部的直接影响也不一样，但从百年左右的长期视角来看，欧亚各文明是缓慢地联结在一起共同发展的。至于近代，正如全球史所阐明的那样，"发现新大陆"之后的近代早期欧洲的发展与东亚经济圈的国际发展是同步的。

不仅是欧洲，至少从同时代的角度纵观整个欧亚大陆，可以将过去所论述的"近代思想"具有的"普遍性"分为以下两点。第一，基于东西方的共时性，在"欧亚的近世"意义上两个地区是共同发展的。第二，十八世纪欧洲特有的发展成果，这些成果不属于东西方同步性的范畴，于十九世纪后传播到非西方地区。后者的内容非常有限，在许多情况下可能是历史偶然的产物，而不是"欧洲文明的固有优越性"。也许现代性在世界历史上的诞生不是一个双赢游戏（winwin game），而是围绕着世界交通（Weltverkehr）霸权的零和游戏（zero-sum game）的结果。关于这个结果，西亚和东亚的失败，是以西方的成功作为先决条件的。这样以启蒙和历史脉络为前提的再建构，结果是将近代思想史从欧洲中心主义分离开来。为此，在同时代的位相下阐明十八世纪东、西方欧亚大陆的知识、文化、社会不可或缺。十八世纪是欧亚大陆近世长期以来最鼎盛的时期。知识、思想、文化在东西方的同步发展下成为东西方文明的一个顶点。与此同时，由于欧美的工业化和世界交通的支配，十九世纪以后狭义的"近代"萌芽已经隐约可见。

目前，随着欧美诸国的经济、军事优势地位发生动摇，西方的统治在欧亚大陆正在终结，随之而来的是现代欧洲作为发展模式的思维方式正在失去影响力。这是一个不可避免的结果，因为"近代欧洲"作为普遍理念对于非欧洲地区来说是一个文化上疏远的外来思想。另外，像伊斯兰世界和美国的基督教原教旨主义那样，单纯回归传统的征兆也越来越表面化。当今时代，人类必须团结起来，超越国家、民族和宗教的界限，共同应对全球的环境危机。在这个世界史重大的转型期，十八世纪的共时性研究，将有助于揭示启蒙运动和现代思想的积极遗产，这些遗产可以被非西方民族作为自己的遗产来参考，因为它超越了过去定式化的"自反性现代化"和"未完成的项目"等。作为近世共时性的研究，不仅有助于更准确地定义西方近代所达成的知识公共财产的普遍性，而且也使重新评价东亚传统的普遍历史成为可能。以下西方思想史的几个事例富有启示。

苏格兰启蒙运动的代表——道德哲学家亚当·费格森（Adam Ferguson，1723—1816）晚年的遗稿里揭示了天体的复数世界论在伦理学发挥的作用。费格森比任何人都熟悉古罗马著作，他追随受人尊敬的罗马人马库斯·图利乌斯·西塞罗（Marcus Tullius Cicero）的足迹，与许多同时代的人一起在想象中遨游太空，畅想宇宙。于是，一个宏大而空旷的空间浮现出来。这与书写"西庇阿之梦"（Somnium Scipioni）的西塞罗的时代不可同日而语。基于对自然的正确理解和对天体观察而描绘出的壮观景像，十八世纪苏格兰的道德哲学教授一边看着这样的情景，一边设问道：

"物质存在是如此之大，如此之多，那它的存在是为了什么？……物质宇宙是为了精神而存在吗？……如果是那样的话，自然的身体部分也是为此而创造，扩散到浩瀚的空间，其精神是怎样的呢？"

《市民社会史》（*An Essay on the History of Civil Society*，Dublin，1767）的作者亚当·弗格森用"人口理论"这一社会科学原理重新表述了自然神学对这个问题的回答：

"我们不得不承认，在诸行星上也存在各种各样的与我们（在地球上）所经历的事物类似的东西存在的可能性。"[①]

"如果将要诞生的智慧存在的源头不断绝，其群体倍增，那么可以想象，精神的宇宙将随着它所感知的物质的创造而同步增长。假设

[①] Adam Ferguson，*Collection of Essays*，Rinsen Book Co.，Kyoto，1996，p. 92、115.

人类一代是十亿，经过一百代就有一万亿的灵魂从地球上诞生。如果太阳系的其他行星也同样有生产力，那么总共是七万亿。而且，如果有二百颗恒星，它们是和我们同样的恒星系统的话，就是两百万亿……这样的物质世界无论多么巨大，都是从属于"精神"的。"①

当人类仰望夜空时，漂浮在那里的每个星球都居住着与人类智力相似的智慧生命。此外，夜空中充满了恒星。那些发光的太阳以外的恒星也有行星。在它们之中，一定有无数的智慧生命生存着。人类不过是生活在被壮丽的天体和数量庞大的智慧生命所填满的"宇宙"一隅而已。

在马尔萨斯（Thomas Robert Malthus，1766—1834）的《人口原理论》（1798）的深度影响出现之前，人口规模被视为国家实力和繁荣的标志，十八世纪中期大卫·休谟和罗伯特·华莱士（1697—1771）关于古代和现代人口的辩论就显示了这一点。弗格森在爱丁堡大学将讲授政治经济学作为其道德哲学讲座的一部分。根据他的讲义笔记可知，他的政治经济学是从作为国家资源的人口开始的。其关于人口是国家财富的哲学思想，如今已经扩展到整个宇宙，其中充满了大量的智慧生命。在这个宇宙社会中，广阔的物质空间具有赋予精神存在生存圈和认知对象的意义。在那里，无数的智慧生命追求道德的提高，不断努力接近上帝。这对地球上的一个凡人来说，也许是一个令人眼花缭乱的奇观。然而这正是完成人性的努力。老哲学家如是说：

"当渴望伟大的精神想到有一百兆甚至有其十万倍的精神和他一样为荣誉而战时，他可能会陷入绝望。但如果能正确地判断，正当野心的目的不是相对的，而是具有绝对价值。活着的价值在于能够快乐，不管有多少人争夺荣誉，一颗快乐的心是最有价值的。如果你用仁爱、勤勉和决心做你此刻必须做的事，那么你就是幸福的。然后我

---

① Adam Ferguson, *Collection of Essays*, Rinsen Book Co., Kyoto, 1996, pp. 93 – 94.

欲补充，大量的人追求相同的目标并不妨碍"幸福"，反而会促进成功。"①

被称为"最后的罗马人"的这个老哲学家的世界里，像古代的罗马市民那样，为国家而战，希望成为星星，能够得到天的祭祀。天界和地上的活动像经纬交织不断的纺织物般的连接在一起。超越人类想像力的庞大的宇宙空间，到处都有受到神的祝福的智慧生命。太阳系以外的恒星存在的理由并不神秘。它们是为支持智慧生命生存而创造的。这些智慧生命或许不是基督徒，但他们是神的智慧的"被造物"。从这个意义上说，他们是人类的"同朋"。人类的使命就是在这个无限的空间中取得知识和道德的进步以接近神。弗格森在爱丁堡大学教导他的学生们学习牛顿系统知识以了解世界的根本法则，仰望"同朋"们居住的宇宙，接受斯多葛教养的培育，度过积极的、实践的人生，在"这个世界"中实现道德伦理。

同样能够接受复数性论的东亚知识分子，也根据贯穿宇宙的"理"与"气"这一客观合理的原则解释和说明世界。朱子学发展了这样的学说："超越今世的超越者，无论怎样的来世也不相信，他们专注于今世的内省，不得不构建和实践一个体系，即把存在、人类、修养、统治各个方面都出色地贯穿于一个体系中。"② 十七世纪的欧洲围绕《圣经》语句的解释而战乱不断，朱子学的成立是在十二世纪，考虑到这一点，可以说欧洲总算追上了东亚。

此外，朱子学也是按照世界根源的知性原理和数理，从世界本身来说明世界的生成哲学。这与坚持上帝创造的西方创世哲学相比，它甚至更符合 20 世纪以来西方科学的发展，当时作为现代西方科学缩影的牛顿科学在西方遭到了严重阻碍和破坏。朱子学影响了十八世纪启蒙思想家的激进思想。莱布尼茨尊敬孔子，他按照自己的哲学予以

---

① Adam Ferguson, *Collection of Essays*, Rinsen Book Co., Kyoto, 1996, pp. 94 – 95.
② ［日］渡边浩：《日本政治思想史：十七—十九世纪》，东京大学出版会 2010 年版，第133 页。

解释。另一位学者沃尔夫（Christian Wolff，1679—1754）在讲台上称赞孔子，被批判为无神论者，大学开除了他的教职。从某种意义上也可以认为，这种追赶至今尚未完全实现。

风尚篇

FENGSHANGPIAN

礼教的渗透、泛化及其发展

——以中国为中心的近世东亚为例[*]

伊东贵之 著　王俏人 译^{**}

　　根据儒家理念，在前近代的中国，"礼"长久以来关乎圣人的塑造。例如，朱子将"礼"定义为"天理之节文，人事之仪则"①，"礼"是自然界美丽的道德秩序——天理在人间的具体、客观的显现，是约束政治社会的"秩序"的核心。对他们来说，"礼"也是中华文明的指标。

　　近年来，也有研究将近世中国，特别是明清时代（其中最受瞩目的是十七世纪至十八世纪）以儒教为基础的基层社会之存在形式，被

---

　　* 本章是笔者参加 2018 年（平成 30 年）3 月 9 日（金）在中国杭州举办的浙江大学历史系江南史研究工作坊"宇宙、礼教、学术"之际，所做学术研究报告《礼教的渗透、泛化及其展开——以中国为中心的近世东亚的事例》为基础，加之会后研究成果改稿而成。首先，笔者在此向邀请笔者参加工作坊的王海燕教授（浙江大学历史系）、工作坊的负责人孙竞昊教授（浙江大学历史系）、当天与笔者同场做报告的陶磊副教授（浙江大学历史系）、李学功教授（湖州师范学院）、宫云维教授（浙江工商大学）、水盛凉一准教授（多摩大学）及其他在笔者访问浙江大学和杭州期间给予笔者众多帮助的黄华新教授（浙江大学人文学部部长）、张天杰副教授（杭州师范大学国学院）等诸位老师、同伴，致以深切的谢意。

　　此外，出于论文所需，本章与已发表的鄙人论文「『気質変化』論から『礼教』へ——中国近世儒教社会における〈秩序〉形成の視点」（『岩波講座・世界歴史 13　東アジア・東南アジア伝統社会の形成：16—18 世紀』、岩波書店、1998、所収）のほか、拙著『思想としての中国近世』（東京大学出版会、2005）等文，在内容上有部分重叠，请您谅解。

　　** 伊东贵之，国际日本文化研究中心教授，综合研究大学院大学文化科学研究科科长、教授。王俏人，北京大学历史学系博士研究生。

　　① （宋）朱熹：《论语集注》卷一，学而篇"礼之用，和为贵"章。抽象的存在"天理"，表现为具备节、目的文，同时人间行为整体应该遵循的正当准则，以肉眼可见的形式显现。

视作"礼教社会""礼治体系"①。当时在儒教教诲的理论层面，朱子学、阳明学、考证学等学问得到了种种发展；在实践的、社会的层面上看，正是上述的礼教向更为广范围的人们渗透的过程，体现了某种文明化的进步。

然而，近代以来特别是到了民国时期，上述的社会的存在形式和儒教的"礼"制度，整体上被称为"封建礼教"甚至被称为"吃人的礼教"（鲁迅）。进步的乃至革命的知识分子，对"礼"加以激烈的批判和攻击，使其逐渐成为被否定和克服的对象。这个过程中，存在哪些扭曲和错位呢？②

所谓"礼"，是极广泛、具有总览性的制度和实践，其内容大至国家仪礼和王朝的祭祀，小至冠婚丧祭等人生关键节点的通过仪式（Rite of Passage）和日常生活法则等。③ 更宏观地说，基于"礼"之理念的中华式的世界观，在相当程度上成为前近代东亚国际关系的准则，也深深地、广泛地渗透到前近代中国的法、制度、习俗之中。自古以来，仅《周礼》《仪礼》等关于"礼"的经书，就已积累了相当多的解释。尽管往往理念与实际情况之间的背离和龃龉多有出现，"礼"还是持续地存在于人的意识之中。由此观之，"礼"是模糊和多义的概念。

---

① 参考沟口雄三、伊东贵之、村田雄二郎『中国という视座』（これからの世界史、第4卷、平凡社、1995）。此外，该书从近世（前近代）宋学成立时期开始，经过朱子学、阳明学以至于近代的中国的思想与社会的特质，归纳为：（1）中国的思想社会以"天理"为轴展开；（2）"礼教社会"伴随朱子学、阳明学的民众化同时成立。在此基础上，该书以"礼治系统"为关键词，试图重提"天理"和"礼教"社会二者相纠缠的历史社会的动态。同时，该书在结论中指出，正是这样的"礼教"，伴随功罪两面，逐渐向中国基层社会渗透的过程，构成了近世（前近代）。

② 此处请诸位联想严复译《社会通诠》（1904年）（E. Jenks, A History of Politics, 1900）中的"宗法社会"批判等。此后，陈独秀（1879—1942）、吴虞（1871—1949）等，以《新青年》为据点的封建"礼教"＝"宗法"批判，多为受该书启发而产生的讨论。无论如何，近代西欧登场后，由于近代西欧被视为新的"普遍"，"中华"文明在西欧面前被相对化。这揭示了"中华"文明不过是"众多精巧"之一的现实，于是"中华"文明无法一如既往地宣扬"普遍"性。逢此，"礼"便不可能是"天理"在人间的显现。人们重新认识到"礼"是"桎梏"，是"捆绑"。

③ 关于国家仪礼和祭祀，参照金子修一『古代中国と皇帝祭祀』（汲古选书·汲古书院、2001），『中国古代皇帝祭祀の研究』（岩波书店、2006）。

另外，尽管"礼"在前近代的中国社会及思想文化上具有如此重要的意义，然而至少在日本，在传统汉学和近代以来以模仿近代西洋哲学的概念框架的形式形成的哲学研究和基于某种近代主义观点的思想史研究中，都存在着轻视"礼"的倾向。[①] 这一复杂的情况，在某种意义上，集中体现了日本在吸收中华文明的过程中和日本的近代学问观上所存在的问题。

本章首先整理了围绕上述呈现出复杂形态的儒教、中华的"礼"和"礼教"的先行研究，以作为对比西欧、日本、韩国、朝鲜的参照体系。本章也意图将其与近世的朝鲜王朝和日本的事例进行若干比较。关于儒教祭祀的引进和生根的背景，本章不仅将朝鲜、日本各自的政治社会及习俗的差异纳入考虑，还将关注到明清交替（思想文化上所谓的"华夷变态"）之际，东亚国际关系发生的巨大变化。

一 何谓"礼"？——"礼"的概念

首先，关于"礼"的原义，根据后汉许慎的《说文解字》，"礼"字的正字"禮"，由"示"和"豊"（原为豐）构成。这两个部分都象征祭器，意味着祭祀行为。据推测起源于古代社会的宗教仪礼和宗教观念，后来发展成为维持社会秩序的原理，同时带有制约政治制度和习俗以至于社会生活全部的规范之内涵。最终，"礼"被认为是为人类社会赋予文明秩序的规范和模式的总称。"礼"作为复杂、综合的概念，从极为古老的时期就已成为塑造传统中国的社会、文化形态的因素，承担如上功能的，是儒家、儒学、儒教，毋庸赘言。正因如此，儒教时而被称为名教、礼教。一方面，儒教国家的成立，使得儒教得以成为正统，"礼"得到了重视；另一方面，更为重要的是，正是因为儒教以"礼"作为思想体系的基础、核心，才长久保持了其权

---

① 参考小岛毅『中国近世における礼の言説』（東京大学出版会、1996）、序章「礼を取りあげる理由」。

威。道家、墨家等其他诸子百家，对儒教的批判皆伴随"礼"的批判，这些流派最终未能成为主流意识，某种程度上佐证了以上观点。①

历数《论语》中出现的"礼"的用法，可以举出"礼之用，和为贵"（学而篇）、"君使臣以礼，臣事君以忠"（八佾篇）、"兴于诗，立于礼，成于乐"（泰伯篇）、"非礼勿视，非礼勿听，非礼勿言，非礼勿动"（颜渊篇）等，此外孔子（孔丘，前551—前479）向弟子传授的基本学艺被称为"诗书礼乐"。此外，该书有如"丧与其易也宁戚"（八佾篇）等关于"丧礼"之际的心态的零散记载。

孔子在推崇道德的、伦理的情操的涵养之同时，试图复活、重建基于人伦主义的传统政治秩序。前者作为内面的德目表现为"仁"，后者是"礼"，或称基于周的遗志的"礼乐"制度，综上所述。《论语·颜渊》所说的"克己复礼"即如是。②"仁""礼"在自我修养方面，如同车的两轮，相互依存。其后，在孔子的学统之下，分出了重视内面、主管道德的曾子学派，和重视基于外在、客观的礼的规束的子游、子夏、子张等的分支。最终，结合关于人的本性（"性"）的学说，前者发展成为战国中期的孟子（孟轲，前372—前289）的主观主义倾向明显的伦理说和性善说，后者发展成为战国末期荀子（荀况，前298—前238）的客观的"礼乐"说和性恶说，各结硕果，

① 以上内容参考西晋一郎·小糸夏次郎『礼の意義と構造』（国民精神文化研究所、1937）；加藤常賢『礼の起源と其発達』（中文館書店、1943），『中國古代倫理學の發達』（二松學舍大學出版部·明德出版社、1983）；小島毅『東アジアの儒教と礼』（世界史リブレット68·山川出版社、2004）；関口順『人倫の「形而上学」——倫理を示す「礼」の考察』（『歴史文化研究』、（茨城）第6号、2019）；等等。此外，据宇野精一，"礼"包含"隔离"的蕴意，反过来讲，"礼"也被认为是相互隔离的人们之间接触的手段。

另外，在殷周革命之际，出现了具有应报、伦理观念的天帝信仰，替代以祖先神崇拜为基调的殷代的宗教权威。在所谓的天帝之下万人平等，在形成以天子为顶点的社会秩序之际，如上所述，包含隔离含义的"礼"的本质，作为政治、伦理的限制原理，发挥作用。参考宇野精一"礼"（『アジア歴史事典』、第9巻、平凡社、1962年）所见词条记述。

② 众所周知，古注有"克己，约身也"，日语训读法读为"己を克（せ）めて禮に復るを仁と為す"，解作"仁是对己审慎约束，回归礼的规范"（己が身を慎んで、礼の規範に立ち戻るのが、仁である），而在朱熹新注《论语集注》中，他认为"克，胜也""己，谓身之私欲也"，按照他的解释，日语训读法也读作"己に克ちて"，可译为战胜自己内心的欲望。

拓展为具有一定广度和深度的理论，获得了进一步发展。

《荀子》的"礼乐"说和"礼治"主义中，《荀子·性恶篇》有以"圣人之为"这样的表述，将"礼"定义为"圣人"＝"先王"所有意创作的成果，以此为性恶说的根据。但正如普遍理解，与其说从后者引导出了前者的外在、客观的形式主义，不如说"性恶说"提出的目的是为"礼"提供理论基础和尊重"礼"。此外，《荀子》将人类社会把握为"群"这样的集体的存在，在此基础上，设想了基于差等的秩序，将"礼"视作民众教化手段的同时，将其视作欲望调节的道具，这一点最能够体现《荀子》思想上的特征。[1]

整体而言，儒教的"礼俗"，也是以基于"差异"与"序列"的结构形成的"秩序"为其本质，作为其特征的。例如，在《论语·八佾篇》中，天子朝廷之舞即所谓八佾之舞，由 64 人构成。与之相对，诸侯为六佾（6×6＝36 人），卿大夫有四佾（4×4＝16 人），士有二佾（2×2＝4 人）之舞。违反以上规定，被视为僭越、非礼，正是其例证。此外，这种由"差异"和"序列"形成差等的"秩序"，在同族关系和"冠婚丧祭"的细则中，得到了最为典型且代表性的表现。也即，在人

---

① 以上参考小南一郎编『中国古代礼制研究』（京都大学人文科学研究所、1995）；富谷至『中華帝国のジレンマ——礼的秩序と法的秩序』（筑摩書房・筑摩選書、2016）『中国の礼制と礼學』（朋友書店、2001）I「中国古代の礼」等。此外，关于《荀子》思想，更为传统、普遍的理解参考内山俊彦『荀子——古代思想家の肖像』［評論社、1976；→ 再版『荀学与荀子思想研究：评析、前景、构想』（万卷楼图书股份有限公司、2015）・講談社学術文庫、1999］、板野长八『中国古代社会思想史の研究』（研文出版、2000）等。关于《荀子》思想，此外可参考何艾克（Eric L. Hutton）编，《荀子哲学》（Dao Companion to the Philosophy of Xunzi"），《中国哲学》（Dao Companions to Chinese Philosophy），斯普林格（Springer），2016 年。

此外，本章受到以下研究成果众多启发，特记如下：佐藤将之，《儒家秩序的探索：荀子政治思想的起源和形成》（Masayuki Sato, "The Confucian Quest for Order: The Origin and Formation of the Political Thought of Xun Zi", Brill, 2003），佐藤将之『荀子禮治思想的淵源與戰國諸子之研究』（中國臺灣大學出版中心、2013）、同『參於天地之治：荀子禮治政治思想的起源與構造』（中國臺灣大學出版中心、2016）等。特别是近年来佐藤将之先生的一系列研究成果，对笔者的研究有重要启发。此外，关于荀子思想的研究史，佐藤将之「二十一世紀における『荀子』思想研究の意義と展望」（『中国研究集刊』夜号（總第 61 号）、2015）一文中详细叙述了先行研究及其缺陷，值得参考。韩德民：《荀子与儒家的社会理想》（中国孔子基金会文库），齐鲁书社 2001 年版。

死亡之际，多远范围内的亲族、应当服何种程度的丧的规定，即是如此。亡父母需要"斩衰三年"（裁断的丧服麻布衣边都不及修剪整齐，在悲叹中服过三年丧期）以此为首，等级之下，遵循血缘关系的尊卑长幼、亲疏远近，以同心圆状，形成规整的体系。不仅如此，还应注意，以上体系也同刑律上相互加害之际的量刑的各项规定相对应。①

对"孝"观念等传统的习俗和感觉是上述观念和体系的基调。这些传统习俗和感觉，原本都是同某种宗教性的感情密切联结的。也就是说，祖先祭祀，是基于某种介由同祖先的"气"的感应为中介的，某种对生命连续性的感觉和信任的。另外，"孝"的观念，原本也同祖先崇拜等的宗教意识与感情相联结并以此为基调，同时逐渐向世俗的伦理和实践的德目转变的结果。②

整体上讲，一般来说，尽管"礼"宣扬普遍性，但并非简单的社会的制度和惯例，同时也植根于人类自然的感情，也就是人类的自然性。"礼"被认为是古代"圣人"所"制造"的结果。在这个意义上，《荀子》在强调"天人之分"的同时特别强调礼的刻意性。为此，礼在其后的整体位置中，稍显例外。也就是说，首先"礼"并非抽象的观念，而是基于具体、相对的人际关系和社会关系的结果，毋宁说是人本的原理；其次，"礼"是强调普

---

① 村田雄二郎「二〇世紀システムとしての中国ナショナリズム」（西村成雄編『現代中国の構造変動・3　ナショナリズム—歴史からの接近』、東京大学出版会、2000）极为清晰地整理了相关信息，具有参考价值。

此外，费孝通在先行研究中将"差异"与"序列"构成的"秩序"体系及其结构命名为"差序格局"，并进行分类学的整理，并进一步基于社会学、人类学的立场，将"差序格局"定位为"礼"和"礼治社会"的本质和模型。参考费孝通《乡土中国》（观察社，1948 年；重刊本，生活·读书·新知三联书店 1985 年版），另请参考日译本费孝通著，西泽治彦译『郷土中国』（風響社、2019）。后者附有详尽的"译者题解"，内容覆盖研究史等内容，大有裨益。

② 关于中国的宗族及祖先祭祀、儒教的宗教性等问题，请参考滋贺秀三『中国家族法の原理』（創文社、1967；同·再版、2000）、加地伸行『儒教とは何か』（中公新書、1990）、同『沈黙の宗教—儒教』（筑摩書房·ちくまライブラリー、1994）、同『孝研究　儒教基礎論』（加地伸行著作集、第 3 巻）（研文出版、2010）、池田秀三『自然宗教の力—儒教を中心に』（叢書·現代の宗教⑯、岩波書店、1998）等。此外，关于"孝"的观念，请参考津田左右吉「儒教の実践道徳」（『儒教の研究 三』（岩波書店、1956；のち『津田左右吉全集』、第 18 巻、同前、1965；1987）、池澤優『「孝」思想の宗教学的研究——古代中国における祖先崇拝の宗教学的研究』（東京大学出版会、2002）等。

适性的，是埋没个性的原理，"礼"具有如此的两面性。[①]

这样的"礼"的特性，在"礼"与"法"的差异上得到了最为显著的体现，由此能够得到最深刻的理解。即"礼"具有作为文化产物的，某种作为传统文化价值的一面。例如，"君子博学于文，约之以礼"（《论语·雍也篇》《论语·颜渊》）或"礼仪三百，威仪三千"（《中庸》）这样的言论中，能够看出"礼"是为应对社会生活整体而加以形式化处理的结果；"礼"作为整体性的人伦规范，习俗、制度、秩序原理融为一体的结果。加之，将所谓德化、感化、教化视为政治之要的中国的文化结构，与"礼"有不可分离的关系。滋贺秀三认为以上情况有四点原因：（1）与西欧的法不同，本质上欠缺制裁技术，然而，对根本上与礼相悖的行为，能够加以制裁和刑罚；（2）权利观念的缺失，"名分""正名"观念，可视作其替代品；（3）习惯法的欠发达，可以将原理性、普遍妥当性的要求视为其替代品；（4）整体上"礼"建立在某种良知与平衡感的基础上，且具备民事诉讼、裁判的调停的、教化的性格。[②]

从一种更加广阔、大局的视点观之，"礼"正是"文明"的标杆，其存续与否，是关乎"文明"与"野蛮"分界的重大问题。即被冠以

---

① 参考滋賀秀三『中国法制史論集——法典と刑罰』、創文社、2003、概説編・序章「中国法の基本的性格」。

② 以上参考滋賀秀三『清代中国の法と裁判』（創文社、1984）、第四「民事的法源の概括的検討——情・理・法—」、第五「法源としての経義と礼、および慣習」、同『中国法制史論集——法典と刑罰』（創文社、2003）、概説編・序章「中国法の基本的性格」、同『続・清代中国の法と裁判』（創文社、2009）、第一章「中国法文化の考察——訴訟のあり方を通じて」。与此相关，此外参考冨谷至『中華帝国のジレンマ——礼的秩序と法的秩序』（筑摩書房・筑摩選書、2016）、Ⅱ「中国古代法の成立と法的規範」与寺田浩明『中国法制史』（東京大学出版会、2018）等。

此外，一方面，学界认为，礼具备能够比拟为法源的基本特点，可比拟为西洋的自然法；另一方面，也有观点认为，与其说礼能够归结于个人的道德性（Moralität），不如说礼归结于一般性的习俗（Sitte），又或者可以说是具备更强的规范性的人伦（Sittlichkeit）。参考木村英一「ジッテと朱子の学」（『中国哲学の探究』、創文社・東洋学叢書、1981）。此外，关于古代中国的政治思想及统治方法，基于同西欧的对比，有学者将其视为"礼仪的治理"（government by ritual/rite），认为其与具备较多言语的说服和议论的要素的传统有别。参考 J. G. A. ポーコック〔中島隆博訳〕「儀礼、言語、権力——古代中国哲学の明らかに政治的な意味について—」（『中国哲学研究』、第 7 号、東京大学中国哲学研究会、1993）。

册封体制等名称的发源于古代的东亚国际关系秩序，众所周知，在制度上以朝贡体制为基调，在观念上被认为是基于儒教的中华思想、华夷思想、形式上的君臣关系。支持此种意识的是天下的世界观，或中华的世界观，统称为中华思想、华夷秩序的观念，以文化的优劣意识作为支撑。"礼"的有无在其中充当一种衡量高下的指标，这无须赘言。所谓"东亚文化圈"（西岛定生、李成市等），是这样一种地域范畴：尽管有浓淡薄厚之差异，该地域在制度上具备共通的国制，在思想、文化上分享共通的汉字、汉文、律令、儒家以及中国佛教等。因而该地域在表象上，是一个共享观念和感觉的文化圈域。①

① 关于传统的经书和经学之中表现的天下的世界观，请参考平冈武夫『經書の傳統』（岩波書店、1951）、同『經書の成立　天下的世界観』（東洋学叢書・創文社、1983）。此外，关于围绕东亚文化圈的议论，请参考西嶋定生《中国古代国家与东亚世界》（东京大学出版会、1983），西嶋定生『中国古代国家と東アジア世界』（東京大学出版会、1983）、同『古代東アジア世界と日本』（岩波現代文庫、2000）、また、李成市『東アジア文化圏の形成』（世界史リブレット7・山川出版社、2000）、同『闘争の場としての古代史——東アジア史のゆくえ』（岩波書店、2018）、特にその第Ⅳ部「東アジア世界論の行方」、金子修一『隋唐の国際秩序と東アジア』（歴史学叢書・名著刊行会、2001）等。

关于传统中国的"中华"世界观、"天下"观、"华夷"秩序等，细致地整理其理念结构及结构的各面相的近年来的出色论考有：張啓雄〔伊東貴之訳〕「中華世界秩序原理の起源—先秦古典の文化の価値—」（『中国—社会と文化』第二四号、2009）值得参考。关于中国古代礼仪文明，参照ノルベルト・エリアス〔赤井慧爾ほか訳〕『文明化の過程』（上・下）（法政大学出版局、1977—1978）。ゲルハルト・エストライヒ〔阪口修平・千葉徳夫・山内進編訳〕『近代国家の覚醒——新ストア主義・身分制・ポリツァイ』（創文社、1993）。蔡尚思《中国礼教思想史》（香港、中华书局1991年版）。彭林《中国古代礼仪文明》（中华书局2004年版），『儒家礼樂文明講演録』（广西師範大学出版社・大学名師講課実録、2008）。夏静《礼乐文化与中国文论早期形态研究》（中华文史新刊、中华书局、2007）。张自惠《礼文化的价值与反思》（学林出版社2008年版）。叶国良《礼学研究的诸面向》（台湾清华大学出版社2010年版）。浙江大学古籍研究所编《礼学与中国传统文化——庆祝沈文倬先生九十华诞国际学术研讨会论文集》（浙江大学古籍研究所，中国古典文献学研究丛书，中华书局2006年版）。陈弱水主编《中国史新论【思想史分册】》，"中央研究院"丛书，台湾"中央研究院"、联经出版公司2012年版。

在上述内容中，值得一提的是李成市「東アジア世界論の行方」（《东亚世界论的走向》）。在文中，李氏一方面概括了东亚文化圈概念的问题点，一方面主张东亚文化圈概念具有一定的有效性。也就是说，考察西嶋定生的"册封体制"论提出的背景，可见反省战前历史观的意图，也可见超越一国史观框架的意图。从现在的时间点反观西嶋氏以国家和王朝之间的政治关系为中心进行考察的方法，也无法否认，这种方法具有过度重视"国家"框架的倾向。对此，李成市表达了对坛上宽提出的"天朝体制"的支持和亲近感。据笔者管见，"天朝体制"的看法，并未将周边国家与王朝的疆界视为刻板固定的存在，而是将其视为无边界的、阶段性的渐层。在这一点上，"天朝体制"恰当地表现了传统的中华的世界观，或者说是天下的世界观的形态。另请参考壇上寛『明代海禁＝朝貢システムと華夷秩序』（京都大学学術出版会・東洋史研究叢刊、2013）、同『天下と天朝の中国史』（岩波新書、2016）。

二 "礼"的正典

接下来，笔者将就关于"礼"的正典，主要的经书，在次章及其后有关的范围内，进行极简要的说明。关于《礼经》的传承及成书，有诸多不明之处，但如众所周知，后汉的古文学者郑玄（127—200），监修今古文，将两者加以融合，完成所谓《三礼注》，以礼学为主干系统构建了经学世界观，对后世带来了重大影响，这毋庸赘言。他也使《周礼》《仪礼》《礼记》并称为"三礼"，成为定例，然而，其后对正典的认定上，基于不同的思想立场，出现了不同的主张。①

其中，首先《周礼》为记载周代官制的书籍，旧亦称《周官》，假借周公旦之名所著。《周礼》很大程度上包含理想化的要素，实际上是战国末期到前汉之间，与统一国家的出现相呼应而写就的。在官制之外，该书记载了政治思想、祭礼、舆服器物的制度等，同样具有较大的理想化成分。该书分为《天官》《地官》《春官》《夏官》《秋官》《冬官》六编，由于冬官部分欠缺，通过《考工记》补全。此外，书中对于被称为五礼的吉（祭祀）、嘉（冠婚）、宾（宾客）、军（军旅）、凶（丧祭）等也有概述。② 在所谓"儒教国家"的成立之际，遵循《周礼》之理念被视为构筑国家秩序的捷径。因此，相传甚至连反对郑玄主张的王肃（195—256）等，也重视该书。至于后世的

---

① 以上内容，参考野間文史『五経入門——中国古典の世界』研文出版、2014、第 5 章「礼（儀禮・禮記・周禮）」。此外，更详见池田末利「解説—経学史的考察—」（同『儀礼訳注』下、東海大学古典叢書・東海大学出版会、1985、所収），该书了古来围绕《礼经》成立问题的所在及要点，具有较大参考价值。此外，关于郑玄的礼学，参考华喆《礼是郑学——汉唐间经典诠释变迁史论稿》，生活・读书・新知三联书店 2018 年版。廖明飛「敖繼公『儀禮集説』における鄭玄注の引用と解釋」（『中国思想史研究』第 37 号、京都大学中国哲学史研究会、2016）。工藤卓司《近三百年日本学者・三礼・之研究》（万卷楼图书股份有限公司，2016）等。

② 以上，关于《周礼》，参考津田左右吉「「周官」の研究」（『儒教の研究』二、岩波書店、1951；→ のち、『津田左右吉全集』第十七卷、岩波書店、1965；1988）、宇野精一『中国古典学の展開』（北隆館、1949：→ のち、『宇野精一著作集 第 2 卷』、明治書院、1986）、間嶋潤一『鄭玄と『周礼』—周の太平国家の構想—』（明治書院、2010）。

宋代，以后述的王安石（1021—1086）的《周官新义》为代表，李觏（1009—1059）的《周礼致太平论》，等等，都可见《周礼》成为构想、展示建设中央集权国家的意愿时所采取的一大论据①。

另外，《仪礼》围绕持有士的身份者的冠魂丧礼等的仪式内容展开，属依次详述了通行礼法。《仪礼》内容由士冠礼、士昏礼、乡饮酒礼、乡射礼、聘礼、觐礼、丧服、士丧礼等部分构成。也就是说，《仪礼》是将士大夫的礼俗体系化的结果。《仪礼》覆盖面极广，它涉及的内容小到亲族之间的乡村内的日常性的社会关系，冠婚丧祭为中心人生节点的通过礼仪，大到关乎国家统治的仪式、礼法等诸制度。可以说《仪礼》应当被视为古礼的集大成者。从另一种视角观之，应当说它是三礼之中最具本质性地位的书籍。相关注释书，以后述的朱熹（1130—1200）《仪礼经传通解》为首，此后有元朝敖继公《仪礼集说》，同属元朝有吴澄（1249—1333）《仪礼逸经传》、明代郝敬（1558—1639）《仪礼节解》，后述有清代张尔岐（1612—1678）《仪礼郑注句读》、胡培翚（1782—1849）《仪礼正义》等，不如说在更为宽泛的意义上，伴随朱子学的影响扩大，进入近世期以后，产生了不少的优秀著述。②

---

① 围绕所谓《儒教国家》的成立及其理念，参考渡邊義浩『後漢における「儒教國家」の成立』（汲古書院、2009）。关于郑玄与王肃的礼学以及二者的礼说的相异等，见加賀栄治『中国古典解释史—魏晋篇』（勁草書房、1964）、狩野直喜『魏晉學術考』（筑摩書房、1968）、その六「鄭玄・王肅の差異（一）—感生帝」、七「鄭玄・王肅の差異（二）—禮制」、六十二「三禮—鄭玄と王肅」、藤堂明保「鄭玄研究」（蜂屋邦夫編『儀礼士昏疏』、東京大学東洋文化研究所叢刊・第8輯、汲古書院、1986、所収）、池田秀三「鄭学の特質」（渡邊義浩編『両漢における易と三礼』、汲古書院、2006、所収）、古橋紀宏「漢魏の経学の変化と鄭玄・王肅の礼学」（『香川大学教育学部研究報告』第一号、2019）、同「鄭玄と王肅」（川原秀城編『漢学とは何か——漢唐および清中後期の学術世界』（アジア遊学249・勉誠出版、2020）、堀池信夫『漢代思想論　桜邑文稿2』（明治書院、2020）・第三篇「鄭玄学の周辺」等。此外，关于宋代的礼学，参考刘丰《北宋礼学研究》（中国社会科学院文库・哲学宗教系列，中国社会科学出版社2016年版）、夏微《宋代〈周礼〉学史》（中国人民大学出版社2018年版）等。

② 关于《仪礼》的注释史，参考前揭池田末利「解説—経学史的考察—」（同『儀礼訳注』下、東海大学古典叢書・東海大学出版会、1985、所収）。此外，廖明飞《敖继公〈仪礼集说〉中的郑玄注的引用与价值》（《中国思想史研究》2016年第39期），详尽解说了批判郑玄注的《仪礼集说》一书的核心价值，值得参考。

最后，《礼记》一般认为是集中了战国到秦汉时期儒者关于礼的著作。因此《礼记》内容有繁杂之处，是《三礼》之中思想史上问题最多的一本。正因此，《礼记》反而成为具有贵重价值的资料。通常，多数情况下《礼记》被列为五经之一。原本经学上的同行观点认为，《礼记》包含《汉书·艺文志》所记载的《礼记》131 编中选出的戴德的《大戴礼记》85 篇，在此基础上，由戴德的外甥戴圣再加筛选为《小戴礼记》49 编，是为《礼记》内容。关于《礼记》也多见异说，关于成书现仍有诸多不明之处。限于文章篇幅，在此不作赘述。关于《礼记》内容，具体说来，《曲礼》《檀弓》《王制》《月令》《礼运》《礼器》《郊特牲》《内则》《明堂位》《乐记》《祭义》等诸篇构成，特别是关于礼运篇和乐记篇，能够窥得道家思想的影响。关于后者，能够用以类推六经之中散逸的《乐记》。除此之外，具有哲学、原理性内容的《大学》篇和《中庸》篇，至于宋代以降，各自成为《大学》《中庸》，位列四书之一，得到推崇。

此外，关于《礼记》注解，如前所述，在整个南北朝时代，王肃注的追随者，同郑玄注的追随者之间形成了对立和分派，在受唐太宗之名编撰的《五经正义》之中采用了郑注，以皇侃（488—545）的《礼记义疏》为底本，选择借鉴了以孔颖达（574—648）之疏［其中添加了熊安生（生卒年代不详）学说］为基础的《礼记正义》。上述版本称为通行版本。此后的重要著作有，广泛搜罗了郑玄以来以至于南宋学说的南宋卫湜《礼记集说》，以及元吴澄《礼记纂言》等。此外有继承前述《礼记集说》的元朝陈澔（1260—1341）所著，同名的《礼记集说》（《陈氏礼记集说》）。《陈氏礼记集说》后名列明代《五经大全》中的《礼记大全》，得到广泛流传，被视为新注礼记的代表作（古注礼记指郑注、孔疏本）。再往后，还有清代李光坡（1651—1723）《礼记述注》（《三礼述注》之一），孙希旦

（1736—1784）《礼记集解》，朱彬（1753—1843）《礼记训纂》，等等众多注解。①

三 "礼"在中国近世的相位

俯瞰中国近世思想史之际，首先应该注意到宋代的道学，以及其后朱子学的特点，源于道学，通过提倡"修养"成为自我陶冶的理论。② 道学展现了极大的魅力，逐渐获得了广泛的社会各阶层的支持；这种特点是其后朱子学势力扩张最大的要因。道学的此种特点也是同"气质变化"论相关的。③ 与此同时，正如早先土田健次郎所主张的，应当注意到，道学之地位的巩固，同其肩负"反王学"的期待有关。道学对抗王安石等的所谓"新学"，被视为"反王学"的引领者。④ 有鉴于此，关于"礼"的问题，将重点放在三礼（《周礼》《仪礼》

---

① 关于《礼记》的成立以及注释史，参考竹内照夫「禮記 解題」（『礼記』上、新釈漢文大系 27・明治書院、1971）、井上亘「『禮記』の文献学的考察——「冊書」としての『禮記』」（『東方学』第百八輯、東方学会、2004）等。关于秦汉儒教，另请参考藤川正数『漢代における礼学の研究』（風間書房、1968；同・増訂版、1985）、『礼の話——古典の現代的意義』（明徳出版社、1993）、藤野岩友『中国の文学と礼俗』（角川書店、1976）。芳賀良信『礼と法の間隙——前漢政治思想研究』（汲古書院、2001）。齋木哲郎『秦漢儒教の研究』（汲古書院、2004）。福井重雅『漢代儒教の史的研究——儒教の官學化をめぐる定説の再檢討』（汲古書院、2005）。《礼记》日译本，可参考市原亨吉・今井清・鈴木隆一『礼記』（上・中・下）（全釈漢文大系 12—14・集英社、1976）。吾妻重二「『家礼』の和刻本について」（『東アジア文化交渉研究』第 9 号、関西大学大学院東アジア文化研究科、2016）。

② 关于宋学，请参考小島毅『宋学の形成と展開』（創文社、1999）。小島毅『儒教の歴史』（宗教の歴史 5・山川出版社、2017）。

③ 以下叙述，出于行文需要，同伊東貴之「『気質変化』論から『礼教』へ——中国近世儒教社会における〈秩序〉形成の視点」（『岩波講座・世界歴史 13 東アジア・東南アジア伝統社会の形成：16—18 世紀』、岩波書店、1998、所収）、また、同『思想としての中国近世』（東京大学出版会、2005）、特别是其中第三章「近世儒教の変容」有所重合，忘读者见谅。另外，关于详情，请参考笔者以上论述。

④ 参考土田健次郎「晩年の程頤」（沼尻正隆先生古稀記念事業会編『沼尻博士退休記念中国学論集』、汲古書院、1990）、同「王安石における学の構造」（『宋代の知識人—思想・制度・地域社会—』〔宋代史研究会・研究報告第四集〕、汲古書院、1993）（→ ともにのち、土田健次郎『道学の形成』、創文社・東洋学叢書、2002、に所収）。

《礼记》）之中哪一部，将哪一部视作正经，是应加以关注的重点。也就是说，王安石与朱熹在礼学问题上，持有可谓完全相反的主张，这对考察其后双方思想的盛衰问题，具有重要的提示意义。

众所周知，王安石在神宗皇帝（1067—1085 年在位）深厚信任之下，推行了"新法"，是跨越政治、制度，经济、财政的广泛改革。改革之际，王安石对传为周代官制祖述的《周礼》加以特殊重视，在《周礼》记载的秩序性、体系性中寻求政治理念的根据，用以落实他确立官僚制中央集权国家的构想。在此之上，王安石主导下出版了《周官新义》作为《三经新义》的其中一部。正如吾妻重二所主张的，应当认为王安石将《周礼》解读为关于"政事"和"理财"的书。相反，《仪礼》主要罗列了士大夫的冠婚丧祭之仪式的细则，自古以来，中国不用"葬"字，而使用包含了"葬"含义的"丧"字。该书乍看之下不具备理论性，甚至给人带来烦琐的印象。或许出于以上原因，王安石将其排除在科举和太学的官学之外。①

毋庸赘言，朱子学对礼学的关心，同制度论、系统论倾向显著的王安石之学问相比，其焦点是迥异的。朱子学是道德实践的学问，明确以"心"为媒介。因此，朱子学需要极具日常性的，关乎日常生活现象的个别、具体的行为规范。至此得到新的关注的，就是王安石置之不顾的《仪礼》。王安石思想之立论同当时形成潮流的"气质变化"论基本无关。与之相反，朱子的礼学之立意，与

---

① 参考吾妻重二「王安石『周官新義』の考察」（『中国古代礼制研究』、京都大学人文科学研究所、1995）（→ のち、吾妻重二『宋代思想の研究——儒教・道教・仏教をめぐる考察』（関西大学東西学術研究所研究叢刊 31・関西大学出版部、2009、所収）。另请参考吾妻重二「儒教の再考——儀禮・祭祀・神々・五經」（『日本中国学会報』第 65 集、2013）。荒木見悟『仏教と儒教——中国思想を形成するもの』（平楽寺書店、1963；のち研文出版より再版、1993），『明代思想研究——仏教と儒教の交流』（創文社、1969）。此外参考前揭，刘丰《北宋礼学研究》（中国社会科学院文库・哲学宗教研究系列，中国社会科学出版社 2016 年版），夏微《宋代〈周礼〉学史》（中国人民大学出版社 2018 年版）。

此外，吾妻重二的结论是，"《仪礼》被排除在外的原因，在于该书终结于记述礼的详细规则，并不形成理论。因此，该书被认为在'义理'方面不具有过多意义"。基于王安石的学问观，该观点是切中要点的。

"修养"论相关联，而"修养"论此后使众人为之倾心。借此，也能够见得两种思想在广泛性上的差异，也就是说，能够窥见朱子学所具有的高度的适应性。①

朱熹重视基于《仪礼》的、更为具体的日常生活和冠婚丧祭的规范。他综合地勘察、摄取了司马光（1019—1086）《书仪》和张载（1020—1077）、程颐（1033—1107）之礼说，继而编撰《仪礼经传通解》。这两种学说，以《仪礼》的理念为基轴，添加了日常作为和冠婚丧祭的详目，是先行于朱熹的研究文献。朱熹将著述《仪礼经传通解》名列《四书集注》，视其为最为枢要的文献。《仪礼经传通解》由《家礼》《乡礼》《学礼》《邦国礼》《王朝礼》《丧礼》《祭礼》七部构成。然而，朱熹生前得以完成的，仅至《邦国礼》为止。朱熹死后，得朱熹真传的女婿黄榦（1152—1221）等人，补缀、完成了其余部分。此外，该书结构，几乎符合《大学》之中修身、齐家、治国、平天下的阶段划分，这一点，同其中蕴含的理念一并，值得注意。

此外，对于朱熹而言，《礼》原本属于应当称为自然秩序的"天理的节文"的现象，是自然界的美好道德秩序"天理"，其在人间的具体、客观的显现，则是规范政治社会的秩序的核心。《仪礼经传通解》由作为"事"的礼与作为"理"的礼两者构成。精致的"事"的"礼"指日常卑近的经验，"洒扫、应对、进退"等礼仪规范。"理"的"礼"指追究物事之所以，以《大学》的格物穷理为前提，是形而上学的"理"的"礼"。在《仪礼经传通解》中，这样的

① 借土田健次郎之口，道学或是朱子学得以在中央与在野双方享有相当地位的原因，是道学向人们"显示了自我陶冶的阶梯"。这使得道学、朱子学一方面得以彰显自身作为帝王学的价值，另一方面使其接受阶层扩大到了在野的地方士人。在这种意义上，可以认为道学展示了具备强烈集权志向的王安石的学问所罕见的、极为高度的变通性。参考前注，土田「王安石における学の構造」（同『道学の形成』、所収）。

反过来讲，王安石不问"性"本身的善恶，他采用了直到"性"发动后的"情"的阶段才显现出善恶的性无善恶说的立场。道学以"性善"为绝对的大前提，二者是相悖的。这一点可以证明王安石的学问，与"气质变化"为首的道学的思考方式是无缘的。

"礼"的两个侧面，也就是作为"事"的礼与作为"理"的礼两者，得到了扬弃、结合。①

尔后成书的《文公家礼》（文公是朱熹的谥号）一书中，更是构想、编纂了《家礼》，应当称为《仪礼经传通解》的手册版。《文公家礼》也大为流行。众所周知，《文公家礼》同前著相似，以冠婚丧祭仪式如何之手册为核心，增添了更为日常所为的细则的结果。然而，该书在朱熹死后十年，并非以定本形式，而是以稿本的形式公之于世。因此，自古流传伪书说、假托说。无论如何，该书据传出自朱熹之手、得到广泛接受。这种广泛接受是意义重大的。无论如何，该书都因其日常且卑近的具体性，得以向来自广泛的地区和阶层的人们赋予生活实践的指针。也就是说，《家礼》原本也是以士大夫之家为对象构想的典籍，但在明代，因宗族组织、宗族的结合扩展到了庶民层，《家礼》的接受阶层，也向底层拓展。②

───────────────

① 以上内容参考上山春平「朱子の礼学——『儀礼経伝通解』研究序説」（『人文学報』第四十一冊、1976）、同「朱子の『家礼』と『儀礼経伝通解』」（『東方学報』第五十四冊、1982；のち『上山春平著作集・第七卷—仏教と儒教』、法藏館、1995）、戸川芳郎「解題」（長澤規矩也・戸川芳郎『和刻本儀礼経伝通解』、第1—3輯、汲古書院、1980）、山根三芳『宋代礼説研究』（溪水社、1996），王志阳《〈仪礼经传通解〉研究》（社会科学文献出版社2018年版），等等。

总体来讲，可以认为朱熹压抑王安石颂扬的《周礼》而以《仪礼》为正经，正是二人学问观、统治理念相异的典型体现。在此之上，他将《礼记》等其他礼学相关的古典著作视为解释《仪礼》的"传"（《朱子语类》卷八十五，参考礼二、仪礼），也体现了他一贯的态度。也就是说，朱熹将《礼记》之中具有元理论性质的部分《大学》《中庸》二篇视为独立的经书，并将其列入四书之一，也不但是对无关紧要的礼的细则的关注，而且是具有强烈理念性志向的朱熹学风的反映——而朱熹以前，《礼记》向被认为是杂乱无章的。

② 对于该书，先行研究有王懋竑（白田，1668—1741）《家礼考》等，向有伪书说、假托说存在。此外，该书的流行经过复杂，该书被广泛的社会阶层接受并流行，是借由丘濬（1419—1495）《家礼仪节》对实用、具体的仪礼细则的记载。此外，相关内容参考牧野巽『近世中国宗族研究』〔牧野巽著作集・第三卷〕（御茶の水書房、1980）（→うち、特に「第二 司馬氏書儀の大家族主義と文公家礼の宗法主義」/「第三 東洋の族制と朱子家礼」）。该书英译本，见 Ebrey, Patricia Buckley, *Confucianism and Family Rituals in Imperial China：A Social History of Writing about Rites*, Princeton University Press, Lawrenceville, New Jersey, 1991。另参照伊沛霞（Patricia Buckley Ebrey），《朱熹家礼：12世纪中国礼仪行为指南》（*Chu Hsi's Family Rituals：A Twelfth Century Chinese Manual for the Performance of Cappings，Weddings，Funerals，and Ancestral Rites*）普林斯顿大学出版社1991年版。另参照細谷恵志『朱子家禮』（明德出版社、2017）。

其后朱子学到阳明学的趋势，特别是自明中叶阳明学登场，正如先行研究中沟口雄三所指出的，具有较强的"朱子学，即道德之学的民众化"的一面，这句判断应当引起重视。阳明学是将朱子学中的一种面相、特点强化后的结果。换句话说，由于阳明学承担了弥合缝隙的作用，才在历史的舞台上获得了一席之地。[①] 沟口一直以来都不断反思中国哲学、思想史研究的方法，在此基础上，沟口也对其根本前提提出了质疑。其中，他特别着眼于近世儒教的社会功能及存在样态，指出"以朱子学、阳明学为研究对象的人们，习惯于将近世儒教称为'道学''理学''宋明学''程朱、陆王学'等，却未习惯于称之为'礼教'"，"前者，是一种将儒教思想视为哲学思想，即理气论、心性论等的哲学理论的把握方法。这种方法，旨在从内侧解析理论，也就是站在所谓无形的观点的研究。与之相对，后者采用从儒教的社会存在样态和功能出发，来把握儒教的方法，可以说是立足于'硬'观点的结果"[②]。由此，沟口再三呼吁学者关注。另外，沟口的结论是"可见于阳明学的道学的大众化，更为宏观地讲，应当视为礼教渗透化的结果"，这对于我们摆脱以往的分析视角，具有重大的参考价值。[③]

也就是说，以往带有摆脱"亚洲停滞论"、带有"近代"主义的时代烙印发展开来的先行研究，背后隐藏着目的论的"发展"的图谱，将"个人"的析出、"自由""欲望"的扩展等视为"近代"路上的有意义的指标。针对中国近世思想史研究领域的此种先入观和偏见，今日学界逐渐认为有必要重审这种倾向，大有重审之势。实际

---

① 溝口雄三・伊東貴之・村田雄二郎『中国という視座』（これからの世界史④・平凡社、1995）、第一章「中国近世の思想世界」。与此相关，例如此后清中叶焦循（里堂，1763—1802）写道："余谓紫阳之学，所以教天下之君子；阳明之学，所以教天下之小人。"（《雕菰集》卷八）。

② 参考溝口雄三・伊東貴之・村田雄二郎『中国という視座』、第一章「中国近世の思想世界」。

③ 参考溝口雄三・伊東貴之・村田雄二郎『中国という視座』、第一章「中国近世の思想世界」。

上，沟口雄三所示的如何认识"礼教"的渗透、泛化现象，是解决这一问题的关键。①

从结论来讲，所谓的朱子学到阳明学的变动，也就是以往被视为儒教的民众化的路线，在"硬件"面也具有伴随并促进"礼教"深化的显著倾向。笔者等曾经从"礼治体系的贯彻"视角论述了这一情况。②

具体情况正如井上彻的精细的先行研究所揭示的，通过所谓"乡约"的实践，礼教被作为民间伦理——也就是宗族、乡村社会的结合伦理——同时也出于民众教化等事件层面的请求，得到了官民双方的推动——官方是指王朝权力一侧。民间的推力主要呈现为民间的自主运动，其承担者主要是以乡绅层为中心的地方势力（Local elite，地方精英，原作者注）。阳明学正是在这样的潮流中得到确立也能够置于这种时代背景中。例如，比较以下三者：朱熹给予保甲的父老层（即乡村社会中的领导层）的劝诫文、明太祖（1368—1398 年在位）颁布的《六谕》③、王守仁（即王阳明，1472—1528）所著《乡约》（在江西安南、赣州发布的《南赣乡约》），三者的相似程度之高令人惊讶。另外，其中《六谕》也被清代盛世时期的顺治帝（1644—1661

---

① 参考狄培理（Wm. Theodor de Bary）「人の徒とともに」〔林文孝訳〕（『中国—社会と文化』第6号、1991）、伊東貴之「『気質変化』論から『礼教』へ——中国近世儒教社会における〈秩序〉形成の視点」（『岩波講座・世界歴史13 東アジア・東南アジア伝統社会の形成：16—18世紀』、岩波書店、1998、所収）、また、同『思想としての中国近世』（東京大学出版会、2005）、特にその第三章「近世儒教の変容」、第四章「〈秩序〉化の位相」等。

② 参考溝口雄三・伊東貴之・村田雄二郎『中国という視座』。在近期研究中表达了脚注（2）类似观点的有王汎森《清初"礼治社会"思想的形成》（收入王汎森《权力的毛细管作用——清代的思想、学术与心态》，联经出版公司2013年版；后，由北京大学出版社于2015年出版。）

参考刘永华《儒教仪式和中国村民：一个东南社会的礼仪和社会变化1368—1949》，《中国社会宗教》（Yonghua Liu, "Confucian Rituals and Chinese Villagers: Ritual Change and Social Transformation *in a Southeastern Chinese Community*, 1368—1949", *Religion in Chinese Societies*, 6, BRILL, 2013）。

③ 明太祖对地方行政单位末端——里甲的指导层下达的，以教化乡民为目的的劝诫文《教民榜文》的一部分。——笔者注

年在位）、康熙帝（1661—1722 年在位）、雍正帝（1722—1735 年在位）继承，留下了康熙《圣谕十六条》、雍正《圣谕广训》的颁布等成果，对清代产生了重大影响。[①]

此外，在明中叶嘉靖十五年（1536）进行的礼制改革中，经过礼部尚书夏言（1482—1548）的上奏，明代改制，允许所有宗族集团祭祀宗族始祖。以往，祭祀宗族始祖是皇帝独有的特权，也只有官僚士大夫阶层被允许建筑家庙，庶民仅允许祭祀祖父母和父母。有鉴于此，该改制正体现着昔日"礼不下庶人"（《礼记·曲礼上》）的"礼"，普遍化、广范围化拓展到庶民层的、极为急遽发展的情况。此外，论及淫祀排斥为首的当时的礼制改革，小岛毅一方面将其归结于朱子学的"仪礼原理主义"，一方面表达了它"在深层是与阳明学同轨的运动"。正如一枚硬币的正反面一样相互依存的猜想，具有重要的启发意义。[②]依笔者管见，上述的原理主义的

---

① "戒孝顺父母，恭敬长上，和睦宗姻，周□邻里，各依本分，修本业，莫作奸盗"（朱熹《朱文公文集》卷一百，劝诫榜），"孝顺父母，尊敬长上，和睦乡里，教训子孙，各安生理，毋作非为"（明·太祖《太祖六谕》，原为《教民榜文》中的第十九条），"孝尔父母，敬尔兄长，教训尔子孙，和顺尔乡里，死丧相助，患难相恤，……息讼罢争，讲信修睦"（《南赣乡约》，王阳明《王阳明全书》卷二，公移）。关于中国古代的朝政与礼，参照渡辺信一郎『天空の玉座——中国古代帝国の朝政と儀礼』（柏書房、1996）。

此外，关于以上内容请参考蔡尚思《中国礼教思想史》（中华书局 1991 年版），徐杨杰《宋明家族制度史论》（中华书局 1995 年版），井上徹『中国の宗族と国家の礼制——宗法主義の視点からの分析』（研文出版、2000）、同「清朝と宗法主義」（『史学雑誌』第 106 巻·第 8号、1997）、溝口雄三「清代儒教へのアプローチ」（『江戸の思想 3　儒教とは何か』、ぺりかん社、1996）。关于宋代及以后民间社会的宗族形成及宗族祭祀的实际情况，另请参考馮爾康〔小林義廣訳〕『中国の宗族と祖先祭祀』（風響社·あじあブックス、2017 等。井上徹·遠藤隆俊 編『宋－明宗族の研究』（汲古書院、2005）。

此外，在浙江大学历史系"宇宙、礼教、学术"江南史研究工作坊进行报告之际（本稿即在该报告基础上修改而成），笔者从宫云维教授（浙江工商大学）学术报告"《南赣乡约》与阳明精神"中也获得了众多提示。

② 参考小岛毅「嘉靖の礼制改革について」（『東洋文化研究所紀要』第一一七冊、1992）、井上徹「夏言の提案」（『中国における歴史認識と歴史意識の展開についての総合的研究』、科学研究費総合研究報告書、1994）。此外，主要关于明清时期国家层面的正统仪礼的实况，请参考刘广京《帝制中国晚期的正统礼仪》（加州大学出版社 1990 年版）（Kwang-Ching Liu, *Orthodoxy in Late Imperial China*, University of California press, 1990）。

倾向，以各种发现形态为伪装，至少明里暗里持续到了清初期。

在此基础之上，这一时期，在企图再编和重新整合流动化的社会秩序的过程中，"礼教"重新确立了指导地位，得到朝廷推崇，也值得关注。也就是说，小岛毅所指出的，被视为阳明学的逸脱倾向的反命题的"礼教"，以同清代初期种种"秩序"志向［正如周启荣（Kai-wing Chou）在其具有划时代意义的著作中所写］相结合的形式，得到了重新认识，"礼教"重新得到了重视。[1] 以上的"礼教"的渗透和泛化，一方面作为某种伦理观的凝练，具有十足的"中国性"，能被承认为某种"近代化"和"文明化"，另外，在"个人"的析出和"自由""欲望"的扩展和多样化方面，相反却带来了负面的影响。"礼教"的渗透和泛化，造成了泛社会的划一化、均质化的结果之倾向，也不应当忽视。

四 "礼教"化的诸相——明清时代的礼教与礼学

另一方面，从理论层面，也就是从"软"面，如何思考，才能使解释获得充分的内部整合度呢？笔者认为，从更广阔的视角俯瞰中国近世思想史的全体图像之际，更加能够看出如下轨迹：宋学（道学）或朱子学以来的个人、内在的"人性"的变革，即将重点置于"修养"或气质变化的、一己的、主管的自我陶冶（"心得""自得"），逐渐遭遇理论的困境，从而迫使伦理观更加逐渐向社会开放，可以通过他者进行验证、模仿、反复的方法，即向依托"可

---

[1] 上述内容请参考小岛毅『中国近世における礼の言説』（東京大学出版会、1996），周启荣《清代儒家礼教主义的兴起》（斯坦福大学出版社 1994 年版）（Kai-wing Chou, *The Rise of Confucian Ritualism in Late Imperial China*, Stanford University Press, Stanford, California, 1994）。中译本见毛立坤译《清代儒家礼教主义的兴起：以伦理道德、儒学经典和宗族为切入点的考察》（天津人民出版社 2017 年版），同前，伊东贵之《作为思想的中国近世》，特别是其中第四章《"秩序"化的相位》，王汎森《清初"礼治社会"思想的形成》（收入王汎森《权力的毛细管作用——清代的思想、学术与心态》，中国台湾联经出版事业公司 2013 年版；后，由北京大学出版社于 2015 年出版。

视的"客观的、间主观的"礼教"的管束转变。简言之，这个过程中能够看到从宋到清的，从"修养"或"气质变化"论道"礼教"的大的流向。①

关于"气质变化"论的方法论的困境和破绽，依我所见，是同朱子学自身原本内在包含的问题和其发展过程中出现的难关不可分的。作为自我变革的思想、道德实践的学问俘获了众人心的朱子学，经历了体制化、制度化的过程将自身直接联系到"功利"上。另外，特别是在笃实的朱子学信徒之间，朱子学将他们导向了"修养"的沉潜，而"修养"多包含了游离于现实社会的倾向。另一方面，朱子学还带有阳明学等所包含的肯定身为呈现"本来性"的场所的、肉身的人类之目的的倾向，这反而带来了轻视"修养"，无规范化的志向。朱子学的发展所带来的以上相反两极的结果，原本即是"气质变化"论自身包含的理论上的两难。②

经过以上过程，宋学、朱子学以来的"气质变化论"，加之"本来圣人"说的后退等同时代的潮流，使得一元化的"气质的性"的框架内的后天的陶冶（即儒家所说的"习"）的课题浮出水面，在此之际，被视作解决问题捷径的，正是"礼"的统御。此外，考虑到这些要点，例如颜元（号习斋，1635—1704）等所见得的，肯定"欲望"与重视"古礼"的两全，乍看来并非能够并存的立场。然而，鉴于"礼"原本

---

① 关于明清礼学，本章还参考了山井涌『明清思想史の研究』（東京大学出版会、1980）。溝口雄三『中国前近代思想の屈折と展開』（東京大学出版会、1980）。大谷敏夫『清代政治思想史研究』（汲古書院、1991），『朱子学と陽明学』（岩波新書、1967）。伊東貴之「欲望・合意・共生─中国近世思想の文脈から─」（『山根幸夫教授追悼記念論叢「明代中国の歴史的位相」下巻、汲古書院、2007），「中国近世思想史における個と共同性・公共性」（『中国哲学研究』第 24 号、東京大学中国哲学研究会、2009）。常建华《明代宗族研究》（上海人民出版社 2005 年版）

② 以上，关于极度内面化的朱子学所具备的、围绕"修养"的理论困境和破绽，可参考［美］梅茨格《摆脱困境：新儒学与中国政治文化的演进》（哥伦比亚大学出版社 1997 年版）。(T. A. Metzger, *Escape from Predicament: Neo-Confucianism and China's Evolving Political Culture*, Columbia University Press, New York, 1997)，以及［日］吉田公平《中国近世的心学思想》（研文出版 2012 年版）等。

即是包含欲望，同时管理自身的"心身/身心"的，对立且间主观的、社会的机制，就决不足惊讶，能够发现以上情况并无矛盾。

此外，短期看来，展望被认为是近世思想史的集大成时期的清中叶，正如张寿安在先行研究中所说，还能发现一种从"理"到"礼"的潮流。① 这首先，是伴随考证学等学问之中培育的"复古"（主义）的愿望出现的倾向，同上文所述，周启荣（Kai-wing Chou）所指出的，这与可称为原理主义的"礼教"主义的兴起表里一体的。②

此外，向考证学方向的倾斜，也是这一时代朱子学的重要特征之一。仅列举同礼学相关的著作，就有徐乾学（号健庵，1631—1694）的《读礼通考》，对朱熹《仪礼经传通解》作出补充的——江永（字慎修，1681—1762）《礼书（礼经）纲目》《乡党图考》，秦蕙田（1702—1764）等人所著《五礼通考》等，堪称其集大成者。在此之外，关于礼学的普遍关心的高涨即对其的考证学、文献学的研究的兴盛，有清初期到清末为止，整个清朝，可见张尔岐（1612—1678）《仪礼郑注句读》，王夫之（1619—1692）《礼记章句》，陆陇其（号稼书，1630—1692）《读礼志疑》，万斯大（1633—1683）《学礼质疑》，李光坡（1651—1723）《三礼述注》，李塨（1659—1733）《学礼》，胡匡衷（1728—1801）《仪礼释官》，孙希旦（1736—1784）《礼记集解》，孔广森（1752—1786）《大戴礼记补注》《礼学卮言》，朱彬（1753—1843）《礼记训纂》，凌廷堪（1755—1809）《礼经释例》《校礼堂文集》，胡培翚（1782—1849）《仪礼正义》，林昌彝（1803—1876）《三礼同释》，郭嵩焘（1818—1891）《礼记质疑》，黄

---

① 以上内容请参考《以礼代理——凌廷堪与清中叶儒学思想之转变》（河北教育出版社2001年版），邓克铭《宋代理概念之开展》（中国台湾文津出版社1993年版）等。

② 参考周启荣《清代儒家礼教主义的兴起》，斯坦福大学出版社1994年版（Kai-wing Chou, *The Rise of Confucian Ritualism in Late Imperial China*, Stanford University Press, Stanford, California, 1994）。中译本见《清代儒家礼教主义的兴起：以伦理道德、儒学经典和宗族为切入点的考察》（毛立坤译，天津人民出版社2017年版）。

以周（1828—1899）《礼书通故》《礼说》，孙诒让（1848—1908）《周礼正义》等极为庞大的著述积累，不胜枚举。[①]

与此相关，先行研究中马渊昌也指出，存在"进入清朝以后在士大夫主流派之中，关心向考证学转换，即从人性、修养论的领域，向经书及相关联各现象的实证研究领域转换"，此外"在这种转换的背后是明后期，各人以主体性地把握、认识内在于自身的道为目标的知识范式下，士大夫之间共识形成的困难。以此为契机，士大夫追求能够与他者共享、共同确认的，更为客观的，可能形成共识的范式"。这样的论述，是切中要害的。[②]

在更深的层次上，该现象是同"理"观自身的变化相应的现象。也就是说，正如戴震（字东原，1723—1777）（《戴东原集》《孟子字义疏证》）及焦循（字里堂，1763—1820）（《雕菰集》《孟子正义》）所见，存在反抗刻薄、僵化的"理"观，依托于"情""礼"，欲扩大"理"的灵活性、变通性的动向。在此之际，围绕各种"理"的不绝的纠葛与斗争，常被喻为"诉讼"。这在思考清代的裁判及日常的"理"观念之上，也十分引人入胜。[③] 另一方面，同样标榜"礼"的重要性，如凌廷堪（字次仲，1755—1809）（《校礼堂文集》《礼经释例》）所示，

---

① 参考周启荣《清代儒家礼教主义的兴起》，斯坦福大学出版社 1994 年版。中译本《清代儒家礼教主义的兴起：以伦理道德、儒学经典和宗族为切入点的考察》（毛立坤译，天津人民出版社 2017 年版）。此外，参考林存阳《清初三礼学》（社会科学文献出版社 2002 年版）等。

② 以上内容参考馬淵昌也「明代後期儒学の道教摂取の一様相——王畿の思想における道教内丹実践論の位置づけをめぐって」（道教文化研究会編『道教文化への展望』、平河出版社、1994）。

③ 请参考滋賀秀三『清代中国の法と裁判』（創文社、1984）、同『続・清代中国の法と裁判』（創文社、2009）、また、寺田浩明「清代司法制度研究における〈法〉の位置づけについて」（『思想』第 792 号〔特集：儒教とアジア社会〕、1990）、同「明清法秩序における『約』の性格」（溝口雄三・浜下武志・平石直昭・宮嶋博史編『社会と国家　アジアから考える〔4〕』、東京大学出版会、1994）、同「近代法秩序と清代民事法秩序——もう一つの近代法史論」（石井三紀・寺田浩明・西川洋一・水林彪編『近代法の再定位』、創文社、2001）等。此外，根据前引滋贺秀三著作，依托于"法、情、理"的清代的审判所具备的调停的性质，其中有作为法源的"礼"发挥功能，对于今日捕捉当时的人们日常性的"理"观念和正义、秩序、公平等的感觉的尝试，具有客观的启发作用。

还存在着为克服作为"线索"的"理"不可避免地带有的模糊不明，从而强调利用具体、客观的"礼"作为牵制的新动向。① 应当格外注意，不论他们之中的哪一方，都着眼于"礼"。戴震、程瑶田（字易畴，1725—1814）（《通艺录》《论学小记》）、汪中（字容甫，1744—1794）（《述学》）、凌廷堪、焦循、阮元（号芸台，1764—1894）（《揅经室集》）等的思想家，各自分别位于这样动向复杂较差的学术定位中。如上，引导出相似结论的两种动向，有一定的重合，错综交叠。②

此外，从比较史、比较思想史的角度考虑这样变动的过程时，如英国政治思想家波考克在 18 世纪英国社会思想中所描绘出的 Virtue（即"德"）向 Manners（即"礼"）变动的图景，或是日本近世思想史中的朱子学向徂徕学、水户学的变动等，是一定程度上能够比较的。③

五　朝鲜（王朝时代）与日本（江户时代）的事例

始自 1644 年明王朝的灭亡至于随后清王朝的鼎革的一系列"明

---

① 张寿安：《以礼代理——凌廷堪与清中叶儒学思想之转变》，河北教育出版社 2001 年版。

② 以上内容，请进一步参考伊東貴之「『理』から『礼』へ——中国近世思想史の変遷・推移に関する一試論」（『比較思想研究』第 26 号・別冊、1999）、同「欲望・合意・共生—中国近世思想の文脈から—」（「山根幸夫教授追悼記念論叢『明代中国の歴史的位相』」下巻、汲古書院、2007）、同「『心』の軌跡 —『理』『情』『欲』『礼』などの問題と関説させて」（『アジア遊学』第 110 号（特集：アジアの心と身体）、勉誠出版、2008）（中译本《中国近世思想脉络中所见的欲望：调和与共生》，中国社会科学院历史研究所中国思想史研究室主办《中国哲学》第二十六辑，中国社会科学出版社 2013 年版），「中国近世思想史における個と共同性・公共性」（『中国哲学研究』第 24 号、東京大学中国哲学研究会、2009）等。

③ 以上参考波考克《德行、商业和历史：18 世纪政治思想和历史论辑》（J. G. A. Pocock, "Virtue, Commerce, and History: Essays on Political Thought and History, Chiefly in the Eighteenth Century", Cambridge University Press, 1985）（日译本，［日］田中秀夫译《德行、商业、历史》，三铃书房 1993 年版），此外，关于对于比较史研究有提示作用的近年来的代表著作，参考木村俊道『文明の作法——初期近代イングランドにおける政治と外交』（ミネルヴァ書房、2010）。

清交替"，在整个东亚范围内带来了历史的地壳变动。在思想文化领域，学界将其视为"华夷变态"，明清交替不仅给中华文化及文明的存续带来了一系列认识动摇和动荡，还在周边诸国如朝鲜和日本，酿成了"中华"的相对化及某种近代以前的国家意识和民族意志的萌芽，成为助长中华文明存亡危向的原因之一。比如，在著名的文字狱案吕留良（号晚村，1629—1683）、曾静（1679—1735）事件（1728）之际，清雍正帝编纂的《大义觉迷录》中，大肆宣扬了"华夷之别"并非基于地域和种族，而是基于中华的文明的存续，以朱子学的普遍主义为媒介，意图否认华夷思想。此外，南明政权以及郑成功（1624—1662）的抗清活动为首的反抗运动，在日本也引发了种种影响。其中一例即是因受郑成功抗清活动触动而闻名的近松门左卫门（1653—1724）的《国姓爷合战》中，在以郑成功为原型的和藤内的造型等中，蕴含着一种日式的原始民族主义（Proto Nationalism）形象。[①]

反观之，在王朝的两班知识分子在彻底内化吸收正统儒学（也就是朱子学）的同时，在具体社会生活中，也以严格遵行中华仪礼和风俗为志向。伴随他们对朱子学的笃信和遵奉，《家礼》的接受与普及、本土化和内化进展显著，对《家礼》的实践也成为两班知

---

① 以上内容，伊東貴之「明清交替と王権論—東アジアの視角から—」（『武蔵大学人文学会雑誌』第 39 巻・第 3 号〔比較文化特集号〕、2008），中译本《明清交替与王权论——在东亚视野中考察》，收录于徐洪兴、小岛毅、陶德民、吴震主编《东亚的王权与政治思想——儒学文化研究的回顾与展望》（复旦大学出版社 2009 年版）。此外，关于吕留良、曾静事件始末，吕留良的生平与思想，请参考前注伊東貴之『思想としての中国近世』（東京大学出版会、2005）、第五章「近世儒教の政治論」。关于本节内容，另请参考小岛毅『東アジアの儒教と礼』（世界史リブレット68・山川出版社、2004）。渡辺信一郎『中国古代の王権と天下秩序——日中比較史の視点から』（校倉書房、2003）。吾妻重二・二階堂善弘編『東アジアの儀礼と宗教』（雄松堂出版、2008）。小岛康敬 編『「礼楽」文化——東アジアの教養』（ぺりかん社、2013）。伊東貴之「東アジアの「近世」から中国の「近代」へ——比較史と文化交流史/交渉史の視点による一考察—」（小岛毅 編『中世日本の王権と禅・宋学』〔東アジア海域叢書15〕、汲古書院、2018、所収）。岡本さえ『近世中国の比較思想——異文化との邂逅』（東京大学出版会、2000）。

识分子社会权威的源泉。关于这一点，泽井启一将其归纳为通过惯习的实践达成的土著化过程。上述的朝鲜王朝的情况，对比后述的同时代日本的情况，是有显著区别的。其背景，也受到朱子学与礼学相互促进、正统意识的竞争及党争的激化等的因素。①

上述的小中华主义、小中华意识的抬头，轻易地催生了极为偏狭的自尊意识，正如老论派代表人物宋时烈（1607—1689）的事例所显著展现的。与之相反，身为"实学"者而有盛名的洪大容（1731—1783）及朴齐家（1750—1804）等思想家们，具有强烈的慕华意识，主张向北方中国学习的"北学"，被称为"北学派"。这两种方向乍看来是正相反的，表面上在华夷辨别和文明的存否问题上存在意见分歧，然而实际上，却十分讽刺地，二者像是硬币的表面和背面一样，相伴而生。②

---

① 参考澤井啓一『〈記号〉としての儒学』（光芒社，2000 年）。关于礼学在朝鲜的传播，另参考廖明飛「朝鮮儒教研究の手引き——中国学．日本学の研究者にむけて」（『漢文学—解釈與研究—』第 4 号、上智大学、2001），「儒教文化圏における士大夫層——宋時烈と小中華」（小谷汪之編『歴史における知の伝統と継承』、山川出版社、2005）。

② 参考金泰俊『虚学から実学へ——十八世紀朝鮮知識人洪大容の北京旅行』（東京大学出版会、1988）、小川晴久『朝鮮実学と日本』（花伝社、1994）、山内弘一『朝鮮から見た華夷思想』（世界史リブレット67・山川出版社、2003）、山内弘一「李朝初期に於ける対明自尊の意識」（『朝鮮学報』第 92 号、1979）、同「洪大容の華夷観について」（『朝鮮学報』第 159 号、1996）、同「朴齊家に於ける「北學」と慕華意識」（『上智史学』43 号、上智大学史学会、1998）、同「朝鮮儒教研究の手引き——中国学・日本学の研究者にむけて」（『漢文学—解釈與研究—』第 4 号、上智大学、2001）、同「儒教文化圏における士大夫層——宋時烈と小中華」（小谷汪之編『歴史における知の伝統と継承』、山川出版社、2005、所収）、孙卫国《大明旗号与小中华意识——朝鲜王朝尊周思明问题研究（1637—1800）》（商务印书馆2007 年版），中純夫「洪大容の対外認識について—その中国体験に即して—」（『洛北史学』第 21 号、京都府立大学、2019）等。此外参考李佑成〔旗田巍監訳〕『韓国の歴史像——乱世を生きた人と思想』（平凡社選書、1987）；宮嶋博史『両班——李朝社会の特権階層』（中公新書、1995）；李泰鎮〔六反田豊訳〕『朝鮮王朝社会と儒教』（法政大学出版局、2000）；姜在彦『朝鮮儒教の二千年』（朝日新聞社、2001）；山内弘一『朝鮮から見た華夷思想』（世界史リブレット67？山川出版社、2003）。黄枝连《亚洲的华夏秩序——中国与亚洲国家关系形态论》，《天朝礼治体系研究》（上卷）（中国人民大学出版社1992 年版），《东亚的礼仪世界——中国封建王朝与朝鲜半岛关系形态论》，《天朝礼治体系研究》（中卷）（中国人民大学出版社1994 年版），《朝鲜的儒化情境构造——朝鲜王朝与清王朝的关系形态论》《天朝礼治体系研究》（下卷）（中国人民大学出版社1995 年版）。

　　反过来观察当时日本在社会、习俗和思想文化等领域的情况，可见日本所呈现的现象大体上与朝鲜王朝呈现的现象正相反。正因此，身为外来思想的宋学、朱子学在近世日本社会的接受和生根过程中呈现的反抗和斗争等的各种情况，在先行研究中得到了尾藤正英、渡边浩等的分析和验证。在此过程中，这些外来思想经历了何种变化，即所谓儒教和朱子学的"日本化"之情况，也得到了论证。①

　　近年来，黑住真不仅关注了儒教在政治社会中的定位，还关注了当时思想、宗教的复合体，这种复合体构成了儒教和朱子学"日本化"的地基，并在研究中尝试加以论证。据黑住所说，德川时期的儒教，不论好坏，都具有灵活变通的、非原理主义的特征。这不仅是因为日本制度层面上儒教祭祀和科举官制的欠缺，还是因为当时日本思想、宗教的存在形式是复合的。黑住真指出，日本儒教之所以具备灵活性和非原理主义的特征，还在于重视传统的神佛习和（思想）及佛教对基层社会的影响力之大，以及佛教和神教对仪礼的再编、战国遗习的残存等的共同作用力。② 此外，黑住指出，在

　　① 参考尾藤正英『日本封建思想史研究』（青木書店、1961）、渡辺浩『近世日本社会と宋学』（東京大学出版会、1985；同・増補新装版、2010）、同『日本政治思想史［十七—十九世紀］』（東京大学出版会、2010）等。

　　② 参考黒住真『近世日本社会と儒教』（ぺりかん社、2003）、同『複数性の日本思想』（ぺりかん社、2006）参照。此外，著名的野中兼山之事例中，儒教式的葬礼被误认为基督教葬礼，也正是由此而来。

　　此外，也应注意到，认为德川政权的意识形态，乃是朱子学、天道思想、神君思想、佛教等的复合体，并批判以朱子学为中心的观点也十分有力。关于这一点，请参考石田一良「前期幕藩体制のイデオロギーと朱子学の思想」（石田一良・金谷治 校注『藤原惺窩・林羅山』〔日本思想大系・第28卷〕、岩波書店、1975年所収）、平石直昭「徳川思想史における天と鬼神——前半期儒学を中心に」（溝口雄三・平石直昭・濱下武志・宮嶋博史 編『世界像の形成』〔アジアから考える・〔7〕〕、東京大学出版会、1994、所収）等。此外，关于江户后期哲学的折中的性格，参考辻本雅史「十八世紀後半儒学の再検討——折衷学・正学派朱子学をめぐって」（『思想』766号〔特集：徳川思想〕、岩波書店、1988年）等。另有从佛教思想史的角度重新评价近世佛教作用的著作，请参考末木文美士『近世の仏教——華ひらく思想と文化』（吉川弘文館・歴史文化ライブラリー、2010）、大桑斉『民衆仏教思想史論』（ぺりかん社、2013）、同『近世の王権と仏教』（思文閣出版、2015）、西村玲『近世仏教論』（法蔵館、2018）等。

迟于传统神佛习和之场的后来者儒教，被"习和"入神道的过程中，又形成了山崎暗斋（1618—1682）的垂加神道等为代表的儒家神道，① 也是日本儒教变通性和非原理主义特征的原因。

然而，反过来讲，正是由于日本政治社会领域中儒教仪礼的本质性的欠缺，才反而使日本产生了新井白石（1657—1725）和荻生徂徕（1666—1728）等重视"礼乐"和"制礼作乐"必要性的思想家。因而，日本政治社会领域中儒教仪礼的本质性的欠缺，同时关联到日本型华裔秩序和朝鲜通信使相关的棘手的问题。另外，关于素有"守礼之邦"（守礼门）② 之称的琉球的问题上，琉球无论从地缘政治角度，还是思想文化角度上看，都是更为接近朝鲜王朝的，因而状况相似。③

此外，源了圆曾经在对比同时代的朝鲜王朝的基础上，经过调查，将江户、德川时期的思想特色归纳为"'心学'的实学"，在此基础上认为"近世日本儒教文化的接受，最初以去除儒教在社会生活中的现实化的两大支柱'科举制'、'礼'的形式进行"的原因，在于"重视'心'的普遍性，而意识到'礼'这一'形式'的相对性的该思想，无法在'礼'的接受中找到绝对的意义"，"重视'心'的存在而视'形式'为第二义的思想，具有同日本人的国民性深深相关联的一面，如同地下水脉一样，流淌到近世思想史之

---

① 近年来关于山崎暗斋的代表性研究成果有田尻祐一郎『山崎闇斎の世界』（ぺりかん社、2006）、澤井啓一『山崎闇斎——天人唯一の妙、神明不思議の道』（ミネルヴァ日本評伝選・ミネルヴァ書房、2014）等。

② 守礼门被视为冲绳的象征，首建于16世纪前半叶，重建于19858年。——译者注

③ 关于日本型华裔秩序及朝鲜通信使等问题，请参考荒野泰典『近世日本と東アジア』（東京大学出版会、1988）、ロナルド・トビ〔速水融・永積洋子・川勝平太訳〕『近世日本の国家形成と外交』（創文社、1990）、紙屋敦之『大君外交と東アジア』（吉川弘文館、1997）、池内敏『大君外交と「武威」——近世日本の国際秩序と朝鮮観』（名古屋大学出版会、2006）などをそれぞれ参看されたい。また、荻生徂徕らの「礼楽」説に関して、近年の注目すべき著作として、高山大毅『近世日本の「礼楽」と「修辞」——荻生徂徕以後の「接人」の制度構想』（東京大学出版会、2016）。另请参考田世民『近世日本における儒礼受容の研究』（ぺりかん社、2012）、《近世日本儒礼实践的研究——以儒家知识人对〈朱子家礼〉的思想实践为中心》（《东亚儒学研究丛书》，中国台湾大学出版中心2012年版）。

中，并同禅与禅道相关联。直到江户后期，它则以朱子学为核结成了思想之果"。也就是说，儒教思想的展开是以"心"为基轴的。[1]结合当时思想史的实际趋势考察，可以认为他的论述富有提示意义。

在上述过程的同时，《家礼》实践化的尝试，是间歇却持续的。其中，值得特别提出的是，《家礼》的书志学、文献学研究曾见一定程度的盛行，这一点是近年来由吾妻重二、田世民等的研究所揭示的。[2] 此外，《家礼》对神葬祭（如见于先行神葬祭的）的直接、间接影响之大，也无法忽视。[3] 根本上来讲，围绕古人的心底所想和实践的动机，连同前述的新井白石、荻生徂徕等尝试推行"制礼作乐"的失败尝试，还需进一步的探讨和考察。

---

① 参考源了圆『近世初期実学思想の研究』（創文社、1980）、終章「「心学」の実学」。此外，观点相近、认为这一时期的思想史以"心"为轴展开的著作有田尻祐一郎『こころはどう捉えられてきたか――江戸思想史散策』（平凡社新書、2016），此外，在佛教和民众宗教中寻找同样倾向的著作有大桑斉『民衆仏教思想史論』（ぺりかん社、2013），以上著作值得参考。

② 吾妻重二『家礼文献集成　日本篇』（1—6）（関西大学出版部、2010—2016）、吾妻重二・朴元在 編『朱子家礼と東アジアの文化交渉』（汲古書院、2012）、同「『家礼』の和刻本について」（『東アジア文化交渉研究』第 9 号、関西大学大学院東アジア文化研究科、2016）、田世民『近世日本における儒礼受容の研究』（ぺりかん社、2012）、同『近世日本儒禮實踐的研究――以儒家知識人對《朱子家禮》的思想實踐爲中心』（國立臺灣大學出版中心・東亜儒學研究叢書、2012）等。

③ 现行的神葬祭，是在提倡复古思想以及派佛的日本国学影响下，以对抗佛教葬礼的形式形成的。有研究认为，在神葬祭形成之际，除了祖先信仰等的固有信仰，神葬祭也受到了《家礼》直接、间接的重大影响，《家礼》在神葬祭上留下了不可磨灭的痕迹。当时人们开展了离檀运动，要求神职人员执行神式的葬礼。此外，进入明治时代以后，政府推荐、奖励神葬，将其作为政府的神祇政策的一环加以推崇。请参考近藤啓吾『儒葬と神葬』（国書刊行会、1990）、同『四禮の研究――冠婚葬祭儀礼の沿革と意義』（臨川書店、2010）等。

清末媒体对"十八世纪"的塑造

——以《申报》与《东方杂志》为中心

牛贯杰[*]

　　时间纪年的变迁在中国文化中具有重要的象征意义。通常来说，古代的纪年方法有两种，一是干支纪年，二是王公皇帝的年号纪年。《史记》记载的西周共和元年（前841）是我国最早的准确纪年。晚清以降，西学东渐，同时亦将欧美的纪年方法和时间性质引入国内，"世纪"的概念即其中之一。"世纪"一词作为时间单位，对应的是英文中"century"一词，指100年的时间范围。其实，"世纪"一词自古存在于中文世界，但其含义并非指向时间的单位，而是特指帝王的世系及其相关记载。[①] 中国古代关于"世纪"一词最普遍的解释源自东汉人皇甫谧所著《帝王世纪》一书，由是生发出"世纪"含义，专指关于帝王世系的史事。根据十九世纪出版的几种主要英华字典来看，我们并未发现"century"一词有对应于汉语中"世纪"译法，多以"百年"指称。就目前发掘的资料来看，汉语第一次使用"世纪"一词指称百年，是1889年5月31日出版的《申报》"东报述西事"栏目中报道西方事件时用到了"十八世纪"一词。1900年以后，"世纪"一词逐渐成为指称百年的标准词语。1908年出版的《英华大辞典》中，首

---

① 中国古代关于"世纪"一词最普遍的解释源自东汉人皇甫谧所著《帝王世纪》一书，由是生发出"世纪"的含义，专指关于帝王世系的史事。

次将"century"对译为"一百年、世纪、周"（泰西以一百年为一周）。[1] 1913 年，魏易等翻译的《元代客卿马哥博罗游记》一书中，"世纪"一词频繁出现，明确指称一百年的时间坐标。[2] 可见，带有时间属性的"世纪"一词，是二十世纪的产物。1916 年，"十八世纪"一词正式出现在《英汉官话辞典和翻译手册》（*Shanghai：Statistical Pepartment of the Inspectorate General of Customs*）的释例当中。

作为时间单位的"世纪"第一次出现就与"十八世纪"紧密相连，并不是偶然的现象。在英语中，"18th Century"不仅单指 1701—1800 年的时间节点，而且还代表了西方文明高速发展及其向世界其他地区扩张的时间阶段。诚然，以欧美为代表的西方世界在十八世纪发生了巨大而深刻的变革，英国爆发了产业革命，法国发生了启蒙运动和资产阶级革命，美国发生了独立战争，这些变革影响了整个世界后来的历史发展。当时的中国虽处于清王朝自身发展的鼎盛阶段——"康乾盛世"，但工业化、重商主义、科学、技术、宪政、大众教育等代表近代化潮流的关键因素都没有出现。因此，"十八世纪"一词自晚清民国以来相当长的一段时间与欧美历史发展紧密跟随，"似乎"成为西方的专属时间。本章通过分析晚清时期颇具代表性的两家媒体《申报》与《东方杂志》上关于"十八世纪"报道的具体内容，旨在观察晚清国人急迫追寻近代性的不同侧面以及背后蕴藏的深刻的危机感。

一　两家媒体对"十八世纪"的报道

晚清时期大量涌现的报纸杂志，是近代启蒙思想和科学知识传播的重要媒介。其中，《申报》和《东方杂志》分别是清末中国最有影响的报纸和杂志。《申报》的日发行量在清末达到 25000 份，

---

① 颜惠庆：《英华大辞典》，商务印书馆 1908 年版，第 334 页。
② 魏易等译：《元代客卿马哥博罗游记》，正蒙印书局 1913 年版。

是当时中国发行量最大的报纸。《东方杂志》则是商务印书馆的标志性刊物，创刊于 1904 年，被誉为"杂志中的杂志"。两种媒体在二十世纪最初十年大量刊登关于"十八世纪"的报道和争鸣，有力促进了国人对于世界局势和科学技术的认知。

《申报》最早出现"十八世纪"一词是在 1901 年的《泰西文明述略》一文中。《东方杂志》最早出现"十八世纪"的记录是在 1904 年。"图书广告"类目中介绍了日本人松平康国所著《世界近世史》一书。该书中译本由中国国民丛书社出版，记述了十五世纪末至十八世纪的欧洲历史。该书"虽非历史之全部，实为世界历史最发达之时代"，是国人"研究世界变迁之状态"的必读书目。[①] 自 1905 年起，两家媒体均开始大规模使用"十八世纪"一词，将此时段作为西方历史急速发展的重要时期。"十八世纪"的应用范围始终与世界历史发展相联系，而中国并未与这一词语发生直接关联。表 1、表 2 是《东方杂志》与《申报》对"十八世纪"的具体刊载情形。

表 1　清末《东方杂志》对"十八世纪"的刊载情况（1905—1911 年）

年份	数量（篇）	所属栏目	类别
1904 年	13	"图书广告""社说""丛谈"	军事、历史
1905 年	17	"图书广告""财政""内务"	政治、法律、经济
1906 年	7	"图书广告""社说""商务""宗教""财政"	经济、法律、宗教
1907 年	1	"商务"	经济
1908 年	3	"记载""调查""	政治、经济
1909 年	2	"新知识""记载"	科学、经济
1910 年	5	"论说""新知识""调查""记载""附录"	科学、政治、经济、宗教、教育
1911 年	10	"论说"	科学、政治、经济、艺术

① 《世界近世史》，《东方杂志》，"广告"，第 1 卷第 2 期，1904 年，第 25 页。

表 2   清末《申报》对"十八世纪"的刊载情况（1905—1911 年）

年份	数量（篇）	所属栏目	类别
1901 年	1	"论说"	历史
1905 年	60	"论说""要折"	政治、法律、经济、社会、外交
1906 年	2	"论说"	历史
1907 年	6	"要折""论说"	政治、经济、法律
1908 年	3	"要折""论说"	政治、外交、经济
1909 年	5	"论说""来稿"	社会、历史、经济、教育
1910 年	7	"论说""时评"	法律、经济、军事、教育
1911 年	8	"论说""专件""要折""来件"	历史、政治、经济、法律

"十八世纪"一词在两家媒体出现最多的年份是 1905 年和 1911 年。1905 年，清廷推行的新政政策进入实质性实施阶段。这一年，清廷废除了延续千年的科举制度，派遣五大臣出洋考察宪政。1911 年则是辛亥革命发生的年份。不难看出，"十八世纪"概念的广泛应用，先后为清末新政和辛亥革命提供了重要的思想资源。从内容来看，"十八世纪"涵盖的范围相当广泛，包括历史、政治、外交、法律、军事、经济、宗教、艺术等各个方面。从作者情况来看，清末对"十八世纪"概念的引入和介绍主要由媒体人完成，当时以专家学者为主的新型教育体制还未形成，媒体人承担了近代思想启蒙的重要角色。《东方杂志》创办于民族危机空前加剧的 1904 年，几任主编如孟森、杜亚泉都曾翻译过大量西方书籍，比较了解西方的历史发展和社会进步，因此他们对"十八世纪"的引介和形塑从一定程度上也反映出清末民间媒体的内容选择及其背后的再诠释生产。

由于两份媒体的性质不同，一个是报纸，一个为杂志，因此在报道内容、广度和深度方面存在较大的差别。《申报》是当时中国发行量最大的报纸，阅读对象主要是大城市的居民，因此它在报道"十八世纪"相关内容时，涉及大量官方文件和百姓息息相关的社会生活和市井风貌。换句话说,《申报》的报道充当了西方"十八世纪"历史经验和二十世纪初年中国百姓如何感同身受之间的桥梁。因此,一方面《申报》关于"十八世纪"的报道涉及内容更为广泛全面;另一方面它的报道做了很多本土化的回应和互动。当时国人对西方的政治、经济、司法的历史进程更为关注,将其作为效仿的对象,但对西方的艺术、宗教甚至科技都没有表现出太大的兴趣,往往将其视为一种异域文化以猎奇的心态看待它们。《东方杂志》则具有较强的专业性,其刊载文章的专业性和评论深度远超于《申报》,这与它的读者对象有关。《东方杂志》的读者多为专业精英和新式学堂的教师学生,它在引介"十八世纪"概念时多考虑到政策、制度、机制等深层次因素。又如杂志开辟的"新知识"专栏,专门介绍西方重要的科学发明和技术革新,从知识生产的角度详细论述了来龙去脉及其应用前景。

二 "同呼吸,共命运":对十八世纪共时性的回溯

十八世纪对欧洲而言是弱肉强食的世界。晚清的中国人不仅观察到欧美诸强在十八世纪的崛起,亦敏锐意识到与后来中国命运类似的世界弱国的亡国悲剧。

清末媒体回溯了与中国命运类似国家的历史与现状,这些国家主要包括欧洲的波兰、横跨欧亚的奥斯曼帝国,以及非洲的埃及和摩洛哥。这些国家都在十八世纪遭受了西方列强的侵略。

"十八世纪中叶,俄、奥、德三国合力攻波,波兰两千万人民遂群伏于俄罗斯专制黑暗之下,而不复见天日"。波兰亡国200余年。①

奥斯曼帝国是地跨欧亚非的大帝国。十八世纪俄罗斯崛起,向

---

① 《中国与波兰之比较》,《东方杂志》,"社说",第1卷第8期,1904年,第163页。

南扩张，开始吞食其领土。奥斯曼土耳其在巴尔干半岛拥有两个重要海峡：其一为博斯普鲁斯海峡，乃出入黑海之门户，其一为达达尼尔海峡，乃出入地中海之门户；两峡之间即马尔马拉海。十八世纪中叶，黑海封禁，俄罗斯在黑海"尚无寸土"，俄国兵舰、商船"皆无踪影"。但俄国极力扩张，"欲得黑海傍岸之地"，奥斯曼帝国"力拒之"。叶卡捷琳娜二世时期，俄国发动战争，打败了奥斯曼帝国。1774 年，双方在俄国古特索克签订条约，"俄始占有黑海土地，始能有商船到黑海及马马哈海"。①

非洲的埃及与摩洛哥均为外债所累。英国本有国债有九种，每年发息一次。十七世纪末，九种国债合并，改为发行三厘息之债票或股票。十八世纪，三厘息改为二厘又四分之三。所有英国国债中，这种股票占到一半以上，票价发行之增减，即为英国国家信用之准则。这种债票生息的做法可为政府带来大量财政收入。但同样的做法传入埃及和摩洛哥后，却成为一大危险弊政。中国人形象地把埃及政府举借外债的做法比喻成"组织火药局"，"一旦轰发，其影响及灾害且将遍彻乎世界"。当时埃及政府"国库空虚，莫能取给，势不得不仰资于外债。于是，而外国之资本家联翩以至，迨外债愈集而愈巨，则条约亦愈订而愈苛，责任又愈负而愈重，终至举一国而陷于经济恐慌、政治骚乱之苦海中"。摩洛哥的情况也大抵相同。②

从前文不难看出，当时中国发行量最大的杂志之一《东方杂志》对十八世纪共时性的观察存在"他者"视角以及倒置式的体验方式。即并未把中国作为"十八世纪"的主体进行考量，从十八世纪中国的历史经验去理解十八世纪，而将中国作为客体，不

---

① 《近东时事杂缀各报》，《东方杂志》，"调查二"，第 5 卷第 11 期，1908 年，第 13 页。

② 甘永龙：《论埃及摩洛哥之外债与中国之外债》，《东方杂志》，第 8 卷第 6 期，1911 年，第 13—16 页。

自觉地把十八世纪认同为欧美主导的十八世纪。中国和十九世纪以来被欧美列强欺凌侵略的国家之所以在"十八世纪"概念中缺席，与《东方杂志》的办刊宗旨有直接的关联性。《东方杂志》在创刊号《新出东方杂志简要章程》中鲜明提出"以启导国民、联络东亚为宗旨"。"启导国民""开启民智"是清末维新派和立宪派知识分子面临民族危机倡导的救国路径之一，他们希望通过报纸杂志向公众传播西方科技、制度、社会、文化等各方面先进的文明成果。十八世纪作为中西方历史发展分水岭的主要时段，自然成为清末新知识分子宣传和形塑的重点。不过，基于向国内读者引介十八世纪在西方产生的那些新事物和新制度而言，清末媒体的知识分子阶层更注重当时中国的实际境遇，将"西方何以富强"理解和塑造"十八世纪"的出发点。因此，清末媒体所塑造的"十八世纪"，并非"康乾盛世"与欧洲崛起的历史经验，而是站在二十世纪初年中国人的立场上，感受十八世纪被欧洲强国"提前"侵略的那些国家，分析它们"落后"的表现与"挨打"的原因，落脚点还是为中国变革的合法性提供历史资源。

观察者指出，中国"虽不得与东西列强比长絜短"，却依然"握七十二万方里之版图，拥四百兆人数之名籍"，"犹现存"，"犹自主"，比波兰亡国的处境要好许多。但他马上笔锋一转，回到真正关心的现实问题：波兰若奋发自强，"异日安知不一跃而脱俄人范围，成地球上独立雄国"，而我国如不改革，一旦被瓜分，任凭他人"鱼肉我耳"。[①] 而刊登"埃及与摩洛哥外债"编辑的初衷更是跃然纸上："本论为我国外债政策力尽忠告，引埃、摩为殷鉴，望其勿陷于二国之地位。我国人亦自审其国情，与埃、摩当日同乎异乎。此固非编辑者所能断言也。"[②]

---

① 《中国与波兰之比较》，《东方杂志》，"社说"，第 1 卷第 8 期，1904 年，第 163 页。

② 《论埃及摩洛哥之外债与中国之外债》，《东方杂志》，"编者按"，第 8 卷第 6 期，1911 年，第 15 页。

清末媒体着重强化了"十八世纪"的"欧洲"之外各国"悲惨"际遇的塑造，带有鲜明的想象特征，"悲惨"的符号指征选择性地忽略了欧洲在十八世纪出现的"中国热"风潮，将十九世纪欧美主导的世界格局自然而然地嵌入进化史观历史发展的逻辑。当然，媒体人之所以进行这样的舆论导向，根本还在于唤醒国民当前的危机意识，"引埃、摩为殷鉴"。他们强烈为现实服务的使命感，势必使其知识生产一定程度上会忽略欧洲之外各国自身的历史发展道路。

三 技术倾慕与文教冲突：中国对 "十八世纪"概念的扬弃

十九世纪下半叶以来，"中体西用"是清政府近代化实践的指导思想。"中体西用"，即中国传统的儒家思想为根本，西方先进的科学技术为应用，西学为中体服务。清末的"十八世纪"概念与西方世界的崛起密切相关。尽管西方的崛起存在诸多因素，但科学技术无疑是最为显著的标志之一。西方先进的科学技术大量引介到中国，是"十八世纪"概念的重要组成部分。然而，科学技术知识的传播对清末媒体人而言却极为艰难。当时国人普遍缺乏近代科学技术常识，而从事科技工作的又多为外国人和留学生，因此就读者环境而言，媒体选择了传播西方科学家的趣闻轶事和猎奇性强的科技发明应用，很少全方位地报道各种科学思想流派的源流异同和具体入微的技术突破，实属无奈之举。

例如在天文方面，十八世纪西方的天文学者已经发现了 62 颗彗星。1800 年，哈雷首次发现定期出现的彗星，即后来最著名的"哈雷彗星"。到了十九世纪中期，新发现彗星 235 颗，定期出现的彗星则有 17 颗。[①] 英国女王维多利亚参观格林威治（Greenwich）天文

---

① 《东方杂志》，"丛谈"，第 1 卷第 5 期，1904 年，第 11 页。

台时，怜悯台长布兰德利（Bradley）清苦，打算给他涨薪水。布兰德利却并不领情，拒绝了女王的好意。他说："台长如果有很丰厚的俸禄，恐怕我之后的继任者就不再是懂天文的专家了。"[1]

天文研究的发展离不开数学。方得那（Fontaine）提出，"由一点一线之浅界说而起，及其终也，遂能推测天地"。杜赫衣（V. Duruy）更是直接断言："算学为诸科学之母。"西方人重视数学的趣事在中国流传甚广。如博塞德（Boistc）说道，"算学可以解忧，一入其中，则百念都绝"。杜博鲁（Dupanloup）曾说，"算术能汲人之思想，故耽其学者多不谙世事，世间多一算学家，即少一生人"。

由于当时国人普遍缺乏系统的科学知识，媒体宣传科学内容时多采用故事的形式，用以点带面的方式普及科学思维。如引用拿破仑的名言："算学与国家有实切之关系，算学精进，则国家必强盛。"[2] 又如，十八世纪中叶，英国数学家莫里尼（Molyneun）提出一个疑问，很久没人能解答。这个问题是，有个天生的盲人，后被医生治好眼病。他睁开眼睛，看到眼前有一个圆球和一根长竿。问题是，这个人需要用手触摸圆球与长竿才能辨认呢，还是眼睛一看就能辨别出圆球与长竿？诸如此类的问题引发着数学家的强烈兴趣。拉级（Lagny）沉浸于数学演算，思考的时候一动不动，甚至有人怀疑他已经气绝辞世。朋友走近床前，试着问道："十二乘十二等于几？"拉级微微应声道："一百四十四。"

又如，牛顿（Newton）煮鸡蛋时，用手拿出表看了看，觉得离鸡蛋煮熟还有一段时间，于是开始用心演算。过了一会儿，他赫然发现表在沸水里煮着，手中却拿着鸡蛋。他喜爱养猫，家中养着一大一小两只猫。牛顿天天忙着演算，终日闭门。小猫性好动，喜欢外出，不断啼叫。牛顿不堪其扰，凿一小洞把小猫放出去。大猫见

---

① 王寿昌：《算语杂译》，《东方杂志》，"新知识"，第 6 卷第 6 期，1909 年，第 37 页。
② 王寿昌：《算语杂译》，《东方杂志》，"新知识"，第 6 卷第 6 期，1909 年，第 37 页。

小猫自由出入，也狂叫不止，牛顿只能在小洞旁边凿一大洞，放大猫出去。

类似题材的故事不胜枚举。《东方杂志》专门开辟"新知识"专栏，以通俗易懂的方式提倡科学。

清末对十八世纪西方先进技术的引介亦不遗余力。如18世纪热气球的飞行实验。十八世纪末，距法国巴黎40里的小城市蒙可复有兄弟二人，哥哥叫枚文，弟弟叫约瑟。一天兄弟两人看到天空飘荡的云雾，突发奇想，如将云雾一样的轻薄气体放入袋中，必能向空中飞行，"其理固显然可见"。于是两人制一纸袋，用柴燃火，藏火烟于袋中，然后把袋口扎起来。袋子果然飞上空中。后来他们反复改良，制作一个圆周15尺的球形布袋，稻草燃火，把烟装在袋子里。十九世纪初，他们首次在公众展览场施放，布球在空中停留了十分钟，最后落在升空处5里之外的地方。这是热气球实验的发端。

从科学的角度看，当时只知道烧草为烟，以为燃烧的烟比空气轻，并不知道热瓦斯更轻，"盖热瓦斯之以热而升，而复以冷而降者"。十八世纪英国化学家壁提秀发现了瓦斯，名为"水素瓦斯"，比空气轻7倍。[1]

拿破仑的一句名言点破了普及科学知识背后的动机："算学与国家有实切之关系，算学精进，则国家必强盛。"[2]

清末国内媒体在西方科技方面的描述依然停留在猎奇故事与现象描述的较浅层次，这固然与媒体的普及性质有关，但也深刻反映出当时专业科技与科普人才匮乏，媒体人普遍缺乏科技知识的事实。因此，内容几乎都直接选自外文报刊书籍进行翻译，形式生硬，国人很难得到科学理念的普及。

---

① 李煜瀛：《空中飞行器之历史》，《东方杂志》，"新知识"，第7卷第7期，1910年，第41—43页。

② 李煜瀛：《空中飞行器之历史》，《东方杂志》，"新知识"，第7卷第7期，1910年，第41—43页。

相对于中国人对十八世纪西方科学技术的倾慕，他们对十八世纪的西方艺术却持保留态度，认为中西各有千秋，不存在高下之别。

姚宝铭分析了中国和德国绘画艺术的异同。他认为德国古典画的技法是希腊、罗马的延续。十五世纪虽处幼稚时代，但独勒尔等人的绘画"神味浑厚"，是德国画学之基础。十八世纪的德国绘画出现退步状态，"未闻有能继独勒尔等而起者"。"十九世纪之画家虽日有进步，多有发明，然亦不能出其范围也"。中国的情况与德国类似。"我中国唐宋元明诸大家之发明，至近代之画家虽能独立一帜，亦不能出其范围之外也"。画法方面，"西人作画，对物写真，有摹仿者则禁止之，稍有差池则不在其例，恐乱真也。中国画家，则以摹仿自鸣其高，间有对物写真者，亦属寥寥"。当然，作者也指出，"中国画家甚多，惜其遗迹散失，除收藏家无人收拾"，建议仿照西方建立画廊和拍卖制度，"悬挂名人真迹，使人尽能入观"。[1]

时人还介绍了西方的绘画拍卖制度。英国国家美术陈列所向私人藏家购买画作，陈列于国家美术所供观众参观。购画之款由三处凑成。比如一幅十八世纪曾藏于加尔司亲王的画作拍卖价为四万英镑，国家美术财政处捐一万镑，国家美术局捐一万五千镑，英国政府捐一万五千镑。[2]

不难看出，中国人对十八世纪西方的绘画艺术并没有如科技一般仰慕，甚至认为在西方艺术历时性的发展脉络中，十八世纪非但不是辉煌时期，反而是一个平庸甚至倒退的时代。这在一定程度上消解了中国人关于"十八世纪"完全由西方主导的历史映像。中国人并未在艺术方面让步于西方，而是平等地进行历史比较，反映出

---

[1] 姚宝铭：《中德画学之异同》，《东方杂志》，第 8 卷第 10 期，1911 年，第 13—15 页。

[2] 《四万金之画》，《申报》1911 年 9 月 28 日第 26 版。

对"中学为体"的坚持。

教育方面，清末媒体亦从读者环境考虑，着重介绍了国内所缺乏的十八世纪欧洲各国妇女教育与儿童教育状况。

十八世纪初，英国虽然产生倡导女权学说，但大部分思想尚未激进，依然墨守贤母良妻的宗旨。妇女教育只在初等教育的范围内，女子学校多为私塾小学，课程以古代语言、外国语言、算术、音乐以及裁缝家事方面的技术为主。十八世纪法国的妇女教育比英国有所发展，有了女子的中等教育，中小学校允许男女同校。8 岁以前以家庭教育为主，8 岁以后入县立学校。女子教育注重贤母良妻的教育内容。[①] 十八世纪的德国在国民文学勃兴的背景下，女子教育发展迅速，公立、私立女校数量逐渐增多，具备了初步的学科体系，教学内容仍注重贤母良妻的培养。[②]

中国虽没有专门的女子教育，但介绍十八世纪欧洲女子教育时强调的落脚点都在女子"贤母良妻"的培养，这和中国儒家的女子观念相一致。十九世纪以后，欧洲女权主义兴起，女性教育首当其冲，引发社会的巨大变动。在当时的中国人看来，这是"非贤母良妻派极盛之时代"，显然不如十八世纪那么亲切贴近。

中国对十八世纪欧洲的儿童教育理念并不认同。如法国思想家卢梭强调，"儿童纯然，未有习惯之日，不可使生一习惯"。德国思想家康德指出，"人有习惯，则自由独立性之保存者渐以减少"。两人都对习惯养成持消极主义的态度，认为习惯养成乃天性使然，教育的重要性在于知识和实践。这与儒家观念并不一致。儒家思想强调习惯养成是教育教化的结果，在于后天努力，持积极主义态度。"欲为完全无缺之人者，必于其儿童时养成善良之习惯始，否则一身之行为受不良的习惯之支配，将来必至牺牲此一身而不顾"。因此，教育者的责任不仅仅在于追求知识进步，身体发达，更要培养

---

① 《论女子教育宗旨续四月十八日稿》，《申报》1905 年 6 月 11 日第 1 版。
② 《论女子教育宗旨续十五日稿》，《申报》1905 年 5 月 21 日第 1 版。

良好习惯。①

清末中国在"十八世纪"概念的西方价值评估中，对宗教的抵抗最为激烈。

首先，清末的知识界基本上认可宗教概念，承认"自有世界而人类生，自有人类而宗教立，世界不可一日无人，即人类不能一日无教"。其次，宗教的重要性不言而喻。"立国有三要素，曰政治，曰学术，曰宗教，三者不可缺一，而互相为用"。"野蛮时代有野蛮时代之宗教，文明时代有文明时代之宗教，凡民族文化之进退与宗教之良否为比例"。十八世纪西方社会的整体进步在宗教方面体现在"路德另立新宗教"。最后，具体到中国而言，"中国数千年来以儒为国教，而以释、道二者为附属物，政治出于是，学术出于是，其关系视诸他国尤为甚者"。因此"中国不欲图存则已，中国而欲图存则必自改革宗教始"。②

但是，中国宗教改革的方向是向西方学习么？答案是否定的。

从西方宗教的发展脉络看，从五世纪至十五世纪的一千年间，为宗教持世之时。各国戴教皇为共主，兼君师而一之。其时学堂教科，虽分拉丁文、伦理学、修辞学、算术、几何、天文、音乐七科，而拉丁文则为研求《圣经》之用，修词学则为攻辩异教之用，算术、几何则为经典中有度量殿堂之用，音乐则为礼拜之用，凡诸学科，一以理会经典为目的。至于社会实在之知识技能，如地理、史志、物理、博物诸科，均无之。其有讨论哲学、文学者，至目为异端。除宗教界外，万物皆无真理，故史家称之曰黑暗时代。③

十六世纪下半叶，宗教改革，新教大行，渐脱依赖僧侣之结习。到了十八世纪，自由之主义发达，遂因宗教之改革，日促政界之改

---

① 《论教育儿童当养成善良之习惯》，《申报》1909 年 1 月 3 日第 3 版。
② 《中国宗教因革论》，《东方杂志》，第 3 卷第 10 期，1906 年，第 39—44 页。
③ 《论法国限制教会学堂事因及宗教过去未来之状况》，《东方杂志》第 2 卷第 12 期，1905 年，第 62 页。

革，各国皆从民意而定立宪法。一切专门学皆脱宗教之羁绊，而国家为之保护。其自由浸淫，讫于近世文明进化，面目一新，遂一变而为科学持世之世界。因此，欧洲可分为三大时期："自第五世纪至十五世纪，为迷信神权之时期；十六世纪至十八世纪，为理想推测之时期；十九世纪，为科学实验之时期。"第一期为宗教全盛之时，第二期为宗教始衰之时，第三期为宗教全衰之时。

作者认为，三大时期的分类有两个特点。一是三大时期呈现线性演进的历时性关系，不可逆转，"不可以人力挽回者也"。二是三大时期同时具有共时性的特征，"不徒依古今之时世以立言，即同一时世之民，亦常有此三种之知识"。具体言之，上等知识者信实验，中等知识者信理想，下等知识者信神权。作者指出，"大抵一国之人，上等知识居少数，而中下等居多数"。不过，按照此一进化论的"科学"逻辑，随着科学进步，教育发达，"能使下等知识者升为中等，中等知识者升为上等，既有中等之知识，则不复信神权，既有上等之知识，则不复信理想"，二十世纪"咸以科学为身心性命之事"，那么宗教足以自然淘汰了。宗教想要不被淘汰，"非应时世之变迁不可"，"非变化其教不可"，"非为哲学实理之形不可"。①

由上可见，清末对十八世纪的认知中并未将西方宗教真正视作社会进步的动力之一，反而将其纳入"非科学"的窠臼，拒斥态度的背后是对中国本体文化的坚持，批驳"中国之宗教有现在思想，而无未来思想"②的悲观论调。这种情形几年之后荡然无存，"打倒孔家店"成为新潮流。

---

① 《论法国限制教会学堂事因及宗教过去未来之状况》，《东方杂志》，"宗教"，第 2 卷第 12 期，1905 年，第 61—66 页。

② 《中国宗教因革论》，《东方杂志》，"宗教"，第 3 卷第 10 期，1906 年，第 39—44 页。

四 经济转向的迫切需求："十八世纪" 普世价值的传播

清末新政是中国近代化事业的关键一环，其广度和深度远远超过之前的自强运动和戊戌变法。新政是清政府自上而下推行的一场改革，取得的最大成绩在于经济方面。这场经济改革得到社会各阶层的广泛认可，各方纷纷献计献策，意见纷纭。值得注意的是，各方在经济转向的方向性方面却惊人一致，都指向十八世纪西方崛起的成功经验。

十八世纪以来，西方经济发展催生出的大量新思想和新事物，直到十九世纪下半叶才被一小部分中国人关注，直到二十世纪初才引发朝野各方的关注和思考。这主要包括两个方面：一是经济制度的建构；二是经济发展的脉络。

经济制度主要包括以下方面。

一是租税和公债。国家征民财以供国用，名曰租税；国家借民财以图公益，名曰公债。租税分所得税与物品税两类，物品税为国家岁入的主要来源。公债从募集目的划分，有生财公债与不生财公债两类；从利用手段划分，有爱国公债、商利公债和强迫公债三种，其中以商利公债为最善。至于强迫公债，以往欧洲各国，皆有强迫公债之举："国家当非常之变，命富者出若干金以充国用，其利之有无多少，悉听政府之便，故名曰国债，实与强夺无异，此其法至为野蛮。"当十八世纪欧洲"自由主义日益发达，盖无有行之者矣"。①

二是处理好财政的干涉与放任关系。政府对公用垄断行业，如邮政、汽船、铁路等，必须干涉监督。清政府仿照欧美设立商部，

---

① 《论公债》，《东方杂志》，"财政"，第 2 卷第 3 期，1905 年，第 33—42 页。

不能事事干涉，否则即为病民，但对垄断行业则干涉不可少。十八世纪以来，厉行铁路国有政策的是德国和瑞士，亚洲的日本后来亦采取此政策。中国的情况比较复杂，"幅员之广，生计之艰，又值内忧外患"，当时主持铁路事业的官员盛宣怀，将本拟商人资本修建的铁路收归国有，然后举借外债修筑，最终成为中国民族主义的宣泄口，酿成声势浩大的保路运动。这场运动与武昌起义之间存在明显的关联性。可见，财政干涉与放任的关系之重要。①

三是实行金银两本位制。金银的关系是金为根本，银为活用。两本位制比单本位制的好处在于，可减少货币的价格变动，可减少金银的比价变动，可增加货币的流通额。②欧美各强国自十八世纪以后都采用金本位制，以银币为补充。同时"法律上限一定之用法，以为交易受授之标准"。英国是最早使用金本位制的国家，"德、美、意、澳、和兰等国先后接踵而行"。③

四是预算概念的引入。"预算"二字源自古法语，本意为"皮囊"。此词从德国传到英国后，改其意为国会，取自财政大臣打开包裹议案的皮囊，然后求得下议院的承认。"财库开示，此革囊之转，即为国会"。十八世纪末，此词再传回法国，又改为"计算"之意，即"将来财政期间内一切支出，而应之以为收入，此正今日预算之意义也"。英法两国是最早制定预算法的国家。国家的经济命脉在于财政，财政的枢纽在于国会，政府预算不经国会同意则不成立，因此整理财政必定预算，编制预算必速开国会了。④

下面是梳理十八世纪欧洲贸易的基本脉络。

欧洲的商业政策经历了保护贸易—自由贸易—保护贸易的发展路径。

---

① 《湘议局三劾盛宣怀》，《申报》1911年7月9日第5版。
② 《财政学中新发明之大义》，《东方杂志》第3卷第5期，1906年，第65—72页。
③ 《张星使请定金本位》，《申报》1911年6月27日第5版。
④ 《论清理财政必当豫算之原因》，《申报》1910年1月18日第2版。

重商主义萌芽于十五世纪，发达于十七世纪。法国在欧洲首先实行重商主义政策，颁布保护国内制造业的各项政策。英国效仿法国，规定凡羊毛、纺织、钢铁工业都受国家保护。随后兴起的殖民主义和航海事业都是重商主义的产物。十八世纪中叶，重商主义走向没落，自由贸易代之而起。亚当·斯密把通商主义视为"卑劣凶恶之政策"，极力排斥。重商主义保护本国商品，抵制外国商品，目的在于"以他国之金钱厚吾国之富力"，因此又称"重金主义"。亚当·斯密认为，凡贵金属亦唯商品之一，用途有限，如果专以吸金为目的，这些贵金属饥不可食，寒不可衣，"必非一国之利"。

十八世纪后期，自由贸易风靡欧洲，打破了保护本国商品的贸易壁垒，通过缔结商约的形式进行国际贸易。美国独立亦是自由贸易的后果。法国大革命后，欧洲各国皆受损失，自由贸易的弊端暴露无遗，各国又开始"各行其利己之政策"，"所以通商主义虽绝迹于世，而保护主义仍相代而起也"。① 因此，十八世纪实行的商业政策，"纯以武力济之"。"故凡有与之竞争者，必悍然击破其商船，阻绝其航路，侵夺其殖民地，使不能与吾抗而后已"。最典型的莫过于英国对荷兰、法国与印度的例证。到十九世纪，外交逐渐取代战争，"武力渐变为平和之竞争"。十九世纪末，帝国主义盛行，无兵力者无外交，"于是各国之实行商业政策，遂又复武力竞争之旧"。②

除贸易之外，欧洲各国亦兴起重工主义。亚当·斯密是重工主义的倡导者。十八世纪以前，西人言生计学者首推亚里士多德。自《原富》一书发行，亚当·斯密取而代之。"其魄力之伟大，几足震荡全球。西方近百年殖产之丰，环球九万里交通之广，欧

---

① 《论国际商业之政策》，《东方杂志》，"商务"，第 3 卷第 8 期，1906 年，第 87—91 页。

② 《论各国经济竞争之大势》，《东方杂志》，"商务"，第 3 卷第 7 期，1906 年，第 59—70 页。

美十余强国国计之充裕，以富力霸天下，其推波助澜者即《原富》一书"。该书最大的特点在于，当时欧洲各国因重商主义和重农主义，而组成保护贸易主义，而亚当·斯密却专门提倡重工主义。重工主义为何重要呢？亚当·斯密认为农、工、商三者之间的关系为"农以出之，工以成之，商以通之"。"工业不振，则农之所出皆生，商之所通无良品，当此自由贸易盛行之时代，重商、重农两派断不足以立于万国竞争之市场。"[1]

与此同时，十八世纪西方的经济学知识传入中国。十八世纪中叶，统计学成为专门的学科。"其胪列表式一目了然，必赖学问之人有详细之调查，以为佐证之资料，其必非一部分之行政官札派几员随意采访，即可以尽调查而成统一也。"各国每年都有统计年鉴的刊物，汇集地方、人民、财政、海陆军、商、工、物产等项，列表统计，供人"内考全国之情势，外觇世界之竞争，参互比较，以定行政之方针"。受此影响，清末新政时期，清政府在京师设立统计处，在地方设立了调查局。[2]

不难看出，清末媒体人虽然清醒意识到建构西方经济制度和历史的必要性，但对西方经济社会发展的整体性和经济理论思潮显然储备不足，由此呈现出以点概面、以偏概全的特点，缺乏整体性宏论和有深度的报道。民国以降，这种局面才得以很大改观。

五　宪政：清末"十八世纪"概念的灵魂

1905 年，清廷选派五大臣出国考察宪政，由此开启清末预备立宪的政治改革。1908 年，孟森接任《东方杂志》主编。他是"君主立宪"的积极倡导者，加入了上海的重要立宪团体"预备立宪公会"，编译《民法要义》《咨议局章程讲义》《地方自治浅说》等宪

---

① 《论重工主义》，《申报》1905 年 4 月 25 日第 1 版。
② 《论统计》，《申报》1907 年 10 月 24 日第 2 版。

政书籍。他接任主编后，认为"宪政筹备不能据官文书以为定评，必须社会监督始有实效"，于是在杂志开辟"宪政篇"专栏，大力宣传宪政。《东方杂志》成为当时宪政思想传播的重要阵地。十八世纪由此也被塑造为"宪政的世纪"。自十八世纪以来，欧洲人士竞谈新学，所谓权利自由、独立平等诸说。当时的欧洲君主视同妖言，斥为邪说。英国是宪政鼻祖。首先按照天赋人权的原则修正宪法，如保障臣民权利自由，法官相对独立，议会参与立法、议决和决算，依法征收租税，内阁对议会负责，君主并无实权。

孟德斯鸠参考英国宪政制度，首次提出"三权分立"原则，"三权分立者，行政、立法、司法三权宜各由特别之机关独立对封，互相节制之谓也"。严复是中国近代最著名的翻译家，翻译了大量十八世纪西方的经典著作。法律方面，他翻译了孟德斯鸠的《法意》，又名《万法精理》。该书成于1748年，"为十八世纪极有关系之著作"。拿破仑曾随身携带此书，后来成为法国制定法律的重要基础，而法国法律被誉为"近世最善法典"。严复翻译此书正值清朝朝野推行宪政的关键时期。①《法意》一书成为欧洲各国宪政政体的理论基础。其后卢梭写成《民约》一书，主张"天赋人权"，指出"人本生而自由，不受压抑，惟当共结社会契约，以社会之总意分配权利于人民，人民对于总意受其拘束，此外悉可自由"。《民约》一书出版后，"拉丁民族之国体咸因此而变更"。②

十八世纪成为晚清立宪党人政治改革的有力思想武器。陆宗舆是清廷中为数不多的立宪派官员。他指出欧美崛起是宪政改革的必然产物，近年日本的成功又提供了绝佳佐证，因此宪政是政治改革的最佳路径。他结合君民关系、法制传统以及地方官制等影响中国宪政推行的现实因素，提出中国走立宪道路的选择。"英国宪政，出于相因而化，成于相习，故宪典无成章。德国以联邦相合，国体

---

① ［法］孟德斯鸠：《法意》，严复译，商务印书馆 1905 年版，第 15 页。
② 《达寿奏考察日本宪政情形》，《申报》1908 年 8 月 26 日第 10 版。

自别。法经屡革之后，制度最有秩序，惟政体为共和。美之政体如法，而分省如国，各省立法自治，有欠统一"。欧美各国虽然情势不同，却都是其崛起强大之政治基础。虽然欧美强国无一例外立宪成功，但当时的中国人也清醒意识到，欧美的历史传统和现实国情与中国大相径庭，无法盲目模仿，因此提出向近邻日本学习的做法。"日本旧为最专制之国，民智亦不开，自明治初年有立宪之旨。至二十三四年后，议院既开，时而士民于议政体之见识阅历尚甚幼稚。然至三十年后，卒进于大成矣"。此中艰难，可想而知。中国如能立宪，"民智日开，上苟不顺导，则下必逆进。顺导则至安，逆进则至危"。当然，中国国民之智慧程度甚低，不能不讲施行之次序。这方面可借鉴德国的经验。"考德国当十八世纪初，其列邦皆先立省会，以开国会之先声。而地方自治制度者，尤为使民练习政事，与闻治道之法"。中国在地方自治方面亦有传统，如"山东之绅董局，山西之乡社"等，由地方"各定以自治条章，垂为定制，颁行全国"。这样一来，"乡政风行，民智大开，然后有立宪国国民资格，而可与议国家大政"。①

天赋人权主张人民权利与生俱来，欧洲各国的政治变迁纷纷围绕此主题展开，打破君主专制樊篱，人民恢复权利之心亦日渐发达。这与清末立宪运动的呼声不谋而合。主张宪政者提出立宪是政治发展的潮流，俄罗斯、土耳其等国纷纷由专制国变成立宪国，而中国仍处于专制状态，"人民未能享受种种权利者，乃政府强吞而硬剥之耳"。② 不过，尽管十八世纪高扬保护个人本位的旗帜，却并未解决好道德、宗教和法律三者的关系。十八世纪末，法国和德国分别代表不同法系重新修订法律条文。到十九世纪，欧洲各国普遍

①　陆宗舆：《立宪私议》，《东方杂志》，"内务"，第 2 卷第 10 期，1905 年，第 165—169 页。
②　《申报》1910 年 11 月 11 日第 6 版。

将属于道德和宗教范围的罪恶置诸法律之外。①

　　欧洲列强正是凭借宪政改革，走向了富国强兵之路。媒体集中对十八世纪的世界海军战史进行了介绍。英国的近代历史是一部海战史。十八世纪世界发生了三大海战，"一因西班牙袭位，一因奥国袭位，一因美国联邦独立"。三次海战中，前两次均为法国战败，失去在美洲和非洲的属地。最后一次英国战败。英、法两国是欧洲十八世纪崛起的代表，双方竞争也最激烈。②

　　十八世纪上半叶，法国本无海军，但十八世纪后期发展迅猛，体现出海洋势力竞争的加剧。1771 年，法国创立罗海痕船厂，开海军之滥觞。到 1774 年，法国海军就拥有 70 艘军舰，1789 年更增加到 80 艘。十八世纪末，法国成为仅次于英国的世界第二大海军力量。③

　　媒体人在"十八世纪"的历史建构中，"宪政"无论从深度还是广度都可称为最瞩目的时代标签。清末媒体人在不突破当时新闻管制制度的前提下，以"引导国民舆论"为己任，运用"十八世纪"与"宪政"互为技术性符号的手法，巧妙借助政府推行的立宪风潮催生一批传播西方知识的报纸杂志。这一特点在中国新闻传播史上具有非常重要的示范意义。

六　余论：十八世纪的基调是革命性，还是过渡性？

　　综上所述，帝国体制下的中国媒体人对"十八世纪"进行了政治、经济、技术、教育、文化、宗教全方位的描述，加深了国人对帝国危机的认识。另外，我们也应该看到，清末媒体对"十八世

---

　　① 日本冈田博士：《论刑律不宜增入和奸罪之罚则》，《申报》1911 年 1 月 11 日第 26 版。
　　② 王庆骧：《欧美列强海政论》，《申报》1910 年 3 月 31 日第 2 版。
　　③ 王庆骧：《欧美列强海政论续》，《申报》1910 年 4 月 2 日第 2 版。

纪"的塑造距离西方"十八世纪"的历史还有相当的差距，与其说是对于那个时段历史的建构，不如说将其作为当时西方崛起与中国衰落历史背景的象征性符号，由此反映出的落差恰恰是二十世纪初民族危机的根源所在。

在此意义上，"十八世纪"才被二十世纪初的中国人认为是中西双方此消彼长的分水岭。

中国文明"声教所讫，文物炳然"的时代，欧洲大陆"尚未开辟，更无所谓文化也"。欧美两洲"榛莽狉野"之时，中国极盛一时，"固已良田美宅，道路交通，都邑城市，星罗棋布。其民已离穴居野处而有宫室，其士农工商已分途专攻，而各世其业。"断坦颓壁之印度，影响模糊之埃及，高尚美妙之巴比伦，暴虐残酷之尼尼狒，长生不死神仙缥缈之希腊，浩瀚统一全欧之罗马，而今固安在乎？烟消云散，流风衰歇。在上各古国中巍然独存，翘立于全世界者，仅有一中国而已！"不过，中国形象在十八世纪的欧洲人看来，只不过"以老死庞大之帝国见称者也"。"亿万千年，不特其形体结合无所更变，即其精神组织亦无更变，上下古今，如一日也。"① 十九世纪下半叶，中国对外军事溃败，"鸦片之役，安南之战，甲午之败，拳匪之乱，其影响及于民生"。"民之染西俗者，指不胜屈，衔雪茄，食番菜，乘马车，皆为日常所见"，中国人产生了"西洋物质文明高于我国数倍"② 的印象。欧洲与中国互相观察彼此镜像呈现放大的一边倒趋势。

这种在中国文明认识上的强烈反差刺激着晚清的中国人，同时亦使他们迫切地从十八世纪西方的历史遗产中寻求资源。

一种观点认为，十八世纪对欧洲的进步而言是革命性的时代。十八世纪末，"以政治之更革，学术之发明，而国民生计之基础遂固"。

---

① 《黄报缘起》，《东方杂志》第 8 卷第 5 期，1911 年，第 9—12 页。
② 圣心：《论现今国民道德堕落之原因及其救治法》，《东方杂志》第 8 卷第 3 期，1911 年，第 11—20 页。

"其发达之迹,则固有显然可按者"。① 十八世纪末欧洲文明门分户别,各有专家,凡所发明之学术,创兴之艺事,百年之中环球气象焕乎一新。十八世纪末的法国大革命,意味着"人类一部分之解放";二十世纪之特色,"可谓全在人类之解放"。②

这种革命性的进步凸显了中国的落后,加速了中国人的民族危机感。"我中国时至今日闭关自守,则锢蔽必至益深","不自振作,致人以昭昭,我以昏昏,任人著著争先,而我争事落后,将见利源、权益日益衰颓,何以解乎五千年文明之裔、四万万可用之人哉!"③

但十八世纪对美国而言进步却并没那么显著。十八世纪,美国人口只有530万人。到了十九世纪末,骤增至7600万人,百年间增加近15倍。④

还有一种观点认为,十八世纪只是欧洲进步的"过渡时代",真正变革发生在之前的十七世纪和之后的十九世纪,从中国人的角度看尤其如此。

各国对于中国商战的历史,可分为三个时期。第一时期为陆路贸易时期。十七世纪之际,商业势力范围多以国内为限,社会心理亦每多轻视工商业,商业和制造业"亦皆简陋不足道"。其原因在于陆路交通不出国门,需要的供给也都在国内,不存在激烈的比较竞争观念。第二时期为水路通商贸易。十八世纪后,"商机渐动,商力渐充,商业渐重",国内的狭隘空间阻碍到商业的发展,于是开始关注中国沿海,"要求开埠,广辟商场"。中国各口岸遂为各国商人施展能力之地。第三时期为由水路而复入陆路交通之贸易。十九世纪以后,各国商务视线渐由航路转入铁道,复由海岸而进入内地。的确,欧洲对中国的真正冲击发生在十九世纪。对中国人而言,十九世纪的历史记忆

---

① 《南洋劝业会说略》,《申报》1909年3月29日第3版。
② 许家庆:《二十世纪之政治问题》,《东方杂志》第8卷第10期,1911年,第1—5页。
③ 《泰西十九世纪文明述略》,《申报》1901年1月31日第1版。
④ 《读美洲移民统计表感言》,《申报》1909年4月13日第3版。

才感受得切肤而深刻。①

十八世纪天赋人权和平等自由原则的确立，使个人权利得到保护，刑法中的法定主义，民法中的个人权利，都是《人权宣言》宪法的具体体现。十八世纪是个人意识觉醒的时代。"社会自幼而壮，渐有筹划一切之识"。正是十八世纪个人本位的极度发展，才使十九世纪出现纠偏，政治制度变得更加完善合理，"一切制度法律，皆舍个人本位而趋重于社会"。②

客观而论，随着中国对欧洲十八世纪认识的渐趋深入，发现那里也并非"桃花源"，同样存在诸多问题，如贫富差距的增加，人口压力的增长，等等。

"十八世纪以来，欧美政法界日趋于平等，而生计界日趋于不平等。贫富之间，相离愈远"。十八世纪末，马尔萨斯针对"贫者往往不自咎，而咎其团体之无以相生养"的现状，提出了著名的人口理论。他认为，户口增长之速率大于生计增长之速率，"故民必有乏食之一日，而贫穷必不可逃"，解决贫困的唯一方法在于限制人口。马尔萨斯的人口论暴露了西方社会分配不均的现实。反对者认为，人口压力并不是主要问题，"果使分配得宜，必无不给之患，其患在分财不均，不在生财不足"。③清朝主流媒体虽不认同这种观点，但对于旨在推翻政府的革命党人来说，无疑是重要的思想资源。

十八世纪后，欧洲政治由干涉主义进入自由主义，人民"各方面感其利便，而幸福遂以增进"。但到了十九世纪末期，自由竞争衰微，托拉斯主义盛行，贫富差距拉大，人民皆主张干涉主义。十八世纪的遗产被逐渐抛弃，而"社会主义遂为当今第一大问题"。④

① 《论日俄经营东三省商业》，《申报》1909 年 12 月 10 日第 3 版。
② 崔云松：《檄新法官》，《申报》1910 年 12 月 12 日第 2 版。
③ 章宗元：《论古今生计界之竞争》，《东方杂志》，"社说"，第 3 卷第 9 期，1906 年，第 185—190 页。
④ 《申报》1906 年 3 月 26 日第 2 版。

当然，十八世纪不仅仅代表着过去。1908 年的一则报道说，德国行文通告中国，"凡在中国土耳其之民均归德国保护，以代法国"。该文甫一发布，法国舆论震惊，"骚动异常"，马上回应道，"法国自十八世纪后即保护土耳其国会，今日此变并未接有文告"。法德双方二十世纪初的博弈，立论基点仍需回溯至十八世纪。[①]

清帝国崩溃后，"十八世纪"又被时代赋予新的意义。时人的关注从宪政改为政党，"今之贤者，竞言政党"，中国开始进入政党政治的新尝试。政党政治起源于英国，柏克是十八世纪英国政党政治最重要的理论家和实践者。他对政党的定义是，"政党者乃本特异之政纲，为全体所共认者，以一致之运动，图国家之幸福，因而相与联合之一团体也"，"无党之政治家，无从实行其党纲"。[②] 就此十八世纪之解读，已与清末前十年的帝国无关。

综上所述，清末两家最重要的媒体——《申报》与《东方杂志》，共同塑造了"十八世纪"概念，这一概念全方位地涵盖了西方崛起的各个方面，分别满足了一般大众和专业读者的阅读需求，在二十世纪初这个两千余年封建帝制即将土崩瓦解的关键时间节点上，对于普及近代性知识和欧美国家发展的历史进程，起到了重要的开发民智与思想启蒙作用。当然，清末媒体人塑造的欧化"十八世纪"概念，与其将其视为全然客观的全球性知识传播，不如说很大程度上是为了证明当时中国落后的历史资源，报道背后渗流出的是深刻的民族危机与本土意识。

① 《德法互争保护土国》，《申报》1908 年 7 月 15 日第 20 版。
② 《政党与党纲》，《东方杂志》，"内外时报"，第 8 卷第 10 期，1911 年，第 16 页。

所谓"科学院"是什么?
——论"学院(Academy)与学术协会(Society)"的时代起源与终结[*]

隐岐清香 著　韩 丹　刘姗姗 译[**]

针对这种恶害,最合适、最切实的解决方案是让那些从公共教育义务中解放出来的人自由地组成团体(……)。

这种学者的集会由意大利皇室最先关注并建立,称其为学院(academy)[①]。

在十八世纪,各国成立了各种各样的学院(academy)和学术协会(society),并成为科学研究活动的中心,因此十八世纪又被称为"学院和学术协会的时代",被认为是科学研究专业化和职业化的初步阶段。除了数学、天文学和医学等古希腊便存在的领域,当时的大学并未被设想为发展"新"领域科学研究的场所,这些"新"领域包括自十七世纪以后发展起来的实验科学(现代物理学和化学源于此)以及动物和植物的分类与观察等。因此,从事科学研究并未被当作一

---

　* 本稿是在已经出版的下述论文的基础上适当修改而成的。隐岐さや香『科学アカデミーとは何か—「アカデミーと学協会の時代」の起源とその終焉について—』、『科学の参謀本部』、市川浩编、北海道大学出版会、2016年、ch. I - 1。

　** 隐岐清香,东京大学教育学研究科教授。韩丹,名古屋大学经济学院附属国际经济政策研究中心研究员。刘姗姗,中国人民大学历史学院硕士研究生。

　① François Hédelin, *Discours au Roy sur l'establissement d'une secondonde académie dans la ville de Paris*, Paris, 1664, p. 33.

种职业形式确立。所以，学院和科学会等组织为自然科学爱好者提供了一个展示和交流研究内容的平台。①

1660 年代英国设立的伦敦皇家学会（Royal Society of London）和法国的巴黎皇家科学院（Académie royale des sciences de Paris）被认为是这种学院和学会的先驱。在随后的十八世纪，由国家和地方当局承认的官办学院和社团有七十多个，由各地区的贵族和富人出资创办的私人学院和社团则近两百个。J. E. McClellan Ⅲ 的著作对"学院和学术协会的时代"的阐述最为全面，他曾指出，所有学会的组织结构不是仿照英国皇家学会的"协会型"，就是仿照巴黎皇家科学院的"学院型"。两者之间的主要区别在于，"协会型"基本上是一个横向结构的组织，其性质是一个相互帮助的爱好者共同体，而"学院型"则是由经过选拔的精锐成员组成，具有纵向的等级结构。后者有明确的章程制度，对执行部门的角色分工有清晰规定，而且结构最顶层的赞助人往往是王公贵族。

当然，个人组织的形式实际上是非常多样的，但大体而言，"协会型"在商业文化发达的英国、北美大陆殖民地以及荷兰很常见，而"学院型"往往常见于封建主义仍然盛行的欧洲大陆。这些大大小小的学院和学术协会实际上在全球范围内广泛分布，不仅出现在西欧、北欧、南欧和东欧，在西方殖民地巴达维亚、北美洲的费城、加勒比海的海地和南美洲的里约热内卢等地也有分布。②

鉴于上述情况，本章的目的是考察这些"学院和学术协会"的内核，尤其是与俄罗斯科学院密切相关的"学院型"组织。为此，本章首先介绍了巴黎皇家科学院成立前的历史及其成立的经过，这

---

① "学院"和"学会"这两个词含义的不同之处在于，"学院"源自柏拉图的 Academia，多指具有哲学倾向的学者群体。另外，society 只是指聚集的人。此外，由于历史上小型柏拉图主义团体在基督教化的罗马被宣布为异端，随后在 1460 年代，罗马以享乐主义和不信教为由对使用 academia 一词的团体进行惩罚，academia 被认为是一个与异端团体关联的词语。James Hankins, *Plato in the Italian Renaissance*, Leiden, 1990。

② James E. McClellan Ⅲ, *Science Reorganised: Scientific Societies in the Eighteenth Century*, New York: Columbia University Press, 1985, pp. 1 – 13.

是"学院型"的原型。其次，从比较视角出发，对以俄罗斯科学院为首的"学院型"重要组织进行概述，包括它们产生的背景和各自的特点。最后，本章将讨论俄罗斯科学院这一特例，在十九世纪大多数学院和协会都完成了科学研究这一中心使命后，它却超乎寻常地继续发展，本章将归纳总结其特点。

一 作为文化起源的"文艺复兴"型学院

"学院"的传统可以追溯到大约公元前四世纪的"学院"（ἀκαδήμεια），它被记为古希腊哲学家柏拉图的"学校"。然而，古代存在的"学院"实际是一种与所有现代教育机构都截然相反的自由形式。我们只知道它实际存在于柏拉图私人拥有的大庭院与宅邸中，他与十几个弟子一边漫步一边享受自由的讨论，除此之外，我们对其再无所知。① 因此，我们必须认识到，近代早期以来的"学院"虽然以这种遥远的传统为核心，但实际上是建立在文艺复兴后以宫廷文化为背景的社交实践之上。

事实上，正是后期诞生于人文主义传统的各类活动直接影响了巴黎皇家科学院的成立，这一点将在下文讨论。从十五世纪中叶到十六世纪的文艺复兴时期，人们受到新的文艺复兴潮流影响，围绕着有影响力的人物为中心，在已有的大学之外组织私人聚会。例如，十五世纪得到科西莫·德·美第奇（Cosimo de' Medici）支持的"柏拉图学院"是被人熟知的早期案例，它由负责翻译柏拉图作品的马尔乔·菲奇诺领导。②

① John Dillon, *The Heir of Plato: A Study of the Old Academy (347 - 274 BC)*, Oxford: Oxford University Press, 2003, pp. 2 - 16.

② 然而，近年来，一些人对菲奇诺"学院"的重要性提出了质疑。James Hankins, "Forthcoming, Humanist academies and the 'Platonic Academy of Florence'", 2009, In Proceedings of the conference, From the Roman Academy to the Danish Academy in Rome, ed. H. Ragn Jensen and M. Pade, *Analecta Romana Instituti Danici Supplementum*, Copenhagen: Odense University Press, URL: http://dash. harvard. edu/handle/1/2936369; Consulted on May 21, 2015。

这些聚会也被后来的历史学家称为"私人学院"（private academy），其性质非常多样化，据说仅是十六世纪的意大利就达到 700 个左右。

这些"文艺复兴型"学院原则上是不考虑地位或宗教的自由聚会，最初尤其有致力于百科全书式博学的倾向。其关心的对象也涵盖了艺术、音乐、数学、文学、语言、建筑、历史、考古学、宗教、戏剧、狩猎和武术等广泛的领域。另外，其中许多组织有独特的秘密结社元素，如神秘的暗号与仪式，这与演奏会和晚宴等社交性元素紧密相关。运作与管理的形式往往基于有影响力的皇室、贵族和神职人员的私人支持，而且大多只限于一代。虽然在此不作详细讨论，但是据说这种超越地位、宗教，有时甚至是国界的知识活动，促成了"文艺共和国"（respublica literaria）这一思想的形成和传播，成为在理论上独立于宗教冲突和持续战乱的现实世界之外的知识共同体。这是上述私人学院的活动参与者与伊拉斯谟这类周游各国的人联结的共通之处，伊拉斯谟这样的博学巨人往往通过书信和旅行的方式与世界各地的学者交流。①

自然哲学，即当时的自然科学知识，也属于"文艺共和国"和私人学院会议的讨论范畴。在 16 世纪中叶，它与秘教和炼金术的神秘传统关系密切，但在 17 世纪上半叶，新实验科学废弃了神秘主义态度，数学研究远超古代水准，关注这类学科的会议日渐瞩目。以意大利为例，与伽利·伽利莱关系密切的意大利猞猁之眼国家科学会（Accademia dei Linzei）于 1603 年在罗马成立，由美第奇家族为进行科学实验于 1657 年在佛罗伦萨创设实验科学学院（Accademia del Cimento），这些都是最早在科学史上留名的学术组织。这些机构与会议均为过渡性实体，保留了"文艺复兴"类型

---

① H. ボーツ, F. ヴァケ『学問の共和国』、[Françoise Waquet, Hans Bots. La République des lettres]，田村茂雄、池畑次郎译、知泉书馆、2015 年、ch. 2 – 3。另见 Ian F. McNeely, "The Renaissance Academies between Science and Humanities", *Configurations*, Vol. 17, 2009, pp. 227 – 258。

的学院特点，即由宫廷中有影响力的成员私人赞助创立，但它们在出版、科学爱好者之间建立起交流网络，确立了与政治保持一定距离的运营方式，这些活动模式都为后来的科学研究学院留下模型和典范。①

在人文和艺术领域，由国家主导的各学院的制度化从这一时期开始。随着法国国王将文人置于统制和保护之下，法兰西学院于1635年成立，这被认为是与"文艺复兴型"学院的传统不同的开始。与以往学院差异最大的点在于它没有遵循人文主义者所青睐的普遍主义方法，而是具有专业主义的倾向，致力于文学与艺术的单一领域，这一组织通过成为国家的一部分而得以长期运作。1648年法国皇家绘画与雕刻学院的成立加强了法国学院制度化的趋势。画家和雕塑家原来属于同业者协会的工匠，也作为一个集体得到学院的庇护，一跃成为贵族性存在，实现了社会地位的上升。②

二　制度化的自然科学学院

法国巴黎皇家科学院诞生于1660年代，它恰恰是在"文艺复兴型"学院的传统、对自然科学的兴趣和国家进行制度化的时运这三个因素的交会点上诞生的。

在法国，从1620年代起，围绕着笛卡尔、加桑迪和梅尔森等的私人科学会议十分活跃，1617年杜普伊兄弟的会议厅、1632年前后开始由泰奥夫拉斯特·勒诺多组织的地址局（bureau d'adresse）、1635年的

① McClellan, *Science Reorganised: Scientific Societies in the Eighteenth Century*, New York: Columbia University Press, 1985, pp. 42–47; D. S. Chambers and F. Quiviger ed., *Italian Academy of the Sixteenth Century*, Warburg Institute, University of London, 1995, ch. 1. イェイツ『十六世紀フランスのアカデミー』、高田勇译、平凡社、1996年。近年来，意大利学院的地位得到了重新评估。见 Giulia Giannini and Mordechai Feingold ed., *The Institutionalization of Science in Early Modern Europe*, Leiden, Brill, 2020, ch. 2, 4.
② イェイツ『十六世紀フランスのアカデミー』、高田勇译、平凡社、1996年、ch. 12。ジャン＝マリー・アポストリデス『機械の王』、水林章译、みすず書房、1996、ch. 2。

梅森神父学院、从 1640 年前后开始的布尔杜罗学院、1657 年之前开始的蒙特莫尔学院以及短期存在的蒙特莫尔学院都很出名。[①] 进入 1660 年代，科学爱好者们开始寻求王权的保护，特别是在自然科学领域（包括实验科学）涉猎广泛的蒙马特学院，以及梅森神父去世后仍旧聚会的数学家们。这促成了 1666 年巴黎皇家科学院的成立。

那么，为什么是 1660 年代？首先，这一时期距离梅森、笛卡尔等核心成员去世已经过去了十多年，由于代际交替，私人学院继续开展活动的困难也越来越明显[②]。其次，投石党运动这一政治动荡已经结束，年轻的君主路易十四开始亲政，正是预感新时代到来的时间点。此外，当时的英国局势也是一个重要的影响因素。英国有一大批自然科学爱好者的集会获得了英国国王的特许，它们开始作为皇家学会开展公开活动。[③]

然而，综观当时的英国，其文化政策并非单方面领先于法国。相反，尽管英国有弗朗西斯·培根这样的先驱，他宣扬对国家而言予以实验科学和技术革新支持十分重要，但国家整体而言仍落后于意大利和法国。通过私人聚会而对自然科学兴趣高涨，也是发生在 1640 年代前后清教徒革命期间。另外，在牛津和剑桥等大学和国家教会也有一定基础的精英阶层，由于熟悉意大利和法国文化，他们也组织有知

---

① Simone Mazauric, "Des académies de l'âge baroque à l'Académie royale des sciences", *Règlement*, *usages et science dans la France de l'absolutisme*, Actes de colloque, Paris, Editions Tec & Doc, 2002, p. 17; René Taton, *Les Origines de l'Académie royale des sciences*, Conférence donnée au Palais de la Découverte le 15 mai 1965, Paris, 1966.

② 梅森学院面临着特殊的代际交替困难。在其鼎盛时期，它由来自欧洲各地的约 200 人组成，其中包括勒内·笛卡尔、皮埃尔·德·费马和吉拉德·德萨格等数学史上的著名人物，但在梅森神父于 1648 年去世后，该学院两次更换领导，再也没能恢复以前的向心力。Colin Fletcher, "Mersenne: sa correspondance et l'academia parisiensis", in C. Goldstein, J. Gray & J. Ritter ed., *L'Europe mathématique*, Paris, MSH, 1996, p. 147; René Taton, "L'œuvre de Pascal en géométrie projective", *L'œuvre scientifique de Pascal*, Paris, PUF, 1964, p. 19. 隠岐さや香「パスカルの生きた時代と科学のアカデミー」、『数学文化』18 号、2012 年 9 月、44—57 頁。

③ 蒙特莫尔学院的相关人员与皇家学会人员联系密切，他们实际上已经互相访问并参与会议，因而深受影响。见 Harcourt Brown, *Scientific Organizations in Seventeenth Century France (1620 – 1680)*, New York: Russell & Russell, 1934, ch. 5 – 6。

识分子的聚会活动。另一方面，在同一时期的意大利和法国，保留了中世纪文化的大学和作为新兴力量的学院之间往往存在着明确的分工，这使得英国存在以下特点，即大学的相关人员与学院的活动参与者之间的文化分歧与其他各国相比反而较小。

在牛津活跃的约翰·威尔金斯、罗伯特·波义耳、克里斯托弗·雷恩等由于王政复古的契机回到伦敦，为了实验科学于 1660 年宣布成立协会，这便是皇家学会的开端。据说其根源是培根的思想，但并不只是如此。在意大利和法国发展起来的各种私人学院似乎也被视为其原型。然而，1662 年，国王授予特许状，认定其为皇家学会，并在 1663 年指明由每任国王担任永久性的专利法人，使这一科学爱好者协会具有无可比拟的稳定地位。著作的出版许可证也是在这个时候颁发。此前的宗教改革和议会主权的建立确保了一定的言论自由，这是英国独有的发展①。十七世纪的文学家弗朗索瓦·埃德兰（François Edran）曾说，这个组织"是欧洲每个君主都羡慕的"②。

三　黎明时期的皇家学会和巴黎皇家科学院

在科学院的历史上经常出现这样的现象：那些对"落于人后"有紧迫感的团体反而因为对落后性的自觉，而创造出领先于时代的组织模式。如上所述，皇家学会的诞生本身就是一个例子，而法国自感落后于他们，在得到了王权慷慨赞助和庇护后，于 1666 年设立了巴黎皇家科学院，这也是其中的一个例子。

在法国，王权对文学和艺术的支持不断发展，但对自然科学的庇护却进展缓慢。如上所述，巴黎皇家科学院的成立是在 1630—40 年代法兰

---

① McClellan, *Science Reorganised: Scientific Societies in the Eighteenth Century*, New York: Columbia University Press, 1985, p. 46. マイケル・ハンター『イギリス科学革命　王政復古の科学と社会』、大野誠译、南窗社、1999 年、37—41、47—48 頁。

② Hédelin, *Discours au Roy sur l'establissement d'une secondonde académie dans la ville de Paris*, Paris, 1664, p. 34.

西学院、法国皇家绘画与雕塑学院成立，1663 年法兰西铭文与美文学术院为发展古典文献学研究而成立，在此之后才有巴黎皇家科学院的成立。然而，另一方面，巴黎皇家科学院的成员们从成立之初就享有养老金收入、购买实验室设备的财政预算支持，还获准将皇家图书馆（Bibliothèque du Roi）作为会议场所。1667 年还决议建造皇家天文台。这种情况又让英国皇家学会的官员们羡慕不已，因为这是他们所希望拥有但却没有得到的待遇。①

皇家学会成员最初希望从王室和贵族那里获得可以靠研究维持生计的带薪会员地位，并获得财政资金支持以进行大规模实验。虽然他们也计划建设配备专业实验设备的集会场所，但这一切在 1660 年代末全部受挫。最终，英国皇家学会对入会不设限制条件，待遇相同的会员每年只需缴纳一笔年费即可，因此皇家学会沦为了专业性较低的科学爱好者的社交俱乐部。尽管有罗伯特·波义耳和艾萨克·牛顿等杰出会员继续以个人身份参与其中，但皇家学会本身的活动在十七世纪整体上陷入了不活跃的状态。②

另一方面，巴黎的皇家科学院在整个十七世纪也一直面临巨大的困难。会员们虽然得到了工资和财政支持，但因为没有官方文件来保证他们的社会地位和收入，他们的处境仍然非常不稳定。③ 在学院成立之

① 科尔贝尔把皇家图书馆搬到了靠近他自己住所的 rue Vivienne 的建筑里，并在得到路易十四的允许后，把它分配给了学院。在十八世纪初，卢浮宫成为会议场所，并一直保持到大革命时期。另一方面，皇家学会未能建立自己的学院，而是在伦敦的伊丽莎白学院（Gresham College）的帮助下在那里租用了会议室。此后，它继续根据需要迁移基地。Ernest Maindron, *L'Académie des sciences. Histoire de l'Académie-fondation de l'Institut National*, Paris, 1888, pp. 2 – 4。ハンター『イギリス科学革命 王政復古の科学と社会』、大野誠译、南窗社、1999 年、50—52 頁。

② McClellan, *Science Reorganised: Scientific Societies in the Eighteenth Century*, New York: Columbia University Press, 1985, pp. 32 –34. ハンター『十六世紀フランスのアカデミー』、高田勇译、平凡社、1996 年、ch. 2。

③ M. -J. Tits-Dieuaide, "Une institution sans statuts: l'Académie royale des sciences de 1666 à 1699", in. *Histoire et mémoire de l'Académie des sciences. guide de recherches*, E. Brian et C. Demeulenaer-Douyère, C. dir. Londres, New York: Lavoisier Tec et Doc, 1996, p. 7. 隠岐『科学アカデミーと有用な科学』、ch. 1。

前，该组织的目标是成为在发明专利审查和公共事业等方面拥有特权和担当的专家团体，但最终未能实现。[①] 最重要的是，路易十四国王本人对赋予各种中间团体权利一事持谨慎态度，没有赋予科学院相应的职权，也没有承诺任何能使其长期存续的财政投资。[②]

研究的自由也不受保障。首先，由于当时法国严格的审查制度，科学院还没有被赋予出版议论内容与研究成果的自由。在十七世纪，学院一直被监督他们的宰相柯尔贝尔及其继任大臣们干涉。尤其是科尔贝尔命令学院完成流传后世的重大项目一事，他投入了雄厚的资金，下令制作法国全境地图和全国工匠技艺等项目，这种行为难免有玩弄会员的嫌疑。此外，柯尔贝尔的继任者们则在财政困难的情况下一再削减资金，并单方面要求他们实施集体研究项目，因而评价很低。[③] 尽管如此，该学院依然是有史以来第一个通过丰厚的津贴在自然科学领域聚集了少数精锐成员的组织，确切而言是在几何学、天文学、力学、植物学、化学和解剖学这六个领域，因此在确立研究的专业性方面取得了一定的成功，特别是在代数分析和力学等领域的成果尤为突出。[④]

[①] 荷兰学者克里斯蒂安·惠更斯（Christiaan Huygens）也是科学院的早期成员，他在科学院成立之前就向政府提交了他对科学院的设想，他将其构想为一个咨询机构，在发明专利和公共工程等技术问题方面向政府提出建议。见 Huygens, *Christian*, *Œuvres complètes de Christiaan Huygens*, The Hague：Société hollandaise des sciences, 1888 – 1950, t. V. , pp. 325 – 327。

[②] 据推测，科学院的情况也是如此，因为受到同样待遇的铭文学院的会议记录显示，国王拒绝了授予特权的皇家法令。见 Tits-Dieuaide, "L' 'affection' de Louis XIV", p. 39；Sayaka Oki, "Les finances de l'Académie Royale des Sciences：histoire des tentatives d'obtention d'unfinancement durable pour les institutions scientifiques", *Annales historiques de la Révolution française*, 2022/1, No. 407, pp. 29 – 53。

[③] Stroup, *A Compagny of Scientist：Botany, Patronage and Community at the Seventeenth-century Parisian Royal Academy of Sciences*, Berkeley：Univ of California Press, 1990, p. 59.

[④] 科学院成为一个专门为自然科学服务的组织，这本身就是有历史巧合的作用。王室基于"文艺复兴"型学院的理念有着普遍主义的志向，最初还考虑将自然科学以外的学科纳入其中。新学院将是一个涵盖广泛学科的大型学院，包括文学（语法、雄辩术、诗歌）和历史（通史、年表、地理）等。然而，由于受到已经存在且领域相关的法兰西学院、索邦大学神学院、医学院以及一些耶稣会和其他宗教团体的反对，它开始成为一个专门研究自然科学和数学的学院，与现有的组织没有重叠。参照隐岐『科学アカデミーと「有用な科学」』、ch. 1。

四 十八世纪"学院型"组织的确立
——以巴黎皇家科学院为视角

在经历了大臣们不断介入和干预的半个世纪后，巴黎皇家科学院才获得一定的自主权，在十八世纪初成为本章开头所提到的"学院型"之翘楚。1699 年，科学制定了会规章程，明确了运营过程中的事务局、职位以及会员的义务和权利。正如本章开头所提到的那样，它是金字塔式的等级组织，国王居于顶点，其次是作为政府联络人的部长大臣、政府高级官员等构成的荣誉会员，之下则是学者等正式会员。另外，根据报酬的金额、集会上投票权和发言权的不同，又分为正院士、准院士等多个阶层。实际上，为了给半数以上成员都是平民出身的科学院赋予相应的"份量"（例如，拥有大量贵族成员的法兰西学院对所有成员一视同仁），这种结构实际上将荣誉会员视为组织的庇护人。① 正式会员的遴选虽说基本上是以研究成果为基础，但还需要通过正式会员和名誉会员双方投票的形式进行，最终结果必须得到国王的认可，因而选举结果也有可能被推翻。到1749 年为止，15 次选举中有 6 次结果被驳回。多数情况为两位候选人差距不大，则根据政府高官的意向选择第二名当选，但也有少数例子是以新教徒为理由而拒绝。然而，在十八世纪下半叶，科学院的意愿基本上占了上风，只有一例被国王驳回的记录。②

到 1720 年代为止，研究活动方面有了很大的改善。在路易十四倒

① CharlesCoulston Gillispie, *Science and Polity：In France：The End of the Old Regime*, Princeton：Princeton University Press, 1980, p. 82. 关于身份构成参照 McClellan, "Académie royale des sciences, 1699 – 1793", *ISIS*, Vol. 72, No. 264, 1981, p. 556.

② Rhoda Rappaport, "The liberties of the Paris Academy of Sciences, 1716 – 1785", in *The Analytic Spirit：Essays in the History of Science in Honor of Henry Guerlac*, Harry Woolf, ed., Ithaca NY, Cornell University Press, 1981, pp. 232 – 233；David Sturdy, *Science and Social Status：The Member of the Académie des Sciences, 1666 – 1750*, Woodbridge, The Boydell Press, 1995, p. 396.

台后的摄政时期，皇家科学院在法律上被赋予了正式地位，尽管只限于自然科学相关内容，但还是获得了不受外部审查的出版权。同时，还明确了其具有特定技术任务的相关组织功能，如技术性发明的审查、向皇家官营手工业派遣人才等。另外，基于对十七世纪的反省，政府认为最好不要干预科学院的研究和会员选拔，这使得一定程度的"自由"也得到了保障。① 然而，这种"自由"必须被理解为是在与政治和生产活动隔绝的地方公正无私地探求学术的自由，即有才能的人所享有的特权。② 它有别于对外部社会进行自由发言、建言的权利。

研究的场所也转移至卢浮宫的一角，虽然没有实验设施等，但仍配备了专用的图书室和若干仪器储藏室。科学院的制度性惯例也是在这一时期确立，如具有研究能力的正式会员有义务参加定期会议，报告他们的研究情况，发表论文进行同行评审，出版会刊。科学院每年举行两次公开集会，有时也有王公贵族参加。此外，它还鼓励与国内外学者进行研究交流，面向广大科学爱好者发布有奖征文，接受外部投稿，为优秀的学者开辟成为科学院院士的道路，以各种形式振兴科学。随着各地学院和协会的建立，越有名的学者越有可能同时隶属于多个组织。其中，巴黎皇家科学院的正式院士享有很高的威望，有很多其他国家科学院的学者以外籍院士的身份进入。③

为了树立权威，在伟大的法国国王的支持下，巴黎皇家科学院通过出版物树立起致力于追求自然科学和艺术（les arts）的学院形象。

---

① Rappaport, "The liberties of the Paris Academy of Sciences, 1716 – 1785", in *The Analytic Spirit: Essays in the History of Science in Honor of Henry Guerlac*, Harry Woolf, ed., Ithaca NY, Cornell University Press, 1981, pp. 225 – 226.

② "文艺共和国"的理念本身就倾向于沉浸于学问中，这是与宫廷社会的赞助传统相关联的做法。Rappaport, "The liberties of the Paris Academy of Sciences, 1716 – 1785", in *The Analytic Spirit: Essays in the History of Science in Honor of Henry Guerlac*, Harry Woolf, ed., Ithaca NY, Cornell University Press, 1981, p. 50; Nicolas le Roux, *La faveur du roi: mignons et courtisans au temps des derniers Valois (vers 1547 – vers 1589)*, Paris, Epoques Champ Vallon, 2000。

③ McClellan, *Science Reorganised: Scientific Societies in the Eighteenth Century*, New York: Columbia University Press, 1985, pp. 178 – 182。隐岐：『科学アカデミーと「有用な科学」』、ch. 1。

但是，在十八世纪前半叶，王权在科学院以外的地方也创办了军事技术和土木技术的工程师团体，以及为此的培养人才机构。于 1741 年创办海军学校，1747 年创办土木学校，1748 年创办梅济耶尔皇家工兵学校。这些学校也有一部分开展了先进的理论研究，尽管也有毕业生加入科学院，但总体上为数不多。倒不如说，这些学校及其工程师队伍形成了一个与科学院截然不同的世界，前者注重技术实践和实用科学，后者则作为学术探究的场所。在此背景下，加之上述提及的学者们作为特权的"自由"价值观，使得科学院这一组织本身与产业技术和军事技术的联系十分有限。①

五 普鲁士、俄罗斯和瑞典的科学院 与"落后的先进性"

十八世纪上半叶是欧洲各国的学院和学术协会诞生的时代。正是这些"学院型"组织产生了顶级的科学成果。尤其是诞生于十八世纪上半叶的普鲁士、俄罗斯和瑞典皇家学院，皆因在欧洲创造出顶尖科学研究成果而闻名，在其诞生的过程中，彼此有着千丝万缕的联系。②下文将对这段历史进行概述。

（一）普鲁士科学院

从十八世纪初起经过几十年的试错期，普鲁士科学院于 1744 年成立，具有所谓的文化输入型特征，即一个地区认为自身文化落后而采用

① 参照隐岐『科学アカデミーと「有用な科学」』、ch. 3；Robin Briggs, "The Académie Royale des Sciences and the Pursuit of Utility", *Past and Present*, Vol. 131, 1991, pp. 38 – 88。

② McClellan, *Science Reorganised: Scientific Societies in the Eighteenth Century*, New York: Columbia University Press, 1985, pp. 34 – 36. 普鲁士、俄罗斯和瑞典的科学院通常以城市名称来称呼，如"柏林科学与文学院"、"圣彼得堡帝国科学院"或"斯德哥尔摩科学院"。在后文中，为方便起见，我们将使用普鲁士、俄罗斯和瑞典等国家的名称。正式名称在首次出现时也会给出原文，以供参考。

外国模式。在这一地区创办科学院实际上是莱布尼茨的构想，他通晓巴黎和伦敦情况，同时也是巴黎皇家科学院院士，在他的热心推动下，皇家科学学会（Societas Regia Scientiarum）这一皇家组织于 1700 年弗里德里希一世统治时期成立。该协会以独特的形式结合了文艺复兴式"文艺共和国"理念和普鲁士独有的状况，其领域包括通过德意志语言进行文化振兴和科学研究以及宗教统一等。[①] 另外，莱布尼茨高明的地方在于他提出协会可以解决将儒略历转换为格里高利历（公历）的问题，由于当时这是普鲁士的一大问题，科学院也得以成立。其结果是，该协会在承包制作正确历法的同时，获得了出版和制造销售的垄断权。[②] 然而，下一任国王腓特烈一世登基后对科学和文化漠不关心，皇家科学学会由于普鲁士方面的政治变化没能走上正轨，一度被削弱。

但随着热爱法国文化的新国王腓特烈二世即位，这种情况也发生改变，他于 1744 年创建了普鲁士科学文学院（Académie royale des sciences et belles-lettres de Prusse），这是一个"学院型"组织，其前身是皇家科学协会。[③] 1746 年，巴黎皇家科学院的数学家莫佩尔蒂（Maupertuis）被邀请担任院长，并引进了"学院型"的金字塔式等级制度。与巴黎科学院不同的是，除了自然科学之外，文学、文献学以及思辨哲学等领域也被保留了下来。而莱布尼茨所关心的用德语进行学术研究的理念成为次要，法语作为学术语言得到大力推行。从国外来此定居的会员很少，只有莫佩尔蒂和来自俄国的瑞士人莱昂哈德·欧拉，当时的柏林也有因为讨厌法国的宗教非宽容政策而定居下来的胡格诺教徒（法语使用者）的社区，他们成为法语普及和当地知识交流的中心。该学院的终身秘书塞缪尔·福尔梅也是来自胡格诺派的法语使用者。因此，进入 1750 年代

---

① Waquet, *La République des lettres*，［日］西村茂雄、池烟次郎译，知家书馆 2008 年版，第119—121 页；McClellan, *Science Reorganised：Scientific Societies in the Eighteenth Century*, New York：Columbia University Press, 1985, pp. 68 – 70.

② 公历在天主教国家已经很普及，例如法国制作了不少包含天文和气象信息的历书和日历。

③ 官方正式的名称是法语。

后该学院被公认为是汇集国际人才的知识中心之一。①

（二）俄罗斯科学院

俄罗斯科学院在上述普鲁士科学院成员的协助下成立。位于西欧之外的俄罗斯同样感到自己处于边缘地区，因而以普鲁士科学院为原型。事实上，柏林和圣彼得堡也有共同特征，如以优厚的待遇邀请的外国成员发挥着积极作用，国王、沙皇和政府对成员选定有一定干预。

1724 年俄罗斯科学院（拉丁文正式名称为 Academia Scientiarum Imperialis Petropolitanae，意为圣彼得堡帝国科学院）在彼得堡成立，其设立经过基本可以参阅本书所提到的斯玛吉纳的论述。然而需要简要指出的是，在对英、法、德的学院组织模式进行吸收的过程中，胡格诺派起到了很大的作用。它不仅是德国和法国之间的纽带，也是联结圣彼得堡和柏林之间风土知识的纽带。例如，为提高俄罗斯科学院的声誉作出贡献的伯努利一家就是胡格诺一脉，移居柏林前在这里的欧拉也与上述的福尔梅有姻亲关系。另外，包括他们在内的大量出身于德语国家学者数量之多，也成为早期俄罗斯科学院的特点，以至于通用语言在拉丁语、德语以及占据学术共通语地位的法语这三者之间来回切换。②

在寻求国外模式的同时，俄罗斯科学院作为推进帝国本身"西欧

---

① McClellan, *Science Reorganised: Scientific Societies in the Eighteenth Century*, New York: Columbia University Press, 1985, pp. 68 – 74. 有賀暢迪「言語からみたベルリン科学・文芸アカデミー——十八世紀ヨーロッパにおける共通言語と地域語についての一考察——」、『日本 18 世紀学会年報』、第 25 号、2010 年 6 月、18—30 頁。关于普鲁士的胡格诺派，参考斉藤渉「『知識人共和国』は何語で話すか：プロイセンの啓蒙主義とフランス系入植者」、『ドイツ啓蒙主義歴史学研究 5』、2005 年、17—21 頁与『ドイツ啓蒙主義歴史学研究 6』、2006 年、29—35 頁。

② 欧拉的长子约翰·阿尔布雷希特（Johann Albrecht）与福尔梅妻子的一个亲戚结婚。他的妻子似乎是以法语为母语；Georges Dulac, "La vie académique à Saint-Pétersbourg vers 1770 d'après la correspondence entre J. A. Euler et Formey", in *Académies et societes savants en Europe* (1650 – 1800), textes réunis par Daniel-Odon Hurel et Gérard Laudin, Paris, 2000, pp. 225, n. 6。关于德国人的多数信息参照橋本伸也『帝国・身分・学校——帝政期ロシアにおける教育の社会文化史』、名古屋大学出版会、2010 年、87—90 頁。

化"的机构，负有其他科学院所没有的多种公共使命。它不仅被设计为一个受邀的顶尖学者发表研究成果的学院，同时也肩负着将西方科学技术引入俄罗斯的使命。[1] 西欧拥有自中世纪以来被固定的大学网络与相当于中等教育的拉丁语学校，但这在俄罗斯并不普及，因此，科学院也设立了附属的体育馆和大学。受聘学者不仅要做研究，还要在那里授课。由于当时出版业还不发达，为方便信息的传播和交流，科学院设置了一个多语种的出版社和翻译社，涵盖法语、德语、希腊语和拉丁语。此外，它还承担了与俄罗斯帝国统治政策密切相关的任务，如研究和探索未开发的远东地区，包括西伯利亚和库页岛，并出版了地图。除了图书馆和天文台，它还有化学实验室、植物园和解剖实验室等研究设施，以及上述的出版局和测绘局，甚至还配备了自己的军队。

由此可见，俄罗斯科学院是一个具有无比明确的政治意义的科学院，它几乎相当于一个实际的部委官僚机构。然而，其代价在于该科学院成了沙皇和宫廷贵族、外国学者和俄罗斯学者等立场不同的人相互牵制和交织的组织，因此它的学术自主性经常陷入危机。[2]

（三）瑞典科学院

斯德哥尔摩的瑞典科学院实际在文化起源上与英国和法国并无太

---

[1]　这不是单方面的"教化"，而是彼得一世对国内，特别是莫斯科的保守派的政治和文化斗争。Cf. Irina and Dmitri Gouzevitch, "The Academy of Science of Saint-Petersbourg in the Early 18th century or How to Organize a European-like Research in an Illiterate Country", *Science in the European Periphery—From the Enlightenment to the 20th Century*, Barcelona, 31 de maigi de juny 1999, Societat Catalana d'Història de la Ciència i de la Tècnica, 1999, pp. 16 – 17。

[2]　Dmitri Gouzevitch et Irina Gouzevitch, "L'Académie des Sciences de Saint-Petersbourg: le tournant du XIXe siècle", *Les Académies en Europe XIXe – XXe siècles: Actes du Colloque tenu le 20 octobre 2007 à la Fondation Singer-Polignac sous la Présidence de Monsieur Michel Zink, Membre de l'Académie des Inscriptions et Belles Lettres*, Dir. J. -P. Chaline; Université de Paris-Sorbonne, Centre de recherches en histoire du XIXe siècle, Paris: Ed. SHN, 2008, p. 41; McClellan, *Science Reorganised: Scientific Societies in the Eighteenth Century*, New York: Columbia University Press, 1985, pp. 76 – 77. 橋本伸也『帝国・身分・学校——帝政期ロシアにおける教育の社会文化史』、名古屋大学出版会、2010 年、90—92 頁。

大的时间差异。正如笛卡尔在 1650 年代访问瑞典所知的那样，瑞典从十七世纪开始就对自然科学十分关注，乌普萨拉大学医学院对新的实验科学表现出积极的态度，同时也有各种知识性集会的传统。此外，它们与英国皇家学会的交流也很活跃，从很早开始便想过创建一个源自英国的"协会型"组织。然而，瑞典皇家科学院（Kungl Vetenskapsakademie）① 直到 1739 年才得以正式成立。它的成立不仅受到伦敦的影响，也受到巴黎以及后述的柏林和圣彼得堡的影响。其中背景在于瑞典花费了大量的时间摸索适合本国的学院形式。

从 18 世纪 10—20 年代，乌普萨拉大学的相关人员组成了一个私人协会——知识探索学院（Collegium Curiosorum），该协会断断续续地活跃着。这是一个追求莱布尼茨构想的博学的"文艺共和国"团体，致力于对北欧地理和自然现象进行独立研究，同时还涉及文艺和文献学等广泛领域。另外，通用语也是拉丁语。1728 年该协会得到了瑞典王室的授权，并更名为乌普萨拉皇家科学学会（Societatis Regiae Scientiarum Upsalansi），成为一个拥有二十多名会员的组织。然而，由于皇室的财政支持力度太小，在国内外未能表现出太大影响。

然而，进入 1730 年代，瑞典也受到牛顿主义和启蒙思想的影响，以年轻一代学者为中心，他们逐渐将目光投向瑞典社会的国家利益和产业发展的实用领域，例如技术、农学和政治算术等。植物学家卡尔·冯·林奈（Carl von Linné）和天文学家安德斯·塞尔修斯（Anders Celsius）就是典型的例子。他们中有部分人访问了伦敦、巴黎、柏林，从中得到了很大的启发，并得出了瑞典应该重振自己的科学探索这一结论。1739 年，瑞典科学院在首都斯德哥尔摩成立，而非此前的乌普萨拉，其官方语言为瑞典语，林奈担任首位院长。

这所小型科学院明确以国家利益为中心，重视语言和文化的保

---

① 然而，直到 1741 年，它才正式成为一个"皇家"（Kungliga）机构。转引自 McClellan，*Science Reorganised：Scientific Societies in the Eighteenth Century*，New York：Columbia University Press，1985，p. 86。

护，以瑞典语出版论文集，探索其他科学院不涉及的政治经济、农业等"实用"领域，从而获得王室的丰厚的资助。1747 年，它取得了日历销售的垄断权，进一步巩固了它的财政基础。另外，这个学院利用小国在决策方面的迅速性，最早形成了将学术成果落实到行政运作中的体制。例如，在十八世纪中期，科学院终身秘书及天文学家 P. 瓦尔根斯坦（P. Walgenstein）主导了国家人口的全数调查统计，这是世界上最早的国家人口调查案例。[①]

值得一提的是，瑞典科学院具有"学院型"和"协会型"的折中结构，这一独特的结构采取百人为上限的定额制，这一点接近"学院型"，但会员之间没有等级制度等，这又接近"协会型"的横向结构组织。更进一步说，瑞典采取比英国更彻底的合议制文化，因而其科学院通过特有的民主方式运营，比如采用没有外部干涉的选举方式、通过抽签决定事务局人员等。另外，作为"皇家"组织，科学院尽管既接受行政咨询又被赋予特权，但是在法律地位上，它与皇家学会一样具有独立于政府的双重性（麦克莱伦称之为"分裂"的存在形态）。[②] 就这样，瑞典科学院作为一个规模虽小却具有独特优势的组织，能够在极短的时间内迅速成长为一个国际型研究组织，其时间之短相较其他科学院无疑令人惊讶。

六　启蒙思想与巴黎皇家科学院的"焦虑"

如前所述，从科学院和学术协会的历史可以看出，后起之秀将它们与先行案例不同的时间、地域条件及其"后进性"转变为优势，普鲁士、俄罗斯、瑞典的科学院组织就是代表案例。值得注意的是，这

---

① 石原俊時「スウェーデンにおける人口統計の生成——教区簿冊と人口表——」、『近代統計書制度の国際比較』、安元稔編著、日本経済評論社、2007 年、第一章。

② McClellan, *Science Reorganised: Scientific Societies in the Eighteenth Century*, New York: Columbia University Press, 1985, pp. 83 – 89.

些与启蒙思想同步发展的学院，迅速将当时社会关注的实用科学领域纳入其研究内容，例如工业技术、农业和政治算术等。这些措施并非都能立即见效，但都在国家和地区层面为社会发展作出贡献，例如人口调查（瑞典）、日历的垄断销售（瑞典和普鲁士）以及地图的绘制和书籍的出版（俄罗斯）等。

另外，巴黎皇家科学院在十八世纪中叶虽然已拥有欧洲首屈一指的理论研究成果，但在新诞生的实用科学领域上表现得十分谨慎，部分相关人士对此表现出担忧。例如，各种社会统计（政治算术）和农业技术等领域直到 1770 年代都不被承认是正式的研究对象，终身秘书官孔多塞一直努力试图改变这种状况。在路易十四时代以后发展起来的官僚机构和各特权团体的权益相互交织，在这一时期的法国，要做到与公共事业构建联系也并不容易。公共事业主要由土木工程师等其他组织和扎根于各地区的技术人员队伍承担，只有在参与者为科学院成员时，它才有少数间接参与的机会。与此相对，俄罗斯本身就面临西欧化这一问题，因此一开始就由科学院一手承担培养现代技术人员和引进技术的任务，从而必然在公共事业方面拥有强有力的权限。

巴黎皇家科学院产生这种"延迟"的确切原因尚不明确，既有可能出于路易十四时代设想的制度规定，也可能是天主教会和行政机构的言论控制传统成为改变的障碍。同样值得一提的是学者们关于"自由"价值观的变化。从 1750 年代起，随着启蒙思想的发展，言论自由和理性行为开始受到推崇和赞扬，于是得到王权资助并在与现实世界隔绝的环境中潜心钻研学术这一身份遭到越来越多的质疑。一方面，部分外界人士将科学院视为贵族特权进行激烈的批判；另一方面，其内部也出现了要求改革的声音，认为它是扼杀智慧的枷锁。[1]

几经波折之后，巴黎皇家科学院抓住 1770 年代末至 1780 年代的政

---

① Eric Brian, *La mesure de l'Etat. Administrateurs et géomètres au XVIIIe siècle*, Paris: Albin Michel, 1994, ch. III; Eric Brian & Marie Jaisson, *Le sexism de la première heure*: *Hasard et sociologie*, Paris: Raison d'agir editions, 2007, pp. 46 – 47. 隠岐『科学アカデミーと「有用な科学」』、第6—7 章。

治转型期，进入了渐进型改革的时代。启蒙时期的理念是通过理性和科学进行社会改良，在此影响下，它们致力于将最成熟的理论研究与社会问题联系起来。1785 年，研究领域也从原来的六个部门扩展到八个部门，冶金学、农学、矿物学等应用性学科也被明确为研究范畴。同时，科学院也有组织地参与公共事业，它们被动员起来为大型公共工程提供建议，如医院改革、屠宰场搬迁和河流整治等，并作为专家团队做出最终决定。另外，以孔多塞为中心的学者也推动了人口推算、人身保险等政治经济学相关论文的审阅和出版。进入革命时期，科学院在国民公会的领导下，承担了建立新国家制度的重要任务，为推行税收改革建立起土地登记册，并着手修订度量衡，后者即如今公制的基础。这种情况一直持续到 1793 年，由于革命的过度激进化，学院本身也被认为属于贵族文化，最终废除了所有的学院。①

七　学院的衰落和十九世纪现代科学制度的发展
——作为例外的俄罗斯科学院

从十八世纪末到十九世纪初，全欧洲的科学院和协会有近半数消失，科学院作为一种制度亦走上了衰退的道路。尤其是法国发生了戏剧性的变化，其象征性事件在于法国大革命导致巴黎皇家科学院关闭，不仅如此，革命导致旧特权阶层或流亡或被处刑，战争和内战等社会动乱使得许多地方的学院关闭。②

大革命后的 1795 年，巴黎皇家科学院改名为"法兰西学会"（Institut national de France），从而复兴起来。它还根据革命时期提出的部分改革构想扩大了相关学科领域，在物理科学和数理科学等自然

---

① 事实上，在最初的六个领域（几何学、天文学、机械学、化学、植物学和解剖学）之外也发表了相关研究。新的八个领域是几何学、天文学、机械学、普通物理学、解剖学、化学和冶金学、植物学和农学、自然历史和矿物学。

② McClellan, *Science Reorganised: Scientific Societies in the Eighteenth Century*, New York: Columbia University Press, 1985, p. 67, fig. 4, 253 – 259.

科学领域、文学及艺术领域的基础上，增加了政治、经济等作为道德政治科学范畴的社会科学领域。尽管如此，学会在十九世纪上半叶仍失去了作为研究活动场所的特质，其定位退化成振兴和支援科学的组织。其主要原因在于学院这一源自十七世纪的制度本身存在结构性局限。正如罗杰·哈恩所说，十九世纪初各个领域已发达、成熟，很难再通过学院型组织进行管理。过去的科学院由所有领域的会员共同组成，学会则不然，它不仅考虑到区分非数学性自然科学和数理科学，还力求进一步细化最尖端的潮流，这使得各种拥有独立期刊的专业学会组织得到发展。

巴黎高等理工学院（Ecole Polytechnique）——另一个象征着新时代的组织于 1795 年在法国诞生，该学院由原科学院的福尔克罗斯、蒙日等创办，目的是培养专业工程师。该校为土木工程师、矿山工程师、陆军工兵工程师提供基础阶段的教育，讲授高阶的科学专业，教师和毕业生同时还进行前沿的科学研究。这所学校为国家培养接受现代科学教育的技术官僚，另外也培养出了十九世纪上半叶代表法国的著名科学家，如柯西、泊松、阿拉戈、盖－吕萨克等。[①]

有趣的是，法国以外的国家从十八世纪末开始也出现了学院型组织衰退的现象。瑞典在 1770 年代加强了对科学院的政治干预，加强了对农业、商业等实用科学的重视，这使得科学院在自然科学研究方面停滞不前。普鲁士科学院从 1780 年代中期开始，即在大革命之前就已趋于低潮，其主要原因在于 1786 年腓特烈二世于去世后，科学院关于促进法国化的方针被迫改变。此后，拿破仑发动了侵略战争，于是直到十九世纪初，学院围绕着运营方针不断进行试错和改革。最终，改革于 1812 年完成，名称被改为德语的"科学院"（Akademie der Wissenschaften）。其定位是与柏林大学存在合作关系的研究所，而

---

① Roger Hahn, *The Anatomy of the Scientifique Institution：The Paris Academy of Sciences, 1666 - 1803*, Berkeley：Univ. of California Press, 1971, ch. 9 - 10；Maurice Crosland, *Science under Control：The French Academy of Sciences 1795 - 1914*, Cambridge：Cambridge University Press, 1992.

柏林大学不过于1810年新成立，但作为提出洪堡理念的近代型大学鼻祖，可见学院型组织让位于新制度的局面。

德国是最早产生近代型大学的国家之一，它引入了自巴黎综合理工学院毕业的化学家贾斯图斯·冯·李比希等人才，形成了如今以专业主义为基础的理工科教育模式的原型。以英国和瑞典为首，大多数保留了学院和协会的国家都学习这一模式实施大学近代化，于是，在自然科学研究人员的职业化过程中近代大学逐渐形成。

另外，十九世纪初崭露头角的民族主义意识也使学院组织处于前时代潮流的地位。尤其是在经历过拿破仑战争危机的德语圈，学者们与被邻邦国家分裂的德意志民族产生了共鸣，于1822年成立了德国自然研究者和医生协会（GDNA）。该协会反思了过去各地区学院各自为政的情况，以统合国内科学研究人员和"各类科学的统一"为目标，在国内各地巡回举办研究大会，呼吁以国民国家为单位进行联合，寻求社会性认同，以期实现即将到来的国家统一。同样的动向也出现在英国，1831年英国成立了科学促进会（BAAS）①。

俄罗斯并非与这一系列潮流完全隔绝。实际上，俄罗斯科学院的研究活动从十八世纪末到十九世纪也停滞不前，面临着生存危机。1780年代欧拉去世，1790年代帝位交替且法国模式消失，此后便是拿破仑在欧洲引发了持续的政治混乱。不过，得益于广泛的德系人脉，步入十九世纪不久亚历山大一世便进行了学制改革，在认识到德国大学的近代化基础上也进行了改革。在这样的潮流中，俄罗斯科学院也和其他国家一样，被迫重新定义自己的作用。实际

---

① 然而，就英国而言，存在两个立场的冲突，Churches Babbage认为应促进国家对科学的援助，另一方认为应由研究人员自发自由地振兴科学研究，而非国家组织，并没有发生德国那般的显著变化。皇家学会已经失去了它的向心力，全国各地建立的爱好者协会和学会等组织以及私人建立的皇家机构（Royal Institution）正在积极开展研究活动。参照河本英夫「社会的行为としての科学」、佐々木力编『科学史』、弘文堂、1987年、第6章。柏木肇「和しつ静う知の司祭—ヴィクトリア科学　序曲」、吉本秀之编『科学と国家と宗教』、平凡社、1995年、112—158頁。

上，前面提到的麦克莱伦认为，以这个时期为标志，十八世纪的学院时代在俄国也终结了。①

然而，俄罗斯与西欧诸地区明显不同的在于它们之后的发展过程。俄罗斯科学院并没有因此失去主导地位，学术研究的中心也没有转移到近代大学。十八世纪末的变革的确意味着巴黎和柏林模式的科学院模式消失，但同时也成为俄罗斯科学院蜕变为独立机构的契机。由于篇幅所限，无法在此详细分析其中原因，但根据以上论述，至少可以指出以下两个因素：第一，俄罗斯与其他国家不同之处在于不存在比科学院更传统的学术组织；第二，俄罗斯科学院拥有坚如磐石的组织基础，至少在官僚机构中是如此。这些其他国家没有的条件使俄罗斯科学院既没有被大学剥夺职能，也没有遭遇被废除的威胁，作为研究的场所在一定程度上持续保持向心力。

事实上，在整个动荡的十九世纪上半叶，该学院反而确立了"俄罗斯帝国首要科学机构"的地位。科学院在成员俄罗斯化的同时，还通过招收外国留学生和聘用外国研究人员来保证研究质量。科学院从1818 年起迎来乌维罗夫时代，他既是科学院院长又兼任国家教育部部长，他在任时期，亚洲博物馆、考古博物馆、天文台各种实验设施等相继开设，甚至与下一代学院相关的设施也在这一时期建成。如此一来，到十九世纪中期，作为欧洲科学研究组织之一，俄罗斯科学院确立了其独特的存在地位。②

---

① McClellan, *Science Reorganised : Scientific Societies in the Eighteenth Century*, New York : Columbia University Press, 1985, p. 255.

② Gouzevitch et Gouzevitch, "L'Académie des Sciences de Saint-Petersbourg : le tournant du XIXe siècle", *Les Académies en Europe XIXᵉ – XXᵉ siècles : Actes du Colloque tenu le 20 octobre 2007 à la Fondation Singer-Polignac sous la Présidence de Monsieur Michel Zink, Membre de l'Académie des Inscriptions et Belles Lettres*, Dir. J. -P. Chaline ; Université de Paris-Sorbonne, Centre de recherches en histoire du XIXᵉ siècle, Paris : Ed. SHN, 2008, pp. 49 – 58. 橋本伸已『帝国・身分・学校——帝政期ロシアにおける教育の社会文化史』、名古屋大学出版会、2010 年、101—102 頁。

跨海的十八世纪精神

——宇田川榕与安托万·拉瓦锡

川岛庆子 著　刘姗姗 译[*]

一　科学与日语

日本人正在用日语学习科学。想必很多人都记得，2008 年诺贝尔物理学奖获得者益川敏英以"I'm sorry, I can't speak English"拒绝了英语演讲，并用日语进行了一个不寻常的诺贝尔获奖演说。出席诺贝尔奖颁奖仪式，居然是益川第一次出国。益川的英语水平不仅难以进行对话，更从中学时代起便是其短板。当然，他也不会其他外语。可以毫不夸张地说，益川只懂得日语。

为何取得了诺贝尔物理学奖如此之高的国际成就，还不懂得英语呢？答案很简单，在日本只需要用日语学习科学就可以达到这般水平。如此幸运的情况，主要归功于明治时代的知识分子将欧美学术用语翻译为日文所付出的努力。然而并不是所有的国家都是这样的。有些国家无法使用母语学习高等科学，因而使用欧美国家的语言（一般为英语）进行学习，在此过程中便与母语产生割裂。这样一来，在科学知识的发展程度方面，国内与欧美国家之间的差距将一直存在。

从这个意义上来说，日本是一个特别的国家。由于开国后先人们

---

[*] 川岛庆子，名古屋工业大学教授。刘姗姗，中国人民大学历史学院硕士研究生。

的努力，使益川这样的人才有发挥才能的可能性。然而，关于化学，其实早在江户时代已经进行了基本的改革。如今我们称为"氧""碳""氮"之类的元素名称，甚至"元素"这个词语本身，或是"氧化""还原""溶解""分析"等日语化学名词，早在19世纪前半期已经被创造出来。创造这些词语的是宇田川榕菴（1798—1864）一位来自津山藩（冈山县津山市）的藩医和兰学家。

二　宇田川榕菴与拉瓦锡

榕菴的代表作《舍密开宗》包括内编18卷和外编3卷（1837—1847年，天保八年至弘化四年），是日本第一部介绍欧洲近代化学的书籍。这本书并非单纯地翻译外文，而是榕菴在阅读大量荷兰语化学书籍的基础上，于其中添加了自己的研究成果，是一部具有划时代意义的书籍。这包含了贯穿本书主题的十八世纪精神。之所以这样说，是因为《舍密开宗》的主要参考文献是英国化学家威廉·亨利（William Henry，1775—1836）1810年出版的备受好评的化学书——《化学概论》①。亨利基本上以法国的安托万·洛朗·

---

① 　William Henry, *An Epitome of Chemistry*（1801），实际上榕菴阅读的并非英文原著，而是 J. B. 特罗姆斯多夫（Johann Bartholomäus Trommsdorff）翻译补充的 *Chemie für Dilettanten*（1830）。除此之外，榕菴还参考了大量荷兰语化学书，另外还加入了榕菴亲自实验的结果等内容，从而完成了《舍密开宗》。宇田川榕菴及与化学相关的兰学内容，参考以下文献：田中实他『舍密開宗研究』、講談社、1975 年；宇田川榕菴『舍密開宗』、田中実点校、講談社、1975 年；Togo Tsukahara, *Affinity and Shinwa Ryoku*, Amsterdam：Gieben，1993；林良重『「舍密開宗」と宇田川榕菴』、『化学と教育』、1989 年第 37 期、61 頁；広田钢藏、荒木恒夫『宇田川榕菴訳「舍密開宗」の題名についての考察』、『化学史研究』、1997 年第 24 巻、220—225 頁；菊池好行『「舍密便覧」の原著者ヘンドリクス・クラーメル・ホメス』、『化学史研究』、2000 年第 27 巻、129—155 頁；芝哲夫『日本の化学の開拓者たち』、裳華房、2006 年；東徹『早稲田大学蔵宇田川榕菴化学関係資料』、『化学と工業』、2015 年第 68 期、7 月号、598—600 頁；東徹『Henryの化学書と宇田川榕菴の化学知識』、『化学史研究』、2016 年第 44 巻、113—127 頁；伊地智昭亘、宇月原貴光『日本の化学の父宇田川榕菴のライフワーク』、『函館高等工業専門学校紀要』、2017 年第 51 号、1—10 頁。关于宇田川榕菴的内容，菊池好行先生给笔者提供了非常宝贵的建议，在此向菊池先生致谢。

拉瓦锡（Antoine-Laurent Lavoisier，1743—1794）完成化学革命的成果为范本，主要参考了十八世纪末出版的拉瓦锡的《化学基础论》（*Traité élémentaire de Chimie*，1789 年）。因此榕菴对拉瓦锡怀有十分尊敬的态度。然而，如前所述，榕菴并没有阅读英文或法文文本，而是阅读了这些书的荷兰文译本，或阅读了荷兰文解说后再进行的研究。[1]

出版《舍密开宗》的三年前，榕菴曾在介绍西洋植物学的书籍《植学启原》中提到，物理学是化学的基础，"舍密（化学）是理（事物的道理）的堂奥（奥义）"。这与其说是亨利，不如说是拉瓦锡的化学观。榕菴对化学评价很高，"自拉瓦锡发起化学革命以来，化学这门学问便独立出来，其在整体知识界中的地位也随之提升。这一时期，榕菴醉心于阅读西欧出版的科学书籍"。[2] 此外，化学革命期间，化学作为一门学问的地位得到提高，在此背景下，科学以外的领域也以牛顿科学为理想，启蒙时代的精神出现在人们眼前。那么，令榕菴衷心佩服的新化学成果，即拉瓦锡作品中所看到的启蒙时代精神又是什么样的呢？

三 拉瓦锡为何写出《化学基础论》

拉瓦锡被称为"化学革命之父"，其最大的功绩是什么呢？是确立质量守恒定律为化学的基本定理，或者确立了元素观，还是发现了燃烧理论？或许不同人会有不同的意见。本章则希望通过探讨化学命

---

① 榕菴获得了《化学基础论》的荷兰语译本，通过阅读这本书直接了解拉瓦锡的思想。法文原版书是 Antoine-Laurent Lavoisier, *Traité élémentaire de Chimie*, 2 toms.（Paris：Chez Chouchet, 1789）。荷兰语译本是 N. C. de Fremery & P. van. Werkhoven translated, Werkhoven, *Grondbeginselen der Scheikunde*（Utrecht：G. T. van Paddenburg, 1800）。東徹『早稲田大学蔵宇田川榕菴化学関係資料』、『化学と工業』、2015 年第 68 期、7 月号、599—600 頁。

② 東徹『早稲田大学蔵宇田川榕菴化学関係資料』、『化学と工業』、2015 年第 68 期、7 月号、600 頁。

名法与榕蓭留给日本人的用语的关系来考察其意义。事实上，也有化学家认为这是拉瓦锡最大的贡献。[①]

从过去实在论和唯名论对立的时代开始，或是追溯到更早的圣经时代，"语言"的重要性在所有领域都备受瞩目。实际上，我们周围也随处可见试图断言"语言创造概念"的人。这是指通过使用新的言语表达，以存在一个共通部分的概念为角度，将各个散落存在的物质与现象编入一个较大的体系中。拉瓦锡作为一位化学家，比任何人都更清晰地意识到这一方法的有效性，并按此实行。

1743 年出生的拉瓦锡正是启蒙时代之子。《百科全书》出版的时候，他恰好八岁。在他年轻时期，拉瓦锡不仅为卢梭（Jean-Jacques Rousseau，1712—1788）所倾倒，还去上了狄德罗（Denis Dedorot，1713—1784）的课，也听过侯艾尔（Guillaume Fraçois Rouelle，1703—1770）的化学课程。成为著名的化学家后，拉瓦锡与阿瑟·杨格（Arthur Young，1741—1820）、杜邦·德·内穆尔（Pierre Samuel du Pont de Nemours，1739—1817）等重农主义者交往密切，这对下一代百科辞典《系统的百科全书》中化学方面的项目产生了很大的影响。他是耿直的大资本家，是科学院的院士，同时也承担了包税官的职务。他作为税务官员与前代肆意妄为的官员不同，拉瓦锡发挥其自身的数学素养，诚实地完成实际工作。最支持拉瓦锡的哲学家是孔狄亚克（Étienne Bonnot de Condillac，1714—1780）。

拉瓦锡在代表作《化学基础论》中提起，"在专注于完成这部著作后，我才深刻地感受到孔狄亚克先生在《伦理学》及其他著作中主张的原理的正确性"，强调孔狄亚克对自己而言是何等重要。[②] 令人惊

---

① 中川鹤太郎：『ラヴォアジエ』、清水書院、1991 年、206 頁。

② 拉瓦锡：『化学原論』、柴田和子译、坂本賢三编『科学の名著』第Ⅱ期4、朝日出版社、1988 年、3 頁。

讶的是，虽然《化学基础论》现在作为近代化学诞生的综合性教科书而备受好评，其涉及从理论到实验的广泛领域，但据说当初拉瓦锡只想计划探讨化学命名法的内容。这是一个奇怪的事情。之所以这样说，是因为早在 1787 年，拉瓦锡就已经和他的化学家好友，如德·莫尔沃（Louis Bernard Guyton de Morveau，1737—1816）、福尔克拉（Antoine François de Fourcroy，1755—1809）、贝托雷（Claude Louis，conde Berthollet，1748—1822）等其他人共同出版了一部名为《化学命名法》的书籍。[①] 这样一来，《化学基础论》可以称得上是紧接其后发布的，若是仅由他自己再写一部关于化学命名法的书，这只能解释为拉瓦锡极为不满意这一部书，或是以命名法为主题对于这位化学家而言是非常重要的。[②]

四　拉瓦锡的理论与实验

在 1753 年出版的《百科全书》第三卷"化学"这一项目中，执笔者维内尔（Gabriel François Venel，1723—1775）将化学定义为"至今尚未成熟"的学问。[③] 在 18 世纪中叶，虽然化学已经在思想上脱离了炼金术，但不管是实验装置或是物质名称，都还停留于炼金术时代，关于新发现的物质，每个化学家对它的称呼都各不相同。在 17 世纪的科学革命时代中，许多学科取得了非常大的发展，

---

① Guyton de Morveau, Antoine Lavoieir, Claude Louis Bertholet & Antoine François de Fourcroy, *Méthode de Nomenclature chimique*, Paris：Cuchet, 1787, 在此所谓的第一作者是吉东·德·莫尔沃，是因为最开始考虑这一计划的是德·莫尔沃，他在 1787 年与拉瓦锡探讨了命名法的相关内容，从而实现了共同著作的计划。

② "我之所以着手撰写这部著作，无非是想进一步扩展我在 1787 年 4 月科学院公开会议上所报告的论文，即关于化学命名法的改革与改善的重要性。"［法］拉瓦锡：《化学基础论》，前言，《科学名著》第Ⅱ期四，朝日出版社 1988 年版，第 3 页。

③ Venel, "Chymie ou Chimie", *Encyclopédie ou Dictionnaire raisonné des sciences, des arts et des métiers, par une Société de Gens de lettres*, ed. by Denis Diderot & Jean-Baptiste le Rond d'Alembert, tom. 3,（1753, p. 408）.

如天文学、机械学，或通过发现微积分而实现复杂代数计算可能性的数学等，从理性的观点看，与这些学科相比，化学的确是相形见绌的学科领域。

在化学这门学科发展迟缓的原因中，一成不变的实验装置与物质名称有很大的影响。即便已经不相信炼金术，炼金术师所使用的名称中依然包含着炼金术的哲学，即认为物质、人类和宇宙之间有密切的联系，而从事这门学问的炼金术师们都自信地认为自己是被选中的人。在此观念下，炼金术并非是面向大众展开的学问，而被认为是一种秘术。这样的思考方式与启蒙精神大相径庭。

拉瓦锡生活的 18 世纪所贯彻的精神是，人类从自然中被普遍地赋予"理性"的信念。哲学家们认为，拥有这样的"理性"，人类能够一步步积累逻辑性研究，从而理解这一世界并创造出更好的事物。正因为如此，才需要符合时代、使大众便于理解的"理性的"命名法。

不成熟的装置也是个问题。实验装置和名称一样，直接关系到其所指的化学目的是什么。例如，旧的装置并不那么重视密封性。当然，还存在技术较低的物理条件问题。如果其条件不能很好地处理密闭问题的话极为危险。除此之外，这一问题还与当时的物质观有很深的联系。

前文所提及的拉瓦锡的功绩中，有一个是质量守恒定律。但是拉瓦锡并没有"发现"这一定律。古希腊时期就有"物质不会任意产生或消失"的说法，在不知不觉中人们也已经认识到了这一点。但严格来说，还是有所欠缺的。例如，在炼金术的世界里，水变成土的现象（此时重量可以发生变化）是自然现象。在这样的思想下，实验装置的密闭性和严格的重量测定便不是化学实验的基本原则。不论新的物质突然产生、消失，又或是重量减少、增加，都不会被看作一个问题。

拉瓦锡将质量守恒视为数学公式一般的绝对真理，在进行自己所有的化学实验时均以此为原则。这才是拉瓦锡的"发现"。于是，对化学家而言，能够测量气体重量的精确天平，以及不漏气的完全密闭装置变为不可欠缺的必要条件。在实验前后，如果所使用的物质重量不符，这便是实验错误的证据。其他同时代的化学家虽然有了重大发现，但无法总结并提出新理论（当时也有化学家做出远比拉瓦锡更优秀的化学成果），只有拉瓦锡能够确立近代化学，质量守恒的思考方式便是其成功的原因。当然，拉瓦锡能够筹措用于精密装置的费用，其财力不容忽视，不过如果他不确信这种装置的必要性，那他也不可能设计出这样的装置。

在拉瓦锡之后，无论复杂的或简单的事物，化学实验装置都发生了根本性变化。这与新理论紧密相关。拉瓦锡时常意识到理论与实践的关系，在此基础上，为了建立新化学他实行了实验仪器的改革。[①]

五　燃素学说——旧化学与新化学之间

一般来说，在谈及拉瓦锡的时候，最令人瞩目的主题应该是推翻燃素学说与发现氧的作用——命名法也因此变得黯淡，在此本章也稍微讲解一下，之后再回到关于语言的问题。

燃素学说是拉瓦锡年轻时的主流燃烧理论，是基于古代元素论的构想。这一理论将物体燃烧的现象归因于燃烧物质本身含有燃烧元素。Phlogiston 在日语中被译为燃素也是基于这个原因。燃素被认为是燃烧和金属煅烧（现在氧化金属形成的过程）等的原因。施塔尔（Georg Ernst Stahl, 1659—1734）发展了德国人贝歇尔（Johann Becher, 1635—1682）的"燃烧的土"理论，用希腊语中的"燃烧"命名，由此确定了燃素学说。

---

① Marco Beretta：《化学实验室的图像表示》，吉本秀之译，《化学史研究》2000 年第 27 卷，第 1—15 页。

根据施塔尔的理论，所有物质都含有燃素，区别在于其中所含的比例。燃烧与金属煅烧是燃素从物体中释放出来的过程。拉瓦锡年轻时也以此为基础思考燃烧现象。

然而，这在金属煅烧方面却产生了问题，物体的重量增加了。虽然也有人认为在很早以前这便已经是个问题，但化学家真正为其所困却是在施塔尔去世之后。究其原因，这与前述的质量守恒定律有关。过去即便重量发生变化，化学家也不认为这是重要的问题。正因如此，直到拉瓦锡的时代，关于使用精密的天平与实验装置的密闭性，都没引起太大的关注。比此更为重要的是性质的变化。谈及金属煅烧时，指的是金属的光泽消失与颜色发生变化。金属的光泽度消失，变成污浊的颜色，由此说明燃素在这一过程中的损失。燃素不仅是燃烧的原因，还是金属有光泽的原因。

然而到了十八世纪中期，人们开始关注化学实验前后重量的变化。来自物理学家的指摘也影响了化学家的言行。拉瓦锡发现，在金属煅烧的实验中，周围的空气会减少，而且所增加的金属重量与减少的空气重量是一致的。他确信燃烧与周围的空气存在关联性，至 1770 年代，燃素学说被认为是错误的理论。

那么，不愿舍弃燃素的人们该怎么做比较妥当呢。他们需要用燃素来解释重量增加的问题。有一种说法认为燃素的重量是负数的。也有说法认为，比空气更轻的氢才含有燃素。后者的代表是发现了氢的卡文迪许（Henry Cavendish，1731—1810）和爱尔兰化学家柯万（Richard Kirwan，1733—1812）。他们在考虑如何将新发现的气体在化学体系中定位的同时，也在努力发展燃素学说，可谓新一派的燃素学说支持者。也就是说，在拉瓦锡舍弃了燃素时，实际上燃素学说也朝着多样化发展，不同学者对其定义存在很大差异。

不论燃素学说的支持者是哪种派别，拉瓦锡都坚定地反对他们。其原因在于他们的想法有根本性差异。即使是尊重拉瓦锡的实验结果，他们也仍认为燃烧和金属煅烧是燃烧物本身的原因，这与拉瓦锡的想法完全不同。拉瓦锡则认为和周围的环境，即空气（氧气）的有无相关。是否承认燃素，实际上是古代原质论思想弃留的关键问题。

拉瓦锡针对这一问题进行了彻底的定量实验。他投入大量资金，使用巨大而精密的实验装置，向世人证明新发现的气体，即氧才是燃烧的原因。也就是说，在物体的燃烧和金属煅烧中，氧是必要条件，从而完全转变了关于燃烧的理论（燃烧物的原因→周围环境的原因）。

尽管如此，还是有很多人不愿改变他们的想法。作为氧的发现者之一，成功完成许多实验，为近代化学理论付出贡献的普里斯特利（Joseph Priestley，1733—1804）也是个不愿舍弃原质论思想的人。这位化学家将自己发现的气体（即氧）命名为脱燃素空气，他认为在燃烧的过程中，燃烧物所释放的燃素与这一气体相结合，从而形成普通的空气。按照他的说法，这种新气体是普通空气缺少燃素的状态。由此我们也可以看出名称的重要性。即便是同样的物质，根据不同人物所采取的立场，所命名的名称也全然不同，对这一物质的印象也将发生很大的变化。

六　拉瓦锡的元素概念

现在再回到语言问题。在孔狄亚克的哲学背景下，认为人只根据语言进行思考，所以只有语言才是真正的分析手段，于是拉瓦锡就化学命名法提出了以下目标：

> 单体物质［substance simple（单质）］要尽可能用简单的词语表示。因此我必须首先为那些单质命名。（……）我们负责将社会上使用的所有物质名称照原样套用，只允许在以下两种

情况下更改名称。一种是新发现且尚未命名的情况，（……）还没有普及至一般大众接受程度的新物质。另一种情况是，不管古代人或现代人所使用，若认为这一名称明显会导致错误观念，或其表示的性质容易与其他物质混淆的情况下，也需要更改名称。①

上述所说的直接使用的名称有金、银、铜、铁等，这些名称若变更将造成混乱。需要变更的名字，尤其第二种情况，对拉瓦锡而言非常重要。"古代人"包含了持有"上帝选民思想"的炼金术师。神秘且难懂的名称必须要更改。另外，同一种物质却有各种各样的名称，这对任何人而言都是大问题。对于"现代人"所取的"错误"名称，赞成和反对的意见都存在。拉瓦锡批判了那些反对自己创立的新化学的人们。总而言之，绝对不能认同"脱燃素空气"之类的命名。

这篇文章还提出了另一个新的问题。这正是拉瓦锡的功绩之一，新"元素观的确立"问题。多样的世界由少数基本的要素构成，这一观念古已有之，其代表性理论包括古希腊的四元素说和汲取了炼金术流派的三原质说等。就和日本有关的理论而言，古代中国的阴阳五行说等也属于这一理论体系。这类说法的物质观基础认为，这个世界由极少数种类的基本要素构成，外观的多样性是因为实际物质所包含的多种基本要素在组合方式上有所差异。

拉瓦锡以如下的方式批判这类思考方式：

> 认为自然界所有的物质都由三种或四种元素构成的观点，是基于希腊哲学家们先入为主的观念。通过四元素的比例变化，构成我们所知道的所有物质，其实早在我们具有最初的实验物理学和化

———————————

① ［法］拉瓦锡：《化学基础论》，前言，《科学名著》第Ⅱ期四，朝日出版社 1988 年版，第 7 页。

学观念前，这一认识就已经出现，这是完全基于想象的假说。①

这些过去的元素说都有一个特征。不论三种或是四种，其元素种类不能发生变化。正如拉瓦锡所说，因为这些数量的依据并非实验结果，所以无法用实验推翻。如果要使其变更的话，只能通过哲学依据。如果元素的数量发生改变，那所有的前提都要发生变化。当时元素（élément）这一词语有其特定历史背景。因此拉瓦锡并没使用这一词语，而是用单体物质这个词来解释自己的物质观。这也表现出拉瓦锡重视语言词语的态度。

因此，要将元素一词用在与古代意义不同的语境中，又为了不让读者误解，他采用了以下方式："如果把物质的元素或原质的名称，运用于可以通过分析而达到的最终的物质观念，不论是通过怎样的手段都无法再进行分析的所有物质，对我们而言都是元素。"② 其中包含了重要的概念。即使使用传统意义上的元素一词，或是说单质，对拉瓦锡而言，这绝非不变的存在。如果分析手段进入下个阶段，也就是如果实验技术提升的话，作为概念元素或单质，其种类和内容都将发生变化。因此化合物和元素是某种相对的物质。即便现在被认为是元素的物质，也有可能是化合物，这方面没有毫无疑问的"绝对"。

在如此定义的新元素观下，拉瓦锡在《化学基础论》中介绍了33种单质（参见表1）。这是目前包含有百余种元素的化学教科书中为大家所熟知的元素周期表的基础。正如拉瓦锡预言的那样，在之后的分析中除去被认为不是元素的物质，在表上添加新发现的元素，但其基本精神并未改变。这一精神是指，需要通过实验得到基本物质表，绝不认可超出实验的"绝对"。

---

① ［法］拉瓦锡：《化学基础论》，前言，《科学名著》第Ⅱ期四，朝日出版社1988年版，第6页。

② ［法］拉瓦锡：《化学基础论》，前言，《科学名著》第Ⅱ期四，朝日出版社1988年版，第7页。

表 1　　　　拉瓦锡《化学基础论》（1789 年）的单质（元素）

一级	二级	三级
属于自然三界的物体和被认为是单质的元素	光（光素）	光
	热（温素）	热
		热原质
		火流体
		火
		火与热物质
	氧	脱燃素空气
		火空气
		生命空气
		生命空气基础
	氮	燃素化气体
		窒息空气
		窒息空气基础
	氢	可燃性空气
		可燃性空气基础
可氧化和酸化的非金属单质	硫	硫
	磷	磷
	碳	纯炭
	盐酸基	未知
	氟酸基	未知
	硼酸基	未知
可氧化和酸化的金属	锑	锑
	银	银
	砷	砷
	铋	铋
	钴	钴
	铜	铜
	锡	锡
	铁	铁
	锰	锰
	汞	汞

续表

一级	二级	三级
可氧化和酸化的金属	钼	钼
	镍	镍
	金	金
	铂	铂
	铅	铅
	钨	钨
	锌	锌
	铁	铁
土壤中可盐化的单质	石灰	石灰土、石灰
	苦土	苦土、爱普生盐基础
	重晶石	重晶石、重土
	矾土	黏土、矾土、明矾基础
	石英	硅土、玻璃土

七　拉瓦锡的化学命名法

那么，如何给元素和化合物命名比较妥当呢？前文提到，金、银、铜和铅等名称不作变化。有重复的名称就选择其中之一。选择标准是尽量选择符合这一物质的化学性质的名称。不论是更改奇怪的名称，或是为新发现的物质命名，其标准都是如此。这样一来，化学作为一门学问，就可能得到众人的接受与理解。

现在所说的氢（Hydrogen）由于其轻度和可燃性，当初被称为可燃性空气。也有人认为这就是燃素，无法确定一个名称。将其命名为水素（即氢的希腊文原意）的是拉瓦锡，他提出的理由是认为这种气体是水的构成要素之一。

于是，有人发出疑问，另一个构成要素的气体是否也是氢呢？为何另一个物质被称为酸素（即氧，Oxygen）呢？究其原因，从氧被发现的时候开始，它便与动物的长寿、烛火的亮度等与呼吸和燃烧的问题紧密相关，因而被称为生命空气、火空气或是如前所述的脱燃素空气。拉瓦锡虽然阐明了燃烧与呼吸的联系，但并没有基于对燃烧和呼吸的想象来命名。

拉瓦锡不仅研究了金属煅烧，还进行了磷和硫燃烧后重量增加的实验，从而提出这一气体其实是酸的原理。磷酸和硫酸中确实含有氧。但水是中性的，即便分解了海盐酸（盐酸）也无法发现氧。尽管如此，拉瓦锡依然用 oxygène 为其命名，这是希腊语中的"酸"与法语中的"起源"相结合。

实际上，这一时期燃素学说的支持者柯万主张，酸是由于氢而存在。这样的话，盐酸中不含氧将不再是个问题。比起拉瓦锡，柯万关于酸的理论更为合理。然而，正如前文所述，他认为这个气体与燃素相同。也就是说，将拉瓦锡所认为的氧的作用（燃烧和酸产生的原因）归结到氢上。因此，柯万反对拉瓦锡等人的论著一般被记为《燃素论著》（1787 年），其正式标题为《关于燃素与酸的组成的一本论著》。[①] 目前，我们已经了解到酸性产生是由于氢离子的存在，如果仅从酸性理论来看的话，其实柯万才是正确的。然而，拉瓦锡和他的同伴们在柯万的书出版后次年便出版了附有其进一步反驳内容的《燃素论著》法文译本。又由于第二年出版的《化学基础论》取得了巨大成功，柯万的主张因而变得黯淡。

如此一来，拉瓦锡的理论取得胜利，更重要的是燃素学说总归被人们遗弃，oxygène 作为具有同样意义的荷兰语传到榕庵的身边，榕庵如实地翻译了这个词语，日语汉字中写作"酸素"（即氧）。[②]

总之，像这般为单质命名的话，自然而然也决定了化合物的名称。因为拉瓦锡认为，化合物的名称需要反映出构成它的基本要

[①] Richard Kirwan, *An Essay on Phlogiston and the Constitution of Acids*, London: P. Elmsly, 1787.

[②] 顺便一提，氮现在的元素符号为 N 是因为其英文 Nitrogen，拉瓦锡认为生物无法在这一气体中存活，因此用法语造词命名为 azout，其由来为希腊语意"无益于生命"。榕庵看了 azout 的荷兰语翻译，将其命名为窒素，意为令人窒息的气体。

素。像水这种自古以来便存在的物质至今无法更改（也就是说氢是与命名法的规则相逆的）。对于其他物质，尤其新物质而言，这一规则是适用的。如硫酸（acide sulfrique）、碳酸（acide carbonique）等。一眼便可看出前者包含硫（soufre）和氧（oxygène），后者包含碳（carbon）和氧（oxygène）。[①] 现在被称为二氧化碳、氧化亚汞的物质，也是以上述准则为基础命名的。我们仅从名称就可以知道这一化合物是由什么物质构成，并能写出其化学式。这也是拉瓦锡的命名法被称为代数命名法的缘故。[②] 由此，埃塞俄比亚矿、卡西斯绯色沉淀等无法从名称推测其组成物质的名称从化学书上消失了。

八　拉瓦锡的理想——将化学做成物理学一样的学问

本章开头提到，榕菴认为物理学是化学的基础，这其实是拉瓦锡的化学观。拉瓦锡认为，物理学是用法国的方式进行解释的牛顿物理学。牛顿的科学基本上被认为是十八世纪理想的学问，尤其是在法国将其与洛克的哲学相结合，比其母国英国更加强了与理性主义的联系，被哲学家们视为所有学问的范本。[③]

第一个以这种形式推行牛顿科学的是伏尔泰（Voltaire，本名Fançois-Marie Arouet，1694—1778）。他在《哲学通信》（*Letters Philosophiques Sur Les Anglais*，1733 年）中向法国介绍了牛顿的万有引力，同时称赞了洛克的哲学，这部书后来被文学史家兰森称为"投向

---

① 在拉瓦锡的理论中，因为酸中含有氧，所以 acide 可以无条件地读作 oxygène，acide sulfrique 的写法也表现了其中含有氧。

② Marco Beretta, "Introduction", Antoine-Laurent Lavoisier, *Mémoires de physique et de chimie ed.* by Marco Beretta, 2 vols, (Thoemmes Continuum：Bristol, 2004, V - XXV, p. xi.)

③ 关于这一点可参考 Peter Gay 的《自由的科学》。Peter Gay『自由的科学』、第 1 卷、中川久定、鹫见洋一等译、ミネルヴァ书房、1982 年；Peter Gay『自由的科学』、第 2 卷、中川久定、鹫见洋一等译、ミネルヴァ书房、1986 年。

旧制度的第一颗炸弹"。伏尔泰更以《牛顿哲学原理》（1738 年）一书正式向牛顿科学的启蒙进发。这本书成为当时的畅销书，牛顿超出了科学的框架，成为学术上的模范与理想。拉瓦锡把与他对立的理论，尤其是未经实验充分证实的理论称为"假说"，并进行批判，其背景是牛顿的台词"我不作假说"，将其推广的伏尔泰等人有亲英的哲学思想。

不过，牛顿本人实际上与这些哲学家们对牛顿的印象差异很大。从异端的基督教信仰以及长期秘密继续研究炼金术的事实来看，牛顿的精神世界完全属于十七世纪。但是，当时牛顿的这一侧面还不为人所知，即便传出一些，像伏尔泰这样的哲学家们应该也会无视吧。因为他们认为，比起牛顿本人的哲学，洛克的经验主义与牛顿科学的基础更接近，这才是新世纪的学问。

之后，孔狄亚克可谓是洛克哲学在法国的继承人。因此，拉瓦锡从这一意义认为，伏尔泰一派的牛顿主义是科学的基础。正因抱有这样的想法，在拉瓦锡的共同研究者中可以看到数学家和物理学家（当时这两者之间没有明确区分）。他需要拉普拉斯（Pierre-Simon Laplace，1749—1827）、拉格朗日（Joseph-Louis Lagrange，1736—1813）、蒙日（Gaspard Monge，1746—1818）的数学智慧。这是普里斯特利、柯万等同时代著名的化学家所缺少的态度。拉瓦锡认为化学将来必然成为像物理学一样的数学性学问，或者说他保持要让众人认识到这一点的信念。

从拉瓦锡的绝笔中可知，他死后以《化学论集》为名出版的书籍，其真正的书名为《物理学化学论集》，由此可见他的信念。拉瓦锡本人在法国大革命中，曾为度量衡的整顿以及教育改革等方面作出贡献，然而却因为税务官这一职务而获罪，并很快被送上断头台受刑，不过他所追求的化学方向并没有随之消失。下一代学者在接受了拉瓦锡的化学后，朝着他所期望的方向发展。

因此，如过去《百科全书》中维内尔所期待的那样，化学这门学问变得成熟，这也反映在拉瓦锡死后完成的《系统的百科全书》中"化学"的条目里。

九　宇田川榕菴与《舍密开宗》
——"予以众人理性"的证明

"从那位杰出的拉瓦锡之死来看，化学也发生了很大的变化吧"。1802 年柯万写给吉东·德·莫尔沃的信中如此谈到，莫尔沃是曾经与拉瓦锡共同编著《化学命名法》的人。并且柯万还补充了以下一句话，这也是新命名法胜利的证据之一："年轻的化学家们只了解你们的命名法了。"[1] 在这一时期，拿破仑还未成为皇帝，拉瓦锡的新化学在欧美取得完全胜利。《化学基础论》被年轻化学家们视为模范教科书，几乎是不可动摇的经典作品。后来，榕菴所得到的荷兰文译本也出版了。实际上，即使是在如今的日本读《化学基本论》也不会有违和感。即使书中将光和热（热素）也视为元素之一，[2] 但其总体作为十八世纪法国以"理性"完成的作品，也能直接地表达 21 世纪日本的"理性"。同样，拉瓦锡的理性也很好地传达给了宇田川榕菴。榕菴用自己所设计的实验装置将拉瓦锡进行过的实验又验证了一遍，并在《舍密开宗》中条理清晰地展示其实验成果。

《哲学通信》点燃了最初的导火线，在法国大革命中爆发出理性的焰火，民众举行狂热的"理性的盛典"游行，法国大革命也产生了不便的十天制历法。作为"自由、平等、博爱"的极端体现，革命排除高等的数学性科学，其建立的政府偏重民众都能理解的博物学。但是十八世纪的理性同时也使得《化学基础论》问世，也正是这本书深

---

[1]　Louis-Bernard Guyton de Morveau & Richard Kirwan, ed. by Emmanuel Girson, Michelle Goupile, and Patrice Bret, *A Scientific Correspondence During the Chemical Revolution*, *Louis-Bernard Guyton de Morveau & Richard Kirwan 1782 - 1802*, Berkeley: Berkeley Papers, 1994, pp. 202 - 204.

[2]　正如单质表所示，拉瓦锡将无法测定重量的光和热（热素）也视为单质（元素）。之后这些物质各种各样的性质被阐明，便作为与元素不同的概念被剔除出元素表。

深吸引了江户时代的日本知识分子。

伏尔泰的《哲学通信》中倡导对自然神论宽容，因而批判天主教会，推崇亚洲文明，支持牛顿，不知这种情况下他是否还相信"民众"的理性。其他的男性哲学家也是如此。他们大部分都只在"和自己相似"的人之间将自由、平等、博爱视为理所当然。比如，他们会将黑人视为和自己同等的人吗，或者同样是白人，他们会认为女性和他们男性一样平等吗，在此要打上一个大大的问号。若以拉瓦锡为例，他的妻子在其研究中起到不可或缺的作用，是他得力的助手。尽管他对他妻子的才能有所赞扬，[①] 但他在法国大革命时期向政府提交的教育改革方案中，不得不说对女性知识水平的要求明显低于男性。[②]

因此在十八世纪男性知识分子的内心深处，绝不会想到过住在亚洲边缘的同时代日本人会理解自己的科学，验证自己的实验，还增加了本身独到的见解，等等。但他们还是做到了。他们的"梦想"或是说"主张"，即"每个人都平等地被赋予理性"，确实传达到了遥远的异国，传达给住在与基督教文化全然不同的文化圈的日本医生榕庵。荷兰不断出版以伽利略为代表被天主教会盯上的人物的书籍，它也是基督教国家中唯一和日本有交流的国家，启蒙世纪的精神确实通过荷兰文译本传达给日本知识分子。

拉瓦锡希望完全改变旧化学的形象，即认为化学依附于医学和药学，或者说化学是仅为医疗而存在的知识。化学是一门值得独立出来研究学习的学问，也应该应用实验物理学的方法论。[③] 日本医生榕庵从研

---

① 关于拉瓦锡的妻子，玛丽·安·拉瓦锡（Marie-Anne-Pierette Paulze-Lavoisier, 1758—1836）可参考一下内容。川岛庆子：『エミリー・デュ・シャトレとマリー・ラヴワジエ』、東京大学出版会、2005 年。

② Antoine-Laurent Lavoisier, "Réflextions sur l'éducation publique", *Œuvres de Lavoisier, publiées par les soins du Ministre de l'Instruction publique*, 6 vols., Vols. 1 – 4, ed. J. B. Dumas, Vols. 5 – 6, ed. E. Grimaux, Paris: Impermerie Nationale, 1864 – 1893, Vol. 4, pp. 649 – 668. Lavoisier, "Réflextions sur l'instruction publique", ibid., Vol. 6, pp. 516 – 558.

③ Marco Beretta, "Introduction", Antoine-Laurent Lavoisier, *Mémoires de physique et de chimie ed.* by Marco Beretta, 2 vols, (Thoemmes Continuum: Bristol, 2004, V – XXV, p. viii.)

读的荷兰语化学书中，正确地汲取了拉瓦锡及其后继者们的意图，向同时代的日本人展示了超越"对医学、药学有帮助"的范围的化学。①

如今，生活在 21 世纪日本的人们仍然通过榕菴创造的词语学习化学，同时也接受了十八世纪的成果。启蒙时代的欧洲知识就这样连接了东方和西方，成为今日的文化基础。

---

① 当然，榕菴身为医生需要调剂药物，因此对他而言作为医学和药学基础的化学是非常重要的。但榕菴的兴趣并不止于此，他将化学视为一门独立的学科进行关注，在《舍密开宗》中也提出了这一点。其中可以看出他的新颖之处，以及对拉瓦锡等人书籍的深刻理解。東徹『Henryの化学書と宇田川榕菴の化学知識』、前言、『化学史研究』、2016 年第 44 卷。

孟德斯鸠

——让·杜赫德与《百科全书》

小关武史 著 刘姗姗 译*

在十八世纪的法国，有关中国的各个方面都受到了持续的关注。这只要看一下思想家们作为基本文献参照的让·杜赫德的《中华帝国全志》，便可窥其一斑。该书系统整理了在华耶稣会传教士寄来的书信，并将其分为地理、历史、政治制度、产业、语言、宗教、习俗、文艺、博物志、医学等各种各样的主题。[1] 可以说，让·杜赫德的著作实现了其希望理解中国社会的整体目标。

虽然这部书对中国的关注十分全面，但并非所有的主题都是思想史上的重要课题。本章主要关注政治制度，将《百科全书》中的记述与主要先行文献（孟德斯鸠的《论法的精神》和让·杜赫德的《中华帝国全志》）进行比较探究。但是，为了使论点集中，本章主要以三者的共同话题为中心进行论述。

一 《中华帝国全志》里的中国政治

若要讨论十八世纪法国人关于中国的论述，就无法忽视耶稣会传

---

* 小关武史，日本一桥大学言语社会研究科教授；刘姗姗，中国人民大学历史学院硕士研究生。

[1] Du Halde, Jean-Baptiste, *Description géographique, historique, chronologique, politique et physique de l'Empire de la Chine et de la Tartarie chinoise*, Paris, P. Le Mercier, 1735, 4 Vol. in-folio. 无须看目录，只要看一下正式标题就可以看出对中国的广泛关注。另外，本章中关于其主题的列举，基本按照该书的说明顺序。

教士们从当地寄来的大量书信。十八世纪初只能以书信集①的形式了解当地的信息，作为耶稣会士的让·杜赫德对这些资料进行了整理，并于1735年刊行了《中华帝国全志》。该书中系统地介绍了这些内容。

在《中华帝国全志》第二卷中，有一章名为《关于中国政府的形式》②，其中介绍了统治机构的概况，但关于政治的讨论并不仅于此。该章之前的章节详细论述了皇帝的权威，之后的章节则对军事机构进行了说明。在第二卷的后半部分，至少用200页的篇幅介绍了历代皇帝的诏书和敕令。第一卷的王朝史记述也是以政治事件为中心，从这一点可以看出政治在这本书中占据了非常重要的地位。限于篇幅，本章难以对此进行详细的说明，在此仅指出几个特征如下。

第一个特征是对皇帝的存在表现出强烈关注。书中在讨论政府的一般状况之前，就已经谈及皇帝的权威，从这一点也可以看出，作者认为，若要理解中国的政治，必须要先明白以皇帝为中心的统治状况。

第二个特征是对井然有序的官僚机构的赞叹。书中以惊讶的口吻记述了拥有如此广阔领土与庞大人口的帝国仅由少数的高级官僚进行统治。

第三个特征是对中国政治予以高度的评价。书中提到"历史上不存在超过中国的君主国家"③，皇帝较强的权威并非被认为是消极的

---

① *Lettres édifiantes et curieuses écrites des missions étrangères par quelques missionnaires de la Compagnie de Jésus*, Paris, Le Clerc, 1703 – 1776, 34 Vol. in – 16.

② Du Halde, Du Halde, Jean-Baptiste, *Description géographique, historique, chronologique, politique et physique de l'Empire de la Chine et de la Tartarie chinoise*, Paris, P. Le Mercier, 1735, t. II, pp. 22 – 43. 这一章的正式标题更长，为 *De la forme du Gouvernement de la Chine, des différens Tribunaux, des Mandarins, des honneurs qu'on leur rend, de leur pouvoir, & de leurs fonctions*，以各种各样的官宦为记述对象。

③ Du Halde, Du Halde, Jean-Baptiste, *Description géographique, historique, chronologique, politique et physique de l'Empire de la Chine et de la Tartarie chinoise*, Paris, P. Le Mercier, 1735, t. II, p. 9.

因素。

如上所述，《中华帝国全志》给人以"慈父般的皇帝顺利地统治中国"的印象。伏尔泰也沿袭了这一见解。然而，孟德斯鸠却持不同观点。

二 《论法的精神》里的中国政治

孟德斯鸠的《论法的精神》于 1748 年初版印行。孟德斯鸠在草稿阶段就不断进行修正，在初版印行后也持续进行修订，因此存在各种各样的版本。能够反映出作者自身最后修订的版本应该是 1757 年在其过世后出版的版本，这也是目前许多版本的底本。①

关于《论法的精神》中的中国，小西鲇子的先行研究十分重要。② 小西将关于中国的记述分为以下三类：（1）为了论证其文章所提出的命题而列举的中国事例；（2）除论证命题外，符合作者对中国本身的关注；（3）除对中国本身的考察外，引用著作者的话，将其作为比喻对象，或是以地名的方式出现。③ 其中，关于中国的记述多为第一类。小西主要关注的是孟德斯鸠关于中国的认识对其思想的形成起到怎样的作用，专制国家论是小西的主要分析对象。在本章中专制

---

① 本章以 Derathé 的校订版作为底本。Montesquieu, *De l'esprit des lois*, Édition de Robert Derathé, Paris, Garnier Frères, Vol. 2, 1973. 此外，在研究《百科全书》相关内容的时候，必须要注意《百科全书》的修订工作与出版工作是同时进行的。《百科全书》在 1751 年至 1757 年间，几乎是以一年一卷的方式出版到了第 7 卷。后来由于禁止出版命令的影响，余下的 10 卷直到 1765 年才一举发行出版。因此，前面 7 卷中收录的条目应该是参考早于现行版本的《论法的精神》而写的。话虽如此，在与中国相关的部分中，孟德斯鸠并没有做大规模的修订，所以版本的不同不会有决定性的影响。

② 小西鲇子『「法の精神」における中国（Ⅰ）——中国専制政治の二つの特徴——』、『フランス文化研究』第 13 号、1982 年、11—27 頁。小西鲇子『「法の精神」における中国（Ⅱ）——中国専制政治の二つの特徴——』、『フランス文化研究』第 15 号、1984、22—36 頁。

③ 小西鲇子:『「法の精神」における中国（Ⅰ）——中国専制政治の二つの特徴——』、『フランス文化研究』第 13 号、1982 年、第 13 頁。谈到中国的内容共有 51 处，除了（三）以外的 44 处被笔者汇总以便浏览。

国家论虽然也具有重要意义，但更关注《中华帝国全志》与《百科全书》等先后文献的关联。

首先谈一下与让·杜赫德的关联。《论法的精神》中提及的中国部分里，有一半左右是在注释提及的让·杜赫德所述的相应内容。孟德斯鸠极少在正文中提及让·杜赫德的名字，与其说将他的记述作为分析对象，不如说将他视为提供可以强化己见的具体事例的人。孟德斯鸠标明信息源的方式也较为合理，大多数情况下会写明《中华帝国全志》初版的卷册和页码。孟德斯鸠参考的内容涉及多个方面，这也显示出他熟读过让·杜赫德的著作。①

如上所述，孟德斯鸠称得上是让·杜赫德的忠实读者，但两者关于中国政治的评价可以说是截然相反的程度。即孟德斯鸠将中国视为专制国家，予以负面评价。这样的差异是如何产生的呢？为了认识这一点，必须先理解孟德斯鸠提出的三种政体的区别以及每个政体的原则。

《论法的精神》第二篇中提出政体有三种类型，即共和政体、君主政体、专制政体。② 其中，共和政体还分为民主政体和贵族政体。③ 每个政体都存在推动这一政体运作的原则。民主政体的原则是品德，贵族政体的原则是节制，君主政体的原则是荣誉，而专制政体的原则是恐怖。④

---

① 对让·杜赫德的引用虽然大多出自第 1 卷和第 2 卷，但也有提及第 3 卷所收录的经典翻译，在谈论关于周边民族的内容时，亦引用了第 4 卷的内容。

② Montesquieu, *De l'esprit des lois*, Édition de Robert Derathé, Paris, Garnier Frères, 1973, t. Ⅰ, p. 14. (Livre Ⅱ, Chapitre 1, De la nature des trois divers gouvernements) 孟德斯鸠『法の精神』上卷、野田良之、稲本洋之助、上原行雄、田中治男、三辺博之、横田地弘译、岩波书店、1989 年、51 页。后文的注释中，篇号用罗马数字表示，章号用阿拉伯数字表示。另外，岩波文库版为方便参考还附上翻译后的日文版本，在本章中译文均由笔者翻译。

③ Montesquieu, *De l'esprit des lois*, Édition de Robert Derathé, Paris, Garnier Frères, 1973, t. Ⅰ, p. 14. (Ⅱ-2, "Du gouvernement républicain et des lois relatives à la démocratie") op. cit. , p. 52.

④ Montesquieu, *De l'esprit des lois*, Édition de Robert Derathé, Paris, Garnier Frères, 1973, t. Ⅰ, p. 26 (Ⅲ - 3, "Du principe de la démocratie"), p. 29 (Ⅲ - 4, "Du principe de l'aristocratie"), p. 31 (Ⅲ - 6, "Comment on supplée à la vertu dans le gouvernement monarchique"), p. 33 (Ⅲ - 9, "Du principe du gouvernement despotique") op. cit. , pp. 71, 76, 79, 82.

中国虽被划为专制政体，但有时又缺少专制政体应必备的特征，这一点令孟德斯鸠感到困扰。《论法的精神》最初谈到中国的是第5篇第19章。在这部分中，孟德斯鸠归结了三种政体原则，认为监察官（风纪监察官）在共和政体中是必要的，但在君主政体和专制政体中却不是。尽管如此，中国却有监察官的存在，"可见中国的案例与这个原则相抵触"①。但是，这仅仅是表面层次，孟德斯鸠谈道，"关于这一制度存在的特殊原因，可参见本书后述部分"，暗示中国始终属于专制政体。第7篇第6章中所提到的奢侈也是一样的情况。奢侈在民主政体和贵族政体（也就是共和政体）中是非必要的，必须被禁止的。然而，在君主政体和专制政体中，为了将不平等分配的财富遍及全体，奢侈是必要的。② 即便如此，中国却禁止奢侈，而这又是因为"特殊的理由"。孟德斯鸠在这部分说明了原因，认为中国的过剩人口不允许奢侈的存在。③ 但是，正如孟德斯鸠本人所承认的那样，这是"特殊的理由"，中国出现了大量例外现象，为了将这样的中国定义为专制政体，他需要更广泛的考察。因此，孟德斯鸠设置了《中华帝国》这一章（第8篇第21章），以此作为划分三种政体论的第一步的整体总结。④

首先，孟德斯鸠言及的是传教士们认为中国政体中"值得赞叹的事物"。可以说其原则是由恐怖、荣誉和品德混合而成的，若以此为依据，那么中国便同时兼具专制政体、君主政体和民主政体的原则。这样一来，《论法的精神》开篇所论述的三种政体论就变得没有意义。

---

① Montesquieu, *De l'esprit des lois*, Édition de Robert Derathé, Paris, Garnier Frères, 1973, t. I, p. 80. (V – 19, "Nouvelles conséquences des principes des trois gouvernements") op. cit., p. 155.

② Montesquieu, *De l'esprit des lois*, Édition de Robert Derathé, Paris, Garnier Frères, 1973, t. I, pp. 109 – 110. (VII – 4, "Des lois somptuaires dans les monarchies") op. cit., pp. 202 – 204.

③ Montesquieu, *De l'esprit des lois*, Édition de Robert Derathé, Paris, Garnier Frères, 1973, t. I, p. 112. (VII – 6, "Du luxe à la Chine") op. cit., p. 207.

④ Montesquieu, *De l'esprit des lois*, Édition de Robert Derathé, Paris, Garnier Frères, 1973, t. I, pp. 138 – 140. (VIII – 21, "De l'empire de la Chine") op. cit., pp. 246 – 250.

对于孟德斯鸠而言，这使得自己的理论体系无法成立。为避免这一矛盾，孟德斯鸠引用了让·杜赫德以外的证据，从而否认了中国存在荣誉与品德。同时，他还指出传教士们被表面所迷惑的可能性。此外，就如同探讨奢侈时那样，孟德斯鸠对特殊情况进行讨论，认为中国的君主只不过为了避免腐败，才不得不施行仁政。从而得出"因此，中国是一个专制国家，其原则是恐怖"的结论。中国是专制政体这一前提是不会动摇的。或者说，为了保证三种政体论的一致性，中国必须是专制国家。

既然孟德斯鸠有着这样的基本态度，那他就不可能全面采纳《中华帝国全志》所展示的中国政治理论。孟德斯鸠对让·杜赫德的引用呈现断断续续是必然的结果。而且，一旦确定了"中国是专制国家"这一定式，并宣布即使存在与之相反的事例也不会动摇这个定式后，即便孟德斯鸠引用了近乎礼赞中国的事例来论证一般命题，也不必担忧会陷入自我矛盾。

那么，孟德斯鸠会在什么样的情况下参照让·杜赫德呢？本章从几个已有的事例中，就《百科全书》中也有提及的一个话题进行探讨。

来看一下已经谈过的探讨奢侈的章节。在中国，禁止奢侈是因为农业生产对于养育庞大的人口而言十分重要。即使一般情况下专制政体能够允许奢侈行为，但在要求人们勤劳的国家中，奢侈是非常危险的。论述进行到这里时，孟德斯鸠引用了两个具体事例。在此笔者译出了包括原注释的内容：

中国皇帝在诏书中表达的精神正是如此。唐代有位皇帝在诏书*中表示："我们的先人告诫我们，只要有一个男人不耕地，一个女人不勤劳于纺纱，帝国就会有人挨饿受冻。"而且，这位皇帝依据这一原则，拆掉了大量寺庙。

第 21 代王朝的第三位皇帝**收到了某个矿山中发现的宝石，便把这个矿山关闭了。这是因为宝石这种东西既不能吃也不能穿，皇帝不希望为此役使自己的臣民。

〔原注〕

* 让·杜赫德曾报告了这一道圣旨。第 2 卷，第 497 页。

** 《中华帝国全志》，让·杜赫德神父著作中第 21 代王朝。第 1 卷。①

孟德斯鸠在各个段落都逐一标记注释，清楚表明其依据是让·杜赫德。虽然其中一个连页码都明确标记了，但其注释出处是否真的没有错误呢？实际上，翻开《中华帝国全志》的"第 2 卷，第 497 页"，其前一页的内容详细记载了这件事的始末。如前所述，《中华帝国全志》第 2 卷的后半部分汇集了历代皇帝的诏书和敕令。孟德斯鸠的参照出处也是其中的一份诏书。根据孟德斯鸠的记录，其叙述者应为"唐代的皇帝"。皇帝从历史的角度开始探讨佛教问题。佛教这一宗教派别在夏商周三代并不存在，至汉和魏以后广为传播。随着佛教势力的扩张，僧院的数量不断增加，很多人抛家弃子只为信佛。没有比这更糟糕的情形。于是保留有以下诏书的内容：

> 我们的先人告诫我们，只要有一个男人不耕地，一个女人不勤于纺纱，帝国就会有人挨饿受冻。如今，有无数的男女僧人靠着别人的汗水生活，获得衣物。此外，还花费各种费用，命令无数的工匠建造华丽的建筑。关于晋、宋、齐、梁这四个朝代国家疲敝的原因，除了当时奸臣专横外，是否也有必要探究一下其他

① Montesquieu, *De l'esprit des lois*, Édition de Robert Derathé, Paris, Garnier Frères, 1973, t. I, p. 112.（Ⅶ-6. "Du luxe à la Chine"）op. cit., pp. 207-208. "于纺纱 à filer"这一词句在草稿和初版中都没有。参照《论法的精神》草稿校订版（*De l'esprit des loix*: *Manuscrits I*, in Montesquieu, *Œuvres complètes*, t. 3, Oxford, Voltaire Foudation; Napoli, Istituto italiano per gli studi filosofici, 2008, p. 137）。另外，第 21 代王朝的第三位皇帝是明代的永乐皇帝。Derathé 的版本中孟德斯鸠的原注是"第 28 代王朝" vingt-huitième dynastie，然而草稿校订版中这一数字应为 21，笔者认为或许是 Derathé 错记了。

原因。

……

因此，我宣布，第一，关于帝国内广泛存在的至少 4600 座僧院，应予以彻底地破坏。[①]

皇帝在阐述结论前，用了许多话语描述了佛教的害处。《中华帝国全志》的这一部分将其原样收录，这从文书的可信度而言非常重要。对孟德斯鸠而言，历史过程没有意义，只要有结论与令人印象深刻的论据就足够了。关于这个事例，孟德斯鸠没有曲解文献依据的主旨，而是正确点明了文献出处。那么，另一个关于关闭矿山的事例又是如何呢？"第 1 卷"没有更多的提示，但我们知道这是明代永乐帝时期的事情，也确实在第 1 卷第 509 页中被提及：

一日，他收到了在矿山发现的宝石，矿山位于山西省。皇帝立即下令关闭矿山。据说是因为不希望自己的臣民被役使于无用的工作。物资匮乏时自不必说，无论多么贵重的东西，这些石头不能吃，不能穿。他把一个重量为 12 万磅的青铜钟熔化为五个。[②]

让·杜赫德的文章十分简洁，与破坏僧院的事例相比，孟德斯鸠的文字和原文几乎没有差异。但即便如此，孟德斯鸠还是除去了不必要的固有名词和数字，并将必要的内容压缩为最精简的表达。如果记

---

① Du Halde, Du Halde, Jean-Baptiste, *Description géographique*, *historique*, *chronologique*, *politique et physique de l'Empire de la Chine et de la Tartarie chinoise*, Paris, P. Le Mercier, 1735, t. II, pp. 496 – 497.

② Du Halde, Du Halde, Jean-Baptiste, *Description géographique*, *historique*, *chronologique*, *politique et physique de l'Empire de la Chine et de la Tartarie chinoise*, Paris, P. Le Mercier, 1735, t. I, p. 509.

述正确，即便注释缺少页码，也不应认为他是有意隐藏或打乱吧。

这两个事例都在《中华帝国全志》中非常不起眼的地方。孟德斯鸠在让·杜赫德的著作中广泛搜集关于皇帝禁止奢侈的事例，挑选出他认为最合适的例子，并没有将他人著作中的命题与具体事例结合起来。

在此还需要确认这些具体事例是否能够为其命题提供恰当的论证。第二个关闭矿山的例子极为易懂。宝石是奢侈的象征，禁止奢侈与禁止开采宝石能直接联系在一起。与此相反的是破坏僧院的方式与禁止奢侈没有直接的关联。前面记述了农业生产的重要性，再谈到由佛教导致懒惰的罪过，如果没有其中的关联性，逻辑就很难展开。当然，如果只看《论法的精神》的内容，论点的展开是没有问题的，从这个意义而言，破坏僧院的事例也起到了论证禁止奢侈的作用。但是，《中华帝国全志》并没有将收录的皇帝诏书置于禁止奢侈的叙事脉络上，如果从《论法的精神》中借鉴该事例，同样的事件可能又会被放在其他逻辑脉络中。而正是这样的事情，在《百科全书》的多个条目中出现。

三 《百科全书》中的中国政治

从对后世政治理论以及实际政治动向的影响来看，《百科全书》常常被孟德斯鸠的《论法的精神》与卢梭的《社会契约论》掩盖。然而，《百科全书》中确实收录了众多与政治相关的条目。主编狄德罗自身撰写的《政治权威》（Autorité Politique）和《自然法》（Droit Naturel）等作品具有代表性，作为其助手而活跃的若古也为"专制"（despotisme）这样的重要条目撰稿。在书的后半部分，圣朗贝尔匿名撰写了《立法者》（Législateur）和《奢侈》（Luxe）。卢梭的《政治制度论》最早也出现在《百科全书》中"制度"（economie ou œconomie）的条目中。在很多情况下，这些条目都附有"政治"和

"法"（自然法）的分类符号，而且数量普遍较多，可以被定义为理论政治的条目。

另一方面，百科全书虽然与广义的政治相关，但它侧重于记述具体的统治结构以及其中有象征性的事件，而不是深化对政治理论的思考。其中大部分被归为"现代史"条目的内容，可以称之为现实政治条目。

考虑到让·杜赫德的著作中政治占据很大的篇幅，而中国又是孟德斯鸠整合三种政体论中不可回避的思想性课题，那么在《百科全书》里较为重要的理论政治条目中，中国也应占有较大的比例。然而，以《政治权威》和《自然法》为例，谈到中国的部分在理论政治条目中并不多见，以《专制》《制度》《立法者》《奢侈》为例，即便谈到中国，也不能否认其偏离了该条目的本质。也就是说，不论是理论政治条目或是现实政治条目，涉及中国的部分都比较少。换言之，论证中国时只是引用片段式的事例。在此需要确认在这一方面与让·杜赫德及孟德斯鸠的联系。

之前提到的《论法的精神》第 7 篇第 6 章的两个事例在《百科全书》中也被提及。不过其顺序发生变化，先谈到的是关闭矿山的事例。这一事例在达朗贝尔所执笔的"人口"（population）条目中出现：

> 让·杜赫德神父的中国志第 1 卷中，记载了如下事例。第 21 代王朝的第三位皇帝关闭了开采宝石的矿山。由于不希望为了不能吃也不能穿的东西去役使自己的臣民。[①]

虽然达朗贝尔写上了让·杜赫德的名字，表现自己已经确认过，但我们不能直接接受其字面内容。其文章与孟德斯鸠的内容几乎一致，只要读了孟德斯鸠的文章就知道文献出处是什么。也就是说，要

[①] *Encyclopédie, ou Dictionnaire raisonné des sciences, des arts et des métiers, par une société de gens de lettres*, Paris, Briasson, David, Le Breton, Durand, 1751–1765, t. XIII, p. 100a. 后文卷号和页码由罗马数字与阿拉伯数字表示。

考虑间接引用的可能性。这样的疑虑在同一条目的其他地方得到了确认。其中甚至引用了破坏僧院的事例：

> （让·杜赫德著作中收录的诏书记载到，唐代有位皇帝曾说过）我们的先人告诫我们，只要有一个男人不耕地，一个女人不勤于纺纱，帝国就会有人挨饿受冻。皇帝根据这一原则，下令大规模破坏了修行者的僧院。①

总之，达朗贝尔在同一个条目的不同地方使用《论法的精神》同一章节中引用的两个事例。他隐去了孟德斯鸠的名字，注释中反复提到让·杜赫德。② 这种隐去文献出处的方式在《百科全书》中并不少见。越到后半部分存在感越强的若古便是因对剽窃行为没有罪恶感而出名。有了这样的认知前提，在读到若古所写的"懒惰"（oisiveté）条目时，也不会感到惊讶：

> 唐代有位皇帝曾说过，我们的先人告诫我们，在自己的国家中只要有一个女人不勤劳（于纺纱），一个男人不耕地，帝国就会有人挨饿受冻。让·杜赫德谈到，皇帝根据这一原则，下令大规模破坏了和尚的僧院。③

文中的"于纺纱"是笔者的补充。正如注释 16 所示，这一词句

---

① *Encyclopédie*, XIII, 97b – 98a.

② 实际上，Damilaville 在"人口"中还有一个地方是一边引用孟德斯鸠一边假装参照了让·杜赫德的，他在这一点上颇费心思（*Encyclopédie*, XIII, 96b.）。《论法的精神》第 14 篇第 8 章以"中国的好风俗"为题，由三个段落与四处注释构成（Montesquieu, *op. cit.*, t. I, p. 252.（XIV – 8, "Bonne coutume de la Chine")《论法的精神》中卷，第 38 页）。Damilaville 在该书中介绍了前面两个段落和其中包含的一处注释，"依据让·杜赫德所告知的内容"。而且，只有在话题转变为古波斯的第三段落，才提起"另外，孟德斯鸠有如下的事例"。似乎只有这一部分是借鉴德斯鸠斯的一般，但明显可以看出他的引用从这之前就开始了。

③ *Encyclopédie*, XI, 446a.

在《论法的精神》初版中并不存在。另外，《中华帝国全志》中有着类似的语句。某一词句的缺失并不能成为若古没有追溯到让·杜赫德的著作的决定性证据。但是，《论法的精神》与"懒惰"条目有着一样的缺失，这可以说明两者有着相近之处。综合判断，我们可以认为若古和达朗贝尔一样，直接引用了孟德斯鸠的内容作为文献出处。若古在"中国的陶瓷器"（porcelaine de la Chine）和"中国的船"（vaisseaux Chinois）等技术工艺相关的条目中全面引用了让·杜赫德的内容。也就是说，他并非不愿意浏览让·杜赫德浩如烟海的文献。

值得一提的是，关于破坏僧院的事例似乎引起时人极大的兴趣，《百科全书》中对该事例的引用并不止于此。第三位引用这一事例的人是将其用于《和尚》（bonzes）的狄德罗。

> 唐代的一位皇帝基于从祖先那传承下来的原则，下令大规模破坏僧院。其原则为，只要有一个男人不耕地，或者只要有一个女人不勤劳（于纺纱），帝国就会有人挨饿受冻。见于《论法的精神》第 2 卷 *tome* Ⅱ。[①]

在这一部分终于标明了真正的文献依据是《论法的精神》。让·杜赫德的名字不再出现，而是用孟德斯鸠的名字。从某种意义上说，这是非常坦率的注释。[②]

综上所述，可以认为达朗贝尔、若古和狄德罗三个人都没有追溯到让·杜赫德的文献，而是直接引用了孟德斯鸠的内容。那么，他们

---

① *Encyclopédie*，Ⅱ，329b – 330a。

② 但是，有必要注意一下狄德罗标注的"*tome II*"。在《论法的精神》中，tome 是与篇（Livre）的上级单位章（Chapitre）不同的单位，是指装订书籍的物理单位。但是，1748 年的初版中第 7 篇被收录在第 1 卷中，与狄德罗所示的卷数不符。对于一共有 31 篇的《论法的精神》而言，第 7 篇归属第 2 卷的版本也有可能存在，比如至少有 6 个分册的小型书。但是，在 1752 年包含有"和尚"条目的《百科全书》第二卷出版前，《论法的精神》确实只有 2 个或 3 个分册。笔者认为狄德罗将卷数弄错的结论是比较妥当的。

是在什么样的语境下引用这一事例的呢？

若古引用得最自然，且依照条目整体的主旨进行参照，以此说明懒惰的危害。为了说明防止人们陷入懒惰的举措，他列举了埃及、斯巴达、雅典等地的事例，还举了中国皇帝破坏僧院的例子。因其焦点是"懒惰"，破坏僧院只是背景而已。与若古相比，达朗贝尔的引用显得有些生硬。他从这个事例中得到的结论是"像僧侣这样的单身群体会导致人口减少"。他所关心的是与这个事例没有直接关联的人口问题。至于狄德罗，他特意以主编的身份，在马莱特简要概括的日本僧侣团体的条目中插入了这一事例。由于原本就是在以僧侣为主题的条目中，不管怎样都会给人以破坏僧院这一严重事态的印象。

那么，他们为什么选择《论法的精神》呢？首先，这是由于对孟德斯鸠的声誉及其著作有着极高的评价。[①] 但是，仅凭这一点无法说明他们不翻阅让·杜赫德神父的《中华帝国全志》，而倾向于引用《论法的精神》的原因。如前所述，孟德斯鸠明确指出他是经由让·杜赫德获取到关于中国的信息，若古在关于技术工艺的条目中也直接引用了让·杜赫德的内容。为了厘清这个问题，有必要再绕个弯，探讨一下若古引用的让·杜赫德的事例。

依据文本的对照，若古引用的让·杜赫德的条目除了上述的"中国的陶瓷器"和"中国的船"以外，还有七个项目。即"凤凰"（phœnix）、"中国人的坟墓"（sepulture des Chinois）、"船舶"（some）[②]、"茶花"（tcha-hoa）、"中国人的寺庙"（temples des Chinois）、"陶瓷塔"（tour de porcelaine）、"中国的漆器"（vernis de la Chine）[③]。

[①] 1755 年出版的《百科全书》第 5 卷的开头中，Damilaville 登载了长达 16 页的"孟德斯鸠颂"（*Encyclopédie* V, iii - xviii）。另外，在《百科全书》的正文中，虽然经常用"《论法的精神》的作者"来指代孟德斯鸠的名字，但使用"著名的 illustre"这类形容词的情况并不少见。

[②] 葡萄牙语 soma 被法语化后的名词，指的是在海上使用的大型船舶。

[③] 不可否认的是，其中一部分的条目有可能不是直接参考让·杜赫德，而是 Lambert 神父之后的著作。另外，例如"中国的漆器"这一条目基本上是参照 Lambert，但慎重起见，也有可能是参考让·杜赫德。Lambert, Abbé Claude-François, *Recueil d'observations curieuses… de différents peuples de l'Asie, de l'Afrique et de l'Amerique*, Paris, Prault, (t. 4, David le jeune), 1749, 4 Vol. in - 12.

由上可见，许多的条目都是以"中国（人）的XX"为标题，由大条目下的依次划级构成。即使其他标题没有提到中国的条目，其主题也是中国的事务和制度。若古在撰写这些条目的时候，有必要参考描写中国的书籍。与此相对，《懒惰》并非专门针对中国的条目，中国的事例只要发挥论证命题的作用即可。既然并没有非得提及中国的必要，只是偶尔在参照处（在此指的是孟德斯鸠的文献）出现中国，那也没必要追溯到原始出处求得论据。

在此我们再次确认一下皇帝下令破坏僧院这一事件的引用方式。若古在"懒惰"的条目中，引用其作为懒惰的危害的例子。达朗贝尔在"人口"的条目中，通过该事例关注单身群体导致人口减少的问题。狄德罗则凭借主编这一身份介入，在马莱特撰写的"和尚"这一条目末尾引用该事例，从而批判神职群体。破坏僧院这一事例在三个条目中分别被三个人以三种不同的形式引用，但其共同点在于他们都是依照该条目的主旨来引用实际事例。从每篇文章微妙的差异也可以看出，他们并不是预先商定好引用同一个事例的。他们三人各自搜查文献，希望能在自己负责的条目（对于狄德罗而言是他人的条目）中为论点添加有力的论据。其实这与孟德斯鸠描写中国的态度是一致的。孟德斯鸠在"关于中国的奢侈"这一章节中，为了切合章节的主题，引用了因违背劳动精神而被断罪的事例。因此，这四人对待具体事例的态度可以说是基本相同。《论法的精神》的一大特征便是引用丰富的事例来支撑论点，《百科全书》的条目撰写者同样希望能够强化自身观点，对他们而言《论法的精神》自然如同宝库一般。

四　结论

尽管在中国从事传教活动的教会不只有耶稣会，但其他教会并不热衷于将中国的情况以出版成书的形式留存。结果导致在中国的情报方面，耶稣会显得一枝独秀。① 尤其是让·杜赫德神父的《中华帝国全志》，由于其系统性地梳理浩繁的内容，十八世纪的学者想要获取关于中国的知识时，这部书便成为他们首选的参考文献。然而，众多著作参考《中华帝国全志》内容的结果是，可能存在没有查看原典就"引用"的情况。

孟德斯鸠是《中华帝国全志》的忠实读者，在《论法的精神》中直接引用了许多事例。中国事例发挥着支撑起论点的论据作用，而并非以此作为深入探讨的对象。在《百科全书》的几个条目中，谈到中国的方式与《论法的精神》的情况是一样的。《百科全书》中也有不少详细探讨中国制度与文物的条目，撰写者在这些条目中直接参照让·杜赫德的情况并不少见。但是，在中国的政治与现代史相关的内容中，《论法的精神》已经整理好了信息，《百科全书》的撰写者只需要享受其成果即可。从这个意义上，孟德斯鸠为让·杜赫德与《百科全书》搭起一座桥梁。

---

① Virgile Pinot, *La Chine et la formation de l'esprit philosophique en France* (*1640 – 1740*), Paris, P. Geuthner, 1932; Genève, Slatkine Reprints, 1971, p. 141.

美与道德

——关于十八世纪法国趣味与习俗的概念

玉田敦子 著　张素芳 译 [*]

　　"人各有所爱"，古今世界各地人都认为趣味是不能与他人共享的东西。但是在西欧对于趣味，特别是在十七世纪到十八世纪的法国展开了激烈的论战，并且出版了很多有关趣味的书籍。趣味讨论的重点在于：趣味是普通的东西，还是相对于时代、地理上产生的东西？是通过学习能掌握的东西，还是与道德、习俗有关联的东西？康德在《判断力批判》中认为趣味是人类的共同感觉，具有普遍性，但是"随意制定趣味的标准是太缺乏对事物的关心"。他还认为在单纯的趣味判断上"不能过度沉迷于其中"。根据康德的这种分析方法，趣味判断与认识判断是两个概念。[①]

　　到了十八世纪，在法国重点讨论的趣味被认为在近代美学中不具有普遍性，从而趣味成了一个特定时代中出现的历史概念。因此，有关十八世纪法国的趣味与习俗的关联就被认为没有现代价值，很多被忽略了。本章通过了解启蒙时期的法国、发展壮大的美学、习俗与政治思想，对趣味与习俗进行一次考察。首先在第一节中通过《论崇高》这本书，论述一下十七世纪到十八世纪趣味概念的变化。在第二

---

　　[*] 玉田敦子，日本中部大学教授。张素芳，名古屋大学非常勤讲师。
　　[①] ［德］康德『判断力批判』、宇都宫芳明译、以文社、1994 年、2000 年、85—80 页；小田部胤久『美学』、東京大学出版会、2020 年、89—93 页。

节中论述启蒙时期法国的趣味判断是怎样与习俗即伦理判断相关联的？第三节中论述在修辞学教育中培养趣味与习俗的同时，探讨一下受过教育的才智精英如何通过培养趣味判断力自主地将自己与他人划分开来的过程。

一　近代法国趣味概念的变化

在文艺复兴的欧洲，文人们在古典文艺及中世经院学潮流中掀起了人文主义活动。以拉丁语为共通语的知识阶层构筑了一个被称为文艺共和国的广大关系网。在辈出人文学者的教育方面，将古希腊、古罗马优秀的文学作品作为典范，进行集中性的分析与对比。

十七世纪的法国，继承并发展人文主义的古典文学理论，通过对优秀作品的分析，对制定趣味判断条例的关心愈加强烈。文学理论上的条例直接成为一个判断一部作品好坏的标准。自亚里士多德的《诗学》之后，人们认为在欧洲发展的文艺创作理论上不仅要有天赋，还必须有通过学习掌握的写作技巧。在文艺创作上，天赋与写作技巧两者缺一不可。因为要创作出一部好的作品只靠天赋是不行的，还必须有辨别作品好坏的判断力。在文章的构思上也是同样，只凭天赋是不够的，必须花很长时间培养趣味即审美能力。法语称天赋为"天才"（genie），技巧为"趣味"。趣味不仅在文学理论上，在教育上也起到了很重要的作用。因为大家认为趣味判断力是可以理论化的。

十七世纪文坛中有影响的作家拉罗什富科公爵关于趣味阐述如下："我们对某事物产生的趣味，与我们了解某事物的好坏并按照条例去判断时的趣味是不同的。"[1] 由此看来，作为爱好产生的趣味和按照条例去判断的趣味两者之间在这个时代概念上有些混同，但

---

① La Rochefoucauld, *Réflexions diverses*. 1665. dans *Œuvres complètes*, Gallimard, *Bibliothèque de la Pléiade*, p. 516（『拉罗什富科箴言集』、二宫ふさ译、岩波文库，1989 年，220 頁）。

重点放在了遵循条例的趣味上。十七世纪"趣味"被频繁使用在"好趣味"（bon goût）这种表现上。但"好"这个形容词表现出来的是对趣味这个词所赋予的一元化价值。在尝试制定趣味一元化条例的背后，存在着能够用一元化的标准来测定趣味的一种坚定不移的自信心。

在十七世纪的法国，重视制定文艺创作条例的最主要的原因是对亚里士多德哲学的信仰。亚里士多德的《诗学》在十六世纪到十七世纪，被反复翻译和出版，使欧洲的文学创作理论得到了很大的发展。1630 年以后，法国受到意大利同时期文学理论的影响，尚·查佩兰在演剧创作方面制定的条例起到了很重要的作用。之后，在演剧方面遵守单一时间、单一地点、单一故事情节这种三单一的规则和礼仪（bienseance）、真实性（vraisemblance）等，这些就成了判断优秀作品的基准。1976—1984 年，耶稣会会士 Rene Rapin 以亚里士多德的《诗学》为中心，曾多次修改《关于诗学的考察》，对诗的创作理论进行了论述。Rene Rapin 在《关于古代哲学与近代哲学的考察》中也阐述了条例的重要性，认为"只有遵循条例，才能创作出优秀的作品。犹豫是否遵守条例的人，在写作时会陷入不知所措之中"[①]。

但是，即使到了十七世纪后期，制定趣味条例之事最终也没能够实现。拉罗什富科对此叙述得很恰当，认为趣味判断总是摆脱不了爱好这一主观性，因此制定趣味条例本身就是一件不易之事，因此很难实现古典作品中的趣味理论化。

（一）从理性到狂热（enthousiasme）

到了十八世纪，趣味在概念上发生了很大的变化。这种变化如实地表现在法兰西学院编辑的《词典》中。这本《词典》自 1694 年初

---

① René Rapin, "Les Réflexions sur la poétique et sur les ouvrages des poètes anciens et modernes", 1684, *éd. Pascale Thouvenin*, *Champion Classique*, Champion, 2011, p. 333.

版一直到十八世纪末共出版了五次，每次都逐步进行了一些增添。法
兰西学院是 1635 年由当时的宰相黎塞留为了称赞当时的国王路易十
三世的丰功伟绩，并能够给国王提供良好的法语环境为理由而设立的
机构。这里，笔者先比较一下法兰西学院编辑的《词典》在各版本中
对"趣味"这一词的解释。首先法兰西学院在十七世纪后期花了近六
十年制作出来的《词典》第一版中，对趣味做了如下解释：

> 趣味是比喻的意思，表示判断力、判断的细腻感。对好的东西、
> 优秀的作品感兴趣。他有一个精炼、细腻、高尚的爱好。相反，随
> 机应变代表劣质的爱好。那些是优质的爱好。趣味还表示感受性。
> 他对形而上学的问题毫无兴趣。他对诗词、音乐不感兴趣。①

但在 1718 年第二版之后，"趣味还代表感受性"被改为如下的
解释：

> 趣味这个词表示人们对某人、某事抱有的好感（inclination），
> 或人们在追求某人、某事时产生出热情（empressement）的过程中
> 所感受到的欢喜（plaisir）。②

这里值得注意的是，第一版中使用的"感受性"（sensibilite）一
词具有客观性，而第二版中增添进来的"对某事物的好感""热情"
"欢喜"，这些表现明显地含有个人的感情和主观上的关心等意思。也
就是说，第二版中将拉罗什富科认为应该分开考虑的"好感趣味"同
"判断趣味"紧紧联系在了一起。

以法兰西学院《词典》中的解释为基础，十八世纪的思想家们经
过反复论讨，都认为趣味不是才智，而是一种感情上的判断。例如，

---

① *Le Dictionnaire de l'Académie française*, Jean-Baptiste Coignard, 1694, 1er édition.

② *Le Dictionnaire de l'Académie française*, Jean-Baptiste Coignard, 1718, 2ème édition.

杜博斯（Du Bos）就认为"不应将理论作为判断制定诗词、绘画条例的目的，而应该随从感情去判断。凭借感情可以迎刃而解"①。另外，巴特也认为"趣味是对条例的一种感性理解力。这种感性理解力远比才智上的知识更加细腻，更加准确"②。

十八世纪狄德罗编写的、法国近代知识的集大成《百科全书》中也有"趣味"这一特殊项目。《百科全书》是一部由文字版与图画版构成的共28卷的超大作。按照发音顺序，"趣味"的解释在第七卷，是达朗贝尔脱离前的最盛期出版的。里面的"趣味"这部分是狄德罗按照伏尔泰、孟德斯鸠、达朗贝尔的顺序排列而成的，长达10页，是法国启蒙时期名人的合力之作。在这里笔者特别介绍一下伏尔泰的趣味概念，他详细地叙述了趣味概念近代的一面。

> 在趣味方面，仅判断一部作品的美是不够的，必须感受（sentir）到这部作品的美，并为之感动（etre touche）。只是茫然地（confuse）感动也是不够的，必须分清作品中所表现出来的各种微妙的语感。不能有从迅速判断（promptitude du discernement）中脱离出来的东西。因此这又与才智趣味（gout physique）、即艺术趣味和味觉很相似。③

根据伏尔泰的解释，趣味判断并不是十七世纪概念中的"理性判断"，而是在追求一种称为"狂热"（enthousiasme）的激烈情感。这里值得注意的是首先伏尔泰将趣味的重点放在了"迅速判断"这一点上。并且，在趣味上必须要有"感受""感动"。

---

① Du Bos, *Réflexions critiques sur la poésie et la peinture*，1719, Pissot, 1770, 7ème édition, Genève, Slatkine Reprints, 1993, t. Ⅱ, pp. 340 – 341.

② Charles Batteux, *Les Beaux-Arts réduits à un même principe*, Durand, 1746, pp. 97 – 98.

③ Voltaire, art. "Goût" de l'*Encyclopédie ou dictionnaire raisonné des sciences, des arts et des métiers*, Samuel Faulche, Neufchâtel, t. Ⅶ, 1757, Friedrich Frommann Verlag, Stuttgart-Bad Cannstatt, 1988, p. 761a.

其实，在古典修辞学传统中，趣味判断必须要"深思熟虑"
（reflexion），必须是理性的判断，而不是只凭感情和感觉。因此，趣
味判断在时间上并不追求果断迅速，而是要花很长的时间进行理性的
判断。但是伏尔泰并不认为趣味判断是由理性而来的冷静判断，而是
认为它是能够引起"狂热"状态的东西。关于趣味判断的迅速性，伏
尔泰又引用了高乃依的《贺拉斯》进行了论述：

　　　就像美食家能够立刻辨别出两种混合物的味道一样，具有审
　美趣味的人也能一眼看穿两种文体风格的混杂。也就是说，在
　《贺拉斯》的诗句中，当有瑕疵的文体与富有魅力的文体一起出
　现时，马上就会被察觉到，随后就会陷入到富有魅力诗句的狂热
　之中。"面对站在眼前的三个敌人，您认为您儿子应该怎么做？"，
　"那就死吧"。而对另外一种回答"愿凄美的绝望能够拯救我的
　儿子"，人们会不由地产生一种厌恶感。①

　　《贺拉斯》是继布瓦洛《论崇高序文》之后，近代最初表现出崇
高的作品。不过，陷入狂热状态在十八世纪没有被反复称赞的价值。
因为文艺复兴之后"狂热"被认为和"灵感"（inspiration）具有同样
的意思，用于一种超现实的状态。但是，很长时间这种超现实状态被
认为是脱离常规、欠缺理性，是艺术创作理论上被批判的对象，成了
一个绊脚石。

　　实际上，伏尔泰本身在《哲学词典》中的"狂信"部分，认为
"狂热之人"（enthousiaste）是"陷于忘我状态，出现幻觉之人。将幻
觉视为现实，将想象视为先知之人"②。Enthousiaste 在语源上有神降

---

① Voltaire, art. "Goût" de l'*Encyclopédie ou dictionnaire raisonné des sciences*, *des arts et des métiers*, Samuel Faulche, Neufchâtel, t. Ⅶ, 1757, Friedrich Frommann Verlag, Stuttgart-Bad Cannstatt, 1988, p. 761a.

② Voltaire, *Dictionnaire philosophique*, éd. Béatrice Didier, Imprimerie nationale, 1994, p. 254.

临赋予灵感的意思，但是伏尔泰在这里批评的"狂热"（enthousiaste）是失去自我的一种"狂信"状态。另一方面，在同《词典》中又明确分析了"狂热"的两面性："单纯的狂热"能起到很危险的作用，而"理性的狂热"（enthousiaste raisonnable）会成为诗歌、辩论等以语言为媒体的艺术理想状态。

> 理性与狂热的结合是非常罕见的。理性看待事物往往是实事求是。
> 失去理性时，处于酩酊状态，看事物是重叠的。"狂热"就如同饮酒之后，使血管高度兴奋、让神经剧烈颤抖，因此理性会变成完全失控的状态。（中略）这才是辩论（eloquence）带来的强烈变化以及崇高诗句所引起的状态。
> "理性的狂热"（enthousiaste raisonnable）是伟大诗人的目标。诗人的文学作品就是在这种"理性的狂热"中完成的。人们曾经认为诗人是被神灌输了灵感（inspires des disux）。但是大家却不认为别的艺术也是如此。①

伏尔泰编辑的《百科全书》中的"趣味"和《哲学词典》中的"狂热""狂信"在十八世纪的法国，认为是伴随狂热的趣味判断在判断主体难以发现却瞬间出现在体内的东西。在趣味判断的瞬间，判断主体的体内出现一个自己本身平时难以达到的某种东西。也就是说，趣味判断是自己与超常物结合的瞬间。每次的判断是自己与狂热一起经历的一次脱胎换骨的磨炼。

（二）布瓦洛《论崇高》的翻译版与趣味判断

上面所论述的伏尔泰的趣味论，主要是依据 1674 年布瓦洛翻译

---

① Voltaire, *Dictionnaire philosophique*, éd. Béatrice Didier, Imprimerie nationale, 1994, p. 241.

的《论崇高》（Traité du sublime）初版。① 十九世纪末之前，大家都认为《论崇高》是三世纪的修辞学家朗吉努斯所撰写的。之后知道是由公元一世纪的修辞学家撰写的，但尚无定论，因此现在还是称朗吉努斯的《论崇高》。这部《论崇高》没有谈到古代到中世的书籍，只不过是在文艺复兴时期有限的交流中，被大家阅读的一部书信体。但是，1674 年经布瓦洛翻译成法语出版后，立刻成了一部畅销书。之后又经过多次再版，在欧洲作为古典修辞学的书籍被广泛阅读。

作为修辞学理论书籍，朗吉努斯的《论崇高》受到重视的理由是大家认为写作技巧中不可缺少的审美能力即趣味是可以培养的。朗吉努斯在《论崇高》中，承认当时很多人认为写作技巧"是天赋，不是后天能够掌握的"，同时也认为"相反的情况也有可能发生"②。在培养人的审美能力上，明确表示只有阅读伟大崇高的作品，才能提升自己的修养。《论崇高》认为要提升年轻人的修养，必须通过阅读伟大崇高的作品，才能培养他们对伟大崇高的感受性。在写作技巧上，即使有些年轻人很有天赋，但如果忽略了对他们审美能力的培养，那么他们的才华也会很难得到施展。

通过布瓦洛的翻译，大家开始注重朗吉努斯所说的培养审美能力，也起到了让大家知道修辞学教育是必不可少的效果。但是，在这里笔者要特别指出的是，朗吉努斯在《论崇高》开始的部分明确指出对崇高的审美能力不是冷静的理性判断，而是伴随着激情（pathos）的一种判断。在这一点上，朗吉努斯对在自己之前撰写《论崇高》的学者凯齐留斯进行了批判：

---

① Pascale Thouvenin，"Préface" de*Les Réflexions sur la poétique et sur les Ouvrages des Poètes Anciens et Modernes*，1684，éd. cit. pp. 161 – 215.

② Boileau，"Traité dú sublime ou du merveilleux dans le discours，Traduit du grec de Longin"，1674，dans *Œuvres Complètes*，éd. Françoise Escal，Gallimard，*Bibliothèque de la Pléiade*，1979，p. 342.

凯齐留斯认为激情对崇高毫无作用。如果因此下结论说与激情无关的话，那就大错特错了。我很有自信地可以确定没有比在恰当的时候爆发出来的高贵激情，更加崇高的东西了。[①]

如上所述，朗吉努斯强烈反对在阅读作品时不能只是洗耳恭听，或者阅读时毫无感情。另外，布瓦洛对朗吉努斯在《论崇高》中提到的狂热，在自己的《论崇高序文》中进行了论述：

> 所谓的崇高，就是在技巧上是给人一种以强烈的印象。一部作品可以使人兴奋（enleve）、着迷（ravit）和狂热（transporte），是脱离常轨的（extraordinaire）、惊奇的东西（surprenant）。（中略）崇高的文体常常需要夸大其词，但崇高却能在一个思路、一个技巧、一个措辞中表现出来。[②]

《论崇高》的最终目的是培养人们能够感知他人作品中崇高的审美能力，以及阅读崇高文体时出现的情绪激昂和精神激昂时的人格陶冶。作者认为人们为了能够感受到崇高，必须追求最基本的豪迈精神和满怀热情的灵魂。但是，陶冶这种豪迈精神和满怀热情的灵魂，首先必须要有与崇高的文体相遇时瞬间爆发出的激昂亢奋。因此，通过培养对崇高的感知力来树立精神人格是《论崇高》的最终目标。人们每次与崇高相遇时都会提升自我、陶冶人格。为了实现这个目标，必须具备严谨的伦理观和满怀热情的精神。书的开头部分所论述的培养"创作伟大思想的能力"和"借助神力爆发出激情的能力"这两种能力是《论崇高》的最大目的。因此，《论崇高》

[①] Longin, *Du Sublime*, Première édition：1939, éd. Henri Lebègue, Les Belles Lettres, 1965, Ⅷ, 4, p. 11.

[②] Boileau, "Traité dú sublime ou du merveilleux dans le discours, Traduit du grec de Longin", 1674, p. 338.

中所论述的对崇高的感受性，在启蒙时期的法国对趣味概念的近代化起到了很大的作用。

十七世纪末到十八世纪，出版了很多修辞学教科书，多次谈到《论崇高》。其中，历史学家 Charles Rollin 撰写的修辞学教科书是十八世纪出版的很多教科书中的权威书籍，为启蒙时期修辞学教科书领域的确立作出了重大贡献。Charles Rollin 援用了朗吉努斯的《论崇高》，强调了修辞学教育中的审美能力即培养趣味的重要性。"朗吉努斯杰出的崇高论认为只有崇高才能培养出年轻人的趣味"[①]。Charles Rollin 继而又批判了十七世纪修辞学教科书认为判断力是天赋这一说法，同时引用了朗吉努斯的观点"趣味判断力是后天通过学习可以掌握的具有可塑性的能力"。因此，《论崇高》在十八世纪的法国，在确立重视"狂热"的新修辞学之时，成了一个重要的论证。Charles Rollin 及他的后继者们以朗吉努斯的《论崇高》为基准，构筑了一个革新的教育体制。

但是，《论崇高》的影响并没有只停留在趣味概念的近代化上。朗吉努斯认为人们在阅读崇高的作品时，就好像这部作品是自己创作出来的，会有一种自豪感。"当我们的灵魂遇到真正的崇高时，本能地会变得激昂亢奋。倾听到的内容仿佛就像是自己创作出来的那样，充满快乐与自豪"[②]。也就是说，朗吉努斯认为提升自己的具体方式是阅读崇高的作品，并从作品的卓越性中感受到自我在动摇、自我在变化这种冲击感。因此，《论崇高》中论述的对崇高的感受性不能停留在审美趣味的判断范畴中，而应该在形成伦理判断的道德主体方面起到作用。

《论崇高》的最终目的是培养人们感知他人作品中崇高的审美能力，以及阅读崇高文体时出现的情绪激昂和精神激昂时的人格陶冶。

---

① Charles Rollin, *De la manière d'enseigner et d'étudier les belles-lettres par rapport à l'esprit et au cœur*, 1726, Jacques Estienne, p. 100.

② Longin, *Du Sublime*, Ⅶ, 2. pp. 9 – 10.

作者认为人们为了能够感受到崇高，必须追求最基本的豪迈精神和满怀热情的灵魂。但是，陶冶这种豪迈精神和满怀热情的灵魂，首先必须要有与崇高的文体相遇时瞬间爆发出的激昂精神。因此，通过培养对崇高的感知力树立精神人格是《论崇高》的最终目标。关于这一点，朗吉努斯对 Kaikilios 的《论崇高》批评如下：

> Kaikilios 认为读者并不知道崇高是何物，并举出了很多关于崇高的例子进行论证。但是，对于我们如何将自己提升到一定的伟大境界，不知为何 Kaikilios 却认为毫无必要，未加论述。①

《论崇高》将培养趣味的最终目标放在了人格的陶冶上，认为审美判断与伦理判断是同出一格。在下一章中笔者将明确论述《论崇高》不仅在审美判断上在伦理判断上即习俗上也起到了重要的作用。

二 习俗与古代的德

习俗（moeurs）与趣味一样是十八世纪法国颇有争议的一个概念。趣味是审美判断，而习俗则是形容词"道德的"（moral）原型——道德的规范概念，即在法律之外与法律一样规制人们行动的东西。十八世纪，判断道德价值基准的习俗和判断美学价值基准的趣味都受到了极大的重视。与趣味不同的是，习俗这个概念总是同衰落、腐败等词语联系在一起，多用于负面。比如《百科全书》（1765 年）中"习俗"部分解释如下：

> 以女性为榜样，生活富裕的君主体制中，名誉、野心、"对

---

① Longin, *Du Sublime*, Ⅶ, 2. pp. 9 – 10.

女性"的关怀、享乐心、虚荣心、不果断等都是臣民的特征。这种政治体制产生无为，无为使习俗颓废，但却能产生完美的礼数。①

十八世纪以狄德罗为主编辑《百科全书》，特别是共著者达朗贝尔在第八卷脱离之后，对于同时代的思想潮流与科学见识，并以其他书籍的记述为基础，起到了为人们提示当时最一般的问题讨论的作用。特别值得一提的是，这本《百科全书》中的"习俗"部分有法国女性及女性文化的发展"使习俗颓废"的解释。其实，十七世纪后期法国路易十三世时期，宫廷、沙龙发展起来的女性文化到了十八世纪被定上了"使习俗和趣味颓废"的罪名。为此，使习俗和趣味颓废的主犯——女性就失去了十六世纪树立起来的地位。

在这里，笔者要首先论述一下前面谈到的《论崇高》与布瓦洛的《论崇高序文》，在十八世纪法国有关习俗的论争中也起到了重要作用。之后阐明一下孟德斯鸠政体理论中的女性与习俗概念的关联。

（一）新旧论争与《论崇高》

在近代的法国，对于男性的趣味与习俗的称赞在新旧论争中也明显地表现出来了。十七世纪中叶到十八世纪初，展开的新旧论争是古代派与近代派关于古代近代的优越感之争。但是，这种新旧论争却使像达西尔夫人那样喜爱古典文学且博学多识的女性成了被中伤的对象。另外，赞扬十七世纪法国女性文化的近代派佩罗也受到了古代派的强烈批判。因此，这也是法国当时有蔑视女性倾向的一个论争。新旧论争一般来说，将拉·封丹、拉辛等古典主义时代称

---

① Anonyme, art. 《Mœurs》 de l'Encyclopédie ou dictionnaire raisonné des sciences, des arts et des métiers, Samuel Faulche, Neufchâtel, t. Ⅹ, 1765, Friedrich Frommann Verlag, Stuttgart-Bad Cannstatt, 1988, p. 611b（译文是、『習俗』国書刊行会、〈十八世紀叢書〉、参照 361—362 頁）。

为古代派。拥护古希腊、古罗马作品，参加论争的近代思想家们采用反论的形式，在十八世纪初得到了高度的评价，此论争至此才得以平息。

不过，十七世纪后期的古典主义作家到了十八世纪受到了与古典作品同等的赞赏。理由之一是新旧论争中古代派的领袖布瓦洛在1701年增补改定《论崇高序文》时，称赞高乃依为崇高。《论崇高》中的崇高在1674年初版发行时依然被认为是对圣经和古典文学有着无法代替的价值。在此之前，崇高作为修辞学的理想典范，到十七世纪为止对古语、古代文学有着不可代替的价值。

到了十八世纪，对于十七世纪法国古典主义时期的文学作品也给予了崇高这样的评价。这是根据布瓦洛为《论崇高》撰写的《论崇高序文》而产生的结果。布瓦洛为朗吉努斯的《论崇高》撰写的序文在1701年增补改定时，写道："高乃依的作品《贺拉斯》中出现的'让他死吧'（Qu'il mourut）"这句诗，为了更好地传达朗吉努斯的崇高论，与圣经中引用的部分①一样恰到好处。布瓦罗认为这句诗是"为了更好地传达朗吉努斯的崇高论，与圣经中引用的部分一样恰到好处"，将高乃依的地位提升到"崇高"的领域中。

此序文自初版以来从未改动过。但今天准备将此校正完毕的原稿送去印刷厂时，觉得为了让大家更加了解朗吉努斯的崇高，在引用圣经的部分里，不仅圣经的例子，还应附加一些别的内容。以下这一部分，很幸运我还能背下来。这些是高乃依作品《贺拉斯》中的内容。我个人认为这部由三幕构成的悲剧的确是著名悲剧作家高乃依的杰作。有位女性看到贺拉斯家三个儿子投身战场、拼死决斗。但她离开得过早，未能看到结局。可她偏偏又遇到三个儿子的父亲老贺拉斯。她告诉老贺拉斯"您的两个儿

---

① 布瓦洛在《论崇高》序文开头谈到的《创世记》中的"让那有光"。

子已战死沙场。另一个儿子虽然试图抵抗，但终究觉得敌不过对方便仓皇逃走了"。老人听罢，对热爱祖国、战斗献身的两个儿子并未表现出伤心欲绝、悲痛流泪，而对临阵脱逃的小儿子感到奇耻大辱、痛苦万分。感叹到：这种卑劣行为给贺拉斯家刻上了一个永久的污点。当这个女性问："面对站在眼前的三个敌人您认为您儿子应该怎么做？"。老人立刻用坚强的语气回答到："让他死吧。"①

布瓦洛视为崇高的《贺拉斯》中的这句诗，是从老贺拉斯听到三个儿子中两个已战亡时未表现出悲痛、伤心，而对小儿子面对三个敌人却临阵脱逃感到咬牙切齿、愤慨万分这个场面中引用下来的。布瓦洛的这种解释最终刷新了对崇高概念本身的定义。之后，人们开始认为崇高并不是迄今为止达不到的神力，而是在大义面前战胜懦弱的精神美德和表现。

作为崇高的例子，布瓦洛举出了高乃依，认为他与神言、古典文学一样的崇高。这就说明近代人也可以创作出崇高的文体。在这里值得一提的是，高乃依作品中的主人公贺拉斯的英雄性，并不是像荷马描绘的阿喀琉斯那样献出自己的生命，而是体现在父亲献出儿子生命这一行动上。不是自己去牺牲，而是让儿子去牺牲这种行为，是与国家共同体不可分开的家庭共同体的骄傲，同时也说明父亲可以自由命令儿子、在家有绝对权威的父权制。十八世纪初，根据布瓦洛的《论崇高序文》，近代法国的作品中开始显现出对文学有绝对价值的崇高表现。在法国，高乃依等古典主义文学作品中出现的新崇高论得到了发展壮大。

例如，1732 年出版《论崇高》的西尔万将崇高分为两种：基

---

① Boileau, "Préface du Traité du sublime ou du merveilleux dans le discours, Traduit du grec de Longin" dans *Œuvres Complètes*，［初版：1674，改订版：1701］，éd. Françoise Escal, *Bibliothèque de la Pléiade*, Gallimard, 1979, p. 342.

督教上帝的崇高和英雄精神的崇高。关于战胜激愤与痛苦的完美人物形象所带来的效果，西尔万谈到高乃依的作品《贺拉斯》并作出结论。[①] 与之前的崇高论相比，西尔万的《论崇高》直接与英雄性结合在一起，称赞男性的价值。西尔万的崇高定义在若库尔执笔的《百科全书》（1765 年）"崇高"的开头部分被引用后，在旧体制末期论述崇高时被广泛援用。

（二）孟德斯鸠的哲学观与政治体制理论

在十八世纪关于风俗的研究中，首先能举出的是波考克的《德行·商业·历史》（1985 年）。波考克在《德行·商业·历史》第二章"德行、权力、礼仪"的部分中，分析了近代社会形成时习俗的变化状况，并将十八世纪定位于由古典公民德行到商业为基础的近代理论的一个转换期。波考克强调古典德行与商业理念是不相容的，商业的作用能提高热情，掌握礼仪，"只要能将德行的概念定为礼仪的实践与精湛，那么对事物的权力就是通往实现德行之道。商业人道主义的构筑也不能说是未成功"[②]。波考克的论点如果放在十八世纪的英语圈去考察的话，也许是很恰当的。例如，苏格兰的思想家休谟在 1742 年发行的《道德、政治和文学论文集》第二卷"论艺术的精益求精"中论述如下：

> 艺术不会削弱精神与肉体。与艺术紧密相连的商业活动反而会给精神和肉体增添新的动力。即使认为能激发勇气的愤怒因高雅与教养会失去几分激烈，但让人会更加刚强、更加坚定。

---

① Silvain, *Traité du sublime à monsieur Despréaux, où l'on fait voir ce que c'est que le sublime et ses différentes espèces; quel en doit être le style; s'il y a un art du sublime, et les raisons pourquoi il est si rare*, Paris, Pierre Prault, 1732, Genève, Slatkine Reprints, 1971, pp. 78 – 98.

② John Greville Agard Pocock, *Virtue, Commerce, and History: Essays on Political Thought and History, Chiefly in the Eighteenth Century*, 1985, Cambridge University Press, 1995, p. 50（［新西兰］ J. G. A. 波考克『徳·商業·歴史』、田中秀夫译、みすず書房、1993 年、94 頁）。

更容易掌控的名誉心会因为接受知识和教育，提高素质而获得新的活力。①

不过，波考克所说的习俗文明的理论化对于十八世纪的法国来说也并非不适合。关于这一点，在这里笔者想通过孟德斯鸠的《论法的精神》来论述一下。

在十八世纪的法国，商业的发展给习俗带来变化这个伦理课题一直是被讨论的对象。对于将商业发展和奢侈直接同女性的存在连接在一起的孟德斯鸠的思想来说，女性的定位是具有很大意义的。特别是孟德斯鸠在《论法的精神》中谈到的有关商业与习俗问题的一节，是众所周知的。

> 商业能治愈毁坏性的偏见。习俗温良的地方一定会有商业的存在，这是普遍的原则。商业存在的地方都存在着温良的习俗也是这个道理。（中略）商业使纯真的习俗腐朽化，这是柏拉图的叹息之源。商业就如我们每日看到的那样，将野蛮的习俗进行磨洗，使它变得温和。②

在这一节中，商业与习俗的关联性看似难以理解，也许是因为孟德斯鸠在段落中说"商业使纯真的习俗腐朽化"之后，又说道"商业使习俗变得温和"的缘故吧。孟德斯鸠实际上在这里同时论述了国际立场和国内影响。"商业使习俗变得温和"所表现出的"真正的商业效果，是在两国间产生相互依存关系，带来和平景象"是同外国的

---

① David Hume, *Essays moral political and literary*, 1742, edited by Eugene F. Miller, Liberty Fund, 1985, 1987, p. 274（［英］休谟『道德·政治·文学論集』、田中敏弘訳、名古屋大学出版会、2011 年、225 頁）。

② Montesquieu, "De l'esprit des lois", 1748, dans *Œuvres Complètes*, éd. par Roger Caillois, 1949, *Bibliothèque de la Pléiade*, Gallimard, t. Ⅱ, p. 585（［法］孟德斯鸠『论法的精神』、第 7 編、上巻、岩波文庫、201 頁）。

关系作为对象来论述的。而"商业使纯真的习俗腐朽化"却是针对国内的习俗问题。孟德斯鸠在国内的问题上，认为"商业使纯真的习俗腐朽化""这是柏拉图的叹息之源"，并谈到柏拉图对商业的批判，提出商业所带来的伦理危险性。[①]

孟德斯鸠在这里援用的是柏拉图的《法律篇》中的一部分：大海能将好港口的周边变得贸易繁盛、买卖兴隆，相反又使人心变得险恶、奸诈。柏拉图认为有好的港口并且商业发达的国家必须要有"像伟大的救世主、神一样的立法者"。否则，会出现很多"追求虚荣"的品行恶劣之人。[②]

众所周知，孟德斯鸠认为的君主制是在国家习俗紊乱，共和制难以保全的情况下保护人民的一个次善之策。孟德斯鸠认为共和制的国家必须保护此国的习俗，如果保护不了的话，就必须设立一个能将国家统领起来的君主制。孟德斯鸠首先考虑的是柏拉图《法律篇》中"君主制"和"共和制"的两种分类。孟德斯鸠继承了柏拉图"君主制"和"共和制"的理论，认为如果难以保护共和制所要求的高水平的习俗，就必须要依靠能将国家统领起来的君主。也就是说，习俗朴实纯真、人民道德高尚的国家可以采用共和制，没有必要设立君主制。但是，在商业发达，习俗腐化，就像柏拉图所说的人民之间"失去相互信任、失去友爱"的国家，就必须要有一个统帅这些堕落人民的君主。

孟德斯鸠将柏拉图的政治理论原封不动地用在十八世纪的法国，想要论述法国的君主制。这里必须要确认的是孟德斯鸠想象中的君主制国家是同时代的法国，而共和制国家是古代存在的，并不是同时代的。也就是说，对于孟德斯鸠来说，理想的政治体制是共和制，但是

---

① Montesquieu, "De l'esprit des lois", 1748, dans *Œuvres Complètes*, éd. par Roger Caillois, 1949, *Bibliothèque de la Pléiade*, Gallimard, t. II, p. 585（［法］孟德斯鸠『论法的精神』第 7 编、上卷、岩波文库、201 頁）。

② プラトン「法律」704D—705A、森進一 等译、『柏拉图全集』13 卷、岩波书店、1976 年、243—244 頁。

他觉得：十八世纪的法国由于商业的发达，给一部分商人带来巨万财富的三角贸易使法国的习俗彻底堕落。他认为同时代的法国由于商业的发展和对奢侈的爱好，习俗已经完全堕落了。因此，在法国实施共和制是不可能的，除了君主统治别无他选。孟德斯鸠还认为在君主制国家，女性不自重，追求奢侈、爱好虚荣，并管控着宫廷。①

另外，孟德斯鸠认为共和制国家必须引导人民"爱祖国、追求荣誉、放弃自我、牺牲自己最大的利益"这种"古典美德"的英雄精神，但这在十八世纪的法国是不可能实现的。因为共和制对于孟德斯鸠来说是古代存在的、历史上的政治体制，是憧憬向往的体制。作为一种妥协，孟德斯鸠接受君主制是因为在法国这样的君主制国家，不需要美德精神，认为"人民很难具有美德"。

> 在君主体制中，政治尽量以小德办大事。（中略）国家与爱祖国、追求荣誉、放弃自我、牺牲自己最大的利益，以及在古人中出现的、我们只是听到的某位英雄的美德没有一点关系。在这里，法律立于德之上，人不需要美德。国家能为大家免去德。（中略）在君主制国家，人民有美德是一件很难的事。②

如上所述，孟德斯鸠不掩饰对男性英雄主义共和制的憧憬之心。孟德斯鸠将"爱祖国、追求荣誉、放弃自我、牺牲自己最大的利益"看成是树立共和制的古典美德，同时又认为"君主制国家与美德毫无关系"。因为孟德斯鸠认为在君主制国家女性文化处于支配地位，"人民有美德是一件很难的事"，因此不需要英雄主义即男性的价值。孟

---

① Montesquieu, "De l'esprit des lois", 1748, dans Œuvres Complètes, éd. par Roger Caillois, 1949, Bibliothèque de la Pléiade, Gallimard, t. Ⅱ, p. 341（［法］孟德斯鸠『论法的精神』第7编、上卷、岩波书店、210頁）。

② Montesquieu, "De l'esprit des lois", 1748, dans Œuvres Complètes, éd. par Roger Caillois, 1949, Bibliothèque de la Pléiade, Gallimard, t. Ⅱ, pp. 255–256（［法］孟德斯鸠『论法的精神』第3编、上卷、岩波书店、76—77頁）。

德斯鸠德关于政治体制分类的理论将"古典美德"作为"古人中出现的、我们只是听到的某位英雄的美德"来表达怀旧之情。而布瓦洛的《论崇高序文》及该文发展起来的英雄崇高论，使近代未表现出来的孟德斯鸠的美德伴随着民族主义，在近代得到复活的效果。也就是说，只有在古代才能见到的孟德斯鸠的爱国心在文艺作品即虚构的世界中再次得到复活。

三　会派的形成：趣味与习俗的教育效果

（一）法语修辞学教育的成立

在近世之后的法国，趣味与习俗的纯化教育方法是修辞学教育中对"辩论"的训练。文艺复兴时期，作为文艺复兴的一环而设立的寄宿制中/高等教育机构、中等教育学校中的修辞学教育得到了发展。各地的中等教育学校由于宗教战争的扩大，分别受到了损坏，但在对抗宗教的改革过程中，以耶稣会为中心的天主教会系的修道会接手了中等教育学校的运营。并且，国王诏书承认各地设立的中等教育学校之后，有王权和天主教会这样巨大的权力做后盾，中等教育学校不断发展壮大。

在文艺复兴时期的修辞学教育中，虽然使用的是拉丁语，但在中等教育学校接受过三四年语法课程教育的学生可以进入修辞学课程的学习。关于修辞学课程，以亚里士多德、西塞罗、昆提利安等构筑的理论为基础，在学校进行细致的修辞学教育。其中，更加优秀的学生可以进入哲学课程的学习。不过，完成修辞学课程进入哲学课程学习的学生只是极少数。柏拉图在《国家》构想中，通过讨论将探求真理学习哲学的学生培养成可数的精英之才这一点，得到了大家的支持。在修道会中，耶稣会为运营主体的中等教育学校挑选优秀人才做神父，并且寄宿制教育也为包括商人、农民、手工业者等所有阶层的学生提供免费教育，因此非常受人们的欢迎。只是，十七世纪以后修辞学教育在很多场合，成了拉丁语和法语的翻译工作，失去了本来属于学习文学技巧的作用。

但是，法国到了十八世纪，由于司法界的扩大、官僚组织的发展、商业资本家的抬头，身份制社会发生了变化。在平民中受到高等教育，特别是修辞学教育之后出现了一些就职于司法、行政机关的学生。研究十八世纪法国史的历史学家罗杰·夏蒂埃认为古典教育即耶稣会等修道会运营的中等教育学校中的修辞学教育在培养神父的同时，也承担起了培养能使用语言技巧的人才——国王咨询会议评审官、法官、律师等让人羡慕的职业人才。① 也就是说，在十八世纪的法国亚里士多德之后，修辞学在西欧教育上得到重视，掌握语言技巧的年轻人活跃在法庭、行政等机构。

掌握法语的活用能力对于平民出身的学生来说，是成为神父、司法贵族，登上上等阶层的一个手段。因此，法语修辞学教育推动了社会阶层的变化，产生了一个全新的阶层。由于三角贸易的扩大，富裕商人也可以用钱买官而成为贵族。另外，第三身份掌握了辩论技巧以及其中的伦理判断力。就像刚才谈到的那样，耶稣会的中等教育学校提供免费教育，因此这种理论判断力表现为经济资本中分离出来的一个新的文化资本。

教育史学专家 François de Dainville 认为在中等教育学校的学生中，贵族学生很少，近半数的学生出生于并不富裕的阶层，因此培养他们掌握法语，让他们成为称为司法贵族的新特权阶级。② 实际上十六世纪到十八世纪，中等教育学校百分之九十以上的学生是平民子弟，贵族只占百分之几。耶稣会为了培养神父而提供的免费教育，使知识阶层社会得到了重新调整，最终确立了使用法语的司法、行政机

---

① Roger Chartier, Dominique Julia, Marie-Madeleine Compère, *L'éducation en France du XVI e au XVIII e siècle*, 1976, pp. 196 – 197. 在近代欧洲，日语中翻译成修辞学的 rhetoric 是指写作训练，近代语中翻译成"辩论技巧""雄辩"的 eloquence 是指口才辩论的训练。

② François de Dainville, *L'Éducation des Jésuites*, (XVI ème – XVIII ème siècle), Les Éditions de Minuit, 1978, pp. 105 – 110.

构和商业系统。与学术、司法、行政、商业等工作有关的人要求必须熟练地掌握法语的读写。由于社会的需求，中等教育学校的教育完全以法语为中心，学生的人数也不断增加。最终在 1700 年到 1715 年之间，普及了以十七世纪后期法国文学为典范的新法语修辞学。①

另外，历史学家荷内·巴里巴认为："球艺场上宣誓的人不是中等教育学校、神学校出身的学生，就是从师于同一文化共同体中的老师们学习的。对于他们任何人来说，文学的修养具有同世袭特权、权力、财力一样的价值。"② 也就是说，十八世纪的法国在拉丁语和法语的古典教育中掌握的判断力成了社会阶层上升的条件。荷内·巴里巴认为文学修养中法语的高度应用力在旧体制中，是平民进入行政、司法领域，成为"司法贵族"的手段。能熟练读写拉丁文、背诵古典，还能使用近代语的法语进行伦理辩论成为一个新的特权。结果，能使用修辞学的知识增强自己的判断力，用自己的言辞进行伦理辩论的平民掀起了一场革命，构筑了一个新的社会。

（二）崇高与才智精英的差别化

十八世纪的精英们通过精通共通语，不仅形成了一个排外的集团，在学校教育中掌握的审美能力上也产生了差异。才智精英们在学校接受到修辞学教育和文艺修养，在语言上将自己与他人划分开来。不过，在趣味判断中，首先重视的是对崇高的感受性。

在古典修辞学的传统中，人们认为只有阅读具有崇高价值的古典文学作品，才能培养趣味。十八世纪的法国正式着手使用法语的修辞学教育，将拉辛、高乃依等的十七世纪的法国古典文学作品作为了阅读的典范。在修辞学教育中，通过广泛阅读法国黄金时期的文学作品

---

① Cf. Bernard Lamy, *La rhétorique ou l'art de parler* ［1675/1715］, éd. Christine Noille-Clauzade, Champion, 1998.

② Renée Balibar, *Le Français National*, *Politique et pratiques de la langue nationale sous la Révolution Française*, Hachette, 1972, p. 43.

来培养人们的趣味。因此，十八世纪的修辞学教育承认十七世纪的法国文学作品是新古典作品。但是，这类新古典文学作品并不仅仅代替古代时期的古典文学作品而成为价值判断的标准。在修辞学教育中，趣味变成了对崇高的感受性以及对优秀作品的激奋判断与狂热判断。因此人们认为对价值高的作品的喜爱是受过教育的凭证。因此，趣味概念的近代化将本来属于两种类型的主观判断与客观判断，必然地联系在了一起。

在这背后也存在着十八世纪法兰西学院主导的语言教育政策。当时，法兰西学院为了将法语与拉丁语同步，竭尽全力地寻找十七世纪法国文学作品中可以成为典范的即"新古典文学作品"。到了十八世纪，在十七世纪有无限价值的宫廷惯用语失去了信任，因为宫廷语本身在变化并堕落。之后，路易十四时期的宫廷语被原封不动地保存下来的十七世纪后期的文学作品，就成了不可动摇的法语典范。

成为法语典范的"新古典文学作品"给语言的生成变化带来了很大的影响。它与欧洲其他国家的古典文学作品截然不同。法国古典时期的文学作品不仅单纯表现出文学潮流中的繁荣景象，文学作品的完成还表现出文化的精髓，同时象征着政治、外交的成功。

因此，对"新古典文学作品"的喜爱，很明显地表现出了与祖国爱有很大的关系。人们一般认为法语比拉丁语等古代语、意大利语等同时代的外语更加优秀。具有法语优越感的证据就是黄金时期的文学作品。编辑《百科全书》的启蒙思想家狄德罗也肯定了语言上存在着优劣的绝对标准，认为法语高于其他语种，证据当然就是"新古典文学作品"。

对于所有的民族来说，其语言是由初期优秀的作家进行改进提高。将我们的语言水平提升到现在阶段的是拉伯雷、马罗特、马莱伯、帕斯卡和拉辛等人。若将正确与明了定为语言中最重要的两点的话，所有的语言都应该以法语为典范。①

对"新古典文学作品"的喜爱是布迪厄论述差别的标志，是精英们的自豪。布迪厄认为趣味判断力是各社会上层阶级的专属特权。精英们无意识地利用这种特权将自己与他人区分开＝优越感。② 比如，拉阿尔普在《赞拉辛》中，将艺术作品的美分为两种：一般人理解的美和少数人理解的美。拉阿尔普认为能理解拉辛《布列塔尼斯库》的人是少数，必须经过学习才能够真正理解。

有一些作品被大家广泛接受，以伟大的精神作为主题，引起人们的慈悲心与怜悯心，让人感动并跪拜在美德之前。还有一些作品是作者用精湛的写作技巧体现出来的，有更加深远的主题，只有知识渊博、信念坚定的人才能读懂。《布列塔尼斯库》就属于这类作品。这部作品由象征友情的美德与象征自私的恶德构成的一幅崇高的绘画作品。但是，要看懂这幅崇高的绘画作品，需要花很长的时间。善良、内心脆弱的人喜欢看恋爱情节，而聪明、内心坚强的人就会高度评价《布列塔尼斯库》的第四幕。因为与让人入迷、让人变得脆弱的作品相比，内心坚强的人更喜欢可以让人变得更伟大、更坚强的作品。③

对于"新古典文学作品"来说，"拉辛是崇高的""我爱崇高"等称赞之言也是这个缘故。这种反复的称赞确立了"新古典文学作

---

① Diderot, "Plan d'une université", dans *Œuvres Complètes*, Société encyclopédique française et le Club français du livre, 1970, t. XI, p. 786（Écrit de 1775 à 1776, Publié partiellement en 1813 – 1814）.

② Pierre Bourdieu, *La Distinction: Critique sociale du jugement*, Paris, Édition Minuit, 1979, pp. 6 – 7；小田部胤久、前揭书，89—93 页。

③ La Harpe, *Éloge de Racine*, 1772, dans *Œuvres de La Harpe*, Genève, Slatkine Reprints, 1968. t. IV, pp. 138 – 140.

品"的正当性。作为"教养"必然、必需的判断基准，"新古典文学作品"不是自然而发的存在，而是前提要设定在某时代、某地点。选择趣味判断标准的"古典"时，必须与时间同步，对"古典"产生出一种特殊的偏爱。

这种称赞拉辛的模式就是"能够理解和评价拉辛的人是具备杰出教养和感性的才智精英"，"我高度评价拉辛的崇高"，等等。因此"我是具备杰出教养和感性的才智精英"这种意识，在称赞拉辛的时代中被大家广泛接受。这就使当时评价拉辛崇高的很多精英自告奋勇地，纷纷摆出自己能够理解崇高价值的姿态。也就是说，对崇高的感受性和掌握文章的技巧能力是他们同其他阶层不同的一个标志。

因此，法语不是让万人都使用的语言，而是为了明显区分社会阶层的东西。在旧体制社会中，保证社会地位的是高度的文章运用能力。十八世纪使用法语构成的文艺共和国里的成员们，共同建立了一个排外的共同体。

四　结语

从古代起，审美判断的趣味与道德判断的习俗担起了修辞学教育的重任。在修辞学的课程中，反复阅读优秀的文学作品，以培养审美趣味的能力。因为通过精读古典作品所掌握的趣味判断力，可以在构思文章时起到反思的作用。精读古典文学作品培养的不单纯是审美判断力，在修辞学教育上还将古希腊、古罗马的优秀古典文学作品作为教材，培养人们的伦理判断力。

但是法国到了十八世纪，由于司法界的扩大、官僚组织的发展、商业资本家的抬头，法语的需求愈加强烈。耶稣会等修道会运营的中等教育学校开始着手法语的修辞学教育。这种新的法语修辞学教育继承了古典修辞学的理论，同时又追求新的典范，即"新古典文学作品"。此时，作为"新古典文学作品"起到模范作用之一的是高乃依的作品《贺拉斯》。对于这个"新古典"的精选，1674年布瓦洛翻译并在欧洲被大家广泛阅读的《论崇高》的影响非常大。布瓦洛在新旧论争中属于古代派。与古希腊、古罗马的作品相媲美的崇高在高乃依的作品《贺拉斯》中也呈现了出来。因此，高乃依、拉辛等法国古典主义黄金时期的作品作为"新古典文学作品"起到了很重要的作用。

以法语"新古典文学作品"为典范的修辞学教育，目的是培养趣味判断力和习俗涵养。其中，趣味在十七世纪后期的古典主义时期被认为是理性的判断，追求的是制定条例和理论化。但到了十八世纪，趣味判断不再是冷静的理性判断，而是成了无法代替的热血沸腾的狂热。最终，在很大程度上刷新了趣味与习俗的概念。另外，路易十四时期的古典主义文学作品作为"新古典文学作品"的法国修辞学成立之后，习俗便被要求与国家赞联系在一起的激奋昂扬。孟德斯鸠认为的君主制国家难以存在的"古典美德"即"英雄美德"，根据布瓦洛的《论崇高序文》体现在了路易十四时期的法国作品中。十八世纪末，开始出现浪漫主义的感性萌芽，同时掀起新古典主义的潮流也是此缘故。

另外，到了十八世纪末期，成立了法语文艺共和国。里面的成员都具有杰出的趣味判断力，特别是对崇高的感受性，将自己与他人区分开来。在法国文艺共和国中，崇高是与美的价值、道德的价值紧紧相连的一个概念，在政治上也起到了重要的作用。通过《论崇高》的流行，趣味与习俗的概念被刷新，并在约瑟夫·奈伊认为的"软实力"——法语和文化的发展上起到了很重要的作用，也确立了在欧洲文化中的霸权地位。

蛇石与化石
——江户自然史

坂本贵志 著　张素芳 译[*]

一　卡兰斯（Crans）与平贺源内

宝历十一年，西历是 1761 年，江户参府荷兰人卡兰斯在长期居住的长崎屋拿出一块荷兰语称为 Slangensteen 即棋子般大小的"蛇石"，让聚集而来的荷兰好奇者们观看，展示此石的奇特。卡兰斯曰，此石取自蛇脑，是在印度某地得到的。[①]

蛇石在德语《迷信辞典》里的 Schlangenstein（蛇石）项目中也有记载。古代及中世之后广泛流行的这个迷信——相信此石存在于蛇脑之中。此石为黑色，两侧有白点，人们相信此石有吸毒的效果。好像还有另外形状的也被称为蛇石的。在波西米亚地区还有一种传说：很多蛇在某一时间聚集在一起，发出嘶嘶的声音，从口中吐出黏黏的液体。这种黏液凝固之后，就形成了一块像橡子般大小深翠绿色的透明石头。总之，蛇石有吸脓消炎的效果，还对咬伤有解毒作用，是一块非常珍贵的宝石。[②] 商馆馆长卡兰斯拿出来的蛇石是一块棋子般大小的石头，看样子至少不是深翠绿颜色的。

对卡兰斯拿出来的蛇石表现出很大反应的是通俗小说家、画家、

* 坂本贵志，立教大学文学部教授。张素芳，名古屋大学非常勤讲师。
① ［日］杉田玄白：《兰学事始》，岩波文库 2015 年版，第 27 页。
② Vgl. Handwörterbuch des deutschen Aberglaubens. Bd. 7. Augsburg 2000, S. 1122 u. S. 1199.

本草家、因静电发动机和《神灵知渡》而闻名的平贺源内（1728—1779）。在卡兰斯展示他的蛇石之后，平贺源内也拿出了一块同样的石头给卡兰斯看。等确认两块石头属于同一类之后，平贺源内说："你昨天给我们看的那块蛇石不可能是从蛇脑里取出来的，因为我的这块是用家乡赞州小豆岛上发现的龙骨加工而成的。"并拿出了实际的龙骨作为证据。"出示带巨齿龙骨，称此为龙骨，本草纲目汉土书曰：蛇换皮，龙换骨。此蛇石 Slangensteen 由龙骨而成。"① 为此，卡兰斯对平贺源内的博学不胜敬佩。

之后的宽政六年（1794），矿石博物学家木内石亭（1724—1808）谈到了各国山中海里产出的"龙骨"。对于当时被称为"龙骨"的棕色坚硬圆石有多种说法。有的说是象骨，有的说是像骨头似的一种石药等。当然现实中不存在龙骨，所以龙骨到底是何物，木内石亭也难以下结论。平贺源内也举出《本草纲目》作为可靠的证据：用舌头舔一下，如果粘在舌头上的话就是真正的龙骨。木内石亭认为很多人反而利用了这种方法将计就计，索性将烧过的鹿茸当作龙骨放到市场上。另外，他还认为石化的东西都具有粘舌的现象。那些石化物质，如果出自海里就不用加工，如果是从山中挖出来的，烧一下就都出现粘舌现象。以此为证，木内石亭回顾长崎屋里的蛇石，说"平贺视 Slangensteen 为赝品"。② 平贺源内认为具有粘舌性质的石头就是龙骨，并将此龙骨作为蛇石拿给卡兰斯看，让卡兰斯大吃一惊。

木内石亭将此事写到《龙骨辨》中，图1中描绘的物质就是"龙骨"。现在可以认为它就是大象的化石，据说实际上在平贺源内的故乡香川有很多这样的化石。也就是说木内石亭想确认龙骨的特性之中，图1所描绘的物质其实就是大象的化石。不过，木内石亭即使认为龙骨是某种物质石化而来，但也不会想到那就是大象的骨头。在石

---

① ［日］杉田玄白：《兰学事始》，岩波文库2015年版，第28页。
② ［日］木内石亭：《龙骨辨》，日本国立国会图书馆所藏版，宽政六年。

化这个变化中，只要确定不了准确的某有机物个体的存在，化石这个概念就不能成立。

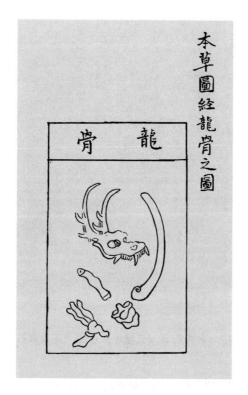

图1　木内石亭《龙骨辨》中的"龙骨"

说明：木草图经龙骨之图。

　　如果只局限于化石这个概念，木内石亭最后仅差了一步。另外还有一种极其奇怪的石头叫"天狗爪石"。这种化石有的从大石头中来，也有的从树枝上、海底小石中、湖泊中而来，无处不有。[①] 在石材博物志《云根志》中有记载，如图2所示。[②]

---

① 〔日〕木内石亭：《天狗爪石奇谈》，日本国立国会图书馆所藏版，宽政八年。

② 〔日〕木内石亭：《云根志》后篇卷三，日本国立国会图书馆所藏版，文化二年。

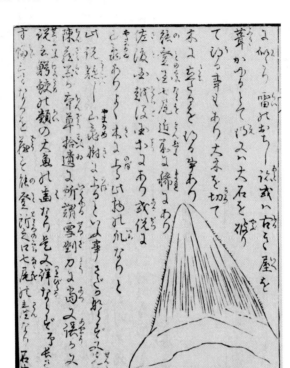

图2　木内石亭《云根志》中的"天狗爪石"

山中的树梢也能发现，因此就成了"天狗之爪"这种奇谈的对象吧。不过，这种石头被丹麦出身的解剖学家尼古拉斯·斯坦诺（1638—1686）判断为与鲨鱼齿是同一种物质，都出现有机物的痕迹。他主张这种"化石"内部包含的重叠层是曾经被水覆盖过的证据（《试论自然固体中的固体》，1669年）。[1] 如图3所示，尼古拉斯·斯坦诺解剖的鲨鱼齿与古代欧洲的珍贵石头舌石 Glossopetren（在马耳他岛发现有很多这样的石头，人们深信它是保护石，能驱魔辟邪，止牙痛，保佑向女性求婚成功，是上天赐下来的[2]）属于同一种物质。

---

[1]　Vgl. Nicolaus Steno，"De solido intra solidum naturaliter content dissertationis prodromus"，*Steno Geological Papers*，Odense University Press 1969，S. 151ff.

[2]　Vgl. Alan Cutler，*The Seashell on the Mountaintop*，New York，2003，S. 56.

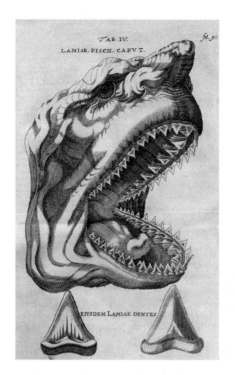

图 3　尼古拉斯·斯坦诺《试论自然固体中的固体》中的
"吸血鱼的头与吮血齿"

　　关于长崎屋的蛇石与龙骨被认为是同一种物质之事，与其说是物质的同一性，倒不如说是在那里相遇的是东方与西方的迷信与幻想。另外，天狗爪石与舌石，现在看来很明显是同一种物质。但是舌石就是天狗爪石之事，至少在日本十八世纪以前木内石亭著书时还未被确定。为了让天狗爪石也是鲨鱼齿的化石这个概念成立，就必须采取一种非常罕见的做法，那就是将鲨鱼口中排列的鱼齿分割下来。不过，解剖学上的这种经验再加上对博物学中石头的热情使《解体新书》在安永三年（1774）终于问世，确实非常不易。并且，经验与热情的相遇本身，如果没有在莱顿学习过医学的卓越解剖学家斯坦诺，经过巴黎被邀请到佛罗伦萨，对其近郊产出奇特模样的大理石，用地质学家的眼光来分析的话，也是不可能实现的事。

现在所说的化石被当作化石来理解，在欧洲即使到了十八世纪也还未被普及。

卡兰斯很敬佩平贺源内的博学，但是发生在长崎屋的蛇石之事，很明显地说明了双方都还未理解到化石这一步。不过，在缺乏对化石认识的这一点上，可以看出东西文明相遇时各自文明所具有的特征，此时浮现了出来。

二　白石与西多契

追溯到平贺源内将龙骨拿给卡兰斯看的五十年之前，宝永六年（1709）。担任幕府重要政治职位的新井白石（1657—1725）将偷渡来屋久岛的宣教士约翰·巴提斯塔·西多契（1668—1714）带到江户的衙门了解情况。当时的记录在明治时代之前的很长一段时间未被公开。不过，今天在《西洋纪闻》中可以了解到里面所记载的内容。作为宣教士的西多契，当然不用说天主教，还用代表欧洲的天主教文明，将自己所知道的一切毫无保留地全部写了下来，以便白石可以阅读。里面记载了很多关于地理方面的知识。并且在《采览异言》中补充完成。里面最引人注目的是白石所记录的关于天主教被禁止的那一部分。西多契讲述到《旧约·圣经》中的创世记，当然也涉及挪亚方舟。虽然在这里没有谈到《圣经》本身，但从西多契口中知道了对异教徒宣教时提到的两个重要的环节。

亚当若为两千年前，此时则是四千年前。名为挪亚之人，有三男子。（中略）仅挪亚夫妇、子夫妇可幸免于死。**其舟依然残留在亚米尼亚山。且随水漂来的螺壳类在欧洲山岳依然可见。**[1]

---

[1]　［日］新井白石：《西洋纪闻》，岩波文库1992年版，第78页。

黑体字所强调的"亚当"以后的部分，《圣经》上没有直接的记载。但内容可以间接地追溯到他的后代。根据《创世记》第五章的记载：亚当一百三十岁时生下塞特，塞特一百五十岁时生下以挪士，以挪士九十岁时生下该南。如果按照这样的顺序计算的话，挪亚的诞生根据希伯来语《圣经》的记载是在亚当诞生之后的 1056 年，根据七十人译的希腊语《圣经》的记载则是在亚当诞生后 1640 年。希腊语《圣经》的数字之所以大，可以理解为在亚历山大翻译时，尽可能地使犹太的历史不逊色于埃及历代王朝的年数。[①] 用这个年代记可以计算出到耶稣诞生时的历史。凯撒利亚的优西比乌（约 265 年前后—339 年）被认为是始祖。根据他的计算，从亚当到挪亚百岁时洪水暴发的时间是 2240 年，同样到耶稣诞生的时间是 5200 年。[②] 用这种计算方法，那么亚当的时间正好与白石所听到的数字相吻合。但是，由"此时"白石所在的纪元后 1709 年追溯到洪水暴发的时间，数字却对不上。用希伯来语圣书的计算法往上追溯，比如根据巴黎大学神学教授耶稣会士皮塔维乌斯（1583—1652）所说，洪水暴发的时间是创天地后的 1656 年，到耶稣诞生为 3983 年。[③] 这种算法从白石那个年代来看的话，正好是 4000 年前，数字完全相符。白石记下的西多契所讲的历史数字，毫无疑问是根据这种《圣经》的年代记以及被称为《圣经》通史的计算方法计算的，但是好像两种《圣经》混合在了一起。这种混合也许是由于西多契的错觉，也有可能是故意的，是为了在与中国文化有密切关系的地区进行宣教时的一个战略手段。

---

① 《七十人译希腊圣书》，秦刚平译，讲谈社学术文库，2018 年，第 777 页。

② 优西比乌把从亚当到洪水暴发计算为 2242 年，把洪水暴发到亚伯拉罕计算为 942 年，将亚伯拉罕诞生定为纪元前 2016 年，合计为 5200 年。Vgl. Eusebius Werke. Siebenter Band. Die Chronik des Hieronymus. Hironymi chronicon. Herausgegeben und in zweiter Auflage bearbeitet im Auftrage der Kommission für spätantike Religionsgeschichte der deutschen Akademie Wissenschaften zu Berlin von Rudolf Helm, Berlin, 1956, S. 250u. S. 20b。

③ Vgl. Dionysius Petavius, *Rationarium temporum in partes duas*, *libros decem tributum*, Parisiis 1633, S. 84.

三　中国的历史

被派到中国的耶稣会士马提诺·马尔蒂尼（1614—1661）在《中国史》（1658 年）中记述了中国王朝的历史。《中国史》中介绍了基督诞生之前的中国历代皇帝。记录了从第一代皇帝 Fohius（即伏羲）开始统治时的纪元前 2952 年①开始，到前汉第十二代皇帝哀帝（Ngayus）之间的 3000 年的中国历史。但是这本书提到了一个问题，那就是伏羲开始统治的纪元前 2952 年这个时间，用希伯来语《圣经》来算的话，可以追溯到洪水暴发之前。因为《圣经》上说除了挪亚一家，所有的人都会葬身洪水之中，所以如果根据中国的记载承认伏羲存在的话，那么就说明《圣经》中的记载有误。因此作为历史书籍的《圣经》其权威就会面临动摇。但是，如果抛开这一点的话，纪元前 2357 年开始统治了 90 年的第七代皇帝尧（Yaos），在位时所暴发的洪水实际上就是挪亚遇到的洪水，这样解释就完全吻合了。中国记载的洪水在《圣经》里也有记载，这就在宣教时更增添了对《圣经》的信赖感，只是必须在希伯来语《圣经》的基础上。皮塔维乌斯把创世以来一直到耶稣诞生计算为 3983 年，以此推断，洪水暴发的那个时间（创世后 1656 年）就是纪元前的 2327 年。因此，洪水本身如果是事实的话，希伯来语《圣经》中的年代记录与中国王朝的记录完全吻合，只是伏羲开始统治要追溯到洪水暴发之前。在这一点上，中国历史的久远与《圣经》出现了不一致。不过，如果参照以七十人译的希腊语《圣经》为基础的优西比乌年代记的话，洪水暴发是在纪元前的 2958 年，而伏羲开始统治是在洪水暴发之后，这样才合乎条理。

如果根据希伯来语《圣经》的话，《圣经》的通史与中国历史的久远相比就会出现问题。好像与七十人译的希腊语《圣经》一起使用

---

①　Vgl. Martino Martini, *Sinicae Historiae*, Monachii 1658, S. 11.

才能回避这种混乱。也就是说，西多契在给白石讲解从创世记到洪水暴发这段故事时，用了七十人译的希腊语《圣经》中的约 2000 年，而洪水暴发之后的故事，却用了希伯来语《圣经》中的 4000 年。可以认为是考虑到中国历史的悠久而刻意去那么做的。这大概不是西多契个人的独创，可能是宣教士们在中国文化圈宣教时采取的一个必要的战略武器。也可以理解成，为了使中国文化圈的历史与《圣经》里的时间相一致所采取的重要手段。并且，西多契应该可以完全背出如下的假设问答，如果有人问：尧在洪水暴发时已是中国的第七代皇帝，是不是时间上不太吻合？这时他就可以用马尔蒂尼已经准备好的答案来回答就行了，就说：尧也许就是诺亚本人。[1]

四　山上的贝壳

西多契讲述给白石的历史时间范围"亚当若为两千年前，此时则是四千年前"可以理解为包括如上所说的内容。而且以《圣经》为基础的这个时间范围，也包括了本来属于自然史中的山上的贝壳化石。因此他添加了《圣经》中没有的"螺壳类在欧洲山岳依然可见"这些内容。日本在地理空间的位置，包括经度和纬度都准确地描绘在了欧洲球体形的地球表面上。与此同时，在认识《圣经》这个历史时间中，日本也必须占有时间历史上的位置。如果没有这道环节，《圣经》在时间这个重要观点上就会变成相对论。因此，西多契故意补充说明了由于洪水的缘故漂浮起来的贝壳类被冲到了山上，至今还遗留在那里。

关于山上存在贝壳之说是为了让大家相信由于洪水而造成的这个事实，也是宣教时的一个手段。由洪水形成化石这一说法，是 1681 年英国王室的专属牧师托马斯·伯内特（1635—1715）在《地球神圣

---

[1]　Vgl. Martino Martini, *Sinicae Historiae*, Monachii 1658, S. 27.

理论》中提出之后，被人们广泛流传。[①] 贝壳出现在山上这一事实，作为奇迹性的证据使《圣经》中的洪水更加真实。在伯内特这样主张之前，欧洲人甚至认为山上的贝壳是石头模仿了天上掉下来的图案而形成的。博学多才的耶稣会士阿塔纳奇欧斯·基尔学在江户时期传到日本的荷兰语翻译书《地下世界》（1665 年）中就采用了这种观点。[②]

历史时间中日本所占的位置好像没有刺激到白石的批判精神。人类出现在地球上的历史是 6000 年这个时间感觉，当时在欧洲被广泛接受，白石对此既没肯定也没否定。本来东西方的历史书就不相同。但对于洪水暴发之后"其舟依然残留在亚米尼亚山。且随水漂来之螺壳类在欧洲山岳依然可见"这种只限于欧洲的洪水化石说法，白石对此进行了批判："怪石似船形，断崖有螺壳，各地所见。我国也能见到。与神无关。"[③] 白石在这里的批判也非常有意思。因为日本的山上也有螺壳，因此不能认为洪水是地球规模的普遍现象。船形的怪石和山上的螺壳是到处可见的普遍现象，因此其原因不能归为欧洲的神所为。白石以此反驳了西多契的洪水形成化石之说。这里白石的批判很明确，虽然山上的贝壳来历不明，但白石不在欧洲特有的大洪水中寻求原因。并不是说洪水很普遍才有山上的贝壳，而是山上的贝壳本身应该很普遍。在白石的眼里，不是因为洪水暴发这种特殊原因，连挪亚遭遇的洪水本身也是不合逻辑的。不过，山上存在贝壳这种不可思议的事情在信仰的基础上用洪水暴发来进行合理的解释，在欧洲得到了包括莱布尼茨在内的很多赞同者的赞同，[④] 但不受信仰影响的白石以山上的贝壳即化石的存在为理由批判了其中的不合理性。这大概只有代表江户时期才智横溢的白石一人看出了洪水化石之说中的不足之

---

① Vgl. Martino Martini, *Sinicae Historiae*, Monachii 1658, S. 169.

② Vgl. Athanaius Kircher: Mundus subterraneus. Tomus Amstelodami 1678, S. 41.

③ ［日］新井白石：《西洋纪闻》，岩波文库 1992 年版，第 86 页。

④ Vgl. Gottfried Wilhelm Leibniz: Protogaea de prima facie telluris et antiquissimae historiae vestigiis in ipsis naturae monumentis dissertation ex Schedis manuscriptis viri illustris in lucem edita a Christiano Ludovico Scheidio, Goettingae 1749, S. 36.

处，或者是通过白石对当时日本对知识的认知形式起到了很大的作用。

五　司马江汉

从"化石"的观点用批判的眼光看《圣经》的通史，除了白石，还有晚他一百年的画家司马江汉（1747—1818）。江汉也是源内的弟子，对博物学很感兴趣，以至于亲自到长崎去求学。江汉在当时尚未发行的随笔集《春波楼笔记》（文化八年，1811 年前后执笔）中，摘选了《兰书（Colloto History）》即荷兰语"大历史"中的知识，并对开天辟地之说阐述了自己的见解。

> 水枯地面露出时，称辟地。此时草木人间禽兽始生。吾日本隔海十里二十里山上有贝石。贝存在海浅处。山下产碳，树在土中化为石，似硫黄味，多产于筑前。此为辟地之前之物。①

据《创世记》中记载，覆盖在地面上的水退去、地面露出后就出现了第一个生物。但江汉认为贝石和碳分别是海贝与树木转化成的石头，当然就应该追溯到辟地之前。也就是说，在水退去、地面露出之前，海贝与树木就已经存在于世。它们经过漫长的时间化为石头，完成了石化这个过程。这个过程可以追溯到欧洲所知道的辟地之前。这种看法和山顶上的贝石就是化石属于同一种想法。江汉有一本宽政八年（1796）写的名为《荷兰天说》的天文学书籍，里面已经有"山顶有贝石，山腰出石炭（山顶亦为海）"这样的记载。随后并对自然界的认识指出了决定性的事例。

---

① ［日］司马江汉：《春波楼笔记》，《司马江汉全集》第 2 卷，八坂书房 1993 年版，第 103 页。

山必成海，海亦有水界，所谓桑田变海为实，听者如异端佛说虚妄之谈，其实不然。①

江汉在这里正确地指出了山变成海，海也有水界，侵蚀现象与海底的隆起是在自然史的时间中变化而成的。因为有了这种观点，所以他在《春波楼笔记》中对《圣经》的通史也产生了疑问。

出生在爱丁堡后来在莱顿专攻医学的詹姆斯·赫顿（1726—1779）在家乡的海岸西卡角发现了地层的侵蚀、堆积与之后的隆起，并发表在 1795 年的《地球理论》中。他认为这种现象作为周期会永远地循环下去。继斯坦诺的地层叠加原理之后，在地质学上有突破性发现的赫顿所著的这篇英文著作，几乎对第二年出版的江汉的《荷兰天说》没有任何影响。江汉同样认为海与山交替和再生，可以认为他具有一个与赫顿不同的独立的自然世界观。

赫顿超越了人们对历史的认知，发现了在漫长的时间历史中出现侵蚀现象与地层交替的循环。不过妨碍这种发现的是《圣经》中的通史。据说自然史与整个人类的历史有 6000 年。在这个有限的时间内，并没有把在更久的时间长河中形成的化石列入其中。把本来不可能发生的事，一直用洪水化石之说来解释本来就很勉强。白石和江汉两人都对此指出了其不合理性。《圣经》的历史与赫顿的《地球理论》的不同之处，也是《圣经》的通史与江汉的《荷兰天说》的不同之处。

六　漫长时间的循环

亚里士多德认为天界的周期运转保证了地上周期的形成，这是一个漫长时间的循环。

---

① ［日］司马江汉：《和兰天说》，《司马江汉全集》第 3 卷，八坂书房 1994 年版，第 76 页。

　　移动运转是永恒的这一点已经得到了证明，因此只要承认天界的周期运转，地上的周期必然会连续下去。（《形成消灭论》①）

　　信仰基督教的欧洲扼杀了这种漫长的无限时间观，而把很多的时间放在了有限时间的通史中。而且，改变时间观念要比改变空间印象更加困难。江汉所著的《荷兰天说》是介绍欧洲宇宙观革命的书，讲述了由亚里士多德的天动说宇宙空间正在向尼古拉·哥白尼的地动说宇宙空间转变。实际上这种转变在欧洲十七世纪，虽然被教皇厅禁止，但在英国、法国、新教的德语圈等各地区渐渐地被人们接受。这种转变的完成，就像江汉的《天地理谈》（文化十三年，1816年）所记载的那样，是伴随着一种可以称为崇高情感的感叹。

　　若恒星均为太阳，各恒星周围即有五行星之一的地球在运转。

　　呜呼，感叹不已。②

　　也就是说，如果恒星都是太阳的话，那么围绕太阳的就是五个行星中的地球。面对这样一个无边无际的大宇宙，我们只有感叹不已。这种感叹之念是崇高的，甚至在欧洲胜过了当时的禁止令（参见图4）③。

---

　　① ［古希腊］亚里士多德：《生成消灭论》，户塚七郎译，《亚里士多德全集》第4卷，岩波书店1988年版，第337页。

　　② ［日］司马江汉：《天地理谭》，《司马江汉全集》第3卷，八坂书房1994年版，第319页。

　　③ 江汉与富商升屋平右卫门山片重芳有交情。这位主管兼博学家就是对主家有功被特许可以使用主家姓名的山片蟠桃（1746—1821）。蟠桃花了二十年一直到去世前，将天文、地理、神统记、日本史、社会诸制度、经济、儒教、书志学、佛教、无鬼论、医学等知识，编写成了十二卷的《梦之代》（1820年）。以手抄本的形式在世间广为流传。《梦之代》中所描绘的"太极恒星各明界之图"，这里与江汉所想的画面是一样的。

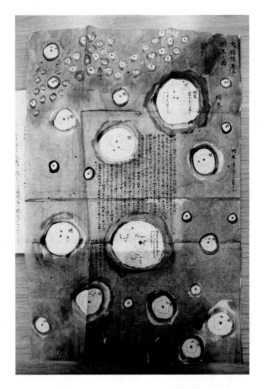

图 4 《梦之代》中的"太极恒星各明界之图"

在二百年后的欧洲渐渐地由有限时间观开始转向了无限时间观。但斯坦诺认为贝壳就是化石这种发现，至少在欧洲经过十八世纪也并未用合适的时间尺度来计算。因此蛇石一直被认为和龙骨是属于同一种物质。有限时间观即使在欧洲依然如此根深蒂固，化石依然是一种极其神秘的迷信对象。

江汉在感叹宇宙无限之大的同时，指出了自然史时间上的无限之大，在当时让人们难以理解。在欧洲，历史时间上的差异却被人们接受。这种自然空间和时间上的观念变化，为什么会作为一个完成体，通过日本十八世纪末司马江汉这个画家而引起人们的注意？空间观念的变化仅江汉一个人就已经是个划时代的例子，让人感叹万端。那么时间观念是否也在江汉心中已经转变了？即使没有转变，漫长时间这个观念已经存在，山上的贝壳就可以解释为"山成海，海亦有界"。这也是和白石的观念相同的。

七 "物自成"

古代的中国和古希腊一样都已经知道了无限漫长的时间。

> 夫物，量无穷，时无止，分无常，始终无故。[①]

《庄子》的这个观念经过了两千年，是否对白石和江汉所代表的江户时期历史与自然史的知识认知有某种影响？要确认这个问题，查一下白石从西多契那里听到天主教的内容，最初写下的感想就知道了。即：

> 大凡物不自成，必有使其生成之外因。[②]

事物起源的根本由神而定是基督教的自然世界观。与此相反，物自成则是白石的自然世界观。白石熟知的朱子学理气论与基督教截然不同，就是物自成的自然世界观。从白石来看物自成是自然现象，所以对西多契提出的物自不成之说仍然感到很吃惊。

物自成这种自然世界观成立的背后，与亚里士多德一样不在超自然的世界中寻求其根本原因，也就是说那里必然存在着漫长的时间世界中万物变迁的这种世界观。正因为已经有了与欧洲时间意识不同的这种漫长的时间观念，所以才能够去理解"山成海，海亦有界"这种世界是自然的，贝壳也总归要到山上的。当时卡兰斯与平贺源内两人都不知道龙骨就是化石，即便如此蛇石与龙骨在长崎屋的相遇，现在可以看成是生活在不同时间观念中的人类之间所发生的一场喜剧。

---

① 《庄子·秋水篇》第十七，《庄子》第 2 册《外篇》，岩波文库 2019 年版，第 247 页。
② ［日］新井白石：《西洋纪闻》，岩波文库 1992 年版，第 77 页。

社会篇
SHEHUIPIAN

君权与后权

——论清帝对皇后权威的控制与打压

毛立平[*]

《清史稿·后妃传》载，清朝后宫"二百数十年，壸化肃雍，诐谒盖寡，内鲜燕溺匹嫡之嫌，外绝权戚蠧国之衅，彬彬盛矣"。[①] 乾隆帝也曾多次表示，本朝无"女谒"之弊。[②] 以上所述并非完全吹嘘，有清一代，除初年与末年在皇权不稳固的情况下有太后参政外，主体时段确未有女性参与政事的记载。不仅没有女性干政问题，相较于明代宫廷的频繁废后、宠妃跋扈、乳母擅权等史实，清代的确可以说是"宫壸肃清"。但是，学界对于清代后宫权力和秩序的研究还远远不够充分，目前研究成果主要集中在两个方面：一是针对孝庄与慈禧两位太后对清代政治和历史的影响；二是讨论清代后妃的族群和出身问题，如蒙古族后妃及其家族势力，后妃与满洲贵族大姓之关系，康熙、乾隆朝民女妃嫔的来源和宫廷地位等。[③] 此外，清代后妃的地位

---

   * 毛立平，中国人民大学清史研究所教授。

   ① （清）赵尔巽：《清史稿》卷二一四《后妃传》，中华书局1998年版，第8898页。

   ② 参见《清高宗实录》卷一一一二，乾隆四十五年八月己未；卷一四〇三，乾隆五十七年闰四月丙申；卷一四八六，乾隆六十年九月己未。

   ③ 相关研究代表作如左书谔《慈禧太后》，吉林文史出版社1993年版；何国松《孝庄皇后传》，吉林大学出版社2010年版；杜家骥《清朝满蒙联姻研究》，人民出版社2003年版；赖慧敏《清代的皇权与世家》，北京大学出版社2010年版；刘潞《清代皇后册立与八旗大姓氏族》，《故宫博物院院刊》1997年第1期；黄丽君《乾隆皇帝的民人嫔妃》，《新史学》（中国台湾）2020年第3期（第31卷）；等等。

在入关前后的变化也为个别学者所注意到，如刘潞曾指出，入关前后妃可在一定范围内参与政务活动，像与皇帝一起迎接凯旋的将士、接待外藩蒙古来朝等；入关后经过近百年的"反复较量"，才逐步确立了男尊女卑的帝后格局。① 但对于清帝究竟采用何种方式或手段达到这种"壸化肃雍"的格局，尚未有学者进行深入讨论。

后权，一般指皇后或太后的权威或权力，与皇权相对应，是封建王朝女性权力体系的顶点。清代太后与皇后在宫廷内外的权力和地位既有共同之处，也存在一定的差异，受篇幅所限，本章暂只讨论清帝对皇后权威的控制与打压，对太后权威的掌控将于另文探讨。本章尝试从制度、礼仪、空间三个维度探讨清帝对后宫秩序的一系列规范和管控，指出皇帝逐步切断皇后与外界的各种联系，使得后权无法延伸至宫廷之外的任何领域，从而建立起一个封闭、隔离的内廷世界，有效遏制了后权对外事的影响和对皇权的威胁，确立了皇帝宫廷内外独尊的地位。

一 从"母仪天下"到"恪修内职"：
逐步切断皇后与朝臣的联系

皇后，对于内廷妃嫔而言是位居中宫的领袖，对于广大臣民而言是"母仪天下"的象征，正如册后诏书中所说："宜昭女教于六宫""应正母仪于万国"。② 因此历代册立皇后都要昭告天下，是公开而隆重的典礼。作为与皇帝齐体、共同抚育黎元的女主，皇后与皇帝一样应当得到天下臣民的忠诚和爱戴。尽管皇后身居内廷，但可以通过不同方式建立起与外朝的联结，比如接受大臣的贺笺就是其中之一。清初，大臣们常通过进笺等方式向内廷女主表达问候与庆贺，使皇后与朝臣之间一直保持着一种比较稳定的联系。

朝臣向皇后进笺庆贺，首先体现在节日庆典之时。清代宫廷节庆

---

① 刘潞：《论清代先蚕礼》，《故宫博物院院刊》1995 年第 1 期。
② 《清圣祖实录》卷十六，康熙四年九月辛卯。

以三大节最为隆重，即元旦、冬至和帝后的生辰。① 从文献记载来看，三大节时大臣除向皇帝上表庆贺之外，亦须向皇后进笺。这一做法早在关外即已实行，"崇德元年定，元日进庆贺表笺，长至、万寿圣节进表庆贺，与元日同"②。入关后，顺治朝于"八年定，元旦、冬至，直省文武五品以上官，各进贺皇太后表文一通、皇上表文一通、皇后笺文一通"③。康熙四年时，礼部题请"今后每年元旦，直隶各省官员照例应进皇后笺文。至皇后千秋所进笺文，世祖章皇帝时未经赍进，无式可查，恭候上裁。得旨，元旦笺文依议行，千秋进笺世祖章皇帝时既未举行，着停止"④。其时康熙帝刚刚大婚，皇后年龄尚小，礼仪尽量从简，至康熙十六年即"题准，皇后千秋笺文，照例赍进"⑤。从此，直省文武官员在三大节时均须向皇后进笺。乾隆六年礼部奏称，"凡恭遇皇太后圣寿、皇上万寿、皇后千秋，及元旦、长至令节"，各省将军、都统、副都统等武职官员"向不表贺"，此系"大典未备"，请"照督抚例，恭进贺笺"，皇帝"从之"，将八旗驻防官员也纳入进笺范围。⑥ 当然，并非所有官员都拥有向皇后进笺的资格，顺治八年规定为五品以上官员，至乾隆十三年册封皇贵妃那拉氏"摄六宫事"时，将可进笺官员的范围缩小为三品以上大员。⑦

所谓"笺"，是官员进呈给皇后的礼仪性文札，与进呈皇帝的"表"相对应。《大清会典事例》载，"凡每岁元日、长至，在京王公百官、在外将军、都统、总督、巡抚、提督、副都统、总官兵，恭行庆贺。进表皇帝、皇太后，进笺皇后"⑧。从实际情况来看，"笺"不

① 根据清历朝实录的记载，皇帝生日一般称为"万寿节"、皇太后生日称"圣诞节"、"圣寿节"或"万寿圣节"，皇后生日则称"千秋节"。

② 光绪《大清会典事例》卷二九六《礼部·朝会》。

③ 康熙《大清会典》卷五十《礼部·仪制清吏司》。

④ 《清圣祖实录》卷十七，康熙四年十月甲戌。

⑤ 光绪《大清会典事例》卷三一八《礼部·表笺》。

⑥ 《清高宗实录》卷一三九，乾隆六年三月壬午。

⑦ 《清高宗实录》卷三一八，乾隆十三年七月癸未。

⑧ 光绪《大清会典事例》卷二五五《礼部·表笺》。

仅适用于皇后，皇贵妃也可以接受"进笺"。前述乾隆十三年，在皇后崩逝、皇贵妃摄六宫事的情况下，规定"嗣后遇大节及庆贺大典，内外三品以上官，于皇贵妃前均进笺庆贺"。① 可见，"笺"是文武官员向后宫女主致敬的重要方式，是联结外朝官员与内廷女主之间的一座桥梁，也是后宫女主母仪天下的表现之一。清前期，皇帝还对表、笺的格式进行划一规定，如顺治八年专门颁发了"庆贺皇太后皇上表文、皇后笺文式样"；② 康熙四十四年，由于"朝鲜国王李焞所奏庆贺表、笺每岁更换，字句之间不能尽协，应颁定式，令其照式恭进。从之"。③ 乾隆二十八年议定，"庆贺皇太后、皇上表文，本内及贴黄，纯用黄纸，面页用黄绫，黄签；庆贺皇后笺文，本内及贴黄，纯用红纸……面页面签……俱用黄绫"，④ 并进一步明确，督抚、驻防将军、都统、提镇等官员"恭贺表文、笺文亦应用纯黄、纯红色，毋庸加籖"。⑤ 这些规定也在一定程度上规范和强化了进笺制度。

除三大节外，皇后生命中的其他重要仪式，官员也会以进笺等方式参与庆贺。如乾隆六十年曾特别下令，"册立嗣皇帝元妃为皇后"，"王公大臣以及外省督抚等"，毋庸"于朕前及嗣皇帝、皇后前呈进庆表贺笺"。⑥ 可见，册立皇后时王公大臣进贺笺是以往通行之例，乾隆帝禁止官员进笺乃是特例。因此当乾隆帝薨逝后，嘉庆帝册立继后时，官员们就企图再度参与到册后庆典之中，不仅要给皇后进贺笺，一些外地汉官还恳请"进京叩贺行礼"，满族官员则"奏恳趋赴宫门，恭申庆贺"。⑦

除进笺外，官员还可以通过其他方式表达对皇后的忠心。仍以皇后的生辰即"千秋节"为例。入关前，皇后千秋庆贺虽未形成固定仪制，

① 光绪《大清会典事例》卷三〇六《礼部·册封》。
② 《清世祖实录》卷六十，顺治八年九月己卯。
③ 《清圣祖实录》卷二一九，康熙四十四年二月乙亥。
④ 《清高宗实录》卷六八〇，乾隆二十八年二月丙申。
⑤ 《清高宗实录》卷六九一，乾隆二十八年七月甲申。
⑥ 《清高宗实录》卷一四九二，乾隆六十年十二月庚寅。
⑦ 《清仁宗实录》卷八十二，嘉庆六年四月丁巳。

但从史料记载来看，相当隆重而公开。《清实录》载，崇德三年四月壬子，"皇后千秋节，内六旗王、贝勒、贝子等，各献金、珠、貂皮、牛、羊等物"。① 崇德五年虽然下令"凡遇元旦、万寿及中宫千秋节，内外诸王、贝勒等一应进献礼物，俱着停止"，但同时表明停止王公进献礼物的原因不在于降低皇后生辰规格，而是担心发生类似前代"诸侯违制不贡、召衅生乱"的现象，因而改为皇后千秋"赐和硕亲王以下、辅国公等以上银两有差"。② 入关后，每逢皇后千秋节，福晋命妇须进内行礼，③ 大臣也要穿着隆重以示庆贺，部分官员还可为皇后呈递贡品。如雍正六年题准，"皇后千秋节，王公百官咸蟒袍补服"。④ 嘉庆四年改为"王公大臣文武官员俱着穿石青褂、挂朝珠"。⑤ 但至嘉庆二十年皇后四十正寿时，又准许"王公大臣官员仍穿蟒袍一日"，但"不准呈递如意、贡品"，只准内务府官员"穿蟒袍三日"，并"准其呈递如意、食品"。⑥

皇后去世时的丧仪也是文武官员表达忠心的重要时机。除臣子应尽的服丧义务之外，清前期大臣们还往往请求赴京奔丧，以示臣子之义，乾隆朝孝贤皇后崩逝时这一含义就体现得格外明显。乾隆十三年三月，嫡后富察氏崩，各地官员闻讯纷纷奏请来京"叩谒孝贤皇后梓宫"。有趣的是，皇帝对于官员们的申请进行了不同层次的区别和回应，从中可以生动体现出皇帝心中对大臣与皇后关系的认知。乾隆帝认为，有些官员的请求入京，系"随众陈请，并非出于中心之诚"，而有些官员则"一闻哀信即沥诚恳请"，显然出于挚情。对于这些请求，皇帝亦给予不同的回复：督抚等文职官员事务繁忙，"原可不必仆仆道途"，而"如驻防之将军、都统等，公事尚简，与督抚自不相同"，理应进京凭吊。但督抚之中又有差别，"旗员之与汉员亦不相同"，"盖旗员地分亲

---

① 《清太宗实录》卷四十一，崇德三年四月壬子。
② 《清太宗实录》卷五十一，崇德五年四月壬子、丁巳。
③ 《清世祖实录》卷五十六，顺治八年四月戊申。
④ 乾隆《大清会典则例》卷五十六《礼部·嘉礼》。
⑤ 嘉庆《清会典事例》卷二三九《礼部·朝会》。
⑥ 《清仁宗实录》卷三〇八，嘉庆二十年七月丁亥。

近，沐恩尤为深重，一遇皇后大事，义当号痛奔赴，以尽其哀慕难已之忧"；"汉大臣则视此有间，原可不必奏请"。乾隆帝的这一系列区别透露出他对满汉大臣与帝后之间关系的界定：关系亲近的大臣，遇皇后之丧，无论从情感上还是礼义上，都应立即奏请来京奔丧、请安，"庶君臣之义，不致漠不相关也"。而对于旗人官员而言，奏请为皇后主子奔丧更是其应尽的本分，那些"迁延未奏者，现在亦交部查议"。① 可见在乾隆朝初期，皇后丧仪是公开的、满汉大臣理论上都应参与的国丧。事实上，除奔丧一事之外，乾隆帝还借由皇后之丧对"违制薙发""居丧不哀"的大臣大肆严惩。② 可以说，他利用皇后丧事在朝臣中特别是满洲大臣中，掀起一场对帝、后忠爱的教育运动。

然而，孝贤皇后的丧礼可能是清代皇帝倡导官员尽忠皇后的最后挽歌。从乾隆朝中期起，皇帝即着手进行一系列改制，逐步切断皇后与外朝官员之间的联结。此后，有关皇后的庆典和丧仪皆逐渐转为内廷之事，与外朝无涉。

如前所述，孝贤皇后去世后，娴贵妃那拉氏晋皇贵妃，摄六宫事，乾隆帝虽然允许官员于庆典时向皇贵妃进笺庆贺，但将进笺官员的范围缩小至三品以上。之后那拉氏正位中宫，朝臣庆贺之仪尚未有阙。但至乾隆二十八年，皇帝发出了第一道限制皇后涉及外事的谕令。该年，礼部进呈会试登科录本时，皇帝指出，之前每次进呈，"俱有恭进皇太后、皇后各一本"的旧例，③ "此系沿袭具文""不过循例进呈"，非"庆贺表笺"等"事关典礼者可比"，"况我朝宫闱肃穆，不惟一切政务从不与闻，即寻常细事亦无丝毫干与。似此相沿旧套、徒费抄写，自应停止"。④ 从此，会试登科录本停止向皇后和太后进呈。

乾隆三十年，继后那拉氏因"断发事件"被摒居别宫，并于次年

---

① 《清高宗实录》卷三一六，乾隆十三年六月癸亥。

② 戴逸：《乾隆帝及其时代》，中国人民大学出版社 2008 年版，第 137—140 页。

③ 此例为顺治二年定，原文为"揭榜以后，刊刻试录、登科录，皇太后、皇帝、皇后前各进呈一本"。见光绪《大清会典事例》卷三五二《礼部·贡举》。

④ 《清高宗实录》卷六九七，乾隆二十八年十月丁未。

崩逝，乾隆帝从此未再立后，因而本朝不再有关于皇后涉外事礼仪的问题。但乾隆帝限制皇后与朝臣联结的脚步并未停止，乾隆六十年，针对即将册立的嘉庆帝皇后，他发出了第二项重要的限制举措，这一次，"事关典礼"的贺笺也被停止。该年末，已然禅位的太上皇发布谕令："皇后寿节暨元旦、冬至，与外庭无涉，嗣后俱当永行停止笺贺，并以为例，以肃体制而垂法守。"① 与停止进呈登科录时尚且以摒弃形式化的"繁文缛节"为借口不同，此次停止贺笺的缘由直指区别"内外"。乾隆帝首次提出有关皇后的一切庆贺礼仪皆属内廷事务，"与外庭无涉"。之后他进一步将"内外之别"的范畴扩展延伸，不仅禁止官员在节庆时向皇后恭进贺笺，连册立皇后这样的大典，也在其一手策划下由普天同庆转变为内廷庆贺。

乾隆帝表示，自己禅位后，"为太上皇帝，嗣子为皇帝，其嫡妃自应立为皇后"。向来册立皇后皆颁诏天下，但此次册后，"乃宫廷一定礼仪，只当循照向例，祭告天、地、宗庙，用昭茂典足矣，何必撰拟恩诏布告天下！"② 与之前不仅皇后册立，连孝贤皇后去世乾隆帝都下令"布告天下，咸使闻知"③ 的态度，可谓截然不同。对此，乾隆帝解释为："皇后正位端闱，恪修内职"，其地位"非如皇太后之为母后，分应尊崇者可比"，"我朝家法，宫壸肃清，从不干与外事"，因此"皇后典礼，不特恩诏不必颁发，即王公大臣以及外省督抚等，亦毋庸因立后于朕前及嗣皇帝、皇后前呈进庆贺表笺"。④ 即册立皇后不仅不再昭告天下，亦不准大臣进笺庆贺，以示皇后之责在于"恪修内职"，无须与朝臣发生任何联系。

乾隆帝的这一做法，将清代皇后地位降至历史新低。大概感觉这一改革过于激烈，数年后，当太上皇作古，嘉庆帝在册立第二位皇后

---

① 《清高宗实录》卷一四九二，乾隆六十年十二月庚寅。
② 《清高宗实录》卷一四九二，乾隆六十年十二月庚寅。
③ 《清高宗实录》卷三一○，乾隆十三年三月丙申。
④ 《清高宗实录》卷一四九二，乾隆六十年十二月庚寅。

时表示，"因思立后颁诏，乃本朝家法，载在会典，实亦古今同义。诚以皇后母仪天下，佐理化原，于册立之际祭告天地宗庙，并颁诏天下，以昭慎重"，恢复了册立皇后时颁诏天下的仪式。但是，"中外臣工庆贺表笺，及遇寿节令节奏上笺贺，钦尊圣训，仍行停止"，仍旧取消皇后接受王公大臣贺笺的权力。① 既然不许进笺庆贺，前文所述有些大臣提出来京、入宫庆贺的请求，自然也不能允准，嘉庆帝甚至斥责这些官员"有是理耶！""俱着传旨申饬"。②

此后，"内外之别"成为清帝格外留心分辨的问题。嘉庆十年岁末，礼部在具题庆贺元旦令节礼仪时，因将王公百官在皇帝之前行礼与公主、福晋、命妇在皇后前行礼之事一并奏请，而受到皇帝的严厉申斥。嘉庆帝认为，此举"殊属非是"，下令将礼部堂官"交部察议"，并明确"嗣后着将元旦令节公主、福晋、命妇等应否进内行礼，另折请旨"，不得再与皇帝接受大臣行礼于同一折内奏请，以示内外有别。③

嘉庆十八年，礼亲王昭梿上书，建议仿照万寿圣节前后官员俱穿补服的先例，"皇后千秋令节，拟穿蟒袍一日"。④ 皇帝先表示"勉从所请"，但又表示"实深愧愤"，并下令皇后生日"不必穿蟒袍，稍示区别"。紧接着嘉庆帝意味深长地说："愿诸王大臣清夜扪心自问，究竟欲作何等人、成何等事业，三思而行，勿甘暴弃，朕亦无颜渎告矣。"⑤

道光帝即位后，两位大臣（蕴端多尔济和广庆）在进折"叩贺皇太后万寿圣节"时，"一并缮折与皇后请安"。道光帝斥责此举"实属罕闻之事，以前内外大臣从未如此进折请安"，二人"甚属糊涂冒昧，不晓礼仪"，对其予以降职、罚俸的处分。⑥

---

① 《清仁宗实录》卷七十八，嘉庆六年正月乙酉。
② 《清仁宗实录》卷八十二，嘉庆六年四月丁巳。
③ 《清仁宗实录》卷一五四，嘉庆十年十二月辛巳。
④ 根据会典记载，雍正六年曾准题，皇后千秋节王公百官咸服蟒袍补服，但这一规定似并未得以执行。见光绪《大清会典事例》卷三〇一《礼部·朝会》。
⑤ 《清仁宗实录》卷二七五，嘉庆十八年九月戊子。
⑥ 《清宣宗实录》卷二十四，道光元年十月甲申。

　　道光十三年，皇后佟佳氏崩，在办理丧仪过程中，由于惇亲王绵恺与内大臣禧恩"引用百姓如丧考妣、四海遏密八音之说"，被皇帝斥为不妥，"令大学士、军机大臣会同礼部详查例案，悉心妥议具奏"。数日后，道光帝发布长篇上谕，首先根据所查乾隆朝孝贤皇后、嘉庆朝孝淑皇后丧仪成案，指出皇后丧仪前代已有固定规格，"后世子孙，总当恪遵成宪，不敢以私意紊典常"；其次详细考察了"百姓如丧考妣、四海遏密八音"之说的典故，指出这一说法出自《虞书》，用以形容百姓对尧帝的思念，将此用于皇后则"殊属不伦"："况《虞书》二语，系指帝尧而言，并非指帝尧之后"，因而绵恺系"不学无术，信口乱谈！"① 道光帝对兄弟的这一番辩驳，其目的当然不仅仅在于皇后丧仪中的措辞小节，而是通过这一问题再次在王公大臣中明确帝、后与内、外廷之间的轻重和区别。

　　经过乾、嘉、道三代皇帝的整饬和训诫，基本不再有王公大臣敢于与皇后发生任何公开的联系，对于内廷及皇后之事也小心回避、不再关心，这也是导致王公大臣之妻对作为国家"中祀"典礼的"亲蚕礼"参与毫不积极的重要原因，详见后文论述。直至咸丰帝崩逝，肃顺等顾命大臣不将两位太后放在眼里，其实也与前代皇帝一贯强烈主张后宫不得参与外事、不得与朝臣发生任何联系的风气一脉相承。

二　"皇后—命妇体系"的坍塌

　　除与大臣的联结之外，与外廷命妇的联结也是皇后权威建立过程的重要环节。但清代皇帝同样致力于切断皇后与外廷命妇之间的联系，使得以皇后为中心的女性权力体系也无法稳固建立。

　　仍以三大节为例。《满文老档》中保留了一些入关前女性参与三大节庆贺的记载。如天命七年元旦，"设百席，集诸贝勒大臣及众汉官及

---

① 《清宣宗实录》卷二三七，道光十三年五月壬辰。

官员之妻、诸贝勒福晋等宴之"。① 天聪六年元旦，皇太极设宴于清宁宫，宴罢，"汗之妻及诸福晋以元旦礼拜大贝勒"。② 可见满洲贵族和官员之妻可随同丈夫一起出席宫廷宴会，之后"汗之妻"带领众福晋向大贝勒等行礼，体现了汗之妻率领众福晋的女性权力体系雏形。

入关后，清廷于顺治八年皇帝大婚之前，正式公布了三大节的庆贺礼仪，其中元旦和冬至二节，帝、后先诣皇太后前行礼，随后文武百官在太和殿向皇帝行礼，"公主、和硕福金以下，固山额真、精奇尼哈番、尚书以上命妇"先诣皇太后前行庆贺礼，再"诣皇后前行礼"。皇后千秋节，皇后"先诣皇太后前行礼毕，还宫。公主、和硕福金以下，固山额真、精奇尼哈番、尚书以上命妇俱诣皇后前行庆贺礼"。③ 可见入关后最大的变化就是将行礼体系做了性别区隔，官员向皇帝行礼，福晋命妇向太后与皇后行礼。此外，顺治八年之规的意义还在于首次从官方的角度明确了命妇须在节庆中向皇后行礼的做法。

康熙朝以后，三大节的规定愈加完善，主要体现在三个方面：其一是皇太后三大节朝贺增加了外朝官员行礼的仪节，这无疑提高了太后在仪制中的地位；其二从康熙朝起，三大节中帝后不再一起向皇太后行礼，而改为"皇帝率王公群臣行三跪九拜礼"，"皇后率皇贵妃、贵妃、妃、嫔行六肃三跪三拜礼，公主、福晋以下，大臣命妇俱随行礼"；其三是增加了三大节时皇子诣皇后宫行礼的仪节。④ 对皇后而言，康熙朝起，"皇后率领内外命妇"的格局在仪制中完全明确和定型。

三大节之外，亲蚕礼也是"皇后—命妇"体系建立和稳固的重要契机。"古制，天子亲耕南郊，以供粢盛；后亲蚕北郊，以供祭服"。⑤ 亲

① 中国第一历史档案馆、中国社会科学院历史研究所编译：《满文老档》，中华书局1990年版，第291页。
② 中国第一历史档案馆、中国社会科学院历史研究所编译：《满文老档》，中华书局1990年版，第1189页。
③ 《清世祖实录》卷五十六，顺治八年四月戊申。
④ 光绪《大清会典事例》卷二九五、卷二九六《礼部·朝会》。
⑤ 《清高宗实录》卷一七二，乾隆七年八月辛卯。

耕与亲蚕礼皆源自周代，象征帝后重视农桑、抚育黎元，是重要的国家祀典，而后者也是皇后母仪天下的重要象征。清代祀典中，亲耕与亲蚕之礼都属"中祀"，① 地位逊于祭祀天地、宗庙、社稷等"大祭"。但实际上，亲蚕礼对于皇后远不止于象征意义。日本学者保科季子指出，汉代皇后通过亲蚕礼率领大臣之妻（命妇），从而建立起"皇后—大臣妻（命妇）"序列的女性秩序，将皇后的权威延伸至宫廷之外。② 清代于乾隆七年始定亲蚕礼仪注，③ 九年举行了第一次皇后祭先蚕仪式。④ 根据图文史料的记载，⑤ 亲蚕礼一般由三个环节组成：首先皇后带领妃嫔、命妇等祭祀先蚕；其次待蚕虫孵化后再举行躬桑礼，即采摘桑叶饲喂蚕虫；最后待蚕虫结茧后举行献茧缲丝礼，将蚕茧进献给皇帝和太后，并缲丝染色"以供郊庙黼黻之用"。⑥ 整个仪式中，皇后的劳作虽然与皇帝"亲耕"一样，只是象征性和仪式性的，但她从头到尾参与蚕桑的过程，一方面宣扬了妇德和母仪天下的表率作用；另一方面，由于需要遵循蚕虫的生长规律，亲蚕礼的完成前后需要一个月甚至更长的时间，是所有国家祀典中历时最长者。其间皇后多次率领妃嫔命妇出入宫廷、举行典礼，为确立和稳固以其为首的女性权力体系提供了难得的契机。

当然，皇后还有其他机会来树立自己的权威，如被册为皇后时首次接受命妇朝拜，皇帝册封妃嫔有时也会允许命妇进内行礼，皇太后上尊号、徽号或者"御新宫"时皇后也会带领命妇行礼，等等。只是这些时机都不确定且次数有限，不若三大节和亲蚕礼的每年举行。原

---

① "凡中祀，春分以朝日，秋分以夕月。季春吉亥，飨先农，吉巳，飨先蚕。"光绪《大清会典》卷三十五《礼部·祠祭清吏司》。

② ［日］保科季子：《汉代の女性秩序——命妇制度渊源考》，转引自黄旨彦《公主政治：魏晋南北朝政治史的性别考察》，稻乡出版社 2013 年版，第 3 页。

③ 清代在顺治时就恢复了天子的亲耕礼，但亲蚕礼在乾隆时才得以恢复。有关清代亲蚕礼的各项仪节规定，参见刘潞《论清代先蚕礼》，《故宫博物院院刊》1995 年第 1 期；陆燕贞《清代皇后祭先蚕》，《紫禁城》1988 年第 5 期。

④ 光绪《大清会典事例》卷四三九《礼部·中祀》，卷 1186《内务府·祀典》。

⑤ 清代宫廷画师所绘《亲蚕图》记录了乾隆九年孝贤皇后首次举行亲蚕礼的情景和过程，参见童文娥《清院本〈亲蚕图〉的研究》，《故宫文物》（中国台湾）第二七八卷。

⑥ 光绪《大清会典事例》卷三一四《礼部·亲蚕》。

则上来讲，皇后借由三大节每年接受命妇的 4 次朝贺（元旦、冬至、太后万寿圣节和皇后千秋节），在亲蚕礼的 3 个环节中率领命妇行礼，若再有太后上尊号、徽号或"御新宫"，妃嫔册立等庆贺仪式，一年中接触外廷命妇的次数可能接近 10 次。虽然这与明朝规定皇后可于每月朔、望两日接受命妇朝贺的频度仍相去甚远，[1] 但平均一两个月一次的朝贺，已然为皇后建立和稳固女性权力体系，将自身的权威和恩德传播至宫墙之外，提供了很好的平台。

可是，清代的"皇后—命妇"体系却未经由以上契机得以确立和稳固，原因是皇帝的刻意抑制和破坏。

检视清代历朝实录就很容易发现，皇帝经常下令停止三大节时命妇进内行礼，而且没有说明任何原因，几乎成为常例。仍以皇后千秋节为例，康熙朝元后在位的 9 年中，其中 5 年皇帝准许"照例行礼"，但只有康熙七年为"照例行礼筵宴"，九年、十年、十一年、十二年为"照例行礼、停止筵宴"。[2] 两位继后均在位时间短，没有千秋节的记载；雍正朝从三年（之前处于先帝、太后丧期，不行庆贺礼）至雍正九年皇后崩逝前，每年都下令"停止行礼筵宴"；[3] 乾隆朝嫡后富察氏在位的 13 年间，只有 3 个年份（三年、四年和六年）允许皇后千秋节时行庆贺礼，但仍宣布"停止筵宴"。[4] 其他年份中，除乾隆三年之前由于国丧，九年说明由于"皇后千秋节适值清明，未便照常行礼"，十三年正值东巡之外，[5] 一律只有"停止行礼筵宴"的简

---

① 《明史》卷五十三《礼志》，中华书局 1974 年版，第 1355—1357 页。但由于没有相关材料的印证，我们对明朝宫廷是否实际实行了这样频繁的命妇朝贺制度存疑。

② 《清圣祖实录》卷十七，康熙七年十二月辛巳；卷三十四，康熙九年十二月庚子；卷三十七，康熙十年十二月甲午；卷四十，康熙十一年十二月戊午；卷四十四，康熙十二年十二月壬子。

③ 《清世宗实录》卷三十二，雍正三年五月庚戌；卷四十四，雍正四年五月甲辰；卷五十七，雍正五年五月戊辰；卷六十九，雍正六年五月癸亥；卷八十一，雍正七年五月丁巳；卷九十四，雍正八年五月庚辰；卷一○六，雍正九年五月乙亥。

④ 《清高宗实录》卷六十三，乾隆三年二月甲辰；卷八十七，乾隆四年二月己亥；卷一三七，乾隆六年二月丁巳。

⑤ 《清高宗实录》卷二一一，乾隆九年二月丙寅；卷三○九，乾隆十三年二月丙子。

单记载。① 继后那拉氏在位的 15 年中，除册立次年即乾隆十六年未见记载外，其余年份皆有皇后千秋节"停止行礼筵宴"的明确记载。②

表 1　　　　　　皇后千秋节外廷命妇入宫行礼次数统计　　　　单位：次

朝代	顺治	康熙	雍正	乾隆	嘉庆	道光	咸丰	同治	光绪	宣统
行礼次数	0	5	0	3	2	1	1	0	0	0

资料来源：《清实录》《清会典》《起居注》《清宫内务府档案》等。

从嘉庆朝开始，皇后千秋节的庆贺似乎得到一定程度的恢复。嘉庆帝嫡后早崩，继后从嘉庆六年释服至嘉庆帝去世前一年（嘉庆二十四年）都举行了千秋节的庆贺仪式。这样每年连续庆贺皇后生日的记载在清代实属难得，但庆贺方式在皇帝的控制之下已悄然发生变化——由原来的"公主、和硕福金以下，固山额真、精奇尼哈番、尚书以上命妇，俱诣皇后前行礼庆贺"，以及康熙七年题准的"中宫千秋节，诸王进筵席牲酒"、命妇进宫庆贺的同时参与筵宴，改变为"宫内行礼如仪，停止筵宴及在外公主、福晋、命妇行礼"。③ 也就是

① 《清高宗实录》卷一一一，乾隆五年二月癸巳；卷一六一，乾隆七年二月壬子；卷一八五，乾隆八年二月丙午；卷二三五，乾隆十年二月甲子；卷二五九，乾隆十一年二月戊午；卷二八五，乾隆十二年二月壬午。

② 《清高宗实录》卷四〇八，乾隆十七年二月壬寅；卷四三二，乾隆十八年二月丙申；卷四五六，乾隆十九年二月庚寅；卷四八二，乾隆二十年二月甲寅；卷五〇六，乾隆二十一年二月戊申；卷五三二，乾隆二十二年二月壬申；卷五五六，乾隆二十三年二月丙寅；卷五八〇，乾隆二十四年二月辛酉；卷六〇六，乾隆二十五年二月乙酉；卷六三〇，乾隆二十六年二月庚辰；卷六五四，乾隆二十七年二月甲戌；卷六八〇，乾隆二十八年二月戊戌；卷七〇四，乾隆二十九年二月壬辰；卷七二八，乾隆三十年二月丙戌。至乾隆三十一年起那拉氏已被摒居别宫，丧失皇后待遇，自然也没有千秋行礼筵宴。

③ 《清仁宗实录》卷八十八，嘉庆六年十月癸丑；卷一〇四，嘉庆七年十月戊申；卷一二二，嘉庆八年十月辛未；卷一三五，嘉庆九年十月乙丑；卷一六八，嘉庆十一年十月癸未；卷一六六，嘉庆十二年十月戊寅；卷二〇二，嘉庆十三年十月壬寅；卷二一九，嘉庆十四年十月丁酉；卷二三五，嘉庆十五年十月辛卯；卷二四九，嘉庆十六年十月乙卯；卷二六二，嘉庆十七年十月乙酉；卷二七六，嘉庆十八年十月癸卯；卷二九八，嘉庆十九年十月丁卯；卷三二三，嘉庆二十一年十月乙酉；卷三三五，嘉庆二十二年十月庚辰；卷三四八，嘉庆二十三年十月乙亥；卷三六三，嘉庆二十四年十月己亥。

说，嘉庆朝皇后千秋节的庆贺一般仅限内廷妃嫔向皇后行礼，外廷命妇不再入宫参与庆贺。只有嘉庆十年和二十年皇帝两次破例允许外廷命妇进内行礼，① 其中后一次的缘由《会典》内记载较为清楚："本年十月，皇后四十寿辰，一应礼仪俱照常年旧例……至例应行礼之福晋、格格、命妇等，届期由内务府大臣开单具奏，经朕圈出者，准其进内行礼。"② 则十年的进内行礼也应系皇后三十正寿的格外恩准。至嘉庆二十四年，皇帝索性将此形成定例：今后"惟遇皇后正寿之年，礼部照嘉庆二十年之例，仍将公主、福晋、命妇等是否进内行礼之处，夹单声请，候旨遵行"，其他年份一律不准外廷命妇进内行礼，礼部无须每年请旨。③ 另外值得注意的是，千秋节除命妇进内行礼的频度改为每 10 年一次之外，进内行礼的人员范围也发生了变化，从之前的二品以上命妇、公主、福晋范畴，改为"届期由内务府大臣开单具奏，经朕圈出者，准其进内行礼。其出聘外藩之格格等，俱不准吁请来京行礼，亦不准进贡品"。④ 通过这一规定，将皇后可以接触的外廷命妇人选紧紧掌控在皇帝手中。《内务府奏销档》中一份道光三年五月十二日的奏折显示，本年皇后千秋节，⑤ 礼部拟出的进内行礼之福晋命妇名单总共只有 7 人，且全部为满洲宗室近臣之妻，皇帝从中选出 5 人进内行礼。⑥ 而且道光朝的记录显示，即便如此小范围、低频度的庆贺之例仍未得以遵行，外廷命妇进内行礼其后在皇后正寿

---

① 《清仁宗实录》卷一五一，嘉庆十年十月己丑；卷三一一，嘉庆二十年十月辛酉。

② 光绪《大清会典事例》卷三〇一《礼部·朝会》。

③ 所谓"正寿"指整数寿辰，如三十、四十岁生日。光绪《大清会典事例》卷三〇一《礼部·朝会》。

④ 光绪《大清会典事例》卷三〇一《礼部·朝会》。

⑤ 本年虽非皇后正寿，但系道光朝国丧之后皇后的第一个千秋，大概因此而被皇帝破例允准外廷命妇进内行礼。

⑥ 礼部拟定的 7 人分别为：和硕惇亲王绵恺福晋、和硕瑞亲王绵忻福晋、多罗贝勒奕绘夫人、协办大学士尚书英和之妻、尚书禧恩之妻、侍郎穆彰阿之妻、侍郎敬徽之妻。道光帝从中选出除英和之妻和穆彰阿之妻以外的 5 位福晋命妇。《奏为皇后千秋令节礼部送到进内福晋命妇事折》，道光三年五月十二日，中国第一历史档案馆、故宫博物院合编：《清宫内务府奏销档》（以下简称《内务府奏销档》），第 195 册，故宫出版社 2014 年版，第 297—299 页。

之年也会被皇帝取消，如道光十七年，"皇后三旬千秋令节，奉旨照例行礼，停止筵宴，其在外福晋命妇进内行礼之处，并着停止"。①

皇后三大节朝贺礼仪的减杀和时常被取消，是"皇后—命妇"权力序列难以建立的重要原因之一。相对于三大节，皇后主导的亲蚕礼也同样在衰落，不过清帝并未频繁取消亲蚕礼，而是采取另一种方式抑制皇后借此建立自己的权威。

《国朝宫史》载，"自乾隆二十七年迄六十年，其间皇后亲祠先蚕者二妃摄事者三十有二"，多数时候由妃嫔代为行礼。② 刘潞因而认为清代亲蚕礼的举行每况愈下，"已近乎名存实亡"。③ 但这并不符合历史事实，因为自乾隆九年皇后首行亲蚕礼以来直至宣统三年清朝覆亡的 168 年间，实录中明确记载举行了亲蚕礼的年份达 151 次之多，即大多数年份都举行了亲蚕礼，因此"名存实亡"说法是不妥当的，但此处需要探讨的是皇后与亲蚕礼的关系。

首先，清宫在很多年份中是没有皇后的，这就是《国朝宫史》所说乾隆二十七年至六十年间皇后只有两次亲祠先蚕的原因，这两次分别是乾隆二十八年和二十九年继后那拉氏之亲蚕，次年她即丧失皇后待遇，不能再行亲蚕礼，而此后直至乾隆帝禅位，再未册立皇后，亲蚕礼只能由妃代行。④ 道光朝也是如此，继后孝全皇后于道光二十年正月崩逝，此后的 11 年中宫无皇后。同治、光绪二帝幼年即位，分别在长达 11 年和 14 年的时间内因尚未册立皇后，只能由他人代行亲蚕礼。宣统朝 3 个年份中也没有皇后。再加上前任皇后崩逝至继任皇后册立之间的空档期，⑤ 乾隆九年至宣统三年的 168 年中约 80 个年份

---

① 《清会典事例（光绪朝）》卷三〇一《礼部·朝会》。

② 《国朝宫史续编》卷三十《典礼》，北京古籍出版社 1994 年版，第 249 页。

③ 刘潞：《论清代先蚕礼》，《故宫博物院院刊》1995 年第 1 期。

④ 乾隆三十年至六十年间，只有四十二年系由怡亲王福晋代行亲蚕礼，其他年份皆"遣妃行礼"。《清高宗实录》卷一〇二八，乾隆四十二年三月己巳。

⑤ 这一空档期的长短各朝不尽相同，如嘉庆帝嫡后于二年崩逝，六年才册立继后，间隔四年；乾隆嫡后十三年崩逝，十五年册立继后，间隔两年；道光孝慎皇后十三年崩逝，孝全皇后十四年立为皇后，间隔一年。相关记载可参见《清史稿·后妃传》。

行亲蚕礼时，宫中都没有皇后，将近占到总年数的一半。其中，同、光、宣三朝固然可归因于皇帝幼年即位尚未大婚，但整个乾隆朝 1/2 的时间内不册立皇后，道光朝也于 1/3 强的时段不设皇后，是阻断皇后连续主持亲蚕礼的重要因素。事实上，清入关后，历朝皇帝在位时册立皇后的数量没有超过 3 位者，且只有顺治、康熙、道光 3 帝册立过 3 位皇后，[①] 其余皇帝都只册立 1—2 位皇后，因此整体而言清代皇后之位空缺的时段相当可观，仅康、乾两朝就有 60 多年无皇后。从某种程度而言，这也是清帝抑制后权的手段之一。

　　其次，即便皇后健在的年份，也常由妃嫔或官员代为祭祀先蚕。据我们统计，这样的年份有 21 年，更加剧了皇后连续主持亲蚕礼的难度。如乾隆九年皇后首次亲蚕之后，接下来的十年、十二年皇后再主持了两次亲蚕礼。十三年富察皇后崩逝，尽管十五年册立继后，但此后直至十八年皆由官员代为行礼，到乾隆十九年继后那拉氏才得以亲自主持亲蚕礼，但接下来的 3 年又由官员（2 次）和妃（1 次）代为行礼，到二十三年至二十五年那拉氏再连续 3 年主持亲蚕礼，然后再中断 2 年（由妃代行礼），二十八年、二十九年是那拉氏最后两次主持亲蚕礼，次年她被摒居别宫，彻底失去了资格。[②] 从以上叙述不难看出，乾隆朝皇后

---

　　① 日顺治帝首位皇后被废，第三位皇后董鄂氏没有受到皇室的最终认可；康熙帝第二位皇后在位仅半年，第三位皇后在位仅一天；道光帝第一位皇后即位前即去世，乃追封。

　　② 乾隆朝自七年皇后亲蚕礼确定后，有皇后年份的行礼情况：富察皇后行亲蚕礼为乾隆九年、十年、十二年，见《清高宗实录》卷三一二，乾隆十三年四月戊午（乾隆九年系清代皇后首行亲蚕之年，但该年实录中却未留下记载，而在乾隆十三年四月的实录中提到"乾隆九年，先蚕坛成，皇后率妃嫔暨诸命妇行亲蚕礼"）；卷二三六，乾隆十年三月辛巳；卷二八六，乾隆十二年三月癸巳。遣妃祭先蚕神为乾隆十一年、二十二年、二十六年、二十七年、三十年，见《清高宗实录》卷二五九，乾隆十一年二月辛酉（清制，祭先蚕一般于"每岁季春吉巳日"举行，但也有个别年份为非巳日举行）；卷五三四，乾隆二十二年三月癸巳；卷六三二，乾隆二十六年三月乙巳；卷六五七，乾隆二十七年三月丁巳；卷七三二，乾隆三十年三月辛巳。遣官祭先蚕神为乾隆八年、十六年、十七年、十八年、二十年、二十一年，见《清高宗实录》卷一八六，乾隆八年三月丁巳；卷三八五，乾隆十六年三月丁巳；卷四一○，乾隆十七年三月己巳；卷四三四，乾隆十八年三月己巳；卷四八四，乾隆二十年三月辛巳；卷五○八，乾隆二十一年三月辛巳。那拉皇后行亲蚕礼为乾隆十九年、二十三年、二十四年、二十五年、二十八年、二十九年，见《清高宗实录》卷四五九，乾隆十九年三月己巳；卷五五八，乾隆二十三年三月癸巳；卷五八二，乾隆二十四年三月辛巳；卷六○八，乾隆二十五年三月丁巳；卷六八二，乾隆二十八年三月己巳；卷七○六，乾隆二十九年三月丁巳。

最多连续 3 年主持亲蚕礼就会因各种原因被打断。其原因既有客观者，如皇后身体状况欠佳，乾隆十一年的遣妃代行礼，原因应是由于皇后怀孕，不宜劳累。① 再如乾隆十六年、二十二年、二十七年皆为皇帝南巡之年，皇后那拉氏应当随行，因而"遣妃恭代"。② 但多数情况下，史料并无具体原因记载，比如那拉氏于乾隆十五年册立为皇后，但直至十九年才首行亲蚕礼，之前一直为官员代行，很可能是出于皇帝的主观决定。

另一个问题是，皇后不行亲蚕礼时，究竟应由官员还是妃嫔代为行礼，乾隆时对此曾有过一番讨论。乾隆十四年由于孝贤皇后去世，继后尚未册立，礼部建议按照皇后"不行亲蚕之年，遣妃内一人恭代"的惯例执行，但皇帝否决了这一主张。乾隆帝认为，"夫妃所恭代者，代皇后也。有皇后则妃可承命行事。皇贵妃未经正位中宫，则亲蚕之礼尚不当举行，何得遣妃恭代"，应"于内务府总管或礼部太常寺堂官、奉宸院卿内，酌派一人致祭，方足以明等威而昭仪制"。③ 也就是说有皇后的年份可由妃嫔代为行礼，无皇后时则由官员代为行礼。此后的皇帝多数情况下的确执行了乾隆帝立下的这一规矩，如道光二十年后，未再立皇后，一直由官员代行亲蚕礼，④ 同、光二帝幼年即位，册立皇后之前，也都由官

---

① 该年四月皇七子永琮出生，乾隆御制诗中有"丙寅年亦曾于宫中度元宵，盖彼时以孝贤皇后将有弄璋之庆"，遂没有移驻圆明园，对处于孕期中皇后的保护可见一斑，则二月举行的亲蚕礼皇后也应因将近临盆而不能亲自主持。《清高宗御制诗》卷四十三，《故宫珍本丛刊》第 557 册，海南出版社 2000 年版，第 12 页。

② 目前我们所见史料中尚未有三次南巡皇后那拉氏是否随行的确切记载，但按照先例皇后应当随行。

③ 《清高宗实录》卷三三四，乾隆十四年二月己卯。

④ 道光二十年至二十九年三月均遣官祭先蚕神，见《清宣宗实录》卷三三二，道光二十年三月乙巳；卷三四九，道光二十一年三月乙巳；卷三六九，道光二十二年三月丁巳；卷三九〇，道光二十三年三月丁巳；卷四〇三，道光二十四年三月己巳；卷四一五，道光二十五年三月己巳；卷四二七，道光二十六年三月己巳；卷四四〇，道光二十七年三月辛巳；卷四五三，道光二十八年三月癸巳；卷四六五，道光二十九年三月辛巳。

员代为行礼。① 讽刺的是，没有遵守这一规定的恰恰是乾隆帝本人。前述乾隆十五年继后册立，但十六年至十八年的亲蚕礼仍由官员代行，二十年和二十一年也由官员代行；乾隆三十年以后中宫无皇后，本应由官员代为行礼，但从三十年直到六十年，除 1 年由王福晋恭代之外，其他 30 年反皆由妃代为行礼。② 可见，由谁行礼，归根结底是由当政者本人主观决定和控制的。这一点在慈禧掌权时体现得尤为明显，同治帝十一年九月册立皇后，十二年、十三年应由皇后阿鲁特氏主持的亲蚕礼，却改由受慈禧喜爱的慧妃富察氏代行，③ 而光绪帝皇后的待遇则截然相反，由于系慈禧太后亲侄女，光绪十四年大婚之后的十五年直至三十四年，除二十五年、二十七年、二十九年 3 个年份没有留下记录之外，其他 20 个年份都明确记录皇后叶赫那拉氏举行了亲蚕礼，这样皇后较为连续主持亲蚕礼的

① 同治元年至十一年三月均遣官祭先蚕神，见《清穆宗实录》卷二十二，同治元年三月癸巳；卷五九，同治二年二月乙巳；卷九六，同治三年三月乙巳；卷一三二，同治四年三月乙巳；卷一七一，同治五年三月己巳；卷一九八，同治六年三月丁巳；卷二二七，同治七年三月己巳；卷二五四，同治八年三月辛巳；卷二七八，同治九年三月己巳；卷三〇七，同治十年三月癸巳；卷三三〇，同治十一年三月癸巳。光绪二年、十一年三月均遣官祭先蚕神，见《清德宗实录》卷二十七，光绪二年三月乙巳；卷二〇五，光绪十一年三月乙巳。其他纪年未见祭祀先蚕的记录。

② 乾隆三十一年至六十年间，除四十二年三月祭先蚕遣怡亲工福晋行礼外，其他年份均遣妃行礼，见《清高宗实录》卷七三二，乾隆三十一年三月辛巳；卷七八〇，乾隆三十二年三月己巳；卷八〇六，乾隆三十三年三月癸巳；卷八三〇，乾隆三十四年三月癸巳；卷八五四，乾隆三十五年三月辛巳；卷八八一，乾隆三十六年三月丁巳；卷九〇五，乾隆三十七年三月丁巳；卷九二九，乾隆三十八年三月丁巳；卷九五四，乾隆三十九年三月丁巳；卷九七八，乾隆四十年三月丁巳；卷一〇〇三，乾隆四十一年二月己巳。《清高宗实录》卷一〇二八，乾隆四十三年三月己巳；卷一〇五二，乾隆四十三年三月己巳；卷一〇七九，乾隆四十四年三月乙巳；卷一一〇二，乾隆四十五年三月甲申；卷一一二六，乾隆四十六年三月甲戌；卷一一五二，乾隆四十七年三月乙巳；卷一一七六，乾隆四十八年三月癸巳；卷一二〇〇，乾隆四十九年三月癸巳；卷一二二六，乾隆五十年三月丁巳；卷一二五〇，乾隆五十一年三月丁巳；卷一二七六，乾隆五十二年三月辛巳；卷一三〇〇，乾隆五十三年三月乙亥；卷一三二四，乾隆五十四年三月己巳；卷一三五〇，乾隆五十五年三月癸巳；卷一三七四，乾隆五十六年三月辛巳；卷一三九七，乾隆五十七年三月乙巳；卷一四二四，乾隆五十八年三月乙巳；卷一四四八，乾隆五十九年三月癸巳；卷一四七四，乾隆六十年三月丁巳。

③ 《清穆宗实录》卷三五〇，同治十二年三月辛巳；卷三六四，同治十三年三月乙巳。

记载，在清代历史上也是绝无仅有的。①

在皇帝的干涉之下，亲蚕礼中皇后率领福晋命妇的格局很快坍塌。根据乾隆七年制定的亲蚕礼仪，皇后祭祀先蚕时，"妃嫔、公主、福晋以下，文官三品、武官二品大臣命妇以上，咸致斋陪祭"；随后的"躬桑"仪式，则由 2 位妃嫔和 7 位命妇陪同皇后采摘桑叶。② 从乾隆朝的亲蚕实践来看，7 位命妇一般按照宗室命妇 3 人，大臣命妇 4 人的标准进行选派。③ 但嘉庆十六年，内务府将恭从皇后采桑的 9 位命妇名单（皇帝从中圈选 7 人）进呈时，皇帝发现名单所列"大臣命妇则止有二人"，其他"除近支福晋外，大率系皇后姻亲"。嘉庆帝认为这一方面是由于皇后亲属欲借此机会"请安"，另一方面是"各该大臣等不令其妻恭与典礼，是以托故不行开送"。他担心如此以往，"必致开列人数不敷点派，成何事体！"因此下令今后"查明无故不到者，将该命妇之夫参处"。④ 嘉庆帝的担心并非多余，从《内务府奏销档》反映的情况来看，这一担忧很快成为事实。道光四年三月，一份内务府的奏折称，由于本年皇后"亲蚕礼"陪祀的福晋命妇人数较少，因此遵照皇帝谕旨"严行宗人府、八旗饬查"，后共查得 12 人供皇帝圈选，道光帝还表示，今后"如再人数不敷"，"仍请旨派总管首领太监分往各王公大臣家逐一查验"。⑤ 但显然这种"逐一

---

① 《清德宗实录》卷二六八，光绪十五年三月丁巳；卷二八三，光绪十六年三月辛巳；卷二九五，光绪十七年三月己巳；卷三〇九，光绪十八年三月己巳；卷三二二，光绪十九年三月己酉；卷三六四，光绪二十一年三月癸巳；卷四〇四，光绪二十三年四月癸酉；卷四一八，光绪二十四年四月丁未；卷四六二，光绪二十六年四月甲午；卷四九八，光绪二十八年四月辛丑；卷五二八，光绪三十年三月辛巳；卷五四三，光绪三十一年三月辛巳；卷五五七，光绪三十二年三月辛巳；卷五七一，光绪三十三年三月癸巳；卷五八八，光绪三十四年三月辛巳。此外，光绪二十年与二十二年实录未见亲蚕记载，但据光绪《大清会典事例》卷四三九《礼部·中祀》载："十五年题，三月十二日致祭先蚕坛，奉旨：皇后亲诣行礼，十六年至二十二年均同。"可见此两年皇后举行了亲蚕礼。

② 光绪《大清会典事例》卷三一四《礼部·亲蚕》；卷四三九《礼部·中祀》。

③ 《清高宗实录》卷一七二，乾隆七年八月辛卯。

④ 《清仁宗实录》卷二四〇，嘉庆十六年三月甲寅。

⑤ 《奏为皇后举行亲蚕礼派福晋命妇陪祀事折》，道光四年三月十八日，《内务府奏销档》第 198 册，第 186—171 页。

查验"的做法也未奏效，道光十二年三月初四日内务府呈递的奏折显示，将于6天后举行的亲蚕礼，"所有陪祀并恭从采桑"之福晋命妇名单，仅列3人，且全部为近支宗室。[①] 而道光十八年内务府奏称，陪祀的福晋命妇人选"各旗咨报均有事故"无人参与，仅"宗人府咨送到和硕睿亲王仁寿福晋"1人"恭从陪祀"。[②]

客观而言，命妇能够进入宫廷跟随皇后恭行亲蚕典礼，应是一件荣耀的事。嘉庆二十年，宗室奕纶由于其母未能入选亲蚕礼名单而质问内务府掌仪司："据称今年在哨内恩谕，令我母进内行礼。我告知母亲，母亲感激皇上天恩，实属庆幸。我于九月二十四日遣护卫富兴阿呈报宗人府及本旗，报文内祗将我母进内行礼之处报明，并未将曾经面奉谕旨声叙。至十月初一日未蒙圈出，始知单内未经开列。我向掌仪司询问。方晓得本旗行掌仪司文书是据我呈报的。因宗人府不行开送，掌仪司向以宗人府为凭，是以未经开列。但我于九月二十四日呈报宗人府后，并未据宗人府将不开列之处传知。如果先行传知，我自必将曾奉恩旨一节告知。至宗人府不行开列，系何人主见，我实不知。"宗人府司员耆宁对此的解释为："向来皇后亲诣先蚕坛典礼，皆系开列现任王、贝勒、贝子、公之妻。其系原任王、贝勒、贝子、公之妻，即不行开列"，因而"查宗人府所引，并非本例办理错误"。[③] 从奕纶为母亲参与典礼的争取可见，宗室王公对于家庭中的女性参与亲蚕礼还是抱有积极态度。即便有些王公大臣态度不够积极，但若嘉庆时果真严格执行了"查明无故不到者，将该命妇之夫参处"之规定，哪至沦落到道光朝只有1位命妇陪祀的凄凉局面，毕竟嘉道年间

---

① 其中3位近支命妇分别为：多罗庆郡王绵慜福晋，多罗惠郡王绵愉福晋，固山贝子奕绪夫人。见《奏为皇后举行亲桑礼派陪祀福晋命妇事折》，道光十二年三月初四日，《内务府奏销档》第210册，第71—73页。

② 《奏为皇后举行亲蚕礼派陪祀之福晋命妇事折》，道光十八年三月初六日，《内务府奏销档》第218册，第187—188页。

③ 中国第一历史档案馆编：《嘉庆朝上谕档》第20册，广西师范大学出版社2000年版，第520—521页。

皇权尚未衰落至王公大臣及其妻皆敢公然漠视皇家制度和皇帝命令的程度。从根本上看，命妇不积极参与亲蚕礼的原因，只能是皇帝在背后的严格控制和有意打压，不时打断亲蚕礼的实践，对参与命妇进行严格控制，导致王公大臣们秉承皇帝的旨意，逐渐丧失了对亲蚕礼的兴趣。

三　宫廷内外的空间隔离

除制度与礼仪意义上的"内外有别"外，清代后妃在空间上也被严格地"内外"隔离，很难与宫廷之外的人员，甚至自己的娘家亲属，直接联系或接触，皇帝力图打造一个隔离封闭的内廷世界。

早在顺治时期，皇帝就开始逐步切断后宫与外界的往来，停止命妇"更番入侍"即是措施之一。① 以往多认为"更番入侍"的停止与董鄂妃入宫有关，但显然这一下达于顺治十一年的禁令，对两年后的董鄂氏入宫并未起到阻碍作用，且杨珍指出，从清代的概念而言，董鄂妃应系福晋，而非"命妇"，并非被禁止的对象。② 因此，禁令的目的就是阻止部分外廷命妇频繁出入宫廷。其后，康熙帝也曾明确说过，"从不令外间妇女出入宫掖"。③ 连刚刚出嫁的大公主入宫请安，侍卫都因没有阻拦入内而受到康熙帝的严厉申斥。④ 此后历代皇帝更是对后妃不断强化宫廷内外隔离的政策。文学和笔记作品中描述的后妃归家"省亲"，⑤ 在清代官书和档案材料中均未见任何相关记载，后妃接触宫外之人的途径只能是后者入宫觐见。

---

① 《清世祖实录》卷八十三，顺治十一年四月甲子。
② 杨珍：《董鄂妃的来历及董鄂妃之死》，《故宫博物院院刊》1994 年第 1 期。
③ 《清圣祖实录》卷二三四，康熙四十七年九月壬午。
④ 《国朝宫史》卷二《训谕》，北京古籍出版社 1994 年版，第 8—9 页。
⑤ 除红楼梦中元春省亲的事例之外，《清宫述闻》中也记载了慈禧在咸丰朝诞育皇子之后，被皇帝恩准回家省亲一次。参见章乃炜等编《清宫述闻》（初续编合编本），紫禁城出版社 2009 年版，第 596 页。

编纂于乾隆朝的《国朝宫史》载，只有在两种特殊情况下，后妃家人可以入宫探视，一为"内庭等位遇娠，每日食用照常额加半，有生母者许进内照看"，二为"内庭等位父母年老，奉旨特许入宫会亲者，或一年，或数月，许本生父母入宫，家下妇女不许随入，其余外戚一概不许入宫"。① 但我们很怀疑这两项规定是否得以切实执行。首先，内务府档案中有关妃嫔怀孕而增加其相关待遇的记载不少，但未见任何妃嫔孕期家人入宫照看的记载，只有一件现存故宫博物院的"懿嫔遇喜大阿哥"档册，其中有皇帝特许懿嫔（慈禧）之母入宫探视的记载：咸丰六年"十二月二十六日巳正三刻，懿嫔之母跟随家下妇人二名至储秀宫住宿"。② 这也是笔者目前所见唯一一件后妃孕期允许亲属入内的记载。其次，如果妃嫔父母年老即可一年或数月入宫探望女儿一次，那么清宫档案中应当留有相当数量的出入宫记录。但事实上，我们只找到两次会亲的记录：第一次是道光七年内务府档案记载的后妃会亲安排："八月初二、初三日，皇后、全贵妃、祥妃、静妃会亲，初二日和妃、恬嫔会亲；初四日顺贵人会亲。皇后亲族人等出入走西南门，全贵妃、和妃、祥妃、静妃、顺贵人走福原门，恬嫔走苍震门"；③ 第二次是同治元年二月新帝即位后内务府为咸丰和道光两朝太妃嫔安排的会亲，咸丰朝祺妃、玫妃在二月十一日会亲，璷嫔、玉嫔于二月十三日会亲，婉嫔于十六日会亲，道光朝琳皇贵太妃、彤妃、佳妃、李贵人于二月二十二日会亲。她们与亲人相处的时间是从早上卯时至傍晚酉时，其时咸丰朝妃嫔由于尚未移宫，亲族从苍震门进出，而道光朝妃嫔亲族则从寿安右门或寿安门进出。④ 不过，

① 《国朝宫史》卷八《典礼》，第139页。
② 故宫博物院藏：《懿嫔遇喜大阿哥》档册，文物号：陈00647。
③ 《皇后妃嫔等位会亲日期单》，道光七年，中国第一历史档案馆藏：《内务府来文》，档号：05—13—002—000128—0145。
④ 《为传出同治元年二月十一日祺妃会亲亲族人等在承乾宫并于苍震门出入时间等情事》，同治元年二月初九日；《为同治元年二月十三日璷嫔玉嫔会亲亲族人等俱出入苍震门等情事》，同治元年二月十一日，中国第一历史档案馆藏：《内务府来文》，档号：05—13—002—000775—0148、05—13—002—000775—0149。

这两次看起来更像是格外恩典的妃嫔集体会亲，而非某个妃嫔因怀孕或父母年老恩准入宫。

《内务府奏案》中还记录了一次宫外的"会亲"。嘉庆七年，帝后巡幸热河，至九月即将返京时皇后突然生病，嘉庆帝特令时任都察院副都御史的皇后之父恭阿拉留在热河照看，待皇后病愈之后再行回京。因万寿节临近，嘉庆帝特传旨令总管太监金成"带领恭阿拉进内面见皇后，告知切不可因万寿期近，急欲回园叩祝"。恭阿拉奉旨入见皇后，传达皇帝谕旨，并上折叩谢皇恩。① 数日后，嘉庆帝又令恭阿拉扈从皇后自热河启程返回圆明园。② 回程途中不知皇后父女是否还有见面的机会，但从恭阿拉一直随扈热河并受命留下照看皇后之病，尚须已然返回京城的嘉庆帝谕旨特许才能觐见皇后来看，这样的"会亲"也是很难得的。

此外，我们还在《宫中档》中找到两次乾隆朝妃嫔"会亲"的记载。第一次是贵妃高氏与母亲的两次会面，出自时任南河总督的高斌给皇帝上的两道谢恩折。第一道折子的时间是乾隆二年十一月十三日，折中写明其妻于本年八月带领儿子进京迎娶儿媳时，"荷蒙皇上格外天恩，奴才女人又得觐见贵妃，皇上天恩赏赐克食"。高斌在奏折中表示，儿子娶妇这样的"微细小事"并未告知皇帝，自己也不知妻子会得到觐见贵妃的机会，其妻归家后方才得知，因此赶忙"恭谢天恩"。③ 可见这次会亲并非有计划的安排，应该是乾隆帝得知高斌之妻来京后所做的临时恩赏。不过，从高斌"奴才女人又得进见贵妃"的说法，可知这应不是其妻第一次入宫会亲，但上一次系何时，未找

① 《奏为遵旨叩见皇后传谕事》，嘉庆七年九月二十二日，中国第一历史档案馆藏：《军机处录副奏折》，档号：03—1607—080。

② 《着恭阿拉扈从皇后二十八日起程返京上谕》，嘉庆七年九月二十三日，中国第一历史档案馆藏：《内务府奏案》，档号：05—0497—044；《奏为皇后身体甚好拟请回京日期事》，嘉庆七年九月十八日，中国第一历史档案馆藏：《内务府奏案》，档号：05—0497—039。

③ 《奏为奴才女人荷蒙进见贵妃皇上恩赏克食谢恩事》，乾隆二年十一月十三日，中国第一历史档案馆藏：《宫中朱批奏折》，档号：04—01—12—0009—041。

到相关记录。高斌第二道折子的时间是乾隆五年四月初六日，折中写明妻子于二月初九日"得进见贵妃，更得叩见天颜，复蒙格外隆恩，赏赐看戏，又赏赐如意素珠绸绫缎匹克食"。① 这一次高斌妻不仅见到贵妃，还见到了皇帝，并且赏赐其在宫内看戏以及其他物品。高斌的两道奏折中都使用了"格外天恩""格外隆恩"的说法，一定程度上体现出此种"会亲"并非常规化的会面。两次会亲时高斌都尚在南河总督任上效力，既不符合父母年老，也不是由于贵妃有娠，更像是乾隆帝对高斌尽力效忠的一种奖赏。

第二次乾隆朝妃嫔的"会亲"记载，是乾隆六年皇帝命令苏州织造安宁秘密访查怡嫔的家人并将其送往北京："内廷一位主儿姓柏，祖籍苏州，着织造处访问伊父母来京相见。若寻着时，即便着人照看送赴来京，或伊年老，令子弟跟随一人来京亦可。"尽管乾隆帝强调此次"不过看望，并非来京居住"，但安宁先后两次送柏家将近 20 口来京，显然并非宫规所定只"许本生父母入宫"，且不久之后柏家就被编入内务府包衣旗，移居京城生活。② 显然乾隆帝令其来京的目的并非简单的"看望"，而有着将妃嫔母家纳入包衣旗下以遮蔽其民女妃嫔身份的考量。③ 这样的"会亲"在妃嫔中也完全不具有普遍性。

由于没有正当的渠道和家人见面，后妃们只能设法创造各种机会会亲，除前述皇后利用"亲蚕礼"陪祀之机与亲人见面外，嘉庆帝还发现，"皇后、内庭遇赴园进宫之期，往往各亲族中女眷在顺贞门会亲，甚至宫内女子亦藉便会亲"，认为此举"殊属违碍宫规"，遂下令"带豹尾枪之总管内务府大臣，及三旗值班之护军统领，在顺贞门

---

① 《奏为女人得进见贵妃并恩赏看戏等谢恩事》，乾隆五年四月初六日，中国第一历史档案馆藏：《宫中朱批奏折》，档号：04—01—12—0019—092。

② 《奏为遵旨访查内庭主儿之父柏士彩情形事》，乾隆六年五月初四日；《奏为奉旨办理内庭主儿父母柏士彩等家口送京事》，乾隆六年六月初九日；《呈内庭主儿父母柏士彩家口清单》，乾隆六年六月初九日，中国第一历史档案馆藏：《宫中朱批奏折》，档号：04—01—12—0023—002、04—01—14—0007—034、04—01—14—0007—035。

③ 相关研究参见黄丽君《乾隆皇帝的民人妃嫔》，《新史学》（中国台湾）2020 年第 3 期。

外严行稽查"，不许"女眷人等在彼停留"。① 宫内不得相见，后妃们便企图利用随驾出行的机会会亲。《清稗类钞》载，"宫嫔家人，多于帝驾抵园还宫，或每年谒陵之日，妃嫔随宫车外出时，图一晤语及赠物"。会面的场景是悲伤且匆忙的，"妃嫔亲属，探銮舆行过，以饼金属司挡，父母姊妹等因得入见，匆匆数语，赠物纳之于舆中，涕泪未毕，舆行已邈"。② 这种私下会亲的记载不知是否属实，但一旦被皇帝发现也会像顺贞门会亲那样宣告破灭。与亲人见面如此艰难，难怪选秀女时"获选者之父母、兄妹，辄揽裾啜泣，以他日之不易谋面也"。③

不仅限制后妃与亲人的直接接触，间接的联系也被严格控制。《国朝宫史》载，"各宫首领遇年节奉主命往外家，或以事故慰问前往者，不许传宣内外一切事情。宫殿监时加稽查，倘不加稽查、别行发觉者，将宫殿监与犯者一并从重治罪"。④ 乾隆六年，皇帝在上谕中明确表示："诸太妃所有一切，俱系圣祖皇帝所赐。诸母妃所有，亦是世宗皇帝所赐。即今皇后所有，是朕所赐。各守分例，撙节用度，不可将宫中所有移给本家，其家中之物亦不许向内传送，致涉小气。嗣后本家除往来请安问好之外，一概不许妄行。"⑤ 即后妃可于年节或"事故"时，派太监去"请安问好"，但仅限于这样的礼节性的问候，不可交流宫廷内外的任何其他信息和实物。⑥

母家近亲的联系尚被严格限制，其他各类亲属更是不得与后妃相往来。嘉庆五年二月，肃亲王永锡"因三阿哥于本月十八日上学，备

---

① 章乃炜等编：《清宫述闻》，紫禁城出版社 2009 年版，第 550—551 页。
② 徐珂：《清稗类钞》第 2 册，中华书局 1984 年版，第 494 页。
③ 徐珂：《清稗类钞》第 2 册，中华书局 1984 年版，第 485 页。
④ 《国朝宫史》卷八《典礼》，北京古籍出版社 1994 年版，第 139—140 页。
⑤ 《国朝宫史》卷四《训谕》，第 43—44 页。
⑥ 乾隆时还进一步规定，"应出宫女子，既已出宫即系外人，不许进宫请安"，"各宫首领太监，有不谨之人向里外传说是非，或经查出、或被首告，必重处数人，以警其余"。将仆从群体成为妃嫔了解和传递宫廷内外消息的媒介也一并切断。参见《清高宗实录》卷一五六，乾隆六年十二月，第 10 册，第 1230 页。

进玉器陈设等物"，在没有奏明皇帝的情况下，"辄令本府太监转交皇后饭房太监递进"。"三阿哥"绵恺为皇后钮祜禄氏所出，钮祜禄氏系嘉庆帝第二位皇后，礼部尚书恭阿拉之女，而"永锡自因恭阿拉之女系属伊媳，欲因此牵涉瓜葛"。即永锡之子娶了皇后的亲姐妹为妻，与皇后母家是姻亲关系。嘉庆帝认为永锡想借三阿哥上学之机进献礼物，与皇后联络亲谊，但"向来皇子上学，外廷臣工本不应与闻"，像永锡这样的"远派宗藩"，"三阿哥上学与彼何涉！"乃"私遣太监递送至皇后饭房，更属冒昧"。嘉庆帝强调，虽然"伊与恭阿拉谊属姻亲"，但"与朕同皇后何涉"，拒绝接受这样的亲戚关系。其后，永锡不仅受到惩处，且召集各亲王、郡王，"将永锡所进物件当面掷还"，以"稍示内外之限制"。① 类似的事件还有，咸丰六年四月，璷贵人之母为庆贺大阿哥满月而呈进礼物，被咸丰帝斥责："伊是何人，擅自呈进，殊属可恶！所进之物着掷还。今后妃嫔、贵人、常在家属，不准与各宫互相来往。"② 道光十年十月十三日，皇帝先行由圆明园回宫，"大阿哥因病未痊，住圆明园，皇后亦未进宫"，而"仪亲王于十八日前往看视"，不顾官兵、太监阻拦，"径入福园门，至阿哥所内"。仪亲王永璇，系乾隆帝第八子，道光帝之叔父，其时已然八十余岁，因探望大阿哥心切而闯入皇后尚在的圆明园。道光帝因而怒斥仪亲王"年老神昏，故习未悛"，"伊子绵志不能从旁劝阻，其属非是"。后虽鉴于永璇年老而未予严惩，但对其进行了严厉警告。③ 此事本缘于仪亲王探望病中的大阿哥，但皇帝特意提到皇后也驻园中，给仪亲王的擅闯门禁增加了一重妄冒。

道光十九年六月，皇帝谕军机大臣，并传谕乾清宫内殿、圆明园总管太监等知之："天无二日，土无二王，家无二主，尊无二上，嗣

①《清仁宗实录》卷五十九，嘉庆五年二月，第28册，第786—787页。
②《钦定宫中现行则例（第二种）》卷一，《故宫珍本丛刊》第280册，海南出版社2000年版，第230页。
③《清宣宗实录》卷一七八，道光十年十月乙巳。

后无论官私大小事务，有应启知皇后者，除本宫四阿哥、四公主事务外，其余俱着先行奏闻，皇后遇有交派事件，亦着具奏，候旨施行，如不遵者，一经破露，定将该总管太监交内务府大臣从重治罪，决不宽贷。此旨着上书房、军机处、内务府、敬事房各录一通，敬谨遵行，永为法守。"① 此时中宫为孝全皇后钮祜禄氏，即咸丰帝生母，谕令中提及的四阿哥（咸丰帝）和四公主皆为皇后所出。道光帝以十分激烈的语气，将皇后可以决策的事务范围仅限定在两位亲生子女之内，史料中没有体现道光帝为何有此番言论，但此后仅仅两月，就有皇后生病的记载，② 次年正月皇后即病逝。③ 加之《清宫词》中有孝全皇后"暴崩，事多隐秘"的说法，④ 让人感觉帝后之间似因皇后干预外事而发生冲突，导致皇帝进一步严格限制皇后的言行。有关孝全皇后与外廷的联系，目之所及的史料只有《清史稿·宗室禧恩传》中说，"禧恩自道光初被恩眷，及孝全皇后被选入宫，家故寒素，赖其资助，遂益用事。遍膺禁近要职，兼摄诸部，凌轹同列，人皆侧目。后晚宠衰，禧恩亦数获谴罢斥。文宗即位，乃复起，不两年登协揆焉"。⑤ 指出孝全皇后与禧恩关系密切。禧恩系睿亲王淳颖子，虽然在道光朝兼任内务府大臣，但从实录记载来看其主要工作集中于理藩院和兵部、礼部等，未见与皇后发生交集的明确记载。毕竟嘉道以来，皇帝对于近支亲王尚且毫不留情地严禁与内廷发生任何瓜葛，何况宗室禧恩。

当然，皇后的权威并非必须通过实际交往才能发挥作用，仍以嘉庆朝孝和皇后钮祜禄氏为例。前述肃亲王永锡因系皇后母家的姻亲而欲与内廷"牵涉瓜葛"，遭嘉庆帝训斥。至嘉庆十三年，皇帝在引见各衙门保送的宝泉局监督人选时，发现兵部所保之郎中图明阿清语错

① 《清宣宗实录》卷三二三，道光十九年六月戊子。
② 《清宣宗实录》卷三二五载，道光十九年八月庚辰，上奉皇太后"视皇后疾"。
③ 《清宣宗实录》卷三三〇，道光二十年春正月壬寅。
④ 吴士鉴：《清宫词》，北京古籍出版社1986年版，第9页。
⑤ 《清史稿》卷三六五《宗室禧恩传》，第11438页。

讹、精力委顿、不堪胜任，"此明系兵部堂官因图明阿系和世泰妻父，与恭阿拉谊属姻亲，是以推情保送"。① 也就是说，图明阿之女嫁与皇后之弟和世泰为妻，是恭阿拉的另一姻亲，兵部为讨好皇后父女，将不堪此任的图明阿保送为宝泉局监督人选，被嘉庆帝识破。至嘉庆十五年，内务府因总管大臣之一常福补授工部右侍郎，向皇帝请旨以后如何"列衔班次"，嘉庆帝指出，"常福从前在内务府班次居末，今已补授工部侍郎，自应按照官阶次序，列名在刑部侍郎穆克登额之后、内阁学士和世泰之前"，他明白由于和世泰系皇后之弟，"常福不敢在和世泰之前"，因此内务府大臣联名奏请皇帝来排列班次，结果皆被"传旨申斥"。② 可见，即便皇后身处深宫、不与外事，其存在本身也可能给亲属带来相应的特权和利益。

回到禧恩与孝全皇后的关系，若禧恩与皇后母家果真旧交深厚且为时人所知，他在仕途上借力于皇后地位而发展顺利也是合理性的。而如果道光帝的言论确与禧恩有关，那么他与嘉庆帝一样，对皇后之位给她本人及家人所带来的客观权威也要进行压制。总之，无论道光帝的限制性言论是何起因，都可见皇帝需要以明确的方式传递出这样的讯息：无论家国之间、宫廷内外，至尊至上者只有皇帝一人，皇后不但不能与宫外发生任何联系，宫廷之事也要遵从皇帝的裁决。此时的皇后，不但难以母仪天下，连统率六宫的权力也受到极大的限制。入关后，清帝逐步加强对后权的管控，至道光中期已达极致。

四　余论

清代，从顺康时起，皇帝就有意识地逐步切断后宫与外界的联系，培养朝臣与后妃"内外有别"的意识，至乾隆朝中期开始对后权进行全面的控制和打压，道光帝则将对皇后的管控程度推向极致，使

---

① 《仁宗睿皇帝实录》卷二〇三，嘉庆十三年十一月己卯。
② 《仁宗睿皇帝实录》卷二三一，嘉庆十五年六月甲辰。

得皇后不仅失去了母仪天下的途径，即便在后宫的权威也相当有限。所谓的"内外之别"，不仅体现在制度和礼仪上，也体现在空间上，本章通过分析清帝如何切断皇后与朝臣之间的联系，遏制"皇后—命妇"权力体系的建立和稳固，并将后宫变成一个封闭隔离的空间体系，呈现有清一代"宫壸肃清"背后的运作过程。在严密的隔离制度之下，朝臣甚至内务府官员，对于后宫之事都知之甚少。如康熙四十八年七月，苏州织造李煦向皇帝上"王嫔之母黄氏病故折"，折中所称的"王嫔娘娘"是康熙朝的民女妃嫔，于康熙二十年以后入宫，生育皇十五子、皇十六子和皇十八子，但直至康熙五十七年十二月才被册封为密嫔。此处，李煦作为皇帝十分亲信且出身旗人、职隶内务府的大臣，对王氏在宫内的位分显然并不明了。而康熙帝对于李煦奏报的反应是，一不对其错误予以纠正，二不打算将母亲病故的消息及时告知王氏。① 这一事例中，李煦的错误反映出宫廷内外隔离制度的实施效果，而康熙帝的做法则体现出该制度的实际执行。再如前文所述，乾隆六年五月，皇帝令苏州织造安宁秘密访查怡嫔的家人。怡嫔于乾隆初年入宫，至六年十一月被封为嫔位，但该年五月时内廷尚不知其家人的信息，怡嫔入宫后自然也从未和家中有过联系。这一事件并非特例。乾隆二十二年十月，礼部因纂修《玉牒》的需要而行文内务府，要求其协助查明妃嫔的娘家姓氏和职名等信息，但内务府表示"婉嫔、庆嫔、颖嫔、忻嫔俱非内务府佐领、管领下人，无凭可查"。② 可见，对于非内务府出身的妃嫔，其家世连内务府都一无所知。大臣对于内廷事务无从知晓，自然也就无从置喙、无法插手干预。即便致仕以后，也很难像明朝士大夫那样写一些宫内的轶事趣

---

① 相关论述参见杨珍《康熙皇帝一家》，学苑出版社 2003 年版，第 118—119 页。杨珍认为，李煦称王氏为嫔，是由于王氏已生育数位皇子，已应备位嫔列，所以对外早已如此称呼。但王氏在"备位嫔列"之后 9 年才正式册封，据笔者所见，清代并无此惯例。

② 《为纂修玉牒咨查乾隆十二年以后婉嫔等晋封贵人年月日及母家姓氏职名事致总管内务府》，乾隆二十二年十月，中国第一历史档案馆藏：《内务府来文》，档号：05—13—002—000009—0091。

闻，被后世当作可信史料广为流传。这也是清代外间少有宫内轶事、丑闻流传的重要原因之一，更是宫廷内外隔离政策效果斐然的旁证。

从某种意义上而言，清代"壸化肃雍"的宫廷秩序，是通过对后妃类似"囚禁"的隔离式管控达到的。

清前期京师初级审判制度之变更[*]

胡祥雨^{**}

清代京师实行特殊的司法制度，其制度在清前期多有变革。对于京师地区的初级审判制度以及其在清前期的变化，就笔者所见，专门研究甚少。^① 本章试利用相关文献记载并结合实际案例对清前期京师地区的司法审判制度的变更作一个较为具体的研究。大体而言，京师地区司法审判制度到乾隆年间方才确定。乾隆以后至清末新政之前，京师司法审判制度虽也有变更，但基本框架一直保持稳定。故本章论述自清初始，至乾隆年间京师地区司法审判制度基本确定止。鉴于京师地区的特殊性，本章按旗、民人等分别进行论述。

一　清前期京师涉及民人之司法审判制度及其变化

（一）步军统领司法审判职能

据唐彦卫考证，步军统领设立于康熙十三年（公元1674，为行文

---

　　* 本文的写作承蒙中国第一历史档案馆工作人员的大力协助，特此致谢！

　**　胡祥雨，中国人民大学清史研究所副教授。

　　① 郑秦在《清代司法审判制度研究》（湖南教育出版社1988年版）一书对京师地区司法审判制度作了简要介绍，但远不够具体，且对其变化没有论述。那思陆所著《清代中央司法审判制度》（中国台湾文史哲出版社1992年版）和张伟仁辑著《清代法制研究》（中国台湾"中央研究院"历史语言研究所，1983年，中国台湾"中央研究院"历史语言研究所专刊76）二书对于京师地区各审判机构进行了较为深入的研究，但此二书并非京师地区司法审判制度的系统研究，故有不少细节未能深入或涉及，另外史料上也留有较多挖掘余地，对清前期京师司法审判制度的变化也只是略有涉及。

方便，本章一律使用阴历），管理八旗步军并门事务（原由兵部职方司主管），掌管京师内外城十六门门军。① 其中内九门由满洲八旗看守，外七门由汉军八旗看守。步军统领又称为"九门提督"。并规定步军统领衙门"审理八旗、三营拿获违禁、犯法、奸匪逃盗一应案件，审系轻罪，步军统领衙门自行完结，徒罪以上，录供送刑部定拟"。② 康熙三十年（1691），清廷以"京城内外统辖必有专责"，而"城内地方既属步军统领管理，城外巡捕三营又属兵部督捕等衙门管辖，内外责任各殊，不相统摄，遇有盗案反难察缉"，于是将巡捕三营（原属兵部，初设南北二营，顺治十四年添设中营）归步军统领兼管，③ 乾隆八年奏准，"监守信炮官，改隶步军统领管辖"。雍正七年（1729），"步军统领衙门钦派部院堂官一人，协理刑名"。乾隆七年（1742）定，"八旗满洲、蒙古、汉军正身犯奸案件，流罪以下，步军统领审理，以清字文案自行完结。其因奸罪至死者，步军统领会同三法司满堂官审明定拟，用清字具奏"④。乾隆四十三年定，"嗣后步军统领由尚书侍郎简放者，不必复派部臣协理刑名，其由都统副都统等官简放者，仍声明恭候简放"。乾隆四十六年（1781），巡捕三营增为中、南、北、左、右五营，其官衔也相应改为"提督九门步军巡捕五营统领"。⑤

在管理京师的诸多机构中，以步军统领衙门最为重要。步军统领虽为军事统帅，但在步军统领衙门的诸多职能中，以治安⑥和断狱最为关键，它在京师司法中所起的作用至为关键。步军统领衙门因参与司法审判，被当时人称为"北衙门"，与称作"南衙门"的刑部相

① 唐彦卫：《清初步军统领设立渊源考》，《历史档案》2015 年第 2 期。
② 光绪《清会典事例》卷一一五八，中华书局 1991 年版，第 534 页。
③ 《八旗通志》卷首之八，《文渊阁四库全书》第 664 册，中国台湾商务印书馆 1986 年，第 152 页。
④ 光绪《清会典事例》卷一一五八，第 534 页。
⑤ 本段除注明外，均见光绪《清会典事例》卷一一五六，第 518—520 页。
⑥ 步军统领衙门的警察职能，请参阅 Alison Dray-Novey， "Spatial Order and Police in Imperial Beijing"，*Journal of Asian Studies*，Vol. 52, No. 4, 1993, pp. 885 – 892。

对。总的说来，步军统领衙门的司法审判职能有：第一，全权处理京师笞杖案件；第二，对徒以上案件（含罪名无法判断是否在徒以上者）进行预审；第三，接受京控。就步军统领审判权限而言，除正身旗人犯奸案件外，其余只就笞杖案件全权处理，对徒以上案件进行预审。

按光绪《清会典》载，"凡断狱，罪自杖以下者，皆治之，罪重则移于刑部。狱讼罪止笞杖者，步军统领衙门自行审结，徒罪以上，录供送刑部定拟。匪徒之缉获者亦如之。枷示者羁于门监。有诉冤者（按：此指京控），大事则专奏，小事则咨于本籍，计月而会奏焉。各省民人呈控冤抑，核其情事较重者，即行具奏。其有应咨回本省审办之案，亦于一月或两月，视控案之多寡会奏一次"①。《大清律例》规定："五城及提督衙门审理案件，除杖笞等轻罪仍照例自行完结。若词讼内所控情节介在疑似及关系罪名出入非笞杖所能完结者，俱送刑部审拟。"②

由前文之相关规定可知，步军统领衙门之管辖范围，遍及京城内外。在受理词讼方面，亦无旗、民之分别。步军统领所受案件，可分为两大类：一类为自理案件，多无关罪名或只系笞杖轻罪；另一类为徒以上案件，其中包括罪名不确定的疑似案件。对于第一类案件，档案保存较少。后一类案件，笔者试举如下几例。

第一，道光二十四年（1844）七月二十七日，镶白旗汉军丰申佐领下马甲王廷祥发现其叔叔王佩在家自缢身死，立即呈报该管佐领，再由佐领转报刑部，同时赴官厅陈诉。步军统领衙门审得王佩系自缢身死，录写供词，将案卷和人犯送往刑部。刑部委派当月司员带领吏仵眼同尸亲相验。最后刑部断定王佩系自缢身死，将尸体交家属领

---

① 光绪《清会典》卷八十七，中华书局 1991 年版，第 796 页。

② 《大清律例》卷三十七，《刑律·断狱下·有司决囚等第》，嘉庆武英殿刻本，第 18b—19a 页。

理，所有涉案人员均无庸议。八月二十一日，刑部将处理结果咨复步军统领衙门及汉军都统。①

第二，咸丰元年（1851）五月十五日，宛平县回民徐三向李三（住德胜门西后街地方）讨债，被李三殴伤，立即向官厅喊告。巡捕北营得胜汛都司王致祥予以讯问后，解交步军统领衙门，步军统领衙门将案卷、凶器及人犯李三解送刑部，徐三因伤未同时送部。最后刑部断"李三合依他物殴人成伤笞四十律拟笞四十②，时逢热审系斗殴伤人不准减责，仍折责发落，所欠徐三钱文情愿自行清理，应听其便。徐三讯无不合，应毋庸议"。五月二十四日刑部将审判结果咨送步军统领衙门。③

第三，光绪二十七年（1901）十月二十九日，顺义县人龚朝珍（在新街口帽儿胡同居住，剃头为生）往巡捕处喊告陈德海与伊妻龚刘氏通奸并将伊妻拐走。善后协巡总局④将人犯解送步军统领衙门。步军统领衙门审讯后将人犯三名和案卷咨送刑部。刑部审明龚朝珍所控俱实，断陈德海与刘氏通奸轻罪不议外，合和诱知情为首者，发极边足四千里充军例，拟发极边足四千里充军。⑤ 除将人犯先行发落并付浙江司按季汇题外，相应咨照步军统领衙门。⑥

以上三案例虽都送刑部审理，但代表三种不同的类型：无罪、笞

---

① 《刑部档案》，《奉天司》，档案号：475—16—6—06397—6，藏中国第一历史档案馆。

② 《大清律例》卷二十七，《刑律·斗殴上》，据张荣铮等点校，天津古籍出版社 1993 年版，第 472 页载："凡斗殴，以手足殴人，不成伤者，笞二十；成伤者，及以他物殴人不成伤者，笞三十；（他物殴人）成伤者，笞四十。"本章所引《大清律例》除特殊注明外，均据此版本。

③ 《刑部档案》，《福建司》，档案号：475—16—13—10646—6。

④ 八国联军侵华战争后，清政府在京城建立善后协巡总局，维持治安。

⑤ 《大清律例》卷二十五，张荣铮等点校，天津古籍出版社 1993 年版，第 416 页，《刑律·贼盗下·略人略卖人》例载："凡诱拐妇人子女，或典卖，或为妻、妾、子、孙者，不分良人、奴婢，已卖、未卖，但诱取者，被诱之人若不知情，为首，拟绞监候；为从，杖一百，流三千里，被诱之人不坐。若以药饼及一切邪术谜拐幼小子、女，为首者，立绞；为从，发极边足四千里充军。其和诱知情之人，为首者，亦照前拟军；为从及被诱之人，俱减等满徒。若虽知拐带情由，并无和同诱拐，分受赃物，暂容留数日者，不分旗民，俱枷号两个月发落。……妇人有犯罪，坐夫男，夫男不知情及无夫男者，仍坐本妇，照例收赎。"

⑥ 《刑部档案》，《福建司》，档案号：475—16—13—10791。

杖轻罪和徒罪以上。对于第一类案件，并没有牵涉犯罪，但是涉及人命，步军统领衙门将案情作初步审问后，必须将人犯录供送交刑部结案。第二类案件以笞罪结案，但步军统领衙门接受案件时徐三受伤，案情尚不明朗。按《大清律例》，斗殴罪名视受害者伤势而定，可判笞、杖、徒、流以至军刑。[1] 步军统领衙门只将案情作了初审，因不能判断该案是否可以以笞杖结案，所以转咨刑部处理。第三类案件显系笞杖所不能完结者，步军统领衙门亦只将案情作初步了解就咨送刑部。与各直省之初级审判相比，步军统领衙门对徒以上案件的审判权限不如外州县。一是步军统领衙门，未设有仵作，凡涉及人命或人犯伤病情况，均由刑部或五城兵马司指挥相验。二是对徒以上案件，如档案所示，未经拟律即送交刑部，并无拟律之权。对于案犯供词明显抵牾，步军统领衙门也只是予以说明，将案犯和供词一起咨送刑部或相应衙门了事。[2] 换言之，步军统领对京师徒以上案件，只可视作预审，无完整的初审权力。和步军统领衙门一样，八旗、五城、内务府等机构送刑部之案亦不拟律。

（二）五城司法审判职能及其变更

按清代旗民分治政策，京师外城和城外之城属地带为民人的主要居住区域，其管理机构主要为五城巡城御史。

1. 五城概略[3]

清代京师分为中、东、南、西、北五城，其所设官职，到乾隆年间基本确定。每城设有巡城御史满汉各一，从给事中、监察御史中简

---

① 见《大清律例》卷二十七，张荣铮等点校，天津古籍出版社 1993 年版，第 472—473 页。

② 档案中常有此类案件。如道光十八年（1838）步军统领衙门咨送宗室载丰与王金印争纷一案，双方所供不一，步军统领衙门只将此案咨送刑部和宗人府，档案《宗人府·来文·刑罚》第 0728 号。

③ 五城概略可以参阅张伟仁《清代法制研究》第一辑第一册，中国台湾"中央研究院"历史语言研究所，1983 年，第 185—187 页；五城的司法职能可以参阅那思陆《清代中央司法审判制度》一书。

派，因此巡视五城御史又被称为巡视五城科道。五城御史下属五城兵马司，各设指挥、副指挥、吏目一人，俱汉员。①

五城御史衙门，又称五城察院，额设书吏，为每城经承四人，共二十人。五城兵马司共设经承四十二人，其中中城兵马司七人，东城八人，其余三城均为九人。② 五城副指挥、吏目衙门额设捕役各二十四名。③

五城所管地带在清前期多有变动，到乾隆三十八年基本确定。④ 从五城所辖地域来看，五城皆辖有内城地面，除中城外，其余四城均领有城外地方。而实际上，内城居民主要是旗人，按八旗方位居住。在内城不要说皇室事务五城无权过问，即使普通旗人，也主要由八旗都统和步军统领衙门等机构管理，所以五城官员尤其是司坊官在内城的权力非常有限。光绪《清会典事例》载："正阳门、崇文门、宣武门内，皆系旗人居址，虽有民人错处，而街道则有兵丁查看，堆拨栅栏则有兵丁看守，又有步军尉等直宿巡逻，不但五城捕役无可参置，即司坊官亦无从查问，是以向例未曾设有巡役。"且五城司坊官对于内城所发事件，除人命相验外，其余概不负责。⑤ 而清廷将内城亦划为五城，实际上只是遵循前朝旧制，做到形式上的统一，在实际管理中意义不大。因此，五城司坊官所管，主要在外城及城外之城属地带，其中，吏目分管外城，副指挥分管城外。

2. 五城御史职掌及其变更

御史本来是监察官，只是负责对其职责范围之内的官员行使监督权，而五城御史与五城兵马司的关系，远不只是监察这么简单，实际

---

① 光绪《清会典事例》卷二十，中华书局 1991 年版，第 265 页。
② 光绪《清会典事例》卷一四七，中华书局 1991 年版，第 877 页。
③ 光绪《清会典事例》卷一〇三一，中华书局 1991 年版，第 353 页。
④ 五城界址可参阅朱一新《京师坊巷志稿》卷上，北京出版社 1962 年版，第 25—26 页；光绪《清会典》卷六十九，第 637 页。雍正、乾隆年间五城曾数次划界，乾隆三十八年最终确定，可参考光绪《清会典事例》卷一〇三二，中华书局 1991 年版，第 362—367 页。
⑤ 光绪《清会典事例》卷一〇三九，中华书局 1991 年版，第 423 页。

上五城御史已将五城兵马司视同自己的属官。① 这样五城巡城御史就具有双重身份，一方面作为监察官行使监察权；另一方面，作为地方官员，与五城兵马司一起管理京城尤其是外城和城外城属地区的保甲、治安、诉讼、社会救济等事务。顺治三年（1646），为防止外地入京官员有钻营贿赂等事，令"五城御史督令司坊官时加访缉"。顺治十八年题准，"缉捕盗贼，审理人命，盘获逃人及禁约赌博，稽查奸宄，邪教谣言煽惑人心，恶棍衙蠹指官吓诈，奸徒恶官潜住地方，聚伙烧香，并僧道寺院坊店等事务，责令巡城御史通行严饬。又定，在城捕盗官兵人等，遇有地方杀人劫财事件，不行用心缉捕，听巡城御史指实题参"②。作为监察官，尽管内城未曾设有司坊兵役，但五城御史一样可以在内城稽察。③

五城御史不是地方官，但职同地方官。顺治十年议准：五城御史各率所属，办理地方之事，厘奸剔弊，整顿风俗。④ 顺治十七年督捕衙门奏准窃盗案件，系民者，送该城审结。十八年都察院题准民间词讼事情如系满洲责一百鞭、如民责四十板以下之罪竟行审结，罪重者审明送交刑部。如有应题之事，自行具题。⑤ 顺治十三年覆准："京城内斗殴钱债等细事，如原告被告皆旗人，则送部审理。如与民互告仍听五城审结。"至康熙十一年又题准："五城词讼，御史自行审结，徒罪以上送刑部。"二十七年议准，城外居住旗人有在城控告者，笞杖以下由巡城御史审结。三十九年再次议准只有徒以上及罪名疑似案件

---

① 清代将五城兵马司指挥为一城之正印官（见光绪《清会典事例》卷一○三一，中华书局 1991 年版，第 356—357 页），但其受制于五城御史，实际上行同五城御史之属官，权力有限。

② 光绪《清会典事例》卷一○三一，中华书局 1991 年版，第 348—349 页。

③ 如咸丰三年五月十九日，清政府谕令步军统领和五城御史于内城地面认真严查，见魏开肇、赵蕙蓉辑《〈清实录〉北京史资料辑要——嘉庆二十五年八月—宣统三年（公元一八二○—一九一一年）》，紫禁城出版社 1990 年版，第 158 页。

④ 光绪《清会典事例》卷一○三一，第 348 页。

⑤ （清）慧中等：《钦定台规》卷五，乾隆都察院刻补修本影印，《四库未收书辑刊》第二辑 26 册，北京出版社 2000 年版，第 226 页。

方可送部。道光十一年又谕五城和步军统领衙门只有徒以上案件及涉及宗室觉罗的案件方可送部，不得以案情疑似滥行送部。①

由此可知，五城的审判权力一步步扩大。清初，可能由于人口稀少，刑部审理部分笞杖案件，一度将五城御史受理之单旗案件（按：指原被告均为旗人的案件）归刑部审理。但随着清代司法制度的完善，五城对于京城讼诉，不分旗民，笞杖以下均可审结，徒以上则送刑部审理。其司法审判权限与步军统领衙门相同。当然，涉及皇族人员的案件，五城察院必须送刑部同时咨宗人府。涉及内务府所属人员的案件，徒以下送内务府审理，徒以上案件则送刑部审理同时咨照内务府。值得注意的是，尽管五城司坊官的权力主要在外城和城外，但五城御史对京城内外均有权稽察，并可以接受内城词讼。由于五城御史在审理京师普通旗民案件上与提督衙门并无多少不同，此处不再列举具体案例分析。

3. 司坊职掌

清廷在确定五城御史监察和受理词讼职能的同时，清廷多次强调五城司坊官专司缉捕，不许擅自受理民间词讼。康熙四十五年覆准五城副指挥、吏目对民间呈词，如奉该城御史批发，正印官移行，可以准理。但雍正元年又严禁司坊官员不许收受民词，该城御史亦不许批审词讼。②五城兵马司除缉捕外，还负责京师人命案件的相验。《大清律例》载"凡京师内城正身旗人，及香山等处各营房旗人，遇有命案，令本家禀报，该佐领径报刑部相验。街道命案，无论旗、民，令步军校呈报步军统领衙门，一面咨明刑部，一面飞行五城兵马司指挥星往相验，径报刑部"③。至于外城和城外城属地区命案，全由五城兵马司相验。五城每城设仵作一名，另有额外学习仵作一人。④遇有案

---

① 光绪《清会典事例》卷一〇三一，中华书局 1991 年版，第 348—350、354 页。
② 光绪《清会典事例》卷一〇三一，中华书局 1991 年版，第 356—360 页。
③ 《大清律例》卷三十七，张荣铮等点校，天津古籍出版社 1993 年版，第 644 页。
④ 《大清律例》卷三十七，张荣铮等点校，天津古籍出版社 1993 年版，第 646 页。

件，由五城兵马司指挥带同相验。

综上所述，五城只有巡城御史才有接受词讼的权力。雍正元年以前，五城御史可以批发案件由司坊官审理，此后即遭禁止。所有审案之权力皆在巡城御史，兵马司实际上只是五城御史的属官。又五城兵马司虽以指挥为正印官，有关人命盗案等勘验之事皆由其相验，与外州县正印官同。但其和副指挥、吏目只是分工上的不同，并无多少统辖关系，副指挥和吏目均直接向五城御史负责。道光四年，有御史奏请将吏目作为正指挥属员归其统辖，但经吏部、都察院会议仍照前例，吏目由巡城科道考察。① 五城兵马司诸官均受制于巡城御史，进而亦受制于都察院。但五城御史类似于其他科道，虽隶于都察院，独立性非常强，拥有直接奏事权。

与步军统领衙门一样，五城御使审理案件，不受旗、民的限制。由此可知，除清初一度不允许五城审理单旗案件外，清代京师司法管辖并无严格的旗、民之别。这与清统治者一贯提倡的旗、民分治政策似有冲突。需要注意的是，顺天府及其所辖之大兴、宛平两个京县，尽管其衙署均在内城，但其司法管辖均在五城地带之外。②

二 清代京师旗人之司法审判

清代旗人实际分属两个组织系统：一是包衣旗人，是满族贵族的奴仆，分属"内务府"和各"王公府"；二是隶于八旗都统的旗人，俗称"外人旗人"，为旗人的主体。在清初，各旗旗主对本旗事务拥有非常大的权力。顺治、康熙两朝采取了种种举措以削弱八旗旗主的势力。直到雍正年间，皇帝才彻底将八旗纳入国家管辖，使"一旗自为主属之界尽去"。八旗之军政及户婚、田土之事，皆

---

① 光绪《清会典事例》卷一〇三一，中华书局1991年版，第359—360页。

② 详见拙文《清代顺天府司法审判职能研究》，载《明清论丛》第四辑，紫禁城出版社2003年版。

归于都统办理。① 此后，八旗事务主要由八旗都统及参领、佐领等办理。

（一）八旗审判职能之演变

作为管理旗人的官员，八旗都统、佐领等被清廷赋予一定的司法职权，旗人遇有冤抑之事，除可在步军统领等处呈控外，均可在所在旗分控诉。顺治、康熙年间，八旗都统享有较大的司法审判权。按那思陆先生的研究，八旗都统对于单旗案件，拥有完全之司法审判权。"旗民交涉案件，刑部及户部掌部分审判权"②。如康熙四十五年（1706），有正白旗都统审理旗人斗殴致死的案件，都统拟将凶犯正法，奏明皇帝定夺。③

不过，自康熙晚年起，八旗都统审判权逐步削弱。康熙五十五年七月定，八旗命案，该旗大臣会同刑部审拟。④ 雍正十一年（1733）定例，"八旗兵丁、闲散、家人等，有应拟笞杖罪名者，该管章京即照例回堂完结。其主仆相争、争控家产、隐匿入官物件、长幼尊卑彼此相争及赌博讹诈、擅用禁物、容留来历不明之人等事，俱由该旗审明，照例完结。此内若有刑讯事件，会同刑部司官动刑审讯。俟完结之日，行文都察院查核。若有不符之处，即行参奏。如有情重不能即刻完结者，会同该部审拟完结。若关系人命盗案，及持刃伤人、干连民人等事，交该部完结。关系别旗之事，会同该旗完结"。乾隆五年（1740），因"八旗笞杖轻罪，向由该旗完结。其会同刑部审拟之例、至命盗等事，已于雍正十三年定例，专交刑部办理"，删去雍正十一

---

① 孟森：《八旗制度考实》，《明清史论著集刊》（上册），中华书局 1959 年版，第 277、290—291 页。该文详细阐述了清前期历代君主剥夺旗主之权的过程，可参阅。亦可参阅杜家骥《顺治朝八旗统领关系变化考察》，《南开学报》（哲学社会科学版）1996 年第 5 期，第 10—18、39 页；徐凯《清代八旗制度的变革与皇权集中》，《北京大学学报》（哲学社会科学版）1989 年第 5 期。

② 那思陆：《清代中央司法审判制度》，中国台湾文史哲出版社 1992 年版，第 154—157 页。

③ 中国第一历史档案馆整理：《康熙起居注》第三册，中华书局 1984 年版，第 2014 页。

④ 《清通典》卷八十，浙江古籍出版社 2000 年版，典二六一六。

年例。① 又雍正十三年例为"八旗案件，俱交刑部审理，该旗有应参奏者，仍另行参奏"。薛允升按"虽交刑部办理，仍不准由刑部收呈，细事仍听该旗完结"。②

那思陆先生在《清代中央司法审判制度》一书第399—400页据雍正十一年例及乾隆五年删除例，考证出乾隆五年以前京师旗人笞杖徒流罪案件均由八旗都统管辖及审理。同时，又据雍正十三年例，认为自是年起，八旗徒以上案件八旗已无管辖及审理之权。这两个结论均由例文得出，但前后矛盾。考虑到例文的形成往往具有一定的滞后性，笔者倾向后一种意见。那思陆先生亦在该书第157页指出自雍正十三年后八旗对徒以上案件无审理之权。雍乾时期镶红旗档案的相关案例亦可给我们一个较为清楚的答案。

雍正三年镶红旗都统等在"查奏舒库等十一人亏空钱粮缘由折"中，对亏空之人分别进行处理。镶红旗对其中一人拟以流刑。雍正皇帝接到奏折后同意照镶红旗所议办理。也就是说，镶红旗有权审拟流刑案件，只是要交皇帝批准。

雍正十二年，镶红旗拿获工匠明善等四人聚赌。其中除明善为另户工匠外，其余三人均为包衣。镶红旗将此四人送交刑部治罪，同时上奏请将明善等该管官员予以处分。皇帝于雍正十二年六月初八日下旨"依议。钦此"。又曾任四川布政使之罗寅泰（镶红旗人）因亏空、贪占钱粮等事被查，罗寅泰所属包衣常明向镶红旗告发罗寅泰曾给他金条买地。镶红旗立即提集相关人等予以审问，后因案关民人，镶红旗认为"不可交臣旗审理"，请将人犯交刑部，由镶红旗和刑部共同审理奏闻。雍正十二年七月初六日上奏，皇帝仍是"依议。钦此"。

乾隆三年，镶红旗查得，学习行走兵部主事明阿善，身为官员，竟将食钱粮十余年业已开户之分户步甲任意免退，意欲变卖。如果属

---

① 光绪《清会典事例》卷八一九，中华书局1991年版，第939页。
② 见《读例存疑》卷四十，载胡星桥、邓又天主编《读例存疑点注》，中国人民公安大学出版社1994年版，第706页。

实，则明阿善属干犯法纪，但镶红旗因"无审讯之例"，故请将此案付刑部明审完案，于乾隆三年六月二十八日具奏得旨准许。①

由此可知，清前期八旗都统司法权力非常大。顺治、康熙两朝，八旗都统审判权力极为充分。至康熙晚年，八旗命案须会同刑部审理。雍正初年，八旗仍有权审拟流罪案件。按雍正十一年例，命盗案件要交刑部审理，但八旗都统仍可就某些重要案件会同刑部审理。自雍正十三年例后，八旗重要案件均交刑部审理，八旗只于笞杖等细事可自行拟结。又《清史稿》载"清初有都统会审之制，有高墙拘禁之条，至乾隆时俱废"。②

据此可知对于笞杖轻罪，八旗可以自行拟结。如果所控案件罪在徒以上，咨送刑部办理。但对于户婚、田土案件，该旗不能拟断，则送交户部办理。由于八旗都统所留档案较少，因此在档案中，虽有由佐领或族长等处理案件者，但不多见。步军统领衙门等收到八旗案件，如原被告均系同旗之人，且系细故，亦有咨送该旗办理者。如光绪十五年（1889）步军统领衙门咨送镶红旗满洲一领催控其族兄平毁坟冢一案，步军统领衙门初步审讯后即咨送镶红旗满洲衙门委员处理，只须将完结缘由咨复步军统领衙门即可。对于细故案件，该旗若不能拟结，即使送刑部，也会退回。如镶红旗汉军德姚氏与伊夫弟因家务分争一案，开始出该旗参、佐领传集人证限族人调处，但未获成功，都统衙门即咨送刑部办理。而刑部以该案只系细故，咨回镶红旗汉军都统。③ 由于档案不全，此二案均不知如何结案。但刑部给镶红旗汉军的咨文可以证明该旗可以断结细故案件，且此类细故不能送部。

尽管八旗可以接受词讼，处理轻罪案件，但在大部分情况下，八旗对于旗人审判，只起着辅助作用。在京师，人命勘验只能由刑部或五城

---

① 以上各案见关嘉录译《雍乾两朝镶红旗档》，辽宁人民出版社 1987 年版，第 9—14、51—52、54—55、80—81 页。

② 赵尔巽等：《清史稿》卷一四四，中华书局 1976 年版，第 4212—4213 页。

③ 以上两案均见档案《八旗都统衙门·政法》第 526 号。

兵马司进行，而缉捕之责主要由步军统领衙门和五城担任。由于步军统领衙门势力遍及京城内外，故在刑部档案中，大量有关旗人案件的初审均在步军统领衙门。此外，五城察院亦可接受旗人词讼，而上三旗包衣和皇族均有专管机构，这些无疑都减少了八旗接受词讼的机会。当然，八旗都统一般均由权贵担任，且常兼任其他重要职务，有时会奉旨参与司法审判，但这与八旗本身关系不大。乾隆皇帝甚至曾说"旗务非部务可比，各旗止有放官议奏等事，此外应办之事甚少"①。

（二）京师皇族司法审判制度之演变

清代等级体系中，以皇族地位最为尊贵，其管理机构宗人府②凌驾于内阁和六部之上，地位居各衙门之首。作为皇帝的本家，宗室觉罗地位远高于普通旗人。在司法上，审讯、监禁与惩治均特殊对待，其中在犯罪惩罚上的优待尤为明显。③

为了维护皇族利益，清代涉及关宗室觉罗案件的审判均须在宗人府的参与下进行。按那思陆先生的研究，在清前期宗人府对于宗室觉罗案件拥有司法审判权。乾隆以后，宗人府的审判权逐渐缩小，须会同户部或刑部审办。那先生运用《康熙起居注》中的相关案例进行了论证。④ 如下面两个具体案例。

康熙四十五年，闲散宗室儒福砍杀其家人筐儿，宗人府拟"枷号三个月，鞭一百，械系拘禁家中"。康熙认为判决虽然恰当，但"筐儿者乃儒福家奴，而告陷儒福之父。儒福忿恨，故砍杀之，可谓有丈夫气。著从宽免治罪"⑤。同年，觉罗殷泰打死一仆妇，宗人府议枷号

---

① 《清实录》册10，《高宗纯皇帝实录》卷七十六，中华书局1985年版，第203页。
② 清代宗人府的一般概况可以参阅张德泽《清代国家机关考略》，学苑出版社2001年版，第166—169页。
③ 那思陆：《清代中央司法审判制度》，中国台湾文史哲出版社1992年版，第382、383页。对清初皇族罪犯的优待进行了分析，可参阅。
④ 那思陆：《清代中央司法审判制度》第三章、第六章，中国台湾文史哲出版社1992年版。
⑤ 《康熙起居注》第三册，中华书局1984年版，第2054页。

四十日，鞭一百，罚一人入官。因殷泰经常捶挞奴仆，康熙将其改为枷号三个月，并谕："彼好杀人、打人，俟满枷之日，令宗人府诸王公同痛责，问其痛楚否？"①

此二案均为人命案件，但由宗人府审拟上奏。对于那先生的这一论断，笔者亦无异议，但清代文献记载稍有差异。康熙、雍正、乾隆三朝《清会典》②皆无宗人府会同户、刑部审理皇族案件的记载，相关的内容出现于嘉庆朝《清会典》。然而笔者在档案中发现有乾隆十四年户部、刑部会同宗人府审理的案件。③再若按嘉庆朝《宗人府则例》所载清初议定皇族案件系宗室由宗人府主稿会同户、刑部办理，系觉罗由户、刑二部主稿会同宗人府办理。④此与前文所述实际运作不符。

据此推断，顺治、康熙二朝，宗人府单独审判皇族案件。到乾隆朝，尽管《清会典》并未载宗人府会审之制，但实践中，宗人府已会同户、刑二部审理宗室觉罗案件。按照嘉庆、光绪朝《清会典》，户、婚、田土案件，如系宗室，由宗人府会同户部处理；系觉罗，由户部会同宗人府处理。人命、斗殴案件，系宗室，由宗人府会同刑部处理；系觉罗，由刑部会同宗人府处理。

《清会典》之相关规定和档案案例均表明，皇族案件若无特旨，均由宗人府会同户、刑二部审理，而与案情之轻重无关。在档案中，即使是笞杖轻罪，宗人府亦会同户、刑二部审理。当然，亦由少量案件由宗人府自理。如道光八年步军统领衙门咨送宗室成贵等将觉罗常凌隔扇推倒并将槟榔等物抛散一案，即由宗人府拟结，责令成贵赔偿并重责二十板，只将案件处理结果咨行步军统领衙门。⑤

---

① 《康熙起居注》第三册，中华书局1984年版，第1996页。
② 按：乾隆朝《清会典》二十九年告成。
③ 此案系田土案件，由正黄旗满洲都统咨送户部，户部会同刑部、宗人府研讯未果，于乾隆十四年四月初五日咨宗人府，见档案《宗人府·来文·刑罚》第0725号。
④ 《宗人府则例》卷二十二，嘉庆二十五年官刻本，第1页。
⑤ 档案《宗人府·来文·刑罚》第0728号。

（三）有关包衣旗人之审判

1. 上三旗包衣审判制度之变更

八旗中上三旗归天子自将，其包衣由内务府管理。内务府三旗每旗各设满洲佐领五个、旗鼓佐领六个、内管领十个，另外正黄旗有朝鲜佐领二个，正白旗有回子佐领一个。[①] 内务府设有慎刑司，为上三旗包衣之审判衙门。光绪《清会典》载，内务府慎刑司"掌谳三旗之狱"，"佐领、管领下人，获罪及互控，并各部院衙门咨送审议者，罪在杖一百以下即议结；至徒以上移送刑部定案。其军、流、徒罪折枷及本应枷之犯，皆送刑部枷示，满日仍由部责放；应刺字者同。凡应杖责、鞭责者，司设鞭隶六人以掌刑；如审理重案有应夹讯者，移咨刑部取刑具并用刑人役；有应检验尸伤者，亦移咨刑部，委官率仵作、稳婆会同检验。旗民交涉者亦如之"[②]。康熙十一年奏准，审拟罪案，皆依刑部律例定拟。[③]

但在乾隆之前，内务府对于旗民交讼案件须送刑部审理。雍正四年七月初十日"总管内务府奏请添设番役折"中即提到内务府案件有干连旗民者送刑部审理。[④] 又乾隆《清会典》亦载旗民交涉之案送刑部定拟。[⑤] 不过，乾隆之后，内务府对于旗民交讼，只要罪不致徒，可以自行完结。档案中有大量此类案件，有时甚至双方均为民人，但案关内务府，如在内务府控告，内务府也予以审理。如乾隆三十八年民人叶天德呈控刘思远拖欠卖房银两不还一案，尽管讼诉双方均为民人，但涉及内务府旗人，由内务府慎刑司审理。[⑥] 由光绪《清会典》

---

① 光绪《清会典》卷九十五，中华书局 1991 年版，第 861 页。

② 光绪《清会典》卷九十五，中华书局 1991 年版，第 859 页。

③ 光绪《清会典事例》卷一二一二，中华书局 1991 年版，第 1048 页。

④ 《宫中档雍正朝奏折》第六辑，中国台湾故宫博物院印行，1978 年，第 276—278 页。

⑤ 乾隆《清会典》卷九十一，《文渊阁四库全书》第 619 册，中国台湾商务印书馆 1986 年版，第 882 页。

⑥ 档案《内务府·刑罚类》第 0406 号。

之规定可知，乾隆以后，内务府三旗案件，系徒以下，由内务府自理，徒以上则送刑部审理。

步军统领衙门、五城察院等机构收到（或拿获）有关内务府旗人的案件，系斗殴等案件，经初步预审，如系轻罪，交由内务府慎刑司审结；如罪至徒，则咨送刑部审办，同时咨报内务府。如道光二十年，步军统领衙门咨送诚意（系正黄旗包衣）殴伤李中山一案，慎刑司拟定将诚意答三十。① 又咸丰元年内务府正白旗拜唐阿得明向伊堂嫂借钱未允争殴案，得明系内务府正白旗包衣善元佐领下拜唐阿。步军统领衙门于十一日咨送到刑部，刑部经审讯后拟将得明应革去拜唐阿，合依刃伤人杖八十徒二年律，拟杖八十徒二年，系旗人折枷三十日，枷满鞭责发落，交旗管束。②

有时内务府也自理徒刑案件，如光绪二十九年内务府镶黄旗幼丁广义因侵使应放饷银，经内务府慎刑司审理，拟以消除旗档，杖九十徒二年半，交顺天府定地充徒，呈内务府堂官批准。③

注意内务府除审理上三旗包衣案件之外，还负责宫廷案件（主要是太监）和部分僧道案件的审理。有关这方面的情况，笔者将著文另述。

2. 下五旗包衣司法审判与诸王府的关系

八旗中，下五旗隶于诸王府。早在入关前，清廷就已经逐步剥夺了诸王对正身旗人的审判权。④ 而雍正元年七月十六日上谕中提到，下五旗诸王将其所属旗分佐领下人，挑取一切差役，遇有过失，辄行籍没家产，任意扰累，甚至"多毙人命"。"如此日流而下，则五旗之人，竟有二主，何以聊生？"严禁诸王对旗分人员擅行治罪。如用旗分人员任王府官职，当奏闻请旨。诸王如有扰累旗分人员之事，令都

---

① 档案《内务府·呈稿·慎刑司》第49号。
② 《刑部档案》，《福建司》，档案号：475—16—13—10648。
③ 档案《内务府·刑罚类》第0409号。
④ 详见那思陆《清代中央司法审判制度》第二章。

统上奏。① 此谕令当为雍正继位后，为打击诸王势力而发的。当中对诸王的描述，即使有夸张的成分，也可见当时旗分佐领下人虽属正身旗人，诸王对其仍有相当权力。包衣为私家奴仆，明确归诸王使用，情形只会比旗分佐领下人更糟。

隶于诸王之下五旗包衣，作为诸王之家奴，其人身依附关系非常强烈。对于下五旗包衣的司法审判与诸王的关系，笔者没有找到相关之文献规定。而在清前期诸王势力强大时，笔者亦未见到相关的案例。不过，不难推断，如多尔衮这样的王公，其对包衣的司法权力肯定非常大。伴随着诸王权力的衰弱，清廷将下五旗包衣之司法审判尽量纳入常规轨道。且看下面的礼亲王昭梿一案。

此案发生在嘉庆二十年（1815），由宗人府王公、军机大臣会同刑部审理。经审昭梿所犯罪状有三，其中二项是逼令庄头程建义增租、对程建义等人动用非刑。增租与清代薄赋的国策不合，而昭梿"于府第中如此非刑虐下，实属奇贪异酷，仅止革去王爵，不足蔽辜"，将昭梿圈禁三年。一年后，嘉庆皇帝读《圣祖仁皇帝实录》时发现康熙时一位王爷打死无罪之人，被革去王爵，但免于监禁。昭梿所犯罪更轻，即将昭梿加恩释放。② 由此案可知，皇帝对于诸王越权防范甚严。此案中，庄头程建义按时交租，但昭梿仍捏词追比，以"田租细故，在顺天府、步军统领、刑部等衙门，涉讼累累"，嘉庆帝即令各王公等田租永不准咨部催追。此谕令载入《户部则例》，但如果庄头有抗租霸地等事，宗室旗人可以在户部控告。③ 昭梿一方面采用非刑等手段逼令庄头增租；另一方面借助官方力量捏词追租，均为皇帝所不容。

嘉庆二十一年十二月二十四日，正蓝旗多罗和郡王绵循门上包衣

① （清）鄂尔泰等修，李洵、赵德贵主点：《八旗通志》（初集）卷一，东北师范大学出版社1985年版，第11页。

② 《清实录》册32，《仁宗睿皇帝实录》卷三一二，中华书局1986年版，第151—152、155—156页；卷三一三，第160页；卷三一九，第234页。

③ 见《户部则例》卷一百，《通例》四，《现审田房词讼》，同治十三年刊本，第36a、35a页。

张恒控告其叔张守魁隐匿家产，其时绵循生病，其子奕恒因所控系私事，将呈词交档房收下，将案件交由王府护卫张德禄（系张守魁叔，张恒叔祖）处理。张德禄于嘉庆二十二年正月二十四日将张守魁家兄弟三人并张恒带到王府，奕恒因此系张家私事，不必回他。而张守魁硬求奕恒处理并出言顶撞，奕恒生气令人将张守魁责打十七板，随交张德禄带出自行处理。而张德禄则起意希图将张家土地做六份均分，自己可以得一份，张守魁等人不允。于是张德禄私将张守魁等人责打二十板，并将他们锁住。张守魁等人被迫答应六股均分，张德禄即差张恒前往玉田县兑地，同时由于张守魁生病，让其于二月初九日回家。不料张守魁于二月十六日身故，其妻张宋氏怀疑其夫之死与张德禄责打有关，直接赴都察院控告。① 都察院即将此案奏明皇帝，皇帝接到奏折后于二月二十三日下旨，对奕恒所为极为不满，"张守魁系王府庄头，若因其拖欠粮租，责押身故，虽干利禁，尚属有因。今因叔侄争产，与本（王）府毫无干涉，辄滥加刑虐，致毙人命，若非（奕恒）听受贿嘱，何至偏袒若此"。立将奕恒（系头等侍卫，辅国将军）解任，德禄革职，并将此案指交宗人府严审。宗人府即咨都察院饬委中城指挥相验，经验明张守魁实系因病身死。经宗人府审讯，张德禄承认私自责打、锁禁、逼分土地等罪行，但均在王府之外进行，且用的是细锁。宗人府将案情审理清楚之后行文刑部咨查刑律，再分别对张德禄等人拟律。其中奕恒虽无受贿情弊，但不应接收呈词，交张德禄自行办理，且张德禄板责锁押等事，尽管没有发生在王府之内，奕恒亦难辞其咎，著请将解任之头等侍卫、头等辅国将军奕恒降至三等辅国将军，罚俸一年。张宋氏、和郡王绵循等人均毋庸议。嘉庆二十二年三月十六日，宗人府将所拟结果上奏皇帝请旨。②

注意庄头人等（张守魁系庄头，张恒身份不明）是旗下家奴中地

---

① 此处直接向都察院呈诉显系越诉，但都察院仍行上奏，可能与案情涉及人命并牵涉王府有关。最后张宋氏因夫身死悲痛控诉，亦被宗人府拟免于处罚。

② 档案《宗人府·奏折·刑罚》第0898号。

位最低的，皇帝对王府（尚未直接处理）接受呈词都如此激烈反对，表明王府无权受理词讼。就笔者所见档案未见诸王接受包衣呈词进行初审，但如上案所示，包衣和主人的依附关系非常强，实际中不排除包衣会向其主人诉明。再就笔者所见档案案例以及《刑案汇览》中大量涉及下五旗包衣的案例多按正常渠道初审在五城察院或是步军统领衙门等处，而且档案中有许多系包衣和其主人的诉讼案件。又即使上三旗包衣人等犯徒以上罪名都须送刑部审理，因此诸王对已经进入讼诉的案件进行干涉的可能性不大。但另一方面，类似昭梿因逼租或其他原因而动用非刑的事情在清代可能并不罕见，嘉庆帝也表示，若庄头抗租责押身故，虽干利禁，尚属有因。又《王公处分则例》明确规定奴仆违反教令，依法决罚邂逅至死及过失杀者可照律勿论，只有故杀、刃杀以及私用夹刑者才受处罚。① 由于笔者掌握史料有限，只能据此推断，清廷对下五旗包衣的司法审判，尽量纳入常规轨道，同时又承认诸王对所属包衣有少量司法处罚权。再上文所述系清中期情况，在清初，诸王势力非常强大，其对包衣的司法权力显然会更大。

另外，督捕衙门，专门掌八旗旗人逃亡之事，初隶兵部，康熙三十八年②并归刑部。在刑部十八司中，督捕司专司旗人逃亡之事，不理外省刑名，亦不分担现审。开始主要是防止旗下家奴逃亡，后来扩展到正身旗人。如有旗人逃亡，该旗一面咨刑部，一面报步军统领衙门、五城、顺天府严缉，刑部收到咨文后，亦行知各衙门严拿。其有关惩罚逃亡旗人并缉捕规则，见诸《督捕则例》。③

---

① 《王公处分则例》卷三，咸丰刻本，《续修四库全书》第 867 册，上海古籍出版社 2002 年版，第 246 页。再《大清律例》卷二十八，第 485 页，《刑律·斗殴下》，"奴婢殴家长"律规定："若奴婢、雇工人违犯家长及期亲外祖父母教令，而依法于臀、腿受杖去处决罚，邂逅致死，及过失杀者，各勿论。"

② 督捕司归入刑部的时间，据光绪《清会典事例》卷二十第 260 页载，是在康熙三十九年，薛允升据《东华录》考证当为三十八年，康熙三十八年十一月庚子，裁兵部督捕衙门，督捕事务归刑部管理。

③ 薛允升在《读例存疑》卷五三、五四对《督捕则例》进行了非常细致的考证，可参阅胡星桥、邓又天主编《读例存疑点注》，中国人民公安大学出版社 1994 年版。

三　小结

通过以上分析，我们可以得出，除皇族外，京师普通旗民人等初审机构有八旗、步军统领衙门、五城察院、内务府等。清初各衙门审判权限不一，宗人府可以全权审理皇族案件；八旗可以审理单旗徒以上案件，却要将旗、民交讼案件交刑部审理；五城察院所受单旗案件和内务府所受旗、民交讼案件，均须送刑部审理。此外，督捕衙门负责逃人事务。由此导致作为天下刑名总汇的刑部大量审理京师笞杖案件。经过清前期不断调整，到乾隆年间基本确定除内务府等衙门偶尔自理徒以上案件外，其余徒以上案件均归刑部。概括而言，清代京师初级审判在步军统领衙门、五城察院、内务府和八旗都统、佐领等处。轻罪案件，五城和步军统领衙门等机构均可自行审结。各衙门所审案件如涉及内务府所属人员，轻罪则交由内务府审理，徒以上案件仍由刑部审理；涉及皇族人员之案，由宗人府会同户、刑二部审理。与顺治、康熙朝相比，乾隆以后京师司法审判相对规范、明晰。

京师各初审衙门送刑部之案，均不拟律，此与外州县不同，说明各衙门之初审权力并不充分，对徒以上案件只起预审分类作用。京师实际上不存在类似于各直省的逐级审转复核制度，从而避免烦琐的司法程序，反映出清廷对京师地区的重视。此外，尽管清廷实行旗民分治政策，但京师的司法审判，却不如外省严格。如内务府可以全权处理旗民交讼之轻罪案件，而五城和提督衙门所辖则没有旗、民的限制。

清前期京师司法制度历次调整的一个后果是，旗人自身的组织——八旗都统等司法权力大大削弱。管理旗人的另外两个衙门，内务府和宗人府，其司法权力则向相反的两个方向变化。内务府所管为皇帝私事，其司法权力略有上升；宗人府的司法权力则明显下降。这一过程，时间上恰好与清廷剥夺各旗主之权、集权于皇帝这一重大变化吻合。这充分反映出，尽管清代的皇帝首先是满洲人的皇帝，但在皇权集中上丝毫不会让步。即便宗人府所管系皇帝自己的"本家"，亦不允许其有过多的司法权力。

清前期京师司法体系调整的另一后果是刑部和步军统领衙门权力加重。《清史稿》载清代"外省刑案，统由刑部核覆。不会法者，院寺无由过问，应会法者，亦由刑部主稿。在京讼狱，无论奏咨，俱由刑部审理，而部权特重"。[①]

步军统领开始只为八旗步军之统帅，其权力不出内城。但步军统领兼领内、外城各门门军和巡捕营之后，其权力立即扩展到京师内外城以及城郊。同时，清廷将步军统领的权力扩展到司法、治安、城市管理等各方面，在京师管理中起着最为关键的作用。《天咫偶闻》载京师各衙门中，"步军统领之权稍重，苟得其人，尚可为理"。[②] 在刑部现审案件中，大部分系步军统领衙门咨送。[③] 这与列朝包括清朝自己压制武将之权的政策不同，其中可能与城市管理的需要有关。如京师内城八旗步军管理治安，而不是由八旗各自管理，可以以专责成。后来步军统领又兼领巡捕营，可对内外城治安统一管理。当然，清廷也采取一些措施限制步军统领之权，如设立总兵，与步军统领同堂办公，在人事任用上多用亲贵，在外城地带仍设五城兵马司。步军统领在京师管理中的绝对优势地位，直到清末新政期间才发生变化。

尽管与清前期相比，乾隆以后京师的初级司法审判制度相对规范，但京师司法管理混乱的局面没有发生根本性变化。由于各衙门之间职权重叠，管辖较为混乱。五城和步军统领衙门可以审理京师案件，且其管辖基本上没有区别。清廷为维护皇族和宫廷特殊权益，设

---

① 赵尔巽等：《清史稿》卷一四四，中华书局 1976 年版，第 4206 页。

② 震钧：《天咫偶闻》卷四，载沈云龙主编《近代中国史料丛刊》第二十二辑，第 219 册，中国台湾文海出版社 1968 年版，第 252 页。

③ 如《刑（法）部档案》（新整）第 4 号。因皇族多居内城，涉及宗室觉罗的案件，步军统领衙门的优势更为明显。在宗人府的九分会奏底里，共有已未完结案件 190 件，其中由步军统领衙门咨送者 147 件，占 77%，见档案《宗人府·奏底·刑罚》第 0787 号。

有专门机构内务府和宗人府，但宗室觉罗和上三旗包衣本身亦系旗人，因此他们也可以在五城御史、步军统领衙门和所在旗分提出控诉。清廷虽一再强调五城司坊和各营汛不能受理词讼，但仍有百姓在该处控告。按规定营城司坊必须拒绝或交上司办理，但难保各营汛司坊不擅自处理。这种格局给京师司法审判带来不少麻烦。在档案中，就有人先在巡城御史处控告，未经审讯又赴步军统领衙门控告的例子。① 震钧提到京师各衙门"其职不相统摄，民亦莫知适从，辇毂之下，肃清不易，亦半坐此"②。

---

① 如前文叶天德呈控刘思远拖欠卖房银两不还一案，叶天德不服内务府的判决，向中城察院呈控，未等中城审讯，又赴步军统领衙门控告。

② 《天咫偶闻》卷四，载沈云龙主编《近代中国史料丛刊》第二十二辑，第219册，中国台湾文海出版社1968年版，第252页。

"有序"与"无序"之间

——清代州县衙门的分房与串房

吴佩林[*]

有清一代，对州县官员的任免，重正印官而轻属官。州县官由吏部直接铨选，属官则常因事增减，事繁而置，事简则削。而一州县事务之多，非这些官员力所能及。清代州县之所以能简而有序，有赖于衙署里的幕宾、书吏、长随、衙役四大系统以及基层社会的宗族组织、乡里组织两大系统的运行。[①]

就衙署书吏系统的组织与运作，宫崎市定、瞿同祖、缪全吉、那思陆、李荣忠、郭润涛、魏光奇、周保明等已有精到的研究。[②] 但随

---

[*] 吴佩林，曲阜师范大学历史文化学院暨孔府档案研究中心教授。

[①] 仅就基层社会的纠纷而言，相当一部分就已在家族组织与乡里组织内部得到解决。参见吴佩林《清代县域民事纠纷与法律秩序考察》，中华书局 1993 年版，第 92—125 页。

[②] 可见宫崎市定「胥吏の陪備を中心として——支那官吏生活の一面——」、『史林』第 30 卷第 1 号、1945 年；宫崎市定「清代の胥吏と幕友——特に雍正朝を中心として——」、『東洋史研究』第 16 卷第 4 号、1958 年，中译文见［日］宫崎市定《清代的胥吏和幕友》，载刘俊文编《日本学者研究中国史论著选译》（明清）第六卷，中华书局 1993 年版，第 508—538 页；T'ung-tsu Ch'ü, *Local Government in China under the Ch'ing*, Cambridge, Mass. : Harvard University Press, 1962，中文版见瞿同祖《清代地方政府》，范忠信、晏锋译，法律出版社 2003 年版；缪全吉《明代胥吏》，中国人事行政月刊社 1968 年版；缪全吉《清代胥吏概述》上、下，《思想与时代》1965 年第 128、129 期；那思陆《清代州县衙门审判制度》，中国台湾文史哲出版社 1982 年版；李荣忠《清代巴县衙门书吏与差役》，《历史档案》1989 年第 1 期；郭润涛《长随行政论》，《清史研究》1992 年第 12 期；郭润涛《清代的"家人"》，《明清论丛》（第一辑），紫禁城出版社 1999 年版；郭润涛《清代幕府的类型与特点》，《贵州社会科学》1992 年第 11 期；魏光奇《有法与无法：清代的州县制度及其运作》，商务印书馆 2010 年版；周保明《清代地方吏役制度研究》，上海书店出版社 2009 年版；細井昌治「清初の胥吏——社会史的一考察」、『社会经济史学』第 14 卷第 6 号、1944 年；藤岡次郎「清朝における地方官・幕友・胥吏及び家人——清朝地方行政研究のためのノート 2——」、『北海道学芸大学紀要』第 12 卷第 1 号、1961 年。

着地方档案的日渐开放、方志的随手易查，过去未能或不能予以足够关注的一些问题浮现出来：学界以前多关注书吏本身的设立、职掌、地位、待遇、贪赃等方面，而对他们工作的"房"的研究明显不足；对各房职能的探讨不过是将收集到的史料的简单汇集；对书吏之害诟病甚多，除驳吏胥、防吏弊之著述外，"断不肯一一考证六房之制"①。地方政府六房之设始于何时？演变如何？为什么在吏户礼兵刑工这六房之外，又设有另外的房，这些另设之房是否皆属于"六房"的范畴？为何一房之下又会再分，其表现形式如何？是否存在如衙役系统一样的轮值现象？笔者在研读地方档案时，更发现有不同房的档案出现在同一卷宗的情况，为什么会出现"串房"现象，背后反映了衙门内部怎样的运作实际？之所以学界对上述问题没有足够的探讨，一是这类文献常不存于典章制度。二是没有系统挖掘和利用新近开放的州县档案。三是现存的大部分清代州县档案在整理时没有遵循档案学的来源原则，打乱了"分房归档"的排列原貌，致使大量的信息在整理过程中被破坏，一些问题被遮蔽而难以发现。② 笔者以为，这些问题对于厘清衙门内部运作、探讨地方文书行政以及拓展地方制度史的研究都有极为重要的学术意义和现实价值。有鉴于此，本章拟以清代《南部档案》《巴县档案》《淡新档案》《宝坻档案》等珍贵的州县档案、不同区域的方志以及出土文献和时人笔记为基本史料，考州县"房"之源流，析"房"之组织与职掌，梳档案"串房"之情状，理

---

① 缪全吉：《明代胥吏》，中国人事行政月刊社 1968 年版，第 62 页。

② 对相关问题的思考，参见吴佩林《地方文献整理与研究的若干问题：以清代地方档案的整理与研究为中心》，《西华师范大学学报》（哲学社会科学版）2011 年第 6 期；吴佩林《地方档案整理向何处去——基于清代地方档案整理现状的反思》，《光明日报》2016 年 4 月 19 日第 11 版。

"串房"背后衙门运行之概貌，希冀在既往研究的基础上，深化对相关问题的认识。①

一 地方政府设"房"之源流考

追溯"房"的设置，早期可能与先秦的"曹"有关。《墨子》言："吏卒侍大门中者，曹无过二人。"② 何谓"曹"？《说文解字》载："曹，𢎫，狱之两曹也。在廷东，从棘。治事者，从曰。"徐锴曰："以言词治狱也，故从曰。"③ 段玉裁注："两曹，今俗所谓原告、被告也。曹犹类也。"④ 有"两曹"，则有"听狱者"，所以"曹"引申出"治事"之义。

战国时秦国郡国所属职事部门泛称曹。1975 年出土的《睡虎地秦墓竹简》中的"语书"多次提到"曹"，其中有载：

发书，移书曹，曹莫受，以告府，府令曹画之。其画最多者，当居曹奏令、丞。⑤

这是秦王政二十年（前 227）四月初二日南郡郡守腾颁发给所辖郡各县、道的一道文告，意思是，各县、道收到文书后，应将它发给所属各曹，属曹如不受命，县、道要向郡报告，由郡官命郡的属曹进行责处。过失最多的吏，由所在的曹向令、丞申报。此文献说明地方政府分曹治事的制度至少在战国就已出现。这种分曹治事的制度设计，对后世影响深远。严耕望对此也有较高的评价："郡府县廷之内部组织则极为严密。内置诸曹，分职极细；外置诸尉，星罗弈布。而重刑罚，每置狱丞；重教育，则有学官；至于农林畜牧工矿诸务，各置专署，为之董理。又纲以道路，节以亭侯，务交通以便军政，因亭吏（应为乡亭之吏）而治里落。秦汉时代，中国始归一统，其组织之严密已臻此境，居今思惜，不得不深服先民之精思密划。"①

魏晋至隋唐，分曹治事的体制不断完善。《唐六典》谓：

> 汉、魏已下，司隶校尉及州、郡皆有功曹、户曹、贼曹、兵曹等员。北齐诸州有功曹、仓曹、中兵、外兵、甲曹、法曹、士曹、左户等参军事。隋诸州有功曹、户曹、兵曹等参军事，法曹、士曹行参军；郡有西曹、金曹、户曹、兵曹、法曹、士曹等。及罢郡置州，以曹为名者，改曰司。炀帝罢州置郡，改司功、司仓、司户、司兵、司法、司士等为书佐。皇朝因其六司，而改书佐为参军事。开元初，为功曹参军。②

由此可见，隋唐时期，地方政府已经形成了比较成熟的司功、司仓、司户、司兵、司法、司士六曹办事体系。但据周振鹤的研究，唐代州府下置县，名义上应设有司功佐、司仓佐、司户佐、司兵佐、司法佐、司士佐等佐吏与州府诸曹对应，而实际往往未设。③ 换句话说，地方政府六曹的办事体系在一些地方还只是一种制度设想。

根据宋人记录，唐代中央已经出现了以"房"命名政府机构的说

---

① 严耕望：《中国地方行政制度史》，中国台湾"中研院"史语所专刊之四十五 A，1997年，"序言"，第 4 页。

② 《唐六典》卷三十《三府都护州县官吏·京兆河南太原三府官吏》，中华书局 2014 年版，第 741 页。

③ 周振鹤：《中国地方行政制度史》，上海人民出版社 2005 年版，第 153—158 页。

法。《新唐书》载："开元中，张说为相，又改政事堂号"中书门下"，列五房于其后：一曰吏房，二曰枢机房，三曰兵房，四曰户房，五曰刑礼房。分曹以主众务焉。"①

不过，此时的五房仅为中央机构一部分，并不见于地方。此五房与后来的六房相较，不同之处在刑、礼为一房，另有枢机房。枢机房掌枢密之任，以宰相主其事，后来宦官专宠，枢密归内侍。

宋代，神宗时期参照《唐六典》为官制正名，部分继承唐代思路，在中央设立了以"房"为名的机构，此制一直沿用至南宋灭亡。《宋会要辑稿》载："都司左右司。神宗正史职官志左司郎中、右司郎中各一人，正六品；左司员外郎、右司员外郎各一人，从六品；掌受付六曹诸司出纳之事，而举正其稽失，分治省事。左司治吏、户、礼、奏钞、班簿房，右司治兵、刑、工、案钞房。"② 另据《宋史》所记，尚书省，称设官九，分十房；③ 中书省，先分八房，后又增至十一房，并附各房执掌；④ 门下省分十房。⑤

---

① （宋）欧阳修：《新唐书》卷四十六《志第三六·百官志一》，中华书局 1975 年版，第1183 页。

② 刘琳、刁忠民、舒大刚等校点：《宋会要辑稿》第 5 册，上海古籍出版社 2014 年版，第 3104 页。

③ 原文谓："尚书省掌施行制命，受付六曹文书，……分房十：曰吏房，曰户房，曰礼房，曰兵房，曰刑房，曰工房，各视其名而行六曹诸司所上之事；曰开拆房，主受遣文书；曰都知杂房，主行进制敕目、班簿具员，考察都事以下功过迁补；曰催驱房，主考督文牍稽违；曰制敕库房，主编检敕、令、格、式，简纳架阁文书。"（《宋史》卷一六一《职官志一》，中华书局 1977 年版，第 3788 页）

④ 原文谓："分房八：曰吏房，曰户房，曰兵礼房，曰刑房，曰工房，曰主事房，曰班簿房，曰制敕库房。元祐以后析兵礼为二，增催驱，点检分房，十有一。后又改主事房为开拆。"（《宋史》卷一六一《职官志一》，中华书局 1977 年版，第 3783—3784 页）后人认为"主事房"系记载错误，当为"生事房"。原因在于中书、门下省历来有主行受发生事（与熟事相对）文书之机构（见龚延明《宋史职官志补正》，浙江古籍出版社 1991 年版，第 32 页）。清人王正功辑《中书曲故汇纪》（卷一《官制》，民国嘉业堂丛书本）也记为"生事房"。

⑤ 原文谓："门下凡分房十：曰吏房，曰户房，曰礼房，曰兵房，曰刑房，曰工房，皆视其房之名，而主行尚书省六曹二十四司所上之事；曰开拆房，曰章奏房，曰制敕库房，亦皆视其名，而受遣文书、表状，与供阅敕令格式、拟官爵封勋之类，惟班簿、本省杂务则归吏房。……元丰八年，以门下、中书外省为后省，门下外省复置催驱房。"（《宋史》卷一六一《职官志一》，中华书局 1977 年版，第 3776 页）

以上所论是宋代中央的情况，在地方政府层面，则沿用了六曹办事的体制，《钦定历代职官表》关于宋代开封府的记录，提及地方置六曹之事："至宋崇宁中，定开封府掾属为士、户、仪、兵、刑、工六曹，开封、祥符两县亦准此式。大观初，遂令天下州县并依开封分曹置掾。"①

《宋史》也记录了地方六曹的设置："崇宁三年，蔡京奏乞罢权知府，置牧一员，尹一员，专总府事；少尹二员，分左右，贰府之政事。牧以皇子领之。尹以文臣充，在六曹尚书之下，侍郎之上。少尹在左右司郎官之下，列曹郎官之上。以士、户、仪、兵、刑、工为六曹次序，司录二员，六曹各二员，参军事八员。开封、祥符两县置案仿此。"大观二年（1108），"又诏天下州郡并依开封府分曹置掾"。②

不难看出，宋代仅在中央设"房"，而地方是以"曹"命名。将"六房"体制追溯到宋代的分置六曹的说法源于清人《钦定历代职官表》以及《宋史》一类的文献，"今各直省府州县书吏，分六房以治案牍，实始于此（宋分六曹）"，③"复元丰铨试断按法。令州县仿尚书六曹分六案"。④

经查，"吏、户、礼、兵、刑、工"六曹的提法并不见于典籍文献。《宋史》在叙述临安府的职官时，说到领县九，分"士、户、仪、兵、刑、工六案"。⑤嘉泰《会稽县志》亦记载："崇宁四年，始命州县仿尚书省六部为六案，曰士案、户案、仪案、兵案、刑案、工案。"⑥其中"士""仪"两案不同于后来的"吏""礼"之说。但清代的《永定县志》又有另说，"州县设吏、户、礼、兵、刑、工六曹，

---

① （清）永瑢、纪昀：《钦定历代职官表》卷三十二《历代建置·宋·职》，影印文渊阁四库全书本，中国台湾商务印书馆 1986 年版，第 618 页。
② （元）脱脱等：《宋史》卷一六六《职官志六》，中华书局 1977 年版，第 3943 页。
③ 永瑢、纪昀：《钦定历代职官表》卷三十二《历代建置·宋·职》，第 618 页。
④ （元）脱脱等：《宋史》卷二十《本纪》，中华书局 1977 年版，第 373 页。
⑤ （元）脱脱等：《宋史》卷一六六《职官志六》，中华书局 1977 年版，第 3944 页。
⑥ 嘉泰《会稽县志》卷一，清乾隆十三年刻本，第 34 页 b。

始于宋徽宗",① 不过，此处"始于"二字似可理解为"源于"。

在宋代，"曹""案"并论，始有"府分六曹，县分六案"之言。"大抵自元祐以后，渐更元丰之制：二府不分班奏事，枢密加置签书，户部则不令右曹专典常平而总于其长，起居郎、舍人则通记起居而不分言动，馆职则增置校勘黄本。凡此，皆与元丰稍异也。其后蔡京当国，率意自用。然动以继志为言，首更开封守臣为尹、牧，由是府分六曹，县分六案"。② 在笔者看来，"曹""案"为同义词，所指皆同。

元代，地方政府正式用"六房"来命名办事机构。时人胡祗遹在著述中提到：

> 一、六房朱销。（日日省问观监，断决增添，日销日附。）
>
> 一、钤束吏人，非事故白昼不得出离，各房卯酉历严谨，如私事公务妨夺明白标附。
>
> 一、六房吏弊当周知其情，毋为所卖。③

经南宋末年建州崇安（今属福建）人陈元靓初撰，元代和明初人翻刻时增补的《事林广记》对六案职掌有进一步的说明：

> 吏案，掌官吏名籍、选举、考课、假使等事。
>
> 户案，掌户籍、土田、婚姻、族姓、禄廪、支用、权衡、度量、仓库、租税、差科、征役、米粟等事。
>
> 礼案，掌礼仪、音乐、祭祀、祯祥、学校、贡举、医卜、释道、表疏、陈设等事。
>
> 兵案，掌兵籍、军器、郡邑图志、铺驿、烽堠、镇戍、险

---

① 乾隆《永定县志》卷二《公署》，清乾隆二十一年刻本，第13页b—第14页a。

② 《宋史》卷一六一《职官志一》，第3770页。

③ （元）胡祗遹：《紫山大全集》卷二十三《吏治杂条》，清文渊阁四库全书本，中国台湾商务印书馆1986年版，第422—424页。

要等事。

刑案，掌鞫狱刑法、督捕盗贼、纠察非违、财估没入、奴婢死隶、门户管钥等事。

工案，掌百工众艺、启塞役使、公廨、碾硙、山泽、津梁等事。①

至明代，地方衙门（三司、府、州）仿六部之制，设吏、户、礼、兵、刑、工六房，分工执行实际事务，徐石麒《官爵志》卷三《六房》载："国朝各衙门，立吏、户、礼、兵、刑、工六房吏，典书办文移。"②陈龙正《几亭外书》卷四载："朝廷设六部、六科，郡邑因之有六房。"③这种自中央到地方按吏、户、礼、兵、刑、工分工的行政业务划分体系的确立是明代的一大贡献。据赵世瑜研究，明代府、州、县房科的分门别类样态丰富，州县除去六房以外，还有承发科、架阁库、铺长司、马政科等。六房中也会有房下再分科的情况，如青州之户房分为杂、收、总三科，兵房分为兵南、兵北二科，刑房也分为南北二科，又如莱州之户房分为收支、课程、杂三科，名称有异，职掌则同。他认为，房的设置在六房基础上增设，各地情况不一的原因是"大约大府事繁，所分益细"。④

以上只是一个大致的梳理，唯各朝内部情况复杂，早期的情况更有赖于对最新出土文献的利用，非数千字能够说得清楚，容另文详论。不过，依前面所述，我们也可大致知道，州县"房"之设置，萌芽于先秦，演进于秦汉、魏晋和隋唐，形成于宋代，完备于元代，至明清则为其鼎盛时期。

---

① 黄时鉴辑点：《元代法律资料辑存》，浙江古籍出版社 1988 年版，第 214—215 页。又杨一凡主编的《历代珍稀司法文献》第 1 册（社会科学文献出版社 2012 年版，第 307 页）所载《告状新式》中记录了"六案所隶"，其内容大致相同，但表述又有不同。

② （明）徐石麒辑：《官爵志》，中华书局 1985 年版，第 33 页。

③ （明）陈龙正：《几亭外书》卷四《北运不必贴人贴米一》，《续修四库全书》编纂委员会编《续修四库全书》第 1133 册，上海古籍出版社 1995 年版，第 335 页下。

④ 赵世瑜：《明代吏典制度简说》，《北京师范大学学报》1988 年第 2 期。

二 清代州县的"六房"组织

清代整体继承了明代的分房体制，州县普设吏、户、礼、兵、刑、工六房，而爬梳方志、档案等文献，则可以发现更多的细节。

1. 房科数量并非仅有六房。一州县房的数量并非仅有六房，七房乃至十几房的情况大量存在。

（1）七房。广西灵川县，"县署设吏、礼、兵、刑、户、工及总书房七房"；① 奉天北镇县，"清初，旧制，知县掌全县之民政财政兼理司法，署中设七房三班分任职务"；② 奉天海城县，"官署内设吏、户、礼、兵、刑、工六科，分任职务，合之仓科，共为七科，俗称七房"。③

（2）八房。台湾新竹县，另设承发房、堂事房。④ 四川渠县，"属旧有六科：吏、户、礼、兵、刑、工，后加仓科，并承发为八房，各房以典吏掌案"。⑤

（3）九房。山西翼城县设九房，"阶下东西两旁，旧为吏、户、礼、兵、刑、工、仓、招、承发九房科"，"用经承掌案，分办公务"；⑥ 山西灵石县，"清代时立有吏、户、礼、兵、刑、工、仓、库、承发九房办公"；⑦ 甘肃镇原县，另设承发、仓屯、粮房三房。⑧

（4）十房。湖南湘阴县，"县曰十房：吏、户、礼、兵、刑、工为六房。分户房曰南漕房、曰饷房、曰库房；分刑房曰承发房。后又添立柬房、招房名目，而所职益微矣"；⑨ 四川巴县，另增设仓房、盐

---

① 民国《灵川县志》卷八《经政一》，民国十八年石印本，第2页a。
② 民国《北镇县志》卷四《政治》，民国二十二年石印本，第2页a。
③ 民国《海城县志》卷二《清代政治沿革》，民国二十六年铅印本，第240页。
④ 《新竹县制度考》，《台湾文献丛刊》第101种，中国台湾大通书局1984年版，第2页。
⑤ 民国《渠县志》卷五《礼俗志中》，民国二十一年铅印本，第10页a。
⑥ 民国《翼城县志》卷三《城邑》，民国十八年铅印本，第7页a、10页b。
⑦ 民国《灵石县志》卷十二《事考》，民国二十三年铅印本，第15页a。
⑧ 道光《镇原县志》卷九《建置》，清道光二十七年刻本，第4页b。
⑨ 光绪《湘阴县图志》卷二十一《赋役志》，清光绪六年县志局刻本，第24页a。

房、承发房、柬房四房；① 安徽旌德县，另设承发房、架阁房、仓房、库房四房；② 云南元江县，另置承发房、仓房、库房、税房等四房。③

（5）十一房。江西都昌县，另设有承发房、招房、仓房、架阁房、柬房五房。④

（6）十二房。安徽宿松县，另有承发房、架房、库房、仓房、粮房、招房六房；⑤ 福建永定县，另设有盐房、简房、仓房、门房、铺长房、承发房六房。⑥

（7）十三房。山东广饶县，民国初年"吏、户、礼、兵、刑、工、监法、杂课、招、柬库、承发、税契等十三房，仍如故"；⑦ 直隶武清县，设有吏、户、礼、旗租、杂税科、兵、刑、工、河科等十三房。⑧

（8）十六房。河北景县，"设吏户礼兵刑工六房，此外更有所谓粮房、盐房、库房、招房、柬房以及承发、户总、科税、涿租、河道等十房，合之以上六房，共十六房"。⑨

在一些方志里，也有六房不全的记载。如山西乡宁县，县志载"圣谕坊一座在甬路中。东驾库（官名，清代置，掌仪仗驾库）、承发、吏房、礼房十间，西架阁库（官署名，掌管档案的机关）、铺长司、兵、刑、工十间"，⑩ 该县志无户房信息，可能是漏记所致。

有的州县，某一房附设在另一房。如奉天盖平县，"清初置防守尉兼理军民事务，康熙三年，设县凡人民事务归知县治之而统于奉天

---

① 《巴县档案》6—31—287，光绪三十一年四月三十日，四川省档案馆藏。本章所引《巴县档案》均藏于四川省档案馆，后文不再一一注明。

② 嘉庆《旌德县志》卷六《职官》，清嘉庆十三年修民国十四年重刊本，第 32 页 b。

③ 民国《元江志稿》卷八《食货志二》，民国十一年铅印本，第 38 页 a。

④ 同治《都昌县志》卷二《署廨》，清同治十一年刻本，第 5 页 b。

⑤ 民国《宿松县志》卷三《地理志》，民国十年刊本，第 18 页 b。

⑥ 乾隆《永定县志》卷二《公署》，清乾隆二十一年刻本，第 13 页 b。

⑦ 民国《续修广饶县志》卷六《政教志》，民国二十四年铅印本，第 1 页 b。

⑧ 《法制科民情风俗地方绅士民事商事诉讼惯报告调查书》（直隶顺天府武清县），稿本，清末，北京大学图书馆藏。

⑨ 民国《景县志》卷三《行政》，民国二十一年铅印本，第 5 页 a。

⑩ 乾隆《乡宁县志》卷三《公署》，清乾隆四十九年刻本，第 9 页 a。

府尹，为一县行政长官，署内民壮马快分三班以供差役，案牍掌于吏、户、礼、兵、刑五房，工科事简，附于兵房"。① 而福建建阳县则是另外一种情况，"东西廊为六房，而承发则隶工房，柬房则隶礼房焉"，② 承发房、柬房二房虽单独设立，但隶属于六房中的某一房。

也有一些地方，因衙署房屋不够，存在合房办公的情况。如临江县，"当设治伊，始遵清旧制，县署内分吏、户、礼、兵、刑、工六房。以房屋不敷，因陋就简，并吏、户、礼为一房，兵、刑、工为一房"。③

大体而言，房的数量乃各州县因地制宜，没有统一的标准，六房之外的房名也不尽相同。特别值得注意的是，有的冠以"房"名的并非属于六房体系，如班房、厢房、厨房、更夫房之类，而有的不带"房"名的，却属于"六房"体系，如架阁库。孰是孰非，当需根据其性质仔细斟辨。④

2. 同一州县房的数量、名称有变化。同一州县房的数量并非固定不变，衙门会根据事务多寡而有所增减。如山东馆陶县，"嗣因户房事繁，增置粮房，司漕粮征收事项，经承一名、经书八名、散书十二名"；⑤ 直隶晋县，乾隆县志记载的是吏、户、礼、兵、刑、工、仓、承发8房，而光绪县志记载为9房，增加了招房；⑥ 直隶东光县，康熙县志记载为8房，除六房外，另有招房、马政科，而光绪县志则记为10房，包括吏房、户南科、户北科、礼房、兵房、刑北科、承发房、邢南科、工房、河道房等；⑦ 直隶静海县，康熙年间为6房，而到了同治年

---

① 民国《盖平县志》卷四《政治志》，民国十九年铅印本，第41页a。
② 道光《建阳县志》卷二《舆地志二》，钞本，第1页a。
③ 民国《临江县志》卷四《政治志》，民国二十四年铅印本，第4页b。
④ 六房之外哪些属于六房体系，以及它们各自在不同历史时期的名称、功能的演变等，是房科研究中的重要问题，因较为复杂，另文专论。
⑤ 民国《馆陶县志》卷二《政治志》，民国二十五年铅印本，第29页a。
⑥ 乾隆《晋县志》上篇《署廨篇》，乾隆三十八年刊本，第35页a；光绪《续修晋县志·廨署》，光绪六年刻刊本，第14页a。
⑦ 康熙《东光县志》卷三，清康熙三十二年刻本，第5页b；光绪《东光县志》卷一《舆地志》，清光绪十四年刻本，第4页b。

间则为 10 科房，包括吏盐房、户中房、户南房、礼房、兵房、刑房、工房、柬房、承发房、招房等；① 山西高平县，乾隆时期有 6 房，同治增至 12 房；② 甘肃合水县，"今之六房各一人，惟仓粮、盐课、捐纳、税务事较多，遂于户房之外又立仓房二人"；③ 奉天省宽甸县，光绪六年（1880）"前六房人数不敷办公，添设库房，办理田房契税事宜"。④

有些州县虽然房的数量不变，但名称却发生了变化。如山西临晋县在康熙、光绪时期虽然均有 9 房，但名称却不一样。康熙年间，"东为吏、户、礼、架阁库，西为兵、刑、工、仓、承发房"，后来撤架阁库，设招房，"东为吏、户、礼、承发、招，西为兵、刑、工、仓房"。⑤

3. 有的房会析分数房。一些州县房的增加，是由于某一房再析分数房所致。云南宣威州，设吏、户、礼、兵、刑、工、承发七房，其中刑房分东、西两房；⑥ 直隶获鹿县，从明代到乾隆，户房皆没有细分，在光绪县志中则显示分为户南科、户北科；⑦ 山东利津县，户房分为户北房、户南房；⑧ 直隶广宗县，以事繁自立名目，"户房有库房、仓房、粮房、总算房、户南房、户北房之分，礼房分为柬房，刑房有刑南、刑北、承发房、招房之分。或以事分，或以区村分，官不过问也"。⑨

还有一些地方，房的数量会随形势发展而增减，并非一直不变。如直隶永清县：

---

① 康熙《静海县志》卷一《县署》，康熙十二年刻本，第 4 页 a；同治《静海县志》卷二《建置》，清同治十二年刻本，第 2 页 a。

② 乾隆《高平县志》卷七《公署》，清乾隆三十九年刻本，第 1 页 b；同治《高平县志·官司第五》，清同治六年刻本，第 37 页 b—第 38 页 a。

③ 光绪《合水县志》下卷《风俗》，民国三十六年抄本，第 46 页 b。

④ 民国《宽甸县志略·政绩表》，民国四年石印本，第 2 页 a。

⑤ 康熙《临晋县志》卷四《公署》，清康熙二十五年刻本，第 3 页 b；光绪《续修临晋县志·廨署》，清光绪六年刻本，第 14 页 a。

⑥ 民国《宣威县志稿》卷五，民国二十三年铅印本，第 8 页 a。

⑦ 嘉靖《获鹿县志》卷八，明嘉靖三十五年刻本，页码不清；乾隆《获鹿县志》卷七《建置志》，清乾隆四十六年稿本，第 2 页 b；光绪《获鹿县志》卷三《建置志》，清光绪七年刻本，第 7 页 b。

⑧ 光绪《利津县志》卷二《建置图第二》，清光绪九年刻本，第 7 页 b。

⑨ 民国《广宗县志》卷六《法制略》，民国二十二年铅印本，第 3 页 b。

初，户房总理钱谷，粮房专收里下大粮，仓房知米粟数。雍正十三年，以旗地事繁，分户房为田、租二科，田科司永卫船垦民粮、河租。盐、当、房、地牙税一切奏销。而租科则司旗地，粮房收十二里民粮（事详户书）。乾隆二十八年，知县兰第锡以粮房仅收粮银，事属柜书，乃裁粮房，而归其事于田科。三十四年，田科分立库房，专司牙行经纪与银钱出纳之事。三十七年，知县刘楸复立粮房，旋废。今户房为田、租、仓、库四科，田科典吏三人，其三科典吏各一人，合诸房典吏为九房十五缺矣。①

由此可知，房之细分与增减，大致取决于州县相关事务之繁复程度。

4. 房在衙署中的布局，各地不尽相同。传统中国，居室一般为堂、室、房结构，堂居中，为行礼之处，不住人。室在堂后，为居住之所，室之东西两侧为房。所谓房，《说文解字》载："房，室在旁也。"段玉裁《说文解字注》曰："凡堂之内，中为正室，左右为房，所谓东房西房也。"② 衙署也不例外，各房通常安排于衙署的东西两庑。之所以如此，一则能让经制书吏专心办公，《清高宗实录》载："旧制，钱粮、刑名等项，分委承办。设有六房，即附于州县公堂之左右，使经制书吏居处其中，既专一其心志，亦慎重其防闲。"③ 二则便于各房的事务交接。恰如缪全吉所言，房所为公共出入之径，任何人皆得往房科接洽事务，既毫无阻隔，也不必惊动长官，以此为官民交接之地，最为便民。④

---

① 乾隆《永清县志·吏书第一》，清乾隆四十四年刻本，第4页 b。
② （汉）许慎撰，（清）段玉裁注：《说文解字注》，上海古籍出版社1988年版，第586页。
③ 《清实录九·高宗实录》卷十八，乾隆元年五月丁未，中华书局1985年版，第467页下。
④ 缪全吉：《明代胥吏》，中国人事行政月刊社1968年版，第63页。

有清一代，每一房科的位置大体一致，东边为吏、礼、户，西序为兵、刑、工。如山东新泰县"赞政厅后，左厢为吏、户、礼三房，右厢为兵、刑、工三房"；① 甘肃会宁县，"大堂左右为库房，堂前修甬道，东为吏、礼、户、仓科，下为皂班房。西为兵、刑、工、架阁、承发科，下为壮班房"；② 山东泗水县，"正堂前两廊为吏礼户三房，西为兵刑工三房，刑房南为承发房，正堂阶下为皂班房，戒石亭前为仪门，门内东有快班房，南为捕班房，西为壮班房，仪门外，西为监房"；③ 山西晋县，"吏、户、礼在东，兵、刑、工在西，仓房、承发房亦在西"；④ 直隶临晋县，"署之中为正堂，堂之偏为银亿库，堂前为露台，旁列两廊。东为吏、户、礼、承发、招各房科，西为兵、刑、工各房科及仓房"。⑤

为何要如此布局？安徽《繁昌县志》于刑房言，"京师刑科、刑部，天下府州县刑房皆列于西，以顺天地之义，气理则然也。若以斩绞囚徒而刑于南方，是背天地长养，亦且于文明之象有乖，有是理乎"。⑥

事实上，由于房的增多或其他原因，也并非皆如此布置。如甘肃镇原县，东为吏、礼、工、户房，工房被置于东边；西为屯、仓、兵房。刑房并不与兵房相连，而是与大堂相接。⑦ 四川会理州，仪门内左边列兵、礼、户、吏、仓、承发等六房，右列仓廒，而刑、工科房则列于仪门外。⑧ 李彦峰统计的115种县志中，户房位置不在东边的占11%。⑨

有些州县的六房并非东西布局，而是皆置于同一边。如甘肃两当

① 乾隆《新泰县志》卷三《公署第九》，清乾隆四十九年刻本，第8页a。
② 道光《会宁县志》卷三《建置志》，清光绪末年铅印本，第3页a。
③ 光绪《泗水县志》卷二《建置》，清光绪十八年刻本，第17页a、b。
④ 乾隆《晋县志》上篇《署廨篇》，乾隆三十八年刊本，第35页a。
⑤ 民国《临晋县志》卷二《城邑考》，民国十二年铅印本，第7页a。
⑥ 道光《繁昌县志》卷六《食货志·囚田》，清道光六年增修民国二十六年铅字重印本，第12页a。
⑦ 道光《镇原县志》卷首《衙署图》，清道光二十七年刻本，第6页a。
⑧ 同治《会理州志》卷二《营建》，清同治九年刊本，第7页a。
⑨ 李彦峰：《清代州县户房研究——以〈南部档案〉为中心》，硕士学位论文，西华师范大学，2016年，第20页。

县，置六房于堂前的右边，"乾隆四十九年知县张千珀重修正堂，堂前为卷棚，棚前为露台，台前旌善申明亭。右为六房吏，廨外为仪门，左右有角门，其外东为土地祠，祠东为仓院，有廒神庙"。①

在一些地方，"房"并不见于衙署。如山东利津县，"大堂前甬道中牌坊一座两廊，东为户北房、兵房、吏房，迤东为库房，西为户南房、盐法科、承发房，礼房、刑房"，而工房就不在署内。② 乾隆元年的一则示谕也要求各省督抚饬查所属州县内，如果有六房屋宇未备的，各按旧基如式建造，将一应案牍缜密收藏，并查明号件、登记总簿，以备稽考。③ 这也说明六房并未尽建之事实。

5. 书吏类目、员额与《清会典》所记并不一致。《清会典》载："设在官之人，以治其房科之事。"清代的"吏"有"京吏"和"外吏"之别、"经制"与"非经制"之分。为一目了然，笔者根据《清会典》记载整理如图1。④

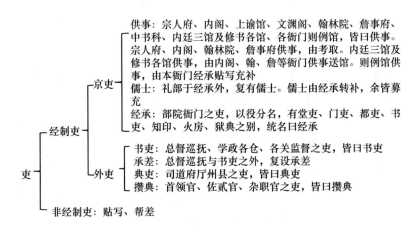

图1 《清会典》所记京吏、外吏之类别

---

① 道光《两当县新志》卷三《建置》，抄本，第12页b。

② 光绪《利津县志》卷二《建置图第二》，清光绪九年刻本，第7页b。

③ 《清实录九·高宗实录》卷十八，乾隆元年五月丁未，中华书局1985年版，第468页上；乾隆朝《钦定大清会典则例》卷一二七《工部·公廨》，清文渊阁四库全书本，第31页a。

④ 光绪《清会典》卷十二《验封清吏司》，中华书局1991年版，第107页。

图 1 中，"经制吏"是指依据朝廷规定和定额招募的"合法"书吏，具有官府的正式编制，"非经制吏"则是各衙门根据本部门事务的实际需要，额外增添的人手，不在官府的正式编制之内。依此典制，各吏的名称都有特定的内涵，如经承属于京吏，州县之吏称为典吏，而佐杂官之吏则称攒典。清代州县衙门各房人员设置包括：一是有正式编制的典吏；二是没有正式编制的贴写、帮差。贴写，又称帮书，指缮写公文的书吏；帮差，又称清书，指帮理房务的书吏。

而方志、档案等文献中的记载则不尽相同，具体如下。

第一，类别多有不同。如山东馆陶县，设经承、经书、散书。经承受县知事及各主管刑名钱谷之指挥，分办该管事件及拟例行文稿。各房经书、散书等各承该房经承之指导，分办该管事件及承缮文件。① 云南宣威州，设典吏、清书。② 山西高平设典吏、书办、攒典。③ 根据李荣忠的研究，四川巴县书吏分典吏、经书、清书和小书四种。典吏由知县招募，布政使司发给执照。经书又叫经承，由典吏或房内经书保举，知县批准录用，承担起草文件、值堂录供、保管档案钱物及其他差务。由于"违例"，经书虽入卯册，可申报重庆府和布政司，但不能上报吏部。清书和小书是典吏、经书招收的学徒，抄写校对，学习办理文案，他们均不注册，又称"白书"。清书、小书历役年久，可以承充经书。④ 在四川南部县，主要包括典吏、经书、清书三类人。⑤ 此外，在州县档案里，还有刑书、户书、工书等具体到房的称呼。

第二，同一称呼，内涵不尽相同。比如"经承"，在《清会典》中，专指部院衙门之吏。而在上列馆陶县，经承就是典吏。但在巴县，却又是典吏管辖之役。另奉天海城县七房中，"每科置攒典一名，俗呼

---

① 民国《馆陶县志》卷二《政治制》，民国二十五年铅印本，第 29 页 a。

② 民国《宣威县志稿》卷五，民国二十三年铅印本，第 8 页 a。

③ 同治《高平县志·官司第五》，清同治六年刻本，第 37 页 b。

④ 李荣忠：《清代巴县衙门书吏与差役》，《历史档案》1989 年第 1 期。

⑤ 《南部档案》18—639—1—L512，光绪三十四年四月二十一日，四川省南充市档案馆藏。本章所引《南部档案》均藏于四川省南充市档案馆，后文不一一注明。

经承",① 又将典吏、攒典、经承视为一体。又如"攒典",在《清会典》中，专指佐杂官之吏。但山西赵城县，六房设典吏，而六房之外的仓、库、承发三房则设攒典，② 此处的攒典又与典吏等同。

第三，还有一种不做事的挂名书吏。"所谓挂名书役者，乃足迹不至衙门，经年不见本官，不知办案为何事，差遣为何事，按册有名，服役无人，惟津贴纸笔之费，以帮办事书役，此则谓之挂名书役也"。③

至于其员额，各州县房的典吏设 1 人是普遍现象，少有设 2 名以上的。不过，安徽滁州六房中每房都设 2 名，④ 而云南宣威州的承发房、户房、礼房设 2 人，吏房、兵房、刑房、工房只设 1 人。⑤ 其他非经制书吏则视衙门事务繁简而各有不同。如山东馆陶县，吏房置经书 1 名、散书 2 名，户房置经书 10 名、散书 12 名，礼房置经书 2 名、散书 2 名，兵房置经书 1 名、散书 2 名，刑房置经书 6 名、散书 8 名，工房置经书 1 名、散书 1 名，仓库房置经承 1 名、经书 3 名、散书 4 名。嗣因户房事繁，增置粮房，司漕粮征收事项，设经承 1 名、经书 8 名、散书 12 名。⑥ 奉天海城县，"刑、户、工科因事繁，各设副经承二名、贴书四五十名，其余各科贴书一二十名不等"。⑦ 以上是方志所载，就档案记录的情况而言，四川巴县额定典吏 15 名，吏、仓、盐、工、承发房各 1 名，刑房、礼房各 2 名，户房、兵房各 3 名（咸丰六年兵房减至 2 名，光绪十七年减至 1 名）。光绪年间每年各房经书的数量从 1 人至 85 人不等，尤以刑房、户房为多。⑧

一县书吏的数量并非固定不变，会随时间变化而有所增减。如四川

① 民国《海城县志》卷二《清代政治沿革》，民国二十六年铅印本，第 240 页。

② 《胥吏汇记》，道光《赵城县志》卷三十七《杂记》，清道光七年刻本，第 22 页 a。

③ （清）田文镜：《覆陈书役不必定额疏》，载来新夏主编《清代经世文全编》第 18 册，学苑出版社 2010 年版，第 22 页。

④ 康熙《滁州志》卷十四《公署》，清康熙十二年刊本，第 4 页 a—b。

⑤ 民国《宣威县志稿》卷五，民国二十三年铅印本，第 8 页 a。

⑥ 民国《馆陶县志》卷二《政治制》，民国二十五年铅印本，第 29 页 a。

⑦ 民国《海城县志》卷二《清代政治沿革》，民国二十六年铅印本，第 240 页。

⑧ 李荣忠：《清代巴县衙门书吏与差役》，《历史档案》1989 年第 1 期。

大竹县，康熙二十年（1681），"额设吏房典吏一名，户房典吏一名，礼房典吏一名"；康熙五十三年，"知县崔致远详准额设兵房典吏一名，刑房典吏一名，工房典吏一名，承发房典吏一名"；雍正三年（1725），"奉文召募仓房典吏一名"；雍正六年，"召募钱粮总吏二名，乾隆元年奉裁"；雍正八年，"知县林良铨详准召募提牢典吏一名，乾隆元年裁"；雍正八年，"召募盐茶房典吏一名"。① 光绪三十四年，四川南部县的吏治整顿中有一项重要内容就是要求裁撤书吏，县官史久龙认为"八房书吏多至三百，而谙练公事者，实不多见，尤有亟须革除者"，至于应留之数，除典吏外，"户仓、刑房公事较多，户仓准留六十人，刑房准留五十人，典吏仍各二人，分上下半月承办公件。吏、礼、兵、工、盐、承发各房准各留十人，其余统俟点验后，各自归家，另寻生计"。②

6. 各房书吏内部存在轮值。轮值，即分时段轮流上班。在清代地方政府中，这是一种常见的现象。雍正年间，河南总督衙门的经制书吏，分上下两班，每班十名。事实上办事书役头班、二班各有百余名。③

目前学界对州县衙门衙役的轮值有关注，但对书吏的轮值重视不够。在四川南部县，在清末法制改革前，"本署八房书吏多至三百，……则各房分为春冬、夏秋两班"，两班交替上岗。④ 光绪十七年南部县的一宗窃盗案件中，县衙批发的文件中就提到了刑房夏冬班。⑤ 而根据档案的记载，除两班的分法外，也有"春班刑房"单独出现的情况。如光绪十七年五月二十日及光绪十六年十一月二十七日的两张禀状中较明确地言及"春班刑房"一词。⑥

---

① 乾隆《大竹县志》卷三《知县》，清乾隆五十二年刻本，第 28 页 a—29 页 a。
② 《南部档案》18—639—4—L517，光绪三十四年三月二十八日。
③ 《河南总督田文镜奏折》，雍正七年九月二十一日，《宫中档雍正朝奏折》第十四辑，台北故宫博物院，1978 年，第 509 页。也有例外，如广西布政使衙门各房典吏书办贴写常年上班，无轮值现象。参见《广西布政使张元怀奏折》，雍正七年十一月，《宫中档雍正朝奏折》第十五辑，台北故宫博物院 1979 年版，第 150 页。
④ 《南部档案》18—639—4—L517，光绪三十四年三月二十八日。
⑤ 《南部档案》11—45—1—X1533，光绪十七年十二月二十六日。
⑥ 《南部档案》11—38—5—D362，光绪十七年五月二十三日。

在四川巴县，除柬房、盐房外，其他八房书吏按清、慎、勤三字分班，轮流办公。① 乾隆三十二年（1767），刑房书办张栋宇"力役年久，每逢班期赴衙供役"。② 光绪十三年，刑房吏书何云峰、冷炳田，经书张璧、伍炳南、吴海珊的一则禀文称"光绪十一年前吏何秉文役满，伊计从生，朦具认状，承参书房慎字班典吏，业已接参轮班四月余"。③ 光绪二十九年，"承发房吏书陈鸿泽、经书陈厚泽、牟作霖、唐绍颜、冯绍阳、陈寻南、沈绍林、李成林、许捷三、江绍淹、陈鹤楼为协实□□情，书房分清、慎、勤三班，每班三个月轮流着役，以二十人为额，不减不增"。④ 光绪三十三年三月，刑房吏书杨沛案、吴钟沛禀文："书等房内原额两吏，历分清、慎、勤三班，每班分设稿、经二柜，分办公件，历久无紊。……其清班，书沛霖保得稿柜管案。刘永安、李瑞昌……慎班，书等均保得稿柜管案。吴海珊……书钟沛保得勤班稿柜管案。吴德孚……轮流接充办公。"⑤

7. 各房职掌虽有定规，但执行多有变化。关于州县各房的职掌，典章制度一类的文献记载甚简且不全，大致是"抱案牍，考章程，备缮写"。⑥ 雍正元年谕都察院，"各衙门募设书办，不过令其缮写文书、收贮档案"。⑦ 南部县的一则示谕也提道，"衙署之设书吏辅佐本官分办公务，掌管案牍，与古之曹掾无异"。⑧ 依此来看，其职能无非

---

① 李荣忠：《清代巴县衙门书吏与差役》，《历史档案》1989 年第 1 期。

② 《巴县档案》6—1—106，乾隆三十二年四月初二日。

③ 《巴县档案》6—41—20068，光绪十三年六月二十七日。

④ 《巴县档案》6—6—630，光绪二十九年。

⑤ 《清代文书档案工作卷》，四川省档案馆藏，转引自李荣忠《四川清代档案工作研究》，《档案学通讯》1989 年第 1 期。

⑥ （清）陈宏谋：《分发在官法戒录檄》，载贺长龄辑《皇朝经世文编》卷二十四，来新夏主编《清代经世文全编》第 5 册，学苑出版社 2010 年版，第 391 页。

⑦ （清）昆冈、李鸿章等编修：《钦定大清会典事例》卷一四六《吏部·书吏》，载《续修四库全书》编纂委员会编《续修四库全书》第 800 册，上海古籍出版社 2002 年版，第 422 页上。

⑧ 《南部档案》18—639—2—D1274，光绪三十四年四月二十一日。

是处理"文牍"方面的工作，而且也有学者认为州县的一些司法职能仅由"刑房"来完成。① 实则远非如此。

目前学界主要有那思陆、缪全吉、姜文奎等学者曾探讨过房的职能，他们利用的资料主要是《福惠全书》、《吏治悬境》以及《巴县档案》、《淡新档案》的记载。近年来，《南部档案》课题组在整理档案过程中发现"房"的特殊性，陆续有专论发表。② 故对于各房的职能分析在此略去，仅摘四种方志所载的相关史料，具体如下。

（1）山东馆陶县。外复置仓库房，司仓库储存米物事项。嗣因户房事繁，增置粮房，司漕粮征收事项。③

（2）直隶广宗县。凡官员铨选、除授、注册之事，属于吏房；赋税、差徭、户婚、田土、仓库、钱谷之事，属于户房；考试、科举、朝贺、典礼、坛庙、祭祀之事，属于礼房；武试、马政、兵戎驿传之事，属于兵房；人民狱讼、审讯盗匪之事，属于刑房；建筑、营造、水利、河工之事，属于工房。④

（3）台湾新竹县。一、吏房，管理乡绅丁丁忧、起服、在外省做官各事。一、户房，管理粮、户等税各事。一、礼房，管理历代皇上喜庆辰期并考试、烈女、节妇、祭神等事。一、兵房，管理兵差并考武各事。一、刑房，管理枷杀贼盗刑狱等事。一、工房，管理起盖衙门、修理仓库各事。一、承发房，应办所有公文信札，皆由此房挂号分发各房转办。一、堂事房，应办传录口供堂谕等事。⑤

---

① 庄吉发：《故宫档案与清代地方行政研究——以幕友胥吏为例》，《清史论集》（二），中国台湾文史哲出版社 1997 年版，第 469 页。

② 苟德仪：《清代州县衙署内部建置考》，《西华师范大学学报》（哲学社会科学版）2009 年第 3 期；左平：《清代州县书吏探析》，《西华师范大学学报》（哲学社会科学版）2011 年第 6 期；汪秀平：《清代州县衙署中的承发房考释》，吴佩林、蔡东洲主编《地方档案与文献研究》（第一辑），第 353—364 页；苟德仪：《清代州县工房研究——以〈南部档案〉为中心》，吴佩林、蔡东洲主编《地方档案与文献研究》（第二辑），社会科学文献出版社 2016 年版，第 207—219 页。

③ 民国《馆陶县志》卷二《政治制》，民国二十五年铅印本，第 29 页 a。

④ 民国《广宗县志》卷六《法制略》，民国二十二年铅印本，第 3 页 a。

⑤ 《新竹县制度考》，中国台湾大通书局 1984 年版，第 2 页。

（4）奉天海城县。县署内设吏、户、礼、兵、刑、工六科分任职务，合之仓科共为七科，俗称七房。各房班分担事项如下：

> 吏科，掌胥吏之任免黜，涉及收受呈词等事；户科，掌户籍及征收田赋田房税契等事，凡诉讼之涉民事者归之；礼科，掌考试祭典旌表等礼仪之事；兵科，掌公文传递之事；刑科，掌命盗各案及监狱等事，凡诉讼之涉刑事者归之；工科，衙署、城垣、关津、桥梁、台缮等事，凡诉讼之涉商务者归之；仓科，掌米仓纳粮等一切事务。①

从以上数例可知，每房大致因其职务命名，亦即其所掌之案。如吏房与"官"相关，户房、仓房与赋役相关，如此等等。当然，也不尽然，具体如下。

（1）各房职掌虽有定规，但州县官会"均苦乐"——将一些本属于某房的文牍或案件分给经济收入比较差的某房来办理。比如，在四川南部县，凡有武举、武生、武监讦讼，无论原被，以首名为断，概归兵房承办。"情书等兵房遇公贴，已无人供役，前经满吏蒲联芳等禀明袁主，怜念清苦，批准酌拨差案，凡有武举、武生、武监讦讼，无论原被首名归均书等差票悬牌，定规永远遵行，吏房有卷可查"。②又光绪十九年十月初七日八房公议，当卖绝业仍归礼房，匿税、遗粮则归户房。③又光绪二十五年，吏房典吏汪炳镛，经承向荣光、马百春具禀县官言，"应办四季申报、灯油纸札，口食费用实难支垫，别无出息。现在供役只有一二人，概系□腹办公，每年出有余，而入无几，书等日夜思维，外无法设"，请求"仍照兵房成案，凡有举贡监吏，无论户婚田土、生

---

① 民国《海城县志》卷二《清代政治沿革》，民国二十六年铅印本，第 241 页。

② 《南部档案》16—562—1—D861，光绪三十年十月二十五日。

③ 《南部县档案》26—12—4754，光绪四年，南部县档案馆藏。

伤斗殴，原被二告拨归书房承办，一补灯油纸札，二添供役口食"，① 但县官并未同意，而是认为"该房清苦多年，应办事宜自有旧章，毋得别生觊觎，况本县亦系署任，未便擅改，姑待实缺作主可也"。②

（2）对一些具体事务的处理，区域性非常明显，在不同地区会归划不同科房办理。如禁私宰在《吏治悬镜》中归兵房办理，而在四川巴县，则归刑房办理；禁铸私钱假银在《吏治悬镜》中归刑房办理，在四川巴县归工房办理；设立场镇的申请在四川南部县归礼房办理，③ 而在山东省的一些地方却归户房办理。④ 户口登记在山东利津县由刑房负责，⑤ 而在四川南部县则为户房职掌。⑥ 在一些地方志中，也有相关的讨论，如直隶《永清县志》的编纂者就认为，"以六房之成法论之。承发房无所不领，当为吏房之分科。粮房、预备仓、库房，则皆户房之分科也"。⑦

（3）各房各司其职，但也会相互协作，共同完成某些事项。光绪三十四年（1908），唐天元具控胞侄唐绍文欠账不还一案保存在户房，经衙门受理，要求唐绍文完纳唐天元的酒税，缴税更名注册事由工房来完成。⑧ 而有些事项本也不是一个房所能完成的，如山西襄垣县的日食、月食抢救仪式，开印箱、印吉庆文书为礼、吏两房共同完成。⑨

---

① 《南部档案》15—4—2—D51，光绪二十五年八月四日。
② 《南部档案》15—4—1—D49，光绪二十六年三月十五日。
③ 《南部档案》2—69—3—L79，乾隆四十五年十月十一日；《南部档案》4—214—2—D590，道光十八年七月十一日。
④ 日本学者山根幸夫引用清代后期山东省的事例，曾言"市集的管理属户房南科（或第一科）"。参见［日］山根幸夫《明及清初华北市集与绅士豪民》，刘俊文主编《日本学者研究中国史论著选译》第六卷，中华书局1993年版，第357页。
⑤ "刑房……行使保甲之法，按保甲编户，十户为牌，十牌为甲，有甲长，有牌头。户给门牌，注明姓名、年岁、丁口、钱粮、行业等项目以备稽查四乡村庄"。参见光绪《利津县志》卷五《刑书第五》，清光绪九年刻本，第1页b。
⑥ 李彦峰：《清代州县户房研究——以〈南部档案〉为中心》，硕士学位论文，西华师范大学，2016年，第30—31页。
⑦ 乾隆《永清县志·吏书第一》，乾隆四十四年刻本，第4页a—b。
⑧ 《南部档案》18—1161—1—D1114，光绪三十四年二月十八日。
⑨ 乾隆《重修襄垣县志》卷二《礼乐》，清乾隆四十七年刻本，第39页b。

三 州县档案中的"串房"

（一）案卷归档

讨论"串房"之前，我们要厘清档案的归档原则。有清一代，案卷的处理自有一套规则。文书处理完毕，原则上均要按时间先后顺序立卷、归档。这项工作由各该管科房分别进行，即各科房既是文书处理部门，又是负责文书归档保存的单位。各分管科房按"一事一卷"的方式来归档，卷内各件按时间顺序（发文稿以形成时间为准，收文以文件到达时间为准）粘连在一起，[①] 案件多的，可长达数十米甚至上百米。[②] 处理完后，外加卷皮，[③] 卷面写上案卷信息。至于卷面上要书写哪些信息，清人黄六鸿记："审牌既挂，该承行即将原诉投禀等件挨日清理，粘连成卷，外加页面，上写某州县一宗为某事。左傍写某年月日，右上写某房、承行某人，下写原差某人送阅。"[④] 就各地实际的档案来看，卷宗封面所列顺序有所不同，内容大致如此，主要由县名、案由、房别、立卷日期等组成，[⑤] 如图 2 所示。

---

① 为何要将卷宗粘连成卷？时人认为一是防止奸胥抽添改匿；二是遇有检查，始末皆在。参见（清）汪辉祖《佐治药言》，《检点书吏》，载《近代中国史料丛刊》第 1 编第 27 辑，中国台湾文海出版社 1966 年版，第 133 页。

② 在今天看到的清代州县档案里，中国台湾《淡新档案》仍保持了"粘连各件成卷"属性，而大陆在整理时，大多将卷内各件分离，这种便于操作的整理方式实际上并不符合档案整理"保持原貌"的基本要求。

③ 李荣忠指出，清朝地方政府不供给笔墨纸张灯油等办公用费，一切都由书吏自理，于是管案经书通常将公文信封翻过来作卷壳。参见李荣忠《四川清代档案工作研究》，《档案学通讯》1989 年第 1 期。

④ （清）黄六鸿：《福惠全书》卷十一《刑名部一·词讼·审讼》，刘俊文主编《官箴书集成》第 3 册，黄山书社 1997 年版，第 336 页。

⑤ 笔者在阅读不同地方的档案时发现，卷面书写包括的要素在不同地区有差异，同一地区的卷面不同时期也多有不同。对档案卷面的研究，将另文探讨。

1. 四川南部县档案卷面

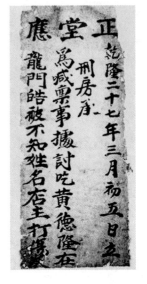

2. 四川巴县档案卷面

3. 直隶宝坻县档案卷面

4. 台湾新竹县档案卷面

图 2　清代四川南部县、四川巴县、直隶宝坻县、台湾新竹县四地的档案卷面

（二）档案"串房"

而翻检保存下来的按房归档的衙门档案，笔者发现有诸多"不规范"的事实：一是不少档案卷面写为某房，而卷宗里面的部分档案却标注为另一房；二是卷面标注的为某一案由，但里面装的却是两个或多个不同的事件；三是一个案件散布在几个卷宗；四是一张状纸上写有两个房名；五是严格按一房职能划分，它当属某房，但却归档他房。如此等等。对这些现象，笔者统称为"串房"。

为什么会存在"串房档案"？细究起来，大致有以下数种原因。

1. 当时的档案归卷就存在串房隐患。习幕多年且任过知县的汪辉祖曾言："衙门公事，全凭文案，平时宜令挂吏将所办稿件，挨顺年月粘卷，随时呈阅，一案既结，钤印归档。"① 但在实践层面，这只是一种理想的档案卷宗处理办法，不可能做到卷卷如此。因为案卷整理者在当时就没有按要求归档。清末做过广东、湖南知县的陈天锡曾提及，当时地方衙门还没有现代的资料处理技术，保存档案的工作都做得不好，胥吏也未必有能力或者说有兴趣去将档案整理得井井有条，所以往往将经年累月的案卷堆积在衙门的档案房里，没有做分类、标签登记等工作，以便利他人辨认调取。这样一来，只有长年管理这些档案的各房书吏才可能知道什么案卷存放于什么地方。②

此外，一些档案是在县官卸任交代时才开始归卷。雍正十三年清廷曾复准：

各省州县交代时，将任内自行审理户婚田土钱债等项案件，粘连卷宗，钤盖印信，造入交盘册内。仍汇录印簿，摘取事由，照依年月编号登记，注明经承姓名，随同卷宗交代。并将累任递交之案一并检

---

① （清）汪辉祖：《佐治药言》，《检点书吏》，《近代中国史料丛刊》第 1 编第 27 辑，第 133 页。

② 张伟仁：《清季地方司法——陈天锡先生访问记》，《食货月刊》1971 年第 6 期，第 45 页。

齐，加具并无藏匿抽改甘结，交代接任之员。交代完日，照例报明上司察核。倘有不肖胥吏违玩，不行察明交代，并有乘机隐匿、增改作弊等情，将失察之该管官照失于详察例罚俸一年。①

细研此则史料，不难读出其言外之意——有些案件事实上到了县官离任交代之时才开始做归档的工作。胥吏在交代之时会基于各种动机乘机隐匿、添改作弊。我们也可以想象，一些官员在升迁离任时，他们也有与胥吏类似的行为，将一些书札文移牌票焚毁，以避免给自己留下后患。甚至也可能将案卷带走，以供新任之地借鉴。

我们在整理《南部档案》时也多次发现，一个案卷里常常保存有与此案无关的档案。如10—862卷，卷名是"光绪十六年（一八九〇）邓永鉴等具告邓廷银等私押毁搪一案"，相关档案共有5件，另有2件本应归在10—864卷的却归在了此卷。这可能与后人整理不当有关，但也不排除当时就错误归档的可能。

2. 后人对档案的不当整理。后人对档案的整理由于观念、经验、财力、人力、档案保存不完整等各方面的原因，没有依据档案"来源原则"进行整理而导致的"串房"也不在少数。试以笔者看到的实际案例作一说明。②

（1）四川《南部档案》

第一，一个案件分散在几个卷宗。如6—102、6—108；6—134、6—142；8—390、8—392；8—936、8—938；11—473、11—474；12—1012、12—1014；15—535、15—536；18—301、18—911；19—85、19—86；20—116、20—119、20—123；21—371、21—381；22—381、22—388；等等。

第二，一个卷宗内保存有不属于本卷内容的案件。如5—279卷中，按卷面所写，档案应是"民人王朝忠等具告何中瑄等私设霸市一

---

① 乾隆《钦定大清会典则例》卷十三《吏部·公廨》，清文渊阁四库全书本，第38页a—b。
② 其实，归档的错误究竟是清代书吏还是后来整理者所致，有时很难分得清楚。所以相关讨论所涉及的案卷只是说明一种现象，而绝非肯定某卷就一定是后人整理造成的问题。

案"的相关内容，但前 4 件档案与此案完全不相关；又如 12—75 卷中，第 1 件应属于 12—480 卷宗。

第三，一案涉两房，后经县官裁判归在某一房。此类案卷的归档，原则上按"立卷"时的房而不是按最后处理的房来归档。但整理者在写卷皮时，有的却误归后者。光绪二十二年，积下乡孀妇刘李氏以串欺图谋等情具告何心文等一案很可能就是这种情况。该案最初案落礼房，后又改落工房。刘李氏为免一事两票之累，要求并案处理。恳状如下：

> 恳状，孀妇刘李氏，年六十八岁，住积下乡六甲，地名新镇坝，离城九十里。抱恳：子，刘先孝，二十四岁为仇牒改悖，恳撤归并事。情今八月十二，氏列娘家抱弟李得群为词照，以串欺图谋等情将何心文等近控分衙，准唤。心文等情虚畏审，刁藐抗唤，致沐分主牒详票唤，案落礼房。心文等恨牒成仇，藐不候渎，瞒氏牒详之案，将得群之名改为李超群，潜于十八悖案歧诬超群等乘死串霸各情，又奈案在两房一班，惨氏贫老寡樸，难受两票滋累，迫氏难已。特再恳，恩准将心文后控工房之票撤销，卷检氏牒，详礼房案内一票唤讯，以省歧累而恤孤寡，佩德不忘，伏乞大老爷台前施行。
>
> 光绪二十二年八月廿六日具①

刘李氏第一次递交的恳状因没有使用状格纸而未被衙门受理，后再次恳请，衙门同意并案。其后的点名单与供状都由礼房归档。② 按归档原则，最终该案卷应归礼房整理，但整理者却落在了工房。

第四，写错房名。18—1481 卷是关于设坛祈雨的档案，按职能当

---

① 《南部档案》13—95—5—G6055，光绪二十二年八月二十六日。
② 供状尾注明是"礼房叙"，见《南部档案》13—95—8—D1010，光绪二十二年十月十二日。

归礼房，事实上，该档案里凡落有房名的，均署有"礼房"二字。然而二十世纪八十年代整理的卷面上却是"工房"，这很有可能是整理者误写了房名。

房名一般是按首件确定，但现存档案的保存情况多不完整，以致我们经常看到档案的首件盖有"旧案"戳记。如果这样，一旦没有存留当时的卷面，整理者就容易误写房名。比如，现在归为宣统的案卷，往往只有一件审讯单或堂审记录，档案整理者通常根据档案所记的"某房审讯单"或"某房叙"而确定为某一房的档案。但是如前所述，有些案件会由多房共同完成，因此这种做法极易出现错误。①比如23目录中，39、45、63卷的审讯单及叙供都写明"刑房计开审讯单"或"刑书叙"，而案卷归档在"工房"。此外，后期裱糊过程中也有将一件档案中的一部分内容与他件粘贴在一起的。如6—161卷的第2、3、6件中的点名单与叙供。

（2）浙江《龙泉档案》

整理者发现相当数量卷宗袋上标出的案由与卷内实际内容不相符，一卷多案、同一案件散布于不同卷宗的情况普遍存在。②

（3）四川《会理州档案》

现存的会理州档案，有不少的档案封皮与案卷散落各处，并不在一起。

3. 案情性质前后发生变化。这种变化至少包括两个层次，第一个层次是同一案件里保存有两房甚至多房档案。之所以如此，是因为司法案件在处理过程中，往往会发生案情性质的变化，这样一来，同一卷内就可能会有不同房的档案。举例言之，当初只为普通的婚丧嫁娶涉讼，按其职能归礼房办理，其状纸上起初书写"礼"字，表示礼房

---

① 不仅有可能理错房别，而且也会将档案的年代写错。参见吴佩林《清代中后期州县衙门"叙供"的文书制作》，《历史研究》2017年第5期。

② 包伟民：《〈龙泉司法档案选编〉总序》，包伟民、吴铮强、杜正贞编《龙泉司法档案选编》第一辑，中华书局2012年版，第6—7页。

在办理，但在案情的进行过程中，发生了斗殴甚至闹出命案，按其职能则应归刑房办理，相应的状纸当标记为"刂"。对于这种现象，直隶省武清县的诉讼习惯调查报告中也提到：

> 诉讼事有始应某房办理，继而牵及某房者，应由何房办理？
> 答：分案情前后、轻重归房。①

《南部档案》9 目录第 119 卷，是一起总役杜友具禀杜桂华等匿税反凶的案子，因告者言及王建、黄金被殴伤，所以此案在立卷时划归了刑房。但随着案情的深入，官员了解到这个案件主要是契税方面

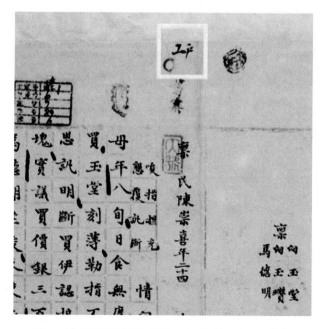

图 3　因"案情变化"导致一件档案写有两个房名

---

① 《法制科民情风俗地方绅士民事商事诉讼习惯报告调查书》（直隶顺天府武清县），稿本，清末，北京大学图书馆藏。

的纠纷，在堂审时归由户房办理，最终也由户房赵文清完成叙供。对此，宋人也有"刑房有事涉财赋，则关过户房"之说。①

第二个层次是一件档案上写有两房名，这也是案情变化所致。试举例说明。图3是同治十年北路积上乡向玉堂具控陈崇喜笼当估买坝地的案子。根据向玉堂的恳状，被禀陈崇喜当年怂恿他，让他当其坝地，付当银九十两。然而当后连年收不敷食，陈崇喜等因听信陈兆义等，欲将他控告衙门，敲诈他出钱二十四串，并出有杜约。因此事涉田土、当约，于是案分户房。但随着案情发展，向玉堂向衙门恳称，因其家贫、母迈、坝地歉收，实无力买，愿将其当价银两、杜约钱文一并充入城工，以作培修之费，恳赏准充。同时请求书吏协同首人勘界，悬牌招佃、收租，免蓄后祸。衙门同意了他的请求。随后，工书郭永升、首士张濂等具禀勘界情况，工房书吏张登云写稿，悬牌招佃。② 最后案归工房。这种一件档案上写两房名的情况在《南部档案》还有不少，基本上都是随着案情变化，超出了原先房所管职能，而归到相应房处理所致。

4. 一事两案。两造所告呈词分别落在不同房，导致一事两案，形成串房的事实。③ 试举例说明。

例1：恳状

　　民张正良、张伦化为一事两案，恳归并讯事。情今八月初三，民等呈控冯友喜、冯登礼妄争凶阻一案，卷在礼房，沐赏差唤。民等具呈，请添邱凤翰未准，应候讯究，曷敢请归。第冯友喜自觉妄争情亏，不敢投审。籍伊先与凤翰联名，将民诬告富驿

---

① （宋）黎靖德编：《朱子语类》卷一〇七《朱子四·内任·丙辰后杂言行·宁宗朝》，中华书局1986年版，第2666页。

② 《南部档案》6—89—1—G1337，同治十年十一月十七日；《南部档案》6—89—4—G1346，同治十年十二月三日；《南部档案》6—89—5—G1347，同治十年十二月十一日。

③ 可参见吴佩林《清代州县诉讼档案中的"一事两案"与"一件档案署两房"》，未刊稿。

有案。朦请牒移恩辕，案落刑房，计图缠延，牵混掩非。但此两案，事同一起，实由伊房妄争起衅，不应两累，为此恳恩准将牒移刑房之案，检归民等先控礼房卷内，一堂并讯，以省歧累，贫民戴德，伏乞大老爷台前施行。

光绪三年八月廿二日具①

从例1可知，光绪三年八月初三，张正良等控冯友喜、冯登礼妄争凶阻一案，案件分在了礼房。而冯友喜与邱凤翰联名，将张正良等告到分县署，②后案移到县衙，落了刑房。一事落两房，而按其性质当归礼房。于是张正良等申请归礼房，一堂并讯。从后面的堂审记录来看，张正良的请求得到了衙门的许可。

例2：具禀

　　武生邓树昌为一事两控，恳归并讯事。情生控职员李养全笼撤害垫一案，沐准差唤，案落兵房。生曷烦恳，第养全奸狡异常，不候集讯，以伊捐名李源濬悖案朦禀，生父邓天贤认还抓撤在卷，亦沐批准提讯察夺，案落户房。再讼由养全笼套生父，前向温锦山处替借银一百两，系伊连环亲书，票据自注，每月利钱四串五百文。兹伊辄乘锦山回籍，需银催收外账，殊伊欺异，欲撤心切。生叠屡问不耳，生父本朴，可怜，替借受逼，不已，外挪势给，由此气病卧床。伊反脱身事外，无奈生始呈控。讵伊刻籍张升杨该欠温姓之银牵混搪抵，希图狡展移害，兼伊图撤生父货账，足见丧尽天良。但此两案，实系事属一起，何堪两累。生特禀明，恳将源濬控禀户房提讯之卷捡归生控养全兵房，票唤一堂并讯，以省歧累，实沾恩便。伏乞父

----

① 《南部档案》7—445—3—N3100，光绪三年八月二十二日。
② 富驿，又为富村驿，是清代四川南部县县丞所在地。就佐杂司法可参见吴佩林《万事胚胎始于州县乎：〈南部档案〉所见清代县丞、巡检司法》，《法制与社会发展》2009年第4期。

台大人台前施行。

被禀 李养全

光绪二十五年八月十四日。

（批）如恳归并，词无验记，并饬。十一。①

例2中，武生邓树昌与职员李养全关于钱债的纠纷系属一事两控，邓树昌要求统归兵房，以省歧累。后经衙门裁判，最终归兵房处理。这种同一事件因不同人涉讼，导致案落两房的情况，有时并非无意，而是其中一方有意为之，从某种程度讲，可算是一种诉讼策略。

图4　因"一事两案"导致同一件档案写有两个房名

以上所举案例，其所归档案仍只填写某一房名，而下例则写有两房。图4是《南部档案》7—574—6的部分截图。该件档案上方的中间"旧案"二字上写有户、刑二房。为何如此呢？简而言之，就是案落两房，最后归其中一房所致。该案起因是光绪二年冬月二十日东路积上乡陈相亭具告黎发富等套蔓凶骗，发生殴伤。因事涉殴伤，案归刑房。但

---

① 《南部档案》14—576—4—B3166，光绪二十五年八月十四日。

光绪二年十二月十五日，同乡文生席烜控告陈宗和、陈宗尧等，因所告为盐井税契问题，以"新案"归入户房。随着案情的发展，陈相亭才说出当初只控黎发富而没告席烜，是因为席烜"衿财两仗""畏势大"。但如今两词歧导悖，恳求"检归民控前案"。① 后衙门同意归为一案，遂在"户"后添加了一"刂"字。② 此处一件档案写两房名的情况与前列第三条的区别在于，前列是因为案情性质发生了变化，而这里是因为两造所诉案情的不同，衙门分到不同房，最后合案所致。

5. 看似串房，实是内部功能使然，并非真正的串房。一个案子分给何房办理，依据各房职掌来处理是基本规则，然而一些看似应归某一房办理的案件，实则不属于其职能范围。道光时山西《阳曲县志》载：

> 州县因地制宜，尤无一成之法。如丁口为户房所领，而编户烟册乃属刑房，以烟册非赋丁，而立意在诘奸也。武生、武举隶兵部，而承办乃在礼房，以生员不分文武，皆在学校，而学校通于贡举也。分合详略之间，求其所以然者，而修明之何，莫非掌故耶。③

类似的记载也存于乾隆《永清县志》。④《南部档案》保存了一件咸丰四年（1854）清廷选拔秀女的札文，⑤ 按道理选秀当属礼房职能

---

① 《南部档案》7—574—6—X628，光绪三年正月二十一日；《南部档案》7—574—1—X612，光绪二年十一月二十四日；《南部档案》7—574—3—X617，光绪二年十二月十二日；《南部档案》7—574—4—X620，光绪二年十二月十五日；《南部档案》7—574—5—X624，光绪二年十二月十八日。

② 类似的案例不少，如《南部档案》6—182—2—X299（工、刑），同治九年八月二十六日；《南部档案》6—169—3—X178（刑、礼），同治十一年七月九日；《南部档案》8—775—4—X867（礼、刑），光绪九年十月二十七日；《南部档案》14—66—4—G6358（工、刑），光绪二十四年闰三月十一日；《南部档案》14—66—5—G6359（刑、工），光绪二十四年三月二十九日；《南部档案》14—66—11—G6367（刑、工、承发房），光绪二十四年闰三月一日。

③ 道光《阳曲县志》卷六《吏书》，清道光二十三年修，民国二十一年重印本，第1页a。

④ 乾隆《永清县志·吏书第一》，清乾隆四十四年刻本，第3页b。

⑤ 《南部档案》5—125—1—H491，咸丰四年。

范围，而这件档案却归在了户房，原因是札文中提到的选秀涉及州县辖区内户口的变化。

6. 州县衙门各房案件混争。自康熙以来，各房自典吏以下，衙门并不发给工食钱，而各房办公需要基本的办公费，他们的生存也需自己解决，[①] 所以争办"案件"成为各房获利的重要手段，也正因为如此，相关的诉讼一直不断。

（1）应散给各房的，承发房隐瞒自办。承发房的本职工作是接收呈词，登记号簿，根据所告案情分类，然后散发各房。[②] 但事实上，承发房往往扣压案件，自行承办。光绪四年，南部县承发房典吏夏正华与经承李春芳等伙同串一局，将王应选具告王应伸、王庸具告敬思惠等各案均批饬书签差，承发房并不散给，私行呈稿送核，龚师爷另批在稿，始行散户房。又将各房应办之案，窃办数十起。至八月中旬，始经户房查获向问，反行出言不逊，回明门稿，沐委吏房集词理议，户房始将同治五年（1866）承书擅办李元发陈案说出。[③]

（2）应分给某一房的案件，承发房却散给另一房。光绪二十六年，南部县知县袁用宾在任时，批准各房会议定禀，凡有武职生员等控案，无论原被，以首名为断，概归兵房承办，[④] 以均苦乐。但是承发书违批不遵，往往遇有武人案件乱散各房。光绪二十九年三月初一日，陈富年具告武举宋作宾等一案，散发工房；光绪三十年邹德耀具告武生龚继生一案，散入户房；光绪三十三年正月十五，有安仁乡民人郭永贵呈控武生郭占奎案，承书偏袒违规，将此案乱散刑房；[⑤] 宣

---

① 吴佩林、白莎莎：《清代州县书吏薪金变化及其原因》，《江汉论坛》2017 年第 7 期。

② 在台湾，"衙门设承发科，原为案件出入、挂号，以便稽查，历来如斯"。《淡新档案》11202—2，同治九年四月二十八日，台湾大学图书馆藏。在四川南部县，承发房对公件"止呈上发下之责"。《南部档案》26—12—4754，光绪四年。

③ 《南部县档案》26—12—4754，光绪四年，四川南部县档案馆藏。

④ 《南部档案》16—31—2—B2320，光绪二十九年三月初五日；《南部档案》16—856—1—D129，光绪三十年十月二十四日。

⑤ 《南部档案》16—562—2—D862，光绪三十三年正月十六日；《南部档案》16—31—1—B2319，日期缺。两件内容完全一致。

统元年（1909）八月初四日，武生敬长清禀控罗玉玺案，承书偏袒违规，将此案滥散工房。① 由此导致诉讼发生。

（3）房际之间为争办案件诉讼不断。四川省档案馆原馆长李荣忠先生曾非常有见地地指出，"各房书吏公事分应差与办案两大类，差务无费可取或取费不多，办案则可照章收费。因此应差与办案必须搭配，有差才有案"。② 而争取办案是各房及所属差役获取费用的重要途径，相关的诉讼也持续不断。如宣统三年，刑房书吏为争办案件与他房闹上衙门。具禀中，刑房以"均苦乐"为由，要求将词讼罚款之案归他们专办；富村镇勇役杨恭臣等因锁李全耳滋祸一案，词内虽叙"搜烟"，但事关掳殴，应散刑房办理；又伏天明与伏天顺互控一案，分给了工房办理，但词叙两人受伤，同日奉批勘验，这样一来，难甘刑房担任承验之责，亦难糊口。但事实上，杨恭臣一案中，李廷吉原词虽衅起搜烟，但并未受伤。伏天明原词系争业伐树，当归工房承办。衙门认为刑房所禀"实属无理取闹"，予以驳斥。③ 类似的房际之间的案件争讼在各地均存在，且一直不断。④

四 结语

缪全吉先生早在四十多年前曾表达了学界对三班六房研究不力的遗憾："明清地方政制，论著甚多，于地方之职官，言之綦详，惟于地方衙门具体存在之内部结构，往往为人所忽略，时至今日，能道三班、六房者，已不多见。同于此系习惯之制，既不见于典章制度，若再不加以整理发掘，恐时日愈久，愈为人所遗忘，终必使近代地方政制留一空隙，岂不可惜！"⑤ 在缪氏看来，研究进展之所以不大，一个

---

① 《南部档案》16—31—3—D367，宣统元年九月初一日。
② 李荣忠：《清代巴县衙门书吏与差役》，《历史档案》1989 年第 1 期。
③ 《南部档案》22—468—1—D95，宣统三年四月初一日。
④ 《会理州档案》1—289—2—P2920，光绪三十四年十二月二十日，四川会理县档案馆藏。
⑤ 缪全吉：《明代胥吏》，中国人事行政月刊社 1968 年版，第 58 页。

重要的原因在于，相关资料不见于典章制度。而今，随着地方档案的开放，看似提供了不可多得的一手资料，唯后来整理者大多打破了"按房整理"的档案来源原则，以致对这个问题的研究仍不多见，也不深入，甚为遗憾。笔者通过爬梳方志、州县档案等文献，可得出如下结论。

第一，有学者对"三班六房"中具体的数字予以否定，事实上，"三""六"并不是具体的数字，所谓"三班六房"也只是一个约定俗成的称呼。六房之外的房的名称、"六房"在衙署中的位置、某一房的细分、一州县房的数量增减、各房职能等，往往会随着一地的规模大小、经济状况、事务繁简等情况呈现出多样的表现形式，地域性、多样性、复杂性、时间性等特征明显。

第二，在讨论书吏数量之多时应充分考虑到轮值现象。清人常言书吏之多，呼吁定额以减民患。如"所用胥吏本有定额，乃或贴写，或挂名，大邑每至二三千人，次者六七百人，至少亦不下三四百人"，[①]"天下之官冗，而胥吏日以伙，每县殆不止千人矣"。[②] 而本章的研究则说明书吏也存在着与衙役一样的轮值现象，同一时期在衙门做事的书役的数量与前人所论的书役总量是两个完全不同的概念。过去讨论书吏之多，进而导致的对社会危害之重的结论需要重新考量。

第三，"六房"是县衙内部行政职能运作的基本载体，在县官、幕友、衙役、长随之间发挥着重要的枢纽作用。一般而言，六房组织在衙门有专门的办公场所，有一定数量的办公人员，"六房"虽各有分工，但是遇到事涉几房的案子，相关房也会协同处理。各房职掌并非只有抱案牍、理文书这些差务，还要办理一些词讼案件，以供办公

---

① （清）游百川：《请惩治贪残吏胥疏》，来新夏主编《清代经世文全编》第47册，学苑出版社2010年版，第282页。

② （清）侯方域：《额胥吏》，来新夏主编《清代经世文全编》第18册，学苑出版社2010年版，第9页。

或养家之资。因此，词讼案件也并非如常人理解的那样由刑房独办，而是由相关房处理。① 可以说，"六房"是衙门内部有序运转的保障，没有"六房"，就不称其为衙门。

第四，"串房"档案的产生一方面是由于案件性质发生了变化而进行的再次归档，是衙门"有序"的表现，其中"错误"的归档说明有序的衙门运转会因衙门内部房科之间的混争与书吏个人私利的掺入而变得"无序"。这种"无序"部分也源于书吏的不得已。当时国家层面不解决书吏维持生活的基本需求，书吏靠陋规或非法收入来生存，这样的制度安排与他们在衙门中的重要性形成极大反差。② 很大一部分"串房"的档案实际是他们经济利益被重新分配的结果。我们过多强调书吏之害而不正视和解决他们的生存与发展问题，实际上皆不可取，明代人也觉得是一件可笑之事，佘自强感叹道："衙门自吏书而下无一事不欲得钱，无一人不欲作弊者，老成者见得事明白，禁之使不得行，便是革弊。若各项事体通不明白，空空只言革弊，恐徒为吏书笑耳。"③

第五，时下对地方文献的整理方兴未艾，但问题实在太多。就本章讨论的范围而言，欲对清代州县档案进行科学、规范的整理，除掌握诸如《明清档案著录细则（DA/T8—1994)》之类的指导用书的要领外，对这些档案展开文书学研究是必不可少的环节。不然，因整理不当带来的"串房"问题不仅会使"边整理边破坏"的情况加剧，

---

① 庄吉发的看法可能有误，他曾言"刑名的根据是律例案，大清律例固然载在典籍，但是案的卷宗却掌握在刑房书吏之手。至于钱粮的串票，可谓汗牛充栋，非倚户房书吏清理不可"。庄吉发：《故宫档案与清代地方行政研究——以幕友胥吏为例》，《清史论集》（二），第469页。这种认识可能与汪辉祖的说法相关，汪辉祖曾言"衙门必有六房书吏，刑名掌在刑书，钱谷掌在户书，非无谙习之人，而惟幕友是倚。幕友之为道，所以佐官而检吏也"。（清）汪辉祖：《佐治药言·检点书吏》，中华书局1985年版，第4页。

② 吴佩林、王楚强：《从文书制度看清代州县书吏对衙门的控制》，《湖北大学学报》（哲学社会科学版）2018年第1期。

③ （清）佘自强：《治谱》卷二《房科事体条约》，明崇祯十二年胡璿刻本，刘俊文主编《官箴书集成》第2册，黄山书社1997年版，第97页。

而且也会大大降低我们对文献的利用效率。

　　以上所论尚为一个提纲式的梳理，更深一步的探讨还有待大量的个案与分房研究。清末，随着新政官制改革，书吏系统中的"六房"成为吏治整顿的对象，机构合并与裁撤盛行，其演进如何，效果如何，也是笔者下一步欲探讨的问题。

贞寿之门

——明清寿妇制度研究

姚春敏　赵振锋*

　　寿妇制度是中国传统社会养老制度之一，是指向长寿女性的专用制度。《清会典》有："寿民给予'升平人瑞'字样，寿妇给予'贞寿之门'字样。"① 目前学界对传统社会的女性群体研究中，节妇、贞妇与烈妇是重点，相关成果斐然。② 作为同样被方志记载的女性群体，③ 寿妇似乎被学界遗忘，除偶在一些明清养老文章中提及之外，目前未见专文论及。尊老是中华文化的精神本原，中国传统儒家思想对长寿之人极为重视，男性长寿者称为寿民、寿耇，长寿而有德者更是被表彰和加冠带，称为寿官。男性寿官作为一种虚职，近年来已被学者关注到。④ 男女有别，寿妇制度与寿官制度亦差别甚大，对此，目前学界的研究尚属空白。筚路蓝缕，以启山林，笔者不揣谫陋，以

* 姚春敏，曲阜师范大学历史文化学院教授；赵振锋，山西师范大学戏剧与影视学院博士。

① （清）崑冈等修：《钦定大清会典》卷三十，《续修四库全书》（第794册），上海古籍出版社2002年版，第277页。

② 卢苇菁：《矢志不渝：明清时期的贞女现象》，江苏人民出版社2017年版；衣若兰：《史学与性别：〈明史·列女传〉与明代女性史之建构》，山西教育出版社2011年版；郭松义：《清代妇女的守节和再嫁》，《浙江社会科学》2001年第1期。如此等等。

③ 传统地方志中女性群体的书写一般分为：节妇、烈妇和寿妇几大类别。

④ 邱仲麟：《耆年冠带——关于明代"寿官"的考察》，《台大历史学报》2000年总第26期；祝虹：《齿德双隆：明代徽州的"寿官"》，《安徽大学学报》（哲学社会科学版）2020年第3期。

明清国家典籍及地方志、文人笔记、民间碑刻等文献中的记载为一手资料，加之田野调查的相关资料互证，试析这一制度的发展和特征，不妥之处，敬请方家批评指正。

一 寿妇制度的来源与发展

长寿女性作为家庭和谐的象征，在中国传统社会中一直备受尊敬，最早记载对长寿妇女进行旌表的文献出现在唐朝。[①] 除一些唐代女性墓志铭中所载高年女性被封之外，[②] 国家政策明文规定则自唐高宗始。高宗时曾多次恩赐高年之妇，唐显庆五年（660）春，始诏版授[③]太原城内八十岁以上老妇郡君，《资治通鉴》载："甲子，上发东都。二月辛巳，至并州。三月丙午，皇后宴亲戚、故就、邻里于朝堂，妇人于内殿，班赐有差。诏：'并州妇人年八十以上，皆版授郡君。'"[④]《旧唐书·高宗纪下》亦载："（干封元年）正月壬申，诸老人百岁已上，版授下州刺史，妇人郡君，九十、八十节级。"[⑤] 高宗的妻子为大名鼎鼎的武则天，唐高宗多次版授高年妇女应是受其影响较大。武后时期亦对并州八十岁以上的妇女版授郡君，官阶在正四品到正五品，仅给官名而无职务，通常是授给一品到四品嫔妃的母亲。[⑥]

接着，唐玄宗也分别对太原府和京城老妇进行恩赐。开元十一年（723），对太原府八十岁以上的贤德老人授予上等县县令荣衔，八十岁以上老妇人授予县君荣衔；九十岁以上老人授予上等州长史荣衔，

---

① 唐代之前也有女性封君，但是封号者均为皇后母、皇帝乳母及权臣的母妻女等，不涉及一般女性。见朱绍侯《〈秦汉时期的"赐民爵"及"小爵"〉读后——兼论汉代爵制与妇女的关系》，《史学月刊》2009 年第 11 期。

② 见周绍良、赵超《唐代墓志汇编》（全二册），上海古籍出版社 2014 年版。

③ "版授"简称版，或作"板"，是传统社会中央政府的一项施政措施。尤其是唐代的版授制度，在整个行政运作体系中占有重要地位。

④ （宋）司马光：《资治通鉴》卷二百《唐纪十六》，中华书局 1956 年版，第 6319 页。

⑤ （后晋）刘昫等：《旧唐书》卷五《本纪第五高宗下》，中华书局 1975 年版，第 89 页。

⑥ ［日］原百代：《武则天传》（上），谭继山译，天地出版社 2019 年版，第 430 页。

九十岁以上老妇授予郡君荣衔；百岁以上老翁授予上等州刺史荣衔，百岁老妇人授予郡夫人荣衔。① 唐玄宗《加应道尊号大赦文》载："其京城父老，宜各赐物十段，七十已上仍版授本县令，其妻版授县君。六十以上，版授本县丞。天下侍老，百岁已上版授下郡太守，妇人版授郡君。九十已上版授上郡司马，妇人版授县君。八十已上版授县令，妇人版授乡君。仍并即量赐酒面。"② 玄宗后期对长寿妇人的封赐区域从太原府扩展到京城各区。

其后，唐代历代帝王曾多次版授寿妇，而且区域不断扩大直到所有统治区域。如唐文宗颁布："夫务仁寿莫若敬耆老，厚风俗莫若劝名节。天下百姓妇人年九十已上，各赐米五石、绢两匹、绵一屯、羊酒有差，版授下州刺史郡君。"③ 尔后，多有耆老版授为下州刺史、州司马、版授县令等；老妇则版授郡君、版授县君、版授乡君之例。④ 此不赘列。

比之唐代，宋代这一政策明显式微。宋徽宗曾于大观元年（1107）大赦天下，男子百岁以上授官、妇人封君。洪迈《容斋随笔》记载："晁无咎作《积善堂记》云：'大观元年大赦天下，民百岁男子官，妇人封；仕而父母年九十，官封如民百岁。于是故漳州军事判官晁仲康之母黄氏年九十一矣，其第四子仲询走京师状其事，省中为漳州请，漳州虽没，赦令初不异往者，丞相以为可而上之，封寿光县太君。'"⑤ 可见，宋代这一制度虽颁布不频繁，但仍在实施中，猜测受封集中在贵族妇女中，并未下延至平民之中。之后的金元时期未见对长寿妇人的加封。

---

① （宋）欧阳修、宋祁：《新唐书》卷五《本纪第五玄宗皇帝》，中华书局1975年版，第130页。

② （清）董诰等：《全唐文》卷三十九《元宗》，中华书局1983年版，第428页。

③ （清）董诰等：《全唐文》卷七十五《文宗》，中华书局1983年版，第791页。

④ 邱仲麟：《耆年冠带——关于明代"寿官"的考察》，《台大历史学报》2000年总第26期，第207页。

⑤ （宋）洪迈著，穆公校点：《容斋随笔》卷九，上海古籍出版社2015年版，第352页。

　　明代则是寿妇赏赉与旌表真正制度化的开始，明代中央政府曾多次明文规定对寿妇奖赏，如天顺二年（1458）："军民之间有年八十以上者，不分男妇，有司给绢一匹、绵一斤、米一石、肉十斤；九十以上者，倍之。"① 嘉靖十七年（1538）、十八年（1539）和二十四年（1545）分别颁布："孝子顺孙义夫节妇，已经旌表，年及七十以上，并军民之家，男妇年八十以上者，有司各给与绢一匹、绵一斤、米一石、肉十斤；九十以上倍之。其八十以上男子，加以冠带荣身。"② 万历三十四年（1606）："军民男妇查无过犯，年七十以上者，许一丁侍养，免其杂泛差徭；八十以上者，仍给布二匹、米一石；九十以上者倍之。内男子有德行着闻，乡里敬服者，给冠带荣身；男妇百岁者，表宅优异，仍岁给布米养赡终身。"③ 可知，明代的寿妇赏赉在天顺年间为八十岁起步，万历后期年龄降至七十岁，并且开始免除杂役和徭役，到了期颐之年即一百岁开始岁供给布帛米粮并终身养之。

　　明代寿妇制度主要包含赏赉和旌表两类，旌表制度大约在隆庆三年（1569）形成，之前对长寿妇人主要为物质奖励。《明会典》载："隆庆三年奏准，孀妇寿至百岁者，照例旌表为贞寿之门。"④ 其对旌表范围有严格限定，仅旌表孀居且寿至百岁之老妇，从表文"贞寿之门"看，其着重强调孀居而贞者，加之年龄限制，条件设定较为严苛。

　　有清一代是寿妇制度发展最为完善的时期。"清承明制"清代继承并且发展了明代的寿妇制度。清代共旌表"节、烈、孝、义、寿、

---

　　① （明）申时行等：《明会典》卷八十《礼部三十八·养老》，中华书局 1989 年版，第459 页。

　　② （明）张居正等修：《明世宗实录》卷二一八、二二一、二四八，中国台湾"中央研究院"历史语言研究所校印，1962 年，第 4486、4569—4570、4990 页。

　　③ （明）张惟贤等修：《明神宗实录》卷四一八，中国台湾"中央研究院"历史语言研究所校印，1962 年，第 7909 页。

　　④ 王云五主编，（明）申时行重修：《万有文库·明会典》卷十七，商务印书馆 1936 年版，第 1828 页。

产"六大类女性。对寿妇的旌表可分为百岁寿妇、五世同堂寿妇和八十岁以上寿妇等类别。

　　清代对百岁寿妇旌表范围经历由小及大的外展过程。康熙九年（1670）："命妇孀居寿至百岁者，题明给与'贞寿之门'匾额，建坊银三十两。"① 此时的旌表还是只限于命妇。康熙四十二年（1703）二月明文颁布："百岁老民给与'升平人瑞'匾额，并给银建坊。节妇寿至百岁者，给与'贞寿之门'匾额，仍给建坊银两。"② 始将节妇寿百岁者纳入旌表之列。同年《钦定大清会典则例》载："四十二年覆准，老民年登百岁者，照例给与建坊银，并给'升平人瑞'匾额，老妇寿至百岁，建坊悬额与命妇同。"③ 最终把旌表范围从贵族孀居女性扩展到平民百岁老妇，其后历代沿用此制成为定例，方志及文人笔记中多有记载印证，如赵祖铭著《清代文献迈古录》载："定例，寿至百岁者，建坊旌表老民，给与'升平人瑞'字样，妇人给与'贞寿之门'字样，兄弟同臻百岁，给'熙朝人瑞'字样，夫妇同登百岁，给'期颐偕老'字样，均令并建一坊，凡寿至百十岁者，建坊银加一倍，百二十岁者，加两倍，再多请旨加赏，不拘成例。"④ 再如，陈康祺《郎潜纪闻初笔》卷一有："定例：凡寿民、寿妇年登百岁者，由本省督抚题请恩赏，奉旨给扁建坊，以昭人瑞。"⑤ 此例众多，恕不赘列。

　　从方志来看，明代对赏赉和旌表的寿妇记载并不翔实，数量稀少。方志显示：清代整体的寿妇群体远超明代，且在乾隆朝之后飞速上升。

---

　　① （清）允裪等：《钦定大清会典则例》卷七十一，《景印文渊阁四库全书》（第622册），中国台湾商务印书馆发行，1986年，第356页。
　　② （清）清高宗敕撰：《清朝通典》卷五十七，商务印书馆1935年版，第2416页。
　　③ （清）允裪等：《钦定大清会典则例》卷七十一，《景印文渊阁四库全书》（第622册），中国台湾商务印书馆1986年版，第356页。
　　④ （清）赵祖铭著，贾玮、张建国校点：《清代文献迈古录》，大众文艺出版社2003年版，第277页。
　　⑤ （清）陈康祺：《郎潜纪闻初笔》卷一《寿民寿妇》，中华书局1984年版，第13页。

如《南皮县志》对明清以及民国初期的寿妇进行了统计，明代只载1例，而清代至民国初期竟然达到了123人，其中百岁以上8人。①再如《庐陵县志》明代未载，附录清代寿妇162人，百岁以上8人。②此类实例数量众多，胪列取部分如表1所示。

表1　　　　　　　　　部分区域明清方志载寿妇数目　　　　　　（单位：人）

地区	明代寿妇数量	清代寿妇数量	清代百岁寿妇数量
平江县	4	1040	40（自乾隆三十四年起有记载）
万载县	1	该志书仅载百岁以上	73（自乾隆元年起有记载）
奉新县	2	66	23（自乾隆二十二年起有旌表记载）
泾县	2	该志书仅载百岁以上	20（自乾隆八年起有记载）
安福县	1	201	1（此外九十五岁以上11人）
新昌县	未载	79	46（自乾隆元年起有记载）
黄陂县	未载		35
桐乡县	未载	仅载九十岁以上69人	8（雍正旌表1人，余为乾隆三十三年起载）
德化县	未载	374（多为九十岁以上）	11（乾隆元年起有载）
庐陵县	未载	162	8
崇庆县	未载	175	9
大定县	未载	59	11
毕节县	未载	87	15
蕲州	未载	载九十岁以上44人	18
崇川	未载		乾隆年间旌表百岁寿妇9人
同州府	4		乾隆年间旌表百岁寿妇18人
大荔县	未载		乾隆年间旌表百岁寿妇8人

---

① 王德乾等修，刘树鑫纂：《南皮县志》卷十《文献志·耆寿》，民国二十二年（1933）铅印本。

② 王补、曾灿材：《庐陵县志》卷二十三《耆献志·寿妇》，民国九年（1920）刻本。

续表

地区	明代寿妇数量	清代寿妇数量	清代百岁寿妇数量
永定县	未载	仅载九十岁以上 55 人	3
临湘县	未载	载九十岁以上 27 人	3
仁怀	未载	载九十岁以上 51 人	1
射洪县	未载	载九十岁以上 74 人	5

资料来源：（清）张培仁等修，李元度纂：《平江县志》卷四十九《人物志·寿妇》，光绪元年（1875）刻本。龙赓言纂修：《万载县志》卷十一《列女·寿妇五世同堂》，民国二十九年（1940）木活字本。（清）吕懋先修，帅方蔚纂：《奉新县志》卷十四《人物志·寿妇》，同治十一年（1872）刻本。（清）李德淦等修，洪亮吉纂：《泾县志》卷二十一《列女·寿妇》，民国三年（1914）石印本。（清）姜大定、褚维垣修，尹袭渎纂：《安福县志》卷二十三《列女·寿妇》，同治八年（1869）刻本。（清）朱庆尊等纂修：《新昌县志》卷二十一《人物志·列女》，同治十一年（1872）活字本。（清）刘昌绪修，徐瀛纂：《黄陂县志》卷九《人物志·寿妇》，同治十年（1871）刻本。（清）严辰纂修：《桐乡县志》卷十八《列女志·寿妇》，光绪十三年（1887）刻本。（清）陈萧修，吴彬纂：《德化县志》卷四十二《人物志·寿妇》，同治十一年（1872）刻本。王补、曾灿材纂修：《庐陵县志》卷二十三《耆献志·寿妇》，民国九年（1920）刻本。谢汝霖等修，罗元黼纂：《崇庆县志》卷八《寿民寿妇》，民国十五年（1926）铅印本。赵显国等修，李芳纂：《大定县志》卷十七《列女志·寿妇表》，民国十五年（1926）石印本。（清）陈昌言修，徐廷燮纂：《毕节县志》卷六《人物门·寿妇》，光绪五年（1879）刻本。（清）封蔚礽修，陈廷扬纂：《蕲州志》卷二十四《人物志·寿妇》，光绪八年（1882）刻本。（清）徐缙、杨廷撰编：《崇川咫闻录》卷十《列女·百岁寿妇》，道光十年（1830）刻本。（清）张奎祥修，李之兰等纂：《同州府志》卷四十一《人物志·寿妇》，乾隆六年（1741）刻本。（清）熊兆麟纂修：《大荔县志》卷十五《列女传·寿妇》，道光三十年（1850）刻本。（清）万修廉、龙恩湛修，张序枝等纂：《续修永定县志》卷九《列女·寿妇》，同治九年（1870）刻本。（清）盛庆黻、恩荣修，熊兴杰、欧阳恩霖纂：《临湘县志》卷十二《列女志·寿妇》，光绪十八年（1892）刻本。（清）崇俊等修，王椿纂：《增修仁怀厅志》卷五《寿妇》，光绪二十八年（1902）刻本。（清）黄允钦等修，罗锦城、张尚湘等纂：《射洪县志》卷十四《人物志·寿妇》，光绪十一年（1885）刻本。

　　从表 1 可见，有清一代寿妇被旌表的数量远超明代。特别是乾隆朝开始，呈现出井喷状发展，猜测原因之一为清代这一时期人口大量增长导致长寿之人的数量也相对递增，年逾百龄者在各地都非鲜见。如乾隆朝《东华续录》载：

> 戊戌谕军机大臣等据富纲等奏寿民郑昌玺妇陈柯氏等俱年逾百岁，洵属熙朝人瑞盛世嘉祥，理合缮折奏闻等语，寿民寿妇年逾百龄为各省常有之事，该府既经分案具题，何必多此一奏，其意不过以朕万寿节近，以此吉祥之语入告，不知督抚身任封疆全在办理民事，而朕尤以勤政爱民庶事就理为念，如果各省雨水调匀年丰民乐，祥瑞孰大于此，岂必以景星庆云凤凰麒麟侈陈符瑞耶，将此传谕该抚知之。①

百岁寿民寿妇在各地为司空见惯的现象，官员以地方出现百岁寿民寿妇作为盛世祥瑞奏请入告时，乾隆对此不以为然。但方志显示清代寿妇数量的增长明显超过单纯人口增长比例，主要原因还是来自最高层的制度设计，乾隆皇帝推崇孝道治天下，加之其母崇庆皇太后高寿，为显示对母亲的孝敬，给天下人做表率，对寿妇制度不断强化。崇庆皇太后七旬之时，仅获赏赐的八旗寿妇就达到了800人，其中一百岁以上1人，九十岁以上17人，八十岁以上218人。② 乾隆三十年（1765）崇庆皇太后巡幸江浙时，乾隆皇帝援引康熙四十七年恩诏再度旌表"所有经过直隶、山东二省之老民老妇"和"江南浙江二省男妇年七十以上者"，③ 以显示其优老尊老的用意。另据《曲阜县志》记载，乾隆三十六年（1771），乾隆皇帝偕其母东巡到曲阜，正值皇太后八旬之际。为了迎接皇帝及皇太后的到来，衍圣公孔昭焕与地方官员精心地安排，在古泮池行宫外夹

---

① 乾隆《东华续录》卷九十三，清光绪十年长沙王氏刻本。
② 其余可以猜测都是八十一岁以下者，占总人数的大部分。故宫博物院编：《故宫学刊》第9辑，故宫出版社2013年版，第169页。
③ 赵之恒、牛耕、巴图主编：《大清十朝圣训》（第12册—第15册清宣宗圣训·清文宗圣训），北京燕山出版社1998年版，第4236页。

道搭起长长的寿棚，调集一千余名 70 岁至百岁以上的寿妇前来迎接，为皇太后祝寿。据载，这千余名寿妇中，孔氏家族中的老人有一百多人，庙庭佃户中的老人有二百多人，余为县内各村庄的老人。有四人超过百岁，其中吴孙社的贾倪氏 104 岁，东忠社的胡张氏 103 岁，崇圣社的杨孔氏及东忠社的颜孔氏均 101 岁。①

乾隆皇帝在五十五年（1790）又集中对全国的寿妇进行了大量的旌表，此后的嘉庆和道光朝都对这一制度极为重视，继续沿袭，直至光绪、宣统时期。每个帝王都旌表了数量不菲的寿妇，这是清代寿妇制度发展完善的一个标志。

制度完善的另一个标志是：地方志中明确规定女性单元，其中寿妇为重要的组成部分。如《湘乡县志》：

> 《列女》之目，曰孝女孝妇、曰贞女贞妇、曰节妇、曰烈女烈妇、曰贤媛。谨按定例，凡贞孝节烈妇女皆准旌表。旧志孝妇附节而见，孝女盖缺，今特为表章，且冠诸首。节妇人数繁多，今各以其姓汇之，庶免复漏之病。纪事则从简洁，自夫名外，其父名、子名以及带叙各名概不多及，以省繁冗。其旧志已载者仍之。每门皆以已旌、待旌为序。至贤媛，旧志仅载十二人，或夫故守节而年例未符，或夫出未归而孝慈兼尽，原与夫妇偕老安常处顺者不同，故录者甚少。此次新采过多，难以概入。盖夫在而妇贤，则贤为夫掩而妇不得以自专，此地道无成之义也。若夫没而年例已符，则可入节妇；或夫没而妇已老，如年逾大者则可入寿妇，均可不入贤媛，故于此门所采较少。②

---

① 张河：《孔子孔府养生之道》，中国人民政治协商会议曲阜文史资料委员会，1993 年，第 68 页。

② 湘乡县志编纂委员会：《湘乡县志》，湖南人民出版社 1993 年版，第 1060 页。

又如，清嘉庆张大鼎修《阿迷州志》中：正文十三卷，分载四册。卷一图象；卷二沿革；卷三建置；卷四疆域；卷五山川；卷六风俗；卷七丁赋；卷八学校；卷九祠祭；卷十秩官；卷十一选举；卷十二人物；卷十三烈女，附百岁寿妇，即本地贞、孝、节、义之女性和长寿妇人。①

再如，清代李元度撰《天岳山馆文钞》述及《人物传》曰："地志为史氏之流别，史有列传，方志亦师其意，而人物具纪焉……至贞烈、节孝、寿妇，概以列女赅之，继轨中垒，用光炜管。"②

以上仅列三种，其余方志大体皆如上。因此，"寿妇"是乾隆朝之后地方志编纂中重要的一个条目，并且各地方志都增设，可见这一制度在这一时期已日臻完善。

最后，清代对旌表寿妇实行年龄相关的"差额累进制"赏赐办法。《清会典》载："雍正六年，谕：年届一百一十八岁之人，实为希有，着于定例赐坊银三十两外，加增两倍，共赏银九十两；嗣后年至一百一十岁，加一倍赏赐，至一百二十岁者，加两倍赏赐。更有多得寿算者，按其寿算加增。着为定例。"③ 方志中亦可看到百岁寿妇的持续受封。

要之，对高寿妇女的国家旌表从唐代开始，这一制度到清代发展完善，进入平民妇女行列，清代历代皇帝不断旌表封赏，被旌表的妇女称为寿妇，在各地编纂的地方志中也开始把寿妇和一般妇女区分开来，通过差额累进制进一步解决百岁以上高寿妇女的后续问题。

---

① 林超民：《西南古籍研究》，云南大学出版社 2012 年版，第 43 页。
② （清）李元度撰，王澧华点校：《天岳山馆文钞诗存》（第 2 册），岳麓书社 2009 年版，第 822 页。
③ （清）允裪等：《钦定大清会典则例》卷七十一，《景印文渊阁四库全书》（第 622 册），中国台湾商务印书馆 1986 年版，第 356 页。

二 寿妇的旌表程序与赐匾立坊

（一）旌表程序

明清旌表的实施主体是中央政府，百岁以上寿妇由中央政府给予旌表，其余则由地方政府补充执行。清代曾明确规定凡年满百岁的寿民寿妇，分别由各主管部门及省级地方官员予以具奏，朝廷设有专门奖励。相对于男性寿官德行为先的考量而言，女性寿妇的旌表原则较为简单，一为百岁以上，二为五世同堂者。

《钦定礼部则例》载："凡者寿至百岁或百岁以上者，皇族爱新觉罗氏由宗人府具奏，八旗由都统具奏，各省及直隶地方则由总督或巡抚报请礼部复核，然后请皇帝赐给题直省举报寿民、寿妇年逾百岁者，奉旨加赏银币，均准礼部，理藩院移文备给。"[1]

旌表的基本程序为：举报、层级查看、皇帝批准、执行并揭送各部司。首先由县民自己举报到地方一级政府部门。如《江宁县寿妇请旌题本》载："据县民马良禀称'窃祖母达氏，系身祖兴远发妻，本县民达国元室女。生于雍正六年，至今道光七年，现年一百岁。敬呈族邻甘结，叩请详题。'等情。"[2] 此陈情由县、学送府，转详到司。

据江宁府详，据江宁县详，准儒学移，然后府级单位核看。如上一条马良的祖母达氏的请旌题本最后交给了江宁布政使贺长龄核看：

> 江宁县寿妇马达氏，柔嘉秉德，淑顺持身。琴瑟谐静好之和，珩骊积流光之庆。百年岁月，实邀敷锡于畴图；四代孙曾，爰集嘉祥于门内。洵称人瑞，宜沐恩施。兹据该府、县、学递加核看，详报前来。相应加看，转详具题。并声明，该氏届今

---

① 章乃炜：《清宫述闻》，北京古籍出版社1988年版，第162页。
② （清）陶澍撰，陈蒲清主编：《陶澍全集》修订版（第5册），岳麓书社2017年版，第231页。

道光八年，现年一百一岁。①

布政使核实完毕，复核无异，认为应该据详题请给银建坊，然后送部查核，谨会同大学士两江总督臣蒋攸铦，合词具题，上达道光皇帝亲自批准。道光八年（1828），皇帝批准，下圣旨同时揭送礼部、户部、京畿道、江南道、浙江道、户部江南司、礼部仪制司、通政司、都察院、安徽抚院等部门。礼部议："马达氏，现年一百一岁，应令该抚转饬，给银三十两，听本家自行建坊，即给与。道光八年三月初六日拜发。礼部议覆：'马达氏，现年一百一岁，应令该抚转饬，给银三十两，听本家自行建坊，即给与。八月三十日题。奉旨：达氏着加恩赏给上用缎一匹、银十两。馀依议。'钦此。"② 揭送各部与地方政府。

上为百岁寿妇获得赏赉和旌表的全部过程，另有五世同堂寿妇。基本程序雷同，亦为家属举报——各级核实并上传——布政使核定报请皇帝——批准之后揭送各部和地方。

据宿迁县知县平翰详称，据文生赵慎和呈称："窃生母赵吴氏，生于雍正九年九月二十二日，于乾隆十六年适故父延模为妻。计至道光七年，现年九十七岁。生子四人。长子慎行，现年七十二岁。次子慎思，现年六十八岁。三即生慎和，现年六十一岁。四子慎徽，现年五十九岁。生孙九人，曾孙十七人，元孙八人。寿逾九旬，亲见七代，现在五世同堂。恳请详题旌表。为此绘图呈明，伏乞详报。等情。由学查访属实，移送事实宗图、册结到县，覆查无异。"③ 该宿迁县知县平翰，查看核实，再由徐州府知府潘栎，核转

---

① （清）陶澍撰，陈蒲清主编：《陶澍全集》修订版（第5册），岳麓书社2017年版，第231页。
② （清）陶澍撰，陈蒲清主编：《陶澍全集》修订版（第5册），岳麓书社2017年版，第231—232页。
③ （清）陶澍撰，陈蒲清主编：《陶澍全集》修订版（第5册），岳麓书社2017年版，第232页。

到司。江宁布政使核实，报上，道光八年（1828）三月二十日具题。礼部议覆："赵吴氏，现年九十八岁，亲见七代，五世同堂。应请行令该抚，按照年岁，给与匾额，赏给缎匹、银两。其应得匾额，即给与'七叶衍祥'字样。八月三十日题。奉旨：'依议。'钦此。"① 这样一个完整的流程才算画上一个句号。

方志中对旌表过程亦多有载述，大多诸如《叙州府志》载："举人谢仕镛妻董氏，廪生朝麟母，庠生绍芳祖母。道光十八年举报建百岁坊，卒年百零二岁。"② 等等，不一而足。

这种举报后的旌表程序极为复杂，因此并非所有百岁寿妇都能得此殊荣，漏报和未报者数量不菲。如《南乐县志》载："河北百岁寿妇武张氏百岁，乾隆十五年旌表，恩给坊。谢氏，彭文德妻，百岁，光绪十年知县张连瑞等物。彭谢氏既百岁，人问其年则以九十九岁。数年卒。又闻西吉七村有吉王氏百有三以终未蒙赏赉，亦有幸有不幸与。"③

如前文所论，清代中后期寿妇数量大增，因此妾亦进入了表彰的行列中。清代咸丰年间《顺德县志》载百岁以上寿妇中，有三位是妾，九十岁以上者有 23 位妾。但这些表彰大部分为地方政府执行，地方上千名寿妇，且年龄不足百岁，甚至不足九十岁者，地方政府也给予嘉奖。④ 也因此说明清代寿妇制度到了中后期之后不断扩大。

（二）赠匾与立坊

经过上述一系列的复杂程序，百岁和五世同堂寿妇被旌表，除

---

① （清）陶澍撰，陈蒲清主编：《陶澍全集》修订版（第 5 册），岳麓书社 2017 年版，第 233 页。

② 中国地方志集成编委会编：《中国地方志集成》，四川府县志辑新编三十二·光绪叙州府志一，巴蜀书社 2017 年版，第 579 页。

③ 史国强校注：《南乐县志校注》，山东大学出版社 1989 年版，第 407 页。

④ 顺德市方志办公室校：《顺德县志》（咸丰民国合订本），中山大学出版社 1993 年版，第 1186—1191 页。

免除徭役和奖励米帛外，在乡村社会中，最为隆重的莫过于赠匾和立坊。

题赠旌匾是最常用且最经济的方式。恩赐与地方官员手书的匾额显然能在地方彰显寿妇身份，这些匾额一般都是用赞扬高寿的语词，除中央政府规定的"贞寿之门"之外，另有黄耇繁衍、眉寿延庆、遐龄绵祉、寿永金萱等。胪列部分寿妇匾额：

表2   清代寿妇所获匾额   单位：岁

序号	寿妇	年龄	匾额题写人	获得年份	地区	匾额内容
1	童氏	104	教谕毛琇	嘉庆元年		世上难逢
2	杨氏	100	赐额	嘉庆七年		贞寿之门
3	单氏	101	署知县王庆嵩	道光元年		寿永金萱
4	徐氏	96	知县邓尔昌	咸丰九年	平江县①	五世其昌
5	李氏	94	赐额	同治四年		七叶衍祥
6	魏氏	98	知县周士珑			松操鹤算
7	魏氏	94	知县陈光绍			守节坚贞
8	李氏	96	知县张汝说			寿衍蕃昌
9	吴氏	101	赐额	乾隆四十二年		贞寿之门
10	王氏	100	赐额	嘉庆三年	泾县②	贞寿之门
11	徐氏	101	赐额	嘉庆二十三年		贞寿之门
12	赵氏	五世同堂	赐额	乾隆五十六年		眉寿延庆
13	刘氏	100	赐额	嘉庆二年		眉寿延庆
14	刘氏	五世同堂	赐额	嘉庆二十年		黄耇繁衍
15	陈氏	93	邑尊陈国华	道光七年		眉寿延庆
16	熊氏	五世同堂	督学许乃普	道光十六年	奉新县③	护荣枝茂
17	章氏	96	赐额	道光十七年		眉寿延庆
18	唐氏	91	学使福申			五世其昌
19	余氏	94	学使单懋谦			萱堂福备
20	舒氏	五世同堂	赐额	咸丰九年		眉寿延庆
21	赖氏	102	徐知县	同治七年		眉寿延庆

续表

序号	寿妇	年龄	匾额题写人	获得年份	地区	匾额内容
22	罗氏	100	通政司朱必墀	乾隆年间	新昌县④	五朝寿母
23	熊氏	104	赐额	乾隆年间		贞寿孝廉
24	陈氏	100	赐额	乾隆年间		百龄衍庆
25	刘氏	102	赐额	乾隆年间		贞寿之门
26	胡氏	100	礼部侍郎汪守合	乾隆年间		四朝寿母
27	刘氏	100	赐额			贞孝期颐
28	王氏	104	赐额	同治八年	黄陂县⑤	贞寿之门、七叶衍祥
29	鲁氏	102	赐额	同治十一年		贞寿之门、七叶衍祥
30	王氏	102	赐额	雍正三年		贞寿之门
31	文氏	98	郡守		德化县⑥	菊井敷荣
32	邹氏	103	赐额	同治八年		贞寿之门
33	汪氏	101	乡绅			闺中人瑞
34	刘氏	100	学使徐郙	同治七年	庐陵县⑦	熙朝人瑞
35	叶氏	95	学院陈荣昌		大定县⑧	寿永期颐
36	何氏	102	同里给额	雍正四年	蕲州县⑨	壶中人瑞
37	魏氏		赐额	嘉庆三年		贞寿之门
38	戴氏	100	知县诸嘉杏		永定县⑩	升平人瑞
39	向氏	95	知县赵享铃			永贞逢吉
40	曾氏	102	邻里给额			熙朝人瑞

资料来源：①（清）张培仁等修，李元度纂：《平江县志》卷四十九《人物志·寿妇》，清光绪元年（1875）刻本。②（清）李德淦等修，洪亮吉纂：《泾县志》卷二十一《列女·寿妇》，民国三年（1914）石印本。③（清）吕懋先修，帅方蔚纂：《奉新县志》卷十四《人物志·寿妇》，清同治十一年（1872）刻本。④（清）朱庆尊等纂修：《新昌县志》卷二十一《人物志·列女》，清同治十一年（1872）活字本。⑤（清）刘昌绪修，徐瀛纂：《黄陂县志》卷九《人物志·寿妇》，清同治十年（1871）刻本。⑥（清）陈鼐修，吴彬纂：《德化县志》卷四十二《人物志·寿妇》，清同治十一年（1872）刻本。⑦王补，曾灿材纂修：《庐陵县志》卷二十三《耆献志·寿妇》，民国九年（1920）刻本。⑧赵显国等修，李芳纂：《大定县志》卷十七《列女志·寿妇表》，民国十五年（1926）石印本。⑨（清）陈廷扬：《蕲州志》卷二十四《人物志·寿妇》，清光绪八年（1882）刻本。⑩（清）封蔚礽、万修廉、龙恩湛修，张序枝等纂：《续修永定县志》卷九《列女·寿妇》，清同治九年（1870）刻本。

由表 2 可知，有资格得到匾额的多为百岁老媪，有些甚至是七世同堂。除帝王赐匾，其书写者均为地方政府官员或者地方士绅，帝王与地方官书写的匾额更能彰显寿妇身份，自然也就能够在地方社会中凸显其家族的荣耀和社会地位。对寿妇赐匾额一直持续到民国时期仍很盛行，如：

> 寿妇李恭人、苏兆凤之妻性慈惠，娴礼法。少时遭同治兵燹之厄，备历诸艰。晚年，子耀泉、源泉成进士，官京外，而持家一本俭素，无仕宦习性。尤孝翁，生泰早弃养，事姑李太恭人，曲意承志，能得亲欢。宣统己酉，姑年八十七，病久弗痊，起卧必须人，氏躬自扶持，弗令人代。时年已六十余岁。姑病三月，卒不起，氏哀毁成疾，犹力作如恒，日必炊粥一盂，代夫持莫殡所。如是者凡三年，无一日间。民国九年，由本省京官上其事于大总统，令以贤孝例襃旌，并题颁"懿德可风"匾额。年七十二卒。①

旌表寿妇这一制度从明代出现到清代再到民国初期历时数百年，也出现了一些问题，权势之家的女性容易被发现而得到旌表，比如，明代《法华乡志》卷六载：寿妇吴夫人，徐文定公光启妻，顺治三年殁，年八十二。徐光启后裔女眷中另一载入《法华乡志》的是徐尔爵妻子孙孺人，孙孺人，徐文定公孙尔爵妻，康熙三十四年殁，年八十一。② 明代的寿妇记载较少，这些寿妇均来自显赫之家。清代陈康祺《郎潜纪闻初笔》载："比年直省督抚奏报寿妇百岁者三家：一，河南故漕运总督袁端敏公甲三之母、现任户

---

① 白银市地方志编纂委员会办公室编：《靖远会宁红水县志集校》，李金财、白天星总校注，甘肃文化出版社 2002 年版，第 722 页。

② （明）徐光启撰，朱维铮、李天纲主编：《徐光启全集 10·增补徐光启年谱》，上海古籍出版社 2011 年版，第 389 页。

部侍郎保恒之祖母郭氏；一，广东现任赤溪协副将周风山、湖北补用副将周岐山之祖母陈氏；一，直隶道光戊戌会元王振纲之母杜氏。皆亲见七代，五世同堂，先后奉特旨褒赏。袁母年九十七，王母年九十四，皆援连闰计，以百岁请旌；周母则于同治十实已驯致百龄矣。"① 这些均为贵族妇女，其中王母才九十四岁，连闰记，报了百岁。

此外，高官家的长寿女性，不仅仅享有中央规定的一些赏赐，并在此基础上大大增加。如嘉庆十四年（1809）二月上谕内阁："礼部具题原任直隶总督郑大进之妻江氏现年一百岁，请照例给银建坊旌表一本。该氏系一品命妇，年居颐龄允属熙朝人瑞，若与民间寿妇，一体照常给赏，未免无所区别。嗣后遇满汉三品以上文武大员之父母妻室有年至百岁者，应如何从优赏赍之处，着礼部妥议具奏。所有郑江氏应得恩赏，即照新例办理。"② 上文中，乾隆帝旌表的满族寿妇百分之七十不足九十岁。旗人的寿妇，基本年龄从七十岁开始，③ 这些也都与平民寿妇待遇不同。

寿妇通过家人举报，后报告层层上达，层层核实，一年或数年之后被中央政府敕封，然后命令层层传抄。到了地方，地方政府敲锣打鼓为其赐匾立坊，基层官员的重视提高了寿妇及其家庭的社会地位，是历代王朝体现儒家思想以孝治天下的一种地方实践。但一些平民之家老妪因无人举报而得不到旌表和赏赐，而官宦家庭的老妇即使不足百岁也可以得到寿妇的赏赐，并且高官之母享有更高的赏赐，这些在制度运作之初就是这样，至清代亦如是。

---

① （清）陈康祺：《郎潜纪闻初笔》卷六《三寿母》，中华书局1984年版，第120页。

② 赵之恒、牛耕、巴图主编：《大清十朝圣训》（清宣宗圣训·清文宗圣训），北京燕山出版社1998年版，第5490页。

③ （清）希元、祥亨等：《荆州驻防八旗志》，辽宁大学出版社1990年版，第286页。

三　男性寿民与寿妇的不同

明清时期对男女长寿者均有所旌表，但男女分别较为明显，男性为寿民，女性为寿妇。虽都是因长寿得到朝廷旌表，但二者区别很大。

（一）寿妇只有奖励，没有官爵

明代中央政策明文规定："军民之间有年八十以上者，不分男妇，有司给绢一匹、绵一斤、米一石、肉十斤；九十以上者，倍之；男子百岁者，加与冠带以荣终身。"① 从明代至清代寿官弘治十八年（1505）："上两宫尊号，覃恩天下，其男子年八十以上，为乡里所敬服者，加与冠带以荣其身。"② 明代赐予耆老冠带的制度，后为清代所沿用，而且在品级上有所提升。明代赐予耆老冠带，一般资料均未载明赐予的品级，若依照若干传记所云的"赐爵一级"，则大概为九品冠带。明迄至清代，则有八品、七品，甚至六品者。③

这些都是针对男性寿民。除了赐冠带以外，男性寿民的年龄浮动较大，比如明代曾经为了体现对于道德高尚者的尊崇，从成化二十三年（1487）四月开始，其已旌表，年及六十者孝子冠带荣身，节妇照八十以上例，给赐绢绵米肉。受旌表的孝子，其受赐"寿官"冠带的年龄较一般人提早二十年，只要六十岁即可得赐冠带。④ 除成化二十

① （明）申时行等：《明会典》卷八十《礼部三十八·养老》，中华书局 1989 年版，第 459 页。
② （明）徐光祚等：《明武宗实录》卷四，中国台湾"中央研究院"历史语言研究所校印，1962 年，第 117—119 页。
③ 邱仲麟：《耆年冠带——关于明代"寿官"的考察》，《台大历史学报》2000 年总第 26 期，第 20 页。
④ 邱仲麟：《耆年冠带——关于明代"寿官"的考察》，《台大历史学报》2000 年总第 26 期，第 20 页。

三年的诏旨之外，在弘治十八年、正德五年、嘉靖元年、嘉靖三年、嘉靖七年、嘉靖十七年、嘉靖十八年、嘉靖二十年、隆庆六年、万历十年、万历三十四年的诏令中，均可见到。其中，除了嘉靖十七年、嘉靖十八年、嘉靖二十年这三年的诏旨，都将年龄标准降低至七十岁之外，均为六十岁。[1]

但是，从明代至清代，除个别旗人寿妇外，寿妇的年龄底线始终为八十岁。[2] 因寿民可以因寿且德得冠带，因而在民间墓志铭中发现了大量寿官的记载，部分年龄才五十余岁，[3] 但是在明清女性墓志铭中未见对寿妇的记载，她们的光荣全在街道的匾额和旌表牌坊上。这也是最耐人寻味的一个现象，男性把虚职带入地下显示身份和自我满足，而女性在活着时候就把荣耀全部撒在家乡，以泽被家人。

（二）贞洁且长寿者才为寿妇

寿妇字面上为长寿之妇女，但是隐含之义是贞洁且长寿之妇。《大明会典》载："隆庆三年奏准，孀妇寿至百岁者，照例旌表为贞寿之门。"[4]《大清会典》中亦表彰寿妇的赐字为"贞寿之门"。翻开清代方志，寿妇的事例同质化现象极为严重，如《续修醴泉县志稿》载："邱氏：刘芳节妻。夫亡守节，康熙五十三年（1714），寿一百二岁。敕建贞寿坊。李氏：王家相妻。年三十八夫死，抚孤三贵、三仁，俱克成立。雍正十一年（1733），百有七岁。敕建贞寿坊，赐银

---

① 邱仲麟：《耆年冠带——关于明代"寿官"的考察》，《台大历史学报》2000年总第26期，第2页。

② 清代旗人女性可以到七十岁。

③ 如：岁癸酉，以朝例覃恩舆共口举为寿官。官之年恬静自守，不竞刀锥利，里社有善举辄施与周给金帛瓦砾备无难色，其重义轻财彷之厨俊，故乡党亲族敬重者无异情。于戏！公其敦伦精善者与！……距生于嘉靖三年五月十一日，卒于万历四年七月十三日，享寿五十有三，将以十一月十四日葬于原伯故城祖茔之次。（明）张之屏撰：《明故寿官对峰张公墓志铭》，明万历二十九年（1601）正月，现存山西省晋城市沁水县博物馆。

④ 王云五主编：《万有文库·明会典》卷十七，商务印书馆1936年版，第1828页。

币旌表。师氏张佩妻。年二十五夫亡，抚幼子苦节，至九十八岁。"①
《泾县志》载："安人王氏，田中都徐可伦妻，早寡。矢志守贞，抚孤
成立。嘉庆三年，巡抚朱以'寿跻百龄'题旌。奉旨给'贞寿之门'
四字，着加恩赏给缎一匹，银十两，建坊其里，氏年百四岁卒。"②
"王氏李文俤妻，年二十六寡。抚养三子，奉事舅姑，凡数十年孝敬
不懈。年百三岁卒。邑侯以'寿节并增'匾赠焉。"③ 此例众多，不
赘列。

上见，虽是寿妇，但是其行为其实和节妇极为相似。因为对寿
妇旌表过于重视贞洁的考量，有些地方志编纂者甚至不知道该把这
种寿妇放在何处。如按体例，《漳平县志》中陈元藜妻蒋氏应列为
"节孝"中，而误列为"寿妇"。④《东川府志》中寿妇和烈女在一
个单元，并未加区分，"卷之十七节烈：附烈女、节妇、寿妇"⑤。
又，《南陵县志》："至列女本已繁于各门，故史家专以列女为一类
焉。拟改修人物，首宦绩（名臣、宦业、乡献均归一门），次忠节，
次孝友，次儒林，次文苑，次武功，次懿行，次义行，次隐逸，次
方伎，次耆旧，次流寓，而列女拟别为一类，首节妇，次烈妇，次
贞女，次烈女，次孝妇，次孝女，次寿妇。"⑥ 可见，寿妇是放在烈
女总类别中记载。因为节烈，寿妇的年龄甚至可以适当调整，如
《永新县志》载："子文发祥妻陈氏年八十一。姑媳守节，五世同
堂。道光二年旌。"⑦

① 曹骥观：《续修醴泉县志稿》，三秦出版社2010年版，第316页。
② （清）李德淦主修，洪亮吉总纂，汪渭、童果夫点校：《泾县志下》，黄山书社2008年版，第959页。
③ （清）李德淦主修，洪亮吉总纂，汪渭、童果夫点校：《泾县志下》，黄山书社2008年版，第960页。
④ （清）蔡世钹修，林得震纂，漳平市地方志编纂委员会整理：《漳平县志》，2002年，第428页。
⑤ 梁晓强校注：《东川府志·东川府续志》校注本，云南人民出版社2006年版，第22页。
⑥ 徐乃昌等：《南陵县志下》，黄山书社2007年版，第1158页。
⑦ 永新县志校点委员会校点：《永新县志》，江西科学技术出版社2018年版，第479页。

虽然清代寿妇在地方志书写中从烈女中脱离出来，但是内在的评价体制仍然执行着贞且寿的实际原则，改嫁再醮的女性无论多长寿也是无权进入旌表序列的。

（三）寿妇和家庭紧密相连

与寿官比较，寿妇较少参与社会公共事务，她们的活动更多指向家庭。五世同堂是一个重要的衡量标准，有清一代的寿妇未及百岁甚至八十岁者，五世同堂亦可得旌表。如，同治《枝江县志》："钟氏，处士邓起瑶妻。柔顺温惠，持家勤俭。现年九十岁，五世同居，精神甚健。黄氏，周正相妻。勤俭治家，生子五、孙十八、元孙二，眼观五代，男女六十余口。氏现年七十七。"① 钟氏和黄氏都因为五世同堂而被旌表。其中，黄氏才七十七岁。

又如："李氏，监生梁士材妻。性淑惠，事姑孝，严以训子，各勤恒业。长湘甲，附贡生；次惟卿，从九职；三惟倬，庠生；四惟健，从九职；五惟绩，武庠；六惟绥，增生。孙二十八，三列胶庠。曾孙二十六。一堂四世，百口同炊。查《会典》凡累世同居和睦无问者，督抚题请旌表。氏年届八十，主持家政，内外翕然，适符定例，故并志之。"② 李氏也只有八十岁，但是有孙子二十八人，曾孙二十六人，可谓子孙满堂。

寿妇因为长寿，常常扮演着对子女以及孙辈和重孙辈的教育角色，如"陈氏，武庠杨嗣元之继室，有亨之生母也。嗣元亡，氏年甫跆三十，有亨幼弱，氏抚之成立人庠，娶媳熊氏，生孙夭，有亨亦相继亡，立侄孙监生利行为嗣，孙熊又亡，氏独力措持。今年九十有七，犹食不异粮，行不须杖。杨故清族，氏远绍近抚，岿然为一族望"③。可见，陈氏夫、子及孙都先后去世，陈氏自己把数代子孙独立

---

① 枝江市档案局、枝江市史志办：《枝江县志》，湖北人民出版社 2016 年版，第 577 页。
② 枝江市档案局、枝江市史志办：《枝江县志》，湖北人民出版社 2016 年版，第 577 页。
③ 枝江市档案局、枝江市史志办：《枝江县志》，湖北人民出版社 2016 年版，第 577 页。

抚养成一乡之望族。

但是，通过对方志中寿妇事迹的梳理，可发现一个隐性规则。从方志看，寿妇丈夫和子孙大多为乡里的士绅，如某寿妇，"为恩贡生何如澜妻，廪生惠霖母，副贡生凌云祖母，寿九十五"[①]。"周鸿渠妻李氏，性宽厚，知诗书，训子侄以礼法。子炳枝，举人；孙激曜、荣曜，皆县学生。年八十七卒。"[②] 类似例子比比皆是，可见虽然清代的寿妇制度波及平民，实际上远乡的长寿之妇，子孙无功名者亦难以被旌表。

方志可见，寿妇参与公共事业多为子孙。如《泾县志》载："（寿妇）王氏瑞莲黄廷榜妻。尝独建高滩西桥。训子以义，其长子必琦于万历二十七年捐赈输谷二百石。氏年百六岁卒。"[③] 此类例子女性宗教捐助碑刻中并不鲜见。

四　余论

《孝经》有云："夫孝，天之经也，地之义也，民之行也。"[④] 明清设立寿妇制度根源于此，朱元璋在登基之后为了巩固自身的统治，把"孝治天下"作为其治国基本国策，并认为："一人孝而众人皆趋于孝，此风化之本也。"[⑤] 这一思想指导之下，比之宋金元时代，明代对寿妇的旌表频度有所扩大，天顺、嘉靖和万历朝都有记载。清代承接明制，且极大地完善了这一制度。从乾隆朝开始，各朝都把举报寿妇作为地方官的一项重要职责，一系列程序下来，锣鼓喧天，彩旗飘

---

① 周艳清：《民国卢龙县志校注》，光明日报出版社 2019 年版，第 382 页。
② （清）郭嵩焘撰，梁小进主编：《郭嵩焘全集》（第 6 册），岳麓书社 2012 年版，第 611 页。
③ （清）李德淦主修，洪亮吉总纂，汪渭、童果夫点校：《泾县志下》，黄山书社 2008 年版，第 958 页。
④ 胡平生、陈美兰译注：《礼记·孝经》，《三才章第七》，中华书局 2007 年版，第 239 页。
⑤ （明）夏原吉等修：《明太祖实录》卷四十九，中国台湾"中央研究院"历史语言研究所校印，1962 年，第 963 页。

飘，挂匾立坊，如此隆重一是为了宣传孝道，让乡民模仿，二是借此来提高地方官的政绩。寿妇制度从明代初期赏赉集中在贵族妇女，旌表范围小，表彰次数无序，发展到清代乾隆朝之后，旌表数量和频次都大幅度增加，也成为地方志书写的必要组成部分。明清时期男性长寿者，国家为其举行乡饮酒礼，千叟宴甚至赏赐冠带，男性寿官可以享有六品到九品虚职，长寿男性因其长寿可以更多活跃在基层社会空间，从事公共事务的管理。而女性长寿者因其长寿，反而更加持躬淑慎、秉性安和，扮演着家族中的老祖母，主宰着以家庭为主的私人空间。

最后，随着科学技术的持续发展、生活水平的日趋改善以及医疗卫生条件的快速进步，人们寿命也在逐渐延长，"人口老龄化"问题愈演愈烈。相对于西方社会，中国的老龄化危机似乎尤为严重，对明清时期的尊老养老制度进行探究和考察，如果能为我们解决当前社会面临的"老龄化"问题提供某些借鉴，则此文得其所也。

"旧制度"的"法定程序"

——十八世纪日本和法国刑法的比较

福田真希 著 刘 鸽 译[*]

今天，日本被认为是"跨越东西方夹缝的国家"[①]。毋庸置疑，日本西化的一大契机就是明治维新。历史学家们经常将明治维新视为可与法国革命相媲美的重大变革。[②] 因此，江户时代可以被称为日本的"旧体制"。

明治新政府为了构建新的国家制度，雇用了外国人。在立法领域，巴黎大学教授布瓦索纳德等人访日。与这样在各个领域招聘外国人相比，在1639年至1853年的"旧体制"下，由于闭关锁国，日本几乎完全断绝与西方的接触。这是为了防止基督教的传播，只有中国、朝鲜以及无意传教的荷兰例外地被允许进入。因此，对于18世纪的欧洲人来说，日本也许是一个笼罩在神秘帷幕下的奇妙世界吧。然而，这并不意味着当时没有提及日本。例如，孟德斯鸠的《论法的精神》（1748年）就宣传了日本怪异的刑罚形象。

就研究方面而言，在欧洲对当时的日本法律了解甚少。福田真希

---

* 福田真希，神户大学法学部准教授。刘鸽，熊本县立大学综合管理学科助理教授。

① Pelletier, Philippe, *La Fascination du Japon*, *idées reçus sur l'archipel japonais*, Paris, Le Cavalier Bleu, 2012, p. 262.

② 例如，[日] 上山春平《法国革命与明治维新——明治维新资产阶级革命论的再确认》，《人文学报》第10卷，1959年；[日] 高桥幸八郎《法国革命与明治维新——为了追悼 G. 勒弗弗教授》，《骏台史学》第10卷，1960年；[日] 河野健二《法国革命与明治维新》，NHK 出版社1966年版。最近，巴黎第一大学法国革命史研究所所长皮埃尔·塞尔纳于2015年在早稻田大学举办了研讨会。

和代田清嗣在法国刑法史相关网站"criminocorpus"上举办了电子博览会，这是极少的成果之一。在此之前，特别是刑法领域，几乎没有任何提及。

另一方面，日本法制史领域，也有不少人借鉴了法国的成果。例如，丹尼尔·V.博兹曼和松永宽明遵循福柯的传统框架，从"体刑的华丽"到"监视"进行了分析。[①]

由此可以说的是，在锁国长达二十五年的背景下以独特方式发展起来的日本刑法与法国刑法之间有可能存在一些相似之处。本章首先提及 18 世纪欧洲人眼中的两国刑法，然后对日本和法国的刑法进行比较论述。

一 18 世纪欧洲人眼中的日法刑法

对于 18 世纪的欧洲人来说，日本的刑事实践除了混乱之外一无是处。这在孟德斯鸠的《论法的精神》得到了证明。这部作品的两个章节都提到了日本的刑罚。对他来说，当时，即在江户时代，惩罚是一场大灾难。几乎所有的犯罪都会被处以死刑，罚金刑的量刑可以与罪犯的财产成比例，但因为这会让有钱人免于处罚而被拒绝。[②] 此外，不存在对罪犯的纠正意识，唯一的问题是君主的报应。因为罪犯所有的财产都归君主所有，几乎所有的犯罪都会直接损害他的利益。孟德斯鸠认为，这种法律符合日本人的习俗状况。他们固执、任性、果断、古怪、贪生怕死，愿意面对任何危险和不幸，只要一时心血来潮就会剖腹自杀。不仅有很多人被无赖杀害，还有很多少年少女被掳走贩卖。偷盗也是家常便饭。就连天皇也沉迷男

---

① 例如，Daniel V. Botsman, *Punishment and Power in the Making of Modern Japan*, Princeton University Press，2007；日文译本《血淋淋的慈悲，鞭打帝国：从江户到明治，刑罚如何改变了权力？》，2009 年；〔日〕松永宽明《刑罚与观众——近代日本刑事司法与犯罪报道》，昭和堂 2008 年版。

② 参见〔法〕孟德斯鸠《论法的精神》，第 92 页。

色，最终选择了一个贫穷的女儿生子，但这个孩子却成为宫中贵妇们嫉妒的对象，最终被杀……①

孟德斯鸠从未访问过日本。他只是从一个世纪前旅居日本的荷兰人的手记《东印度公司关系游记集》中获得了知识。但是，这种日本可怕的刑罚的印象传到了当时的法国人的耳中，并被共有。例如，罗伯斯庇尔在1791年的立宪国民大会上提到了这一点。至少当时是死刑废除论者的他，指出了日本刑法的野蛮性。据他说，世界上没有一个国家像日本这样，对死刑和其他体刑如此随意，而且犯罪行为比其他地方更加频繁和残酷。日本人喜欢在他们的残暴中竞争，而且还被他们的野蛮法律侮辱和烦扰。对罗伯斯庇尔来说，立法者的首要职责是塑造和维护公共道德。因此，当时的日本法律是完全失败的。②

这些论述给人的印象是，18世纪的日本是霍布斯所说的自然状态，而日本人过于特立独行的心态又因惩罚的严厉性而变得更加复杂。考虑到由于与世隔绝而形成的封闭文化以及当时关于日本的信息匮乏，这样的讨论或许是一种自然的结果。另外，《论法的精神》也带有批判法国体制的性质，关于对日本的论述可能是为了让人们思考法国的情况。例如，孟德斯鸠更普遍地指出，惩罚的严厉性适合专制政体，人民的德行程度与惩罚的严厉程度成正比。他批判的是凌驾于夺命之上的肉体惩罚，由此也可以间接地看出他对当时法国刑罚中各种程度的死刑的批判之意。③

鉴于其在当时法国的影响，不得不关注贝卡利亚的言论。④ 根据他的观点，刑罚的目的在于防止犯罪者再次加害，以及防止其他人犯下同

---

① 参见［法］孟德斯鸠《论法的精神》，第181—183页。

② *Archives Parlementaires*, *de 1878 à 1860*, *première série* (1787 à 1799), t. 26, Paris, société d'imprimerie et librairie administratives, 1877, p. 622.

③ 参见［法］孟德斯鸠《论法的精神》，第174—177页。

④ 关于《犯罪与刑罚》的广泛影响，请参考［日］石井三记的《18世纪法国的方与正义》。

样的罪行，也就是预防。① 为了达到这个目的，需要的不是残酷的刑罚，而是轻微但不可避免的刑罚。为了使刑罚达到其效果，只要刑罚所造成的危害稍微超过犯罪所得到的利益就足够了。反之，如果持续给予严厉的刑罚，人们的灵魂就会变得残酷，就需要更重的刑罚。但是，没有任何刑罚能超过人类器官和感觉所能承受的极限，一旦达到这个极限，就没有办法抑制更具破坏性和残酷的犯罪。另外，如果体刑过于残酷，就有可能得不到处罚。② 因此，残酷的死刑是不必要的。死刑非但不能阻止犯罪，反而为人们树立了残酷的榜样。死刑是有预谋的谋杀，这反过来促使看到死刑的人走向犯罪。③

而且，这种残酷的刑罚根据法官理论逻辑的好坏、健康状态、脾气的激烈程度和生病时的软弱程度、法官和被害者的关系等，在不同的场合也会有所不同。惩罚随着法院的变化而变化，此外，随着时间的变化，同一个法院可以改变惩罚。④ 这种泛滥的严刑峻法及其常规使用与孟德斯鸠的立场一致，他把日本描绘成无效的日本法律的缩影，一个被过度惩罚腐蚀的专制主义。事实上，尽管有许多不同之处，江户时代的日本刑法与旧制度下的法国刑法有一些相似之处。

二 江户时代的日本刑法与旧制度下的法国刑法的相似之处

令人意外的是，江户时代的日本与旧制度下的法国在法律方面有一些相似之处。首先是国内法律的统一程度。伏尔泰用"马未动，法先行"来形容法国习惯法的多样性。⑤ 正如所述，在旧制度下的法国，

---

① ［意］贝卡利亚：《犯罪与刑罚》第五版（一），［日］石井三记等译，《名古屋大学法政论集》，第 228 号，2008 年，第 393 页。

② 贝卡利亚前述译稿（二），第 246—247 页。

③ 贝卡里亚，上述翻译手稿（三），第 237—238 页。

④ 贝卡利亚，上述翻译手稿（一），第 382 页。

⑤ Voltaire, Questions sur l'Encyclopédie, t. 4, 1775, pp. 158 – 159.

尽管有绝对君主制的形象，但地域习俗却根深蒂固。此外，国王制定的法律也并非自动适用于全国各地。为了使其有效，必须由地方的最高法院进行登记。"Parlement"有时被译为高等法院，是与当时的最高法院相当的司法机构，革命前夕全国共有 13 个。① 除司法职能外，法院还负责登记皇家法令，使之在其管辖范围内生效。因此，即使国王制定了法令，如果没有经过法院的登记，在其管辖地仍然是无效的。然而，刑罚并不是在完全无序的情况下实施的，某些程序是由法律和法规形成的，如 1670 年 8 月的皇家刑事法令。虽然当时不存在现代的刑法即犯罪及其相应刑罚的清单，但在实际的法庭诉讼中使用了注释和其他法律文献，这些文献解释了哪些罪行应受何种刑罚，以及如何实施这些刑罚。② 例如，1754 年，巴黎议会法院的审查员拉弗迪出版了一本名为《刑法》（Code Pénal）的法规汇编。③

就日本而言，不言而喻，江户时代的权力秩序的顶点是幕府将军。和法国国王一样，将军的权威给人一种强大的印象，但实际上，各地大名（封建领主）的权限非常广泛，甚至有自己的法律。藩内的司法官们可以裁决发生在藩内人士之间的所有案件，甚至可以判处他们死刑。然而，实际上很多藩法都是对幕府法的模仿。因为刑罚和执行方法必须遵循幕府的惯例。④ 例如，1697 年，颁布了承认大名刑罚权的《自分仕置令》，但同时也阐述了其执行方法必须遵守江户的规定。

日法两国的刑法体系化情况也很相似。两国当时的主要刑事法都是为了稳定和平时期的中央权力而制定的，这些法律一直适用于各个

---

① 此外，还有 4 处高等评定院。

② Muyart de Vouglans, Pierre-François, *Institute au droit criminel ou principes généraux sur ces matières, suivant le droit civil, Canonique ou jurisprudence du Royaume. Avec un traité particulière des crimes*, Paris, 1757; id., *Nouveau commentaire sur l'ordonnance criminelle du mois d'août de 1670*, Paris, 1763; id., *Les loix criminelles dans leur ordre naturel*, Paris, 1780; Jousse, Daniel, *Traité de la justice criminelle de France*, Paris, 1771. 。

③ Code pénal, ou Recueil des principales ordonnances, édits et déclarations, sur les crimes & délits, Paris, 1754.

④ ［日］平松义郎：《江户的罪与罚》，东京平凡社 2010 年版，第 50 页。

时代的结束。这就是法国 1670 年 8 月颁布的皇家刑事法令，日本则
是享保二年（1717 年）的《公事方御定书》。①

在法国，1670 年皇家刑事法令的起草始于弗隆德之乱后的 1653
年。路易十四的亲信、著名的财务总监柯尔贝尔在 1665 年 5 月 15 日
撰写的回忆录中写道，当时国王得到建议，在全国范围内施行同样的
法律。国王本人也意识到了司法机构在稳定国家方面的重要性。② 事
实上，根据当时的刑法书，惩罚是行政机关的主要目的。③ 在这样的
意图下，以集成既有原理和实务的形式，制定了皇家刑事法令。④

在日本，直到 18 世纪中叶，幕府都不希望普遍适用的刑法，在
司法上参考的是习惯和判例。例如，根据朱子学家、参与幕政的新井
白石（1657—1725）的说法，司法是平衡与公平。即法律不应严格适
用，而应以统治者的智慧来适应各种情况。然而，这将导致裁决的不
稳定性和任意性，为了限制审判官员的裁量，享保二年制定了《御定
书》⑤。和法国的情况一样，《御定书》总结了详细的法令和实务等。⑥
但与法国 1670 年颁布的皇家刑事法令不同，《御定书》是一种刑事
法。⑦ 另外，虽然《御定书》经过了多次修正，但幕府并没有打算对
江户时代的刑事系统进行改革。由此，勃兹曼指出，这种刑事制度对
于维持武士的统治至关重要。⑧ 事实上，幕政虽然经历了多次改革，

---

① 本章是第二编，即"御定书一百条"。另外，以下简称为"御定书"。

② Boulanger, Marc, "Justice et absolutisme: la grande ordonnance criminelle d'août 1670",
Revue d'histoire moderne et contemporaine, t. 47, v. 1, 2000, pp. 11 – 12.

③ Jousse, Daniel, *Le Traité de la justice criminelle en France*, t. 1, Paris, 1771, préface, i – iv.

④ Esmein, Adhémar, Histoire de la procédure criminelle en France et spécialement de la procédure
inquisitoire, depuis le XIIe siècle jusqu'à nos jours, Paris, L. Larousse et Forcel, 1882, p. 329.

⑤ Danne Fenno Henderson, "Introduction to the Kujikata Osadamegaki (1742)", 平松义郎博
士追悼论文集编纂委员会编《法与刑罚的历史考察》，名古屋大学出版会 1987 年版，第 529 页。

⑥ ［日］高柳真三：《江户时代的罪与罚摘要》，有斐阁 1988 年版，第 355—357 页。

⑦ Daniel V. Botsman, *Punishment and Power in the Making of Modern Japan*, Princeton
University Press, 2007.

⑧ Daniel V. Botsman, *Punishment and Power in the Making of Modern Japan*, Princeton
University Press, 2007.

但唯独刑法改革被明确拒绝。①

《御定书》是一种行政文书，并未被颁布。在当时的日本，原则上不仅是平民，就连官员，除了江户、大阪、京都的奉行和其他高官以外，都无法知道法令的内容。地位较低的官员和地方官员为了了解法令，必须向江户的奉行等持有法文的人查询。因为幕府认为，如果人民知道了各自犯罪所对应的刑罚的严重性，就无法达到充分的震慑效果。意味着保证司法的无懈可击。这是因为无懈可击的刑罚管理的稳定性对于幕府的神秘权威——"御用大臣"——也很重要。② 因此，幕府要求地方追随自己的司法惯例。③ 像这样，一方面隐藏法令，另一方面又要求遵循惯例，可以说是幕府权力双重性的特征。换句话说，幕府作为全国性的政权，一方面想要维持秩序统一整个国家，另一方面作为一个封建领主，又经常与其他封建领主处于竞争关系中。然而，事实上，在各个政府办公室都设有法令集和问答集。④ 而且，即使是非法的，私人的抄本也存在于平民阶层。⑤ 然后，犯罪通过告示向大众展示。⑥

而在法国，法令是公开的，人们可以在书店买到。另外，作为唯一能够公开法令内容的人，国王虽然希望公布法令，而司法官员却希望他们的论点被隐藏起来。对他们来说，每个人职位的划分是对他们对整个司法机构统一性的幻想的否定。另外，他们认为，为了解决个人之间的纷争，必须从消除自己之间的纷争开始。⑦

---

① 参见［日］小林好信《明治维新与刑法的编纂》，《法学论丛》第48卷第5号，1943年，第817页。

② ［日］平松义郎：《江户的罪与罚》，第88页。

③ ［日］平松义郎：《江户的罪与罚》，第30页。

④ ［日］平松义郎：《近世刑事诉讼法研究》，创文社1960年版，第37—43、546—547、552—553页。

⑤ Danne Fenno Henderson, *Introduction to the Kujikata Osadamegaki* (1742), pp. 506 – 504.

⑥ ［日］藤井嘉雄：《御定书一百项与刑罚程序》，高文堂出版社1987年版，第45页。

⑦ Houllemare, Marie, "Secret des délibérations, publicité des procès: le Parlement de Paris et l'opinion au XVIᵉ siècle", dans S'exprimer en temps de troubles. Conflits, opinion (s) et politisation de la fin du Moyen Âge au début du XXᵉ siècle, sous la direction de Laurent Bourquin et al. , Rennes, Presse Universitaire de Renne, 2011, pp. 54 –56.

尽管存在这些差异，但在这两个国家，人们对惩罚的期望是，它能树立一个榜样，也就是起到恐吓作用。然而，在法国，惩罚被看作对犯罪者的纠正和对犯罪造成的伤害的弥补，[①] 而在日本，既不强调对犯罪者的纠正，也不强调对犯罪的报应。重要的是将犯罪者从社会中清除出去，并使受害者感到满意。[②] 事实上，在日本，如果一个杀人犯没有被判处死刑，则被认为是"不平等"[③]。在死刑案件中，受害者的亲属感谢法官的情况甚至并不少见。[④] 此外，根据 17 世纪末的判例法，如果受害者赦免了罪犯，罪犯可以免于判刑，即使该罪行可被判处死刑。[⑤] 相反，在法国的法律思想中，受害者似乎并不那么重要。例如，在费利埃尔的《法学词典》（1771 年）和吉约的《法学词典》（1783 年）中，都没有被害人这个词条。[⑥]

另外，另一个共同的特点是，两国的刑罚也因身份不同而不同。贵族们被免除了某些涉及羞辱的惩罚。例如，在法国，斩首刑被认为不是不光彩的，而是用来对付贵族的。在日本也是如此，武士除了被砍头或切腹之外，从未被判处任何其他刑罚。[⑦]

在这些阶层分化的社会中，秩序的颠覆行为会受到最严厉的惩

---

① Muyart de Vouglans, Pierre-François, Les lois criminelles en France dans leur ordre naturel, t. 1, Paris, Merigot, Chapart et Morin, 1780, p. 39.

② ［日］平松义郎：《江户的罪与罚》，第 190—191 页。即使在今天，受害者满意度也是日本人赞成死刑存在的原因之一，见政府在 2015 年进行的调查，http://survey.gov-online.go.jp/h26/h26-houseido/2-2.html。

③ ［日］平松义郎：《江户的罪与罚》，第 75 页。

④ 例如，见 Minamidenmacho Meishu Takano ke Nikki Goto no Annex，东京，1995 年，第 104—105、116 页。

⑤ Maki, Hidemasa, "The Formation of the Service of the Underling", in Nihon Daigaku Hōgakkai (ed.), Various Issues in Legal History-Essays in Commemoration of the 70th Anniversary of Dr Fuse Yaheiji, Gannando Shoten, 1971, p. 123.

⑥ Ferrière, Claude-Joseph, Dictionnaire de droit et pratique contenant l'explication des termes de droit, d'ordonnances, de Coutumes et de Pratique, t. 2, Paris, Librairie Bauche, 1771; Guyot, Joseph-Nicolas, Répertoire universel et raisonnée de jurisprudence civile, criminelle canonique et bénéficiale, t. 63, Paris, Panckouke et Visse, 1783.

⑦ 《武家方心得书》（日本国立公文书馆收藏）。另外，参照 ［日］平松义郎《近世刑事诉讼法研究》，第 1005—1006 页。

罚。这样的犯罪首先想到的是大逆之罪。然而，日本并不存在大逆之罪。因为在法律文本中预测这种情况本身就是对将军的极大不敬。[①] 当然，任何冒犯幕府将军的人都会受到严厉的惩罚。即使他们不小心偷了将军的物品，也会被判处死刑。[②] 另外，勃兹曼还说，日本刑罚的功能之一就是将基于身份的社会秩序灌输给人们，这一点也必须强调。[③] 例如，杀害尊亲属或杀害主人的人的儿子是庶民的话，他或她必须受到惩罚，尽管比父母的惩罚要轻。相反，使用暴力来保护父母或主人被认为是合法的，甚至是强制性的。实际上，《御定书》第七十一条规定，发生火灾时，子女必须舍命救父母。[④]

在日本，性秩序也受到严格的保护。例如，杀害丈夫的妻子受到了严厉的惩罚。此外，妻子通奸是可以判处死刑的犯罪行为，但对于丈夫来说，则不构成犯罪。并且，只有丈夫有权在发现其妻子与情人幽会时将其杀死（《御定书》第四十八条）。

只有妻子才被判犯通奸罪，在法国的情况一样。[⑤] 而且，丈夫即使杀了不贞的妻子和她的情人，也可以免刑。[⑥] 然而，对通奸妇女的惩罚只是在宗教社区公社或修道院中关禁闭，而且采取哪种刑罚由丈夫选择。[⑦] 通奸丈夫的妻子也可以要求分居和分割财产，并可以收回她的嫁妆和其他礼物。[⑧] 当涉及配偶谋杀时，丈夫被处以更严格的车刑。然而，妻子们一般更有可能实施投毒，在这种情况下，她们会被判处火刑。[⑨]

---

① ［日］平松义郎：《江户的罪与罚》，第 93 页。

② 《御仕置例类集》第 1 辑第 2 古类集司法资料别册第 10 号，名著出版，1971—1974 年。

③ Daniel V. Botsman, "Punishment and Power in the Making of Modern Japan", Princeton University Press, 2007.

④ ［日］高柳真三：《江户时代的罪与罚摘要》，有斐阁 1988 年版，第 404—406 页。

⑤ Jousse, Daniel, Le Traité de la justice criminelle en France, t. 3, Paris, 1771, p. 212.

⑥ N. Z. 戴维斯：《古代文书中的虚构》，成濑驹男等译，平凡社 1990 年版，第 179 页。

⑦ Jousse, Daniel, Le Traité de la justice criminelle en France, t. 3, Paris, 1771, p. 215.

⑧ Jousse, Daniel, Le Traité de la justice criminelle en France, t. 3, p. 225.

⑨ Muyart de Vouglans, Loix criminelles, p. 182.

有趣的是，在日本，为了保持武士的威严，他们有时会受到比平民更严格的审判。① 例如，在死刑案件中，罪犯的子女被流放，在流放案件中，子女遭受流放。② 而且，当家臣犯罪时，大名们不得不从政治空间中隐藏起来，并询问幕府如何处理自己。③ 当他们的仆人犯罪时，主人也会受到轻微的惩罚。④

虽然这是严格的司法行为，但幕府也允许在一定范围内进行私人惩罚。例如，战士们可以砍倒那些没有表示尊重的低级别的人。只要遵守法律程序，敌人的报复也是可能的。父亲或主人的惩戒行动也存在，如法国。据平松义郎所述，以这些为代表的私刑，除了报仇之外，执行得并不严格，也就是说，既没有达到致死的程度，也不频繁。⑤

的确，日本的传统刑法与法国的不同，但在国家制度和法律的体系化程度，尤其是惩罚的目的和重要性方面有相似之处。鉴于日本对外界封闭的历史，以及当时基督教对西方法律的影响，日法体系在某些方面有着共通之处，这一点很有意思。前面说过，在日法两国的情况下，都存在着刑法的准则，但在执行刑罚的层面上，日法之间也有共同点。孟德斯鸠把日本的刑罚描写成可怕的单一死刑，而贝卡里亚则批评法国的无序性，称在不同的法庭和不同的时间，根据法官的心情，对同一罪行施加不同的惩罚，等等。⑥ 然而，与这种毫无秩序的刑罚印象相反，在18世纪的日本和法国，存在着某种"法定程序"。

---

① Daniel V. Botsman, *Punishment and Power in the Making of Modern Japan*, Princeton University Press, 2007, pp. 104 – 105.

② ［日］高柳真三:《江户时代的罪与罚摘要》, 1988年, 第383—384页。

③ Daniel V. Botsman, *Punishment and Power in the Making of Modern Japan*, Princeton University Press, 2007, p. 107.

④ ［日］高柳真三:《江户时代的罪与罚摘要》, 1988年, 第386页。

⑤ ［日］平松义郎:《早期现代刑事诉讼法研究》, 第597页。

⑥ ［意］贝卡利亚:《犯罪与刑罚（第五版）》（一）, ［日］石井三记等译,《名古屋大学法政论集》第228号, 2008年, 第382页。

三 旧体制中的"法定程序"

（一）法国

首先来看法国。事实上，1670 年的《皇家刑事法令》简要提到了刑罚。根据其第 25 章第 13 条，当时的处罚包括：在"最严重的自然死亡的惩罚"下，酷刑隐瞒证据、终身监禁、终身放逐、酷刑不隐瞒证据、定期监禁、鞭打、公开道歉和定期放逐。[①] 除此以外，还存在其他的惩罚措施。根据丹尼尔－朱斯的《法国刑法论》（1771 年），当时法国实际上有两种或三种类型的处罚。[②]

1. 死刑

死刑是当时的主要惩罚形式。截至 1789 年，当时的法律对 115 种不同的罪行规定了死刑。[③] 同样在罗马时代，死刑被称为"普通惩罚"[④]。刑法学者刑法学家皮埃尔－弗朗索瓦·缪耶尔·德·武格朗将体罚（peine corporelle）概括为"对生命造成的惩罚"（强调是后加的），而不是字面上的"对身体造成的惩罚"，由此可见，当时以给身体带来痛苦的刑罚为中心的死刑在整个刑罚中的重要性。

死刑包括五种不同的方法：（1）四分五裂之刑；（2）火刑；（3）车刑；（4）绞刑；（5）斩首刑。然而，如上所述，1670 年皇家刑事法令第 25 章第 13 条并没有提到这五种方法。尽管如此，当时的刑法书在死刑的方法和实施时间上基本一致。更重要的是，涉及道具的尺寸。

---

① Isambert et al., Recueil général des anciennes lois françaises, depuis l'an 420 jusqu'à la Révolution de 1789 : contenant la notice des principaux monumens des Mérovingiens, des Carlovingiens et des Capétiens, et le texte des ordonnances, édits, déclarations, lettres patentes, règlemens, … de la troisième race, qui ne sont pas abrogés, ou qui peuvent servir, soit à l'interprétation, soit à l'histoire du droit public et privé, t. 18, Paris, 1829, p. 417.

② Jousse, Daniel, Le Traité de la justice criminelle en France, t. 1, Paris, 1771, p. 39.

③ De Pastret, Des lois pénales, t. 2, Paris, 1790, pp.

④ Muyart de Vouglans, Loix criminelles, p. 399.

（1）四分五裂之刑

这是一种将受刑者的四肢绑在马上，使其四处奔跑，将受刑者割杀的刑罚。这是针对最严重的犯罪，即弑逆国王等一级大逆罪宣判的。当时，王国被认为是由一个政治机构组成的，国王是它的首领，任何因谋杀国王而撕裂这个机构的人都要被撕裂。[1] 根据刑法学家丹尼尔·朱斯的说法，这种惩罚是在一个有围栏的平台上进行的，平台有三个到四个皮德（约一米）高，有足够的空间来执行。在这个平台上，囚犯被仰面朝天（poré à plat sur le dos），用铁链和螺丝绑住两个地方：从胸部到脖子，从腰部到下腹部。手也被固定住，在这种状态下，首先用硫黄火烧掉手腕。然后用钢锯将胸部、手臂、大腿和腿部的脂肪撕掉。然后用铅、油、松柏油、蜡和硫黄的混合物覆盖伤口。然后在犯人的四肢上各系一根绳子，并固定在四匹马的缰绳上，每匹马都朝向不同的方向，马匹被赶向四个不同的方向。

这种刑罚并不会因为受刑者的死而结束。被肢解的遗体立即被烧成灰烬，并用铁锹散落。[2] 此外，这个人的名字已经从家谱中埋葬了。惩罚的影响并不局限于囚犯本人。此人的出生地被摧毁，其父母、配偶和子女被永久驱逐，其财产被没收。[3]

（2）火刑

这种刑罚是针对亵渎和巫术等宗教犯罪，以及乱伦等"反自然罪"宣判的。它有时在毒杀时也会被宣告。在执行这种刑罚时，刑场上要竖起七八根柱子（约 2.5 米），柱子下面先准备好灌木，然后是木柴。受刑者到达刑场后，会被要求换上沾有硫黄的衬衫（lui met une chemise de soufre），站在灌木丛和木柴上，用绳子套住

---

[1] Duggan, Anne E., "Criminal Profiles, Diabolical Schemes, and Infernal Punishments: The Cases of Ravaillac and Conticini", *The Modern Language Review*, Vol. 105, 2010, pp. 2, 378.

[2] Muyart de Vouglans, Les loix criminelles, pp. 55 – 56.

[3] Jousse, Daniel, Le Traité de la justice criminelle en France, t. 1, Paris, 1771, p. 45.

脖子和腿，用铁链套住身体，被绑在柱子上。直到烧成灰为止，用铲子把灰卷起来。另外，根据缪耶·德·弗格朗的《自然秩序中的法国刑法》（1780 年），在准备脚下的柴火时，刽子手通常使用船夫使用的、两端各有一个钩爪的钩子（crocs de bateliers dont le fer a deux points），将罪犯固定在墙上。但在将受刑者固定在柱子上时，器具的一端会朝向此人的胸部。点火后，刽子手立即将钩子推入服刑人员的胸腔，将其杀死。① 穆耶尔·德·弗格朗在《法国刑法提要》（1757 年）中并没有提到爪子，其他刑法书籍也是如此，所以实际上是否使用过这个存疑，但不管怎样，可以想象，火刑的执行伴随着巨大的痛苦。为了缓解这种情况，有时会在点火前偷偷勒死服刑人员，被称为勒坦图姆。留置权由法官酌情决定，如果允许留置，则在判决书中明确说明。然而，被告事先没有被告知这一点。

（3）车刑

车刑是一种将只穿一件衬衫的受刑者放在像字母 X 一样组合而成的被称为圣德雷的十字架上，用铁棒击碎其四肢的刑罚。这种判决主要适用预谋杀人（meutrier avec guet-a-pens）、预谋和攻击的公路盗窃、夜间抢劫等案件。该刑罚也被用于扰乱家庭秩序的犯罪，如谋杀贵族或家仆谋杀主人。② 不过，被处以车刑的仅限于男性，女性则被判处绞刑或火刑。③

一般认为，这种刑罚是在 16 世纪从德国带到法国的。然而，至少从 6 世纪到 14 世纪，法国在地域上是如此实践的。④

---

① Muyart de Vouglans, *Les loix criminelles*, pp. 56 – 57.

② Soula, Mathieu, La roue, le roué et le roi: fonctions et pratiques d'un supplice sous l'Ancien Régime, Revue historique du droit française et étranger, v. 88, n. 3, 2010, pp. 351 – 352.

③ Jousse, *Traite*, t. 1, p. 44.

④ Soula, Mathieu, La roue, le roué et le roi: fonctions et pratiques d'un supplice sous l'Ancien Régime, Revue historique du droit française et étranger, v. 88, n. 3, 2010, pp. 345 – 348. 例如，根据 Gregory of Tours, History of France, chariots of punishment 自 Childebert II 统治时期就开始实行，还提到了 13 世纪以来的例子。Jousse, Traité, t. 1, p. 43.

如上所述，这种刑罚是用铁棒击碎四肢和腹部后，将人固定在车轮上。击碎四肢的铁棒宽一尺半（约 42 厘米），手柄上有一个圆柄（bouton）。敲击的地方也事先切成十字，要以此为目标，一次次地敲击。最后，腹部被砸几下。① 另外，这种刑罚也使用了勒腾图姆。在勒腾图姆的情况下，根据法官的裁量，从击碎四肢开始，到固定在车轮上一两个小时为止，将其勒死。② 勒腾图姆的实行必须是秘密进行的。根据穆耶尔·德·弗格朗的介绍，在处刑台放置犯人头部的地方，要事先设置旋转式卷扬机（moulinet），然后把绳子穿在犯人的领带下面，勒住脖子。肢体被压碎的犯人被固定在一个四轮马车的小轮子（petit roue de carrore）上。这种轮子在轮子中心预先切割，可以在轴上水平穿孔。囚犯们双腿弯曲，脚跟放在头上，被绑在外轮上，暴露在公众面前。③

在执行车刑之后，服刑者的头朝着天空，这意味着让他们与神进行最后的对话，让他们悔改，坦白罪行和共犯。囚犯被固定的轮子也是命运之轮，象征着事物的秩序和被扰乱时的恢复。④

严酷的方法，如四分五裂之刑、车刑等残酷的方法，只适用一部分严重的罪行，并不是频繁使用。通常的杀人、伪造货币、绑架、入室抢劫、家政用人盗窃等案件，使用的是更简便的方法。对较轻的犯罪执行死刑的方法是绞刑和斩首刑。⑤

---

① Muyart de Vouglans, Les Lois criminelles, p. 57. Mercier 在 18 世纪对巴黎进行了记录，他说战车惩罚期间的打击次数为 11 次。在任何情况下，很明显惩罚是按照严格的法规进行的。Mercier, Tableau de Paris, t. Ⅱ, p. 132.

② Jousse, Traité, t. 1, p. 44. 根据 18 世纪布列塔尼议会法院的判决，在总共 145 个汽车判决中，有 88 个命令在压碎四肢之前进行勒死。紧接着下一个最高数字是：21 次粉碎了四肢。Crépin, Marie Yvonne, La peine de mort au parlement de Bretagne au ⅩⅢe siècle, dans Les parlements de provinces, p. 345.

③ Muyart de Vouglans, Les lois criminelles, pp. 57 – 58.

④ Soula, Mathieu, La roue, le roué et le roi : fonctions et pratiques d'un supplice sous l'Ancien Régime, Revue historique du droit française et étranger, v. 88, n. 3, 2010, p. 358.

⑤ 直到 1449 年，妇女都没有被绞死；Jousse, Daniel, Le Traité de la justice criminelle en France, t. 1, p. 45.

（4）绞刑（potence）

绞刑是用来对付平民的。[①] 为了执行这种惩罚，要准备一个有梯子支撑的绞架。首先，刽子手向后爬上它。接下来，罪犯被抬起来，最后听证会的牧师爬到前面。在梯子的顶端，听证会的牧师向囚犯讲话，并鼓励他安详地死去。[②] 囚犯们事先在脖子上绑了三根绳子，在听证会牧师的劝告中，刽子手将犯人脖子上的触手扣在行刑台的扶手上。劝诫之后，听证会的牧师从梯子上下来，与此同时，刽子手用膝盖将死刑犯从梯子上放下，用喷射器振动并收紧触角。此外，刽子手爬上行刑台的手臂部分，用膝盖踢犯人的肚子，完成行刑。[③]

（5）斩首刑

斩首是专门为贵族保留的特权。因为与其他的死刑不同，斩首刑并没有给受刑者带来不光彩，斩首不会给罪犯带来不光彩的影响，[④] 而是有维护他们名誉的意义[⑤]。因此，在丑陋的案件（vilain Cas）中，如预谋杀人（assassinat prémédité），不符合他们的身份，他们将被绞死。[⑥] 对于车刑等相当于更严酷刑罚的犯罪，没有考虑身份地位的差异。[⑦]

---

① 在日本，当明治时期引入单一的处决方法时，英国的绞刑架被采用，至今仍在使用，因为它将囚犯的痛苦降到最低。在旧时代的绞刑中，犯人在受绞刑时必须忍受长时间的痛苦。例如，如果是一个强壮的男人，可能需要15分钟才能死亡。Carol, Anne, *Physiologie de la veuve. Une histoire médicale de la guillotine*, Seyssel, 2012, pp. 关于通过时的辩论，见 Tsutomu Arai, "The Choice of Hanging in Meiji Japan: the Opening of the Final Act of the History of the Death Penalty in Japan", *Nihon Hōgaku*, Vol. 75, No. 2, 2009。

② 巴斯蒂安（Bastien）指出，自1396年2月的法令以来，听证牧师的存在已经制度化，1670年的皇家刑事法令第25章第24条也有规定；伊桑贝尔（Isambert）等人，同上，第6页，第775–776页；第18页，第419页。

③ Muyart de Vouglans, *Les lois criminelles*, p. 58.

④ Muyart de Vouglans, sur les peines infamantes, dans *Les loix criminelles*, p. 833.

⑤ *Archives de Bastille*, t. 7, p. 89, note 1.

⑥ Muyart de Vouglans, *Institute*, pp. 401–402.

⑦ 根据17世纪上半叶的法学家 Loisel 的说法，犯有"卑鄙"罪行的人被视为"卑鄙"。Loisel, Antoine, *Institutes coutumières*, Parie, 1637, l. 6, t. 2, m. 29。

这种刑罚是在每边边长十皮耶至十二皮耶（3.25—3.9 米）、高六皮耶到七皮耶的舞台上进行的。囚犯在平台上不穿衣服，跪在地上，头露在外面，双手被绑在身前。[①] 然后，刽子手剪掉犯人的头发，让他低下头，把他放在一个正方形（约 32.5 厘米）、高 8 厘米（约 22 厘米）的台子（billot）上。做完这些后，陪同的听罪司祭离开囚犯身边，由刽子手挥剑。如果这未能切断头部，则用斧头将犯人的头砸下来。[②]

2. 其他身体处罚

（1）拷问

在第 1670 号皇家刑事法令第 25 章第 13 条中，隐瞒证据的拷打仅次于死刑。然而，严刑拷打本来就不应该作为"刑罚"来列举。因为拷问通常是在判决前的阶段，为了获得自白而使用的。当时采用的是"法律证据原则"，即一旦获得某些证据就自动宣布定罪，而口供往往被视为收集到的零星证据中的决定性因素。因此，严刑拷打不是决定有罪或无罪的终局判决，而是通过作出程序性决定的临时判决。

那么，为什么拷问会作为"刑罚"被列举出来呢？根据朱斯的说法，有些刑罚不是为了惩罚罪人，而是为了收集证据。[③] 因此，在当时的感觉中，拷打也是"刑罚"的一种。特别是保留证据的拷问，即使其结果无法招供，也可以处以死刑以外的一切刑罚，因此被认为是比剥夺生命的加莱船罪更为严重的刑罚。[④]

---

① 其中一个例子是 1766 年拉里－特朗德被处决的场景。这幅插图来自 Gueullette, Thomas-Simon, Sur l'echafaud. histoire de larrons et d'assassin（1721 – 1766），该书记录了当时巴黎的公开处决情况。Édition présentée et annotée par Pascal Bastien, Paris, 2010。

② Muyart de Vouglans, Les lois criminelles, p. 59.

③ Jousse, Daniel, Le Traité de la justice criminelle en France, t. 1, Paris, p. 36.

④ *Procez verbal de conférences tenues par l'ordre du Roi. Entre messieurs les Commissaires du Conseil, et les messieurs les députés du Parlement de Paris, pour l'examen des articles de l'Ordonnance civile au mois d'Avril 1667 et de l'ordonnance criminelle au mois d'Août 1670*, Louvain, 1700, p. 248. 根据国王的命令，在议会专员和议会议员之间举行口头会议。巴黎议会，为审查 1667 年 4 月和 6 月的民事法令条款而召开的会议。此外，如果被告通过酷刑认罪，就会被判处死刑，这是另一个事实。前面提到的原因；同前，Bornier, t. 2, p. 343.

那么，拷问是如何进行的呢？有两种类型的拷打：普通拷打和特殊拷打，前者用于年轻人和老年人，后者则加倍严厉，但无论哪种情况，根据地区不同，其方法也不同。

例如，在巴黎法尔曼法院管区，使用了所谓的"水拷打"和"长靴拷打"。水拷打是强迫嫌疑人喝水，方法是让其仰卧，将其手脚绑在刑讯台（banc ou Traiteaux）上，并强迫其嘴里含着牛角。普通刑罚的水量为一罐四杯，特殊刑罚为八杯或九杯。长靴拷打是嫌疑人的脚被放在两块用绳索连接的楔形板之间，用锤子或木槌敲打楔子。普通酷刑的楔子数量为六个，特殊酷刑为九个。

简单介绍一下其他地区的情况，在鲁昂，人们会使用铁器具，勒紧手指和脚进行拷问。在布列塔尼，嫌疑人被放在一张椅子上，让他没有穿任何衣服的脚靠近火。此外，在佛兰德，人们还进行捆绑、拉伸身体的拷打。[1]

然而，拷问并不是单纯地折磨受刑者，说到底应该依照法律的规定，适当地进行拷问。因此，其方法被详细规定，禁止流血或致死。执行时间也有规定，必须在用餐后八小时到十个小时，每次不超过一小时或一小时三十分钟。[2] 拷问在实践中也不太可能被使用。这是因为如果刑讯逼供失败，就不能用来对相当于死刑的罪行实施刑罚，而且会损害刑罚作为惩罚的表现的力量。[3]

（2）加莱船徒刑

除了保留证据的严刑拷打之外，还被终身加莱船的监禁。[4] "终身

---

[1] Le Marchadour, Tanguy, La question préparatoire dans les Pays-Bas français: législation française et usages flamands (1679 – 1790), dans *La torture judiciaire. Approche historiques et juridiques*, Sous la direction de Bernard Durand avec la collaboration de Leah Otis-Cour, v. 2, Lille, 2002, pp. 784 – 791.

[2] Muyart de Vouglans, *Institute*, pp. 402 – 403.

[3] 参见上文 Rousseau de la Combe。

[4] Zysberg, André, *Les galériens: vies et destins de 60000 forçats sur les galères de France*, Paris, 1987. 还有日文版的 "Jean"，作为当时的加莱船囚犯的回忆录。马蒂尔：《一个加利船囚犯的回忆》，木崎清晴译，岩波书店，1996 年。

加莱船监禁",顾名思义,就是让服刑者在加莱船当徒刑犯工作,直到死为止。它是针对没有导致死刑但被认为是严重破坏秩序的罪行而实施的。具体包括高利贷(usure)和盗用公款(concussion)等。① 如果被判终身船罪,罪犯将无法重新融入社会。因此,该囚犯被视为与公民权利有关的死亡,如财产。② 这就是所谓的民事死亡。

有期船罪被判处重婚、盗窃信仰对象(Foi publique)、乞讨、流浪汉等。③ 持续时间通常为三年、五年、六年或九年。从1670年《皇家刑事法令》第二十五章第十三条的顺序可以看出,这被认为是比较轻的刑罚。事实上,朱斯将定期加莱船徒刑归为身体惩罚,即不造成身体伤害的惩罚,并将其归为痛苦惩罚(peine afflictive),与放逐和其他惩罚相同。④ 应该指出的是,无论是否判处固定刑期,厨房船工的判决只针对男性,而对于女性,则是判处监禁。⑤

1724年3月4日的国王公告指出,已经被判处大帆船的人如果再次犯下相当于体罚的罪行,将被判处死刑,为了确定这一点,罪犯在被转移到监狱之前将被烙上 GAL 字样。烙印惩罚伴随着鞭打,下面将讨论这个问题。在判处这些额外的刑罚后,罪犯被带到监狱,在那里一直等待,直到有一定数量的囚犯在场。当有足够多的囚犯时,他们会被放在铁环中,铁环套在他们的脖子、脚(bas d'une jambe)和手上。这些铁环被锁在一起,犯人左右手交叉。然后,他们被两个两个地拴在一起,步行到处决的地方。⑥

(3)流放刑

流放刑也有有期和无期的情况。有期的情况下,驱逐期限多为三

---

① Muyart de Vouglans, *Institutes*, p. 404.

② Jousse, Daniel, *Le Traité de la justice criminelle en France*, t. 1, p. 47.

③ Muyart de Vouglans, *Institutes*, p. 406.

④ Jousse, Daniel, *Le Traité de la justice criminelle en France*, t. 1, p. 61.

⑤ Jousse, Daniel, *Le Traité de la justice criminelle en France*, t. 1, p. 50.

⑥ Muyart de Vouglans, *Les lois criminelles*, p. 63.

年、五年、六年、九年。① 放逐有不同的阶段，比如说，此人首先被锁在王国之外，或者此人被移出相关的议会法庭管辖区，但无论如何，被判处放逐的人都会失去荣誉。② 此外，如果一个人被判处流放王国的终身监禁，他或她将被视为民事死亡。③ 对妇女而言，基本上不执行驱逐出王国的规定。④

（4）鞭笞之刑

鞭笞通常用于盗窃等轻度犯罪的场合，大多数情况下只对身份低贱的人施以鞭打。⑤ 在这种刑罚中，被称为"verge"的鞭子被分成两股，直接打在身上。鞭子的粗细自萨利卡法案以来就是法定的［tit. 42，cap. 8 Virgae paratas habere debet（carnisex）qua in similitudinem minimi digiti grossisudinemhabtant.］。这种刑罚经常伴随着肩膀上的烙印的刑罚。虽然1670年的皇家刑事法令中没有规定烙印刑，但这并不是一个完全没有法律依据的刑罚。穆耶尔·德·弗格朗将其视作鞭打的一个过程，⑥ 在法律规定的层面上，1724年3月4日的国王宣言第5条规定，凡是犯有偷渡罪的罪犯，无论是有期徒刑还是终身徒刑，都要在肩膀上烙上GAL字母，小偷则烙上V字母……因此，可以说，如果被判为加莱船刑，鞭刑也会自动执行。因为根据这份《国王宣言》，被判处绞刑的人如果再次犯下相当于体罚的罪行，就要被处以死刑，但需要一个标记来区分这两种情况。因此，为了不让伤口消失，需要将皮肤充分软化，并让被镘刀抵住的部分充满鲜血之后才行烙印。⑦ 应该注意的是，1750年5月5日的国王公告规定，在出发前往执行地点前15天要盖上烙印，⑧ 但在实际判决中，鞭刑有时会被加

---

① Jousse, *Traité*, t. 1, p. 65.

② Muyart de Vouglans, *Les lois criminelles*, p. 72.

③ Jousse, Daniel, *Le Traité de la justice criminelle en France*, t. 1, pp. 50 – 51.

④ 根据1688年4月29日的国王公告，Serpillon, Code criminel, tt. 3 – 4, p. 1082.

⑤ Jousse, *Traité*, t. 1, 第58页。

⑥ Muyart de Vouglans, *Les lois criminelles*, pp. 63 – 64.

⑦ Muyart de Vouglans, *Les lois criminelles*, p. 64.

⑧ Serpillon, t. 3 – 4, p. 1078.

到加莱船的判决中，在这种情况下，在鞭刑之后进行烙印。[1] 在流放判决的情况下，在流放发生之前，往往紧随鞭打其后的是烙印。[2] 在其他罪行的情况下，有时也会进行百合花的烙印。

（5）公开示众之刑

公开示众分为颈枷刑（carcan）和小屋示众刑（pilori）两种。首先，颈枷刑虽然不等同于死刑，但用于引起社会谴责（scandale publique）的犯罪。[3] 对轻微的财产犯罪，如买卖禁书，也会被判刑。[4] 接着是"小屋示众刑"，即把罪犯固定在一个小屋里，周围的墙壁高达罪犯身体的一半，用于欺诈性破产案件。在1670年的《刑事国王令》中并没有规定"公开示众之刑"[5]，但在一个月前的7月11日的《国王宣言》中规定了示众之刑，并作为自古以来经常使用的刑罚。特别是在谈到颈枷刑时，1749年7月11日的国王公告将其定位为类似于鞭刑，而根据朱斯的说法，有时会将其作为放逐的附加惩罚而代替鞭刑的判决。事实上，在1670年《皇家刑事法令》颁布时，规定在缺席审判的情况下，死刑将使用肖像（effigie），而在公共广场上竖立的肖像画（tableau）则适用船刑、公开谢罪、终身流放、烙印和鞭打，但1749年7月10日国王在1749年7月11日的国王宣言公告中授权以肖像画方式执行公开示众判决，理由是小屋示众刑对社会和贸易有巨大的影响，而颈枷刑"接近鞭刑"[6]。

在被判颈枷刑时，犯人被绑在刽子手的小车（charrette）后面，双手被绑在身前，走到竖立在公共广场的柱子（potence）前。一个三指厚的铁项圈被拴在这个柱子上，在到达行刑地点后，囚犯被戴上这个项圈，然后用挂锁固定住。此外，还会在前后放置写有犯罪内容的

---

① 例如，见佛兰德帕尔曼法院的一系列决定 ADN 8B2/795；8B2/796；8B2/797。
② Serpillon, Code criminel, tt. 3–4, p. 1087.
③ Muyart de Vouglans, *Les lois criminelles*, p. 66.
④ Jousse, Daniel, *Le Traité de la justice criminelle en France*, pp. 60–61.
⑤ Muyart de Vouglans, *Les lois criminelles*, pp. 66–67.
⑥ Jousse, *Traité*, t. 1, p. 60.

立牌（ecriteau），在两三天内，每个人都会在众目睽睽之下停留一个小时左右。

就小屋示众刑而言，在巴黎，人们在市场（Halles）上搭建小屋。在小屋的中间，竖立着一根带有三个孔的木板的旋转柱子，囚犯的头部和手腕都从这根柱子上穿过。在这种状态下，柱子被转向所有方向，囚犯被暴露在人群的视野中。①

（6）公然谢罪刑

公然谢罪虽然有时会单独实施，但在叛国罪、亵渎罪、弑君罪（parricidce）或其他具有社会危害性的犯罪案件中，通常会作为一种附加刑罚被宣判。这种刑罚是在执行死刑之前，在教堂前，不穿衣服，赤脚，不戴帽子，脖子上套着绳索，拿着一根点燃的重达两利弗尔的蜡烛，他将跪下来，用响亮的声音忏悔自己的罪过，请求上帝、国王、正义和受害者原谅。②

因此，尽管 18 世纪的法国没有刑法典，但当时的惩罚是一种事实上的"法定程序"，即根据详细的规定对相应的罪行进行大致的界定和执行，而不是根据法官的情绪进行宣判。

（二）日本

让我们看看日本的情况。《御定书》虽然不被大众所知，但却列出了 50 种罪行及其相应的惩罚。最严重的当然是死刑，根据《御定书》第一百零三条，分为七种。由此可见，与法国不同，在日本，犯罪和惩罚的清单是在法律层面上制定的。另外，还存在明确规定各种刑罚针对何种犯罪的文献《刑典便览》。

1. 死刑

《御定书》中所规定的死刑，按照严重程度，锯刑、磔刑、狱门、火刑、死刑、下刑和斩首罪。斩首罪是只针对武士阶层的特权

---

① Muyart de Vouglans, *Les lois criminelles*, p. 66.
② Jousse, *Traité*, t. 1, pp. 63 – 64; Muyart de Vouglans, *Les lois criminelles*, pp. 67 – 68.

惩罚。因此，《御定书》中并没有规定切腹。但是，这种刑罚实际上是实行的，而且是一种荣誉的死亡，是只传给武士阶层的惩罚。切腹与斩首罪的区别在于，斩首罪是单纯的斩首，而切腹伴随着仪式，是一种伪装成自杀的斩首。罪人被三名介错人包围，跪坐在那里等待着。当他伸出手去拿三面的木刀时，介错人就会砍下他的头。①

（1）锯刑

当时最严重的处罚是锯刑。《御定书》中虽然没有详细的执行方法，但和法国一样，日本也有详细的刑罚手册。这就是《刑罪大秘录》②。如后所述，这本手册和法国一样，连刑罚使用的工具的尺寸都有明确记载。

被判处锯刑的囚犯，首先要被拉到在以千代田城为中心的市内一整天。是游行示众。罪犯被押在铺着草席的马上，从小传马町的牢房后门出发。罪犯被三十多名手持刺和标枪、写有犯人姓名、犯罪、刑罚的三十六张幡子、长一尺宽六尺的舍牌的非人包围，在江户的大街上拖行。游街示众不仅适用于锯刑，还针对钉死和火烧的罪行（见后文），有时会被判处监禁甚至死刑。这种游街示众的目的当然是恐吓但据说有些罪犯很高兴能"在一天结束时看到世界"③。事实上，在去往行刑地点的路上，罪人可以要任何他们想吃的或想喝的。不过，很多店家都不愿意这样做，所以在行刑当天就停业了。④ 此外，罪犯还可以在离江户刑场不远的浅草西念寺与家人休息。⑤

绕行之后，在日本桥进行处决。在这里，犯人双肩受伤，被关在

---

① ［日］石井三记：《18 世纪法国的方与正义》，第 50 页。
② ［日］鬼头胜之编著的《刑罪大秘录》，2007 年出版翻刻版。但是，记载的错误也随处可见。
③ ［日］石井三记：《18 世纪法国的方与正义》，第 47—48 页。
④ 《明治大学博物馆刑事资料》，第 26 页。
⑤ ［日］石井三记：《18 世纪法国的方与正义》，第 57 页。

长宽三尺的正方形、深二尺五寸的箱子里，只有脸露出地面。脸的两侧放着涂满鲜血的由一尺六寸长的刀刃组成的锯子和由一尺四寸长的刀刃组成的竹锯，为了防止罪人逃脱，还堆着草袋。罪犯就这样从早到晚被放置三天，其间行人可以随意拉锯。因此，到死亡为止花了相当长的时间。不过，17世纪初以后，实际拉锯的人就很少了。根据石井良助的说法，幕府只要求他们模仿拉锯，进行威吓。这样一来，这种刑罚就像被钉在十字架上一样。①

（2）磔刑

磔刑是一种类似于耶稣被钉十字架的刑罚。江户中后期的儒学家中井履轩认为，这种刑罚源于西方，是为了镇压16世纪后半叶至17世纪前半叶普及的基督教而从西方引进的。② 但实际上，这种刑罚在日本从12世纪就开始实行了。不过，幕府确实充分意识到了十字架的象征意义，并利用这种惩罚来消灭基督徒。③

经过游行示众之后，在刑场上，罪犯首先被六个非人（从事一些低贱的工作的或犯了错的人）从马背上赶下来，脸朝下被绑在一根有两根交叉棒的柱子上。捆绑是在手腕、上臂、胸部、腰部和脚踝处进行。据《刑罪大秘录》记载，先从脚绑起，接着是手臂、腰部、胸部。如果是男性，则在这根柱子上放置一根一英尺长的柱子，并将双腿置于开放位置。固定身体的柱子由十个人手传脚竖着，脚的部分埋在地下三尺左右。在执行判决之前，两个非人的刽子手在囚犯面前交叉持矛。这是展示矛。然后，他们一边发出"哎呀呀"的叫声，一边用长矛从受刑者的两侧腹部刺到他的肩膀20—30次。矛必须穿透罪人的身体，大约一英尺。最后，罪犯的喉咙被从两边刺穿。罪犯的尸体被暴露三天，同时还有一个写有姓名、罪

---

① ［日］石井三记：《18世纪法国的方与正义》，第65—68页。

② ［日］中井履轩：《年成录》，载泷本诚一编著《日本经济大典》第23卷，明治文献，东京，1969年所收录，第646页。

③ Daniel V. Botsman, *Punishment and Power in the Making of Modern Japan*, Princeton University Press, 2007, p. 31.

行和惩罚的废弃标签。①

（3）狱门

所谓狱门，就是斩首示众尸体的头部的过程。受刑者的头颅在牢内被砍下，只把头颅放在刑场的狱门台上。人头用草袋包好，用青竹穿过，由非人运送。刑场上设有两人用或三人用的狱门台，大小分别为六尺和八尺。长六寸，指甲长两尺，刺在脖子上。首级要示众三天，由两组——每组六人轮流看守。狱门台旁放置了写有姓名、罪行和处罚，为期三十天。② 狱门也会有人游街示众，这时会放上旗帜。

（4）火罪

火罪是指将一个人烧死在火刑柱上的火刑。对江户时代前期到中期的思想产生巨大影响的儒者荻生徂徕认为，和磔刑一样，火刑也来自西方。有趣的是，日本传统法律中提出的七种死刑方法中，有两种来自西方。③ 然而，在日本，火刑不是因为巫术或类似的原因，而是因为点火。在判决火刑的情况下，这种刑罚也经常伴随着"游街示众"，绕行五处张贴了标志：日本桥、筋错桥、赤坂御门、两国、四谷御门等刑场。游行之后，和磔刑一样，罪人被六个非人从马上赶下来。之后，脖子、手臂、腰部、大腿和脚踝被固定在两间长、五寸角的柱子上。这个柱子上涂了一层泥，以防燃烧。犯人脚下放着三束柴火。犯人的身体周围会镶上竹框，并用茅草等覆盖到完全看不见全身为止。在尸体被点燃，茅草化为灰烬之后，被烧死的犯人的鼻子和阴囊，以及妇女的乳房，都会被点燃作为最后一击。然后将尸体放置三天。④

---

① ［日］石井三记：《18 世纪法国的方与正义》，第 61—62 页。

② ［日］石井三记：《18 世纪法国的方与正义》，第 53—54 页；《内阁文库所藏史籍业刊 97 诸例集（4）》24 册，第 98 页。

③ ［日］荻生徂徕：《南留别志补遗》四三七，载日野龙夫编《荻生徂徕全集》，美铃书房 1983 年版，第 167 页。

④ ［日］石井三记：《18 世纪法国的方与正义》，第 58—59 页。

（5）死罪、下手人

死罪，从字面上理解就是"死刑"，指的是斩首。下手人也是斩首，但这是针对没有私人利害关系、因打架等杀人而判处的。下手人的目的是平分双方所受损失。因此，在当事人有身份差异的情况下不使用该条款。[1] 当时非常重视这种"平等"，如果杀人的人延长生命，就会被认为是不平等。[2] 死罪和下手人都是在牢邸的院子执行，但罪犯在行刑当天才会被告知。这一天，牢房奉行长官石手带刀接过罪犯的出牢证，接着罪犯被点名并被逮捕。[3] 这时，其他入狱的人都放下心来，大声呼喊。囚犯们被告知他们的刑期，并在院子的一个角落里被认出后被要求回答"谢谢"。然后，被蒙住眼睛的犯人被三名非人逮捕后，先解开套在脖子上的绳子，接着砍头。在犯人面前，有一个被称为"血坑"的洞，犯人的头会落入其中。[4] 在判处死刑的情况下，平民囚犯被用作剑术审判的材料。[5]

除下手人外，死刑犯不会像一般人一样被埋葬，而是被葬在刑场内的寺庙里。[6] 如果犯人在行刑前死亡，其犯罪行为是杀害亲属或仆人杀害主人，即使是尸体也和活人一样被钉在十字架上（《御定书》第八十七条）[7]。

2. 其他刑罚

《御定书》还规定了其他惩罚措施。例如，对毒杀未遂或在江户市内携带枪支等处以流放远岛的处罚，在不同阶段的放逐、盗窃等情况下，与刺青结合使用，以及罚款等轻微的刑罚，等等。

---

① Daniel V. Botsman, *Punishment and Power in the Making of Modern Japan*, Princeton University Press, 2007, 日文译本，第46页。

② ［日］平松义郎：《江户的罪与罚》，2010年，第75页。

③ ［日］石井三记：《江户的刑罚》，第37—38页。

④ 《明治大学博物馆资料》第16卷，《刑事自然史目录》上卷，研究版，东京，明治大学博物馆，1933年，2002年扩大再版，第19页；《刑事大机密目录》。

⑤ ［日］石井三记：《江户的刑罚》，第48—49页。

⑥ ［日］藤井嘉雄：《御定书一百项与刑罚程序》，高文堂出版社1987年版，第303页。

⑦ ［日］小野清：《昨梦烦事》同《德川制度史料》，六合馆1927年版，第12—18页。

（1）远岛

远岛在关东地区被判前往大岛、八丈岛、三宅岛、新岛、神津岛、御藏岛、利岛，在关西地区被判前往萨摩、五岛列岛、隐岐国、壹岐国、天草郡。每年有两次离开，分别在春季和秋季，罪犯们在离开前一直待在监狱里。在此期间，允许亲属递交米二十袋、钱二十贯文、二十两黄金以内的物品。没有申报物的情况下，由地方法官按照罪人的身份交给申报钱。另外，还可以在寄钱的范围内购物。出发的那天早上，他们在牢房前被绳子绑起来，像悲惨的加莱船囚徒队伍一样向港口进发。

（2）流放

流放分为不同阶段，如重度流放、中度流放和轻度流放，其轻重根据被流放的面积而不同。① 根据《刑罪大秘录》，在重度流放的情况下，武藏、相模、上野、下野、安房、上总、下总、常陆、山城、摄津、和泉、大和、肥前、东海道筋、木曾路筋、甲斐、骏河是禁止入内的区域。另外，较轻的流放还有江户十里四方及日本桥四方五里禁止进入的区域，品川、板桥、四谷、大城市户、千住内侧为禁区的江户流放等。不管是哪种情况，犯人在安顿下来之后，马上被绑住身体，带到流放的场所。②

（3）刺青

定案后，罪犯回牢后，在院子里降下草席，当场进行入墨。刺青的针由四五根扎成一束，非人将针在罪犯的左臂上划出两条宽三分、宽七分的线，然后在伤口上涂上墨汁。墨被放入后，为了晾干，罪人被关在关押生病的犯人的地方三天。如果是累犯，就更要注意了。据《刑罪大秘录》记载，入墨的花纹因地点而异。例如，

---

① 事实上，日本并不存在固定期限的流放刑罚，根据法律规定的刑罚严重程度，在若干年后，有罪的人有可能获得赦免，从而使刑罚个别化。［日］高柳真三：《江户时代的罪与罚摘要》，第107—124页。

② ［日］藤井嘉雄：《御定书一百项与刑罚程序》，高文堂出版社1987年版，第424页。

在大阪上臂上有两条宽约五分的线。另外，在长崎，在手腕上三寸左右的地方，画了一条长约一寸五分、宽约五分的线。也有藩地，在额上刺青的，例如广岛藩，因为四次罪过而完成了"犬"的汉字。①

（4）敲

敲在牢门前实施。大门被提前打开，用三张席子和一个扫帚托，即一根缠绕着麻绳的竹棍覆盖着。罪人的头朝着街道的方向，用扫帚屁股敲打五十次或一百次，一次一次地数数②。这个时候，打脊梁骨是被禁止的。另外，如果是百敲，敲完五十下后，医生会提醒，男仆会给罪犯喝水，同时更换打手。

3. 拷问

拷问在日本虽然没有被分类为刑罚，但《御定书》第八十三条也规定了拷问的适用场合。根据这一规定，对于有杀人、放火或进行相当于死罪的犯罪嫌疑而不招供的人可以进行拷问。拷问的方法在《刑罪大秘录》中也有说明。实际上，拷问并不多见，但当时为了宣告有罪，唯一的法定证据就是招供，所以司法部门无论如何都要让犯人开口。③ 严刑拷打有两种：一种是用特殊的方法绑住身体；另一种是双手绑在背后吊起来。首先，使用更温和的虾法。犯人在被绑手臂绕到背后，双脚向前伸的状态下，接着双脚和肩膀被绑在一起。如果还是得不到招供，就转移到追究责任。但是，在日本，依赖拷问被认为是不善于斟酌的行为。有本事的审察官应该通过威胁或其他手段诱供。④ 如果刑讯逼供无疾而终，即使被判有罪，也意味着司法的失败，因为

---

① ［日］石井三记：《江户的刑罚》，第69—70页；《现代早期日本处决史手稿》，第一卷，第612页（第322.29/z14号法律）。

② ［日］石井三记：《江户的刑罚》，第75页。

③ 『明治大学博物館刑事資料』第38页，［日］平松义郎：《现代早期刑事诉讼法研究》，第775页。

④ ［日］石井三记：《江户的刑罚》，第31页。

拿不到证据，甚至会有伤公家的"威望"①。然而，在日本，还有一种使用暴力让人开口的方法。这就是监狱的审讯。监狱审讯有两个阶段。弱一些的是鞭打，更严重的是用石头砸。这是让囚犯直立地坐在一块形似洗衣板的木板上，并在他们上面堆放石板。事实上，只是避免了酷刑，监狱里的审讯也不被认为是那么糟糕。有时，牢房审问会重复十五次、十八次，甚至三十五次。②另外，在日本不太使用这种暴力手段的原因，恐怕是日本人一看到工具就害怕，在使用之前就招供了罪行。③

综上所述，对于生活在现代的我们来说，江户的刑事法确实是"侮辱和刺激［日本人］，使之生气"的，而且确实存在过重的刑罚，但这些要求是基于法律的，江户远远不是霍布斯所说的自然状态，可以说处于"法律的支配"之下。

四　结语

本章简要比较了 18 世纪法国和日本的刑法的相关状况。可以想象，在闭关锁国、严格限制与海外接触的条件下，日本的制度产生了独特的特点，但在法律统一方面，日法之间也有很多共同点。当然，这并不意味着两国之间互相影响。《论法之精神》是当时连接日本和法国的文献，但《公事方御定书》形成后的这个时代，孟德斯鸠所描绘的状况与实际情况相差甚远。确实，判处死刑的情况不少，但《御定书》是犯罪和刑罚的一览表，并不是对任何犯罪都可以自由使用死刑。此外，不仅是死刑，而且各种刑罚的执行方法都被详细地手册化，甚至有立法能力的诸藩也被要求遵守江户的方法。因此，可以说

---

① Daniel V. Botsman, *Punishment and Power in the Making of Modern Japan*, Princeton University Press，2007 年，日本译本，第 58 页。［日］渡边浩：《东亚的王权与思想》，东京大学出版社 2011 年版，第 41 页。

② ［日］渡边浩：《东亚的王权与思想》，东京大学出版社 2011 年版，第 41 页。

③ ［日］平松义郎：《早期现代刑事诉讼法研究》，796，第 838 页。

在日本存在着以《公事方御定书》为中心的"法治"。

法国比日本晚了约五十年，直到1791年才诞生了第一部刑法典。在此之前，虽然没有犯罪和刑罚的一览表，但在实际的审判中，会参考法律书籍和判例，并不像贝卡利亚所说的那样，法官会因心情做出不同的惩罚。另外，在刑罚的执行判决方面，刑法书中也有与《刑罪大秘录》并驾齐驱的详细规定。在启蒙方面严厉批判的同时，在"旧政体"的日本和法国仍存在着某种"法定程序"。

饭馆的餐桌与宅第的餐桌

——市民社会的诞生与社交的转变[*]

桥本周子 著 刘姗姗 译[**]

> 每条街巷、每个广场、每座宫殿都摆满了一眼望不到头的餐桌。人们不在乎地位、年龄、住所的差异，都随意地相邻而坐。大家手牵着手，诚挚地紧握着对方，每个人都洋溢着喜悦的笑容。[①]
>
> ——布里亚 - 萨瓦兰

这一片段出自布里亚 - 萨瓦兰（Brillat-Savarin）于 1826 年所写的《厨房里的哲学家》（*Physiologie du goût*）第 30 章《宴会》（*Bouquet*）中的一篇《美食学的神话》（"mythologie gastronomique"）。为何会围绕第十位缪斯女神[②]加斯特丽亚（Gastéréa）的神话作为该书第一部分的结尾，在文章中写下这段奇妙景象的动机又是什么，作者均无具体说明。在此，"Gastéréa"是由希腊语中的"胃"（gastrer）派生而来的名字，是掌管"味觉快感"（jouissances du goût）[③] 的女

---

* 本文论述引用了桥本周子『美食家の誕生：グリモと「食」のフランス革命』（名古屋大学出版会、2014 年）的部分内容，并进行了修改、订正。

** 桥本周子，关西学院大学国际学部副教授。刘姗姗，中国人民大学历史学院硕士研究生。

① Jean Anthelme Brillat-Savarin, *Physiologie du goût, ou Méditations de gastronomie transcendante*; *Dédié aux gastronomes parisiens par un professeur*, Paris: Flammarion, 1982［1826］, p. 297（《美味礼赞》（上、下），关根秀雄、户部松实译，岩波书店 2005 年版）。

② 众所周知，缪斯一共有 9 位，"第十位"女神为布里亚 - 萨瓦兰所创作。

③ Jean Anthelme Brillat-Savarin, *Physiologie du goût, ou Méditations de gastronomie transcendante*; *Dédié aux gastronomes parisiens par un professeur*, Paris：Flammarion, 1982［1826］, p. 297.

神，而这则神话以加斯特丽亚在全世界中最喜欢的城市——巴黎为舞台，详细地描述了在加斯特丽亚纪念日，街道变身为"巨大的食堂"（un immense réfectoire）①，不论身份高低，人们都共同感受分享佳肴的喜悦。作者把这则故事作为全书正文（其中大部分充满学究气，考察了"味觉"及其相关现象的科学知识）第一部分的最后一篇，或许是将其作为对第一部分最后的装点，在恰当且完美的和谐中表现出幸福和睦实现了的情景。

法国大革命以后也出现过类似的描述。"居住在美丽巴黎的人们都可以将自家的餐桌排列在公共场所，大家都在家门口吃饭。不论富贵贫穷，所有人都成为一体，所有的阶级都交织在一起……整个巴黎变为一个巨大的家庭，上百万的人都能坐在同一张餐桌上吃饭"。② 维莱特侯爵（Charles de Villette，1736—1793）在 1789 年 7 月 18 日写下如上内容，即攻占巴士底的四天后，他天真单纯地期待着新时代的到来。后来，为纪念"革命期乐观主义的顶峰，高洁的共同社会劳动的顶点"③ 而设立了第一届联盟节（1790 年 7 月 14 日），在那样的情景下实行维莱特的构想也并非不可能。革命之后，不论规模大小，这一市民庆祝宴会在重要的政治活动中逐渐成为惯例。④

不过，在加斯特丽亚所爱的巴黎中，即便不是盛大的节日，人们也会不分地位、年龄聚集在一起，公共的饮食场所是客观存在的。这是一家随着革命发展而人数激增的餐馆。餐馆中充满了丰盛的美食，

---

① Jean Anthelme Brillat-Savarin, *Physiologie du goût*, *ou Méditations de gastronomie transcendante*; *Dédié aux gastronomes parisiens par un professeur*, Paris: Flammarion, 1982 [1826], p. 302.

② Charles de Villette, *Lettres choisies*, Paris: Marchand de nouveauté, 1792, pp. 6 - 7（关于维莱特的计划可参阅以下内容。Spang, Rebecca L.『レストランの誕生』、小林正巳译、青土社、2000 年、第 4 章）。

③ Spang, Rebecca L.『レストランの誕生』、小林正巳译、青土社、2000 年、156 页。

④ Olivier Ihi, "De bouche à oreille. Sur les pratiques de commensalité dans la tradition républicaine du cérémonial de table", in *Revue française de science politique*, 48ᵉ année, n° 3 - 4, 1998, pp. 387 - 408.

日常生活已经被融入节日庆典中，使人们不论身份高低都能参与其中，在此般风潮流行的早期，不正是布里亚－萨瓦兰的神话中所描绘的乌托邦吗？

一　独立的桌子与新食客们旺盛的食欲

布里亚－萨瓦兰在"加斯特丽亚"神话中所构想的实现幸福的餐馆至少在当时的巴黎并不存在。当然，他也阐明了餐馆具有以下几项优点。

在 1770 年以前，那些有钱有权的人才能享有两大特权。只有他们才能迅速地旅行，只有他们才能享受美食。随着每 24 小时能走 50 里格（约 200 千米）的新式马车出现，第一种特权消失了。随着餐饮业的出现，第二种特权也不复存在。由于餐饮业的存在，最美味的佳肴成为普通百姓的一般性食物。[①]

普遍的说法认为，法国大革命与餐馆诞生的原因有关。根据这种说法，在各种特权存在时，仅有部分阶层的人能享受佳肴，这样的美食以革命为契机向广大民众敞开。不过，像餐馆这般在外就餐的形式在大革命以前就已经存在，"餐馆伴随着法国大革命诞生"的说法完全不准确。[②] 话虽如此，不可否认，有部分早期的餐馆经历了这样的过程才开店，布里亚－萨瓦兰准确地指出了过去在外就餐的形式发展为新设施的过程，这样的新设施具备此前所没有的便利性。总体而言，餐馆为美食学做出贡献的具体原因有以下四点：一是"可以根据自己合适的时间去就餐"；二是"可以在不超出预算的情况下就餐"；三是"可以享用自己喜欢的食物"；四是"没有

---

① Jean Anthelme Brillat-Savarin, *Physiologie du goût, ou Méditations de gastronomie transcendante*; *Dédié aux gastronomes parisiens par un professeur*, Paris: Flammarion, 1982 [1826], pp. 278 – 279.

② 关于餐馆"诞生"的经过与革命前后其本质的变化在上述 Spang 的书中有详细介绍。

厨房的人也能就餐"。① 但是，他发现这样的便利性也对社会生活产生恶劣的影响。

相较上述优势，独自用餐将滋生利己主义，这对社会秩序而言更有威胁，每个人都只考虑自己的事情，与周围的环境隔绝，形成了不在意他人目光的习惯。实际上，在平时的社交中，通过观察用餐前后以及用餐时的态度，我们很容易分辨出平时只在餐馆用餐的人。②

直到十八世纪末，通过花钱能享用美食的机会主要是在宅邸举办的聚会上。当然，不论是拥有专属厨师，抑或是从餐馆临时雇用厨师，能够在宅邸中举办聚会的人都仅限于极少数的富裕阶层。旧体制中的富裕阶层主要由上层贵族和部分富裕的资产阶级构成，这些资产阶级与贵族结成姻亲关系，通过买官等手段使自身贵族化，以此巩固社会地位。因此，可将他们整体称为"贵族集团"，他们控制着数百年以来形成的社交手段。诺博特·伊里亚思（Norbert Elias）的一系列研究表明，有时不合理的甚至是过于繁杂的做法是宫廷社会确立社会等级差异中不可或缺的工具。③ 然而，在餐馆大门敞开的当下，即使没有这种社交手段，任何人都能通过支付费用而享用奢华的美食，没有聚会中被邀请的客人，无须在意如何打造、维持人脉圈。结果如前所述，"客"（指顾客 client，而非客人 invité）可以专注于眼前的料理，于是逐渐缺失了对他人的关怀。在餐馆的大厅中虽然确实存在这样一群人，他们在同一空间里同时吃饭，但不能将他们称为 conviva

---

① Jean Anthelme Brillat-Savarin, *Physiologie du goût, ou Méditations de gastronomie transcendante*; *Dédié aux gastronomes parisiens par un professeur*, Paris：Flammarion，1982［1826］，p. 278.

② Jean Anthelme Brillat-Savarin, *Physiologie du goût, ou Méditations de gastronomie transcendante*; *Dédié aux gastronomes parisiens par un professeur*, Paris：Flammarion，1982［1826］，p. 280.

③ Norbert Elias『文明化の過程——ヨーロッパ上流階層の風俗の変遷（上）・社会の変遷/文明化の理論のための見取図（下）』、波田节夫他译、法政大学出版局、2004 年。

（指被招待的人）①，这个词由 "共餐者"（convive，"同时 cum-" ·
"生存 vivere"）演变而来。至少无法感受到餐厅中充满着 "和谐的社
交氛围"（convivialité）。

并非只有布里亚 - 萨瓦兰指出餐馆使得人们逐渐缺失对他人的关
怀，与他并称为这一时代最负盛名的美食家葛立莫·德·拉·黑尼叶
（Alexandre-Balthazar-Laurent Grimod de la Reynière，1758—1837）以更
为简明了当的方式表达了他的批评。相比于布里亚 - 萨瓦兰试图构建
以美食为中心的理论体系，葛立莫则直接描述了他眼前发生的社会巨
变，写下批判性的文句。葛立莫也并未很快接受餐馆的形式，他将餐
馆中的用餐画面视为缺乏社交的无聊情景：

人们接连不断地前往餐馆，孤独、寂寞地吃饭。在这里，每个人
都坐在远离其他人的小餐桌前，不管旁边的人在说什么，做什么，他
们只是默默地吃着眼前的饭菜。②

暂且让我们以葛立莫的社会观察为中心，重新审视法国大革命后
"新食客们" 的情况。葛立莫至今依然作为美食评论的创始人而闻名。
法国大革命后，特别是目睹了法兰西第一帝国时期飞速发展的餐饮
业，他著有《老饕年鉴》（*Almanach des Gourmands*，1803—1812 年，
共 8 卷）③，这是一部涵盖应该前往哪家店就餐、去哪购买食材或饮食
相关商品等信息的指南。对葛立莫而言，餐馆并非必须要批判的对

---

① Art. ，"convive"，*Dictionnaire historique de la langue française*，s. l. d. d'Alain Rey，Paris：
Dictionnaires le Robert，1998.

② Alexandre-Balthazar-Laurent Grimod de la Reynière，*Almanach des Gourmands*，*ou Calendrier
nutritif*，*servant de guide dans les moyens de faire excellente chère*；*suivi de l'Itinéraire d'un Gourmand dans
différents quartiers de Paris et de quelques variétés morales*，*apéritives et alimentaires*，*anecdotes
gourmandes*，*etc.*，*par un vieil amateur.* 6 vol. in－8，Paris：chez Maradan；chez Joseph Chaumerot，
1803－1812 年，p. 53.

③ Alexandre-Balthazar-Laurent Grimod de la Reynière，*Almanach des Gourmands*，*ou Calendrier
nutritif*，*servant de guide dans les moyens de faire excellente chère*；*suivi de l'Itinéraire d'un Gourmand dans
différents quartiers de Paris et de quelques variétés morales*，*apéritives et alimentaires*，*anecdotes
gourmandes*，*etc.*，*par un vieil amateur.* 8 vol. in－8，Paris：chez Maradan；chez Joseph Chaumerot，
1803－1812.

象，他向不少餐馆赠予了赞词。然而，对于餐馆中的用餐情景以及在那里用餐的人们，葛立莫有时会以上述严格的眼光对待。葛立莫和布里亚－萨瓦兰两位当时首屈一指的美食家同时指出同样的问题，那么，当时餐馆的顾客们又是什么样的人呢？

我们首先从梅西耶着手来探究这个问题的答案。针对巴黎皇家宫殿附近一家有名的餐馆，梅西耶这样描述道："宽敞舒适的参观大厅是所有获取不正当利益的中饱私囊者、军需商人、投机商、唐提式养老金与彩票的经营者、夜贼的主谋者、赌徒头目等人经常光顾的场所，在这里只需要瞥一眼就足以看出。点完菜的同时就能上菜，用餐的人都是大富翁，在这里如果像王室、贵族、大使和金融家那样吃饭，十分令人害臊。"① 不过，"新食客"这一抽象的群体并非仅由上述所记的人群构成。但是为了品尝能称为"佳肴"的美食，或多或少还是需要一定程度的财力支持，因此，对于"新食客"而言，财富可以说是必要的条件。

葛立莫的指南书主要针对的读者群体是新兴的富裕阶层。"各种财产转移至新的群体是革命的必然结果。这些一夜暴富的人中绝大部分只关注于纯粹的动物性快乐。因此，我为他们最重要的情绪中最确定的部分提供指南书，希望以此来帮助他们"。② 依据葛立莫所言，新食客主要是以革命为契机获得财富的群体，如此一来便引出以下问题：葛立莫在此所说的"纯粹的动物性快乐"是什么意思，新食客们的共同特点又是什么呢？

构成"动物性快乐"的最重要因素是"旺盛的食欲"。"富裕的

---

① Louis-Sébastien Mercier, *Le Nouveau Paris*, éd. de Jean-Claude Bonnet, Paris：Mercure de France, 1994［1798］, p. 387.

② Alexandre-Balthazar-Laurent Grimod de la Reynière, *Almanach des Gourmands, ou Calendrier nutritif, servant de guide dans les moyens de faire excellente chère ; suivi de l'Itinéraire d'un Gourmand dans différents quartiers de Paris et de quelques variétés morales, apéritives et alimentaires, anecdotes gourmandes, etc., par un vieil amateur*. 1 vol. in － 8, Paris：chez Maradan；chez Joseph Chaumerot, 1803 － 1812, pp. 1 － 2.

巴黎人的心突然变成了胃。他们的情感已经只有食欲"。① 革命时期的
"食欲"通常令人联想到贪婪地吞下大量食物的粗鲁食欲,在一系列
政治、社会动荡中,追求一时快感的心态或许能获得精神上的安慰。
尤其是恐怖政治时期,在切身感受死亡迫近的情况下,人们大多会逃
避瞬时的快感。葛立莫如此描述:"诸君可知阿得法癸亚
(Adéphagie)的事情?这个词在希腊语中是指'美食女神'。即便身
处革命的恐怖中,阿得法癸亚也不会从那个帝国中失去什么。即便在
断头台,在牺牲者长眠的广阔墓地旁,阿得法癸亚的祭坛依然放满了
豪华的供奉品。而巴黎人也没停下他们的嘴巴,在祭坛咀嚼堆满的供
品。"② 恐怖政治结束后,社会由压抑的政治转向相反的快乐主义倾
向。督政府时期的快乐主义倾向被认为是众所周知的历史事实。龚古
尔(Goncourt)的著作中描写了这一时期人们的样子:"所有人都涌
向舞池。他们活在当下,抹去记忆,放弃希望。"③

　　葛立莫所看到的第一帝国时期的风潮,确实是此处龚古尔所描写
的督政府时期社会氛围的延续。1797 年,葛立莫描述道:"在恐怖政
治结束后,法国人不得不在立宪体制中找到真正的乐园。"④ "我们很
难去责备那些长期以来受苦的人们投身无底的快乐中。更何况这种快
乐是美好的事物,是不愧于良知的事物,是体贴的事物。"⑤ 此外,雨

---

① Alexandre-Balthazar-Laurent Grimod de la Reynière, *Almanach des Gourmands*, *ou Calendrier nutritif*, *servant de guide dans les moyens de faire excellente chère*; *suivi de l'Itinéraire d'un Gourmand dans différents quartiers de Paris et de quelques variétés morales*, *apéritives et alimentaires*, *anecdotes gourmandes*, *etc.*, *par un vieil amateur.* 1 vol. in-8, Paris: chez Maradan; chez Joseph Chaumerot, 1803 – 1812, p. 2.

② Louis-Sébastien Mercier, *Le Nouveau Paris*, éd. de Jean-Claude Bonnet, Paris: Mercure de France, 1994 [1798], pp. 598 – 599.

③ Edmond et Jules Goncourt, *Histoire de la société française pendant le Directoire*, Paris: Bibliothèque Charpentier, 1914 [1880], p. 138.

④ Grimod de la Reynière, *Le Censeur dramatique ou Journal des principaux théâtres de Paris et des départements par une Société des Gens de Lettres*, tome 1, Paris: Bureau du Censeur dramatique, 1797, p. 73.

⑤ Grimod de la Reynière, *Le Censeur dramatique ou Journal des principaux théâtres de Paris et des départements par une Société des Gens de Lettres*, tome 1, Paris: Bureau du Censeur dramatique, 1797, p. 73.

果（Victor Hugo）将葛立莫作为反动快乐主义的成果加以引证："热
月政变后的巴黎充满了朝气，这是一种疯狂的朝气……在死的狂热之
后跟着来了生的狂热，深藏于阴影之中。一名类似特里马西翁①的人，
名叫葛立莫·德·拉·黑尼叶，写了一部名为《老饕年鉴》的书。人
们在巴黎皇家宫殿的阁楼用餐，女子乐队敲着鼓、吹着小号给他们伴
奏……人们在熏香围绕的梅奥饭店中享受东方式美食。"② 雨果提到葛
立莫的《老饕年鉴》在热月政变时期出版，这一历史认识是错误的。
不过，值得注意的是，雨果对这一时期特有的社会倾向抱有兴趣，而
葛立莫从那时起成为这种倾向的代表人物而被列为重点分析对象。

然而，被葛立莫称为"纯粹的动物性快乐"的新食客们的食欲已经
发生变化，不再是革命时期放纵的旺盛食欲，而是粗犷却又极为纯粹的性
质。到了法兰西第一帝国时期，在拿破仑掌控权力的形势下，社会逐渐安
定，人们的想法也多少发生转变，在安全得到保障的基础上有了进一步的
追求。而社会经历过此前的不安定后，部分阶级开始进入固化阶段，人们
表现出试图巩固自己所得地位的想法。一场竞争就这样开始了，拥有同等
实力的伙伴为了更高的地位而反目，也正是这场竞争使得革命前便存在的
餐馆数量急速增加。由此观之，葛立莫在形容新食客们时采用了"纯粹的
动物性"，这一表达包含了将他人吞噬、专横跋扈的暴力性含义。

新食客旺盛的食欲也影响了一天中摄入食物的形式与时间。十八
世纪至十九世纪的用餐时间变化很复杂，虽然许多方面无法简单概
括，但总体而言正餐（dîner）的时间有逐渐推迟的倾向。③ 其结果
是，作为支撑白天活动消耗的午餐（déjeûner）变得愈加重要。过去

① 在佩特罗尼乌斯（Gaius Petronius Arbiter）的《爱情神话》（Satyricon）中登场。特里马
西翁原为解放后的奴隶，一夜暴富后不断举办聚餐，聚会中有奢侈的菜肴与大量的演出。他作为
趣味低级的新兴富裕阶层代表被引用（Petronius『サテュリコン——古代ローマの諷刺小説』、
国原吉之助译、岩波书店、1991 年）。

② Victor Hugo, *Quatrevingt-Treize*, Paris：Pocket, 1998 [1874], p. 131.

③ Jean-Louis Flandrin, "Les heures des repas en France avant le XIXᵉ siècle", in *Le temps de
manger：Alimentation, emploi du temps et rythmes sociaux*, Paris：Éditions de la Maison des sciences de
l'homme, 1993, pp. 209 – 212.

的午餐仅仅是"一杯红茶、菩提茶和昂列咖啡"①，这无论如何都无法填饱新食客们的肚子，大革命以后，"在新法国多少有些引人注目的人群中"，②"déjeuner à La Fourchette"（使用叉子的午餐），即口感丰富的肉食料理逐渐流行，葛立莫亦有类似描述："到了 12 点半至 1点，就马上感觉到食欲。于是红木桌子上摆满了十余种冷藏肉类和各种各样装满葡萄酒的醒酒壶。这些当代的幸运儿们则任由贪婪的食欲吞噬自己。"③ 对过去的贵族而言，在社交上花费一天多的时间是为了维持其继承的名誉，又或是有利于他获得更高的地位，但这样的时代已经结束了。对于依靠劳动赚钱的普通人而言，日常饮食在成为社交舞台之前，原初的意义是摄取营养，比起在由金钱运作的世界中放纵不羁，他们更需要强健的体魄，以抓住每一个赚钱的机会。

但是，为摄取营养的食欲也并不单纯。吃人般的利欲熏心不断刺激着旺盛的食欲。他们在结束营养丰盛的午餐后，并没有与其他人交谈的闲暇时间。对他们而言，时间若不是用来进行与工作直接相关的交涉，便是一种浪费。葛立莫将新兴的富裕阶层称为"米达斯"④。

----

① Alexandre-Balthazar-Laurent Grimod de la Reynière, *Almanach des Gourmands, ou Calendrier nutritif, servant de guide dans les moyens de faire excellente chère; suivi de l'Itinéraire d'un Gourmand dans différents quartiers de Paris et de quelques variétés morales, apéritives et alimentaires, anecdotes gourmandes, etc. , par un vieil amateur.* 2 vol. in – 8, Paris: chez Maradan; chez Joseph Chaumerot, 1803 – 1812, p. 42.

② Alexandre-Balthazar-Laurent Grimod de la Reynière, *Almanach des Gourmands, ou Calendrier nutritif, servant de guide dans les moyens de faire excellente chère; suivi de l'Itinéraire d'un Gourmand dans différents quartiers de Paris et de quelques variétés morales, apéritives et alimentaires, anecdotes gourmandes, etc. , par un vieil amateur.* 2 vol. in – 8, Paris: chez Maradan; chez Joseph Chaumerot, 1803 – 1812, p. 42.

③ Alexandre-Balthazar-Laurent Grimod de la Reynière, *Almanach des Gourmands, ou Calendrier nutritif, servant de guide dans les moyens de faire excellente chère; suivi de l'Itinéraire d'un Gourmand dans différents quartiers de Paris et de quelques variétés morales, apéritives et alimentaires, anecdotes gourmandes, etc. , par un vieil amateur.* 2 vol. in – 8, Paris: chez Maradan; chez Joseph Chaumerot, 1803 – 1812, pp. 42 – 43.

④ 米达斯是神话中的弗里吉亚王。想要了解世界秘密的西勒诺斯不慎被米达斯抓捕，后被米达斯释放。西勒诺斯的主君狄奥尼索斯见他平安无事，为表感谢承诺可以实现米达斯的任何愿望。米达斯希望他所触碰的一切都能变成金子，他的愿望虽然实现了，但与此同时他所碰到的食物也变成了金子，不禁感到懊悔（参考 Art. , "Midas", in *The Oxford Classical Dictionary*, s. l. d. de Simon Hornblower, 3ᵉ éd. , Oxford: New York, Oxford University Press, 1996）。

在葛立莫眼中，这些新兴的富裕阶层如神话中的贪婪之王米达斯一般，只有金钱能引起他们的兴趣。

就这样，今日的米达斯们再次乘上了可能会杀人的危险马车，走向了新的工作。他们为了能更快赚钱，将自己置身于对金钱的强烈渴望之中。因为平时习惯了奢侈的生活，为了能长时间维持这样的奢侈，他们强烈地感受到必须赚取更多的金钱，在此刺激下欲望不断放大。①

为了赚得比别人多，必须吃得比别人多。即使钱财已经到手也无法安心，昨天吞噬他人的自己，今天也有可能被别人吞噬，必须不停地吃。旺盛的食欲迟早会成为新时代食客们的勋章吧。后革命期食客们的旺盛食欲有着无法自决的一大特征，也就是说，这一时代的食客们在饮食行为方面常常以他人为参照而选择暴食。

餐馆开始流行，在外就餐也变为都市娱乐生活的代表，不少记者、作家将餐馆和咖啡厅的餐桌描绘为人类观察的场所，这与上述内容并非没有关系。当时有记者抱着极大的兴趣对餐厅的客人进行观察，如此描述道："这位短脖子的胖男人是个投机家。停在门口的好多辆车都是他的。瞧瞧他多有食欲，已经吃光了四盘东西了！是的，他像吃东西一样工作。这就是他成功的方法。"②

显而易见，在这段描述中，记者将食欲与对金钱的执着视为一体，但是仅通过美食观察世界的葛立莫并不这么认为，他觉得食欲已经无法用对金钱的欲望衡量。当时的餐饮业可谓以史无前例的形式发展，支持它的是手段与目的或融为一体、或颠倒的状态。"由于这样的秩序，人

---

① Alexandre-Balthazar-Laurent Grimod de la Reynière, *Almanach des Gourmands*, *ou Calendrier nutritif*, *servant de guide dans les moyens de faire excellente chère*; *suivi de l'Itinéraire d'un Gourmand dans différents quartiers de Paris et de quelques variétés morales*, *apéritives et alimentaires*, *anecdotes gourmandes*, *etc.*, *par un vieil amateur*. 2 vol. in - 8, Paris: chez Maradan; chez Joseph Chaumerot, 1803 - 1812, p. 43.

② Jean Baptiste Pujoulx, *Paris à la fin du XVIIIe siècle*, *ou esquisse historique et morale*, Paris: Chez Brigite Mathé, 1801, p. 143.

们都用胃来思考，巴黎人野心的全部动力均来自拥有豪华餐桌的欲望，一种新的技艺自然而然地诞生了。"① 据葛立莫所言，过去只是"普通的匠人工作"②，十九世纪初期已经变成堪比艺术的"料理"。在了解了上文引述与"光辉"发展的象征后，现在再读以下内容我们就会认为它反映了明显的欲望。"整体观之，巴黎人的产业以必须从事饮食相关的内容为原则。而且，在世界的任何地方都找不到像巴黎一样，有着如此多食品商贩和制造者的城市。在巴黎，书店与餐馆的数量比是1：100，数学道具的技术师与西点师的数量比是1：1000。"③

巴黎人这种无法满足的食欲不仅限于巴黎内部，更是以巴黎为中心向法国全境扩散。

充斥于巴黎的消费堪称超出寻常。即使将人口因素纳入考虑范围，巴黎的人口也不如伦敦。为了满足消费，通往巴黎的道路聚集了各种动物与装载各样食材的马车，贪婪的胃（ce gouffre dévorateur）将其吞噬（s'engloutir）。④

① Alexandre-Balthazar-Laurent Grimod de la Reynière, *Almanach des Gourmands, ou Calendrier nutritif, servant de guide dans les moyens de faire excellente chère*; *suivi de l'Itinéraire d'un Gourmand dans différents quartiers de Paris et de quelques variétés morales, apéritives et alimentaires, anecdotes gourmandes, etc., par un vieil amateur.* 1 vol. in – 8, Paris: chez Maradan; chez Joseph Chaumerot, 1803 – 1812, p. 163.

② Alexandre-Balthazar-Laurent Grimod de la Reynière, *Almanach des Gourmands, ou Calendrier nutritif, servant de guide dans les moyens de faire excellente chère*; *suivi de l'Itinéraire d'un Gourmand dans différents quartiers de Paris et de quelques variétés morales, apéritives et alimentaires, anecdotes gourmandes, etc., par un vieil amateur.* 8 vol. in – 8, Paris: chez Maradan; chez Joseph Chaumerot, 1803 – 1812, p. 240.

③ Alexandre-Balthazar-Laurent Grimod de la Reynière, *Almanach des Gourmands, ou Calendrier nutritif, servant de guide dans les moyens de faire excellente chère*; *suivi de l'Itinéraire d'un Gourmand dans différents quartiers de Paris et de quelques variétés morales, apéritives et alimentaires, anecdotes gourmandes, etc., par un vieil amateur.* 1 vol. in – 8, Paris: chez Maradan; chez Joseph Chaumerot, 1803 – 1812, p. 161.

④ Alexandre-Balthazar-Laurent Grimod de la Reynière, *Almanach des Gourmands, ou Calendrier nutritif, servant de guide dans les moyens de faire excellente chère*; *suivi de l'Itinéraire d'un Gourmand dans différents quartiers de Paris et de quelques variétés morales, apéritives et alimentaires, anecdotes gourmandes, etc., par un vieil amateur.* 1 vol. in – 8, Paris: chez Maradan; chez Joseph Chaumerot, 1803 – 1812, p. 160.

　　这种为流通提供支持的交通网以巴黎为中心急速发展。周边的农业受巴黎消费的制约而改变其经营方式。乳制品便是典型代表，距离巴黎近的地区生产相对不易保存的软质乳酪，距离较远的地区则生产相对较好保存的奶酪，不同地区的奶酪也成为当地特产。[①]"巴黎城自身生产不出任何东西，因为没有一只羊在那出生，也没有一颗花椰菜在那成熟。话虽如此，巴黎却是世界各地所有物品的汇集中心。"[②] 实际上，巴黎作为中心城市的地位在几个世纪前就已经是明确的事实，法国农业在巴黎向心力的影响下发展也已有很长的历史，[③] 这些都不言而喻。但在葛立莫之后的 19 世纪才有不少作家将巴黎描述为一座陷入欲望旋涡的城市。他们所描写的巴黎吸引着世界各地的人前来，而又将人们毁灭于欲望之中，这与城市中人们怪异的"食欲"描述相得益彰。

　　十九世纪关于美食的记述中常常有与他人比较食欲的言论，如炫耀"谁吃得更多"之类的，这成为当时轶事的固定风格。"暴食的风气有时会退去，实施过剩行为的对象从食物转向他人，如此一来矛头也发生转变。另一个被当作佳肴的食客会被吞噬、搅毁、消灭。这只是一种幻想，是为了让对方彻底变为自己的盘中餐而选择杀死他的幻想。"[④] 让－保罗·阿隆描写了这样一个介绍十九世纪几位食客的故事：一位食客宣称要一个人吃超大量的食物，并要周围的人看着他才能满足；一位食客假装在等待实际上并未邀请的客人，愤怒地指责不

---

　　① Xavier De Planhol：《フランス文化の歴史地理学》、手塚章他译、二宮書店、2005 年、332 頁。

　　② Alexandre-Balthazar-Laurent Grimod de la Reynière，*Almanach des Gourmands, ou Calendrier nutritif, servant de guide dans les moyens de faire excellente chère; suivi de l'Itinéraire d'un Gourmand dans différents quartiers de Paris et de quelques variétés morales, apéritives et alimentaires, anecdotes gourmandes, etc., par un vieil amateur.* 1 vol. in-8, Paris: chez Maradan; chez Joseph Chaumerot, 1803-1812, p. 159.

　　③ Xavier De Planhol『フランス文化の歴史地理学』、手塚章他译、二宮書店、2005 年、310—347 頁。

　　④ Jean-Paul Aron, *Le mangeur du XIXe siècle*, Paris: R. Laffont, 1973, p. 191（『食べるフランス史』、佐藤悦子译、人文書院、1985 年）。

可能出现的客人，并一个人吃掉了"所有人"的饭菜；还有一位食客是"叉子杀手"，他用大量的佳肴招待客人，而同时死于消化不良与脑梗塞。① 为什么他们的食欲总是随着吞噬他人的念头而产生？又或者说，在这种情况成为可能的社会中，是什么构造使得这种情绪逐渐高涨呢？

二　新的竞争构造

以法国大革命为契机，法国掀起一股欲望风潮，而这种欲望建立在观察他人状况并将其与自己对比的基础上，布里索（Pierre-Louis Rœderer，1754—1835）是最早发现这股风潮的人之一。在布里索的时代，与法国大革命相关的书籍大多将革命视为与过去社会脱离的存在，称呼后者为"旧制度"（Ancien Régime）。与此相对的是布里索的作品，他在《1789 年的革命精神》（L'Esprit de la Révolution de 1789，1831 年）② 中第一次强调了两者的连续性。"革命存在于值得深思的社会关系中，而后因物质层面与共通的利益关系而爆发"。③ 他并未将推动革命的原因归于某个人的意志，也不归结于特定的社会阶层，而是探求社会关系中的长期变化。他认为推动革命爆发的最主要动力是"追求平等"（l'amour de l'égalité）。"追求自由"（l'amour de la liberté）、"追求博爱"（l'amour de la propriété）、"追求平等"，④ 这三者一般被认为是法国大革命的特征，在程度上亦为等同，但布里索认为法国人在"追求平等"中表现得最强烈，这与法国人喜欢"追求

---

① Jean-Paul Aron, *Le mangeur du XIXe siècle*, Paris: R. Laffont, 1973, pp. 191–194.

② Pierre-Louis Rœderer, *L'Esprit de la Révolution de 1789*, Paris: Chez les principeaux libraires, 1831.

③ Pierre-Louis Rœderer, *L'Esprit de la Révolution de 1789*, Paris: Chez les principeaux libraires, 1831, pp. 4–5.

④ Pierre-Louis Rœderer, *L'Esprit de la Révolution de 1789*, Paris: Chez les principeaux libraires, 1831, p. 6.

比他人更优秀、获得更多荣誉勋章"（distinction）有关。① 也就是说，即使是"平等的爱"，也并不仅仅是希望所有人能抛开能力与财富，追求完全相同的水平条件——"事实的平等"（l'égalité de fait），还有一种"平等"是在考虑其自身能力的情况下，人们有可能达到超越其能力的水平——"权力的平等"（l'égalité de droits），在这两者中，最受法国人爱戴的是后者。只要他人拥有比自己更好的条件，上升的可能性就永远不会消失，在这种情况下欲望也不断增大，而这正是十九世纪新食客们欲壑难填的本质。

布里索出生于 1754 年，与葛立莫相差四岁。二者都经历过法国大革命前后的社会，可以说他们处于在观察中比较的最有利时期。在此之后，新一代的思想家登场，他们能够更客观、详细地分析推动革命的社会关系结构。十九世纪前半期的思想家托克维尔（Alexis de Tocqueville，1805—1859）与布里索持同样的观点，认为革命的产生并非短期因素所造成，特别是十八世纪法国社会经历了日益突出的"对不平等难以抑制的强烈憎恨"（la haine violente et inextinguible de l'inégalité）②，由此引发革命，他指出法国大革命前后的社会有其连续性。托克维尔首先关注到，与此后接连不断的政治危机相比，革命即将爆发前的法国社会反而更加繁荣。那时中央集权化在君主专制的基础上确立，过去贵族所占有的特权逐渐减弱，与此相对，市民势力也拥有了不亚于贵族群体的力量。这一点非常重要，在此基础上贵族与市民绝对性的隔阂消失，社会的"平等"（至少在想象上）逐渐扩大。过去人们被等级制这一坚固的高墙所阻隔，无法想象一个人羡慕着不同身份的人，随着隔阂消失，这种比较成为可能。为什么只允许周围的人享受特权呢？不少人抱有这样的疑问，

① Pierre-Louis Rœderer, *L'Esprit de la Révolution de 1789*, Paris：Chez les principeaux libraires, 1831, pp. 7 – 8.

② Alexis de Tocqueville, *Œuvres*, tome 3, Paris：Gallimard, "Bibliothèque de la Pléiade", p. 228（『旧体制と大革命』、小山勉译、筑摩書房）。

于是对不平等的憎恶也随之增加。而且这种憎恶"随着特权的减少而增加,在火势越小时,民主思想的火焰则更加旺盛"。[①] 法国大革命在这种势力的作用下爆发了,这便是托克维尔关于革命爆发缘由的阐释重点。

与这种对不平等的憎恶形成表里关系的是"追求平等"(l'amour de cette même égalité)[②] ——在各种条件下任何人之间都应该是平等的,另外,自己应该和他人对等,或是得到比他人更好的评价。在此基础上产生了另一种感情——对于和自己能力差不多,却生活得更好的人心怀嫉妒。也就是说,实现、支撑着民主社会的"追求平等"无非是"竞争心"或"由比较产生的嫉妒"。在十八世纪末期来临之际,这种情感伴随着市民阶层的产生逐渐增强。从长远的角度看,可以认为"竞争心"是法国餐饮业急速发展的动力,在大革命前的十八世纪,餐饮业已经发展到了相当高的水平。甚至可以说,十八世纪末作为税收官的葛立莫家族为首的上层市民阶层的餐桌逐渐变得奢侈,而革命本身产生的原因也蕴含在奢侈的餐桌之中。

不过,随着革命的发展,事态发生了很大变化。拥有"竞争心"的潜在人数起到决定性作用。在旧制度下,即便上层市民阶级拥有堪比贵族阶级的财力,他们也无法享有与贵族同样的特权,由此产生了强烈的嫉妒情绪。到大革命时期,革命宣告所有阶级的人们都应以"人类"的名义得到平等对待。其结果是人们开始持续不断地与他人比较。所谓民主社会在本质上具备产生这种情感的机制——在此严格来说,"民主"(démocratie)具有社会性意味,而非政治性意味。

从富裕的人到最贫穷的人,只要产生"偏差"就会有"竞争"。

---

① Alexis de Tocqueville, *Œuvres*, tome 2, Paris: Gallimard, "Bibliothèque de la Pléiade", p. 813(『アメリカのデモクラシー』、第 2 巻下、松本礼二译、岩波文库、2005—2008 年)。

② Alexis de Tocqueville, *Œuvres*, tome 2, Paris: Gallimard, "Bibliothèque de la Pléiade", p. 607(『アメリカのデモクラシー』、第 2 巻上)。

本章以"美食"为主题，探究这种灿烂的文化发展与法国大革命后富人间"竞争"的关系——严格来说不局限于高级料理，主要考虑花钱享有的美食。本章引用了布里索和托克维尔等的无关美食的言论，从而来探究美食文化的发展，这未必是一种错误的思路。究其原因，可以想象这种"竞争心"迟早会形成具有巨大影响力的经济动机，从而形成过度消费的社会。而这一过程，不正是十九世纪晚期至二十世纪的美国经济学家 T. B. 凡勃伦（Thorstein B. Veblen）所明确指出的吗？

凡勃伦在《有闲阶级论》（*The Theory of the Leisure Class*，1899年）[1] 中以缜密的理论指出，在近代化社会中人们为了表现出比他人更优越的地位，更多地利用了所谓"炫耀性有闲"（conspicuous leisure）与"炫耀性消费"（conspicuous consumption）的手段。前者是"非生产性时间消费"（non-productive consumption of time）[2] 的"（非物质）财富"（immaterial goods）[3]——对艺术和准科学相关的兴趣，这是表明其社会性地位的证据；后者更容易理解，消费更有价值的商品是财力的直接证据。两者都因"浪费"闻名，更极端的说法认为前者是"时间与劳力的浪费"（waste of time and effort），后者是"商品的浪费"（waste of goods）。[4] 这个理论意在批判十九世纪末美国加速发展的消费社会和当时人们的虚荣心。葛立莫的文章表明同样的社会现象早在十九世纪初期的法国就已经初露端倪。

在论述革命后的法国社会时提出批判十九世纪美国社会的凡勃伦

---

① Thorstein B. Veblen, *The Theory of the Leisure Class: An Economic Study in the Evolution of Insitutions*, New York: Macmillan, 1899（『有閑階級の理論』、高哲男译、ちくま学芸文库、1998 年）。

② Thorstein B. Veblen, *The Theory of the Leisure Class: An Economic Study in the Evolution of Insitutions*, New York: Macmillan, 1899, p. 43.

③ Thorstein B. Veblen, *The Theory of the Leisure Class: An Economic Study in the Evolution of Insitutions*, New York: Macmillan, 1899, p. 45.

④ Thorstein B. Veblen, *The Theory of the Leisure Class: An Economic Study in the Evolution of Insitutions*, New York: Macmillan, 1899, p. 85.

似乎会被认为不自然，对此提出以下几点进行回应。

人们通常说凡勃仑对于资本主义社会的批判可以比肩马克思（Marx），[①] 从这点可以看出他的问题意识并不仅仅局限于美国，也并不仅限于十九世纪末至二十世纪初。他所论述的是随着产业的发展，农村型社会发展为近代资本主义社会，并形成都市型消费社会的过渡过程。关于这一过渡时期的论述也并未局限于某一时代或地域。总之，凡勃仑认为私有制、工资制和高度发展的产业是都市型消费社会的指标。到了这一阶段，部分有闲阶级与社会各阶层的人们依据虚荣的消费行为而决定如何行动。大革命之后的法国虽说产业并非迅速得到高度发展，但正如前文所述，如果说法兰西第一帝国时期是该国真正的产业发展初期，那么19世纪初的法国可以说与凡勃仑所关心的社会状态相吻合。

雷蒙·阿隆（Raymond Aron）于1978年将凡勃仑的著作翻译为法文，在译者序中称赞《有闲阶级论》是一部不朽的名著。"与托克维尔的做法、马克思的愤怒不同，它冷静而透彻的达观典范是学者的思想来源。凡勃仑的著作描绘出习以为常的日常生活的另一面——人间喜剧，即成年人们像孩子一般追求财富、荣誉和名声的竞争。这样的竞争本质上永无止境，因为其目标并非由某个人制定，而只是为了不断超越他人，越接近就越要拉开距离"。[②] 这种无休止的竞争点燃了革命的火焰，从而迎来民主社会。[③]

[①] Raymond Aron, "Préface", in Thorstein Veblen, *Théorie de la classe de loisir* (trans. de l'anglais. par Louis Évard), Paris：Gallimard, 1970, pp. XXII – XXI.

[②] Raymond Aron, "Préface", in Thorstein Veblen, *Théorie de la classe de loisir* (trans. de l'anglais. par Louis Évard), Paris：Gallimard, 1970, p. 8.

[③] 关于民主社会中人们的竞争，托克维尔有这样的阐述：民主主义的各种制度唤醒了对平等的执着，人们追求它，却无法得到满足。在民众认为自己捕捉到完全平等的瞬间，却又从手中逃开，就像帕斯卡所说，反复上演无限的脱逃。民众热衷于追求这种珍贵的幸福，因其看似近在咫尺，却遥不可及。对成功的期望驱使着他们前进，又因为对胜利的不确定而沮丧。他们兴奋、疲倦，而又愤怒（参考富永茂树「運動と停滞——平等の力学の帰結」、『トクヴィル——現代へのまなざし』、岩波書店、2010年）。

　　凡勃仑曾说，竞争心是"除了自我保护的本能外，最强烈、最活跃且最持久的经济动机"[①]。我们所考察的十九世纪初"新食客们的食欲"即为这一经济动机的代表之一，这是第一帝国时期巴黎饮食情景彻底改变的原动力。

　　托克维尔认为，最能表现民主特征的是七月王朝时期。"1830年，中产阶级取得决定性胜利。"[②] 中产阶级排除下层阶级与过去的上流阶级而获得胜利，他们在政治与社会中传播的风气是"积极的，进取的，但往往是不诚实的，整体而言是坚定的，有时在虚荣心和利己心的驱使下有些鲁莽，气质内向，处事中庸，除了追求物质财富，否则表现平凡"[③] 对于他们而言，比起革命大义，生活中物质上的安乐才是第一大事。我们透过葛立莫来考察的第一帝国时期是永无止境的竞争运动初期，或者是这一运动的助跑期，在此期间与其说是政治性的，不如说是社会性意味的民主开始显露。那正是决定胜负的关键时期。

　　竞争基本上是在凡勃仑所谓"炫耀性有闲"与"炫耀性消费"所包含的各领域中展开，我们所要讨论的则与"炫耀性消费"这一主要概念有关。本章所论述的餐饮业相较"有闲"，与"消费"的关系更为密切，这是原因之一。此外，凡勃仑曾说，在社会持续发展的情况下，消费比有闲更受关注。这有以下两点原因。一方面，随着个人参与的社会范围扩大，闲暇所拥有的炫耀效果不如消费，尤其是在城市中。人们因身份差异而相互隔阂的时代已经结束，随之而来的是人际关系、竞争舞台的普遍存在。"随着通讯方式的发展与人口流动的增加，个人置身于大众的监视之下，其所展示的商品（或许还有教

---

① Thorstein B. Veblen, *The Theory of the Leisure Class: An Economic Study in the Evolution of Insitutions*, New York: Macmillan, 1899, p. 110.

② Alexis de Tocqueville, *Œuvres*, tome 3, Paris: Gallimard, "Bibliothèque de la Pléiade", p. 728（『フランス二月革命の日々——トクヴィル回想録』、喜安朗译、岩波书店、2011 年）。

③ Alexis de Tocqueville, *Œuvres*, tome 3, Paris: Gallimard, "Bibliothèque de la Pléiade", p. 729（『フランス二月革命の日々——トクヴィル回想録』、18 頁）。

养）是他唯一能表现声望的方式。"① 另一方面，过去劳动被认为是卑贱者的工作，而随着社会脱离奴隶制和身份制，进入工薪劳动者和现金支付制的产业发展阶段，人类天生制造者的本能也逐渐呈现出来。"表面上毫无意义的有闲开始遭到反对，尤其是大部分出身平民的有闲阶级无法认同'尊严式有闲'（otium cum dignitate）的传统。"② 前述法国大革命后的社会与第一点原因相关，例如餐厅中虽然与邻桌距离十分靠近，但双方却不进行任何交流，这样奇特的公共空间情景竟变得理所当然，而谈及第二个理由，应该能想到革命家们指责旧制度下的"尊严式无用"的上流阶级。

在十九世纪初期的新社会中，人们无法表达世代传递下来的社会性身份认同，除了向他人展现自己的财力，似乎也没有获得他人评价的方法。本来在过去熟悉彼此身份的关系社会中，未必只有金钱支付能力才是评判标准。但是在产业加速发展的社会里，与关系稀薄的其他人相遇的可能性增加，也就是凡勃仑所说的前往"参与者们对他人的日常生活一无所知"的场所（教堂、剧院、舞厅、宾馆、公园、商店等）的机会增加。③ 虽然与相邻的人关系淡薄，但从他们那得到的评价并非毫无意义的，而是非常有利于人们获取自信。在此情况下，"为了影响这些临时的观察者，并保持他人眼光下的自我满足感，个人的财力被大书特书以便让他人察觉到"。④ 当时餐厅与奢侈的餐饮业飞速扩张，在高速城市化的巴黎中"炫耀性消费"成为一种恰到好处的手段。

"大书特书"意味着必须清晰可见。为达到这一目的，可以选择

---

① Thorstein B. Veblen, *The Theory of the Leisure Class: An Economic Study in the Evolution of Insitutions*, New York: Macmillan, 1899, p. 86.

② Thorstein B. Veblen, *The Theory of the Leisure Class: An Economic Study in the Evolution of Insitutions*, New York: Macmillan, 1899, p. 95.

③ Thorstein B. Veblen, *The Theory of the Leisure Class: An Economic Study in the Evolution of Insitutions*, New York: Macmillan, 1899, p. 87.

④ Thorstein B. Veblen, *The Theory of the Leisure Class: An Economic Study in the Evolution of Insitutions*, New York: Macmillan, 1899, p. 87.

豪华的服装之类的，在本章的主题中则是选择自身"饮食的身体"吧。新食客们首先选择自己的"身体"作为"被关注"的有效手段。于是，在十九世纪初的巴黎出现了在餐厅等公共场所用餐的现象，"大量地"吃营养丰富且价格昂贵的美食，以及由此导致的身材肥胖，这些都被视为有效的手段。结果，享受着肉体性快乐与社会性欲望的新物种出现了，他们带着异常强烈的食欲朝着美食进发。他们虽然期待着获得摄取营养的效果，但由于他们饮食行为上的无知，从食材、菜单的选择到做法都毫无讲究。其结局便是葛立莫眼中追求"纯粹的动物性快乐"①的暴食行为。葛立莫执笔的最初动机便是向这些缺乏美食知识的人提供信息。

假使一个有钱人拥有很多黄金，而他又被迫必须要花掉这些钱，但他由于无知只能在骗子厨师的监督下乖乖掏钱。由此看来，我们这部小小的作品还是十分有必要的。如果没有这份指南，在漫长的旅程中米达斯们将难以获得荣誉感而幻灭。②

葛立莫并没有说他以积极的态度看待正在餐厅享用豪华大餐的新兴富裕阶层。而当时的巴黎的确发生了这样的事态：新兴富裕阶层借助革命的契机突然获取财富，像动物般不分青红皂白地狼吞虎咽，这样的情景给葛立莫造成了强烈的冲击，这一点在前面引用的内容中均显而易见。即使葛立莫本人并未明确指出新食客们的消费行为是炫耀性的，但只要他观察到人们旺盛食欲的原动力是基于与他人比较、竞

① Alexandre-Balthazar-Laurent Grimod de la Reynière, *Almanach des Gourmands, ou Calendrier nutritif, servant de guide dans les moyens de faire excellente chère; suivi de l'Itinéraire d'un Gourmand dans différents quartiers de Paris et de quelques variétés morales, apéritives et alimentaires, anecdotes gourmandes, etc., par un vieil amateur.* 1 vol. in‑8, Paris: chez Maradan; chez Joseph Chaumerot, 1803–1812, p. 1.

② Alexandre-Balthazar-Laurent Grimod de la Reynière, *Almanach des Gourmands, ou Calendrier nutritif, servant de guide dans les moyens de faire excellente chère; suivi de l'Itinéraire d'un Gourmand dans différents quartiers de Paris et de quelques variétés morales, apéritives et alimentaires, anecdotes gourmandes, etc., par un vieil amateur.* 1 vol. in‑8, Paris: chez Maradan; chez Joseph Chaumerot, 1803–1812, pp. 3–4.

争，那便能明白这种食欲是无穷无尽，且具备炫耀性消费的原始
形态。

葛立莫对于大革命后的新社会光景感到幻灭，但他的叹息并不止
于此。他在革命前的社会度过半生，希望将过去自己热爱社交的喜悦
以美食为主题传达给新时代的食客们。如果说他与同时代的布里亚－
萨瓦兰有何共通之处，那就是这个时代的美食家或许并非单纯为了称
赞美味而著书。

三　结论——安菲特律翁府邸的
餐桌上保存的社交

饱含着众人期待而实现的大革命真的回应了众人的期待吗？对于
如此宏大的问题自然需要从各个方面进行考察，但在此我们试图着眼
于餐桌，通过人们共同饮食的角度寻求答案。

在波旁复辟王朝，也就是革命爆发三十年后，不少在革命中幸
存的十八世纪时代的人们开始憧憬过去的生活。关于革命前的社
会，不同的文人有着共同的回忆，他们相信革命前的社会被"愉悦
的社交"氛围所笼罩。例如上述的布里索尝试书写沙龙的历史，他
认为沙龙是社交的体现；[1] 诗人雅克·德利尔（Jacques Delille，
1738—1813）也留下了关于"会话"的训诫性诗文，他认为"会
话"与社交密不可分。[2] 布里亚－萨瓦兰的《厨房里的哲学家》也
在这样的风潮下出版，书中描写了祭祀"加斯特丽亚"的神秘情景
却无具体说明。

一般而言，十九世纪初是法国美食文化飞跃发展的最重要时期。
这一时期的特征是餐厅的增加（或是"诞生"），但如上所述，实际

---

[1] *Mémoire pour servir à l'histoire de la société polie en France*, Paris: Typographie de Frimin Didot Frères, 1835.

[2] "La conversation", in *Œuvres de Delille*, t. ome10, Paris: Furne, 1832–1833.

上氛围相当紧张，并非一味的赞美。餐馆的大门在毫无准备的情况下迷迷糊糊地被"大家"打开了。过去若要在旅馆和包餐制食堂中用餐，客人必须要在规定时间前往，为了分光大盘子中的料理，需要遵从常客们的习惯。另外，在府邸中的宴会则有着更加严格的规定。餐桌礼仪、会话技巧、服装、共同话题等习惯有时会让人觉得拘束且过于严格，但至少在吃饭的场合中为了实现令人舒适的社交，有些惯例还是有必要的。十九世纪初的两位美食家——布里亚－萨瓦兰和葛立莫均抱有这样的想法，而并不仅仅是发牢骚和指出餐馆的弊端。

在现代作为美食家而闻名的布里亚－萨瓦兰出生于贝莱（Bellet）的当地名门，革命时期被选为立宪议会议员。他留下不少与政治经济相关的著作，有时会被认为是空想主义者。他作为政治家、思想家的成果应该从不同的学术观点出发进行评价，在此暂且不论，但至少他确实认真考虑过建立并维持新的社会秩序。①

上文已指出布里亚－萨瓦兰对于餐厅有正反两方面的评价，在负面评价中，他指出餐厅将助长利己主义。萨瓦兰所描述的理想饮食方式一定是在府邸中招待友人，举办聚餐。他列举了实现"席间之乐"的"四个条件"："不错的佳肴""美酒""投缘的朋友""充足的时间"。② 这四者都是不可或缺的要素。其中，"投缘的朋友"是最重要的要素。换言之，为了享受聚餐中的人际关系，其他三种要素才需要实现。例如，作者自身基于"四个条件"详细地展开了"尽情地享受席间之乐的各种条件"。他列举的 12 个条件中大半是为招待者提供的款待指南。"为了能经常与大家聊天，聚餐的人数不要超过 12 人"；

---

① 关于布里亚－萨瓦兰的美食观参考拙作。"Open Society or Closed Salon ?：A Reading of Brillat-Savarin, *Physiologie du goût*", in *Journal of Interdisciplinary History of Ideas*, University of Turin, Volume 1, Issue 1, 2012, pp. 3, 1 – 3, 22.

② Jean Anthelme Brillat-Savarin, *Physiologie du goût, ou Méditations de gastronomie transcendante；Dédié aux gastronomes parisiens par un professeur*, Paris：Flammarion, 1982 ［1826］, p. 173.

"男性应自然地展现自己的学识，女性应妩媚而不轻浮"；"接待客人的客厅应该足够大，以便让喜欢比赛的客人玩游戏，此外还应该为其他人准备午后闲谈的场所"。① 由这样的条件联想到的饮食情景，不是作为19世纪新文化产物的"餐馆"，不如说更接近以前沙龙的情景。布里亚-萨瓦兰所期待的宴席和凝聚了社交乐趣的沙龙一样，除了围绕美食而展开的社交活动外没有其他的乐趣。因此在他的著作中，不仅有以生理学为基础的科学性说明，还有自己的体验和逸闻等，这种各类信息交织的五花八门的写法，其实也是为了向读者传达"其乐融融的氛围和聚餐的乐趣"这样的价值观（根据利特雷的辞典，现在使用的"convivialité"一词最早出现在布里亚-萨瓦兰的著作中）②，我们并非无法理解他的想法。

布里亚-萨瓦兰在时人当中声望很高，他的观察虽谈不上系统，但确实也以美食为主题进行了"超验性"（transcendant）③ 的考察。与其相比，葛立莫则展现出另外一种美食观。如前所述，葛立莫通过美食评论，也就是饮食相关的购物指南而留名于世，但他的著作中所浮现的形象并非只是"在外面"到处品尝美食的美食家，而是经过恰当的判断后购买各种商品回家，并巧妙地处理好这些商品用于接待客人，又或是受邀前往准备妥当的宴席，基本上是享受着"宅邸中"美食的主人（Amphitryon）美食家。

葛立莫和萨瓦兰一样，详细地向读者展示了在宅邸中招待客人的经验——二者的观点是如此相似，以至于后世有人指责萨瓦兰未经允许借鉴了葛立莫的想法。除了《老饕年鉴》外，葛立莫在1808年还

---

① Jean Anthelme Brillat-Savarin, *Physiologie du goût, ou Méditations de gastronomie transcendante*; *Dédié aux gastronomes parisiens par un professeur*, Paris: Flammarion, 1982 [1826], pp. 174 - 175.

② Art. , "convivialité", *Dictionnaire de la langue française* / Emile Littré, Gallimard, Hachette: Paris, 1970. 但确切地说，第一次出现是1816年在英国旅行期间。Art. , "convivialité", *Dictionnaire historique de la langue française*.

③ "厨房里的哲学家"（"Méditations de gastronomie transcendante"）是《味觉的生理学》的副标题。

出版了《招待主的指南书》（*Manuel des Amphitryons*）①，专门叙述了聚餐的相关规定，细化了餐桌礼仪。

这两位美食家的年龄仅相差三岁，同样在十八世纪度过半生。大革命后，他们也同样对于他们所见的新餐厅感到幻灭，这样的餐厅与愉快的社交相去甚远，他们同样寻求过去宅邸中的聚餐式社交。但是，实际上二人所处的感受、享受社交愉悦的环境截然不同。萨瓦兰在地方上的小城市长大，由于大革命的契机作为议员来到巴黎，对于巴黎社交生活的经验实际上也仅限于大革命爆发之后。另外，葛立莫作为包税商之子，住在香榭丽舍大道的大宅邸中，经常参加父母举办的宴席，有时他自己也会举办各种各样，甚至是有些奇妙的聚会。

例如，葛立莫有场名为"哲学性、文艺性、半营养性午餐会"（Déjeûners philosophiques, littéraires et semi-nutritifs）的聚会，与十八世纪后半期所流行的文艺协会稍有不同，但在某种意义上也是极为典型的例子之一。所谓的与众不同不仅在于聚会的名称，还有葛立莫定下必须遵守的严格规定。举个最极端的例子，参加聚会的人每次至少要喝 17 杯咖啡。不过这个聚会在一些方面也有文艺协会的特点，它每次都会涉及探讨文艺的内容，而且不仅限于聊天对谈，其目的在于互相批判对方的作品与构想。

确切地说，这个聚会不是宴席。它奇怪的名称——"半营养性"就已经暗示了这场聚会的首要目的不是美食。这场聚会的中心主要是议论，如果说有重要的饮食，那也仅是咖啡。从那时起就相信咖啡有提神的作用，孟德斯鸠早有关于咖啡作用的叙述："咖啡店在巴黎十分流行。许多公共场所提供咖啡。在这些场所中，有的人在谈论新

---

① Alexandre-Balthazar-Laurent Grimod de la Reynière, *Manuel des Amphitryons*, *contenant un traité de la dissection des viandes à table*, *la nomenclature des menus les plus nouveaux... et des élémens de politesse... par l'auteur de l'Almanach des gourmands*, Paris, Capelle et Renand, 1808. 本书于 1983 年由 Métailié 出版社再版，本章参考 Métailié 出版社版本（éd. Misette Godard, Paris：Métailié, 1983）。

闻……其中一家咖啡煮得非常好，饮用后能增长才气。至少从咖啡店里出来的人，每一个都自认为其才气比进去时增长了四倍。但是，令我倍受打击的是，这些才子们不考虑祖国大事，而将才华浪费在幼稚的事情上。"①

　　青年时期的葛立莫立志成为一名文人，对于文人朋友的文艺聚会抱有强烈的热情，其中包括梅尔西埃（Louis-Sébastien Mercier，1740—1814）和雷蒂夫（Nicolas Edme Restif de La Bretonne，1734—1806）。但是由于大革命的原因，各自的政治分歧逐渐暴露出来，过去和谐亲密的友情被毫不留情地斩断。葛立莫不再是热衷于异想天开的聚会的包税商之子，而是作为美食家开始写作，并获得了美食家的声誉。这也是大革命后的事情。随着革命的爆发，以餐馆为代表的餐饮业得到显著发展，与此同时可书写的题材也爆炸性增加，这自然是葛立莫写作的背景原因。此外，葛立莫心中还有另一个切实的想法，过去朋友之间愉快的交流能否在餐桌的环境下再现呢？

　　法国大革命以来，除了宅邸中的餐饮外，巴黎已经不存在社交（société）了。因此，晚宴是唯一一个招待他人三天的方法。②

　　尽管如此，关于葛立莫所说的餐桌礼仪，或是举办聚餐的规矩有时会被认为过于严格且不现实。例如，他认为一旦邀请了客人，主人即便是生病或是死亡，也应该以代理等方式举办宴会。

　　葛立莫这些严格的规矩通常被认为是一位热爱美食的古怪美食家的妄想，从而被世人所忽视，但这也可以理解为他为了实现自己的小小愿望所付出的努力。换言之，在大革命之后，葛立莫与其他人的考量不

---

　　①　Montesquieu, lettre 36, in *Lettres persanes*, Paris: Librairie Générale Française, 2005, pp. 152 – 153.

　　②　Alexandre-Balthazar-Laurent Grimod de la Reynière, *Almanach des Gourmands, ou Calendrier nutritif, servant de guide dans les moyens de faire excellente chère; suivi de l'Itinéraire d'un Gourmand dans différents quartiers de Paris et de quelques variétés morales, apéritives et alimentaires, anecdotes gourmandes, etc., par un vieil amateur.* 5 vol. in – 8, Paris: chez Maradan; chez Joseph Chaumerot, 1803 – 1812, p. 98.

同，他感叹时下的餐桌已经成为露骨地展现两种欲望的场所，即食欲与受他人评价的社会性欲望，他强调制定详细规则的必要性，至少以此作为与少许亲密友人共度时光的方法。在他的理想世界中好像只住着值得被称作"美食家"的人。为了使这个世界达到理想状态（葛立莫有时称之为"美食帝国"①），有必要设置极其严格的参与条件。②

葛立莫受生性中的极端与古怪所影响，他那些与众不同的聚餐规则表现出他所构想的乌托邦的参与条件。不过，或许他自己也没想过新食客们能认真遵守这样极端的规定，他在《招待主的指南书》中总结的餐桌礼仪大多属于常识。

但是，要将已经发生改变的社交变回以前的模样并不简单。最后，葛立莫所热衷的大革命前的社交，是否如他所愿在餐桌的环境下再现呢？

美食家之间的纽带比其他食客之间的更为紧密。因为除了味觉和性格的一致，没有其他的东西能使得人们相遇、相知、相爱。③

如上所述，过去与友人的社交对他而言是一种享受的过程，这种享受的本质在于对彼此的作品进行毫无忌惮的"批判"。所谓批判，应以意见对立为前提。但成员之间的差异迟早会导致聚会纽带的破裂。葛立莫不愿重蹈覆辙，因而牺牲了差异和多样性，恰如上述引文

---

① Alexandre-Balthazar-Laurent Grimod de la Reynière, *Almanach des Gourmands*, *ou Calendrier nutritif*, *servant de guide dans les moyens de faire excellente chère*；*suivi de l'Itinéraire d'un Gourmand dans différents quartiers de Paris et de quelques variétés morales*, *apéritives et alimentaires*, *anecdotes gourmandes*, *etc.*, *par un vieil amateur.* 5 vol. in - 8, Paris：chez Maradan；chez Joseph Chaumerot，1803 - 1812, p. 178.

② 拙作中考察了葛立莫的美食观，认为他试图重现过去的社交（参考橋本周子「グリモ・ド・ラ・レニエールと〈美食家〉の誕生——フランス革命前後における食行為に関する研究」，博士号論文、京都大学、2012 年）。

③ Alexandre-Balthazar-Laurent Grimod de la Reynière, *Almanach des Gourmands*, *ou Calendrier nutritif*, *servant de guide dans les moyens de faire excellente chère*；*suivi de l'Itinéraire d'un Gourmand dans différents quartiers de Paris et de quelques variétés morales*, *apéritives et alimentaires*, *anecdotes gourmandes*, *etc.*, *par un vieil amateur.* 6 vol. in - 8, Paris：chez Maradan；chez Joseph Chaumerot，1803 - 1812, p. 33.

提到的，他选择了"味觉和性格的一致"。二十余年过后，萨瓦兰通过相同的美食主题阐述社会关系时，同样主张将"味觉 = 爱好（gout）"作为聚餐者的条件。① 结果，餐桌附近的环境所产生的社会关系与多样性和差异性相去甚远，关系亲密的朋友和家人面对面吃饭与交谈，但对周围的情况毫不关心，在一定程度上形成排他性社交。

---

① "挑选聚餐者时要十分谨慎，尽管各自的职业不同，但只要 goût 相同，大家相识、相知，就可以省去相互介绍等令人反感的环节。" Jean Anthelme Brillat-Savarin, *Physiologie du goût, ou Méditations de gastronomie transcendante*; *Dédié aux gastronomes parisiens par un professeur*, Paris: Flammarion, 1982 [1826], p. 174。

风雅篇
FENGYAPIAN

十八世纪至十九世纪东亚的
文艺共和国

郑　珉著　程永超译*

本章试图探索及介绍十八世纪中叶至十九世纪以中国、日本、朝鲜三国为中心的东亚文艺共和国的可能性。① 中朝、日朝知识分子间的笔谈及书信持续了数十年，由此形成的群体（community）非常有趣和令人着迷。

十八世纪中叶以来迅速增加的国与国之间的交流和笔谈，以及此后数十年络绎不绝的书信往来成功地超越了国家间的屏障、宗教政治的制约及语言的壁垒，实现了文艺共和国的理想。支持这一观点的大量笔谈资料和相关书信至今仍保存在中、日、韩三国。

如果说欧洲的文艺共和国是通过广泛的书信往来及频繁的个人旅行来克服各种障碍，以期实现服务于公共利益的自由知识交流，建立理想的学术共同体的话，那么几乎在同一时间东亚的中国、日本、韩国的知识分子也同样超越了国家和民族的障碍，通过友情交流，建立了讨论学术的知识社区。

使得这一前所未有的人与人之间频繁文化交流成为可能的背景是

---

* 郑珉，韩国汉阳大学国文科教授。程永超，日本东北大学东北亚研究中心副教授。

① 最早探索东亚文艺共和国可能性的是日本金城大学的高桥博巳（Takahashi Hiromi）教授。他在『東アジアの文芸共和国：通信使・北学派・蒹葭堂』（新典社、2009 年）一书中，着眼于以中朝间的燕行使及日朝间的通信使为代表的东亚知识分子间的交流。本章则是为了回应他的基本论点而进行的进一步讨论。

什么？他们最终的价值取向是什么？他们真正想到达哪里？最终实际到达了哪里？这样的交流带来了什么变化？东亚文艺共和国与欧洲文艺共和国的传统有何联系？带着这些疑问，我小心翼翼地拉开了东亚文艺共和国的帷幕。

一 文艺共和国共同的语言：汉文和笔谈

如果说欧洲共通的文言文是拉丁文，那么东亚的共通语言就是汉文。即使一名不会说中文的朝鲜知识分子作为使团一员到达北京，也可毫无障碍地与当地的中国知识分子进行深入的对话。他们只需要一支毛笔和一张纸，就可以隔着桌子面对面地坐下来，从日常问候到深入的学术、哲学讨论，轻松进行数小时的交谈。

他们虽然不会说中文，但是从小学习的汉文却在达意方面发挥了重要作用。朝鲜的知识分子不仅对那些连中国人都感到晦涩难懂的中国古典原文及故事如数家珍，还可以用汉文自由自在地提笔作诗。日本精通汉文的知识分子数量虽然远远低于中国，但用汉文沟通也并非难事。

他们笔谈的场景很特别。最重要的是，除了官方译官（即翻译）在场的特殊情况下，他们之间几乎不可能进行口头对话。这是因为译官不可能服务宿舍外的私人谈话。因此，知识分子一对一的简短对话都是通过一张纸来回进行的。此时，交流双方的笔迹会按照问答的先后顺序留在纸上。若对话时间较长或讨论较复杂，一张纸的传递方式效率很低。这时候，对方就会使用自己的纸——我这边的纸传过去，对方的纸传过来。由于笔谈需要一一写下来，自然而然耽误了很多时间。因此，当我在纸上回答对方上一个问题时，对方会动笔写下一个问题并传给我。接着，当对方针对我的回答继续准备下一个问题时，我便开始回答对方刚刚提出的新问题。从对话如此进行的方式来看，两个话题的问答来回穿插的情况并不罕见。

光是想象他们笔谈的场景就很有趣。最重要的是，他们的交谈几乎没有发出任何的说话声，只有纸张的沙沙作响、毛笔蘸了墨水后挥毫纸上的声音以及彼此微笑点头时发出的短促感叹，之后彼此再把新的纸张递给对方。这种无声的谈话可以持续一整天。即便双方后来稍微熟悉了一点，可以简单地进行一两句会话，但在中途吃饭喝酒时，他们也还是手不离笺。

长达几小时的"对话"结束后，双方面前都堆满了彼此传过来的纸张。若按照问答的顺序排列的话，就会形成一份类似录音记录的文档。但根据情况的不同，便笺有时会漏掉一些提问，有时还夹杂着脉络不同的问答，因此很难完全复原对话内容。

另外，根据"一对多"或"多对多"等环境的不同，对话条件和笔谈结果必然不同。例如，曾有两名朝鲜人同时与一名中国人对话，他俩在事后各自整理了笔谈内容。看其中的内容，会发现他们虽然记录的是同样话题，但对话顺序与内容都存在较大差异。若不仔细对比两份材料，都很难察觉这是在同一天同一场景下的对话。这个例子充分说明了笔谈在整理过程中必然经过相当多的编辑，尤其在整理长篇学术对话时，人们会针对内容不足或不利的情况进行删减或补充。这一点与现在将录音整理成文字时需要对内容进行删补的情况类似。

另一方面，由于当时中国对文字审查十分严格，知识分子们担心未来会被惩罚，所以不轻易把自己写的笔谈草稿交予对方。如此一来，参与笔谈的对方只能根据自己记录下来的便笺内容，拼命回忆中方的回答来补充完整对话。这样一来，编辑的愿望愈加强烈。

尤其在日本，"多对多"的对话十分常见。在这种情况下，双方会通过派出代表来进行问答。当一方的便笺传过来，另一方的各位依次浏览并讨论，给出一个统一的回答后再把整理好的答案传回去。因此，一次对话需要花费更长的时间。

有趣的是，各国在整理笔谈资料时也存在着微妙的态度差异。朝鲜知识分子们会想尽办法整理好与中国人的对话笔记，并努力把它带回朝鲜，反之，他们会很痛快地把与日本人的对话记录交予对方。他们认为，与中国人的对话会丰富自己回国后的学术履历，而与日本人的对话则只是给对方露一手的过程，不需要把记录带回朝鲜。因此，当今中朝笔谈的记录大多保存在韩国，而日朝笔谈的记录大多保存在日本。笔谈文化也隐约反映出了文化序列关系的运作。

他们的相遇大多是一面之缘。即使他们在同一次出使中可以见上数面，但除去极少数情况外，他们回国后再次跨越国境见面的可能性几乎接近于零。当时，除了公务需要，使节被禁止私下接触中国人，能够与中国人进行学术交流的一般是从使节家族中挑选出来的随行人员。这样做的目的是给家族中有前途的年轻人提供机会增加海外见识，同时自己也能顺理成章地获得他们的辅佐。而在下次出使任务中，由于使团的人员结构会发生变化，因此这些年轻人被再次选中的可能性十分渺茫。但回国后，他们在笔谈时建立起的友谊和学术交流圈会通过书信往来得以延续。

一封信件寄出后，至少需要近一年时间才能收到回信。若一封信在投递过程中意外丢失，甚至会有 10 年后才收到回信的情况。中朝间的朝贡体系规定朝鲜一年内至少派遣两次使节出使中国，因此中朝知识分子们可以通过使团成员来传递信件。北京的书店街琉璃厂成了承担联络职责、延续彼此相遇的重要媒介。

朝鲜使团的随行人员抵达北京后，便会立即赶去琉璃厂。琉璃厂是现存于北京宣武门外的历史悠久的书店街。这些书店不仅是朝鲜人了解中国最新学术信息和学术潮流的窗口，也是他们与从全国各地赶来北京参加科举考试的中国知识分子见面的广场。

二 文化环境的变化及文艺共和国的成立

十八世纪中叶后，东亚知识分子间的接触突然增多，最终浮现出一个可以称为"文艺共和国"的群体。要想对其进行分析，就要理解当时东亚所处文化环境的变化。东亚各国虽然长期存在着接触，为什么笔谈记录的保存与整理却在十八世纪中期开始变得活跃起来？在此之前的数百年间，虽然各国间一直存在外交接触，但十八世纪之前的笔谈记录却没有被整理及传世。这是因为要么笔谈内容还达不到值得整理的水平，要么在完成正式接触及拟好外交文书后，这些记录就会被立即销毁。还因为在此之前，双方的接触被限定在讨论国家外交问题的官方框架内。

接触方式从官方渠道到私人渠道的转变，奠定了十八世纪"文艺共和国"成立的基础。先来看中国的情况。曾在 1592 年万历朝鲜战争时派兵援助朝鲜的明朝最终不敌清朝，从历史舞台上消失了。清朝是由满族人建立的国家，而朝鲜一直蔑视满族人，将他们视作野蛮部落。但清军不仅打败了朝鲜，还将其蹂躏在脚下，迫使朝鲜国王下跪投降并宣誓效忠。

入主中原后，清朝在很长一段时间内都遭到反清势力的持续抵抗。在这种情况下，海路被关闭，出海活动被严令禁止。十八世纪中叶后，经过长期内战，清政府终于可以宣布彻底剿灭内部叛乱。清朝的几位皇帝在国防与文化方面都展现出了特别出色的统治能力，汉族知识分子坦然接受了清朝的统治。随着海禁的解除，海上航线重新开通，来自江南地区的新书和各类消费品被越来越多地运到日本的中国商馆（即唐人屋敷）。

以前，朝鲜使团的随行人员到达北京后，会被要求待在住处，不得私自外出，严禁私下接触中国人。后来，清朝扩大开放政策，解除了对外国使节的各种限制。此后，使团可以在北京的书店街尽情闲逛及购物，与在那里安营扎寨的中国知识分子的交流自然更加活跃。第一位受益于此变化的人就是洪大容，他是 1765 年燕行使团的一名随从。

1765 年底，洪大容前往北京，与严诚、陆飞、潘庭筠三位中国知识分子建立了深厚的友谊，回国后将与他们的七次笔谈记录以及在住处时互相往来的几十封信件编入《乾净衕会友录》。周边同僚们看到《乾净衕会友录》后，对书中的内容和他们之间的真挚友谊大为感动。于是，通过洪大容的介绍，他们与未曾谋面的中国知识分子开始了书信往来。后来，随着中方其他朋友的加入，这种偶然间的对话及交游发展为两国知识分子集团间的交流。他们根据各自的性格、身份特征和学术倾向，在书信中讨论着自己感兴趣的话题。

当朝鲜知识分子把他们的文集一起寄到中国时，中国人或写一篇序，或在每一篇作品上用其他颜色的墨水写下评语，然后寄回。朝鲜人会把对方所赠题词写在自己书斋的牌匾上、以对方家中的花园或建筑为主题吟诗或为对方父母墓碑题字。后来，洪大容的朋友朴趾源、李德懋、朴齐家和柳得恭相继前往中国，此社交圈迅速扩大。

洪大容把归国后与中国知识分子来往的信件原封不动地保存起来并做成小册子。保存至今还完好无损的原始信件诉说着他们互相交流时所产生的共鸣，令人动容。令人惊讶的是，他们的互动如此成功，以至于60年后，洪大容的孙子洪良厚托人联系到他祖父的朋友潘庭筠的孙子潘洪寿，恢复了他们之间的对话渠道。遗憾的是，由于缺乏共同的兴趣，洪良厚与潘洪寿的对话并没有像他们的祖辈那样真挚及长久。

18世纪后半叶，朝日文士间的交流也发生了重大变化。以前前往日本的通信使团面对日本人时一直抱有优越感，轻视甚至无视日本的文化。但在1763年，通信使赴日时却感觉到了前所未有的重大变化。通常情况下，使团前往中国或日本时，会阅读前辈留下的旅行记录来获得对方国家的信息，以便事先学习和了解情况。然而，朝鲜知识分子在实际的日本之行中才意识到自己预先准备的信息已经相当过时了，必须抛弃。

几十年间，日本知识分子的想法发生了惊人的变化，以至于朝鲜知识分子难以回答日本人提出的尖锐问题，朝鲜使团对此十分恐慌，甚至故意回避与日本人的对话。对外开放以后，日本文人的写作能力明显提高，这使得朝鲜文人对他们产生了警惕之心。

鸿篇巨制《和汉三才图会》是在中国《三才图绘》基础上增加了大量日本及西方条目所完成的著作，十八世纪中叶，它从日本传到朝鲜后，立刻引起了社会的巨大反响。① 该书还包含了大量详细的图版信息，它的印刷术达到了当时朝鲜不可想象的水平。此外，日本对经学的深度研究也给朝鲜知识分子带去了巨大冲击。

当时朝日间文士交流中最重要的人物要数堂号蒹葭的木弘恭。蒹葭堂是大阪的富商，住在浪华江边，天天请人喝酒吟诗，拥有一万多卷藏书。1763 年，在通信使访日期间，朝鲜使者成大中与其见面后请作《雅集图》，木村蒹葭堂便亲自在绸缎上作画，制作成卷轴，让每个人在末端都作诗一首，再赠予成大中。

成大中回国后，此事使他在士大夫中家喻户晓。一年后，这些诗歌被汇编成集，洪大容在其上写了跋文以示祝贺。李德懋在《清脾录》的前半部分中设"蒹葭堂"一项，整理了此事的相关记录。日本僧侣竺常（即大典显常）在画上贴的序文中写道，"而其人各异志，其道或不同，其能使翕然乐"。元重举写道："日本之人故多聪明英秀，倾倒心肝，炯照襟怀，诗文笔语，皆可贵而不可弃也。我国之人，夷而忽之，每骤看而好诋毁。"② 他们回国两年后，蒹葭堂还给他们寄诗，想要继续交流。

当时朝鲜知识分子与中、日知识分子间的交流记录，如洪大容的《乾净衕会友录》、成大中获赠的《蒹葭堂雅集图》、南玉的《日观记》等，给他们带来了新的见解、跨越国境的天涯知己友谊、对不同价值观的包容力、开放视野和国际眼光。其中最大的收获之一大概是

---

① 关于日本《和汉三才图会》对韩国百科全书派知识分子的影响，参见［韩］安大会《18—19 世纪朝鲜的百科全书派与和汉三才图会》，《大东文化研究》卷六十九，成均馆大学大东文化研究院 2010 年版。

② 李德懋：《清脾录》卷一，《蒹葭堂》（《青庄馆全书》卷三十三，韩国历代文集丛刊，第 258 册，第 9 页）。

认识到差异存在的意义。尽管受到诸多限制，以至于无法全面把握，但原本无视的氛围一下子转变为部分认同，这种交流马上演变为知己间的连带感。①

南玉在使行期间共与500多名日本人进行了诗文唱酬及笔谈。他逗留日本期间仅与那波师曾一人就交换了151首诗和10封书信。那波师曾将这些记录整理汇编成一本名为《东游篇》的小册子。② 南玉等人还通过那波师曾借到了日本文士此前与通信使的笔谈记录，以及寻得了稀有的书籍。由于当时发生了朝鲜人杀人事件（即"崔天宗一案"），日方禁止朝鲜人与日本文士的一切接触，他们彼此还设法保持联系，并为无法见面而感到惋惜。两人临别时，那波师曾看着朝鲜使臣逐渐远去的船默默流下眼泪。

以这种成熟的接触为契机，朝鲜掀起了知日的风潮。元重举写下《和国志》，成大中写下《日本录》，他们的朋友李德懋又参考了两人的记录及其他书籍写出了《蜻蛉国志》。朝鲜人开始意识到有必要正确了解他们曾经的敌人，也就是之前在万历朝鲜战争时被视为侵略者的日本人。

在目前保存在韩国的朝鲜时代中国旅行记录中，仅标有详细日程的就多达500部。在这些旅行记录中，往往一部就有好几卷。这些资料已影印成每册400页左右的书籍出版，大概有150册。《燕行录》出版后，还有新的燕行记录被不断发掘出来。无论所处环境是在水土不服的驿站还是在颠簸的马背上，燕行使们都以惊人的毅力将从出发到抵达的行程、沿途遇到的人物、完成的日程一丝不苟地记录了下来。连当今的中国学者都对这些资料所展示的细节感到震惊。他们事无巨细地记录了当时在北京上演的剧目、建筑物外观上的文字、当时

---

① 参见［韩］郑珉《〈东槎余谈〉中李彦瑱的笔谈资料及其意义》，《韩国汉文学研究》卷三十二，韩国汉文学会2003年版。

② 南玉与那波师曾之间的交游参见金声振《癸未使行时的南玉与那波师曾》，《韩国文学论丛》卷四十，韩国文学会2005年版，第111—137页。

北京书店店主的姓名甚至他们的出生地等。这些内容本身就是反映18—19世纪北京的市井生活、演出及学术活动的珍贵记录。

在日本，12次通信使相关的笔谈记录至今仍不断被发掘出来。仅现在已知的笔谈记录就超过100种，还有各种绘画及汉诗集等间接记录。考虑到使行次数（仅12次）的话，留存的记录可谓不少。当时通信使走过的道路被保存为朝日文化交流的重要现场，甚至被列入联合国教科文组织世界遗产名录。

三　文艺共和国的基础：并世意识与友情论的扩大

十八世纪至十九世纪，东亚知识分子之间交流的根基是并世意识，它源于一起生活在同一世界的连带感。尤其在朝鲜的教育体系中，中国古典是知识分子的必修科目。他们试图用"尚友千古"的观念去克服古典中的人物不属于"此时此地"而属于"彼时彼地"这一限制。"尚友千古"指的是以遥远的过去为友，也就是通过文章与古人相遇成为朋友。但问题在于，因为时间距离的限制，他们的关系只能是单向而不是双向的。我把他当作朋友，但他却不能以我为友，这就是一种单向的关系。

在这种情况下，遇到了一个生活在同一时代却只是在空间上分隔两地的朋友后，"尚友千古"就被"天涯知己"取代。"天涯知己"是指虽远在天涯却了解我心的人。大家虽然只见过一两次面，甚至一生不曾谋面，也能通过书信彼此交换想法，分享感受。如果说"尚友千古"是一种受到时间壁垒约束的单向关系，那么"天涯知己"则是一种双向的关系，尽管存在空间壁垒，但其中开放着一个可以相互交流的渠道。它超越了身份和国境的界限，使横向思维在同时代的知识分子集团中成为可能。

事实上，中国知识分子最初看不起来自偏远小国的朝鲜人，但当与他们笔谈以及感受到他们的诗文创作能力和学术深度后，态度便发生了变化。值得注意的是，当时中、朝知识分子的交流并没有表现出单方面的从属关系，而是建立在平等的基础上。严诚和潘庭筠对洪大容的态度如此，翁方纲的弟子们对金正喜始终如一的尊重也令人印象深刻。

韩国古碑的拓片传到中国后，被汇编成《海东金石苑》等著述，朝鲜通信使从日本获得的多胡碑拓片经由朝鲜传回中国，这些都表明当时东亚知识分子之间存在着相互主义，平等地认可对方的文化水平[①]。然而，不像中、朝间每年至少有两次使节派遣，日、朝间是几十年才往来一次，因此连续性较差。

如上所述，以前被称为"尚友千古"的纵向思维已不知不觉转变为基于当代性和同时代性的横向思维。通过文字进行的单向性思维已经被基于双向交流的交感思维所取代。推动这种变化的力量来自十八世纪城市的市井氛围。当时，作为社会存在的自我实现的梦想从源头上被切断了，学问也不再是人生的崇高理想。相反，它停留在反复再生产自己所属利益集团意识形态的功利空谈上。远离权力、荣誉和利益算计，与志同道合的朋友交流才是挣脱令人窒息的生活的唯一出路。他们坚信，只有通过摆脱令人失望的俗态，恢复真挚的友情，才能战胜这个灰暗的世界。

李奎象（1727—1799）为同时代的作家、学者和艺术家编撰传记，出版了《并世才彦录》。此书中出现的大多数人物的共同点是他们生活在同一时期，不过它并没有直接描述出人物之间的连带感。然而，这本书网罗了各行各业、形形色色的人物，试图重现当时的人生万事，同时还在各处穿插进作者自己的所见所闻，努力营造现场感。尹光心（1751—1817）收集了当时国内外活跃的年轻作家的诗文，汇编成《并世集》。该书从尚未发行文集的当代文人的文章中选出最能体现当代性的优秀作品，旨在展现同时代性质的作家意识，倡导新的文学取向。该

---

① 参见《日本多胡碑传播到朝鲜的研究补论》，《文献与解析》卷四十六，文献与解析社2009 年春季号，第 67 页。

书还单独设有异国一项，把外国作家的作品收入其中。柳得恭（1748—1807）直接将目光转向国外，只选取同时代外国作家的诗编成《并世集》。如果说前两本书侧重于朝鲜国内作家，那么柳得恭的《并世集》则是完全集中于外国作者，收录的也都是未出版的手稿。

《并世才彦录》不受身份制度的桎梏；尹光心的《并世集》也以同时代性为主题，超越了身份和国境的束缚；柳得恭的《并世集》则远远超越了国境的限制。将严谨的儒家学者与市井能人相提并论，或在朝鲜人的作品中穿插中国人和日本人的诗文，这种横向思维的扩张是以前朝鲜文人无法接受的。令人震惊的是，还有人计划出版一本涵盖遥远的越南和琉球诗人作品在内的同时代选集。由此看来，朝鲜人的意识明显发生了转变。

洪大容收集了他在一次燕行中与中国文人交流的信件，编辑了《天涯知己书》。这一现象延续到了下一代朴趾源及其弟子群体中。到了十九世纪，朴齐家的弟子金正喜则构建了一个更广泛的网络，进一步加深了中朝知识分子间的学术交流。

在这一时期，并世意识在内超越身份的限制，实现了横向延伸，对外则呈现出对他者的认识与回应的转变。并世意识发展的前提是东亚从隔绝走向交流，被困于国粹主义框架中的封闭思维也转变为开放思维。其间，大量知识和信息的来来往往，给本国的学术文化界带来了非同寻常的影响。随着相互接触越来越频繁，误解和偏见越来越少，交流带来了更多的交流，这一趋势在十九世纪达到了高潮。

同时我们可以发现，在这一时期，朝鲜知识分子的谈话中关于友情的内容明显增多。朴趾源和朴齐家把朋友定义为"第二个我"。这似乎是受了利玛窦《交友论》的直接影响。^① 过去，友情论倾向于通过文字实现心灵的共鸣，这反映在"以文会友"或"尚友千古"的表述中。至于友情的对象是死去的人还是遥远的未来的人，并不重

---

① 参见［韩］朴性淳《友情的构造与伦理——韩中交友论的文学思维》，《韩国文学研究》卷二十八，东国大学韩国文学研究所 2005 年版，第 305—309 页。

要。即使他们在自己生活的时代没有任何知己，也可以与千古作友。然而，对于这一时期的知识分子来说，知己不再是真空中的存在，而是在现实中真正呼吸的、可以接触和分享的存在。

1780 年夏天，朴趾源来到北京琉璃厂街，靠在一家书店二楼的阁楼栏杆上，感慨道，"天下得一知己，足以不恨"①。他的弟子朴齐家甚至把朋友称为"非气之弟，不室之妻"，甚至说，"人无一日友，如手左右失"。至此，东亚知识分子之间的相互了解变得开阔，思想框架也发生了变化。

四　接触带来的变化与自我意识的扩大

就朝鲜而言，访问中国和日本的海外经历所带来的文化冲击引发了人们对包含文化多样性在内的世界化论述。清《四库全书》发行前后大量涌入的百科全书及由此产生的信息洪流，一举颠覆了信息价值的优先次序。与过去有限的信息被垄断不同，从中国传入的百科全书类全集和丛书瞬间摧毁了信息的垄断权威。这类丛书有的一套就包含着几百卷。各种文化内容掀起了多样化和全球化的热潮。即使从当今的信息化和全球化的观点来看，十八世纪知识分子们与过去截然不同的新知识运行方式仍然很有趣。

朝鲜曾高喊灭亡清朝，恢复中华秩序，把明制奉为国策，生活在这一国家的年轻人首次到北京时便受到了巨大的文化冲击——四通八达的街道上堆满的货物，宏伟壮观的建筑，随处可见的书店里堆积如山的需要用梯子才能拿到的书籍，还有哥特式西方教堂和西方科学技术信息，等等。他们所目睹的清朝不再是朝鲜当初妄想能够出征讨伐的对象。对清人而言，朝鲜人誓死捍卫的圣贤理念和价值观无异于过时的流行歌曲。因此，北伐的顽固意识形态在某个瞬间突然转向北学方向。

---

① 参见［朝］朴趾源《热河日记》"关内程史"篇 8 月 4 日条。

他们回国后，各种书籍和奢侈性消费品随之流入汉城，引发了消费娱乐文化的蔓延，同时还激发了人们对外国文化的模糊憧憬及对本土事物的自我厌恶。一批狂热爱好者出现，痴迷花卉绘画或热衷于旅游、写作、围棋、音乐等某一领域。他们标榜自己为"痴"或"癖"，赞美这种盲目的沉醉。

汉城的广通桥一带到处是廉价的中国制古董书画。据说那里有几位闻名全国的古董收藏家。士大夫们用中国古董书画装饰住宅，邀请朋友举行鉴赏会，就连生活环境也模仿中国风来摆放桌子和椅子。他们在花园里放置从中国传来的奇石和种植南方植物芭蕉，品尝用中国炉煮出的中国茶，陈列着仿制的中国青铜器，邀请朋友前来聚会。

园艺业也出现了前所未有的繁荣。受从中国进口的庭院或花卉相关书籍及用品的影响，大家竞相装饰自己的庭院。随着需求的增加，朝鲜的花卉市场迅速扩大，从日本和中国进口花卉的贸易也大幅增多。有人独自栽培了 46 种菊花，也有人从一株盆栽中培育出具有四种不同颜色的菊花，甚至有人培育出了双色菊花。当他们没有经济实力建造花园时，就虚构"意园""将就园""乌有园"等庭院，并将其记录下来。①

当时，在从北京琉璃厂引进的书籍中，表面上包含着许多传统的性理学书籍，但实际上涌现出了更多的稗官小品和百科全书类的丛书。随着大量的书籍被引进朝鲜，如一套五千多卷的《古今图书集成》《昭和丛书》和《檀几丛书》等，一些模仿这些丛书的著作开始出现。以前因"玩物丧志"而被视为禁忌的趣味不知不觉上升到"格物致知"的境界。在此之前，事物只是精神学习和事理探索的手段，而现在其本身就升级为探索的对象。

偏执狂似的整理癖、不分种类的收集癖及对琐碎事物的爱好癖是这一时期知识分子的重要特征之一。实现圣贤之道的君子式生活理想

---

① ［韩］安大会：《18—19 世纪的巨著文化和想象的庭院》，《震旦学报》第 97 号，震旦学会，2004 年 6 月，第 111—138 页。

逐渐被埋没在市井的声音中。汉城和地方之间的文化差距日渐明显。他们的兴趣一旦被唤起，就开始收集、整理和编辑。他们不是盲目地收集，而是制定目录与范式，循序渐进地开展工作。他们的问题意识和研究方法在主题及信息处理方式上也与之前截然不同。

信息化和全球化使十八世纪的这些变化成为可能。随着文化的开放和交流，可汲取的信息量爆炸性增长，因此信息处理方法和判断信息是否有用的依据也发生了变化。物质基础的变化也占了其中一部分。因此，出现了前所未有的怪诞知识分子，他们的波及力和影响力是如此巨大，以至于国家都不得不出面纠正。

世界和自我之间日益增长的矛盾导致了自我意识的崩溃。在社会观念所要求的自我和个人想要成为的自我之间存在着无法逾越的鸿沟。如今，两者变得无法共存。在朴趾源（1737—1805）《念斋记》中登场的宋旭这一人物就形象地展现了这种冲突。

> 宋旭醉宿，朝日乃醒。卧而听之，鸢嘶鹊吠，车马喧嚣，杵鸣篱下，涤器厨中，老幼叫笑，婢仆叱咳。凡户外之事，莫不辨之，独无其声。乃语曚昽曰，家人俱在，我何独无。周目而视，上衣在楎，下衣在椸，笠挂其壁，带悬椸头，书帙在案，琴横瑟立，蛛丝萦梁，苍蝇附牖。凡室中之物，莫不俱在，独不自见，急起而立，视其寝处，南枕而席衾，见其里。于是谓旭发狂，裸体而去，甚悲怜之，且骂且笑。遂抱其衣冠，欲往衣之，遍求诸道，不见宋旭。

一天早上，宋旭喝醉醒来，发现房间里的所有东西都在原地，而原本应该待在被子中的自己却不见了。于是他连衣服都没顾得上穿，在镇上四处游荡，寻找不知去了何处的自己。这一段让人想起了卡夫卡《变形记》中的格里高尔·萨姆莎（Gregor Samsa）。

从宋旭早上醒来说出的"我何独无"这句话中，我们目睹了当时知识分子们陷入严重自我分裂的情形。窗外的世界和房间里的世界没有任何变化，但本应在其中的"我"却消失了。这是一个因自我意识过剩而丧失自我认同的人在绝望的现实面前彻底失去理智的故事。

究竟宋旭为什么疯狂地光着身子四处游荡？逼疯宋旭的是科举考试制度。当时，作为人才选拔唯一手段的科举考试早已名存实亡。合格可以用钱买到，一个人若没有背景，即使及第也不能做官。想要在社会上实现自身价值就必须通过科举考试，可现在的考试再与个人能力无关，科举之路从根本上被封锁了。

朴趾源在另一篇文章中举例说明了睁眼看新世界后的自我分裂状态。

> 还他本分，岂惟文章？一切种种万事总然。花潭出，遇失家而泣于涂者，曰："尔奚泣？"对曰："我五岁而瞽，今二十年矣。朝日出往，忽见天地万物清明，喜而欲归，阡陌多歧，门户相同，不辨我家。是以泣耳。"先生曰："我诲若归。还闭汝眼，即便尔家。"于是，闭眼扣相，信步即到。此无他，色相颠倒，悲喜为用，是为妄想，扣相信步，乃为吾辈守分之诠谛，归家之证印。①

盲人睁眼看世界，没有什么比这个更令人高兴的事情了。但当他睁开眼睛的一瞬间，却成了字面意义上的"睁眼瞎"。因为他是在没有任何准备的情况下睁开了眼睛。盲人睁开眼睛的喜悦却带来迷路和哭泣的悲惨结果，这就像是对此时期知识分子尴尬处境的隐喻。

一旦睁开眼睛，就再不能闭上了。但嘱咐一名迷失方向的盲人睁大双眼打起精神也毫无意义。因为他越是想清醒，就越会陷入混乱。也不能要求他再次闭上眼睛，安于旧时代。睁开眼睛是件高兴的事，糟糕的是让他睁开眼睛的状况。如果他在家里睁开眼睛，就不会有任

---

① ［朝］朴趾源：《答苍厓》卷二，《燕岩集》卷五，《韩国历代文集丛刊》第 252 册，第 96 页。

何问题。但因为他是在路边突然睁开了眼睛，所以无法处理眼前的情形。最后，他不得不重新闭上眼睛，依靠熟悉的手杖回家。

这些情形设定意味着什么？最终问题要归结到自我主体性的确保上。如果一个人不能成为自己的能动主体，那么睁开眼睛的快乐只是暂时的，最终只会走向丧失主体性这一悲剧性结果。当时从清朝和日本涌入的新文物给朝鲜知识分子带来了巨大的混乱，使他们如同在路边睁开眼睛的盲人一般。闭上眼睛逃避，抑或是睁开眼睛随波逐流，两者都不是正确面对问题的方式。睁开眼睛比像盲人一样生活要好上百倍，但若导致了巨大的自我认知混乱，问题可就不那么简单了。此时，需要他们确保自身灵活的姿态和立场，既要保持自我认同或主体性，同时还要主动接受新的世界。

五　以插曲结束的未完的共和国

现在来整理一下多少有些冗长的讨论。当所有人都还沉浸于"彼时彼地"这一虚幻中，朝鲜的一些知识分子已开始大声疾呼"此时此地"的重要性。朴趾源意识到过去只是当时的"现在"，不能模仿过去，只有忠于现在才能定位未来的"过去"。他认为，想要成为"过去"，就必须致力于"现在"，想要不变，就必须改变。朴齐家认为，如果不盲目地献身某事，就不会有任何收获。丁若镛屡次强调，别人的东西看起来再好，如果不适合我们，它就毫无用处，积极学习和主动接受的态度非常重要。每个人都同意变化应当发生。但是，大家对变化方向的想法和路线却不同。这种多样性并没有引发思路上的矛盾，反而为文化注入了活力。

意识的变化也引起了形式的变化。以前处于边缘的文学作品被编入主流风格，顽固的文体形式在内部也出现了多种变化。他们相信，最新的才是最古老的。泯然众人的东西是假的，只有听到自己的声音时，它才会变成真实。这种想法一举颠覆了熟悉的价值观和以前默认的观念。他们关心的不是"道",而是"真";不是"古",而是"今";不是"彼",而是"此"。

十八世纪,世界的方方面面同时发生着变化,可谓一言难尽。在世界历史上,十八世纪是一个非同寻常的世纪,法国文学史家居斯塔夫·朗松(Gustave Lanson)将十八世纪定义为"反基督教、国际主义、破坏所有信仰、否认传统、反抗权威、激烈批判"的世纪。欧洲的十八世纪是一个动荡的时代,其特点是封建体制崩溃、资产阶级形成、科学进步及启蒙思想崛起。历史学家一致用"巨大矛盾的旋涡"来形容十八世纪,且这些变化在世界范围内同时发生,无法分清孰先孰后。

进入十八世纪,西方中世纪形而上学的观念理性让位于理性主义的启蒙哲学。人们试图将生活和世界的秩序改变为科学的秩序。他们挣脱了宗教的束缚及理念的桎梏,追求世俗的幸福,并开始打破所有顶着救援名义为所欲为的偶像和暴力。如果把朱子主义置于基督教(在欧洲)所处的位置来考虑,朝鲜的情况也大同小异。当时,在相互不知情的背景下,欧洲和东亚的"文艺共和国"运动几乎同时展开,两者间也不存在互相影响的关系。

当西欧的启蒙主义旨在建立一个合理、理性及激情(Passion)并存的人类世界时,十八世纪的朝鲜摆脱了朱子学的洗礼,寻求实事求是的合理性的同时,支持"癖"和"痴"的激情。德尼·狄德罗(Denis Diderot,1713—1784)在《哲学沉思》中写道,"我不理解为什么人们会认为以友好的方式谈论激情是对理性的侮辱,可是只有伟大的激情才能极大地提升人类的灵魂",而朴齐家(1750—1805)则大声疾呼,"人无癖焉,弃人也已"。

伏尔泰(1694—1778)将《百科全书》视为启蒙哲学的代表作,称其为"人类精神进步的纪念碑",认为它把世界上所有事物条目化,按照字母顺序进行排列说明。朝鲜知识分子也为制作《百科全书》似的丛书投注了全部精力和热情。这是一次将科学从宗教中分离出来,将生命从理念中解放出来的重新分配权力的过程。

在西方，强加的虔诚和伪善的岁月流逝后，对快乐的崇尚和对官能的疯狂比比皆是。在朝鲜，包括古董收藏在内的奢侈豪华及世俗堕落之风也恣行一时。但无论在哪里，下层百姓的生活都同样艰苦。如同道德论者把伏尔泰、狄德罗、卢梭等关进监狱一样，朴趾源、金鑢、李钰等因用反动的文风传播反动思想而被国家要求提交反省书，不仅被取消了科举考试的合格成绩，还被打上反体制分子的烙印，终日生活在黑暗之中。

东亚人一直在拼命寻找自发性的现代化，而我从十八世纪那里看到了这一可能性。但是，与进入工业革命的西欧及明治维新的日本不同，为什么韩国错过了现代化浪潮？十八世纪至十九世纪东亚知识分子共享的问题意识在某个瞬间，以一个插曲或一种未完成的可能性的形式走向终结。日本、朝鲜和中国的近代，以及正祖和明治的差异是在何时出现的？

原本以为互联网的出现会实现地球村的理想，但最近互联网反而日益加重了国家间的障碍及民族文化间的隔阂。信息的共享与平等不再有助于扩大共鸣和交流的领域，国家主义和民族主义的壁垒随之越来越高。这种讽刺的现状反而让我想到了十八世纪中叶至十九世纪中叶在朝鲜、中国及日本知识分子间形成的学术文化团体与他们的交流方式，他们的对话促进了探讨共同理想的可能性。这是一个存在着开放可能性的世界，只是在当时无法取得巨大成功。但它确确实实曾存在于世，交流和沟通的痕迹仍保留在实物资料中。我写这篇文章正是为了重新思考其中的含义。

东北亚的半月弧

——浪华—汉城—北京

高桥博巳 著 韩 丹 译[*]

一 中、日、韩人文交流之缘起

所谓东亚的半月弧是指李氏朝鲜的朝鲜通信使从首都汉城（首尔）出发，到达日本的浪华（大阪）、江户（东京）；还有，同样是李氏朝鲜的燕行使从汉城出发，到达中国的北京，这两条线形成了东北亚地域的半月弧。还有一条南部的半月弧，就是以琉球为起点，册封使到达福建、北京；再就是以琉球为起点，使节团到达萨摩（鹿儿岛）、江户。本章主要以东北亚地域的半月弧为中心，通过朝鲜通信使和燕行使的足迹，探明在日本锁国、中国海禁的形势下，中、日、韩三国文化交流的诸般实情。[①]

在江户时期，李氏朝鲜派往日本的朝鲜通信使总共有十二次。其中，最为值得一提的是第十一次（朝鲜李氏英祖四十年、日本江户明和元年、1764 年），这次的使节团与欢迎他们的日本儒者、文人之间进行了广泛而深入的交流。使节团的主要成员有制述官南玉

---

* 高桥博巳，日本金城学院大学名誉教授。韩丹，名古屋大学经济学院附属国际经济政策研究中心研究员。

① 关于南部的半月弧，请参照拙稿「東アジアの南北半月弧」（伊東貴之編「『心身/身心』と環境の哲学—東アジアの伝統思想を媒介に考えゐ—」、汲古書院、2016 年）。在夫马进的『朝鮮燕行使と朝鮮通信使』（名古屋大学出版会、2015 年）一书中有概括性阐述。

（时韫·秋月，1722—1770 年）、正使书记成大中（士执·龙渊·
青城，1732—1809 年）、副使书记元重拳（子才·玄川，1719—
1790 年）以及押物判事李彦瑱（虞裳·云我，1740—1766 年）。一
行抵达筑前蓝岛时，当时未满二十一岁的龟井南冥（鲁·道载，
1734—1814 年）也在欢迎之列，他不仅酬唱诗文，而且正确地回答
了各种问题，被使节团一行称赞为"奇才"。当时的情景在《快快
余响》（《龟井南冥昭阳全集》卷一，苇书房 1978 年版）里有详细
记载。①

南玉问南冥："赤关以东，文学有声者。"南冥首先答道："长门
有泷弥八（长恺·鹤台，1709—1773 年）者，博学豪才，甚善词
藻。"然后举出大阪的细合半斋（离·斗南·学半斋，1727—1803
年）和葛子琴（桥本贞元，1738—1784 年）等人的名字，并又进一
步提出"风雅无双浪华木弘恭"，极力推崇木村蒹葭堂［世肃·弘
恭·巽（逊）斋，1736—1802 年］的《风雅》。

果然在赤关，秋月对话鹤台："盛名，已因龟井鲁闻之。"
（《长门癸甲问槎》卷一，《笔语》）龙渊也说道："龟井鲁海外奇
才也。仆因之知足下。"可以肯定地说，交流进展得非常顺利。南
玉曰："闲闲挥尘，清谈更佳。"提议以"清谈"，代替诗文的酬
唱。鹤台答曰："但恨诸君此行禁酒，吾辈不得赋既醉之诗，可
叹。"南玉听此即回应道："以德醉人胜于以酒。"以"德"醉人乃
非易事，且这样的发想在我国的儒者极为少见，取而代之的是对客
人的盛情款待。南玉盛赞道："馆廪精备，足以忘羁旅之忧。""馆
廪"为旅馆膳食之意。不仅如此，更何况"如左右之儒雅风流。倾
盖如白头。令人钦叹。重以欣释"。这都归功于鹤台以及门生弟
子的热情招待，有如《史记·邹阳传》里所写的那样，"有白头如

---

① 参照拙稿「李彦瑱の横顔」（『金城学院大学論集』、人文科学編第 2 卷第 2 号、2006
年）、「成大中の肖像——正使書記から中隠へ一」（第 5 卷第 1 号、2008 年）、「元重拳一特立
独行の人一」（第 6 卷第 2 号、2010 年）。

新，倾盖如故"① 与新知在路上倾盖欢谈，也有可能成为莫逆之交。

也许是这个原因，鹤台与龙渊的酬唱里，尽情讴歌了"文明之气运"。

呈龙渊

箕圣封疆鸭水东，
汉阳建国地形雄。
冠裳不染膻腥俗，
声教犹存华夏风。
盟府藏书朝典重，
礼曹传命使槎通。
独贤行役君无惮，
共喜文明气运同。

"箕圣"是指殷纣王的叔父箕子，殷灭亡后，在朝鲜称王。"封疆"是指领土之疆界，"鸭水"是指鸭绿江。"汉阳"是李朝首都汉城（首尔），"冠裳"是正装之意，"膻腥"是腥臊味儿。没有染上食用羊肉的习惯，说明朝鲜王朝没有采用清朝的衣服制度。"声教"是天子之教，"盟府"是掌管盟约文书的官府，"朝典"是皇家法典，"礼曹"是礼部，"独贤"是特别优秀的人胜使行之任。龙渊为答最后一句"共喜文明气运同"，咏题为《和鹤台》之诗：

文明渐启大溟东，
赖有五君学力雄。

---

① 详见《史记·鲁仲连邹阳列传》，中华书局 1959 年版，第 2471 页。《邹阳狱中上书梁孝王》云："谚曰：有白头如新，倾盖如故。"——译者注

逸鹤飏音湖上月，

神鹏振羽斗南风。

……

可以看出，两个人之间有相当大的差距，这是因为"大溟"东即日本还正处于文明启蒙时期，但是有这些参与接待的俊才的存在弥补了这种意识上的差距。"逸鹤"为超俗之鹤，"神鹏"为预示太平而出现的神鸟，"斗南"为北斗星以南，天下之意，"五君"为参加接待的鹤台及其门下。

二 《蒹葭雅图》与《东华名公印谱》

其次，在浪华的交流也正如人们期待的那样，成大中听说每月"既望"的十六日在蒹葭堂举行诗会，非常感兴趣，但由于通信使的外出不被允许，所以他请人画下诗会的情景。这就是赠予他的附有与会者赞词的《蒹葭雅集图》（韩国国立中央博物馆藏）。蒹葭堂和福原承明（尚修·映山，1735—1768 年）又送给每人一个自己的篆刻（《东华名公印谱》，大阪府立中之岛图书馆）。这些美好的回忆，其后请大中写下这样的文章：

> 吾尝观日本，其人亦重交游，尚信誓，临当送别，涕泣决澜，经宿不能去。
> 孰谓日本人狡哉。愧我不如也。①

"信誓"意为真心发誓，完全否定了"日本人狡猾"的一般认识。其背景是经历了蒹葭堂的人们在街头等待归国的通信使一行，因

---

① 《金养虚书杭士帖》《青城集》卷八，《韩国文集丛刊》卷二四八，民族文化推进会2000 年版，以下引用韩国文献据同丛刊。

是在街头，所以不能笔谈，只能挥泪惜别。关于蒹葭堂，还有如下记载：

> 大中前入日本时。有木世肃者。家居浪华江上。以风流好客称。与同志九人结诗社。尝有雅集于其所谓蒹葭堂者。大中求见其诗。世肃乃图画其雅集而归之。至今在吾笥。大中于异域之人。尚且如是。况吾邦乎。①

对人性的信赖，不受"异域"的阻隔，反而因《雅集》的魅力而得到增强。尽享"风流好客"，"与同志九人结诗社"，是酿成"文明气运"的前提，不用说也是其最终结果。蒹葭堂会不久被以片山北海（1723—1790）为盟主的混沌社所继承，越发兴盛。② 这部充满个性而和睦友好诗篇的《雅集》，在通信使归国后，即刻在大中和玄川等人的周围传播开来。③

其中的一位，洪大容（湛轩·德保，1731—1783 年）在《日东藻雅跋》中写道"斗南之才，鹤台之学，蕉中之文，新川之诗，蒹葭、羽山之画……"列举了日本文人的"才、学、文、诗、画、书"的代表例，最后甚至提到只能说是个性魅力的"种种风致"，断言这些风致"无论我邦。求之齐、鲁、江左间。亦未易得也"（《湛轩书》内集卷三）。"齐、鲁、江左"为孔子、孟子的故乡山东与长江下游的南岸，即江苏、浙江一带。两年后，深受日本人的风雅感动的大容，为寻找"齐、鲁、江左之间"的风雅人物，加入了燕行使的行列。

进而年轻的一代也受此影响。李德懋（雅亭·青庄馆，1741—1793

---

① 《答白阳川书》，《青城集》卷五。

② 参照［日］赖春水《在津纪事》上·下，《新日本古典文学大系》卷九十七，岩波书店。

③ 参照拙著『東アジアの文芸共和国　通信使·北学派·蒹葭堂』（『新典社新書』第26卷、2009 年）及「蒹葭堂が紡ぎ、金正喜か結んだ夢　東アジア文人社会の成立」（笠谷和比古編『德川社会と日本の近代化』、思文閣、2015 年）。

年）在《清脾录》卷一中提及"蒹葭堂"，在卷四专立一章"蜻蛉国诗选"，介绍了与元玄川酬唱的日本诗作六十七首、李薑山（书九·素玩亭·惕斋，1754—1825 年）所选诗作，并且提到柳惠风收入《巾衍外集》时有所言及（《青庄馆全书》卷三十五），还指出在《耳目口心书》卷五亦有详细叙述（《青庄馆全书》卷五十二）。不仅如此，德懋还在致成大中书简中，提出希望能借阅《蒹葭雅集图》，并盛赞其为"天下之宝""千古之胜绝"。

三 《东槎余谈》

在江户的笔谈记录中有名的是宫濑龙门（1719—1771）的《东槎余谈》（明和元年序写本，东北大学附属图书馆藏）。在屈指可数的记录中，龙门把所见所闻用"写真"的形式表现出来。据愚管见，他处尚未见到此种记录。

龙门的"写真"，不仅对人物的外表，甚至对人物内心的描写也很深入，这是双方极为深入交流的印证。[1] 尤其是与李彦瑱的交流更是如此。因为两个人都是古文辞派，意气相投。当然，这在朝鲜是罕见的例外。龙门欲暂且告辞，与彦瑱曰："戏以吾语曰，迎夜可来，米食可羞。"显示出他诙谐的一面。在笔谈中，彦瑱表达了"对他邦文士，谈真实学问，以相切磋可也"的意思，对此，龙门评论道："云我真才士，以笔换舌者，敏发特甚，捷于言语，以为答问也。"另外，在龙门和赵华山的笔谈里，对航海到长崎的"荷兰人"，作了这样的说明："其人善操船，视海若陆驾，大舶所至，万国之中，三百余国，交易货物，……其人制诸什器，皆精巧。鸟铳有不用火绳机发出火者。又精天文地理云。"同时把这些信息"图其形状"予以传

---

① 参照拙稿「徂徕学派の崩壊」（『和漢比較文学叢書』第 7 巻、汲古書院、1988 年）以及「十八世紀東アジアを行き交う詩の絵画」（堀川貴司、浅見洋二編「蒼海に交わされる詩文」、『東アジアの海域叢書』第 13 巻、汲古書院、2012 年）。

达。华山听后道："为异闻，携归录之。"并且作了"剪余所书，藏之囊中"的夹注。虽然不清楚这样的信息是如何被传播开来的，不过，如李德懋在《蜻蛉国志》卷二的末尾中有"阿兰陀，西北之极界，最寒国也。亦曰红毛"。以下概略之记述，与此笔录应该是不无关系吧①。

四　洪大容的燕行

成大中在《送徐侍郎浩修以副价之燕序》（《青城集》卷五）里所说的"国家文治四百年，礼乐明备，几乎周矣。……今则天下之文物。独在我矣"的对方徐浩修，是后面所见带着《韩客巾衍集》赴北京的"副价"，即副使。在此，一方面说"礼乐明备"的朝鲜才是文明的继承者；另一方面又明确表达要学习中国的传统的态度。

> 今中国虽沦于戎狄，然贤圣礼乐、英雄功业、忠臣烈士、文章制度之迹尤在也。……履禹迹抵燕京，慨然想中朝之文物，前人之事业，则心益广矣。购求三代之遗书，百王之遗制，归而讲之朝廷，则学益深矣。②

在这种气氛中，1765年至翌年，洪大容从燕行使到清朝的北京，开始了寻找欲见人物之旅程。在北京，他与杭州乡试合格后进京会试的举人严诚（1733—1767）、潘庭筠（1742—?）、陆飞（1719—?）三人相识，一见如故。大容带回去的当时北京信息的冲击力是前一年的通信使不可比拟的。这也是北学派活动的起点。李德懋编撰的《天涯知己书》就其经纬归纳如下：

---

① 《青庄馆全书》卷六十五。
② 《送冬至书状官申应教思运序》，《青城集》卷五。

洪大容，字德保，号湛轩，博学好古。乙酉冬，随其季父书状官檍游燕，逢杭州名士严诚、陆飞、潘庭筠，笔谈书牍，翩翩可爱，结天涯知己而归。亦盛事也。时金在行字平仲，号养虚，奇士也。同入燕，为三人者所倾倒。今观其诸帖，输泻相和之乐，不愧古人。往往感激有可涕者，录其尺牍及诗文，抄删笔谈，名曰天涯知己书。以刺薄于朋友之伦者焉。诚字力闇，号铁桥，留心理学。闻今不幸死矣。飞字起潜，号筱饮。最老成奇杰。庭筠字香祖，号秋庫。年少而才思逸勃。俱善焦墨浓墨，为山水梅竹。炯庵居士识。[1]

"乙酉"为朝鲜英宗四十一年（清乾隆三十年、1765年），这一年大容三十五岁。在朱子学一边倒的时代，其"博学好古"备受注目。同行的金养虚（1730—?）是四十九岁的"奇士"，俩人翌年（1766年）在琉璃厂与严诚（三十四岁）、潘庭筠（二十五岁）、陆飞（四十八岁）相识。三人不仅学问好，亦是"善焦墨浓墨画山水梅竹"的文人。"翩翩"为风流状，"输泻"为倾泻情怀，文末的"炯庵"是德懋的号。

其原始记录《乾净衕笔谈》所收录的会话、书简类内容种类繁多[2]，大容等人拜访乾净衕天陞店的次日，严诚和潘庭筠拜访了大容等人的下榻之处。在那里，两人看到大容的玄琴，希望"一听"。大容曰："弟不能诗，请代以琴。"遂调弦，弹平调一曲。因为庭筠"饮泣呜咽"，只弹一曲即止。曰："东夷土乐，不足烦君子之听。"庭筠听罢一边拭泪一边说："一洗俗耳。"严诚也加了一句："弟等虽不知音。然一洗筝琶之俗耳矣。"这些内容在李德懋的《天涯知己书》中有言及："凡文章与弦乐，使人哭泣甚难，湛轩一生学琴，

---

① 《青庄馆全书》卷六十三。
② 最近『干净笔潭』翻译版发行（夫馬進译注、东洋文库、平凡社，第1卷、2016年，第2卷、2017年）。

令钱塘潘兰公一泣，足为韵人雅士。"真是为大容的"琴"所演奏的一曲而感动"一泣"的庭筠，与其记录产生共鸣的德懋的时差形成的美丽三重奏。只有"韵人雅士"的相会，才会产生这样的佳话。庭筠在翌日的书简中写道：

> 筠昨归竟夕不能成寐。……深叹海东诚君子之国，而数公尤当代绝世奇人也。顷读手教，益见足下高雅拔俗，立身不苟，志愿甚大。如中国之陶清（靖）节、林和靖，千古不过数人，高风逸致。起敬弥甚。

庭筠一夜未眠，与"当代绝世奇人"相识的感动之情洋溢在字里行间，盛赞如陶渊明和林逋一样，"高雅拔俗""高风逸致"，实为"千古数人"。同时，大容也感叹"得一佳秀才会心之人，务必与之剧谈"，此为来北京达到目的之瞬间，所有一切都堪称奇迹。

在严诚询问能否托付从中国去朝鲜的商人通"一信"的条目里，德懋作了如下补充：

> 炯庵曰，我国不以水路通货，故文献尤贸贸书。籍之不备，与不识三王事者，全由此也。日本人通江南，故明末古器及书画、书籍、药材，辐凑于长崎。日本蒹葭堂主人木世肃藏秘书三万卷。且多交中国名士。文雅方盛。非我国之可比也……

蒹葭堂庞大的藏书通过水运成为可能，对于由此而形成的"文雅"，"我国"须冷静接受这一无可与之匹敌的现状。反复言及蒹葭堂的藏书一事，无非是出于他们对蒹葭堂文事的关心。

五 杭州三重唱

关于严诚、潘庭筠和陆飞三人，再作一点补充。关于严诚，《飞鸿堂印人传》卷三里稍有详细传记：

> 严孝廉者，浙江仁和县人，名诚，字力闇，一字立庵，号铁桥。幼即颖异，好读书。家贫，其尊甫急图治生，置铁桥于市肆，习会计。暇仍读书，日为制艺，洒洒千言。因反儒服列胶庠，声誉藉甚。尤孳孳不倦。研经仇史，旁及诸子百家，莫不肆力焉。文师韩昌黎，诗法韦苏州，画宗王大痴，隶学蔡伯喈。咸古致秀劲，澄莹萧散，非仅得皮毛者。继而究心六书，寄与篆刻，见龙泓、丁隐君敬，身所镌印，遂规橅之，便能逼肖。后过予开万楼，纵观所藏秦汉铜玉章，其技益进，而另变创一格，颇苍润古雅，但不轻为朋侣奏刀，惜所留传者甚少。

"尊甫"是人父敬称之意。"治生"是维持生计之手段之意。"制艺"是课以科举之文章，即所谓八股文之意。"洒洒"是洋洋洒洒之意。"胶庠"是学校之意。"孳孳"是不断努力之意，与"孜孜"同意。"研经仇史"是研究经史、校对之意。严诚以韩昌黎（韩愈）的文章、韦苏州（韦应物）的诗、王大痴的画为手本。其中，王大痴似为黄公望之误，黄公望号"大痴"，且南人的发音"黄""王"不分，故而张冠李戴。进而以蔡伯喈（蔡邕，132—192）的隶为手本，赞其作均"古致秀劲""澄莹萧散"。其他如究"六书"（六种书体），亦对"篆刻"饶有兴趣。看了龙泓丁隐君敬，即丁敬（1695—1765）的刻印，以此为"规橅"的手本，学成之后，又自成一体，别具一格，人称有"苍润古雅"之风。经过不懈之努力，由"市肆"到"胶庠"，终成举人，由是与丁敬亦有交流。然其天生弱质，英年早逝，年仅三十六岁。

　　《铁桥全集》卷四所收《日下题襟集》里含有在北京描写的燕行使诸人的小像，现举一二。金善行在评价其"宰相也，仪观甚伟。亦工书"的同时，还绘制了其执笔的姿态。书状官洪檍评其："高士（大容）从父也，……简默淡泊，大异乎金公之为人者。"与此同时，还通过其绘制衣冠肖像，表现出其非凡的人品。

关于潘庭筠，在《清画家诗史》中有如下记载：

> 潘庭筠，字兰公，号德园，钱塘人。乾隆戊戌进士，官御
> 史。工绘事，归田后，喜从方外游。每随笔作水墨花卉。有《稼
> 书堂集》。

"乾隆戊戌"是乾隆四十三年（1778），这年庭筠三十七岁，成
为进士，官至御史。辞官"归田后"，喜与方外之士交游。《诗史》
所引二首诗中有《罗两峰六十》，罗两峰（1733—1799，名聘，字遯
夫，号花之寺僧）是金农（1687—1763，字寿门，号冬心、昔耶居
士）的门生，以"扬州八怪"之一为人所知。罗聘六十岁正值1792
年，是年庭筠五十八岁：

罗两峰六十

> 竹西诗叟客都门，
> 旅亭重将画旨论。
> 仙佛法中经箧熟，
> 公卿座上布衣尊。
> 养生日作烟云供，
> 寓物天教海岳存。
> 从此年年人日后，
> 梅花香里为开樽。

"竹西诗叟"指罗聘，"经箧"指装经书的书箱，"布衣"指无
官位之庶人。言其在北京的公卿酒席上受人尊敬一事。顺便说一
下，在罗聘的《墓志铭》中，有"不隐，不仕，亦禅，亦仙"之
句。第六句行末附有"行箧中，有米南宫砚山"之注。罗聘曾携行

米南宫（1051—1107，名芾，号海岳外史）之砚。"人日"是五节句之一，阴历正月初七。

《清画家诗史》中还有"陆飞"一项。

> 陆飞，字起潜，号筱饮，仁和人，乾隆乙酉解元。性高旷，慕张志和之为人。造舟遨游湖上，曰自度航，妻奴茶灶，悉载其中。山水花卉，均法徐天池。兼写人物，书法飘逸。有《筱饮斋稿》。

"乾隆乙酉解元"指乾隆三十年乡试第一名。"张志和"（730？—810？）系中唐诗人，隐遁世间，号称"烟波钓人"。"徐天池"即徐渭（字文长，1521—1593），明代文人。

丁敬的印谱中，刻有"陆飞起潜"字样，侧款记有"陆秀才，解人也，老人为仿汉人搥凿。敬叟记"。"解人"是指理解理趣的人。汲取丁敬风格的黄易（1744—1802）也评价陆飞"卖画买山""乙酉解元"给"自度航"、潘庭筠有"潘庭筠印"，各有所赠。"乙酉解元"里有如下记载：

> 癸未春，同筱饮二兄先生楚游。舟中间适，曾取唐六如诗意，刻"卖画买山"四字印奉赠。盖筱饮诗古文词之余，妙于六法。风流象举，突过六如。今登浙江秋榜第一人，复刻此四字印以贺之。昔六如有南京解元印，余易省会以乙酉者，记年也。他日筱饮石渠金马摛笔螭坳之上。卖画买山之事，且勿暇及也。乾隆乙酉重九后三日。寓林后人黄易并记于小松斋。

"乾隆乙酉"是乾隆三十年（1765），那年黄易二十二岁。据说他在去楚地时的"舟中"，由于百无聊赖，刻了"卖画买山"之印。此次因"浙江秋榜第一人"，故仿六如之例，刻了"乙酉解元"。"秋榜"是乡试发表成绩之季节。"省会"是指省的行政中心所在地，在此指南京。还有"乙酉"是纪年之写法。"石渠金马"是班固（32—92）在《两都赋序》中"内设金马石渠之署"① 之衙署。"螭坳"是宫殿台阶下文人学士执笔之处。②

六 《医山问答》

另外，还有值得特书一笔的是，洪大容的燕行所记载的《医山问答》（《湛轩书》内集卷四）。登场人物的虚子"隐居读书三十年，穷究天地之化，究性命之微，极五行之根，达三教之蕴"，可以说几乎是大容的分身。不能得到周围人的理解，即使"西入燕都，游谈于搢绅"，还是未得要领。失望之余，束装而归。途中，登"医巫闾之山"，"泫然流涕"，"遂有遁世之志"。正值此时，路过"实居之门"，"虚"与"实"相遇，遂往叩门，入门，内有一巨人，自称"实翁"，"形容诡谲"。巨人乃言曰："尔是东海虚子也欤？"，见虚子诧异，实翁曰："见尔服听尔音，吾知其为东海也。"披露了如夏洛克·福尔摩斯的侦探般的推理。虚子迄今"崇周孔之业，习程朱之言，扶正学，斥邪说"，然而实翁却一语道破其为"道术之惑"，"乱天下"。虚子虽被实翁全面否定，但仍虚心接受，"心神醒悟"地询问"大道之要"，这是对话之回转的第一步。实翁早已盯着虚子的脸再次问道："尔之所学？"虚子始从"圣贤之书"答道：以《六经》和程朱"会通、折中"从"艺术、星历"到"数律"的"博学无方"。实翁问道：人、禽兽、草木有"贵贱之等"否？虚子答道："天地之生，惟人为贵。"实翁仰首笑曰："以人视物，人贵而物贱。以物视人，物贵而人贱。自天而视之，人与物均也。"触及核心。又曰："夫无慧，故无诈。无觉，故无为。然则物比人

---

① （梁）萧统编，（唐）李善注：《文选》卷一，中华书局 1977 年版，第 21 页。
② 以上据《中国篆刻丛刊》第 14、15 卷，二玄社 1982 年版。

贵及远。……夫大道之害，比矜心甚莫。以人为贵、以物为贱的人之所以，乃矜心之本。"并训谕道："今尔曷不以天视物，犹以人视物也。"虚子听罢"矍然大悟"。"矍然"为惊视的样子，即所谓茅塞顿开。"人、物之生扎根于天地"，则世界的范围一举可以扩大到"地月日星"之宇宙规模。实翁进一步指出：

> 且中国之于西洋，经度之差，至于一百八十。中国之人，以中国为正界，以西洋为倒界。西洋之人，以西洋为正界，以中国为倒界。其实戴天履地，随界皆然。无横无倒，均是正界。

若以天为视点，地球上的任何地方"无横无倒，均是正界"。对虚子来说，这真是惊天动地之说。实翁又补充道："世之人，安于故常。……惟西洋一域，慧术精详，测量该悉。地球之说，更无余疑。"在这里牢牢地打上了"西学"之烙印。

此"夷夏之交"的觉醒与回转，实际上并非起于一时，大容在北京逗留期间出行天象台，与刘松龄、鲍有官进行了"问答"[①]，难道他没有读过利玛窦（Matteo Ricci，1552—1610）的《天主实义》吗？因为看起来中、西方学者间的问答先于实翁与虚子的对话。而且，大容对街头的观察也是毫不怠慢，"风俗气味，比我国十倍宽厚"，"尝坐在正阳门内，观拜岁车马甚盛。一人衣裘新鲜，驱车者误触之仆于泥，意其发怒斗哄。其人徐起拂拭，笑而去。此虽刘宽辈，何以加焉"[②]。这种超越以"仁恕"而为人所知的后汉刘宽的举动，大容深深感铭于心，在这件小事上也看到了文明的成熟。

很难想象如此人物自北京回国八年后，荫补受召，历任翊卫司侍直等官职，后担当世孙即之后的正祖教育一职时，能够坦率地展开自己的持论，但在朝鲜英宗五十一年（1775）三月二十九日的《桂坊日

---

① 《湛轩书》外集卷七《燕记》。
② 《湛轩书》外集卷八《京城记略》。

记》中涉及中国话题时，有如下记载：

> 令曰。人才何如。
> 臣曰。见数三士子。其诗文书画。具有绝艺。①

"数三士子"明显是指严诚、潘庭筠和陆飞，这也许对正祖的人才录用造成了一定的影响。②

七 《韩容巾衍集》

对李德懋和朴齐家来说，洪大容的燕行体验是令人艳羡的。其艳羡接近现实是在 1777 年。这一年，汇集李德懋、柳得恭、朴齐家、李书九等四人的诗的诗集《巾衍集》得到了清朝诗人李调元（号雨村，1734—1802）和潘庭筠的高度评价。李德懋在给李调元的书简里有如下记述：

> 去年冬，友人柳弹素，赍《韩客巾衍集》，入燕京也。不佞辈日屈指待其归来，不知遇何状名士，以评以序，心焉悬悬，无以为喻。弹素之归，自诧遇天下名士，仍出《巾衍集》，使不佞辈读之。果然朱墨煌煌，大加嘉奖。序文评语，甬雅郑重。真海内之奇缘，而终古之胜事也。顾此下土下生，何以得此于大君子。相顾错愕，如出天外，心不自定。不佞辈四人，好古读书。时有著述而不入时眼。性嗜韬晦，名不出里间。晨夕过从，聊以相晤而已。③

① 《湛轩书》内集卷二。
② 参照川原秀城「洪大容の科学知識と社会思想」（刘建辉编『前近代における東アジア三国の文化交流と表象　朝鲜通信使と燕行使を中心に―』、國際日本文化研究センター、2011 年）以及任正爀『朝鲜科学史における近世　洪大容・カント・志筑忠雄の自然哲学的宇宙論』（思文閣、2011 年）。
③ 《青庄馆全集》卷十九。

四个人在期待与不安之中，想知道自己的诗选集在中国如何被评价。在看到了具有"吏部考功司员外郎前翰林院庶吉士甲午科广东副主考"头衔的李调元和已经与洪大容成为知己的"文渊阁检阅充方略馆总校官四库全书分校官内阁中书舍人"潘庭筠的序文时，着实是"如出天外"，况且这四个人不随波逐流，从早到晚喜"古"读书，其喜悦可想而知。

李德懋和朴齐家在第二年、朴趾源在 1780 年相继拿着洪大容的介绍信访问北京，交流达到了顶峰。虽说是短暂的逗留，但生活在优裕时代的德懋和齐家的幸运，是笔墨难以形容的。在齐家的"怀人诗。仿蒋心余"。《贞蕤阁集》三集的夹注写到"余以不才，三入燕京。中朝人士，不鄙而与之倾倒焉"。显示出切实的临场感，人只要有这样的往来，才能产生如此丰富的交流。"蒋心余"即蒋士铨（号清容，1725—1785），乾隆时期的进士，善诗文。在齐家的《知名五十人》中群贤云集，有纪昀（字晓岚，1724—1805）、翁方纲（字正三，号覃溪，1733—1818）、李雨村、潘庭筠、罗聘（号两峰，1733—1799）、伊秉绶（号墨卿，1754—1815）。纪昀是乾隆十九年（1754）的进士，历经侍读学士等职后，成为四库全书的总纂官。翁方纲也是乾隆十七年的进士，精通金石学，善诗书。伊秉绶是乾隆五十四年的进士，尤以书法闻名。这里，有一幅罗聘绘制的齐家肖像，值得纪念，特载于此。

当我们进而眺望半月弧的文化交流圈时，诗人和画家的交流不可或缺。翻阅一下柳得恭的《泠斋集》卷四《纪晓岚大宗伯》吟咏如下：

> 海内词宗藉藉名，
> 萧然来访两书生。
> 朱轮驻处留红刺，

提督衙门半日惊。

（晓岚来访馆里。值余辈出游。留红刺而去。）

"宗伯"为在学问和艺术领域被敬仰为师的人，"词宗"为诗文的大家。"藉藉"为交口称赞之状态，"萧然"为潇洒悠闲之意，"朱轮"为贵人乘坐的涂朱漆的车。"红刺"为名片，"提督"为会同四译馆，"衙门"为官署的古称。纪昀突然造访时，本人出游不在，但因是大官来访，平时耀武扬威的门卫也是"跪膝"相迎。此举被周围的人们看见，深觉羞耻，虚张声势半日。柳得恭答："余笑之曰：吾未请礼部尚书来，他自来，亦且奈何。""后生卑官"即得恭能同这样的"长者"对等相处的谦虚的回答。这也是"古礼如此，国制亦然"的实践吧（《泠斋集》）。

别罗两峰二首

其一

榆关黄叶若为情，

秋雨秋风信马行。

记取当年肠断处，

罗昭谏别柳耆卿。

（残月晓风容易散。柳耆卿对不多时。即君赠句也。）

首先，"榆关"是位于河北省榆县的山海关，"记取"为记忆的意思。"罗昭谏"即唐代诗人罗隐（833—909），以有先见之明为闻名。"柳耆卿"即柳永，为宋朝之人，景祐元年（1034）的进士，善词文。得恭把自己比作这两个人，可以看出得恭精神之振奋。

其二

昔年今日休商量，

眼底忽忽梦里忙。

重叠远山都是恨，

离魂何处望维扬。

（昔年眼底。今日梦中。两峰题画语。）

"商量"为比较思考之意，"忽忽"为慌慌张张之状态，"重叠"为山峦叠嶂，"离魂"为远离家乡之人，指的就是柳得恭。"维扬"为罗聘所在的扬州。

顺便提一下，纪昀的《阅微草堂笔记》提到"扬州罗两峰，目能视鬼"①，而且如"朝鲜使臣郑思贤，以棋子两奁赠余，皆天然圆，不似人工"的记述（《滦阳续录》二），这个大学者与"朝鲜使臣"和罗聘等文人有交流。"棋子"为围棋，"奁"为盒子。据说在北京琉璃厂的南边、珠市口西大街的阅微草堂现在被称为"纪晓岚纪念馆"②。

八　结束语

最后以金正喜（号阮堂、秋史，1786—1856）结束此论文。关于大名鼎鼎的他，应提及的事情太多了，在此只能介绍几个事例。

其一，1809 年随着当上燕行副使的父亲鲁敬到了北京，与阮元和翁方纲等人交流，回国时这些人送给他《赠秋史东归诗》。送别场景的画面上可以看到阮元和李鼎元（1750—1805，李调元之弟）的身影。③

其二，关于北京之事，金正喜有如下记述，"臞仙名永忠，一字

---

① （清）纪昀：《滦阳消夏录》卷二，弘扬图书有限公司 2006 年版。

② ［日］仓泽进、李国庆：《北京：皇都的历史和空间》，中公新书 1999 年版，第 156—157 页

③ ［朝］金正喜：《燕行、通往世界之路》，朝鲜实学博物馆 2010 年版。

渠仙，又字良辅，贝勒弘明子，辅国将军，有《延芬堂集》。嵩山名永奎心，康亲王崇安子。樗仙名书诚，字实之，又字子玉，奉国将军，有《静虚堂集》。素菊道人名永璥，字文玉，又字益斋，辅国公弘晋子，有《清训堂集》"。金正喜把目光集中在中国东北地域的诗人画家的身上，而且还记述到："四人者诗画俱绝胜……陆飞、严诚为至交。陆、严皆江南高士，不曾妄交一人。而至于此四人，与之结契。则四人皆可知也。"① 很遗憾，洪大容和朴齐家都没有注意到这一点，正喜觉得很可惜。

其三，在《阮堂先生全集》卷九"仿怀人诗体，历叙奋闻，转寄和舶。大阪浪华间诸名胜，当有知之者。十首"中，既提到了"伊物之书"和古贺精里（1750—1817）、篠本竹堂（1743—1809）、三宅橘园（1767—1819），也言及了木村蒹葭堂的"篆法"，这证明了正喜也通过通信使得到了日本信息。这样的没有偏见的观察才是学艺共和国存在的条件。② 送别图里诗人和画家的互动合作被美好地形象化，正是因为如此，才充分证实了学艺共和国的存在，并承认与《蒹葭堂集图》的气氛有相通之处，这也许是心理作用吧。

---

① 《与权彝斋》卷十五，《阮堂先生全集》卷三。
② 参照拙稿「金正喜の肖像」（『金城学院大学論集』、人文科学编第 12 卷第 1 号、2015 年）以及「通信使行から学芸の共和国へ」（染谷智幸・崔官编『日本近世文学と朝鲜』、勉誠、2013 年）、「文人研究から学芸の共和国へ」（『二松学舍大学人文論叢』、第 93 卷、2014 年）。

十七世纪至十八世纪图像中
所见的"昆仑奴"*
——中日知见的异同

张小钢 著 韩 丹 译**

　　"昆仑奴"是在中国和日本广为人知的一个话题，也是笔者研究的中国和日本的话题之一。

　　根据中国史料，"昆仑奴"有多种称呼，"鬼奴""黑鬼""黑奴""黑鬼子""乌鬼""黑厮""黑小厮"等，这些称呼大多离不开一个"黑"字，显示了古代中国人对"昆仑奴"身体特征的一般认知。"昆仑奴"的特点是，能飞走于高耸摇曳的桅杆之间，能潜入水中数日，有忠诚心，力大无比。这些特点又成为历代中国人乐于接纳、役使"昆仑奴"的原因。

　　由于"昆仑奴"所生活的地域广阔，民族复杂，国家众多，确定其身份并非易事。例如，就"昆仑"的含义和范围而言，有山川的意思，有岛屿的意思，有国家的意思，还有民族的意思。为了界定其含义，仅依靠中国的史料是不够的。还需要综合其他民族和国家的史料，才能做出较为客观的判断。欧洲的学者们发挥精通多种语言的长

　　* 谢辞：承蒙日本插图画家阿隅公美子女士的好意，摹写图像四幅，在此谨表感谢。此外，阿隅女士现在癌症治疗中，祝她早日恢复健康。
　　** 张小钢，金城学院大学教授。韩丹，名古屋大学经济学院附属国际经济政策研究中心研究员。

处，在这方面作出了重大贡献。其中，法国的费瑯（G. Ferrand）是一个具有代表性的先哲。

费瑯在其名著《昆仑及南海古代航行考》里，列举了四十二种汉语的史料，对南海的"昆仑"范围描绘出如下轮廓。

（甲）恒河及马来群岛数岛。

（乙）Pulaw Kundur 岛，即吾人地图之昆仑山（Poulo Condore，今昆杜尔岛）。

（丙）茶陵（Tourane）东南之占笔罗或占不牢岛（Culao Cham，今译劬劳占岛）。

（丁）占波、真腊、缅甸、马来半岛（顿逊及羁羁）、苏门答剌、爪哇等地之昆仑国。

（戊）南诏附近之昆仑国。

（己）广西之昆仑关。

（庚）斐洲东岸及马达加斯加岛。①

此外，费瑯又列举出十二种阿拉伯语和波斯语的史料，论述了从亚洲高原到马达加斯加岛的民族迁徙。费瑯所描述的轮廓线，可以说是"昆仑"以及"昆仑奴"研究的基础，对后世的学者来说是一个坐标性的存在。"昆仑"将会被学者们继续探求，在费氏研究成果的基础上，"昆仑奴"的具体形象的研究也会变得容易一些。

迄今为止，在诸多的研究中，"昆仑奴"的具体形象也越来越清晰起来。例如，"昆仑奴"的身体特征有"黑色""鬈发"在诸多史料中屡屡言及，几乎成为定论。例如，唐代的义净为求佛法，巡礼印度和南海诸国二十多年，在他所撰写的《南海寄归内法传》的"昆仑国"条中，记录了他的见闻如下：

---

① ［法］费瑯（G. Ferrand）：《昆仑及南海古代航行考》，冯承钧译，上海古籍出版社2014年版，第30页。

诸国周围，或可百里，或可百驿。大海虽难计里，商舶惯者准知。良为掘伦，初至广交，遂使揔唤昆仑焉。唯此昆仑头卷体黑。自余诸国，与神州不殊。[1]

此外，在后晋刘昫的《旧唐书》中有如下记述：

自林邑以南，皆卷发黑身，通号为"昆仑"。[2]

这些记述对后世的人们对"昆仑奴"的认识有着极大的影响，而近年中日的学者们对佛像以及墓葬中的陶俑"昆仑奴"的研究也成为黑人卷发的佐证。为此，"昆仑奴"即黑人这一点不可动摇。其中，张星烺的结论最为明确：

昆仑奴为非洲黑人，即已考定，毫无疑义。[3]

张氏把马来半岛和南海诸岛摒除在外，只承认非洲大陆之黑人。此论虽有偏颇之嫌，亦不失一家之言。不过，"昆仑奴"是否全然黑人，还有探讨的余地。笔者在此从图像的视点，作一个简要的考察。

一　关于"昆仑层期国"

（一）中国类书里的"昆仑层期国"
关于"昆仑层期国"，诸家见解纷纭。杨武泉在《岭外代答》中，

---

[1] （唐）义净著，王邦维校注：《南海寄归内法传校注》卷一，中华书局1995年版，第17页。

[2] （后晋）刘昫：《旧唐书》卷一九七，中华书局1975年版，第5270页。

[3] 张星烺：《昆仑与昆仑奴考》，《中西交通史料汇编》第二册，中华书局2003年版，第580页。

对比冯承钧和张星烺的解释，作如下注：

> 《诸蕃志》同国条冯（承钧）注，谓昆仑为 Komr 之对音，层期为 Zangi 之译名。昆仑层期指马达加斯加岛。张星烺谓层期为桑给（Zinj）之译音，即桑给巴尔（Zanzibar）"'桑给巴尔'之原意为'黑人国'，故层期国前所冠昆仑二字，必黑之意"，又谓阿拉伯人称东非洲大陆为桑给巴尔。近代欧洲人始将桑给巴尔之名，仅施于一小岛。因推定昆仑层期国在竹布河以南，德耳加多角以北之地（按，即今肯尼亚、坦桑尼亚二国）。二说相较，后说近是。①

而张星烺列举科斯马斯的《基督教诸国风土记》和马可波罗的《马可波罗游记》，作如下分析：

> 僧祇及层期国皆科斯麻士《基督教诸国风土记》中之青几（Zinj），今代汉文地理书及地图，有译作桑西巴者，又有作桑给巴尔者。皆 Zanzibar 之译音也。《马可孛罗游记》卷三第三十四章作 Zanghibar，其意犹云黑人国（The Region of the Blacks）也。阿拉伯人称东非大陆，自克力满栖河（Kilimanchi River，即竹步河 Jubb）迤南，以至赤道南十一度余之德耳加多岛（Cape Delgado）一带，皆为桑给巴尔。阿尔肥达（Abulfeda）谓青几王驻蒙巴萨（Mombasa）。近代欧洲人则将桑给巴尔之名，仅施于一小岛矣。②

又李季平综合各家学说，指出"层期"有多种名称，"昆仑层期

---

① （宋）周去非著，杨武泉校注：《岭外代答校注》，中华书局 1999 年版，第 113—114 页。
② 张星烺：《昆仑与昆仑奴考》，《中西交通史料汇编》第二册，中华书局 2003 年版，第580 页。

国"是马达加斯加岛之桑给巴尔无疑：

> 昆仑层期则是马达加斯加岛的僧祇（Zangi）地方。而中国古代文献中的"层期"与"僧祇"乃是 Zangi 的同名异译，并非两地。有时又译作"僧者""青几""桑西""桑给"的，实即今之桑给巴尔（Zanzibar）。①

有关"昆仑层期国"的图像，就笔者所知，较早的图像似为明万历二十五年（1597）刊行的《五车拔锦》。此图像（表 1·图 1）的上方有"昆仑层期国"的文字，下方有此国人正要递给黑人什么东西，而黑人正要两手接过来。二人的头上有只大鸟，正在盯着下方。图像的下方有这样一段文字说明：

> 在西南海上，接海岛，有大鹏，飞则蔽日，能食骆驼。昔有人拾其羽毛，截管可作水桶。有野人，身如黑漆。国人布食诱捉，卖与蕃商作奴。②

此段文字应源自宋代赵汝适的《诸蕃志》：

> 昆仑层期国，在西南海上，连接大海岛，常有大鹏，飞则蔽日移晷，有野骆驼，大鹏遇则吞之。或拾鹏翅，截其管可作水桶。土产大象牙、犀角。西有海岛，多野人，身如黑漆，虬发。诱以食而擒之，转卖与大食国为奴，获价甚厚。托以管钥，谓其无亲属之恋也。③

---

① 李季平：《唐代昆仑奴考》，《文史》第十六辑，中华书局 1982 年版，第 110 页。
② 《五车拔锦》卷四，汲古书院影印本，平成十一年（1999）版，第 206—207 页。
③ （宋）赵汝适：《诸蕃志》卷上，《中外交通史籍丛刊》，中华书局 2000 年版，第 127 页。

由此可见，《五车拔锦》的说明是对《诸蕃志》的文字做了一些文字的压缩编辑而成。例如，将"连接大海岛"压缩为"接海岛"，此外，将"土产大象牙、犀角。西有海岛"的内容省略掉。不过，将"西有海岛"省略的结果，是给人以昆仑层期国的人和野人在同一海岛生活的印象。

《五车拔锦》刊行两年后，万历二十七年（1599）刊行的类书《三台万用正宗》中的"昆仑层期国"条（表1·图2）的下方有一段说明文字。这段说明文字与《五车拔锦》完全相同。可以认为这是由《五车拔锦》借用而来。不过，说明文字的下方的图像只画了昆仑层期国的人，而没有描写黑人。其理由大概是基于《诸蕃志》文字的说明，即黑人生活在昆仑层期国西边的岛屿的缘故吧。

万历三十七年（1609）刊行的类书《万用正宗不求人》中的"昆仑层期国"条（表1·图3）的说明文字和图像几乎和《五车拔锦》一样，唯一不同的是在构图上说明文字配置在图像的旁边。

与《万用正宗不求人》同年刊行的另一本类书《三才图会》中的"昆仑层斯国"条（表1·图4），大概是"昆仑层期国"之误。其说明文字仍然是由《五车拔锦》借用而来。图像则与《三台万用正宗》一样，只描写了昆仑层期国的一个人。只是多少参照《三台万用正宗》做了一些加工。此图其后收在陈梦雷等编纂的《古今图书集成·边裔典》〔康熙四十年（1701）至雍正六年（1728）〕里。

万历四十年（1612）刊行的《妙锦万宝全书》"昆仑层期国"条（表1·图5）的下方，说明文字和图像与《五车拔锦》《万用正宗不求人》基本相同。

刊行年代不详的《五车万宝全书》"昆仑层期国"条（表1·图6）的下方的说明文字和图像与《五车拔锦》《万用正宗不求人》《妙锦万宝全书》也基本相同。故可推测此书亦是万历年间所刊。

表1　　　　　　　　　　　中国有关昆仑层期国图像

图像	图中文字
图1　昆仑层期国（编者不详，《五车拔锦》卷四，建阳郑云斋刊行，东京大学东洋文化研究所藏，《中国日用类书集成》卷二，汲古书院影印本1998年版，第206—207页。）	
	在西南海上，接海岛，有大鹏，飞则蔽日，能食骆驼。昔有人拾其羽（毛，截管可作水桶。有野人，身如黑漆。国人布食诱捉，卖与蕃商作奴。）
图2　昆仑层期国〔（明）余象斗：《三台万用正宗》卷五，双林堂刊行，东京大学东洋文化研究所藏，《中国日用类书集成》卷五，汲古书院影印本2000年版，第199页。〕	
	在西南海上，接海岛。有大鹏，飞则蔽日，能食骆驼。昔有人拾其羽毛，截管作水桶。有野人，身如黑漆，拳籙（发）。国人布食诱投，卖与蕃商作奴。

续表

图像	图中文字
图 3 昆仑层期国〔（明）龙阳子：《万用正宗不求人》卷十三，潭阳余分台刊行，京都阳明文库所藏，《中国日用类书集成》卷十一，汲古书院影印本 2003 年版，第 500 页。〕	
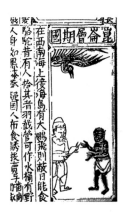	在西南海上，接海岛。有大鹏，飞则蔽日，能食骆驼。昔有人拾其翥，截管可作水桶。有野人，身如黑漆，拳疑（发）。国人布食诱投，卖与蕃商作奴。
图 4 昆仑层斯国〔（明）王圻、王思义：《三才图会》人物卷十四，上海图书馆藏，上海古籍出版社影印本 1988 年版，第 858 页。〕	
	在西南海上，有大鹏，飞则蔽日，能食骆驼。拾其翥，截管可作水桶。有野人，身如黑漆，□□。国人布食诱之，卖与番商作奴。

续表

图像	图中文字

图 5　昆仑层期国（编纂者不详，《妙锦万宝全书》卷四，潭城刘双松安正堂刊行，京都建仁寺两足院藏，《中国日用类书集成》卷十四，汲古书院影印本 2004 年版，第 228 页。）

	在西南海上，接海岛。有大鹏，飞则蔽日，能食骆驼。昔有人拾其翥，截管可作水桶。有野人，身如黑漆，拳篷（发）。国人布食诱投，卖与番商作奴。

图 6　昆仑层期国［（明）徐笔洞：《五车万宝全书》卷四，建阳存仁堂、树德堂刊行，宫内厅书陵部藏，《中国日用类书集成》卷九，汲古书院影印本 2001 年版，第 140 页。］

	其国在西南海上，接海岛。有大鹏，飞则蔽日，能食骆驼。昔有人拾得羽毛，截管可作水桶。有野人，身如黑漆，拳篷（发）。国人布食诱投，卖与番商。

我们从表1中图像可以看到，《三台万用正宗》和《三才图会》与其他四种有所不同，没有画出黑人。这种图像构成的不同，也许是因为说明文字被编辑压缩而造成的不同理解。

（二）日本类书里的"昆仑层期国"

在日本，与中国有关系的类书有《训蒙图会》（1666年）、《和汉三才图会》（1713年）以及《唐土训蒙图会》（1719年），"昆仑层期国"的图像见表2。

表2　　　　　　　　　　**日本有关昆仑层期国图像**

图像	图中文字
图1　昆仑（［日］中村惕斋：《训蒙图会》卷四，山形屋刊行，日本国立公文馆内阁文库藏，早稻田大学出版部影印本1975年版，第82页。）	
	今按：俗云"黑坊"（发音 kurobou），昆仑奴也。与鬼奴同。
图2　昆仑层斯［寺岛良安《和漢三才图会》、卷十四、杏林堂藏版、岡田三郎右衛門等刊行、東京美術影印本、昭和45年（1970）、231頁。］	
	《三才图会》云：昆仑层斯国在西南海上，有大鹏，飞则蔽日，能食骆驼。拾其翮，截管可作水桶。有野人，身如黑漆，国人布食诱之，卖与番商作奴。 △按，今亦阿兰陀（荷兰）舩（同"船"）中所乘来人，有身如黑漆者，俗呼曰"黑坊"（笔者注：发音 kuronbou）。其身轻捷，能走于檣上。盖"久吕牟"（笔者注："久吕牟"即黑坊的"黑"字的发音 kuron）者，"昆仑"之唐音也。"坊"（笔者注：发音 bou）者，即无发人之通称也。 晏陀蛮人，亦正黑如漆，与此人品相似，不知一类乎否？

续表

图像	图中文字
图3　层斯期国（［日］平住专安撰，［日］橘守国绘：《唐土训蒙图会》卷五，宝文堂刊行，笔者藏。）	
	在西南海上，野人身黑如漆，番商以为奴，甚忠诚。

注：图中文字均为笔者所译。

宽文六年（1666 年）刊行的《训蒙图会》中没有"昆仑层期国"条。不过，有"昆仑"条（表2·图1）。其中的文字说明是："昆仑：今按俗云'黑坊'，即昆仑奴也。与'鬼奴'同。"鬼奴即昆仑奴。北宋的朱彧撰《萍洲可谈》卷二有如下记载：

> 广中富人，多蓄鬼奴，绝有力，可负数百斤。言语嗜欲不通，性淳不逃徙，亦谓之野人。
> 色黑如墨，唇红白，发卷而黄。①

对此，方豪作如下解释：

> 我国人多以鬼为黑色，故又称黑人为鬼奴。②

① （宋）朱彧：《萍洲可谈》卷二，上海师范大学古籍整理所，《全宋笔记》第二编六，大象出版社 2006 年版，第 159 页。
② 方豪：《中西交通史》上册第九章，中国文化大学出版部 1983 年版，第 299 页。

在江户时代，昆仑奴一般被称为"黑坊"。图像中描写一黑人，腰缠一块白布。与《五车拔锦》《万用正宗不求人》《五车万宝全书》相比，身体的动作略有不同，但表现技法是基本相同的。

正德三年（1713）刊行的《和汉三才图会》里有"昆仑层斯国"（表 2·图 2）条。《和汉三才图会》是以《三才图会》为文本绘制而成的。其中，连"昆仑层斯国"中"斯"的误字都一起继承。说明文字有"《三才图会》云……"，明确引用《三才图会》文字。有趣的是，编者寺岛良安并没有简单地停留在引用上。他进一步作了如下"按语"，表述了自己对"黑坊"（昆仑奴）的理解：

> 按，今荷兰船中所乘来人有身如黑漆者，俗呼"黑坊"（笔者注：发音 kuronbou）。其身轻捷，能飞走于墙上。盖"久吕牟"（笔者注："久吕牟"即黑坊的"黑"字的发音 kuron）者，"昆仑"之唐音也。"坊"（笔者注：发音 bou）者即无发人之通称也。
>
> 晏陀蛮人亦正是黑如漆，与此人之品相相似，不知是否一类乎？（笔者译）①

在这里，寺岛介绍了他在日本见到的黑坊，即作为荷兰船的船员来日的黑坊，这些黑坊印证了他对昆仑奴的认识。寺岛认为黑坊有两个特点：其一是身如黑漆；其二是无发。这与一般"昆仑奴鬈发"的认识有所不同。此外，晏陀蛮人亦身如黑漆，或是同类的认识，显示出"身如黑漆"是当时日本人判断昆仑奴的一个标准。这从"黑坊"这一称呼亦可得知。

---

① 寺岛良安『和漢三才図会』、卷十四、東京美術、昭和 45 年（1970）、第 231 頁。

关于"晏陀蛮"，《三才图会》里有如下说明：

> 晏陀蛮，……人身如黑漆，号"山蛮"，能食人。①

然而，《三才图会》里并没有称作"山蛮"的黑人图像。反而是先前刊行的《三台万用正宗》以及与《三台图会》同年刊行的《万用正宗不求人》，还有稍晚些时候刊行的《妙锦万宝全书》里有黑人的图像（表3·图1、2、4）。

《和汉三才图会》的说明文字蹈袭了《三才图会》的内容，图像（表3·图5）亦参考《三才图会》绘制，亦受《三台万用正宗》和《万用正宗不求人》的影响。此外，附加有"自日本凡八千余里"的文字说明。可以推测，此一知识或许由来日的荷兰船员所得。

享保四年（1719）刊行的《唐土训蒙图会》里有"层斯期国"（表2·图3）条。《唐土训蒙图会》的著者也许没有搞清楚"昆仑层期国"的"期"，还是"昆仑层斯国"的"斯"，于是干脆就将二者合在一起，去掉"昆仑"二字，称作"层斯期国"。大概是《三才图会》与其他类书的说法不一而引起的混乱。不过，从其说明文字可以断定"层斯期国"就是"昆仑层期国"。"层斯期国"与其他中日两国类书中的图像不同，描绘了两个黑人。这是参考了另外的图像绘制而成的。例如，人物面部的轮廓和鬓发等特征与《三才图会》的"印度丹人"极为相似。从两个黑人的描写中，可以看出昆仑层期国的人都是黑人这一认识。这一变化在《和汉三才图会》中还没有看到。

《唐土训蒙图会》里"晏陀蛮国"（表3·图6）的图像与《三台万用正宗》等图像有所不同，也许是参考《三才图会》绘制而成。

---

① （明）王圻、王思义：《三才图会》人物卷十二，上海古籍出版社1988年版，第832页。

表3　　　　　　　　　　　　　中日有关晏陀蛮国图像

图像	图中文字
图1　晏陀蛮国〔（明）余象斗：《三台万用正宗》卷五，三台馆刊行，东京大学东洋文化研究所藏，《中国日用类书集成》卷五，汲古书院影印本2000年版，第208页。〕	

自蓝无里国去细兰国，不顺风飘至一两国，地名晏陀蛮。能贪生人，黑身。

图2　晏陀蛮国〔（明）龙阳子：《万用正宗不求人》卷十三，潭阳余分台刊行，京都阳明文库藏，《中国日用类书集成》卷十一，汲古书院影印本2003年版，第525页。〕

自蓝无里国去细兰国，如风不顺飘至一两国，地名晏陀蛮。□贪生人，黑身。

续表

图像	图中文字

图3　晏陀蛮国［（明）王圻、王思义：《三才图会》人物卷十二，上海图书馆藏，上海古籍出版社影印本 1988 年版，第 832 页。］

晏陀蛮国自兰无里国顺风而去，其国周围七千里，人身如黑漆，号山蛮，能食生人。船人不敢近岸。地无铁，唯磨蚌壳为刃。其国有一圣迹，用浑金作床，承一死人，经代不朽。常有巨蛇卫护，其蛇毛长二尺，人不敢近。有一井，一年两次水溢流入海，所过沙石经浸尽成金。

图4　晏陀蛮国（编纂者不详，《妙锦万宝全书》卷四，潭城刘双松安正堂刊行，京都建仁寺两足院藏，《中国日用类书集成》卷十四，汲古书院影印本 2004 年版，第 260 页。）

去细兰国，如风不顺飘至一两国，地名晏陀蛮。能食生人，黑身。

续表

图像	图中文字
图5 晏陀蛮［寺島良安《和漢三才図会》、第14卷、杏林堂蔵版、岡田三郎右衛門等刊行、東京美術影印本、昭和45年（1970）版、230頁。］	
	自日本凡八千余里
图6 晏陀蛮国（［日］平住专安撰，［日］橘守国绘：《唐土训蒙图会》卷五，宝文堂刊行，笔者藏。）	
	此国，人身黑如漆，号山蛮，常食人。故舩（船）人不敢近岸。

注：图中文字均为笔者所译。

二 关于"咬留吧"

　　关于"咬留吧"，明代张燮撰《东西洋考》卷三的"下港"条附有一小字"珈瑠吧"，说明咬留吧就是加留巴。日语里的"加留巴"

（有王字边）与"咬留吧"的发音一样，由此可知"珈瑠玼"就是"咬留吧"。"下港"条有如下一段记述：

> 下港一名"顺塔"，唐称"阇婆"，在南海中也。一名"诃陵"，亦曰"社婆"，元称"爪哇"。《一统志》又名"蒲家龙"。……珈瑠玼，下港属国也。半日程可到，风土尽相类云。①

显示了"咬留吧"是"爪哇"的属国这一认识，此外清代顾祖禹撰《读史方舆纪要》"沙漠海夷图"有如下一段文字：

> 爪哇一名"交留巴"，今名"葛罗巴"。②

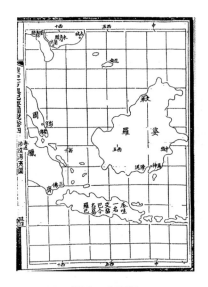

图1　交留巴

资料来源：（清）顾祖禹：《读史方舆纪要》图说卷四"沙漠海夷图"，中华书局2005年版，第6255页。

---

① （明）张燮撰，谢方点校：《东西洋考校注》卷三，中华书局2000年版，第41页。
② （清）顾祖禹：《读史方舆纪要》卷十三，中华书局2005年版，第9255页。

关于"咬留吧"人的身体特征，在明代的史料里还没有见到。但明代黄省曾撰《西洋朝贡典录》有关于爪哇人的记述：

> 土人形貌丑黑，猱头跣足。①

由此可以类推"咬留吧"人的皮肤是黑色的。另外，清代傅恒等撰《皇清职贡图》中有"咖喇吧国夷人·夷妇"（表4·图1）的图像。在图像中有如下说明：

> 咖喇叭，本爪哇故地，为荷兰兼并，华人之贸易者，多流聚于此。性工巧，饶谋虑，室宇壮丽，器具精致。夷人花帛缠头，短衣束腰，绕布幅为裙，跣足，手持木棒，有爵者镌字于上以为别。夷妇垂髻，施簪珥，以花布缠上体，短衣长裙，露胸，跣足，善裁制缝纫，性嗜啖果。②

在此，"咖喇叭"即与前面所述"加留巴""交留巴""葛留巴"同样，所指同一地方。不过，"咖喇叭"人虽是跣足，但并无皮肤漆黑的描述。耐人寻味的是，《皇清职贡图》中没有"爪哇"条。"咖喇叭"不是"爪哇的属国"，而变为"爪哇的故地"。可以窥见，当时荷兰和葡萄牙已经相继占领爪哇，"咖喇叭"开始取代爪哇朝贡中国。

另外，清代谢遂绘制的《职贡图》里也有"咖喇叭国夷人"（表4·图2）。其中的说明文字与《皇清职贡图》完全相同。乾隆十六年（1751）大学士傅恒拜受皇帝钦命，开始绘制《皇清职贡图》，乾隆二十六年（1761）完成。谢遂的《职贡图》里有乾隆皇帝（1735—1796年在位）的"识语"。"识语"中提到绘制《朝贡图》的初衷，即乾隆二十八年（1763）爱乌罕遣使朝贡，乾隆皇帝遂以此为契机，

---

① （明）黄省曾撰，谢方点校：《西洋朝贡典录校注》卷上，中华书局2000年版，第24页。
② （清）傅恒等：《皇清职贡图》卷一，广陵书社2008年版，第79页。

命臣下绘制了此图云云。谢遂拜命后，以《皇清职贡图》为底本，绘制成彩图。从这些图来看，"咖喇叭"人也不是黑人。

表4　　　　　　　　　　　中国有关咖喇叭国人图像

图像	图中文字

图1　加喇吧国夷人、咖喇吧国夷妇［（清）傅恒等：《皇清职贡图》卷一，四库全书刊本，广陵书社 2008 年版，第 78 页。］

（咖喇叭，本爪哇故地，为荷兰兼并。华人之贸易者多流聚于此。性工巧，饶谋虑，室宇壮丽，器具精致。夷人花帛缠头，短衣束腰，绕布幅为裙。跣足，手持木棒，有爵者，镌字于上以为别。夷妇垂髻，施簪珥，以花布缠上体，短衣长裙，露胸跣足，善裁制缝纫。性嗜啖果。）

图2　加喇叭国夷人［（清）谢遂绘：《职贡图》，职贡图特展图录《四方来朝》所收，台北故宫博物院 2019 年版，第 162 页。原图彩色，［日］阿隅公美子摹写。］

（咖喇叭，本爪哇故地，为荷兰兼并。华人之贸易者多流聚于此。性工巧，饶谋虑，室宇壮丽，器具精致。夷人花帛缠头，短衣束腰，绕布幅为裙。跣足，手持木棒，有爵者，镌字于上以为别。夷妇垂髻，施簪珥，以花布缠上体，短衣长裙，露胸跣足，善裁制缝纫。性嗜啖果。）

虽然《三才图会》中没有"咬留吧"条，但日本的《和汉三才图会》卷十四中有"咬噹吧"（表5·图1）条的图像和说明文字。其说明如下：

爪哇国之内。至日本三千四百里许。

相传咬嚼吧中古以来阿兰陀（笔者注：荷兰）人劫夺之，筑城郭，置守护，人名曰"世祢罗留"，以为诸国通商津凑。盖当国中华正南海中也。非天竺地，亦非中华地。各别之大岛也。

凡中华日本，地去北极，六七十度之交，当黄道之北，故四时全备。如爪哇咬嚼吧国，则去北极百度。当赤道之南，故四时不备，当甚热。冬月愈馨，而五六月却凉。其民如暹罗人，而裸形，最野鄙也。但言词与暹罗不同耳。近牟与阿兰陀婚姻，乃建阿兰陀馆舍长居。被官调货物，往来于日本。①

说明文中还详细记载了"咬留吧"的土特产，多达三十六种。这里也没有"咬留吧"人是黑色人种的记载。日本人的这些认识主要来源于荷兰商人来日贸易活动中，传来的有关"咬留吧"的信息。根据这一记载，荷兰人占领咬留吧以后，筑要塞，置守备队还与咬留吧人通婚。由此可以窥见人种融合的一斑。混血人种的肤色也许就不那么黑，或者近于白色。

另外，意大利的传教士艾儒略（Giulios Aleni）在其所撰《职方外记》里写道：

爪哇大小有二，俱在苏门答剌东南，离赤道南十度。海岛各自有主。爪哇大小有二，俱在苏门答剌东南，离赤道南十度。海岛各自有主。②

对此，谢方作注释如下：

大爪哇指今印度尼西亚爪哇（Java）岛东部及中部，小爪哇

---

① 寺岛良安『和漢三才図会』、第 14 卷、東京美術昭和四十五年（1970）版、222 頁。
② ［意］艾儒略（Giulios Aleni）:《职方外纪》，中华书局 2000 年版，第 61 页。

指爪哇岛西部。……十六世纪以后，西方殖民者东来，巽他海峡称为交通要道，一五四五年，葡萄牙人到西爪哇万丹后，西爪哇成为全岛的重心。明末《东西洋考》卷三之下港即万丹，加留巴（有王字边）即今雅加达，均在西爪哇，成为爪哇的政治经济中心，西方人称之为小爪哇。①

也就是说，十六世纪以后荷兰人和葡萄牙人来了以后，爪哇国从清朝的朝贡国名单里消失，取而代之的是荷兰的殖民地"加留吧"，后成为印度尼西亚的首都加尔各答。

表5　　　　　　　　　日本有关咬留吧、阿兰陀及其人图像

图像	说明文字
图1　咬𠺕吧［寺岛良安『和漢三才図会』第14卷、正德3年（1713）、杏林堂蔵板、東京美術影印本、昭和45年（1970）版、222頁。］	

爪哇国之内，至日本三千四百里许。
相传咬𠺕吧，中古以来阿兰陀人劫夺之，筑城郭，置守护，人名曰"世祢罗留"，以为诸国通商津凑。盖当国（中华正南海中也），非天竺地，亦非中华地，各别之大岛也。
凡中华、日本，地去北极，六七十度之交，当黄道之北，故四时全备。如爪哇咬𠺕吧国，则去北极百度，当赤道之南，故四时不备，常甚热。冬月愈暑，而五六月却凉。其民如暹罗（人而裸形，最野鄙也。但言词与暹罗不同耳。近牟与阿兰陀婚姻，乃建阿兰陀馆舍长居。被官调货物，往来于日本。
咬留吧土产
沉香、乳香、没药、朱砂、蜡、石黄、紫檀、血竭、白檀、丁子、燕窝、砂糖、漆、苏方、槟榔、空青、鳖鱼、鹿皮、龙脑、孔雀、栗鼠、蜜、巴旦杏、竹、灵猫、番木鳖、肉豆蔻、食火鸡、藤、豪猪、桂文、席、阿剌吉酒、布良须古、咬留吧缎、黑木棉。)

---

① （清）傅恒等：《皇清职贡图》卷一，广陵书社2008年版，第79页。

续表

图像	说明文字
图 2　阿兰陀人之国［黒田源次『西洋の影響を受けた日本画』、长崎絵、第三图、中外出版株式会社、大正 13 年（1924）版。］	
	かぴたん（kapitein，荷兰语"馆长"之意） くろぼう（kurobou，即日语"黑坊"的发音，"昆仑奴"之意） もどろす（madorous，荷兰语"水夫"之意）
图 3　阿兰陀人·咬留吧黑坊［黒田源次：『西洋の影響を受けた日本画』、长崎絵、第三图、中外出版株式会社、大正 13 年（1924）版。］	
	咬嚼吧黑坊 阿兰陀人（荷兰人）
图 4　无题［黒田源次『西洋の影響を受けた日本画』、长崎絵、第三图、中外出版株式会社、大正 13 年（1924）版。］	

续表

图像	说明文字
图5　阿兰陀人、咬留吧黑坊［黒田源次『西洋の影響を受けた日本画』、長崎絵、第26图、中外出版株式会社、大正13年（1924）版。］	
	咬嚼吧黑坊 阿兰陀人（荷兰人）

注：图中文字均为笔者所译。

在江户时代的长崎绘里，有画题为"阿兰陀人·咬留吧黑坊"（表5·图2—表5·图5）的绘画，"咬留吧"在前面已经介绍过是地名，"黑坊"是日语"昆仑奴"的意思。也就是说，"咬留吧黑坊"是荷兰人从爪哇岛带到日本的昆仑奴。从图像来看，他们是下层的水手或杂役。宝历八年（1758）刊行的《齐谐俗谈》里写道：

> 阿兰陀船中有人，其形漆黑甚轻，能飞走于墙上。俗号称"黑坊"。所谓"久吕牟"是"昆仑"的唐音，"坊"是无发之意。[①]（笔者译）

---

① 大朏東華『齐谐俗談』、第3卷，宝暦八年（1758）、『日本随筆大成』第1期第19卷、吉川弘文館、昭和51年（1976）版、329頁。

由此可见，所谓"黑坊"，原来是"昆仑坊"（发音 Kunronbou），念白了就是日语"黑坊"（发音 Kurobou），日语里称和尚为"坊主"，亦有"光头"之义。由此可知，黑坊是没有头发的。而且，昆仑奴确有不少是黑人，所以用汉字标为"黑坊"。昆仑奴擅长乘船，飞走于帆樯之间。这在史料中多有记载。此段内容与前面所引《和汉三才图会》"昆仑层斯国"的"按，……"云云完全相同。不过，文化四年（1807 年）刊行的《枫轩寓记》里有如下记载：

> 长崎奉行（笔者注：奉行是日本江户时代的地方行政官职）检查荷兰船时，看到过昆仑奴从樯杆顶部落入海中。是时他将两腿紧紧并拢落下。若两腿分开的话，恐怕股间就会撕裂开来。①

可见，在樯杆之间行走是一个极为危险的工作，即使昆仑奴也有失手的时候。

三　来航日本的昆仑奴

实际上，日本人在很早的时候就见到过昆仑奴。杉本直治郎在《东南亚史研究Ⅰ》里这样写道：

> 圣武天皇天平五年（733），唐玄宗开元二十一年（733），遣唐大使多治比（丹犀）随真人广成入唐。判官平群朝臣广成等人事毕之后，于翌年踏上日本归途。由于风浪遇难，漂流至昆仑国，殆九死而得一生后，见到昆仑王。其后他再次入唐，由我国留学生朝衡（阿倍仲麻吕）从中斡旋，取道渤海归国，

---

① 小宫山昌秀『楓軒寓記』、第 2 卷、文化 4 年（1807）序刊本、『日本随筆大成』第 2 期第 19 卷、吉川弘文館昭和 50 年（1975）版、44 頁。文中为笔者所译。

并于天平十一年（739）十一月辛卯（三日）朝拜（天皇）。彼时他的报告作为纪录被保存在《续日本纪》卷十三，故而一千二百余年后的今天，我们还能得以知晓（当时的情形）（第170页）。

平群广成等人漂流到的昆仑国，如果是林邑国，并随后谒见了昆仑王的话，这无疑就是林邑王。其谒见的年月，确实无从知晓，但他们漂流到这个国家的时间是从苏州起帆的天平六年（734）十月以后的事。从那里（林邑国）逃脱的时间是翌年（735）。由此可知，其年月是两者之间无疑。因而，他们所见的昆仑王就是唐玄宗开元二十二—二十三年（734—735）之间，君临这个国家的林邑王（第172页）。

毫无疑问，这个 Vikrantavarman II（建多达摩）正是平群广成等人谒见的昆仑王。但此时的王已属 Gargaaraja 王朝末期（第201页）。

八世纪的前半叶，奈良朝的兴盛期，日本人中也有与印度支那的林邑王朝有过这样的交流。这也显示出奈良时代具有国际性的一个特征（第201页）。[1]

为了确保平群广成等人的安全，唐玄宗命安南都护，将这一宗旨通报给林邑国。关于此事经过，在张九龄所作《敕日本国王书》（请参照《文苑英华》卷四七一）有说明。根据史书记载，林邑国在汉代是象林县，后称作占城，即今天的越南。也许平群广成等人是最早见到昆仑奴的日本人。

而且，在唐代昆仑奴就已经到达日本。平群广成等人漂流林邑国的二十年后，唐代天宝十二年（753）鉴真和尚再次挑战日本之旅。同行的人中有昆仑国的军法力这一人物。《唐大和上东征传》里

---

[1]　杉本直治郎『平群広成らの謁見した崑崙王』、『東南アジア史研究 I』、岩南堂書店、昭和31年（1956）版、170—201頁。文中为笔者译。

记述如下：

> 和上于天宝十二载十月［十］九日戌时，从龙兴寺出，至江头乘船。……相随弟子，扬州白塔寺僧法进、泉州超功寺僧昙静、台州开元寺僧思讬、扬州兴云寺僧义净、衢州灵耀寺僧法载、窦州开元寺僧法成等一十四人，藤州通善寺尼智首等三人，扬州优婆塞潘仙童，胡国人安如宝，<u>昆仑国人军法力</u>，［瞻］波国人善听，计二十四人。①

其后的日本绘卷《东征传》里也描绘出有时出发的情形。对此，小野胜年在《鉴真传及其周边》一文中作了如下解说：

> 鉴真所接触的僧侣，不只有各阶层的中国人，还有日本人、新罗人、瞻波（越南）人、<u>昆仑（印度尼西亚）人</u>、天竺（印度）人、胡国（伊朗）人或波斯人等，具有广泛的国际性。当初一起渡海的僧侣中，如海是新罗人，最后加入的人中，有胡国人安如宝、昆仑人军法力、瞻波人善听。②

也就是说，昆仑奴是印度尼西亚人。然而，在同一书中，小松茂美在《词书释文·唐大和上东征传·鉴真和上三异事》一文里又作了如下说明：

> 相随弟子，扬州白塔寺僧法进、泉州超功寺僧昙静、台州开元寺僧思讬、扬州兴云寺僧义净、衢州灵耀寺僧法载、窦州开元

---

① ［日］真人元开著，汪向荣校注：《唐大和上东征传校注》，《中外交通史籍丛刊》，中华书局 2000 年版，第 85 页。笔者译、下线系笔者所加，后同。
② 小野勝年『鑑真伝とその周辺』，『日本絵巻大成』第 16 卷，中央公論社、昭和 53 年（1978）版、101 頁。

寺僧法成等一十四人，藤州通善寺尼智首等三人，扬州优婆塞（在家的男佛教徒）潘仙童，胡国人安如宝，昆仑国（西藏）人军法力，瞻波国（泰国）人善听，计二十四人。①

即军法力为西藏人。与小野氏的"印度尼西亚"说不同，亦与前述杉本的"越南"说不同。不过，综合诸般史料以及地理形势来看，印度尼西亚似乎更接近实际情形。

此外，还有唐贞元十五年（799）昆仑人乘小舟漂流到日本三河湾海边的记载。林立路在其《立路随笔》写道：

> 恒武帝延历十八年［799］七月，外国人乘小船漂流到三河国海滨。年二十岁，身高一丈五尺五寸，耳长三寸余，以布覆脊，穿裙裤，左肩披蓝布。其形如袈裟。时同行唐人曰，是昆仑人也。然自称天竺人。常弹一弦琴，歌声哀楚也。阅将来物品，有种子，此为棉实也。②

此次来日的昆仑人自称印度（天竺）人。而且，据说他还是将棉实带到日本的人。总而言之，八世纪的日本人已经对印度（天竺）人、印度尼西亚（昆仑）人、越南（瞻波）人、伊朗（波斯）人有了一些接触，某种程度上对昆仑人有一些感性的认识，这一点是毫无疑问的。

近年，彭蕙在《明清时期澳门黑人问题研究》一书中，引述金国平氏的《中葡关系史地考》中的一篇《TCHANG-SI-LAO 其人文海钩稽"海盗说"溯源》，提到中国商人带着黑人奴隶到日本各地，被当

---

① 小松茂美『詞書釈文・唐大和尚東征伝・鑑真和上三異事』、『日本絵卷大成』、第16卷，中央公論社、昭和53年（1978）版、117頁。

② 林立路『立路随筆』第1卷、『日本絵卷大成』第2期第18卷、吉川弘文館、昭和49年（1974）版、113—114頁。

地日本人接收，作为士兵使用。他们充当日本人的向导，将葡萄牙人的大船烧毁云云。① 由此可见，日本人对昆仑奴的知见远远超过我们的想象。

到了江户时代，荷兰商人频繁访问日本，他们带着昆仑奴（黑坊）一起来，昆仑奴不仅充当水手和小厮，还充当调教象和骆驼的御者。日本有名的地方绘画"长崎绘"《阿兰陀人之图》（表6·图1）绘有三个人物："かぴたん〔（kapitein，荷兰语"馆长"之意，即设置在长崎的阿兰陀（荷兰）商馆的馆长〕，他走在前面；他的身后跟着"くろぼう"（"黑坊"的日语发音 kurobou，"昆仑奴"之意）"和"もどろす"（madorous，荷兰语"水夫"之意）。黑坊给馆长打着伞，水夫则捧着酒具侍从在边。

《阿兰陀持骆驼渡来图》（表6·图2）中有"出所是阿拉伯国"的记载。图中有两个昆仑奴，一个骑着骆驼，另一个则牵着骆驼。旁边有一个荷兰人正在指挥他们。骑骆驼的御者穿的衣服和体格与《阿兰陀人之图》中打伞的小厮极为相似。

《阿兰陀船持来牝象乙匹渡图》（表6·图3）和《崑崙奴象を御ながら巻たばこを吸ふ図》② 都记有"文化癸酉年"（文化10年、1813年），系同一船载来。乘象的御者所穿的衣服和体格明显与骑驼者不同，他们缠很大的白布包头，正吸着卷烟。他们的面部显然是阿拉伯人种，阿拉伯人是游牧民族，善于管理家畜。而且，他们信奉伊斯兰教。《阿兰陀船持渡牝象乙匹图》系彩色图像，象和御者的身体都涂有同样颜色的蓝色，这种涂法很稚拙，也许是原画持有者的孩子的涂鸦，不像画工所涂。因此，很难认定哪种是御者的肤色。

---

① 彭蕙：《明清时期澳门黑人问题研究》，中国社会科学出版社 2017 年版，第 104 页。
② 『崑崙奴象を御ながら巻たばこを吸ふ圖』（表6·图4）。——笔者译

表6 长崎版画阿兰陀及其他有关图像

图像	说明文字

图1 阿兰陀人之图（神户市立博物馆精品展图录：《交融之美》，台北故宫博物院 2019 年版，[日] 阿隅公美子摹写。）

阿兰陀，荷兰之意。
かぴたん（kapitein，荷兰语"馆长"之意）；
くろぼう（黑坊，即昆仑奴）；
もどろす（madorous，荷兰语"水夫"之意）。

长崎樱町 针屋（长崎绘的出版商）
（笔者译，原图为彩色，摹写省略文字。）

图2 阿兰陀持骆驼渡来图（神户市立博物馆精品展图录：《交融之美》，台北故宫博物院 2019 年版，[日] 阿隅公美子摹写。）

KAMEEL 荷兰语"骆驼"之意。
阿兰陀人渡海载来骆驼。
横向的牡骆驼，回头看的牝骆驼，所产阿拉伯国。身高九尺，头至尾一丈五尺，腹部至背部四尺八寸，前足至肩部六尺七寸，足部至腹部八寸四分，尾部至心脏部二尺七寸，牝骆驼体型略小，阴茎阴门与体型相比略小，阴囊与牛、马同。
改版时重新绘制，文锦堂再版。
（笔者译，原图为彩色。摹写省略文字。）

图像	图中文字

图3 阿兰陀船持渡牝象乙匹图（神户市立博物馆精品展图录：《交融之美》，台北故宫博物院 2019 年版，[日] 阿隅公美子摹写）

文化癸酉十年（1813）六月二十八日进港。

阿兰陀船载来牝象一头，目测约一千七百斤，身高七尺，头部至尾部长七尺五寸，前足三尺五寸，后足三尺，足掌周长三尺，鼻长五尺余，尾长五尺，五岁，所产锡兰。

饲育方法：米六升余，茅三捆余，甘蔗一百根，蜀黍，糖一斤余，水。若生病，酒一升五合兑水，早晚饮用。

（原图为彩色，摹写省略文字。）

图4 昆仑奴边御象边吸卷烟图、文化 12 年（1815）序刊本、『日本随筆大成』、第 2 期第 8 卷、吉川弘文館、昭和 49 年（1974）版、219 頁。]

此为文化癸酉（十年、1813 年）夏天舶来长崎的牝象的绘图。

长崎·荒如元画（笔者注：荒如元是画工的名字）

续表

图像	图中文字

图5　黑肤色年轻昆仑奴图［司馬江漢絵『図画西遊譚』第三卷，金文堂、享和三年（1803）刊行，中外書房、昭和41年（1966）復刻版。］

夏月裸身，冬月如图。

图6　混论图撷取珊瑚图［歌川国芳『国芳雑画集』、芸草堂、平成27年（2015年）版。］

混论图撷取珊瑚图

注：图中文字为笔者所译、注。

此外，还有司马江汉的《画图西游谈》中的《黑肤色年轻昆仑奴图》（『崑崙奴スワルトヨンゴ之圖』）（表6・图5）。关于"スワルトヨンゴ"一词，歌川国芳在《国芳杂画集》中有详细说明：

所谓"スワルトヨンゴ"的"スワルト"是黑色之义，所谓"ヨンゴ"是年轻之义。即南海中的咬留吧、榜葛剌等国的土著人。生活在温暖地带赤道的国度。故而色黑。他们强劲有力，

常吃面包，捕食鱼类。四只腿的动物中只吃牛。此系天竺国一带的日常食品。他们潜入海底像鱼一样自由自在地游泳。行走在水中撷取珊瑚，然后卖与荷兰人，得钱而归。此外，也有被带到西洋诸国的小儿，或被诸蛮国雇用的人。均在船中工作，男的升降船帆等，在桅杆上爬上爬下，比猿猴在树上飞走还要快。正直而老实，若人有所求，即使赴汤蹈火在所不辞。①

《国芳杂画集》中亦有一幅《浑论国撷取珊瑚图》。"浑论"（kunron）在日语里与汉语的"昆仑"（kunlun）发音相近，所借用的汉字不同而已。而此图正是昆仑奴欲入海撷取珊瑚的场面。此图中的昆仑奴明显与前面各图不同，具有非洲黑人脸型的特征。应该说，属于马达加斯加岛或非洲东岸的黑人的可能性很大。

有关"咬留吧"前面已有介绍，"榜葛剌"一条在《明史》里有如下说明：

> 榜葛剌即汉身毒国。东汉曰天竺。其后中天竺贡于梁。南天竺贡于魏。唐亦分五天竺，又名五印度。宋仍名天竺。榜葛剌则东印度也。②

《三才图会》卷十二"东印度国"条，有如下说明：

> 东印度国系西番人，性强犷，好杀伐。以战死为吉利，以善终为不祥。至应天府马行五个月。③

---

① 歌川国芳絵『国芳雑画集』，安政 3 年（1856）、解読は、中山創太の『歌川国芳筆「国芳雑画集」異版本』（『平成 24 年度日本東洋美術史の調査研究報告』、関西大学博物館紀要、第 19 巻）をご参照ください。此段中文为笔者译。

② （清）张廷玉等：《明史》卷三二六，中华书局 1974 年版，第 8446 页。

③ （明）王圻、王思义：《三才图会》人物卷十二，上海古籍出版社 1988 年版，第 830 页。

明初的应天府是南京，即明初的首都。也就是说，那时的"榜葛剌"与中国还有陆路的交通。此外，明代的黄省曾撰《西洋朝贡典录》的"榜葛剌"条中，谢方氏作如下注释：

> 《诸蕃志》作鹏茄罗，《岛夷志略》作鹏加剌，为孟加拉语之对音，伊斯兰时代以后则作 Bangala，包括今孟加拉国即印度西孟加拉一带。①

榜葛剌即指后来从印度独立出来的东巴基斯坦（孟加拉国）以及印度的西孟加拉地区。清代顾祖禹撰《读史方舆纪要》中的一幅《沙漠海夷图》标有"东印度榜葛剌"的字样，②可与《西洋朝贡典录》互为印证。

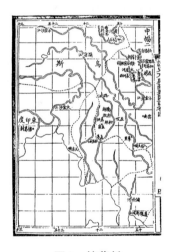

图2 榜葛剌

资料来源：（清）顾祖禹：《读史方舆纪要》图说卷四沙漠海夷图，中华书局 2005 年版，第 6248—6249 页。

---

① （明）黄省曾撰，谢芳点校：《西洋朝贡典录校注》卷中、《中外交通史籍丛刊》，中华书局 2000 年版，第 85 页。
② （清）顾祖禹：《读史方舆纪要》图说卷四，中华书局 2005 年版，第 6248 页。

四 结束语

以上，我们通过中日的"昆仑层期""晏陀蛮""咬留吧""榜葛剌"等图像对"昆仑奴"作了一个简单的考察。其中，有若干文字说明和图像的相异之处。而且，中日之间知见的相异之处也随处可见。由此，可以明确以下几点。

第一，关于"昆仑层期国"，据宋代《诸蕃志》所载，"昆仑层期国"在西南海上的大岛，在大岛的西边还有岛屿，上有野人，体黑如漆，鬈发。昆仑层期国人布食捉之。明代《五车拔锦》等类书根据《诸蕃志》的记述绘制了两个岛屿的人物。一个是大岛（昆仑层期国）的人物，另一个是大岛西边的另外岛屿的黑人。《三才图会》将黑人删除，只绘制了大岛的人物，而那个大岛的人物并不是黑人。此图后被收入《古今图书集成》，只能看到体毛增多的加工痕迹，并不是黑人的图像。仅就本章所引图像而言，明代类书的编纂者们对于"昆仑层期国"的认识限于《诸蕃志》等史料的知识为多，而且，昆仑层期国究竟是指现今西南海上的哪个岛屿没有具体说明。

《和汉三才图会》一方面引用《三才图会》的文字说明；另一方面以《五车拔锦》为文本绘制了图像。寺岛良安进而在注释中加上乘坐荷兰船的黑坊的记载，并举出"晏陀蛮"的旁证。良安指出"晏陀蛮"人的皮肤如黑漆，或是"昆仑层期国"人。其思考方式还是"昆仑奴＝黑人"这一模式。这样的认识在《唐土训蒙图会》中更为明确。这显然是受《三才图会》影响所致。

值得注意的是，"晏陀蛮"在《三才图会》中也有图像，但其图像和文字记载有相异之处。《和汉三才图会》根据《三才图会》的文字记载，将《三才图会》的图像加工成黑人。也许良安也察觉到了《三才图会》里文字和图像的矛盾。

第二，关于"咬留吧"，明代的《东西洋考》里只有"爪哇之属国"这一简单的说明。在清代的《皇清职贡图》才有了较为详细的说明。可以看出，明代的时候，"咬留吧"还很弱小。荷兰人占领西爪哇之后，"咬留吧"的存在感才逐渐增强起来。正因为如此，"咬留吧"才没有被收入《三才图会》中。"咬留吧"（或"加喇叭"）人的图像除出现在《皇清职贡图》，还有以其为底本绘制的彩色《职贡图》，但这些都不是黑人。

"咬留吧"人的图像在日本的长崎绘中也可以看到。那是与荷兰商人在一起的画面。有说明文字如下：

夷人花帛缠头，短衣束腰，绕布为裙，跣足。①

并特别未言及他们的肤色。另一方面，长崎绘中持伞的昆仑奴和乘驼的昆仑奴的图像也不是黑人。这正好成为中国绘画《加喇叭国夷人》的脚注。

第三，关于"榜葛剌"，系指今天的孟加拉国以及印度的西孟加拉地区。这一地区的宗教是伊斯兰教，故而男性头缠白布。《西洋朝贡典录》卷中有如下记载：

其王之衣冠，王之臣衣冠皆回回制。上下皆回回人。婚丧一如其礼。……其男子髡，缠首以白布，服圆领长衫，下围色悦，革履。②

前面所见乘象御者头缠白布的形象明显与乘驼御者的头缠花布不同，属于"榜葛剌"一类。图像中的他们也不是黑人。

有关"昆仑奴"的图像，还散见于其他的中国版画。据笔者所知，明代沈泰编纂的《盛明杂剧》［崇祯二年（1629）刊行］）里有《昆仑奴剑侠成仙》二图，清代任熊绘《侠客传》［咸丰八年（1858）刊行］里有一图，同样清代丁善长撰《历代画像传》［光绪二十二年（1896）刊行］里有一图。但这些图像都是"侠客"的形象，容貌和体格都像中国北方的男子，很难看出像异国的黑人。

---

① （清）傅恒等：《皇清职贡图》卷一，广陵书社 2008 年版，第 79 页。
② （明）黄省曾撰，谢方校注：《西洋朝贡典录校注》卷中，《中外交通史籍丛刊》，中华书局 2000 年版，第 86 页。

被称作"昆仑奴"的人们民族复杂、文化和宗教多样、分布地域广阔，未必都是黑人。八世纪的日本人所接触的昆仑奴有印度人、有孟加拉人、有印度尼西亚人、有越南人、有伊朗（波斯）人等，这些国家的人所生活的地域与前面所举费瑯《昆仑及南海古代航行考》中所描述的"昆仑"的地域范围是相吻合的。另外，费瑯还在《昆仑及南海古代航行考》中的《阿拉伯文及波斯文记载》一文中，列举了阿拉伯人耶德利西（Edrisi）的史料（1154 年），指出 Kamrun（昆仑）和 Lasma 岛人"色白"，其记述如下：

> 国王所属有 Kamrun 及 Lasma 二岛。二岛亦以国王之名自名。岛人色白，女子美丽无比。[①]
> 另外，清代屈大均在《广东新语》卷七里写道：
> 独暹罗、满剌伽诸蕃。以药淬面为黑。犹与古儋耳俗同。予诗"南海多女国，西洋半黑人"，谓此。[②]

也就是说，泰国、马六甲海峡诸国以药淬面为黑，西洋（此处应是指"小西洋"，即南海地域）诸国的一半是黑人。也就意味着一半不是黑人。此外，清代钱以垲在《岭海见闻》卷二里，就林邑国（越南）有如下记述：

> 暑褰薄日，自使人黑。积习成常，以黑为美。[③]

在暑热的自然环境中，人们近于裸身状态，虽然肤色发黑，但与黑人的肤色有所不同。就此唐代房玄龄等撰《晋书》卷九十七里有如

---

① ［法］费琅（G. Ferrand）撰：《昆仑及南海古代航行考》，冯承钧译，上海古籍出版社2014 年版，第 31 页。

② （清）屈大均：《广东新语》卷七，中华书局 1985 年版，第 233—235 页。

③ （清）钱以垲：《岭海见闻》卷二，广东高等教育出版社 1992 年版，第 59 页。

下记述：

> 人皆倮露徒跣，以黑色为美。[①]

"以黑色为美"就说明他们的身体本来不是黑色。毫无疑问，"昆仑奴"也包括日晒和淬药使身体变黑的人们，并不都是像非洲的黑人。因此，必须认识到昆仑奴的这种复杂性和多样性，才能更加全面、客观地说明昆仑奴的实际生态。

---

① （唐）房玄龄等：《晋书》卷九十七，中华书局 1974 年版，第 2545 页。

西鹤的经济小说浮世草子

——以《日本永代藏》和《本朝二十不孝》为例

染谷智幸 著　覃思远 译[*]

在日本，能被称为经济小说的文学作品大概出现在何时呢？那要以活跃于江户时代元禄时期的井原西鹤的浮世草子《日本永代藏》（以下简称《永代藏》）为嚆矢。在此之前并非没有带有教训意味或是有宗教背景的商业、商人传说和故事，但要说以高度的娱乐性成功地描绘出了商业的发展、实施以及阐发了商人们的人生观、教训的，该作品堪称首创。

《永代藏》是日本文学史上具有划时代意义的一部作品，而当我们以广泛的东亚视角去重新审视该作品时，其划时代的意味将会有很大的变化。对于《永代藏》的划时代性，本章不仅从其成立时的东亚的状况出发，还要从现代、今日的视角去重新进行解读，力求丰富，并提示几种新的视角。

一　商人所作、为商人代言的文学

说到东亚的经济、商业及其与之相关的文化、文学，以中国为中心，其有着漫长而多样的历史，此无须多言。这里无法一一加以考

* 染谷智幸，茨城基督教大学文学部教授。覃思远，天津师范大学外国语学院讲师。

察、叙述，先举与西鹤几乎处于同一时代，活跃于中国明清时代的山西省商人（即晋商）为例进行论述。

晋商是否可以称得上是中国最大的一个商人群体不得而知，但毫无疑问，它足以代表中国。这从它与犹太商人、威尼斯商人一起并称为"世界三大商人"这件事上也可以看出。① 在明清时期大约五百年间，晋商不仅活跃于中国，其商业版图更是拓展到了欧洲、东南亚、日本等地，他们从事着棉织品、洋葱、大蒜等一切商品的贸易。但是，晋商没能存活到近代的经济社会中，其原因多种多样，包括同族经营、与官僚阶层存在互惠关系等，但最重要的问题在于，他们没能营造出作为商人的独特文化。这一点任意飞曾论述如下：

> 晋商中的大多数经营者都有保守性，这属于农民阶级的意识，因而无论是在行动基准还是在理论指导上都有所欠缺。在大约 500 年间，没有出现过代表他们的思想家，也没有理论的形成。之所以没有出现像石门心学那样代表日本江户时代町人思想的理论指导者，就是因为晋商一直囿于封建的思想和行动。②

其中所说的日本的"石门心学"，指的是石田梅岩（1684—1744）主导的平民伦理思想，它以城市里的町人阶层为中心，蔓延到了日本全国。这一平民思想当中较为重要的一点是，当时无论是江户时代统治阶级的武士、农民还是商人，他们在身份上都没有人的价值优劣之分，只有职业（作用）上的不同而已。这一想法在江户时代的商人中间相当普遍，西鹤也在《武家义理物语》（1688 年刊）的序文

---

① 任意飞：「中国商業史から見る現代マーケティング体系に関する一考察―明清時代の中国晋商について―」（『高千穂論叢』、52 巻 2 号、2017 年 9 月），53 页。另外，中国陕西旅游局网站主页上也有介绍说晋商是世界三大商人之一，见 http://wlt. shanxi. gov. cn/zxw/jp/sourcefiles/html/sixcurture/5525. shtml，查看时间：2022 年 1 月 1 日。

② 任意飞：「中国商業史から見る現代マーケティング体系に関する一考察―明清時代の中国晋商について―」（『高千穂論叢』、52 巻 2 号、2017 年 9 月）。

中叙述如下：

> 其人间一心，万人无替。插长剑者为武士，戴乌帽子者为神
> 主，着黑衣者为出家人，握锹者为百姓，持手斧者为职人，使算
> 盘者即为商人。（从人心上来说，万民都是一致的。腰别插长剑
> 的就是武士，带乌帽子的就是神社中的神官，握着铁锹的是农
> 民，使用手斧的是工匠，用算盘的就是商人。）

与梅岩不同，西鹤是小说作者，所以他论述得更为具体，但思想
却是一致的。

一直以来都有很多研究指出，中韩两国和日本最大的不同点在于
身份制的强弱。日本的江户时代也有士农工商制度，但其本质上是士
庶，也就是武士和庶民，武士当中除了一部分人之外，和庶民并无太
大区别。尤其是在商人众多的城市（即"城下町"）中，武士反而会
对商人们的生活方式心存向往（见荻生徂徕《政谈》卷一）。科举制
度之所以没有在日本固定下来，便是因为没有建立起像中韩那样以官
僚作为顶点的身份制。在这种状况下，理所当然就会诞生出由商人制
作、为商人代言的文化，西鹤的《永代藏》就是这种趋势、这一时代
的产物。

在近代西欧惊涛骇浪的冲击之下，中国的晋商与其紧密依存着的
官僚阶层一起销声匿迹了。但即便作为统治阶层的武士消失了，日本
的商人还是存活了下来，不仅如此，还实现了更大的发展。其典型代
表便是三井、住友等江户时代的豪商，在进入近代之后的明治时代，
趁着日本政府推行"殖产兴业"政策，一跃成了大型企业。对于三井
家在江户初期实施的新颖的经营方法（薄利多销），西鹤在《永代
藏》（卷一之四"往年赊卖今点现"）中大加赞赏。三井家从江户时
代开始就和统治阶层没有关系，一直是自己创业。也就是说，日本商
人和晋商的不同在于商人是否作为商人实现了自立这一点上。

二 日本经济小说史

如前所述，近代以后发展更为迅猛的日本商人们所营造出来的经济社会导致文学领域出现了各式各样的经济小说。试将从被誉为经济小说第一作的《永代藏》到现代日本的经济小说史的发展绘制成表1。

表1　　　　　　　　日本经济小说史相关年表

世纪	经济小说	代表作	相关经济事件
16			
17	近世小说	《文正草子》	前经济小说期
		《长者教》	近世经济勃兴期
		《日本永代藏》（井原西鹤）	经济小说第一期
18	浮世草子的	《日本新永代藏》（北条团水）	
	町人作品	《商人军配团》（江岛其碛）	近世经济安定期
		《贫富论》《雨月物语》（上田秋成）	
		《莫切自根金生木》（唐来三和）	
19		《贫富道中记》（山东京传）	近代经济勃兴期（殖产兴业政策时期）
		《士农工商心得草》（为永春水）	
	近代小说	《贫福太平记》（洛东间拔庵）	
		《商人立志梅遗薰》（岩田以贞）	
		《大晦日》（樋口一叶）	经济小说第二期
20		《蟹工船》（小林多喜二）	"二战"后经济勃兴期
		《夫妇善哉》（织田作之助）	
	企业小说	《总会屋锦城》（城山三郎）	
		《虚构之城》（高杉良）	经济小说第三期
21		《我们是泡沫时代入行组 半泽直树》《下町火箭》（池井户润）	

注：粗黑线框内展现的是经济小说集中出版的时期。

表 1 中此处省去详细的说明，只想说明的一点是，从西鹤的《永代藏》到池井户润的《下町火箭》，日本创作了各式各样的经济小说，而这些经济小说中有一个始终贯彻的东西，那就是商人们对自己职业的自信和自豪。举《永代藏》来说，如前所述，实行了各种创新的三井家这个大商家就有着这样的自信和自豪，而街头巷尾的零细商家也是如此。比如说，在《永代藏》中记载有这样一个故事：有一对母子从被卸到港口的米袋中捡拾掉落的大米，以此作为本金创业，后来在借贷行业取得了成功（卷一之三"神通丸一帆风顺"）。一开始也有人因母子二人出身卑微而大加刁难，但当二人的店铺做大之后，那些非难他们的人也低声下气地前来借钱。西鹤将此总结为"金银的威势"（金银所拥有的强大威力），那位克服别人的刁难，最终成为杰出的商人的儿子将母亲珍藏的扫落米笤帚（用于将掉落的米扫拢的工具）视为自家的珍宝。这种象征着贫困的工具不仅仅是一般家庭所嫌弃的，甚至是商家也会觉得它会招致贫困，从而对之抱有厌恶感，但儿子却将之作为象征自身归属的物品，用它来清除了人们的偏见。其中有着对家业的自信、自豪和骨气。另外，池井户润的《下町火箭》讲述的是一个关于东京下町（即平民商业区）里的中小企业社员、工人们为了制造火箭发动机零部件克服了种种危机的故事。它讲述的不是关于发射火箭或是制作火箭整体那种宏大的故事，所生产的不过是火箭的一个部件而已，但为之拼命奔波的社员、工人们的热血叫人感动。支撑社员、工人们的就是对自己工作持有的自尊之心。

三 商人的胜利宣言

为什么日本的经济小说中出现了这种关于商人的自觉和自信呢？读完《永代藏》开篇故事即卷一之一中的"初午转来好运气"我们就知道理由了。简要梗概如下：

在泉州水间寺里有一个传统习惯，每年的初午（指阴历二月上旬的午日）这一天，信徒们都会从寺里借走少量的钱，大约5—10文（约1—200日元），第二年再双倍返还。但是有一年一个"年约二十三四、生得体强力壮"的男人借走了一贯文钱（一贯即一千，约2万日元），这可是一笔巨款，寺僧们很后悔把钱借给了他，但这个男人又把这笔钱以同样加倍返还的方式借给了他人，据说跟他借钱的人都走了大运，于是十三年后，这笔钱增值到了8192贯。男人将这一大笔钱捐献给水间寺，寺方大喜，为此建了一座宝塔，这个男人也成了武藏一带有名的大富豪。

从神佛手里借钱，之后双倍返还，这在日本是很盛行的一种风俗，至今在关东的日光山轮王寺、关西兵库县的清荒神清澄寺还有保留。虽说要加倍返还，但因香客数量没有增加，所以就算持续多年，这笔钱也不会增加多少，但在这个故事里，主人公网屋以"这是观音的钱、有灵验"为幌子，吸引了更多的借款人，将钱转借出去，赚到了一倍又一倍的大钱。也就是，将本属于信仰中的"加倍奉还"的理念运用到了现实的金融世界中。日本经济学家岩井克人对这一故事的划时代性予以了高度评价，认为网屋是一个深谙"货币原理"的人。①

笔者所关注的是，正如货币史、贸易史学者小叶田淳②所述，这些寺院在进入江户时代之后都积极地谋求利润增值这一点。在西鹤所写的这个故事中，最初借出一贯文的寺僧们很是后悔，但当得到一大笔钱的时候又大喜过望。也就是说，这个故事写的是一段关于寺院被卷入金融和利润增值的世界的历史。在十六世纪的中世纪之前，在日本，以佛教为代表的宗教世界最为强势，但到了十七世纪的江户时代之后，宗教世界也屈服于经济世界了。《永代藏》开篇的这个故事可谓商人们发出的高昂的胜利宣言。

---

① 岩井克人：「西鶴の大晦日」（『現代思想』、1986年9月临时增刊号）。
② 小葉田淳：「中世における祠堂銭について」、『日本経済史の研究』、思文閣、1978年。

四 商人世界的光与影

但《永代藏》的意思是商人们"永代"珍藏的智慧的"宝藏",所以并非都是像以上所说的那样,接下来写的也都是一些光鲜亮丽的故事。读过之后就知道了,其中也有很多关于破产、破落的故事。上面提到了开篇章节的故事,但紧接着的卷一之二就是"邪风沦落第二代"。其中讲述了一个因偶然捡拾到一个游女的书信而导致他将父亲积累下来的财产挥霍一空,最终破产的男子的故事。另外,卷三之五的"纸绢家业衰败时"中登场的是一个绸缎铺老板忠助,他在破产之后也忘不了曾经的荣华,于是踏上了寻找只要敲响就能让自己成为大富豪的传说中的"无间钟"(自己这辈可以成为富豪,但子孙万代则会堕入地狱),最终让自己陷入了绝境。卷四之四是"饮茶十益一霎空"的主人公小桥利助,他在茶叶中混入残渣销售,一度赚到了大钱,但最后却精神错乱,死状恐怖。利助所留下的财产谁也不敢接受。这些都是在经商的过程中过于贪心、心术不正等导致的下场,这样的故事在《永代藏》中收录了很多,那么,西鹤为什么要这么写呢?

西鹤没有直接论述这么写的理由,但读完《永代藏》之后,我们就能知道在商业当中存在着各种各样的危险,对于这些危险我们必须时常加以注意,如前述卷一之二中扇铺老板的儿子的沦落就是个好例子。西鹤在卷三之一中的"致富奇方煎法妙"中,将美食、淫乱、营造园庭、赏花、博弈等作为危险的事物列举出来,规劝人们避免,而作为商人成功的秘诀,文中举出了早起、家业、守夜、节约、达人等五种情形,主张每天都要对此有所意识。

也就是说,《永代藏》当中交织着商人的光与影,这两方面都具备才能说是"永代"的宝"藏"。

了解到《永代藏》描绘的这个世界之后,我们就能清楚为什么在整个江户时代《永代藏》都那么畅销了。商人们不仅将《永代藏》

作为一部经济小说津津有味地去阅读，还把其中虚虚实实的世界观活用到自己的商业当中了。

五 《本朝二十不孝》的经济视角

如前所示，从《永代藏》开篇章节中分析得出其中的宗教世界被经济世界所占据的样态，尤其举出了佛教的例子。而从这一视角出发去阅读西鹤的作品时，在《永代藏》之前大约一年刊行，同样是西鹤所作的《本朝二十不孝》（1686 年刊，以下简称《二十不孝》）就突然浮现了出来。即这部作品描写的不是佛教，而是儒家被经济原理占据的形态。关于这一点，笔者想论述一下。

该作的序及现代译文如下：

雪中之笋在八百屋。鲤鱼在鱼屋生船之上。世间不祈天性之外，为各家业，以禄调万物尽孝之人，常也。此常人稀有，恶人为多。生生之辈，不知孝道者，难遁天咎。其例见闻诸国，不孝之辈，其罪昭于眼前。以此付梓，当为劝孝之一助。

译文

古时孟宗费尽千辛万苦才从雪中挖掘出的笋，现在我们去蔬菜店就能轻易买到。王详所求的鲤鱼也在鱼铺的生簀中售卖。所以，就算不强行去祈求，各自专注于自家家业，以所获得的利益去买来种种物品、安心尽孝就可以了。这才是人应该做的事。但世上这么做的人很少，反而有很多恶人。所有的生物，都不知孝道，都落入此恶道的话，那就难逃天谴。这种例子我们看看诸国的情形就清楚了，不孝者必遭罚。故此汇集此类不孝的故事出版，为劝人尽孝尽一臂之力。

孟宗和王祥都是中国《二十四孝》中登场的孝顺儿郎。西鹤列举这二人，需要重点关注的是，在这篇序文中，他并没有否定和揶揄孟宗、王祥两人的孝行。西鹤所宣扬的是，在蔬菜店、鱼铺繁盛的商品经济中，最重要的是要让商业取得成功，如果商业成功了，那就不需要像孟宗和王祥那样做勉强的事情，自己就能尽孝了。即与前引的水间寺佛教故事一样，这里的"孝"所代表的儒教世界实际上也被织入有关货币经济的论述当中了。

这类事例（即儒教为货币经济原理侵袭一事）在该作品中被更具体、大张旗鼓地描绘。和《永代藏》一样，我们看看《二十不孝》开篇卷一之一的"当今城市也流行借贷"吧。

六 《二十不孝》卷一之一 "当今城市也流行借贷"的结构

以下用条目形式归纳《二十不孝》的梗概。

1. 叙述作为生计的商业多种多样以及从清水寺西门看到的繁华样貌。从描"弁庆手持七种武器的纸旗"的工匠开始，介绍了各种各样的商业。

2. 介绍"从京中的恶所借钱的男人"长崎屋传九郎。

3. 介绍"无人不知的贵公子"笹六（化名）。他把从父亲那里继承而来的金银都"花在二位年轻女子身上"，最后又盯上了父亲的养老钱，但没能得逞。笹六求传九郎帮忙找肯给他"死一倍"（父母死后就加倍返还）的债主。

4. 债主派手下到笹六家打探，看到他父亲还很精神的样子（在店门前买东西时和人砍价、在刮台风的早上捡拾被吹落的屋顶木板等），判断他不会那么容易就死了，但笹六说，父亲生病了很快就会患上中风，就算命长，自己也还有别的办法，好说歹

431

说定下了借钱的合约。

5. 详述笹六拿到"死一倍"一千两的经过。这笔钱在扣除利息、手续费、酬金等之后，被减到了四百六十五两。又在助兴艺人的簇拥之下前往游郭、剧院等地，被卷走了之前欠下的嫖资、挂账、修理费以及一些记不得什么时候产生的损失费。

6. 因父亲身体健康而忧心忡忡的笹六向多贺大明神祈祷，但此神为寿命神，所以他父亲因此更加长寿。笹六四处找神佛求告，终于导致父亲晕倒过去。笹六大喜过望，给父亲喂毒，结果自己误服了毒药后死去。

7. "现在诸位知道谁是利欲熏心的借贷人了。"

读完之后可知，这部分内容可以分为两个世界来考虑。一是关于元禄时期经济社会背景部分的描写，另一个就是主人公笹六的不孝故事。将关于经济背景的描写记为 A，笹六的不孝故事记为 B，二者的结构和关系如图 1 所示。

图 1　卷一之一的结构

首先，从图 1 中我们可以看到，这是一个 A 包含了 B 的套盒型故事。为了展现这一点，作者没有让作为主人公，原本在一开始就应该出场的笹六出场，而是让长崎屋传九郎首先登场，展示其存在感。其

432

次，西鹤最后的警句并非针对笹六，而是针对传九郎等借钱的债主们发出的，这一点也不容忽视。也就是说，西鹤在这则故事中要突出的其实不是笹六，而是以"死一倍"这一手法将笹六拖进借贷深渊的债主以及这样一种社会状态。那么，这个套盒型故事不仅是故事结构上存在问题，还描述了一个关于笹六的不孝之举是由传九郎等高利贷债主及其中介人的行为所导致的这种社会结构。也就是说，这则故事超越了单纯的不孝故事的层面，反映了元禄时代关西地区经济社会及其结构的问题点［"死一倍"这种高利贷和从事这种业务的社会结构以及恶所（游郭）等从年轻人身上卷走财物的结构］。

不限于开头这一章，探究《二十不孝》中所描述的不孝的发生原因，其中很多都是经济问题。① 这说明《二十不孝》和《永代藏》都是出于相似的问题意识而写就的，同时也说明，元禄时代的日本已经呈现出了这样一种社会结构，即经济处于社会最基础的位置，若离开经济，一切都将无法运转。

七 中国、韩国商人传的可能性

现代人读《永代藏》和《二十不孝》时会发现，其中描述的已经不是以前那种田园牧歌式的、理想的商人世界了，而是活生生的现实世界。这是体现江户时代元禄时期的日本已经进入高度的经济社会的最好的证据。同时笔者也注意到，其中所描绘的世界也能带给现在的我们种种启示。

近年来，法国经济学家托马斯·皮凯蒂《21 世纪资本论》一书中明确指出了资本主义（资本制）的局限性。它曾经被称为"看不

---

① 在全部二十个故事当中，作为不孝的直接发生原因，可列举如下：卷一：高利贷和游郭融资资金；极度贫困；富贵导致的奢侈骄奢；富贵导致的溺爱和艺道。卷二：强盗多发；金钱的魔力；投资海运；遗产继承。卷三：重视女人的时代；赌博横行；一攫千金的美梦；强盗杀人。卷四：利用孝道赚大钱；婆媳对立；天生的坏心眼；武家。卷五：商业不稳定；嗜酒；沉迷相扑；孝行故事。可见，全部二十个故事中有十六个故事涉及经济问题。

见的手"，在市场经济中，个人追求自己的利益，自然就能实现最优的资源配置（亚当·斯密《国富论》等），产生富裕阶层的财富自然地滴落到低收入群体当中这一所谓的"滴落"现象。但是皮凯蒂基于丰富的资料，证明了这些都是纯属幻想。这在我们最近经常提及的环境问题和 SDGs（联合国可持续发展目标）中也适用，总之，了解事物的极限相当重要。

或许在江户时代很难认识到这样的极限，从西鹤描写小桥利助为商不仁从而精神错乱这一情节也能知道，如果脱离了为人之道，那就会发生不好的事情，这是依靠经验就能知道的规律。上文所说的石田梅岩也多次主张为人要正直以及做生意时奉行节约的重要性，为我们鸣响了警钟（《齐家论》）。

私以为，在一边意识到世界的极限性一边不得不开展的 21 世纪的经济活动当中，西鹤所描绘的商人的阴影部分和梅岩所阐述的平民思想很有可能会作为人类律己的重要思想和思考而复活。同时，如果我们把目光转向东亚，那么中国和韩国的商人传或许也会变得重要起来。

中国和韩国的商人做生意时往往基于儒教思想，更重视义而不是利。这种倾向在韩国商人们身上尤为鲜明。最有名的要数崔仁浩《商道》这部小说中刻画的林尚沃（1778—1855）。林尚沃是一个贫苦商人的儿子，生活在位于韩国（朝鲜）和清国国境附近的义州，凭借自己的努力和品德，成为朝鲜王朝时代最大的贸易之王。他留下了最受人高度评价的遗言："财上平如水，人中直思衡"（钱财像水一样平等，人要像秤一样正直），在死之前，他把所有的财产都捐给了社会。[1]

一直以来，林尚沃以及同时代的中国晋商乔致庸（1818—1907）[2]

---

[1] 引自崔仁浩《商道》（青木健介译、2008 年、ランダムハウス講談社）序文。

[2] 林美茂在「中・韓の伝統における商い心の比較―連続テレビドラマ『商道』と『喬家大院』を中心に―」（『文明』21、2009 年 3 月、愛知大学国際コミュニケーション学会）一文中对比论述了林尚沃和乔致庸。

这些更重义而非利的商人在世界上都不太被认可。这是因为，儒学教条的思想与此前一边倒地只顾发展的世界经济不相符。但在资本主义（资本制）走上穷途末路的趋势已日趋明朗的现在，如何制止其过度发展，毫无疑问已经成为世界经济活动的中心课题。那么，林尚沃、乔致庸等中国、韩国的商人传在今天应该受到我们的关注。

八 结语

日本在数年前流行"63·36"这个词，指世界上最有钱的63位富豪的年收入与最穷的36亿人的年收入相等。在2023年的今天，据说这种年收入的差距更大了，不是63人，而是10人左右。不管是多少，这都是令人惊讶的差距。这一点我们不能置之不理，看看发展中国家的粮食问题就清楚了。为了扭转这一差距，需要出现更多像林尚沃这样的人。同时，我们需要审视的是，我们到底从哪里开始走偏的，为了修正方向，继续前行，我们又需要做些什么。为此，东亚和韩日商人的传记、经济小说为我们提供了重要的启示。

大约十年以前，林尚沃的故事被改编为了电视剧，很多日本人都收看过，人气很高。2021年日本拍摄的NHK大河剧《势冲青天》中，日本近代经济之父涩泽荣一成为主人公，广受好评。通过涩泽的著作《论语和算盘》我们可以清楚知道，他是要谋求道德，尤其是中国、韩国盛行的儒教的人道主义观点和经济的统一。这些的背景不正是因为意识到资本主义（资本制）的局限性的日本人在看到未来应有的人类和经济的样态后，对于林尚沃和涩泽荣一的生存方式产生了共鸣吗？

同样地，在日本诞生的《永代藏》等西鹤的经济小说如果被中国和韩国读者读到，也会给当地的人们带去种种启示的。这样一来，或许在日本也会掀起一股重新审视江户时代经济小说的风气。

十八世纪的宇宙论与道德哲学

——东西方多元世界论

长尾伸一 著　韩　丹 译[*]

一　十九世纪日本的天文学入门书与"宇宙人"

推动十九世纪日本近代化进程的代表性思想家福泽谕吉，在其著作活动的早期就出版了几本启蒙相关书籍。这些书解说了各种领域的知识，其中一本科学启蒙书《训蒙穷理图解》（1868 年）阐述了十七世纪"科学革命"之后的新宇宙观。在万有引力支配的空间里，甚至在太阳系之外也存在着许多恒星，这些恒星聚集在一起形成银河，构成了浩瀚的大宇宙。[①]

在此以前的记述与现在面向儿童的科学读物中所写的内容没有什么区别，但这本启蒙书似乎从此以后要偏离了现代的科学解说书。福泽说明恒星和行星之间的区别，数着太阳系的"行星"，断言太阳系以外的恒星也有行星。恒星是和太阳一样的天体，和我们的太阳一样其周围也有行星环绕，地球只不过是众多环绕太阳公转、受其光辉照耀的行星之一。福泽认为人类居住的这个"世界"，从其他行星来看也同样只是颗星星。

---

　　* 长尾伸一，名古屋大学经济学院名誉教授。韩丹，名古屋大学经济学院附属国际经济政策研究中心研究员。

　　① 《训蒙穷理图解》卷三，《福泽谕吉全集》卷二，岩波书店 1959 年版，第 271 页。

且说古人把日轮称为大阳，把星星称为小阳。虽然星星被称为小，但实际上这颗恒星也是一个个日轮，周围环绕有行星，和我们的太阳无异，唯其距离格外遥远，没有给我们这个世界带来多少阳光，也没有带来多少温暖。行星环绕着日轮，古代称为五星，名为木火土金水。西洋人穷致其理，发现越来越多的同类星体，至今已有七八十颗，其中最大的有八个。行星本体不发光，只是受日轮之光闪耀。换言之，如果这个世界也是一个行星，那么从其他行星遥望我之地球，也就是一颗星星。①

福泽阐述的科学所揭示的宇宙是多么的惊奇和宏大，它具有远超人类智慧的巧妙和博大。在超乎人类想象的巨大空间里，闪耀着无数数不清的恒星。

归根结底自然造化的伟大以人之力不可测。稍作正常思维，日轮之高，月轮之远，如前述日轮之外有日轮，数量之多不知有几百万，距离之远也不可预测。测量恒星中最近一颗的距离里数为百万、千万、一亿，一亿再加上 7850 得到的数字，用算盘数位计算的话，要在 15 数位以上。至于银河之高，亿兆之遥，不可测量。论其之洪大，论其之无边，令人望而生却。②

根据万有引力定律，在这些每一颗恒星的周围都有同地球一样的多个行星在公转。在那里到底有多少个"世界"呢？直到二十世纪末，我们才发现太阳系以外的行星。在写此书时的十九世纪中期，人类尚未发现环绕太阳以外恒星的行星，为什么福泽在这个时点就如此

---

① 《训蒙穷理图解》卷三，《福泽谕吉全集》卷二，岩波书店 1959 年版，第 272 页。
② 《训蒙穷理图解》卷三，《福泽谕吉全集》卷二，岩波书店 1959 年版，第 272 页。在日本，1 里＝3.927km。——译者注

确信其存在呢？《训蒙穷理图解》中的记述并不是单纯的科学启蒙，模仿当时欧美的科学启蒙书，[①] 在书中解说了十八世纪流行的"多宇宙论"（plurality of worlds）。

在明治初期的科学概论书中，经常出现充满宇宙的众多恒星系的描写。在《训蒙穷理图解》之卷三之后不久出版的《训蒙天文图解》（1874 年），用与福泽的解说非常相似的表述阐述了天文学的基本原理。人类生活的"世界"是名为地球的太阳系中的行星之一。

　　　　这个世界被称为地球，也是行星之一。[②]

恒星也是太阳，和太阳系一样，行星环绕着其公转。[③] 如果每个行星都和我们所知道的地球这个"世界"一样的话，那里是不是也居住着什么呢？西方天文学家用望远镜观测月球，发现它有陡峭的高山和深邃的山谷[④]。在外国天文学家中也有人说月球上有海，有山有海就会有生物栖居，这样认为也不无道理，但这只是个推测，并没有得到证实。[⑤]

自十七世纪开普勒发表月球表面存在地形和构造物以来，关于月球上存在智慧生命的可能性或一定存在等的讨论盛行起来。在这本书被出版的十九世纪中叶以后，随着对月球观测技术的发展，推测月球上存在生命的可能性变得越来越小了。但这并不能成为否定大宇宙中充满许多像地球一样的"世界"这一信念的理由。太阳系外部的恒星也一定发挥着与太阳相同的作用。

---

① 被认为福泽参考的解说书中有蒯肯波士 G. P. Quackenbos 的解说书《自然哲学》（A Natural Philosophy），在这本书关于天文学解说的第一部分说明了世界的多元多样性。"天文学家所揭示的第一个伟大事实是就是空间被诸世界所充满。"G. P. Quackenbos, A Natural Philosophy, Embracing the Most Recent Discoveries in the Various Branches of Physics, and Exhibiting the Supplication of Scientific Principles in Every-day Life, Appleton Company, New York, 1856, p. 369。

② 《训蒙穷理图解》卷三，《福泽谕吉全集》卷二，岩波书店 1959 年版，第 10 页。

③ 《训蒙穷理图解》卷三，《福泽谕吉全集》卷二，岩波书店 1959 年版，第 10 页。

④ 《训蒙天文图解下》，日本国立国会图书馆 1874 年版，第 3 页。

⑤ 《训蒙天文图解下》，日本国立国会图书馆 1874 年版，第 4 页。

　　恒星即日轮，是光和热的本源，众多行星环绕其周围，为诸
行星提供光和热，犹如我之日轮。①

　　与《训蒙天文图解》同一时期，十八世纪苏格兰重要的物理学家
之一、曾任爱丁堡大学自然哲学教授的彼得·格思里·泰特（Peter
Guthrie Tait，1831—1901）②的文章，被译为《训蒙天文略论》（1876
年）出版。泰特对月球上存在生命持有肯定态度，月球上可见与地球
相同的地形。③ 不仅如此，甚至连大气层都可以观测到，因此那里当
然有生命存在。

　　月球上有云，有大气，因此必有生物。④

　　金星有四季，也有大气层，还有和地球一样的山岳。在火星上除
了四季和大气之外还能观测到海洋和陆地。⑤ 太阳系外的行星也是如
此。有恒星的地方就有行星，起着和太阳相同的作用。那里会有生
命，也有像人类这样的智慧生物存在吧。⑥

　　泰特是一位具有深厚数学背景的物理学家，他与大科学家开尔文
勋爵合著的《自然哲学入门》多次再版，是一本非常具有专业性的数

---

　　① 《训蒙天文图解下》，日本国立国会图书馆 1874 年版，第 14—15 页。

　　② Alexander Macfarlane，"Lectures on Ten British Physicists of the Nineteenth Century"，First
edition，*Mathematical Monographs*，edited by Mansfield Merriman and Robert S. Woodward，No. 20，
John Wiley & Sons，Inc.，New York Chapman & Hall，Limited，London，1919.

　　③ ［苏格兰］泰特等：《训蒙天文略论》，［日］岛村利助译，日本国立国会图书馆 1876
年版，第 28 页。

　　④ ［苏格兰］泰特等：《训蒙天文略论》，［日］岛村利助译，日本国立国会图书馆 1876
年版，第 28 页。

　　⑤ ［苏格兰］泰特等：《训蒙天文略论》，［日］岛村利助译，日本国立国会图书馆 1876
年版，第 39 页。

　　⑥ ［苏格兰］泰特等：《训蒙天文略论》，［日］岛村利助译，日本国立国会图书馆 1876
年版，第 51 页。

学物理学教科书。① 《训蒙天文略论》并不是由一个痴迷于宇宙人的西方怪人所写的通俗读物，而是为了将当时一流科学家的观点呈现给普通民众的著作。

明治初期，对"多宇宙论"的解释甚至扩展到以小学生为对象。翻译了1869年美国教科书的沼田悟郎的《天文幼学问答》（1874年）就是以儿童为对象的问答形式写成的。此教科书在回答孩子们的问题时，断言其他行星上也栖居着动物和人类。地球上的生命因得到太阳的光和热的恩惠得以生存，由此推断，地球以外的行星也会有同样事情的发生。

问：诸惑星皆与地球同，若以人世间喻，有否人类栖息地之道理。

答：有，在地球上保存生命，来自"天授供给"，故而人畜共栖息于此可也。

问：所谓"天授供给"为何？

答：太阳照射诸惑星，给予光热，依自转昼夜不息。夜即月亮承卫星之光而运转，据此形成四季，因而有若干空气。大体上与地球之情状未有不同。研究星球之学人据此皆论定诸惑星中有人畜得以栖息之可能。②

在当时的科学入门书籍中，对"多宇宙论"的触及是一种普遍倾向。1875年《博物新编》中的"天文略论"提到，天文学家们认为月球上不会有人类，③ 但金星上存在山、川和人类。④ 火星上也存在

① Lord Kelvin, L. L. D. , D. C. L. , F. R. S. and Peter Guthrie Tait, M. A. , *Treatise on Natural Philosophy*, Cambridge, University Press, 1912.

② Lord Kelvin, L. L. D. , D. C. L. , F. R. S. and Peter Guthrie Tait, M. A. , *Treatise on Natural Philosophy*, Cambridge, at the University Press, 1912, p. 41.

③ Lord Kelvin, L. L. D. , D. C. L. , F. R. S. and Peter Guthrie Tait, M. A. , *Treatise on Natural Philosophy*, Cambridge, at the University Press, 1912, p, 35.

④ Lord Kelvin, L. L. D. , D. C. L. , F. R. S. and Peter Guthrie Tait, M. A. , *Treatise on Natural Philosophy*, Cambridge, at the University Press, 1912, p, 35.

和地球一样的四季，① 那里或许会有住民存在吧。

1879 年的《新撰天文学》列举了哥白尼、伽利略、牛顿的观点，解释了日心说的历史，② 认为在大宇宙中有许多恒星和太阳一样存在，其周围有行星环绕是确凿的事实。③ 月球上有复杂的地形，有高山和山谷但没有云，也观测不到空气，说明它没有大气层，故不会有生命的存在。④ 另外，由于离太阳过于近而难以观测的水星，不知道是否有海洋和陆地，但金星上有海洋和陆地。火星的可能性更大，用望远镜可以观测到海洋、云和冰等，陆地呈现红色，海洋呈现绿色。在南北两极可以观测到像是冰和雪的白色斑点。⑤ 1879 年的《泰西名数学童必携》也有同样的记述，月球上没有大气，金星上有高山，火星上可以清楚地看到红色的陆地和绿色的海洋。⑥

同样，1879 年日本文部省出版了阐述多宇宙论的大不列颠天文学家诺曼·洛克耶（Joseph Norman Lockyer, 1836—1920）的教科书《天文学（洛氏）》，书中写道，就像美国除了有很多人居住的大世界——纽约之外，还有很多城市一样，在宇宙的无限空间内有无数的星星，那里存在着无数的地球以外的世界。

> 据此所按，吾人所见无数星球，一一列举，皆形成我宇宙者。

---

① Lord Kelvin, L. L. D. , D. C. L. , F. R. S. and Peter Guthrie Tait, M. A. , *Treatise on Natural Philosophy*, Cambridge, at the University Press, 1912, p. 36.

② ［日］铃木义宗等编：《新撰天文学上》，耕文舍，日本国立国会图书馆 1879 年版，第 8 页。

③ ［日］铃木义宗等编：《新撰天文学上》，耕文舍，日本国立国会图书馆 1879 年版，第 41 页。

④ ［日］铃木义宗等编：《新撰天文学上》，耕文舍，日本国立国会图书馆 1879 年版，第 16 页。

⑤ ［日］铃木义宗等编：《新撰天文学上》，耕文舍，日本国立国会图书馆 1879 年版，第 10 页。

⑥ ［日］加藤高文编：《泰西名数学童必携》第一卷，日本国立国会图书馆 1879 年版，第 14 页。

此种思维一旦确定，应进而推而广之，加以想像。彼太虚无边无尽，又必有无数之寰宇。譬如，合众国在纽约之外还有许多都会，各自为独立之世界。此理相同。①

这个"多元的世界"是指地球以外的行星上的生命圈，虽然由于现在望远镜的精度还无法观测到，毋庸置疑的是太阳以外的其他恒星也一定有行星。② 太阳照耀着地球，温暖着地球，太阳系内的其他诸行星也同样受到太阳的恩惠。③ 在太阳系的天体之上，是否存在着与地球相同的"世界"呢？虽然我们连对灼热之地的太阳都无法确认，但也不能否认存在"住民"的可能性。

问太阳有否住民？……我认为，应对住民无障碍，然而此为臆想固不待言，并非确有实证。④

因月球已经失去了水和大气层，现在是一个生命无法存在的环境，或许曾经有生命栖居过。⑤ 水星离太阳太近，无法精细观测，但其表面有高达十一里的山岳，且似乎有大气存在。⑥ 金星接受的太阳光是地球的两倍，它有浓密的大气层，其轮廓显示出有明亮区域和黑

---

① ［英］诺曼·洛克耶等：《天文学（洛氏）》上，日本文部省，日本国立国会图书馆1879年版，第11页。
② ［英］诺曼·洛克耶等：《天文学（洛氏）》上，日本文部省，日本国立国会图书馆1879年版，第13页。
③ ［英］诺曼·洛克耶等：《天文学（洛氏）》上，日本文部省，日本国立国会图书馆1879年版，第82页。
④ ［英］诺曼·洛克耶等：《天文学（洛氏）》上，日本文部省，日本国立国会图书馆1879年版，第86页。
⑤ ［英］诺曼·洛克耶等：《天文学（洛氏）》上，日本文部省，日本国立国会图书馆1879年版，第152页。
⑥ ［英］诺曼·洛克耶等：《天文学（洛氏）》上，日本文部省，日本国立国会图书馆1879年版，第170页。

暗区域，因此可以推测有高达二十里以上的山岳。①

　　火星与地球一样，有海洋、陆地、冰和雪，还能看到云和雾。当空气清晰时，地表会泛着淡淡的鲜红色，这种颜色是如同夕阳一样的现象吧，而且也有季节之分。因此，火星的环境被认为与地球的环境非常相似。② 木星也只因它有厚厚的云层，应该也是和地球一样的岩石行星，或许如同地球曾经的状态。③ 根据《天文学（洛氏）》，认为太阳系内的几个行星上存在着"世界"，太阳系外的其他行星也应如此。超越人类智能的广袤大宇宙充满了生物圈和智慧生命。

　　这些描述经常在明治初期翻译的或摘要的同时期欧美天文学入门书中看到，这种像科幻小说（science fiction）或好莱坞电影一样的世界景观不是明治时期人们的奇想，而是忠实地介绍同时期欧美科学解说书中常识的结果。十八世纪至十九世纪的天文学书同现代教科书的明显不同点是，在很多情况下论述了宇宙中有类似地球一样的"世界"存在，这种充满生命的宇宙观最初介绍给日本读者并不是在明治时代。早于明治初期的解说书，在江户时代末期就流通着一本由英国入华传教士兼医生本杰明·霍布森（Benjamin Hobson，中文名：合信）的中文著作《鳌头博物新编》（1845 年）。其书中的"天文略论"阐述了月球、金星和火星上的智慧生命，并探讨假设这些行星上存在智慧生命的话，他们会如何看地球。④ 另外，多宇宙论传入东亚始于十八世纪，这个内容将在后述。

---

　　① ［英］诺曼·洛克耶等：《天文学（洛氏）》上，日本文部省，日本国立国会图书馆 1879 年版，第 171 页。

　　② ［英］诺曼·洛克耶等：《天文学（洛氏）》上，日本文部省，日本国立国会图书馆 1879 年版，第 174 页。

　　③ ［英］诺曼·洛克耶等：《天文学（洛氏）》上，日本文部省，日本国立国会图书馆 1879 年版，第 178 页。

　　④ 《天文略论》，《鳌头博物新编》第 2 集，日本国立国会图书馆 1845 年版。

二　西方近代早期的"多宇宙论"的起源与发展

"多宇宙论"即世界不是一个，世界之外存在世界，被称为"世界的多元性"（plurality of worlds），具有启蒙期特色的宇宙观。[①]如上所述，被讨论最多的就是太阳系内地球以外的天体和太阳系外行星上存在生命栖居的其他世界。此外，十八世纪的许多知识分子探讨宇宙中是否存在人类以外的智慧生命（宇宙人），很多人认为存在是理所当然的。本章将其称为"天文学的多宇宙论"。十九世纪中叶，针对英格兰哲学家威廉·胡威立（William Whewell，1794—1866）的《论世界的多元性》（*Of the Plurality of the Worlds：An Essay*），以天文学家大卫·布鲁斯特（David Brewster，1781—1868）为首的许多知识分子给予了很多的批判，并引起了激烈的争论。地外生命存在说长期以来一直被视为值得探讨的学术性论说，但到了十九世纪末，科学入门书中已不再提及，知识分子们的公开言论中也不再出现了。

（一）地外生命存在说

十六世纪到十七世纪拥护哥白尼（Nicolaus Copernicus，1473—1543）日心说的哲学家布鲁诺（Giordano Bruno，1548—1600）[②] 和康帕内拉（Tommaso Campanella，1568—1639）[③] 的诸著作、近代科学和天文学的建立者开普勒（Johannes Kepler，1571—1630）的《梦》（*Somnium*，1608）、伽利略（Galileo Galilei，1564—1642）的《两大世界体系的对

---

① 本章讨论的详细内容以及作为出处的资料，请参考长尾伸一『複数世界の思想史』、名古屋大学出版会、2015 年。

② Giordano Bruno, *De l'infinito universo et mondi*, 1584.

③ "Però essi cercano assai sottilmente questo negozio, perché importa a saper la fabbrica del mondo, e se perirà e quando, e la sostanza delle stelle e chi ci sta dentro a loro", Tommaso Campanella, *La Città del Sole*, 1623, Wikisource.

话》（*Dialogo Sopra I Due Massimi Sistemi del Mondo*，1632 年）① 等著作，从其他行星是与地球同样的天体观点出发，探讨在那里有生态系统和智慧生命栖居的世界存在的可能性，并对此持肯定态度。

论述无限宇宙论的哲学家笛卡尔（René Descartes，1596 — 1650）的《哲学原理》（*Principia Philosophiae*，1644 年）也认为在逻辑上归结为多宇宙论，牛顿的日心说和无限宇宙论也具有同样的性质。然而笛卡尔在他的著作中从未表达过他的天文学多宇宙论，关于牛顿亦是如此，虽然在往来书信中对提出天文学多世界论的神学家友人理查德·本特利（Richard Bentley，1662—1742）的观点表示赞同，② 但在他自己的著作中从未提到过天文学多宇宙论。如同后述的剑桥·柏拉图主义者们，在十七世纪的英格兰虽然也存在一些从与自然神学的角度积极论证多宇宙论的知识分子，但是在十七世纪初也发生了布鲁诺被处死刑等案例，表明在十七世纪至十八世纪初，公开讨论天文学的多宇宙论仍需慎重。另外，由于与精密的天体观测结果存在差异，日心说直到十七世纪下半叶为止一直受到学术上的批判，作为科学学说未被确立下来。

然而，随着日心说的普及，天体上存在其他世界的观念也被接受。被誉为法国启蒙先驱者的丰特奈尔（Bernard le Bovier de Fontenelle，1657—1757）在其《关于宇宙多元性的对话》（*Entretiens sur la pluralité des mondes*，1686 年）中，将多宇宙论和宗教批判结合起来，解说笛卡尔的宇宙论，这本书作为科学入门书在欧洲成为畅销书。被认为与牛顿同时作为代表十七世纪科学家的荷兰的惠更斯（Christiaan Huygens，1629—1695），在其死后公开出版的《宇宙论》（*Kosmotheoros*，1698 年）中，从天文学的多宇宙论的立场展开了宇宙生命论。他认为地球外存在生命活动是理所当然的，"宇宙人"的存在也具有高度盖然性，呼吁对

---

① Galileo Galilei, Opere, Volume Secondo, Dialogo dei Massimi Sistemi, Salani Editore, 1964, pp. 173 – 175.

② 長尾伸一『複数世界の思想史』、名古屋大学出版会、2015 年。

宇宙生命进行严肃认真的科学考察。

> 然而，如库萨的尼古拉（Nicolaus Cusanus，1401—1464）、布鲁诺（Giordano Bruno，1548—1600）和开普勒（Johannes Kepler，1571—1630），甚至连第谷（Tycho Brahe，1546—1601）等近期的著者都认为行星有人居住。库萨的尼古拉和布鲁诺等认为太阳和恒星也是一样的，但他们的大胆程度也就到此为止。那位写下《关于宇宙多元性的对话》的卓越法国著者也没有超越他们的想法。其中仅有几人写了如路吉阿诺斯《一个真实的故事》这样关于月球人的童话故事，开普勒的《梦》也是如此。但是我对这个理论认真思考了一段时间，认为这项研究即使是不现实的，也不应该因其困难而放弃，还有很大的合理推理空间。①

惠更斯根据自己研究的结果得出了地外行星上理应存在智慧生命的结论。

> 我不认为这些行星上的物和美是无目的、无用地制造出来的，在那里也一定有享受这些成果、崇拜这些睿智造物主的物种存在。②

随着日心说的定论化，进入十八世纪后地球之外存在其他世界并有智慧生命生存的观念得到了广泛普及，被许多学者采纳。例如，十

---

① Christianus Huygens, *The Celestial Worlds Discover'd: Or, Conjectures Concerning the Inhabitants, Plants and Productions of the Worlds in the Planets*, London, 1698（Kosmotheoros; sive, De terris coelestibusearumque ornatu conjecturae, 1698），pp. 3 - 4.

② Christianus Huygens, *The Celestial Worlds Discover'd: Or, Conjectures Concerning the Inhabitants, Plants and Productions of the Worlds in the Planets*, London, 1698（Kosmotheoros; sive, De terris coelestibusearumque ornatu conjecturae, 1698），p. 37.

八世纪的代表性哲学家康德在《自然通史与天体理论》（*Allgemeine Naturgeschichte und Theorie des Himmels*，1755 年）中，从学术角度论述了水星人、木星人等"宇宙人"的存在。十八世纪的代表性数学家之一莱昂哈德·欧拉（Leonhard Euler，1707—1783），在 1760 年 9 月 11 日的一封信中肯定了宇宙的多元性。

> 可以确定地说，所有的行星、乃至所有的卫星具有与地球同样的权利，所有这些地方都与地球一样被居住着。[1]

布封（Georges-Louis Leclerc，Comte de Buffon，1707—1788）是启蒙运动的主要哲学家，在其主要作品《自然史》（*L'Histoire Naturelle*）中论述地球的起源时，提及了天文学的多宇宙论，"人类认为自己与其他世俗生物相比是第一的存在，认为一切都是为他而造"[2]，但这与当代的天文知识相悖，由此，布封提出了一个否定人类的自我中心主义的论点。

> 无论地球有多大，它只不过是相对较小的行星之一，是一个与其他行星一样的环绕太阳公转的小天体，这是毫无疑问的。[3]

不仅如此，布封以多宇宙论为前提的同时，根据自己的地质学思考提出了独树一帜的行星生态系统学说。他认为，由于距离遥远，太阳的热量无法维持行星上的生命，即使是距离太阳最近的水星也很难做到。[4]

---

[1] Leonhard Euler, *Letters of Euler to a German Princess*, *on Different Subjects in Physics and Philosophy*, Translated from the French by Henry Hunter, D. D. , London, 1795, p. 263.

[2] Buffon, Georges-Louis Leclerc, *Histoire naturelle générale et particulière*：*avec la description du Cabinet du Roy*, tome 2, Paris, 1749 – 1789, p. 516.

[3] Buffon, Georges-Louis Leclerc, *Histoire naturelle générale et particulière*：*avec la description du Cabinet du Roy.* tome 2, Paris, 1749 – 1789, p. 517.

[4] Buffon, Georges-Louis Leclerc, *Histoire naturelle générale et particulière*：*avec la description du Cabinet du Roy.* tome 2, Paris, 1749 – 1789, p. 526.

因此，应该认为地球内部的热量支撑着生命，^① 其他行星也是如此。

> 通过与地球的类比，我们是否可以认为，其他的行星也是通过
> 自身散发的热量储存起来支撑着自然的生存呢？之所以认为有知晓
> 无处不在的神的力量和赞扬神的荣光的存在，是因为与夺取宇宙中
> 的一切存在、使除地球之外的宇宙成为无人之地的想法相比，这难
> 道不是更伟大更具有价值的神的观念吗？否则，宇宙将是完全孤独
> 的，我们只会在那里发现荒凉的空间和可怕的无生命物质块。[2]

另外，大科学家拉普拉斯（Pierre-Simon Laplace，1749—1827）
在十八世纪末撰写的天体物理学著作《宇宙体系论》（*Exposition du
système du monde*，1796 年）中指出，在太阳系中地球以外的行星上存
在智慧生命，这是"非常确定的事情" （leur existence est très-
vraisemblable）[3]。这种日心说、无限宇宙论和宇宙多元论的结合在威
廉·德汉姆（William Derham，1657—1735）的《天文神学》（*Astro-
Theology*，*Or*，*A Demonstration of the Being and Attributes of God*，*from A
Survey of the Heavens. By W. Derham*，*Canon of Windsor*，*Rector of
Upminster in Essex*，*and F. R. S.*，1714 年）和詹姆斯·弗格森（James
Ferguson，1710—1776）的《对牛顿爵士的原理的天文学解释》
（*Astronomy Explained upon Sir Isaac Newton's Principles*，*And Made to
Those Who Have Not Studied Mathematics*，1757 年）等具有代表性的科
学入门书籍中反复出现，深为公众所知，最终成为有教养者的常识，
1778 年出版的《不列颠百科全书》中有如下表述：

---

① *Buffon*，*Georges-Louis Leclerc*，Histoire naturelle générale et particulière：avec la description du
Cabinet du Roy. tome 2，*Paris*，1749 – 1789，*p.* 527.

② *Buffon*，*Georges-Louis Leclerc*，Histoire naturelle générale et particulière：avec la description du
Cabinet du Roy. tome 2，*Paris*，1749 – 1789，*p.* 528.

③ Pierre Simon Laplace，*Exposition du système du monde*，Paris，1796.

被许多太阳照耀的宜居世界里没有住民的观点是荒谬的，因此可以得出所有恒星系中的所有行星都有住民的结论。①

十八世纪这种地外生命存在说被广泛接受，这是现代启蒙学者众所周知的事实。尽管如此，除了美国的思想史学家阿瑟·奥肯·洛夫乔伊（Arthur Oncken Lovejoy，1873—1962）的《存在巨链》（*The Great Chain of Being*，1936 年）以及继承其观点的科学史学家们的个别研究②之外，天文学的多宇宙论作为思想史上的一个重要议题至今还未被深入研究，其原因或许是思想史学家认为当时文献中出现的"外星生命"和"宇宙人"是"虚构"的。

这种看法的一个根据是十七和十八世纪出现的关于宇宙人和太空旅行的文学表象，浩瀚宇宙中的地外天体世界的表象在文学作品中频繁出现。除在诗句等中有所言及之外③，弗朗西斯·戈德温（Francis Godwin，1562—1633）的《月中人》（*The Man in the Moone*，1638 年）、放荡主义文学家西拉诺·德·贝尔热拉克（Cyrano de Bergerac，1619—1655 年）的《另一世界，或月球上的国家和帝国》（*Les Etats et Empires de la Lune*，*Les Etats et Empires du Soleil*，1657 年）、玛格丽特·卡文迪什（Margaret Cavendish，1623？—1673）的《新世界：灿烂的世界》（*The Description of a New World*，*Called The Blazing-World*，

---

① *Encyclopædia Britannica*；*Or，A Dictionary of Arts，Sciences，& c. On a Plan Entirely New*：*By Which，the Different Sciences and Arts Are Digested*，London，1778，p. 769.

② 主要研究：Pierre Duhem，*Le Systeme du Monde*，Paris，1958；Roger Ariew（ed. And trans. ），*Medieval Cosmology*，The University of Chicago Press，Chicago and London，1985；Grant McColley，"The Theory of a Plurality of Worlds as a Factor in Milton's Attitude toward the Copernican Hypothesis"，*Modern Language Notes*，May 1932；Marjorie Hope Nicolson，*Voyages to the Moon*，Macmillan，New York，1948；Stanley Jaki，*Planets and Planetarians*：*A History of Theories of the Origin of Planetary System*，Halstead Press/John Wiley & Sons，New York，1978；Michael J. Crowe，*The Extraterrestrial life Debate*，*1750 - 1900*：*The Idea of a Plurality of Worlds from Kant to Lowell*，Cambridge University Press，Cambridge，New York，1986；Steven J. Dick，*Plurality of Worlds*：*The Origins of the Extraterrestrial Life Debate from Democritus to Kant*，Cambridge University Press，Cambridge，1982。

③ 例如 John Milton（1608—1674）的 *Paradise Lost*（1667）中对撒旦从天界坠落的描写。

1666 年）、丹尼尔·笛福的《团结》（*The Consolidator*，1705）以及查尔斯·弗朗索瓦·蒂普希涅·德拉罗什（Charles-François Tiphaigne de la Roche，1722—1774）的《阿米莱克或人类的种子》（*Amilec*，1753年）等的宇宙旅行记相继诞生。这些作品继承了二世纪古代人路吉阿诺斯（Lukianos）的宇宙旅行记《真实的故事》（*Alethe diegemata*）的文学传统，与伏尔泰（Voltaire，1694—1778）的《微型巨人》（*Le Micromégas*，1752 年）等寓言故事同时出现，启蒙思想史上重要的冯特涅尔的著作也可以说是在这个背景下产生的。

如果这些作品只是作为"纯粹的空想产物"而写的话，那么当科学家们对地外生命进行严肃讨论时，文人们（literati）就会把他们的议论当作吸引读者眼球的愚蠢空谈来为自己的作品增色。的确，威廉·坦普尔爵士（William Temple，1628—1699）、乔纳森·斯威夫特（Jonathan Swift，1667—1745）和塞缪尔·约翰逊（Samuel Johnson，1709—1784）等反科学派的文人们如同《格列佛游记》（*Gulliver's Travels*，1726—1735 年）中登场的拉普达人（Laputa）陷于脱离现实的妄想，与日常人类健全的常识相比较，批判皇家学会的科学家们。但当时具有代表性的文学家约瑟夫·艾迪生（Joseph Addison，1672—1719）称赞丰特奈尔的多宇宙论："从这个考察来看，《关于宇宙多元性的对话》的著者进行了非常出色的论述，让所有的行星上都有住民居住"①；同样具有代表性的诗人亚历山大·蒲柏（Alexander Pope，1688—1744）用"自然和自然法则隐藏在黑夜中，神说，让牛顿出现吧！于是一切豁然开朗"（Nature, and Nature's Laws lay hid in Night, God said, Let Newton be！and All was Light.）来颂扬牛顿的贡献；写于世纪末并被贝多芬第九交响曲第四乐章采用的席勒（Friedrich Schiller，1759—1805）的诗歌"An die Freude"（1785），也使用了"犹如驰骋在壮丽宇宙中的太阳们（太阳是复数），wie seine Sonnen

---

① Joseph Addison, *The Evidences of the Christian Religion*, by the Right Honorable Joseph Addison, Esq, London, 1730, p. 119.

fliegen, Durch des Himmels prächt'gen Plan? 这样的表达。可见对科学群体不持有反感态度的文人们的想法和科学家们如出一辙。

十八世纪天文学的多宇宙论被认为是"寓言"和"虚构"的另一个原因是在那个阶段，地外生命存在说只不过是一个单纯的推测，而目前火星和木星等卫星上已被证实有水的存在，太阳系外也发现了很多行星，地球外生命探查不断推进，但在十八世纪就提前 200 年迎来了"宇宙时代"。尽管如此，考虑到太阳系外行星的最早发现是在二十世纪末，十八世纪当时的天文学多宇宙论应该是停留在基于类比推理的假说上。其论据是地球以外天体的生命存在是因为太阳系的行星和地球一样的天体，所以它们有可能存在生命活动。恒星是和太阳一样的天体，所以也像太阳一样有行星环绕。然而，这一时期的许多文献却把地外生命存在说当作一个已经确定的事实来对待。因此，对早期的关于近代天文学多宇宙论的科学史研究往往将其视为现代科学史上的一个古怪现象，最终在二十世纪的 SF 和 UFO 信仰中留下了痕迹。但支持天文学多宇宙论的正是当代一流的科学家和知识分子，让他们有如此想法的科学背后一定存在着更大的知识传统背景，而这些知识传统构成了迄今为止的科学探索的前提。

（二）古代和中世纪的多宇宙论

在西方思想史中，"世界的多元性"一词不仅是指地外生命活动的存在，而且还意味着在这个世界以外还存在别的世界。世界是单一的还是多样的问题，是东西方古代哲学一直探讨的主要问题之一。西方古希腊的哲学家们对此进行了探讨，正如原子论一样，有一些有影响力的流派认为世界的多元性是理所当然的。包括原子论学者在内，第欧根尼·拉尔修（Diogenes Laertios, 3C. ）的《名哲言行录》（*Peri bion, dogmaton kai apophthegmaton ton en philosophia eudokimesanton*）①

---

① Charles B. Schmitt and Brian P. Copenhaver, *A History of Western Philosophy*, Ⅲ: *Renaissance Philosophy*, Oxford University Press, Oxford, 1992.

中被列举的古代哲学家近半数是多宇宙论的支持者，而亚里士多德对其进行批判，确立了世界是单一的、有限的、永恒的学说。

对此，在假定神是万能的伊斯兰思想和基督教哲学中，如果主张神只创造了这"一个世界"，就会被认为是说神的无能。这样就产生了一种有神论的多宇宙论，即神创造的世界要么是"无数个"的，要么至少是在神创造天地之前在神那里就可能存在无数个。教父哲学（patristic philosophy）的代表之一奥利金（OrigenesAdamantius，约185—254）在他所写的、被称为基督教首部系统性神学著作的《论诸原理》（Peri Archon，220—230 年）中，从对创造神的万能性考察出发，主张存在多个世界（mundus），在这个世界之前和之后都存在世界。[①] 在伊斯兰世界，伊本·西那（IbnSīnā，980—1037）等的伊斯兰哲学以新柏拉图主义解释的亚里士多德哲学为基础，提出了世界的永恒性、创造的必然性、能动的理性等，这与伊斯兰神学发生了冲突。加扎利（Abū Ḥāmid Muḥammad ben. Muḥammad alṭūsī al-Shāfiʿī al-Ghazālī，1058—1111）有着渊博的伊斯兰哲学的知识，他从正统派神学的立场批评天地创造解释时，强调神的意志的绝对自由高于神的合理性计划[②]，认为"神也可以不创造"[③]，并论述了多宇宙的可能性。另外，十二世纪神学家法夫鲁丁·阿勒兹（Fakhr al-Dīn al-Rāzī，约1150—1209）根据《古兰经》的章节论述了无限空间和多宇宙的存在。伊本·西那等的伊斯兰哲学以亚里士多德的自然主义为基础讨论物体的质变，认为由湿、干、温、冷的性质定义的地、水、火、风是地球上物体的构成要素。相比之下，艾什尔里派等正统伊斯兰神学的世界观，从根本上说是粒子哲学，具有与多宇宙论相适应的性质。[④]

---

① 長尾伸一『複数世界の思想史』、名古屋大学出版会、2015 年、第 2 章（1）。

② Michael E. Marmura（trans.），"Abu Hamid Muhammad al-Ghazālī"，*The Incoherence of the Philosophers*，Brigham Young University Press，Provo，Utah，2000.

③ Aladdin M. Yaqub（trans.），*Al-Gazālī's Moderartion in Belief*，The University of Chicago Press，Chicago and London，2013，Part 3 Chapter 1.

④ 青柳薫『イスラームの世界観—ガザーリーとラーズィー』、明石書房、2005 年。

如此宇宙的多元性被认为是关于造物主能力的问题，因此在中世纪哲学也被作为重要的课题进行了严肃的论争。当时主要有两个论点：一个是神能否创造多个宇宙（可能宇宙），一个是神是否真的创造了多个宇宙（实际的多宇宙）。托马斯·阿奎纳（Thomas Aquinas，约 1225—1274）因否定宇宙的多元性而受到批判，但是在阿奎纳哲学得到广泛支持之后，奥卡姆的威廉（William of Ockham，1285—1347）和让·布里丹（Jean Buridan，约 1295—1358）等方济会（Ordo Fratrum Minorum）的哲学家们，结合多宇宙的可能性和现实性，进行了肯定宇宙多元性的讨论。奥卡姆的威廉提及亚里士多德的自然学的单一世界论，驳回了阿奎那的反驳，认为神可以而且确实创造了许多世界，因为神创造了很多属于同一物种的人，所以应该能够创造出无穷无尽的同样世界。[①]

（三）自然学多元宇宙的探索

在这些哲学性讨论过程中，"世界的多元性"增加了自然学的色彩。让·布里丹把世界作为宇宙（universum），作为所有存在物的总体，作为这个世界生成可能的事物或者永恒的诸事物，作为多世界（mundus），也就是说把世界作为人类的可视事物以及包括这些诸天体的集合，关于最后的现代意义上的"宇宙"或"恒星系"论述了"世界"的多元性。[②]

尼克尔·奥里斯姆（Nicole Oresme，约 1320—1382）通过以下三点从自然学上定义了多宇宙论[③]：（1）存在着比这个世界更大的世界（天文学的多宇宙论）；（2）在这个世界出现之前或消失之后都存在另一个世界（时间上的世界的诞生和消亡）；（3）肉眼看不见的微小世

---

① Pierre Duhem, *Le Systeme du Monde*, Paris, 1958, pp. 462 – 464.

② 長尾伸一：『複数世界の思想史』、名古屋大学出版会、2015 年、第 2 章（1）。

③ Albert D. Menut and Alexander J. Denomy（eds.），*Nicole Oresme, Le Livre du Ciel et du Monde*, The University of Wisconsin Press, Madison, Milwaukee, and London, 1968, p. 167.

界的存在（微观世界）。文艺复兴时期，库萨的尼古拉（Nicolaus Cusanus，1401—1464），在他的《论有学识的无知》（*DoctaIgnorantia*，1440 年）中，从思考神的能力和无限的关系出发，论述了在地球以外的天体上存在着智慧生命，这比哥白尼的日心说早了一个世纪。考虑到这一点，与其说天文学的多宇宙论是从日心说发展而来的，不如说是前者的刺激引发了后者的构思发想这一看法更为自然。促成地质学诞生的托马斯·伯内特（Thomas Burnet，1635—1715）等关于地球的形成和毁灭的讨论（Sacred Theory of the Earth，1682 年）等以及促成生物学形成的罗伯特·胡克（Robert Hooke，1635—1703）等人用显微镜对微观世界的探索（Micrographia，1665 年）等，也分别与奥里斯姆的（2）和（3）有关，与自然学的多宇宙论背景有着密切关系，由此可以认为中世纪的多宇宙论是早期近代科学探究的一个形而上学的前提。[①] 除了这些自然哲学的多宇宙论以外，还有像莱布尼茨的可能世界论，与神的能力相关的"平行世界"的多世界的可能性和实际存在性在启蒙时代也有被争论过。到了二十世纪末，这个问题成为基于模态逻辑的形而上学被重新提起。[②]

　　近代早期的多宇宙论的思想背景不只一个，它从文艺复兴以后的"毕达哥拉斯主义"pythagoreanism、诺斯替主义（Gnosticism）等，到怀疑论、原子论、笛卡尔主义、牛顿主义，与多种多样的反亚里士多德的思想潮流相结合而发展，涉及其中的人物也包括从经验主义科学家科林·麦克劳林（Colin Maclaurin，1698—1746）到自称通过神秘体验与宇宙人交流的伊曼纽·斯威登堡（Emanuel Swedenborg，1688—1772）等各种各样的人。因此，在世界的多元性观念中，涵盖了从基督教拥护论到无神论等互为异质的思想。然而它们的背景都有经院哲学的形而上学传统，早期近代天文学的多宇宙论至今仍留存着浓厚的基督教传统，并在思考的框架上继承了它。

[①] 详细讨论参考长尾伸一『複数世界の思想史』、名古屋大学出版会、2015 年。

[②] David Kellogg Lewis, *On the Plurality of Worlds*, Blackwell, Oxford & Malden, 1986.

三　启蒙与多世界

（一）多世界与自然神学

在基督教有神论仍占主导地位的早期近代知识界，天文学的多宇宙论发挥了显示科学有用性的作用，保证了科学探究的正统性。因为当时基督教分裂成许多教派互相抗争，对教会的主流派来说，是能够接受有根据不断提高的知识权威的科学对有神论的"论证"。天文学的多宇宙论在早期自然神学和现代天文学的接合发挥了重要作用，通过现代天文学和牛顿力学提示的无限宇宙天体上存在的生命圈和智慧生命的壮观表象，证明神的力量和智慧的伟大，激发人们更加信仰神。

布鲁诺、笛卡尔、牛顿等人提倡的无限宇宙论有两个起源，一个是原子论，一个是粒子论。首先，古代的原子论者们如德谟克利特（Demokritos，c. 前460—前370）和提图斯·卢克莱修·卡鲁斯（Titus Lucretius Carus，c. 前99—前55），为了更有整合性地说明世界的生成变化和存在物的恒定性，设想了不可分割、不可毁灭且不可破坏的原子存在。如果能够用原子的运动、结合、分离来解释自然现象，那么原则上就需要有原子运动的空间。他们的论点是哲学推论的结果，因此没有理由说空间是有限的。如果所有的存在，包括人在内的一切存在都是空虚的无限空间内的原子运动和相互作用的结果，那么在无限空间内，有无数个类似这个地球和地球上的生态系统的存在，这是原子论里一个理所当然的逻辑结果。就像现在的物理学家所说的那样，如果宇宙是无限的，那么在宇宙的某个地方将存在与由基本粒子组合而成的地球和地球上的个人相同的东西，从原子论必然导出多宇宙论。原子论和粒子论（如笛卡尔的立场是不认为作为存在的基础单位的粒子是不可破坏的、不可分割的）在近代初期得到了复兴，许多批判亚里士多德自然主义的近代科学代表都认同了它。正如古代原子论者的"上"是那些与宇宙运动无关而存在于什么地方的神，所以原子论的多宇宙论很难与相信天地创造的基督教的自然神学关联在一起。到了西方近代早期，天文学多宇宙论之所以被认为在论证造物主的存在方面能发挥作用，是因为古代的无限空间理论和原子论在造物主的无限性和万能性观念在经院哲学的形而上学背景下被重新提起的结果。

被称为十七世纪英格兰剑桥的柏拉图主义者的亨利·摩尔（Henry More，1614—1687）和拉尔夫·柯德华斯（Ralph Cudworth，1617—1688）等人认为，他们可以用科学家的天文学多宇宙论来捍卫基督教。就像伽利略论述过在月球上有赞美神的智慧生命存在的可能性，对摩尔来说，地外智慧生命的存在证明了基督教救赎的宇宙普遍性。"我想提出的问题是，那些［星星］是可以居住的。我想我不能否认这一点……，但如果人类住在那里，就需要救济的手段吧。"[1]

柯德华斯在《宇宙中真正的智慧体系》（*The True Intellectual System of The Universe*，1671 年）中，"关于宇宙的广袤"这一点，以无限宇宙论为前提展开了天文学的多宇宙论。他认为多宇宙的存在显示了神的智性、万能性和善性，因此对于无神论者它可以成为拥护基督教的屏障。

"（对于认为世界是混乱的无神论者），我可以用同样的坚定信念和更确定的推理做出如下回答：我们的太阳的所有行星都是可居住的地球。所有恒星都是太阳，同样的一些其他行星和可居住的地球环绕着它，它们都不是荒凉无人、而是由动物们居住着。如果这个荒唐的假设是正确的，那么荒唐和无用的体系都是完全不存在的。神的能力和智慧在所有领域上发挥作用，在所有领域上留下烙

---

① Henry More，*Dialogues Concerning the Attributes of God and Providence*，Dialogue Ⅲ，Volume Ⅲ，Robert Foulis，1743，p. 419.

印和证明。"①

牛顿周围的神学家们也试图用同样的理论将天文学的多宇宙论与无神论批判联系起来，十八世纪的天文学入门书反复阐述并普及这一论点。十七世纪末，神学家理查德·本特利（Richard Bentley，1662—1742），为了对抗"像霍布斯和斯宾诺莎那样的无神论者"，拥护基督教信仰，在解说波义耳课程之一的"基于世界起源和结构的对无神论的驳斥"（Sermons Ⅵ. Ⅶ. Ⅷ. A Confutation of Atheism form the Origin and Frame of the World，1692）中明确地将牛顿体系与多宇宙论相结合，它和伽利略、剑桥·柏拉图和惠更斯的《宇宙神学》一样，依据自然神学的理论。

> 然而，遥远而巨大的诸物体，不单纯是为了让我们通过望远镜观测，而是为了更高尚的目的而创造的，之所以这样认为不就是因为会让我们对无限的神、对神的无限威严和无限慈爱更加深理解吗？②
>
> 因此，那些物体是为知性精神而创造的。既然地球是为了服务于人类的生存和思索而创造的，那么我们认为其他所有的行星也是为了同样的目的而创造的想法不是理所当然的吗？③

宇宙生命不一定与人类相似，大宇宙中一定有与人类相貌完全不同的智慧生命，也一定存在着比人更接近神的智慧。这不仅显示了神

---

① Ralph Cudworth, *The True Intellectual System of the Universe*, London, p. 675.

② Richard Bentley, "Sermons Ⅵ. Ⅶ. Ⅷ. A Confutation of Atheism form the Origin and Frame of the World", *Sermons Preached at Boyle's Lecture*; *Remarks upon a Discourse of Free-Thinking*; *Proposalls for an Edition of the Greek Testment*, etc. By Richard Bentley, D. D. Edited, with *Notes*, *By the Rev. Alexander Dyce*, Francis MacPherson, Middle Row, Holborn, 1838, p. 175.

③ Richard Bentley, "Sermons Ⅵ. Ⅶ. Ⅷ. A Confutation of Atheism form the Origin and Frame of the World", *Sermons Preached at Boyle's Lecture*; *Remarks upon a Discourse of Free-Thinking*; *Proposalls for an Edition of the Greek Testment*; etc. By Richard Bentley, D. D. Edited, with Notes, By the Rev. Alexander Dyce, Francis MacPherson, Middle Row, Holborn, 1838 年, p. 175.

的力量和智慧的无限性，同时也告诉人类自己的力量和智慧的微小，要接受作为基督教徒的谦让精神。

　　那么，拥有无穷无尽创造力的万能之神，创造了不同等级、不同阶层的理性精神。其中有些本性的完成度比人类的灵魂高，其他的没有人类低。不同物种的精神也会以某种结合法则寓于人类的身体里。人类精神如果以其他的结合法则被结合到别的身体中，就会成为别的物种吧。……神也可以把同一阶层和能力的非物质的灵魂以其他的法则结合到别的身体里吧。……因此，如果在月球、火星或其他行星系的未知行星上有理性的住民存在的话，我们不应得出他们具有人类的本性、所处的条件和我们的世界相同的结论。①

牛顿派的牛津天文学家约翰·基尔（John Keil，1671—1721）在被翻译成多国语言的畅销书《正确的天文学入门》（*Introductio ad Veram Astronomiam*，1725 年）中，与惠更斯一样，将多宇宙论与自然神学的神义论联系在一起。

　　万能的神永远是用无限的智慧和有效的行动创造了那么众多的太阳，并将这些太阳间隔遥远的距离进行布局，然后在它们附近放置其他天体，并给予太阳的热和光使之滋润生长，充满活力，充满生机。这些天体只是为了给我们一点微光而被神创造出来的意见是对神的智慧的蔑视。所有的太阳都有属于自己的行星，它们各自的距离和周期都不同，环绕着太阳进行公转。这其

---

① Richard Bentley, "Sermons Ⅵ. Ⅶ. Ⅷ. A Confutation of Atheism form the Origin and Frame of the World", *Sermons Preached at Boyle's Lecture*；*Remarks upon a Discourse of Free-Thinking*；*Proposalls for an Edition of the Greek Testment*；*etc. By Richard Bentley, D. D. Edited, with Notes, By the Rev. Alexander Dyce*, Francis MacPherson, Middle Row, Holborn, 1838, p. 175.

中的一些太阳也有月球在不停地环绕公转。

……

这样，我们就有了值得对世界的广袤和宏伟赞叹的美好观念。宇宙无边无际，有无数的太阳，虽然它们看起来只是许许多多的小星星，但它们的广大、光芒、伟大都不逊于我们的太阳。它们的每一个周围都有若干颗行星，在它们的周围环绕跳动，构成众多的宇宙、体系……

我们应该把整个宇宙看作是无限伟大的、神无处不在的壮丽神殿，是所有的世界或诸世界的诸体系都是由神的力量、智慧和神性表现出来的无数剧场。①

（二）多宇宙与对基督教的批判

与这些论调相反，地外智慧生命存在说也成为启蒙时期批判基督教的手段。自然神论者托马斯·潘恩（Thomas Paine，1737—1809）在其主要著作《理性时代》（*The Age of Reason*，1794—1807 年）中，基于天文学的多宇宙论否定基督教多数派的核心的信条，即基督教基本教义之一耶稣道成肉身，造物主神在某个特定的历史时点、在特定的地域只是作为一个人降临，代赎人类的罪被钉在十字架上受死。

潘恩对此解释道，新的宇宙观提出这样一个难题，即为什么神舍弃了存在于整个宇宙的无数其他智慧生命，只为了栖居在宇宙一角的人类而特意选择了死亡。如果真是这样，"神的爱"不过就只是偏爱。如果不是这样，那就需要更荒谬的假设才能说明，拥有无限而普遍的爱的宇宙造物主，为了饶恕所有有罪的智慧生命，不得不从宇宙的这头到那头无休止地重复着一个接一个在每个行星上作为人降临，然后马上被判处死刑的怪奇行为。

---

① John Keill, *An Introduction to the True Astronomy*, London, 1758, pp. 40 –41.

如果如此，将众多的天体置于自己庇护之下的全能神，必须抛弃对其他一切的责任，来到我们的世界并死去。而且按照他们的说法，这是因为一个男人和一个女人吃了一个苹果！这种孤立而奇妙的臆说究竟是从哪里产生的呢？如果不是如此，我们是否应该想像在无限创造物中的每个天体都有一个伊娃、一个苹果、一条蛇、一个救赎主？这种情况下，不尊重地说，神的儿子或有时被称为神本身的人物几乎只有短暂的生命，一个接一个地死去，从一个天体旅行到另一个天体，除此之外什么也没做。①

对于这一激烈的基督教批判，出现了许多反对的意见，但大部分未能否定潘恩的论据——地外智慧生命存在说②。《理性时代》提倡宣扬对理性创造神的信仰的自然神论，这与基于多宇宙论的基督教拥护论是相同的观点。潘恩重复了在多宇宙论中一百年前就一直使用的基督教形而上学的论法，即无机的宇宙空间不被认为是万能的智慧意图。

我们的地球所有的地方不被占领就不会留存下来。否则广大的空间就是一个赤裸裸的无人迹象的永远的荒野。③

潘恩反复提出有神论的多宇宙论者的主张，如果这个宇宙空间是为了什么而被创造出来的话，那么它一定是被神的形象的精神存在所充满着。在这一论点的基础上，潘恩继续解释说，作为他的自然神论的核心教义，"造物主创造了世界的多元性的结果，给人类也带来了

---

① Moncure Daniel Conway（ed.），*The Writings of Thomas Paine*，Volume Ⅳ，AMS Press，New York，1967，pp. 73 - 74.
② 長尾伸一『複数世界の思想史』、名古屋大学出版会、2015 年、第 4 章（2）。
③ 長尾伸一『複数世界の思想史』、名古屋大学出版会、2015 年、第 4 章（2）。

巨大的恩惠"①。因此，无限的空间和无数的行星、恒星、彗星这样庞大的物质，不是创造力的浪费，其作用是通过它们智慧生命揭示的自然法则，向散布宇宙空间内的智慧生命告知世界真正的存在方式。

> 与我们相邻的世界的体系在其公转时，向其体系的住民们表明，我们的体系和我们所做的是同一的科学原理和思维方式，且贯穿于整个广袤的宇宙。②

按照神创造的多宇宙的天文秩序，扩散在宇宙中的智慧生命可以互不联系即可达到同一知识、同一科学。

> 世界的多元性所带来的恩惠，不仅限于我们这个地球上的居民，构成我们体系的每个世界的居民都享受着与我们所接受的同一知识的机会……因此，同一的普遍的科学思考方式会出现在所有的人们面前。③

只有以天文学为中心的科学知识才是通向真正的神之道路，因此所有智慧生命共有的科学将引导他们走向正确的神的观念。正如这个理论所显示的那样，对于潘恩来说，把牛顿式的科学作为"教义"的自然神论实际上并不是人类的宗教，它是存在于整个宇宙的智慧生命所共有的，是一种普遍的宗教，这种科学主义和自然神学融合的宏大的宇宙观，是支撑革命思想家潘恩的"人的权利"和"理性时代"的基本观念。对十八世纪代表性唯物主义者们来讲也是如此，如霍尔

---

① 長尾伸一『複数世界の思想史』、名古屋大学出版会、2015 年、第 4 章（2）、第 71 页。

② 長尾伸一『複数世界の思想史』、名古屋大学出版会、2015 年、第 4 章（2）、第 72 页。

③ 長尾伸一『複数世界の思想史』、名古屋大学出版会、2015 年、第 4 章（2）、第 72 页。

巴赫（Paul-Henri Thiry，baron d'Holbach，1723—1789），《自然的体系》（*Systeme de la Nature ou Des lois du monde physique & du monde moral*，1770 年）采用与有神论的多宇宙论相同的论调，试图通过与人类完全不同的充满智慧生命的宇宙愿景来剥夺人类存在的特权，破坏信仰的依据。

> 以上的考察也许与那些想推测其他行星上也和我们的地球一样住着与我们相似存在的人类的观念相悖，但是，如果说拉波尼亚人（Sapmi）和霍坦托特人（Khoikhoi）有那么显著的不同，我们行星上的居民和土星、金星上的居民之间是不是应该也有一些差异呢？[1]

> 人没有理由在自然中深信自己是特权的存在……要知道，与自己的存在相关的优越性的观念，除了利己心和对自己的偏爱以外，没有其他依据。[2]

由于可以推测出地外天体的环境与地球不同，所以从丰特奈尔和惠更斯时代开始，就认为地外智慧生命不是"类人类"，而是具有与人类不同的相貌和能力，而且大多数被认为具有超越人类的智慧能力。因此，地外智慧生命的表象始于蒙田（Michel Eyquem de Montaigne，1533—1592）[3]，给从丰特奈尔到启蒙的费罗佐夫等对相对主义的批判性思考提供了根据。他们利用存在于无限宇宙中的无数恒星和行星，以及生存在其上的可能与人类不同的智慧生命的表象，将基督教各宗派的琐碎教义和人类的自我中心性进行相互

---

[1] Paul Henri Thiry, Baron d'Holbach, *Système de la Nature ou des Lois du Monde Physique & du Monde Moral*, 1770, p. 67.

[2] Paul Henri Thiry, Baron d'Holbach, *Système de la Nature ou des Lois du Monde Physique & du Monde Moral*, 1770, p. 70.

[3] Les Essais, Gallimard, Paris, 2007, Paul Henri Thiry, Baron d'Holbach, *Système de la Nature ou des Lois du Monde Physique & du Monde Moral*, 1770, pp. 553–554.

比较。

（三）多宇宙与经验主义哲学

多元的智慧生命的表象提示了人类所没有的高度知觉的存在，约翰·洛克（John Locke，1632—1704）等经验论哲学家暗示了人类智慧的局限性。洛克在他的草稿《自然哲学入门》中肯定了基于自然神学研究的天文学多宇宙论。

> 所有的恒星皆是太阳，太阳周围环绕着适合居住的诸行星，和我们一样那里的人们都具有神的善性的印记，这样认为是因为与其想象那些遥远的、对我们几乎无用的小物体只是为我们而造，不如说这是神的智慧、力量和伟大更合适。①

因此，洛克不仅接受了多宇宙论，而且在他的主要著作《人类理解论》（*An Essay Concerning Human Understanding*，1689 年）中还将其定位在"人类本性"的研究中。在论述谬误的部分，洛克探讨了地外智慧生命的认知能力。多宇宙论的一个论点是，地外智慧生命具有与地球不同的环境相匹配的体系，虽说具有理性，但也被认为与人类有着相当不同的能力，其中或许也包括知觉能力。如果真是这样的话，对洛克来说，认知出发点的简单观念本身与人类不同。

> 我们不清楚宇宙其他地方的生命（creatures）是否比我们拥有的更多，是否比我们更完美，或者是否与我们的感觉和能力不同，或者具有怎样不同的单纯观念。但是，如果因为我们什么都不知道，就认为不存在这种单纯观念的话，那我们就和盲人没有什么区别。盲人没有视觉和颜色的观念以及类似的概念，以盲人

---

① John Locke, "Element of Natural Philosophy", *A Collection of Several Pieces of Mr. John Locke, Never before Printed, Or Not Extant in His Works*, London, 1720, pp. 190 – 191.

不能产生任何观念为理由，就独断认为视觉和颜色这样的东西不存在。我们的无知和愚昧并不妨碍或限制他人拥有知识，这和我们没有根据因鼹鼠眼睛的不好就来否定鸷眼睛的锐利是一样的。试图考察一切事物创造者的无穷的力量、智慧和善性的存在者和我们人类一样，一定认为并不是所有的一切都是微不足道、卑微和无力的，这样认为是有道理的。人是所有智慧存在者的最低档次之一，无论怎么想都是确凿无疑的。因此，我们不清楚（人类以外的）其他种类的生命具有什么样的洞察事物本性及其最深层构造的能力，他们从事物能够得到怎样的与我们的观念相差甚远的观念。[①]

这些智慧生命或许能够知道事物更深层次的结构，而人类的感知能力却无法了解。对于洛克来说，人类的所有知识都是由简单观念构建而成的，人类无法获得与他们相同的知识。多宇宙的设想暗示着人类智力的极限。

我们知道也确实可以理解，即我们为了更加完善关于事物的各种发现，除了我们现在所拥有的视角以外，还需要其他的一些视角。……我们用自己的眼睛或自己的思维所能触及的这些世界当中一个部分无论是什么，与未被我们所触及的相比，不过只是一个点，几乎等于零。[②]

这里出现了一种基于多宇宙多元性观念的怀疑主义论争的框架，洛克将其引申为经验主义认识论中的人类智慧的极限论。构想多宇宙

---

① John Locke, *An Essay Concerning Human Understanding*, Oxford, Clarendon Press, 1975, p. 554.

② John Locke, *An Essay Concerning Human Understanding*, Oxford, Clarendon Press, 1975, p. 554.

的洛克的认识论，将人类的智慧假想（鼹鼠的视力）与宇宙的智慧生命所拥有的智慧能力（鹫的视力）进行比较考察，在这点上，认识论被置于继承惠更斯的比较宇宙生命论的框架中。据此，建立了经验哲学的原理，即人只能通过经验来认识自然，而这仅仅是盖然的知识。

在这一点上，欧洲大陆的经验主义哲学也是一样的。被认为确立了感觉主义哲学的孔狄亚克（Etienne Bonnot de Condillac，1714—1780）在解说"真正世界体系"的牛顿派天文学时，将天文学的多宇宙论作为基于由经过许多观察而支持的类推进行介绍。

> 彗星也是行星，所有的恒星都和太阳一样，照耀着其他诸世界。①

在属于道德科学著作的《感觉论》（*Traité, des sensations*，1754年）的第 5 章第 17 节中，多宇宙论被用来展示人类认识的相对性。孔狄亚克以微观和宏观的多宇宙的住民为例，阐述了时间的持续感觉是相对的。② 居住在比人类居住的世界小得多的、榛子大小的世界中的行星上的居民，人类因为行星的自转和公转太快，无法察觉它们。居住在比这个世界大得多的行星上的居民的世界，因其转动太慢，人类也无法察觉。但是那些世界的居民和人类一样，感知他们自己世界的每一天和每一年，时间持续的概念因为这样不同的感觉能力而是相对的。这个事例被假定为拥有相同精神的智慧生命根据具有不同阈值的感觉进行认知，因此可以说对外界的认知能力依赖于感觉的

---

① Étienne Bonnot de Condillac, *Cours D'étude pour L'instruction du Prince de Parme, Aujourd'hui S. A. R. L'infant D. Ferdinand, Duc de Parme, Plaisance, Guastalle, &c. &c. &c. par M. L'abbé de Condillac, de L'académie Francoise & de Celled de Berlin, de L'arme & de Lyon*; Ancien Précepteur de *S. A. R. Tome Premier*, A Londres: Chez les libraires François, 1776, p. 235.

② Étienne Bonnot de Condillac, *Traité des Sensations, à Madame la Comtesse de Vassé, par M. L'Abbé de Condillac, de L'Académie Royale de Berlin. Ut potero, explicabo; nec tamen*, A Londres [i. e. Paris?], 1754, pp. 114 – 115.

辨别能力。

（四）作为智慧存在者的人类

充满智慧生命的无限宇宙的形象，取代了中世纪宇宙论中的神和天使，也成为这个时代理性普遍性观念的依据。著有天文学多宇宙论的康德，在其哲学主要著作中也引用了多宇宙论的观点。例如，在《纯粹理性批判》（*Kritik der reinen Vernunft*，1781 年初版，1787 年再版）中认为人类以外的智慧生命也是基于"感性"来认识时间和空间的，这与不需要对象、能在瞬间理解一切的神所拥有的智慧直觉不同，所以在这一点上至少与人类是相同的。

> 另外，我们也没有必要把我们在空间和时间方面的直观局限在人类的感觉上。也许一切有限的思维存在者在这一点上必然与人类一致（即使我们无法决定这一点）。但是由于这种普遍有效性，直观的方法无法避开其感性的特征。因为它不是根源性直观而是派生的，因此，正因为它不是知性的直观，才确实如此。根据上述的理由，这样的直观看上去只能归属于根源性存在者，无论是关于根源性存在者的此在，还是关于根源性存在者的直观，绝对不能归属于依存性的存在者。①

继认知哲学研究之后，康德在其对伦理学原理的研究著作《实践理性批判》（*Kritik der praktischen Vernunft*，1788 年）中也主张对于拥有感性的整个精神存在者的结论的普遍性。康德所揭示的"道德原则"适用于所有具有理性和意志的有限理性生命。这当中也包括神，然而神的道德法则不采取"命令"的形式。

---

① Immanuel Kant, *Kritik der reinen Vernunft*, Felix Meiner Verlag, Hamburg, 1976, SS. 92－93.

然而，由于这一道德性原理的普遍性，使其成为意志的形式上的最高决定因素，正是由于其立法的普遍性，无视意志的各种主观差异，宣称理性同时就是对所有理性（存在）者（alle Vernünftige Wesen）来说的法则。只要理性的（存在）者具有通过规则的表象决定自身的因果关系的能力的意志，只要理性的（存在）者按照原则，按照先验的实践原理（只有这个原理具有理性原则上要求的必然性）进行其行为，这个法则就是可能的。这一原理不只限于人类，而且与具有理性和意志的所有有限（存在）者（alle endlichen Wesen, die Vernunft und Willen haben）有关，实际上进一步讲，也包括作为最高智慧的无限（存在）者（das unendliche Wesen, als oberste Intelligenz）。然而，有限（存在）者的场合，道德法则采取令式。之所以这样说，虽然可以认为作为理性的（存在）者具有纯粹的意志，但只要它是一个因某种欠缺和感性动机而受激发影响的（存在）者，就不能认为具有神圣的意志，即不接受任何违背道德法则的准则的意志。道德法则因此在前者就是定言令式，就是因为这个法则是无限制的。[①]

在人也是动物这一点来看，人不只是遵循这样的智慧生物普遍原理的存在，康德认为，因此，现实中的人不可能单独以个体的形式得到完善，而是形成一个社会、作为一个物种走向完善的中间性的存在。

地球以外的许多行星上的住民是怎样的存在，他们的本性又是怎样的，我们不知道。但是，如果我们不辜负自然的寄托，就可以自负地说在宇宙中的这些邻居中我们的地位也并不低。这些

---

① Immanuel Kant, *Kritik der reinen Vernunft*, Felix Meiner Verlag, Hamburg, 1976, SS. 37–38.

行星的住民，也许每一个个体都可以尽其一生毫不保留地完成自己的本分。然而对我们而言，这是不可能的，只不过是能够期待此类而已。①

康德的以下名言就是基于这样的人类观所写。

越是反复地、不间断地深思熟虑越是怀有不断高涨的感叹和畏敬之念以及充满心灵的有两种东西，这就是我们头上星星闪耀的天空和我心中的道德律。②

从十八世纪到十九世纪中叶的天文学的多宇宙论，在科学和启蒙思想的发展中发挥了巨大作用。它作为一个有效的类比推论是成立的，但缺乏科学实证。尽管如此，天文学的多宇宙论流行的主要原因在于这一时期的形而上学和神学思想框架，从信奉科学的基督徒到有神论者和唯物论者都认同这个将科学成果与神学思考联系起来的框架。可以说，这反过来又加强了牛顿主义和其他形式的科学主义。自此十八世纪式的世界结束，以"大地上的变革"③为课题，人类中心主义成为思想的根本。而且由于各知识领域的日益分化，知识框架发生了变化，科学变得独立，自然神学衰退，多宇宙论从公共话语讨论中消失了。

四 近代早期东亚的多世界论

（一）江户时代的天文学多宇宙论

众所周知，江户时代日本的市井朱子学者山片蟠桃（1748—1821）

① Immanuel Kant, *Ausgewählte kleine Schriften*, Felix Meiner Verlag, Humburg, 1969, S. 35.

② Immanuel Kant, *Kritik der reinen Vernunft*, Felix Meiner Verlag, Hamburg, 1976, S. 187.

③ Robespierre, *Discours Proncé à la trinbune de la Convention le 7 mai 1794 - 1718*, floréal A II, http://membres. multimania. fr/discours/morale. htm.

在其遗作《梦之代》（1805—1820 年）中主张日心说，否定佛教和国学宇宙观的同时，提出了假定存在许多恒星系统的"大宇宙论"[1]。山片蟠桃认为"大宇宙论"是具有科学性推论的结果，应该与宗教的空想区分开来，主张作为日心说系统论的地球外生命的存在。

> 凡此地球有人民、草木，依此类推，其他诸星，大抵大小与我地球相似，均土地湿润，无蹴鞠或纸张之类。而且，接受太阳光会产生光和作用。已经产生光和作用的，中生水火，进而生草木。此外虫类必从中生。即生虫类，鱼贝、禽兽亦应运而生。而且，或许有人民。故若诸星皆有人民，则以有为前提，进而扩充、穷究，似妄无妄，似虚无虚。如佛道、神道非无稽之论。[2]

《梦之代》描写了一个充满生命的宏观宇宙景象，与其说这是一个吸收了日心说的日本思想家独创性思考的结果，不如说是因为山片蟠桃正确理解了十八世纪欧洲盛行的地球外生命存在说。"大宇宙论"的山片蟠桃并不局限于理解消化日心说，而且极其准确地理解了由此展开的早期近代宇宙图景。他的从宇宙的结构到预测地外智慧生命存在的推理尽管非常简短，但在逻辑和推理上可谓等同于天文学的多宇宙论。山片本人对这一特点也印象深刻，体现在他"似妄而不妄，似虚而不虚"这一谨慎的表达中。

"大宇宙论"的背景与欧洲科学和江户时期日本天文学之间的直接影响有关。山片蟠桃能接触到的西洋天文学著作之一是志筑忠雄（1760—1806）的《历象新书》（1802 年），它作为日心说的介绍在日本科学史上占有重要地位。在撰写这本书时，志筑忠雄把约翰·基尔的几部翻译成荷兰语的拉丁文著作作为原著，《历象新书》与其说是"翻译"，不如说是近似意译的"译文"之上加上译者评语的一种

---

[1] ［日］有坂隆道：《山片蟠桃与大阪洋学》，创元社 2005 年版。
[2] 《日本思想体系》43 "山片蟠桃"，岩波书店 1973 年版，第 222 页。

"编辑作品"。在这本书上，志筑忠雄摆脱了基尔的原文，用自己的话自由地展开了多宇宙论。①

> 太虚寥廓无边，太阳无数，之中有我之太阳，未必只是我之太阳有行星环绕，其他恒星也如同各五星应该有之。……无边无际，无数星球纵横交错，不可能只有我们地球才有住民和万物。我们无从知晓其他的行星世界以及环绕太阳的其他行星是否有形状容貌相异的存在者，但不可能绝对没有住者。②

与基尔颂扬基督教"神的宏伟壮丽殿堂"的文章相比，从《历象新书》"译文"的基调可以看出志筑忠雄是在其儒家教养的基础上阐述充分消化理解了多宇宙论的己见。③ 牛顿物理学和天文学在日本的全面引进同时还伴随着地外智慧生命存在说。

继志筑忠雄之后，日心说和牛顿力学在日本逐渐被接受。十九世纪前半叶具有代表性的天文学解说家吉雄常三（1787—1843）是长崎大通词（翻译官）吉雄耕牛的孙子，医学吉雄学派的创始人。④ 吉雄常三在从事家业医学的同时，向志筑忠雄学习天文学。其代表作《理学入式远西观象图说》利用插画通俗易懂地说明天文学体系，几度再版。此书被称为"近代洋学入门大全"⑤，单从书名也可以看出它是一本入门级的介绍性书籍，意图以牛顿物理学为基础，解说西方天

---

① ［日］吉田忠：《兰学与自然哲学试论》，《日本文化研究所研究报告》第 9 集，1973 年，第 43—76 页；［日］吉田忠：《〈历象新书〉的研究》，《日本文化研究所研究报告》第 25 集，1989 年，第 107—152 页；［日］松尾龙之介：《长崎兰学的巨人——志筑忠雄和他的时代》，弦书房 2007 年版。

② ［日］志筑忠雄：《历象新书》，《文明源流丛书》，国书刊行会，1969 年，第 129 页。

③ ［韩］任正爀：《朝鲜科学史的近世——洪大容、汉都、志筑忠雄的自然哲学宇宙论》，思文阁株式会社 2011 年版。

④ 关于吉雄常三的传记，参考了［日］秋山晶则（岐阜圣德学园大学教授）所言。

⑤ ［日］广濑秀雄：《与吉雄常三南皋〈远西观象图说〉》，［日］广濑秀雄、中山茂、小川鼎三《日本思想体系》65 "洋学"下，岩波书店 1972 年版。

文学。

本书还以简单明了的方式介绍了多宇宙论，银河系中有四万多颗像太阳一样的恒星广布，其周围则有行星环绕，每一个都是一个"世界"，像地球一样，在其之上存在着从草木到野兽乃至智慧生命等构成的生命系统。

> 如所谓银河也群集四万余个小恒星，形成了一条天河……其光照耀着数百万里之广，称为行星天空，行星皆在其内。把恒星作为太阳，行星环绕之。其每个行星皆有各自的世界，人畜栖息，草木生长，与我之地球相同无异。①

吉雄常三在书中写道，作为此书的出处，除了参考了基尔的著作以外，还参考了乔安尼斯·弗洛伦提乌斯·马丁内特（Joannes Florentius Martinet，1729—1795）和本杰明·马丁（Benjamin Martin，1704—1782）的著作，这两人分别是在十八世纪的荷兰和大不列颠进行牛顿主义启蒙的代表性著者。他们的著作不是像基尔那样的带有学术性质的教科书，而是面向青少年和普通大众编写的通俗科学读物，因此这些书拥有大量的读者，在十八世纪的科学普及中发挥了重要作用。

马丁内特的《格致问答》（*Katechismus der Natuur*，1777—1779）②，以师生间问答的形式对自然科学的各个领域进行了浅显易懂的解说，被翻译成各种语言并被广泛阅读。这本书的开头便介绍了多宇宙论，散布在浩瀚宇宙中的行星并不是毫无意义的存在，它们是作为智慧生命居住的场所而被创造的，正如通过显微镜发现了充满生命的微观世界，通过望远镜发现了充满高级智慧生命存在的浩瀚壮阔的宇宙空间。

> 答：下述之事确定无异，我们的行星上到处被有生命的被造

---

① ［日］吉雄常三：《理学入式远西观象图说》，1823 年。

② Katechismus der Natuur, *Amsterdam*, *1777 – 1779*.

物而充溢着。一滴水中也栖息着生命，虽然我们的肉眼看不见，但通过显微镜可以确认它的存在。此外，不仅是我们这个行星，我们的太阳还照耀和温暖了其他二十八个天体。尤其是月球被大气层所包围，被山岳和谷壑所覆盖。它就像我们的星球一样，具有值得被居住的荣誉。因此，我们不能认为那些天空中的地球在没有居民的情况下白白地接受太阳的光和热，也不能认为除了我们之外没有其他世界。①

英格兰的实验器具制造者、作为科学启蒙家活动的马丁的著作《年轻绅士淑女的哲学》(*The Young Gentleman and Lady's Philosophy*，1759 年) 也以对话的形式用通俗的语言解说自然科学。当学生们被告知头顶上有无限广阔的宇宙空间这一新的景象时，惊讶地问那是怎样的，一位名叫克里昂的教师用天文学的多宇宙论回答了这一问题。

克里昂：根据现代哲学家们的观点，宇宙被所有的无限的空间以不同的物体的诸世界系统而充溢着。这个系统指的是围绕一个共同点运动的许多物体，那便是所谓的"世界"，而在这些系统中运动的物体就是行星和彗星。②

除了这些来自个人的介绍之外，十八世纪末以高桥至时等为首的天文学家们还进行了国家性的翻译项目《拉朗德历书》的翻译和编纂。它的原典是荷兰语的 *Astronomia of Sterrekunde*，其原著者法国天文学家约瑟夫·热罗姆·勒弗朗索瓦·德·拉朗德 (Jérôme Lefrançais de Lalande，1732—1807) 在他自己所著天文学入门书中

---

① Katechismus der Natuur, *Amsterdam, 1777 – 1779*, pp. 26 – 27.

② Benjamin Martin, "The Young Gentleman and Lady's Philosophy", *A Continued Survey of the Works of Nature and Art*, by Way of Dialogue, London, 1759, p. 8.

也讨论了世界的多元性。① 拉朗德在他的卷帙浩繁、内容详尽的主要著作《天文学》(*Astronomie*) 中，从天体的基本知识到计算轨道的方法和观测的仪器等全面地介绍了当时的天文学，他明确指出"恒星与我们的太阳是一样的"②，这句话也出现在该书的荷兰语译本中（"of liever zonnen even als de onze zyn"）③。十八世纪中期以后的日本科学家不仅仅是理解了代表欧洲十七世纪"科学革命"的日心说及其作为其原理根据的万有引力，而且通过阅读这些荷兰语原典以及各种欧洲语言著的荷兰语译本，也知道了与之相伴随的多宇宙论的观念。

（二）创造的哲学和生成的哲学

十八世纪宇宙的多元性的观念引起哲学性思考的地方并不只有欧洲和日本，在山片蟠桃大宇宙论之前，朝鲜王国北学派的核心人物洪大容（1731—1783）④ 在其著名的遗著《医山问答》⑤ 中，在地球自转说和第谷·布拉赫的折中学说的基础上展开自己的天文理论。这本书以手稿形式流传，直到 20 世纪才出版，因此并未产生广泛的影响。⑥ 洪大容吸收了多宇宙论的意象，试图重构儒学。十八世纪末，志筑忠雄和吉雄常三等直接从荷兰文原著和拉丁语、英语、法语原著的荷兰语译本中获得这一知识，而洪大容则主要通过西方文献的中文译本来理解西方天文学。一直以来，日本学界都认

---

① Jérome de Lalande, Abrege D'astronomie, *Second Édition*, Paris, p. 360；Jérome de Lalande, *Astronomie des Dame*, *Quatriéme Édition*, Paris, 1817, pp. 187 – 188.

② Jérome de Lalande, *Astronomie*, Paris, 1764, p. 147.

③ Astronimia of Sterrekunde, *Eerste Deel*, *Amsterdam*, 1773, p. 235.

④ 姜在彦：《朝鲜的开化思想》，岩波书店 1980 年版；郑圣哲：《朝鲜实学思想的谱系》，崔允珍、权仁变、金哲央译，1982 年；金泰俊：《从虚学到实学：十八世纪朝鲜知识人洪大容的北京旅行》，东京大学出版社 1988 年版；姜在彦：《姜在彦著作集选》第 IV 卷《朝鲜的西学史》，铃木信昭译，明石书店 1996 年版。

⑤ ［韩］任正赫：《朝鲜科学史的近世——洪大容、康德、志筑忠雄的自然哲学宇宙论》，思文阁株式会社 2011 年版。

⑥ 任正爛：《关于朝鲜实学家洪大容的地转说》，《科学史研究 II》，29，1990 年。

为日心说在中国没有得到充分的普及，① 但是在中国，从明代开始就有耶稣会士介绍西方天文学，关于日心说，在乾隆皇帝宫廷中活跃的传教士米歇尔（Michel Benoist，中文名蒋友仁，1715—1774）所作的《坤舆全图》中也进行了解说。在包含对《坤舆全图》解说的出版的《地球图说》中，"若以望远镜太阴之面则见其黑暗之处以山林湖海"，说明行星是和地球一样的天体，月球上也有和地球同样的地形。

虽然不像志筑忠雄和山片蟠桃那样采用哥白尼体系，但《医山问答》试图根据以无限宇宙论、地球球体说和自转说为中心的独自的天文学，合理地解释自然现象。这本书采用问答的形式，对受传统儒学束缚的主人公"虚子"，由可能是宇宙人的异形怪人"实翁"（"有巨人独座……形容诡异"②）作为教师进行教导。在朝鲜儒学中，相对于以"理"为中心的立场，洪大容属于重视"气"的学派，而"实翁"则展开以气为原理的自然哲学，描绘出无限空间扩张的多世界。

实翁曰不然漫天星宿无非界也白星界观之地界亦星也无量之界散处空界惟此地界巧居正中无有是理是以无非界也无非转也众界之管同于地观各自谓中各星众界……

虚子曰地之非中瑾闻命臭敢开银河何界也实翁曰银河者严众界以为界旋规于空界成一大环环中多界千万其数日地诸界居其一尔是为太虚之一大界也。③

这本书基于这种宇宙论，论述地球、月亮和太阳，比较居住在那里的智慧生命。正如多世界论的惯例，地球以外的智慧生命要比人类

① ［日］薮内清：《中国的天文历法》，平凡社 1969 年版。
② ［韩］任正赫：《朝鲜科学史的近世——洪大容、康德、志筑忠雄的自然哲学宇宙论》，思文阁株式会社 2011 年版，第 210 页。
③ ［韩］任正赫：《朝鲜科学史的近世——洪大容、康德、志筑忠雄的自然哲学宇宙论》，思文阁株式会社 2011 年版，第 216 页。

优越。与体质纯粹的月球人和太阳人不同，如康德所论，人类作为一个智慧存在者更具有动物性，不纯粹，很难作为道德性存在得以完善。

> 日者体大于地其数多倍其质火其色赤质火故其性温色赤故其光明焰燥四发渐远而渐微极于数千万里。
>
> 生于本界者弃受纯火其体晃朗其性刚烈其知通透其气飞扬无昼夜之分无冬夏之候终古居火而不觉其温也。
>
> 月者体小于地三十居一其质冰其色清质冰故其性冷色清故笑日发光远目裂空明如镜近日则融江洋如海生于本界者弃受纯水其体荧澈其性洁净其质澄明其气轻浮昼夜之分冬夏之候与地界同终古居冰而不觉其冷也。
>
> 地者七政之淳穰其质冰土其色晦浊质冰土故其性寒色晦浊放映目少光近而受温土润冰解。
>
> 生于本界者其体彪驳其性租箕知昏翼气纯滞日照而为苦隐而为夜目近而为夏日远而为冬日火蒸灸滋产众生形交胎产人物繁众神智日闭小慧日长利欲淫敷州生灭菅忽此地界之情状而尔之所知也。①

在近代早期的西方，托勒密体系被认为是天主教会的定论，而且布鲁诺、康帕内拉、伽利略等受到教会的迫害，因此很多思想史学家认为日心说的提倡是近代科学的决定性分水岭。但实际上哥白尼体系作为天文学，与观测结果有很多不一致，并不完整，即使作为模型，也比托勒密体系需要更多的辅助圆且更加复杂。另外，站在牛顿科学所设想的绝对静止空间的存在被否定的现代物理学的立场上来说，运动本身就是相对的，因此描述天体运动时，原点是取地球还是太阳，

---

① ［韩］任正赫：《朝鲜科学史的近世——洪大容、康德、志筑忠雄的自然哲学宇宙论》，思文阁株式会社 2011 年版，第 217 页。

归根到底是坐标变换，不是本质性的问题。① 倒不如说，将多宇宙论引入天文学，认为太阳系的诸天体与地球是同样的存在，应该被视为思想史上的一个重要分水岭。

事实上吉雄常三理解了从十八世纪末到十九世纪多宇宙论被认为对天文学和欧洲思想具有本质性意义。他指出确立多宇宙观才是日心说提倡者们的本意。

> 应该说明地球也是天中的一颗行星，而行星太阴（行星与月亮）皆为人类居住的大世界，这是西方哲学家讲述地球运动的要旨。②

在西方近代早期思想史上，多宇宙论提供了智慧宇宙论的普遍性和"相对化"的视角。同样山片蟠桃展开包括地外智慧生命存在说在内的大宇宙论，目的也在于驳倒当时作为国学的日本中心主义，它刚好对应了早期近代的无限宇宙和地外智慧生命存在说具有瓦解基督教诸派狭隘的人类中心性的作用。多宇宙论给洪大容也带来了消解传统思想中心性的相对化视角，洪大容在开展以气为中心的朱子学的自然观的同时，批判神仙之术、天文之学、阴阳五行说等，甚至否定葬礼的依据和华夷之别，瓦解中华文化圈的传统观念。

基于这些自然观，洪大容赞扬了符合自然规律的社会，并将史前的夏和商理想化，并严厉谴责周朝以后的战争和统治、贫富差距以及充满虚饰奢侈、一味追求私利的文明。这与卢梭等启蒙时期的思想家们根据"自然"观念进行的文明批判相对应。以近代科学知识为基础开展唯物主义儒学的山片蟠桃是商人身份，另外，基于自然哲学进行文明批判的孤高思想家安藤昌益（1703—1762），在 20 世纪被美国学

---

① Otto Eduard Neugebauer, *The Exact Sciences in Antiquity*, Princeton University Press, Princeton, 1952.

② ［日］吉雄常三：《理学入式远西观象图说》，1823 年。

者发现之前是不为人知的北方隐士。洪大容在与他们分享批判性视角的同时，基于其高深的学识，对朱子学进行了彻底合理化和根本性的文明批判。洪大容虽然没有文官（东班）那样高的社会地位和身份，但属于基于国家考试的技术官僚"中人"阶层，被破格提拔为国王正祖的老师。北学不拘泥于以往的儒教原理，广泛收集包括清朝和西方在内的新知识，重视技术和科学，在正祖统治下与朝鲜王国的近代化相结合。这一独创性哲学是由其代表人物之一所构思，是近世东亚思想史上的一个壮丽奇观，并显示了十八世纪东西方思想的并行性。

无限宇宙论和多宇宙论不仅在古希腊、古罗马，而且也广泛存在于非欧洲世界。在中国自古以来就有了盖天说和浑天说，以及将宇宙视为"无限空间"的宣夜说。① "空间和时间是无限的信念、世界是多元的信念、用劫数来度量几乎无限时间的经过的信念"② 以及科学史学家李约瑟（Noel Joseph Terence Montgomery Needham，1900—1995）所称的古代印度思想中的无限空间论和多宇宙论也以佛教为媒介很早就传入了东亚。③ 欧洲人也了解这种情况，例如，十七世纪荷兰探险家约翰·约荷夫（Johannes Nieuhof，1618—1672）报告说，印度人相信多宇宙的存在，传入中国的佛教也一样，其理论与毕达哥拉斯哲学是相同的。④ 基于这些观察，W. M. Parks 的《少年地理学入门》（1743 年）中介绍了中国人的宗教，解释说"释迦相信多宇宙和毕达哥拉斯的轮回转世"⑤。在伊弗雷姆·钱伯

---

① ［日］东畑精一、薮内清主编，［美］约瑟夫·尼德姆：《中国科学与文明》第 5 卷《天科学》，思索社 1976 年版，第 52 页。

② ［美］约瑟夫·尼德姆：《中国科学与文明》第 3 卷《思想史》下，思索社 1976 年版，第464 页。

③ ［美］约瑟夫·尼德姆：《中国科学与文明》第 3 卷《思想史》下，思索社 1976 年版，第 464—465 页。

④ Johannes Nieuhof, *An Embassy from the East-India Company of the United Provinces*, *to the Grand Tartar Cham*, *Emperor of China Deliver'd by Their Excellencies*, *Peter de Goyer and Jacob de Keyzer*, *at His Imperial City of Peking*：*Wherein the Cities*, *Towns*, *Villages*, *Ports*, *Rivers*, *&c. in Their Passages from Canton to Peking are Ingeniously Describ'd / by Mr. John Nieuhoff*, 1673, p. 395.

⑤ W. M. Perks, *The Youth's General Introduction to Geography*, London, 1743, p. 314.

斯（Ephraim Chambers，1680—1740）的《百科全书》的 BRA 条目中，科罗曼德尔人被认为是多世界论的信奉者。[①] 根据李约瑟的解释，朱熹（1130—1200）在这些传统观念的基础上，认为"天无实体，为空虚"[②]，这种观念与 充满空虚空间的"刚气"之说相结合，从而产生了天体漂浮的无限空间的视觉形象。[③] 传教士们带到中国的地心说与这些传入的无限空间论发生了矛盾，但具有讽刺意味的是，不久之后在欧亚大陆的另一边，无限空间论和天文学的多宇宙论得到了发展。[④]

志筑忠雄在《历象新书》中插入了自己写的论文《混沌分判图说》，他以朱子学的自然观为基础，使用气的原理，展开了让人联想起康德·拉普拉斯星云说的太阳系起源论。同样，洪大容的自然哲学和他的多宇宙论也可以定位于近代朝鲜王朝时期朱子学的气学发展中[⑤]。

山田庆儿详细研究了朱熹晚年的讲义笔记《朱子语类》，以天文学为中心重构了朱熹的自然哲学，[⑥] 山田认为，朱熹在天文学上属于浑天说，持有无限空间观念，对于地球的形状也不认为是平面的。朱熹学习北宋科学大家沈括的著作，进行了基于经验的慎重的讨论，并重视数值观测。山田的研究反映了他写作时对科学论的兴趣，[⑦] 在高

---

① Ephraim Chambers, "Cyclopœdia: Or, An Universal Dictionary of Arts and Sciences", By E. Chambers, F. R. S. , *With the Supplement, and Modern Improvements*, London, 1778 – 1788.

② Joseph Terence Montgomery Needham, ［美］约瑟夫·尼德姆：《中国科学与文明》第 5 卷《天的科学》，思索社 1976 年版，第 53 页。

③ Joseph Terence Montgomery Needham, ［美］约瑟夫·尼德姆：《中国科学与文明》第 5 卷《天的科学》，思索社 1976 年版，第 54 页。

④ Joseph Terence Montgomery Needham, ［美］约瑟夫·尼德姆：《中国科学与文明》第 5 卷《天的科学》，思索社 1976 年版，第 323—328 页。

⑤ ［韩］任正赫：《朝鲜科学史的近世——洪大容、康德、志筑忠雄的自然哲学宇宙论》，思文阁株式会社 2011 年版。

⑥ ［日］山田庆儿：《朱子的自然学》，岩波书店 1978 年版。

⑦ 例如 Arthur Koestler, J. R. Smythies（eds.）, *Beyond Reductionism: New Perspectives in the Life Sciences: The Alpbach Symposium*, Hutchinson, London, 1968.

度赞赏朱熹作为科学家的论点的同时，与还原主义、机械主义的"近代科学"形成对比，聚焦于模式识别和人文思考。但朱熹是与阿尔·拉兹和伊本·路西德（abū al-walīd muḥammad ibn aḥmad ibn rušd，1126—1198）同时代的人，西方思想史上与之对应的是彼得·伦巴第的（Petrus Lombardus，1100—1160）等早期经院哲学的一代。在经院哲学当中考察近代科学起源，通常是一个多世纪之后的奥卡姆的唯名论以及比里丹，奥雷姆的自然学被提起，而近代科学的粒子哲学和数理方法在那之后更晚的时候才出现。与他同时代的西亚和欧洲相比，从现代角度来看，朱熹的自然哲学的科学性是非常突出的。

作为其基础的"气"的概念也可以看作气生论式的粒子哲学，所以如果把地球看作球体的物体，那么天文学多宇宙论就会使用无限宇宙和气的概念在朱子学的框架中被合理地导出。在与三位一体的教义不相矛盾这一点上，儒学比基督教更容易接受天文学的多宇宙论。儒学思想通常被认为是单一宇宙论的立场，但是朱熹采用的邵雍（1012—1077）的宇宙生成论是奥里斯姆定义中的时间多宇宙论，阐述了世界不断的生成和消亡。邵雍在《皇极经世书》中也提到了并行世界论（人或告我曰：天地之外别有天地万物，异乎此天地万物）。志筑忠雄和洪大容在吸收西方天文学的同时，或多或少地依据朱子学的自然哲学来论证天文多宇宙论。这显示了朱子学传统的自然主义思想的生产力。

与朱子学同时期在伊斯兰世界和欧洲中世纪发展起来的哲学是作为由神创造天地结果来考察世界的"创世哲学"，它存在一个创造是怎样被进行的问题，为了解决这个问题，对多宇宙论展开说明。区别于"创世前"神的精神之中的现实世界，构想出普遍概念可能对应的可能世界论以及从神万能的观念中引导出来的自然主义的多宇宙论。根据科学史学家皮埃尔·迪昂（Pierre Duhem，1861—1916）的研究，如果将近代科学视为自欧洲中世纪哲学的连续发展，可以考虑以下两种路径。第一，如果采用过去近代思想史所参照的以截至二十世纪初的牛顿科学完成的科学史记述，就会脱离经院哲学的形相（eidos）观念，停止对可能世界以及与现实世界关系的形而上学的探究，通过"observation and experiment"向试图用数学阐明由个体构成的经验世界的方向转变便是科学的起源。这种转变的起点可以在奥卡姆等人的唯名论中找到，他们认为一切存在的事物都是个体，普遍性只作为神的语言存在。可以说朱子学从理学到气学的发展，是与此相对应的。

然而，进入二十世纪，建立并取得了突破性成功的物理理论——量子力学，为现代电子技术提供了基础，其基础理论可以解释为微观世界的可能世界的存在方式在逻辑上领先于实际存在的现实世界。构成量子力学的基础方程式波动方程（wave equation）的波函数（wave function）给出的不是电子等基本粒子的位置，而是它们的"存在概率"。波动方程式是由包含了在真实世界无法测量的虚数的复函数组成的，其本身并不表现用实际数字描述的真实世界的物理现象。此外，电子和光子等基本粒子不可能根据费米·狄拉克统计（Fermi-Dirac statistics）和玻色·爱因斯坦（Bose-Einstein）统计，像现实世界的个体那样一个个区分开来，在这个意义上可以说是可能世界的存在。以因为复变函数的波函数的物理算符成为埃尔米特矩阵（ermitian matrix），具有只反馈回来能量和动量这样的实际数字的数学性质的形式明确说明让"真的世界"的可能世界变成真实的世界的理由，可以说量子力学揭示了在中世纪哲学斯多葛学派所主张、奥卡姆所批判的使现实世界的个体成立"此性"haecceitas 的内容和生成。

这样，把视野限定在经验上已知的个体并只研究它的近代科学超越了斯多葛派中世纪哲学的停止点，正如一些当代科学家所构想的那样，从能够以何种形式称其为可能世界的世界数学性质引导推动出现实世界的学问。

然而，即使"创造哲学"通过提出多样的多宇宙论，成为科学得以形成的背景，但现代科学与之相反，越来越朝着以世界本身解释世界的方向发展。第二，朱熹以周敦颐（1017—1073）的《太极图说》

（1070 年）为基础，创立了"太极"这一先行存在的形而上学原理，通过程颐（1033—1107）的"理一分殊"和"性即理"思想，确立了普遍原理的理和存在物的气之间的关系，并把人理解为智慧存在者。关于宇宙的形成，朱熹认为世界依据邵雍的毕达哥拉斯主义的数理原理而生成。作为形而上学和自然哲学的朱子学，把形而上学的原理和经验性、数理性研究结合起来，认为根据数理性原理从一种可能世界生成现实世界，可以说是"生成哲学"。在这一体系中，人类被理解为拥有普遍知识的智慧存在者。它在试图从世界本身来说明世界这一点上，具有近似现代科学的性质。这样看来，科学史也可以解释为，从创造的哲学出发，沿着生成哲学的路线不断发展。世界多数性的忘却是现代的一个特征，也是一个陷阱，从东西比较的角度来看，可以说如今回顾以前的"世界的多元性"时代是有意义的。

如何理解《百科全书》中的版画？

——从身体认知的视点去观察

鹫见洋一 著　张素芳 译[*]

一　关于身体认知

我认为知识基本上可分为"概念认知"和"身体认知"两种。

编辑《百科全书》这样的辞典和事典时，最基础的工作就是要将它们进行分类。而分类基本上是用语言来完成的。翻开身边的辞典和百科事典，就能在"自由""经济""柏拉图"等词语下面看到文字解释。这个称为"概念认知"吧。若要理解某个概念，语言是不可缺少的，更不用说去理解靠语言形成的社会与政治世界，没有语言绝对是无法成立的。辞典（维基百科也可以包含在内）里面登载的插画、插图等视觉资料一直被看成附加物、附带品。因为"自由""经济""柏拉图"等这样的词语完全可以用语言来解释清楚。但是，现在去想象一下"藏猫儿～藏猫儿～，哇～"这个概念。《广辞苑》（第四版）是这样解释的：

> 哄逗婴儿的动作。将脸遮住说"藏猫儿～藏猫儿～"，然后露出脸"哇～"。

---

* 鹫见洋一，庆应义塾大学名誉教授。张素芳，名古屋大学非常勤讲师。

这是一个很完美的解释，丝毫不需要附加任何说明。而且，"藏猫儿~藏猫儿~，哇~"不仅在日本，在很多国家也都有类似的风俗。因此，把"藏猫儿~藏猫儿~，哇~"和"自由""经济""柏拉图"等项目同列为"概念认知"的话，多少让人有些抵触感。因为描写哄逗婴儿的动作只靠语言是不完整的，背后需要大人使用手和脸这样的"身体"语言作为前提来完成。这种定义，我们称它为"身体认知"吧。

想想看，《旧约·圣经》开头的"创世记"中，亚当和夏娃的故事其实就是一个暗示。当亚当和夏娃受恶魔蛇的哄诱偷食了禁果之后，看到了自己全裸的身体，第一反应就是感到很羞耻，所以做的第一件事就是将无花果的叶子遮住全裸的身子。这就象征着人类最初的"智慧"及"知识"就是"身体认知"。

本章研究的对象是 18 世纪法国的《百科全书》。这部全书不仅有用法语撰写的全 17 卷的"文字版"（1751—1765），还有全 11 卷（1762—1772）的庞大铜版画册，共 28 卷。如果不看一遍，就很难说是了解了这部庞大的全书。但是，不仅在德尼·狄德罗的祖国法国，在日本也不太重视研究版画。《百科全书》集大成了由语言记述的"概念认知"，另外还利用很多铜版画这种视觉媒体，编辑成画册。除了解说部分之外，至少有一半以上是不可缺少的"身体认知"。特别是从最优先研究"概念认知"的思想史学家们来看，参照近三千张的版画来研究，是个非常棘手的研究方法。日本也是一样。迄今为止，发表了很多关于"文字版"方面的研究论文，但几乎还看不到有关版画方面的研究。这是个无可辩解的事实。在研究《百科全书》的历史论文及书籍中，即使有人谈及版画册的成立及出版等方面，也没有人去研究铜版画所表现出来的内容。

研究版画的最终目的是去解读版画中的意图。迄今为止，在这方面有成果可参考的是罗兰·巴特（Roland Barthes）和杰克·普鲁斯特（Jacques Proust）两人。两人从不同的立场对此进行了分析。巴特作为记号论研究的学者进行了独特的分析并发挥了感性上的特长。而普鲁斯特则更深入地研究了《百科全书》，也许受了巴特的影响，他将画中的意图作为主题，试图去解读有代表性的画作。由于字数有限，在此不能过多地介绍。他们两人解读版画的方式非常相似，总的来说成功地展示了一种可以说是启蒙时期合理主义感觉论的理想世界。

本章为了打开日本版画研究的闭塞状况，敬佩巴特和普鲁斯特的研究成果，大胆地将版画本身作为研究对象，仅从"身体认知"的立场来尝试几种分析方法。

（一）我们观画人与登场人物的"投入"

《百科全书》的版画册里，"身体认知"的特征是什么呢？首先可以指出的是所有的版画都是上等的铜版画，文字也彻底地发挥了说明与解释的作用。《百科全书》版画册中的文字作用也非常重要，不可忽略。

与以前的书籍相比，《百科全书》版画册最大的特点就是有很多人物登场。这是很多画册与类似的书籍中很少看到的。如果硬要找寻它们的相似之处的话，那就是都有人物的传统风景画吧。

版画中的登场人物有时好像代替我们"观画人"在欣赏风景。在当时的绘画领域里，"投入"被称为是绘画的主题。18 世纪中期的法国绘画，当时以狄德罗为主的评论家们所描绘出的人物像是"集中""投入""冥想"。迈克尔·弗莱德把重点放在了这种表现手法上，可以说是深入研究"投入"的一位先驱者。

（二）"到访"奇景、绝景的人物像

扮演看景角色的人，也就是画中的登场人物有时候代替赏画的我们出现在版画中。比如，画中出现的一些散步者、旅行者和观光客等。他们被眼前大自然的壮观奇景和绝景震撼、着迷并"投入"其中。另外还有很多醒目的场景，描写爱尔兰北部安特里姆州海岸露出的巨大柱状玄武岩石。从第六卷大题目《自然志》到《矿物学》版画等大型版画都是最具有代表性的画作（图1）。

图1　版画"Antrim 州海岸巨大柱状玄武岩"

说明：《百科全书》第6卷《自然志》《矿物学》版画六，"Antrim 州海岸的巨大柱状玄武岩"，De La Rue 素描，Benard 刻版。

这幅版画没有过多的解说，只能从细密的铜版画中取得信息。画中共有 10 个人登场，分为几个小组。画中央最前面打扮得看似上流社会的两对伴侣，也许是自然爱好者，对眼前的大自然表现出惊叹、忘我和投入。

图2　版画"Antrim 州海岸巨大柱状玄武岩"局部（一）

说明：《百科全书》第6卷《自然志》《矿物学》版画六，"Antrim 州海岸的巨大柱状玄武岩"，De La Rue 素描，Benard 刻版。

图 2 中，特别是画中两位女性的表现。她们都穿着大摆裙，裙上的褶纹以及露出脖颈的妇人姿容，衬托出了法国 18 世纪画家华托的

一种雅宴画风，瞬间吸引了不少人的眼球。不过，她们怎么看都好像不是英国人，也许是法国的观光客。再用放大镜仔细观察，左手边小岩石的前面有两位男性，他们好像在讨论着什么（图3）。

图3　版画"Antrim 州海岸巨大柱状玄武岩"局部（二）

第6卷《自然誌》「矿物学」图版Ⅵ.「Antrim 州海岸的巨大柱状玄武岩」. De La Rue 素描. Benard 版刻.

　　岩石的对面有一条小径，延续很深。近处有一人，距离很远的深处还有一人。他们好像是贵族身份，互相面朝着对方在比画着什么。（详见图4）

图4　版画"Antrim 州海岸巨大柱状玄武岩"局部（三）

说明：《百科全书》第6卷《自然志》《矿物学》版画六，"Antrim 州海岸的巨大柱状玄武岩"，De La Rue 素描，Benard 刻版。

稍偏右边一点（图5），中间的一块大岩石下方，有一位男性好像被狗折腾得筋疲力尽的画面。

图5　版画"Antrim 州海岸巨大柱状玄武岩"局部（四）

说明：《百科全书》第6卷《自然志》《矿物学》版画六，"Antrim 州海岸的巨大柱状玄武岩"，De La Rue 素描，Benard 刻版。

再往右边（图6），有 7 位男女聚集在同一个岩石下方，他们好像是最热闹的一群人。他们 3 男 4 女在开派对，给人感觉他们好像有点违反旅游胜地的规则。左边的女性打开手里拿着的大提兜，好像

图6　版画"Antrim 州海岸巨大柱状玄武岩"局部（五）

说明：《百科全书》第6卷《自然志》《矿物学》版画六，"Antrim 州海岸的巨大柱状玄武岩"，De La Rue 素描，Benard 刻版。

想要往提兜里放什么，明显的是在偷东西，像是要把玄武岩石的小碎块装入提兜带回去。右边的男性看到了却装作没看到，他或许是共犯吧。其他人都在说个不停，感觉好像听到了他们在大声地喧哗。

最后（图7），是3位男女，位于偷盗团与最初景观中4位男女中间的水边，好像在忙着什么工作。从衣着来看不像是上流阶层的人，也许是当地的渔民。

图7　版画"Antrim 州海岸巨大柱状玄武岩"局部（六）

说明：《百科全书》第6卷《自然志》《矿物学》版画六，"Antrim 州海岸的巨大柱状玄武岩"，De La Rue 素描，Benard 刻版。

如大家所看到的，在可数的《百科全书》版画册里，由玄武岩构成的景观也是出类拔萃并引人注目的，是非常有魅力的插作。有种使我们"观画人"与画中的"登场人物"无限接近的感觉。无论是谁，看到了这种气势磅礴的绘画作品都会想去爱尔兰看看吧。玄武岩与流纹岩、安山岩一样都是火山岩的一种。据说数量在地球上是最多的。岩浆流到地表后，温度突然变低，因此形成的结晶就变成了六角柱形的石纹模样，聚集在了一起。猛一看很像乌龟壳，因此吸引了很多观光客到访。当时在法国博物学者之间，对玄武岩有"火构成说"和"水构成说"两种对立的说法。不仅在爱尔兰，《百科全书》派的学者尼可拉·德马勒（1725—1815）在法国奥弗涅也发现了同样的玄武岩景观，公开之后一夜成名。

版画册中还有很多登场人物在观看眼前的自然景观、奇观的画作。主题容易掌握的应该就是"冰河"和"火山喷火"吧。十八世纪，是阿尔卑斯山被发现后，人们开始被高山的魅力与气势陶醉的时代。坎特、巴克等说出"崇高"的哲学与美学的背后，有着阿尔卑斯山雄伟壮观的山容。因此，《百科全书》版画册中出现几条有代表性的冰河是理所当然的。请大家想一下，版画完成的1760年代正是卢梭通过畅销书《新爱洛伊丝》（1761年）将瑞士阿尔卑斯山的魅力展现于世的时代。版画册第6卷中有几张冰河的画作。在版画一的瑞士"格林德瓦冰河"（"Grindelwald 冰河"）中，有几个观赏壮大景观的人物登场（图8）。

图8　版画"格林德瓦冰河"

说明：《百科全书》第6卷《自然志》"冰河"版画一，瑞士"格林德瓦冰河"，De La Rue 素描，Benard 刻版。

首先，画面左手的山丘上有一家人在眺望从山间流淌过来的冰河（图9）。

图9　版画"格林德瓦冰河"局部（一）

说明：《百科全书》第6卷《自然志》"冰河"版画一，瑞士"格林德瓦冰河"，De La Rue 素描，Benard 刻版。

可能是当地的居民吧。周围有山羊、绵羊、牧羊犬、抱着婴儿的母亲和牵着手的幼儿，还有一位坐在地上用右手指着远方冰河的丈夫或是祖父。

下面的部分（图10），是栅栏围住的宽阔草地上，数头牛在与牧牛犬嬉闹。栅栏外偏右手的低丘处的中间有几只羊。接近冰河低处的草地上，有两栋房屋、几棵树木与一位牵狗的人。

图10　版画"格林德瓦冰河"局部（二）

说明：《百科全书》第6卷《自然志》"冰河"版画一，瑞士"格林德瓦冰河"，De La Rue 素描，Benard 刻版。

　　耸立在意大利那不勒斯湾东岸的活火山、维苏威火山于 1779 年 8 月 24 日发生了大爆发，吞噬了整个庞贝城市之后，依然反反复复。进入十八世纪后仍然很活跃。仅有记载的喷火是在 1701 年、1707 年、1737 年、1754 年、1760 年、1767 年和 1779 年。第 6 卷《火山》的"1754 年维苏威的喷火"版画二中表现出如文字所描写的大喷火场面，男女两人茫然地坐在岩石上（图 11）。

图 11　版画"1754 年维苏威的喷火"

说明：《百科全书》第 6 卷《自然志》"火山"版画二"1754 年维苏威的喷火"，De La Rue 素描，Benard 刻版。

　　坐在右手岩边的少女只顾抬头仰望着，而左侧拿着棍的男孩举着左手好像在说着什么（图 12）。

　　有一位男性坐在画面右边稍有点距离的岩石边。他也在用左手指着喷火方向，好像在传达着什么（图 13）。

图 12　版画"1754 年维苏威的喷火"局部（一）

说明：《百科全书》第 6 卷《自然志》"火山"版画二"1754 年维苏威的喷火"，De La Rue
素描，Benard 刻版。

图 13　版画"1754 年维苏威的喷火"局部（二）

说明：《百科全书》第 6 卷《自然志》"火山"版画二"1754 年维苏威的喷火"，De La Rue
素描，Benard 刻版。

以上出现在画中的到访奇景和绝景的人物群体，可以说是在《百科全书》中比较少见的群体。他们面对玄武岩的奇景、大冰河的气势、火山的威力，表现出惊奇、双手举向天空或站立不稳等动作与姿态。他们像是从欧洲传统画中偷偷地溜出来似的，也好像是在代替画家饰演画中的"观景人"。在某些画面，你可能已经察觉到了人群中总有些比较显眼的人。我们周围有时也能发现这种人。摆出一副什么都懂的样子，看着火山不停地解释着什么的那种家伙。他们好像也沉醉于其中，但不太受人待见。这种人不光是面对大自然才这样的，即便是在工作室、工厂那样有人味的地方也会有同样的表现。这种人男性居多，我们再看几幅吧。

（三）视察和参观工作场所

"到访"这种行为一旦变成了"视察"与"参观"，画中就会出现一些工厂、工作室等工作场所的画面，也会增加不少观光客、来访者等登场人物。我们知道这种"画中人"的视角往往是站在画外我们这个"观画人"的位置。此刻，我产生了一种要将《百科全书》中的版画与同时代的美术作品作比较的想法。代替我们到访的"画中人"看到的是那里有很多工人。作者把在现场工作的每个人对工作都很投入的场面逼真地表现了出来。

在《百科全书》的版画中，数量最多的是描绘技术方面的画面。虽然不能与玄武岩、火山同等看待，但工厂生产出来的产品都是很受人们喜爱的奢侈品，并且生产过程中还伴随着莫大的危险性，因此吸引了不少贵族妇人们的好奇心，纷纷前来参观。比如，第9卷《挂毯》中的"王立哥白林染织厂"版画一就是最典型的一幅画作（图14）。

图 14 版画"王立哥白林染织厂"（非全图）

说明：《百科全书》第 9 卷《挂毯》的"王立哥白林染织厂"版画一，Radel 素描，Benard 刻版。

　　这是一幅可以折叠的巨大版画。据说染织厂是观光客必到之处，每天络绎不绝。在宽阔的展示厅里，只有 2 名绅士和 1 名淑女站在画面的右方。背着右手的绅士好像是这里的常客，在给这两位男女朋友看挂毯的线纹并讲解着什么。让人感到吃惊的是，竟然看不到任何一名编织工。其实他们是在背面工作，因为正面不能处理一些线结和碎片，工作时他们是完全不看挂毯正面花纹的。

　　下面请看部分扩大图（图 15）。有一名编织工拨开四处延伸的毛线，将脸凑近看着什么。这从正面是无法确认编织中的图样质量的。编织工仿佛在倾听着一位绅士大声地、很自豪地介绍着哥白林纺织品。他也许想去确认一下这位是谁，哪里来的。这幅画中可以看到作者毫无恶意的乐趣与幽默。

　　与纺织厂相对照的是玻璃厂。第 10 卷"制造玻璃瓶"版画一是离巴黎很近的塞夫勒王立工厂，离凡尔赛宫殿也很近，也是一个观光景点。用煤炭作燃料制作玻璃瓶（图 16）。

图 15　版画"王立哥白林染织厂"局部

说明：《百科全书》第 9 卷《挂毯》的"王立哥白林染织厂"版画一，Radel 素描，Benard 刻版。

图 16　版画"制造玻璃瓶"局部（一）

说明：《百科全书》第 10 卷"制造玻璃瓶""Verrerie en bois"版画一，Radel 素描，Benard 刻版。

画面左侧的暗处，有一对显然是从宫殿来的伴侣。与"王立哥白林染织厂"版画有很大的不同之处就是玻璃厂的热气和烟。站在房间中央的工人正要将刚从炉子里取出来的玻璃瓶插在棍的顶端，被贵族绅士伸出右手叫停，让贵妇人看。并能看出两人很谨慎，尽量与危险之地保持一定的距离（图17）。

图 17　版画"制造玻璃瓶"局部（二）

说明：《百科全书》第 10 卷"制造玻璃瓶""Verrerie en bois"版画一，Radel 素描，Benard 刻版。

通过以上说明了解到版画中有什么"可看的东西"时，那里一定有代替我们"观画人"的好奇心强的人存在，并且有吸引他们的场景出现。可以理解这是画中最有独特风趣的地方。"投入"也是有很多种形式的。

二　劳动者

（一）对工作的投入

至此还没有谈到最重要的部分，现在将要进入版画最核心的部分了。

首先可以确定的是，出现在与技术有关的画面中的登场人物大部分都在埋头做着某种工作，都处于一种"投入"（absorption）的状态。如果说画中登场的参观者被工厂的劳动气氛渲染并入迷也是一种"投入"的话，那么在那里劳动的工人和技术员才应该是真正"投入"的主角。

下面请看"天平制作者"（*Balancier*）（图18）。

图18　版画"天秤制作者"局部

说明：《百科全书》第 2 卷中的版画一"天平制作者"，Goussier（？）监督下，Prevost 刻版。

当时的法国还没有统一的度量衡，每个人都必须有一个自己的天秤，因此制作天秤的人每天都非常地忙碌。此画上部是 3 名工人在店里各自专心致志地工作的场景。一名工人跪在前面的地上，用吹管生火，准备将铅倒入勺中，铸造秤砣。画面左手深处面朝大路，接待客人用的大窗子空出一大块。另外两个工人面对柜台站着工作：一名工人专心地在用锉刀磨着秤杆，另一名工人将制作好的天平高高举起检查它的平衡度。店门口有一位女顾客，手里拿着坏了的秤钩想让他们修理。这个客人明显是来修理的，但磨秤杆的工人虽然脸朝着客人，手却一直放在秤杆上，好像丝毫没把顾客放在心上。另外两人也是一样。很明显，顾客也知道他们不做完手里的工作是不会来搭理自己的。《天平制作者》这张所表现的意思很明确。工人们各自"投入"自己的工作，在工作结束之前，可怜的女客人也只能在门外等候了。

仔细观察就可以发现《百科全书》版画中，意外地描绘了很多现实生活中的小事情、动作姿态和表情，这些都构成了狄德罗在美术论上常说的"附带细节"（détailsaccessoires），呈现出了现实感。

（二）版画中的孩子们

中世纪以后，在农村让孩子出去劳动是常有的事。十七世纪以后，在萨沃瓦打扫烟囱这项工作，孩子和价钱都是规定好的。色当的纺织厂雇用 7 岁以上的孩子，昂热则是 10 岁以上。圣戈班的玻璃厂1780 年雇用了 40 名 7—12 岁的孩子，让他们搬运小车里的玻璃板、屑渣、土等。多年之后 1790 年虽然是革命时期，但在图尔宽的制线工厂 8000 名工人中还是有 3000 名孩子在劳动，比例占了 37.5%。在清洗羊毛的水槽边，经常发生小孩不小心掉下去淹死的悲惨事故。让热气球飞上天而闻名的阿诺奈市孟格菲造纸厂，1785 年制定了一部内规："根据工作的种类不同，有的可以雇用孩子。父母让自己的孩子去工作有很多好处。孩子挣的钱可以填补家用，还可以养成劳动的习惯、掌握技巧，也不会在家里捣乱。"另外，不劳动的孩子也可以经常和父母一起住在工厂里。1682 年，杜埃的大炮制造厂有 78 名工人，住在厂里的人共有 145 名。

那么《百科全书》的版画里，到底能够找到多少孩子呢？很意外，非常少。有人统计过，只有 18 幅。这是因为当时人的平均寿命相当短，所以幼年期和思春期、思春期和成人期的界限非常模糊，而且也没有受到重视的原因吧。因此，那个时代若不是真的婴幼儿，是不会被当作"孩子"来看待的。在玻璃制造行业，1841 年的法律规定：禁止雇用8岁以下的儿童。也就是说小学高年级以上的孩子，到了十九世纪也还被认为已经是大人了。从狄德罗和达朗贝尔的美化意识立场来看的话，到现场踩点的素描家们当然也是想尽量排除孩子们的存在。

第1卷《制造烟草》（*Fabrique du tabac*）的版画二分为上、中、下三部。其中，上部和中部可以称为"插画"，有孩子的身影。

上部有4名儿童坐在工作室的左前方，从事着烟草叶上的"叶脉除去"工作（图19）。

图19　版画"制造烟草"（上部一）

说明：《百科全书》第1卷《制造烟草》版画二上部，Goussier 监督。

另外，在空旷的房间里，台阶底下加湿好的烟草被滑梯运到房间中央，孩子们拿到后除去叶子上的叶脉。仔细观察发现房间摆着很多无人坐的长椅。可以推测出还有18名儿童，共计22名挤在这里。这是版画"省略化""简单化"的一个好例子。只是看上去这些孩子们所做的"叶脉除去"这项工作，其实并不需要很大力气和技术含量的。因此才让孩子们去做的吧。不过，这里生产的烟草并不是给底层人用的卷烟，而是提供给上流社会的鼻烟。

中间的版画有点不太一样（图20）。

图20　版画"制造烟草"（上部二）

说明：《百科全书》第1卷《制造烟草》版画二上部，Goussier 监督。

看解说，感觉好像不是一件很简单的工作。宽阔的工作室分为左右两边。右边的人正在捻着烟叶，手工制作称为"法式"的香烟。仔细观察，发现台子上放着工作用的桌子，有两个大人面对面坐在桌子的左右两边工作着。桌子横竖分为4块，用挡板隔开，以避免混乱。也就是说，本来应该还有2名工人在靠里面的地方工作着的，在这里起到了"省略"的美学作用。最有意思的是，面对面站着工作的两个大人脚下，确切地说是工作台底下的凹处，坐着当助手的2个孩子。朝这边看的男孩表现出幼稚的表情，最多也就4岁。仔细看解说后，才知道一个大人好像配2个孩子当助手。也就是说这2个大人有4个孩子帮忙，为了避免混乱，在这里省略了2人。这2个孩子应该各有一个同伴，坐在左侧。工作的顺序对孩子来说好像很复杂。我们以一个大人为中心来看一下吧。首先一个孩子把几片捻好的烟叶绑在一起递给上面的大人。大人将它再做成绳状。另一个孩子再将朝外卷的叶子准备好递给大人。3 人 1 组的流水性作业，如果相互配合不好，工作就不能顺利进行。尤其是孩子们在下面看不到大人，那种紧张感一定是很不寻常的。

以上介绍的烟草制造业在传统上有雇用孩子这样非熟练工的习惯。但是，就连大人也觉得有危险的工作让孩子来做并不稀奇。判断是否有危险的方法只有两种：一是通过铜版画，我们自己来判断；二是看关于那幅画的法语说明。从画中的表情和动作来推测登场人物是否感到恐怖与胆怯是件很困难的事情。大概制作版画的画家们也不太关心那种工作在社会史中的位置。另外，文字说明也基本满足不了我们所期待的内容。

以下举一个例子，是个难得的涉及工作危险性的解说文。版画第 4 卷大题目"铁工厂"（*Forges*）描绘出了高温这种极其危险的场面。与版画题目相对应的"文字版"第 7 卷题目为"铁工厂"（*Forges*）的执笔者是把一生都献给钢铁事业的艾蒂安·让·布丘（1714—1773）。他和狄德罗一样出生在朗格勒。但这个解释文章稍有点不受欢迎。因为他好像完全不知道当时以英国为主的刚铁产业的最高水平，依然绝妙地表现出了法国产业的落后。这幅版画是根据朗格勒附近法国东部马恩河畔巴雅尔的制铁所所长 Grignon 寄来的资料而完成的，因此解说部分的执笔者被认为是布歇。据说铜版画是狄德罗的得力帮手布歇亲自去现场画的。因为每张版画的左下角都有最初绘画人的署名，均为布歇。全部有 52 幅，其中 2 幅是折叠的巨大版面，介绍铁矿石采取到高温炉所起的作用。高温炉使用的燃料并不是焦炭，而是木炭。用熔化炉进行铸造时，据说砂型铸造最好。就是将模子放在地上的沙子里，然后再将炉里取出来的熔铁倒入模子中。布歇的版画四分别表现出了专心提取熔化物的 3 组登场人物（图 21）。

图 21　版画"铁工厂"局部

说明：《百科全书》第 4 卷"铁工厂"版画四，Goussier 素描，Benard 雕版。

我们继续浏览布歇写的解说，就会了解到一些当时的情况。一个工人从画面深处的炉子中取出熔化了的铁，没有帮手，独自一人用耐火处理过的铸勺将熔铁从坩埚舀出来。模子很小，好像一次就够用了。这个工作非常危险。这期间，停止吹风关闭炉口。因为有可能会被吹出来的热气和火焰烫伤。工人右腕有个很宽的袖子保护着，手上也套着东西。

前左画面里有第 2 组人，一个大人和一个孩子。这个大人所使用的熔铁量好像比深处那个人多，大约有 50 里弗赫（约 22 公斤），非常重。装满沙子的箱子中有个洞，工人将熔铁倒入洞中。为了安全起见，他好像也采取了防护措施。另一边，当他助手的那个孩子伸出右手，好像用棍在除去混入熔铁中的矿渣。我们发现这个大人保护措施做得很好，而那孩子却穿得很简单，没有任何保护的东西。难道是因为他对工作很熟练？当然不是那么回事。第 3 组也就是房间中央有 2

名大人的一组，他们正在将熔铁倒入地上沙中的模子里。夹在大人中间的孩子（怎么看都比前一个孩子小得多）衣着也是如此。这些令人怜爱的孩子们，他们的父母不知道怎么想的，也许他们是和父母一起住在工厂的孩子们。任凭大家去想象吧。

关于儿童的劳动问题，令我们受到冲击的部分往往可以在版画解说中找到线索。版画第4卷"制造别针"（*Epinglier*）中的版画二是一幅很长的铜版画（图22）。里面有8名工人在明亮干净的工作室里工作。仔细观察，发现他们也全部是些孩子。

图22　版画"制造别针"局部（一）

说明：《百科全书》第4卷"制造别针"版画二，Goussier 素描，Defehrt 雕版。

按照当时的标准来看，工厂里大部分都是被认为已经是"大人"的10岁左右的孩子在工作，但有个幼儿是其中的唯一例外（图23）。

图 23　版画"制造别针"局部（二）

说明：《百科全书》第 4 卷"制造别针"版画二，Goussier 素描，Defehrt 雕版。

解说中丝毫未提到孩子的年龄。只是说担任"切剪工作"。他怎么看都是只有四五岁的幼儿，别的孩子都被认为是"工人"。这幅"制造别针"并不是一幅大画，版画也只有 3 张。但解说的前言部分非常长，内容是让人感到非常震撼的关于儿童劳动的真实情况。总之，请大家看如下的说明：

　　工人每分钟用剪刀剪 70 根铁丝，一个小时就是 4200 根。如果是 12 根绑在一起的话，那么每小时就可以剪 50400 根细铁丝头（粗铁丝更难）。这是件很不容易的工作，因为这个计算法没有除去每次重做的时间。即使考虑到这点，一个工人每小时一般也能剪到约 3 万根铁丝。不过，每天从早到晚一直保持这个速度是不可能的，因为这个工作非常费眼睛。即便如此，粗细铁丝全部加起来，一个人一天也能够剪完 18 万根。

这段文字很明显是在说那个幼儿所从事的劳动内容。如果把译文的主语从"工人"换成"孩子"来读的话，就能够感受到现场的状况。

（三）版画中的女性们

孩子之后说说女性。16世纪以后，劳动人口中不可忽略的部分是女性，特别是纺织业。1773年，在维瓦赖从事纺织业的女性占四分之三。1778年，亚眠已婚女性的88%都从事与纺织有关的工作。在十七世纪至十八世纪的巴黎，从事纺织和服装行业的人中，四分之一是女性。有的工种完全是由女性来承担。比如，女装的裁剪、女性内衣制作、洗衣行业等。1675年，裁缝工会对遵守内部章程、录用针线学徒、控制雇用、晋升师傅等方面严加管制。工会在1700—1725年承认了1700名女师傅，75%的人是从针线学徒中选拔出来的。这种工作本来是不会和男装引起竞争的，但1781年以后，内部章程得到修改，被认为是侵犯了男装领域。内衣行业是专做女性内衣的，工会里有660名女师傅。独占了方圆80千米以内的巴黎女性内衣市场。还教年轻女孩针线活这样的家务和言行举止。在塞纳河和比耶夫尔河河畔，洗衣女的存在也很重要。1700—1725年就有400家洗衣店。她们用同一口井，店里配有热水器、水桶、洗衣板、晾衣竿等。另外，有近百艘的"洗衣船"停泊在塞纳河上，大约有2000名女性可以在船上洗衣服。

被录用的女性有很多做着和男性一样的工作。最极端的例子就是在煤矿也能看到女性的身影。在铁丝厂和钢厂，和男性的区别是看衣服和头饰，还有就是是否穿木鞋。

下面介绍的版画仅有一幅。大家看看生活在社会最底层的女性吧。她们是海上的渔民。第8卷版画三描绘的是打捞牡蛎的渔民。牡蛎是十八世纪法国上流社会最喜欢的海产。特别是大西洋海岸马雷讷（现在的滨海夏朗德省）产的牡蛎最好，是当地渔民拉网捕捉到的。在《百科全书》文字版第8卷"牡蛎"（*Huiter*）中，以"布尔讷夫的牡蛎业"为题详细地介绍了大西洋海岸牡蛎业的实情。标题显示说执笔者为主编狄德罗，代替署名的是一个"＊"记号，但目前为止还没有确定是否是狄德罗所写。与文字版相对应的是版画册中第8卷版画三。这幅画分为上、中、下三个部分。上部又分为左、右两部分。右边用耙子、左边用渔网两种方法捕捞牡蛎。中部的中央有与海湾邻接的低处设置的人工养殖槽，在这里养殖的牡蛎撒到湾里以繁殖出更多数量的牡蛎。仔细观察，发现有很多跟蚂蚁一样大小的人在从槽里捞牡蛎。可是，问题是下部的画面（图24）。

开始以为这也是牡蛎业，仔细看好像又不一样。这幅画的题目是"Petite seine dormante"，如果不是法国人，可能没有人能够理解它的意思。seine 并不是指塞纳河，而是渔业用语"拉网"的意思。petite 是"小型"，dormante 有"睡眠"的意思，也有"不动"的意思。也就是说，不像普通拉网那样用船将网拉起，而是将网固定在浅滩。这幅画中，海湾的入口处的海水里有4个人，前面2人和后面（离海近）2人各抓住立在海里的细杆子。杆子之间张着渔网，渔网受冲击过来的海浪的影响有点向陆地方向弯曲。因为感觉她们好像捕不到牡蛎，所以想了解一下这种拉网法。但我们不能只看解说，还得去文字版里

图 24　版画"渔业"局部

说明：《百科全书》第8卷"渔业"图版三的下部，Goussier 素描，Benard 刻版。

寻求答案。第 14 卷的《塞纳河》里有很多"渔网"的解释，其中
"SEINE OU TRAINE"的后半部正好是针对这幅画的解释。顺便说一
下，最关键的版画三下部的说明却比较粗略，"Petite seine dormante"
的题目之外只解释了人物 c、人物 d、人物 g、人物 h4 人各在撒网。
至于能否捕上却没有给我们提供任何情报。文字版提供的解释更详
细。看了文字解释之后，再重新去观察那幅画，就会发现当时令人惊
奇的实际状况。根据文字版《塞纳河》的解释，如果将这幅画里的渔
网用米来换算的话，应该是长 4.8—6.4 米、宽 2.4—3.2 米，固定渔
网的杆子高度应该是 3.2—4 米。渔民下到海里后，尽量往海中间移
动，一直到海水漫到脖子附近。海湾口常常受到海浪和潮流的影响，
还受附近岛屿的影响，即使天气很晴朗，海浪也会很大。渔民们一看
有大浪过来，就会凭借插在海底的杆子，使身体随浪而起，不让海浪
压住自己。一旦发现有鱼上网，就会拉紧两端从而进行捕捉。这种操
作一直持续到黄昏海面上升很危险的时候。据说适合这种捕鱼法的最
好季节是 5 月至 9 月初。看到这个解释，感觉这种捕鱼方法很奇特。
不过还有些疑惑，用这种危险的方法真能捕上很多鱼吗？我们再重新
回到画上，就会发现一直以为是男性在拉网、竖杆，其实都是女性。
看画上的标号，前面离陆地近的人物 c、人物 d 和海里的人物 g、人物
h 均为女性，而且都是一丝不挂的在海里。画面前右手看到的岩石处，
摆着她们脱下来的衣服。依据文字版所说的尺寸，可以推算出海面到
了她们身体的哪个部位。前面 c、d 两位女性大概是到了乳房下部。
虽然看不到她们的表情，但 4 人都面朝着海岸。她们可以从水面微妙
的变化中，判断出大浪何时会从背后袭来。这些全凭她们敏锐的感性
和直觉。如文字所说，这种工作如果不把"投入"维持到极限状态的
话，会有生命危险。大西洋海岸的渔村据说是当时法国社会底层的贫
困地区。以美化和清洁为宗旨的《百科全书》版画册中，竟然如此描
绘出下层人的悲惨生活，确实很少见。让我们深刻认识到了《百科全
书》所展现的当时社会的阴暗面。

最后，有一点要强调的就是我们学者如何看待版画的这个问题。说实话，狄德罗、达朗贝尔以及制作铜版画的有名或无名的画家们，对孩子们和女性们在相当严酷的条件下劳动这个事实丝毫没有同情之心。他们就像按住相机的快门一样，将看到的东西原封不动地复制下来，先画出来再制成铜版。根本顾不上"儿童福利"和"女权主义"等，任何地方都找不到"启蒙"的标志，换而言之是残酷的现实主义。这种无动于衷的态度，使《百科全书》处于一个难于掌握的尴尬位置。

"意志"论的神学与政治布局

——"政治权威"中对《保罗》的理解

逸见龙生 著　覃思远 译[*]

　　《百科全书》第 1 卷（1751 年）甫一刊行，其中匿名发表的"政治权威"①立刻成为该卷中遭受批判最为严厉、苛刻的词条。在耶稣会士定期发行的学术刊物《特雷沃杂志》（*Journal de Treveux*）1752 年 3 月号中，由该刊物主笔贝尔蒂埃所写的《百科全书》书评结尾处，对该词条的异端性进行了执着的批判。它是一系列批评文书的最初目标，而这些文书则成为《百科全书》后来遭受出版镇压的导火线。

　　但另一方面，从对狄德罗的政治思想进行评价这一点来说，该文本长期以来一直是个谜。最主要的原因在于，该文本所论述的主旨中存在明显的摇摆。正如一贯推崇《百科全书》的德莱尔早在 1756 年就在致卢梭的信中指出的那样②，该文本的前半部分和后半

　　* 逸见龙生，新潟大学人文学部教授。覃思远，天津师范大学外国语学院讲师。
　　① 狄德罗的"政治权威"引自赫尔曼出版社出版的《狄德罗全集》［Denis Diderot, Oeuvres complètes（DPV）, édition critique sous la direction de Herbert Dieckmann, Jacques Proust, Jean Varloot, Paris, Hermann, 1975 – ］。在本章中标注相关文字所在的卷数、页数。另外，翻译主要采用已有的译文，并作适当调整。
　　② De Delère à Rousseau, "［...］la fin de cet article ne répond pas au commencement: il ne faut pas toucher à ce qu'on ne peut manier à son gré. Pour peu qu'une âme forte montre de faiblesse, elle détruit son propre ouvrage", J. -J. Rousseau, *Correspondance complète*, éd. R. A. Leigh, Genève, Banbury et Oxford, 1965 – , t. IV, pp. 20 – 21.

部分论述之间，对于主权者在绝对主义政体中的权威问题，存在逻辑上的矛盾。王权抵抗思想的理论化与消极的服从直至放弃对王权的抵抗这两个绝不相容、彼此对立的政治概念以一种很奇怪的方式共存——就像腹语师那样，不同的主体在同时说话。根据对其中所表明的两种政治立场中哪一种才是作者真正的意图这一问题的不同理解，传统的解释也呈现出了分裂的两种形态。一直以来，作为主流的解读是，将该文末尾体现的"消极服从论"，即放弃对权威的抵抗以及不加批判地屈从视为狄德罗本人立场的表达，并强调狄德罗的政治保守性。例如，斯特拉格内尔认为，早期和中期的狄德罗是"绝对主义君主"的忠实拥趸，这与霍布斯相近①，狄德罗说到底是"消极服从"，即排斥对君主的抵抗权这一绝对主义的信奉者，并且他奉行的是远比霍布斯更为朴素的"君主政体乌托邦理想化"②。这也与雅克·普鲁斯特在《狄德罗与百科全书》中所指出的狄德罗形象一致③。

但《特雷沃杂志》以及十八世纪五十年代末开始出版的定期刊物《宗教复权》④等对《百科全书》持批评态度的保守的著述家们则恰好相反，他们认为该词条前半部分所呈现出的狄德罗的形象是一个君主制秩序的紊乱的组织者。这些讨论的焦点都集中在文本前半部分所论述的服从契约这一点上。至于后半部分，尤其是最后一段中所提及的体现消极服从的内容只不过是表面的东西，作者的真正意图说到底还是前面提出的反体制的思想。鲁夫在对斯特拉格内尔前述的解读进

---

① Anthony Strugnell, "Diderot's Politics: A Study of the Evolution of Diderot's Political Thought after the Encyclopédie", *Archives Internationales d'histoire des idées International Archives of the History of Ideas*, The Hague, M. Nijhoff, 1973, pp. 8 – 9.

② Anthony Strugnell, "Diderot's Politics: A Study of the Evolution of Diderot's Political Thought after the Encyclopédie", *Archives Internationales d'histoire des idées International Archives of the History of Ideas*, The Hague, M. Nijhoff, 1973, p. 14.

③ Jacques Proust, *Diderot et l'Encyclopédie*, (1962 1e éd), Paris, Albin Michel, 1996.

④ Jean-Nicolas-Hubert Hayer, G. Jean Soret, La Religion vengée, ou Réfutation des auteurs impies... par une société de gens de lettres..., 12 tomes en 6 vols, Paris, Chaubert Hérissant, 1757.

行批判时，强调同时代存在很多批判性解读这一事实，并指出，在解读狄德罗言论的意图时，应将重心放在前半部分所提及的服从契约论这一点上。此外，与其仅仅从主权者和臣民原则上处于对立的两极（这是源于多拉特，并一直流传至普鲁斯特的传统解读方式的基本结构）这一点来解读该词条，不如将其置于十八世纪五十年代前后王政与高等法院处于抗争关系这一历史背景中、结合上下文语境来进行解读。[①]

鲁夫的这一观点很重要。因为在对《百科全书》词条进行分析解读时，参考同时代的文本有着本质上的，甚至是唯一的重要性。诚然，传统上赋予百科全书类著作的功能就是将积累在某一特定的拓扑斯中的知识从它们相互关联的过去中召唤出来并加以呈现，在这一点上，《百科全书》也一样。但《百科全书》也是一个创造新的概念、定义以应对时刻变化的现实的过程。在开始分析之前，我们首先需要清楚，《百科全书》具有这种联系过去和现在时间的动态往复运动的功能。

本章在解读这一文本中所体现的狄德罗的政治思想时，主要依据鲁夫的立场，但也会稍微采用一些别的方法来思考问题。解读的重点是，着眼于该文本所论述的、逻辑结构略微复杂的"意志论"这一观点。

> 源自神之权力皆为被有序整饬后之权力。

与《百科全书》同时代的反对者们对"政治权威"项批判最为尖锐的一点是，狄德罗对来自《罗马书》第13章第1节中的《圣经》

---

① John Lough, "The Article Autorité Politique", dans *Essays on the Encyclopédie of Diderot and D'Alembert*, London, New York, Toronto, Oxford University Press, 1968, pp. 424 – 462; John Lough, "Les idées politiques de Diderot dans l'Encyclopédie", dans *Thèmes et Figures du siècle des Lumières*, Genève, 1980, pp. 137 – 146.

中一段话的解释。那么，问题出在哪里？狄德罗这样写道：

> 真正正当的权力必然有限度。故《圣经》告谕我们，"汝之服从应遵循理性"（sit rationabile obsequium vestrum），"源自神之权力皆为被有序整饬后之权力"（omnis potestas a Deo ordinata est）。为什么？因为这段话应该按照正确的判断和语义来理解，而不是采用一些卑躬屈膝和谄媚的解释，认为所有的权力，不论是什么，都是由神来创立的。[①]

继提出主权者的权力应当受到限制的"主权限制论"（"真正正当的权力必然有限度"）后，他又引用了《罗马书》第 12 章中记述的"理性地服从于权力"（"汝之服从应遵循于理性"）一句，随后围绕乌加大译《保罗》第 13 章开头的句子提出了两种解释。这样一来问题就出现了，认为"被有序整饬后的权力才源自于神"的狄德罗的解读和认为"所有权力皆源自神"这一传统的解读是对立的。乌加大译《圣经》原文为"Non est enim potestas nisi a Deo；quae autem sunt，a Deo ordinatae sunt。"而新共译本[②]中对应的语句为："没有不是源自于神之权威，因为现有的所有权威都由神创立。"耶稣会士贝尔蒂埃在引用这一语段后，批判狄德罗的解读是"一个无与伦比的错误和一种不可原谅的做法"[③]。至于其理由，贝尔蒂埃认为，首先它不是对《圣经》语句的忠实引用，其次狄德罗提供的第一种解释从语法角度来看也是不可能的，这段话只能被解读为"世间一切权力皆由神创立"。《宗教复权》中也单设了一章，对其进行了长篇大论的反驳，指责《百科全书》的解读是"反动的、无政府主义的解读"，认为正统的解释说到底还是第

---

① 《狄德罗全集》卷五，第 538—539 页。

② 日本圣经协会多人共同翻译，1987 年出版的日语译本，英文全称为 *The Bible，The New Interconfessional Translation*。——译者注

③ *Journal de Trévoux*，Trévoux，Paris，1752，p. 460.

二种解释，即"无论是以何种形态确立的，一切权力皆源自于神。背叛权力的人无论是谁，都是对神本身的背叛"①。

这些批评者们强烈的批判语气，让人感觉狄德罗是在远远超出对《圣经》中部分语句进行释义这一层面上对《保罗》进行了解读。那么，它是什么呢？

众所周知，《保罗》中的有关章节构成了立足于所谓的神权（le droit divin）学说之上的绝对王政论的理论基石②。17 世纪绝对王政的主要基督教理论家雅克·贝尼涅·博须埃所著的《取自圣经的政治学》一书中也引用了"一切权力皆源自于神"这句话，将之作为神学和绝对主义王政不可分割的根据。当然，神权理论这一系列的主题正是卢梭在《社会契约论》开篇首先批评的论点，认为它是基于人民普遍意愿的社会契约理论的障碍。那么，狄德罗的敌对者们的愤怒是否源于作为他们保守主义政治思想根基的神学教义遭到狄德罗攻击了呢？

但要对本词条进行解读，光靠这样的说明还不够。原因在于，自然法学派和卢梭采取的策略在过去以多拉特为代表的十八世纪政治思想的古老研究中被过多强调了，但狄德罗所提出的观点与之相反，它并不是要把神学与政治这两种领域割裂开来，使政治世俗化。狄德罗并不想走到超越《保罗》解读的层面，而是仍属于该层面内部。也就是说，狄德罗的逻辑与同时代的启蒙政治思想家们相比，更可谓是继承了传统的神学政治论的谱系。③ 它不是要把神和世俗的权力割裂开

---

① Jean-Nicolas-Hubert Hayer，G. Jean Soret，La Religion vengée, ou Réfutation des auteurs impies... par une société de gens de lettres...，12 tomes en 6 vols，Paris，Chaubert Hérissant，1757.

② 比如罗伯特·多拉特（Robert Derathé）所著的 Jean-Jacques Rousseau et la science politique de son temp。日语版本为：『ルソーとその時代の政治学』（西嶋法友訳、九州大学出版会、1986 年、26—39 頁）。

③ 『国家と宗教——ローマ書 13 章解釈史＝影響史の研究——』、岩波書店、2010 年、153 頁。专注于研究欧洲古代至近代的《罗马书》第十三章解读史的宫田光雄指出："基于社会契约论去主张近代国家论时，《罗马书》第十三章可做的余地已经越来越小了"，作为例证，他举出了洛克和卢梭两个人。见『国家と宗教——ローマ書 13 章解釈史＝影響史の研究——』、岩波書店、2010 年、153 頁。

来，而是试图探究两者之间存在的另一种关系模式。它认为两者之间存在一个不同于以往的纽带模式，而不是断裂的。狄德罗在本词条解释中所体现出来的意图就在这里。为什么呢？

一 权力及其分割

要理解这一点，就需要把绝对王政中的神权论放到中世纪这一历史背景中去考察。以下仅举出要点。它源于查理七世发布《布尔日国事诏书》（1438 年），随后弗朗索瓦一世签订博洛尼亚《政教条约》（1516 年）后确立的法国国家教会主义（Gallicanism）的扩张。在反宗教改革的背景下，耶稣会创立，教皇权力至上主义（ultramontanism）趁机扩张，在与教皇权力至上主义针锋相对的过程中，17 世纪神权论形成，其目的是支持绝对王权。当然，神权本身秉持的是天主教会的教义。乔治斯·拉考尔·嘉叶的古典研究表明，传统上处于教皇权下位的王权将《保罗》中关于"一切权力皆源自于神"的语句作为精神依据进行了重新诠释，认为法国国王直接从神手中继承权力而不需要经过罗马教皇。[①] 绝对王政神权论的本质是，与主张作为基督信使（ministre）、拥有高于王权的主权的教皇权相对，它追求独立与分离，是王权教会自主论的反教权主义。

从这个角度看，"一切权力"这一总称并不追求任何抽象的普遍性。从历史的观点来看，它指的是一个教皇权和王权、精神权力和世

---

① G. Lacour-Gayet, L'education politique de Louis XIV, 2e éd. , Paris, Hachette, 1923 [1898]. 该书第二章"路易十四同时代人的王权理论"中认为，神权论到了十七世纪出现了大幅度的理论反转的状况，主要表现是尼克尔、博舍、芬乃伦等提出了法国天主教教会自主论（Gallicanisme），关于这一点请参考 Jean Mesnard, "La monarchie de droit divin, concept anticlérical", dans Gérard Ferreyrolles, Colloque Droit et pensée politique autour de Pascal, éds. , *Justice et force politiques au temps de Pascal, Actes du Colloque Droit et pensée politique autour de Pascal, Clermont-Ferrand*, 20 – 23 septembre 1990, Paris, Klincksieck, 1996, pp. 111 – 138。

俗权力相互对立、相互对抗的双重主权并立的政治空间。两者可谓具有相同的资格，即都"源自于神"。当然，王权之所以如此主张，是为了排除教皇权，垄断权力，在这一全称命题中暗含着不通过教会这一媒介的王权的绝对"唯一"性的主张。

考虑到上述问题，我们再回到狄德罗的文本，狄德罗对"源自于神之权力皆为被有序整饬后之权力"这句话的解释在这种情况下带有何种政治意义就成了一个问题。神权的前提是神是权力正统的权威来源，这在狄德罗的文本中并没有改变。另一方面，"被有序整饬后之权力"（ordinata）是一个包含多种问题的概念，正如后文将要说明的那样，需要考察它与属于经院哲学传统用语中的"神的秩序能力"（Potentia dei ordinata）的谱系。其意应为"反映了神所创建的秩序"。但是，正如《宗教复权》一书中指出的那样，问题的关键在于这一解释在逻辑上的对偶："如果不是被有序整饬之后的权力的话，那就不是源自于神的权力。"通过添加"被有序整饬"这一条件，权力就被分为了"源自于神的权力"和"非源自于神的权力"两类。如果说前者源自于神是真正的权力的话，那么后者就是缺乏正统性的、擅作主张的权力。换句话说，这一命题的作用是将政治空间中的主权重新划分为真正的神权和虚伪的神权这种多元的概念。事实上，在作出前述定义之后，狄德罗接下来的文本就对政治权威中虚伪的神权进行了批判。

> 不正当的权力就不存在吗？或是不仅不是神所创立，甚至是违背神的命令、神的意志创立出来的权威就不存在呢？篡夺者们是不是将神视为自己一方了呢？我们必须全部服从真正的宗教迫害者吗？为了封住愚劣之人的嘴，反基督教的权力就会变为正当的吗？①

---

① 《狄德罗全集》卷五，第539页。

　　反基督主义最早见于《圣经》正文，包括敌视基督教的政治力量、假先知或怪物，自路德以这个称谓来攻击教皇哈德良六世以来，它常被新教和天主教用以攻击敌人，尤其是经常被用在对基督教内部其他阵营，比如教廷等国内外教会进行批判的文脉中。[1] 从这段引文中也可以清楚看出，"源自于神之权力皆为被有序整饬后之权力"给抵制和排斥那些擅称权威、不当地行使权力的人的逻辑提供了精神依据。

　　但是，若只举出这一段，大部分意思还是不明确的。因为，谁被称作权威的僭越者还不明确。反基督指的是谁？是否像新教徒和天主教中的分离主义者所做的那样，指的是罗马教廷？或者，反过来说，就像认为教廷才是正统权威的教皇至上主义者所做的那样，指的是国王？根据批判立场的不同，批判的对象可以有多种。

　　但根据前后文的语境可知，这里的问题在于与人民存在契约关系的国王权力的正统性。当然，这并非出于教皇至上主义者的立场。因为重要的是在国家论的内部框架中所探讨的、作为政治体的国家权力内部的界限、国家权力和法律之间的关系，而非来自国家外部的宗教或政治干预。说到底，国家的起源和权威的基础才是要讨论的焦点。

　　　因人民同意而获得的权力必然会以几个条件作为前提。这些条件使权力的行使正当化，并对社会有益、对国家有利，同时它们也能将权力固定下来，将其抑制在一定范围内。理由在于，人们不能也不会将自己完全且无条件地交与他人。这是因为，人类有一位优于一切的主人，人类完全属于这位主人。这位主人就是神。神的力量总是直接作用于被创造者身上，他是一位绝对的、嫉妒心极重的主人，绝对不愿失去自己的权利，也不会将其拱手相让。为了维护公共福利和社会，神在人们之间建立了一种服从

---

[1] Voir, "Antéchrist", dans Philippe Levillain, *Dictionnaire historique de la papauté*, Paris, Fayard, 1994.

的秩序，允许人们服从于他们当中的某一个人。但神的旨意是要以理性和有节制的方式进行，而不能盲目、无限制。因为人不会无端地去抢夺造物主的诸种权利。除上述之外的所有服从都属于偶像崇拜，是真正的罪行。[①]

在叙述了在人民的同意之下建立起来的国家权力的起源以及对这一权力的限定和抑制之后，该文本中插入了从朱利叶、洛克、孟德斯鸠直到卢梭等前后相继的自然法中的自我保护概念（"人们不能也不会将自己完全并且无条件地交与他人"）。值得注意的是，在狄德罗的笔下提出了一个与格劳秀斯，特别是普芬多夫的自发隶属理论相对立的概念。在普芬多夫双重契约理论中，多拉特所关注的"矛盾的绝对主义"[②]——这种类比被不加批判地用在狄德罗身上——与狄德罗存在的重大差异凸显了出来，这是因为其断言了自由、完全且毫无保留地让渡是不可能的。

但有趣的是，在这里，狄德罗的理论与其他近代思想家不同，更准确地说，它笔锋一转，开始对自文艺复兴以来的传统论点，即神作为国家权威的基础作出了定义。经过人民同意之后建立起来的国家的主权者，神是如何赋予其权威的？为什么会有神的介入？对国家起源的神学解释的问题体系与完全自我让渡的不可能性讨论相关。这意味着什么？

不应忽视的是，关于这一点，十七世纪波尔·罗亚尔派神学家尼

① 《狄德罗全集》卷五，第537—538页。

② 多特拉前述著作 *Jean-Jacques Rousseau et la science politique de son temp*，pp. 200 – 201。"总而言之，普芬多夫在行文中虽然体现出了某种自由主义的倾向，并为限制君主政体作了辩护，但他仍然是绝对主义者，并且是其结论与作为其体系基础的诸原理并不一致而是相互矛盾的绝对主义者。在叙述了相互性、相互义务之后，在国王的命令明显不合法且与其所缔结的契约存在矛盾的情况下，他拒绝给予臣民抵抗国王的权力，因而普芬多夫无论在何种情况下都主张赋予国王强制臣民服从于他的权力。因此我们知道，普芬多夫对服从契约有两种看法。在将其作为相互义务的来源进行叙述后，他最终无视一切逻辑、或许是实际上是有意地主张要剥夺人民的一切权力，让他们绝对服从，且毫无保留地转让。"（文中的着重号为引用者所加）

克尔在其论述绝对主义统治论的著作《论伟大性》中，在引用了保罗的《罗马书》第13章中的有关语句之后，提出了几乎同样的观点。尼克尔的论点大致如下所述。个体的人类意志因原罪而崩坏，处于不断战争的状态，因此，理性要求人们服从于一个特定的主权者。但仅仅如此是不够的。人们并不属于自己。人不能随心所欲地占有他人和自己。只有神才是至高无上的主人。如果要身处牢狱中的人们选出一个人，把他人生杀予夺的大权交给他的话，他们的主人会认为这是愚蠢的行为。滥用这一权力的人会被视为僭主或暴君。因为只有主人能够授予这种权力，将其赠给他人。对于神，我们每个人都属于这种状况。"为了让人们遵守法律，神会授予人们从自身群体当中选出几个人作为代理的权限，并向这些被选中的人授予管理那些服从者们的权力。"①

不少研究指出，尼克尔的这一治理理论站在预设论的基础上，强调具有原罪之后的人类的意志的根本崩坏，与霍布斯撰写于同一时代的国家论非常相似。②尼克尔认为，从作为战争状态的自然状态中，人类通过理性选择了对统治者即主权者的服从。但支撑这种统治和服从背后的逻辑是，因原罪而崩坏的人类与作为至高无上的主人的神的存在是绝对分离的。能将统治自己和他人生命的权利委托给自己所选择的人的只能是神。主权者的权威来源于被委托给人类的神的这一意志。

"人类完全属于这一主人。"狄德罗的文本结构几乎完全忠实地遵循了冉森主义者关于分离和委托的逻辑。但当接下来尼克尔继续阐述获得神权委托后的主权者的绝对性和臣民的被动服从等观点时，狄德罗与尼克尔开始分道扬镳。为什么？因为神权的委托并不是以绝对的

① Pierre Nicole, *Traitté de l'éducation d'un prince, avec quelques autres traittez sur diverses matières morales.* [*Par P. Nicole, avec trois Discours de Pascal sur la condition des grands.*] Seconde édition revue et corrigée, Paris, Vve C. Savreux, 1671, pp. 140-141.

② Nannerl O. Keohane, *Philosophy and the State in France: The Renaissance to the Enlightenment*, Princeton, N. J. , Princeton University Press, 1980, p. 294.

形式来进行的。狄德罗说:"神……是一位绝对的、嫉妒心极重的主人(maître jaloux ainsi qu'absolu),他绝对不愿失去自己的权利,也不会将其拱手相让。"能够要求人完全让渡自己的权利只能属于神。因此,"神的旨意是要以理性和有节制的方式进行,而不能盲目、无限制"。这是"因为人不会无端地去抢夺造物主的诸种权利。除上述之外的所有服从都属于偶像崇拜,是真正的罪行"。既然每个人都拥有自我保护的权利,那么,要把它无条件地让渡出去的权利除了神以外,任何人都不具备。

也就是说,狄德罗强调的不是神意在主权者的意志中的贯彻、神意与主权者意志的连续,更准确地说,是二者地位的根本断绝及其非对称性。在这里,人与神分离的逻辑被极端地推到了极限。但其结果就是会产生人的个体领域的自律性和完全让渡给主权者的不可能性这一逻辑。这样看来,其对《保罗》语句的解读的含义在相当程度上就变得清晰起来了。狄德罗解读的对偶命题是"如果不是被有序整饬之后之权力,就不是源自于神之权力",其中,狄德罗所设想的神意的篡夺者、反基督教者,也是其所批判的对象,就是通过让人民完全让渡自己、绝对服从来侵害和滥用神的权利的绝对主权者。

二 神的绝对能力与神的秩序能力

在我们看来,理解狄德罗论点的线索在于意志论。这种情况下的意志论,依前所述,涉及的是神的意志和主权之间有无联系的问题。狄德罗写道:"违背神的命令、神的意志的权威不存在吗?"此时他强调的是神意和主权的矛盾状态。当两者之间存在矛盾时,主权就会被视为虚假的主权,其政治权威也会受到怀疑。当主权的权威变得可疑时,阻止臣民反抗的根基也会动摇。同时代的《宗教复权》的作者强烈反对狄德罗的解读的原因就在于此。如前所述,该书作者反驳道:

519

"权力是无论以何种形式建立的，都源自于神。背叛权力的人无论是谁都是背叛了神本身。"他又接着说："没有什么是在违背神的绝对意志的基础上创立起来的。即使神有时候允许创立不正当的权威，那也是出于一个人类未知、但却与神永恒的睿智相吻合的理由"①。此时，他引用了奥古斯丁在《上帝之城》第五卷第二十一章中的下列语句，作为其反驳的依据②：

> （将权力赋予）马略的神也［将之赋予了］盖乌斯·凯撒。（将权力赋予）奥古斯丁的神（也将之赋予了）尼禄。（将权力赋予）他最喜爱的皇帝韦帕芗父子的神（也将之赋予了）最残忍的图密善。为了省去提及个别皇帝的麻烦，（最后我想说的是）（将权力赋予）基督徒君士坦丁的神（也将之赋予了）叛教者朱利安。③

《上帝之城》同一章中总结到："因此，就算其中存在诸多原因，也是不正当的。"④《宗教复权》的作者的主张体现了绝对主义的神权与奥古斯丁主义中的恩宠论谱系有着深层的理论结合性。神和人类在根本上是断绝的，神的意志深深地潜藏在人类身上。即使君王是叛教者，但由于神是隐藏着的，因此人类不可能知晓神的意志。权力的确立并非出于人们的自由意志。权力的确立仅由神的选择、神的意志决定，而权力得以确立的事实体现了神的意志。值得注意的一点是，《宗教复权》的

---

① "Rien ne s'établit contre la volonté absolue de Dieu; & s'il permet quelquefois l'établissement d'une Autorité injuste, c'est toujours pour quelque vue inconnue aux hommes, & digne de son infinie sagesse", Traité de l'éducation, op. cit. , pp. 261 – 262.

② 《宗教复权》，第 237 页。

③ "Rien ne s'établit contre la volonté absolue de Dieu; & s'il permet quelquefois l'établissement d'une Autorité injuste, c'est toujours pour quelque vue inconnue aux hommes, & digne de son infinie sagesse", Traité de l'éducation, op. cit. , p. 257.

④ アウグスティヌス『神の国』（赤木善光、金子晴勇訳）、『アウグスティヌス全集』邦訳第 11 巻、373 頁。

作者将其称为"神的绝对意志"①。这不禁让人想起主张"神能够做不包含矛盾的一切事情"的经院哲学所提出的"神的绝对能力"(potentia dei absoluta)。在天主教教会自主论的政治视野中,传统反伯拉纠(译者注:又译为贝拉基、斐拉鸠斯、佩拉纠)主义的解释转向了主张只有神的选择、神的意志将政治权威赋予天主教,作为君主的主权者的自由意志与神的意志没有联系。在《宗教复权》接下来的论述中明确体现了绝对王政的意识形态,即通过神的绝对——超越法律或说在法律之外的——意志来确保切断世俗权威和宗教权威之间的联系。"宗教不赋予世俗权力,非宗教也不会把它拿走。克洛维不会将其改宗归功于该权力,尤利安叛教也没有被夺走权力"。

单就意志论而言,恩宠论中神的意志的绝对性即"神的绝对意志"是保证绝对王政中神权正统性的条件。但这一逻辑经常被扩大化并用于绝对主义的国家论以及政体论的主权论中,就像冉森教派的尼克尔所做的那样。不追究可以追溯到中世纪的政治思想的系谱学,单以狄德罗在这一时期所读过的霍布斯《市民论》中的文本为例进行说明。②在该书的第13章"关于执掌最高命令权者之职责"中,有一段话需要从这个观点出发去仔细解读。

> 当属于最高命令权的权利与其执行处于割裂状态时,国家的统治就类似于一个有序的世界统治,其中,作为万物第一动因的神制造了作为第二原因的自然结果。对此,如果统治权的保持者想要主动参与所有的审判、案件以及国事行为,那么这种行政就

---

① Jean-Nicolas-Hubert Hayer, G. Jean Soret, La Religion vengée, ou Réfutation des auteurs impies... par une société de gens de lettres..., 12 tomes en 6 vols, Paris, Chaubert Hérissant, 1757.

② Jacques Proust, "L'Initiation artistique de Diderot", Gazette des Beaux-Arts, No. 55, 1960, p. 232, note 34. 雅克·普鲁斯特证实狄德罗曾于1947年8月26日将霍布斯的法译版《市民论》从皇家图书馆中借出。同日狄德罗借出的书还有拉夫·卡德沃思的《永恒不变的道德性》。狄德罗阅读了前述霍布斯的作品的可能性还参考了以下资料:Jacques Proust, Diderot et l'Encyclopédie, 1962 ed, Paris, Albin Michel, 1996, p. 343。

像神违背自然秩序，自己亲自直接参与所有事情一样。①

虽然句子不长，但对于探讨狄德罗对《保罗》的理解时却能发现一个具有决定性意义的区别。文本的前半部分和后半部分描述了两种不同的统治模式。前者指的是基于法律的有序统治，后者指的是处于法律之外的统治，分别对应前述的"神的有序能力"和"神的绝对能力"，它们源于塞古肖的亨利（又名奥斯蒂恩西斯）等在十三世纪根据经院学从神学上对神的两种能力所进行的分类。塞古肖的亨利是教会法学家，对教皇地位的法律解释产生了很大的影响。所谓"神的有序能力"，指的是神在创世时，遵循自己所使用的自然秩序，即理性、法和法则，在其制约之下运行的神的能力。而"神的绝对能力"指的是不在上述所指的一切制约下运行的神的全能性。当这种神学上的区别被转移到法学领域时，教皇的权力就被类比为神的这两种能力来定义。教皇拥有普通＝有序（ordinaire）权力的同时，也拥有可以在法律秩序之外做一切事情的绝对权力。② 正如奥克利所指出的那样，自亨利以来，表示秩序的"ordinatus"和表示设定、任命、规定等意思的"ordinarius"

---

① Thomas Hobbes, Élémens philosophiques du citoyen, traicté politique ou Les Fondemesn de la Société civile sont descouverts par Thomas Hobbes, et Traduicts en François par un de ses amis, Amsterdam, 1649, p. 200 – 201. 日语译文参考了以下资料：ホッブズ『市民論』、京都大学出版会（本田裕志訳）、2008 年、249 頁。

② Patrick Riley, *The General Will before Rousseau: The Transformation of the Divine into the Civic*, Princeton, Princeton University Press, 1986; Francis Oakley, "Jacobean Political Theology: The Absolute and Ordinary Powers of the King", *Journal of the History of Ideas*, Vol. 29, No. 3, 1968), 1968, pp. 323 – 346; Francis Oakley, "The Absolute and Ordained Power of God in Sixteenth-and Seventeenth-Century Theology", *Journal of the History of Ideas*, Vol. 59, No. 3, 1998, pp. 437 – 461; Francis Oakley, "The Absolute and Ordained Power of God and King in the Sixteenth and Seventeenth Centuries: Philosophy, Science, Politics, and Law", *Journal of the History of Ideas*, Vol. 59, No. 4, 1998, pp. 669 – 690. 关于这一点，还有恩斯特·康托洛维茨在《国王的两个身体》中提到的教皇及皇帝概念这两个"世间的活的法律"（lex animata in eterris）。エルンスト·H·カントーロヴィッチ『王の二つの身体』、小林公訳、ちくま学芸文庫、上巻、2003 年、184 頁以下及第 4 章脚注 128、473—474 頁）；金子晴勇『近代自由思想の源流——16 世紀自由意思学説の研究』、創文社、1987 年。

这两个词一直被交替使用。①

霍布斯《市民论》文本的有趣之处在于，它用这一概念解释了当主权者的国家统治权与执行权割裂这一情况与主权者试图阻止这种割裂、让自己不仅获得统治权，而且要"参与所有的审判、案件和国事行为"这一情况之间所存在的差别。霍布斯说，在前一种情况下，主权者的统治权受到执行权的限定和制约，统治在法律范围内以普通＝有序的权力的基础上运行。另一方面，如果统治者"渴望"（＝有意）同时兼有执行权这一例外状况时，统治就有可能作为一种"违背自然秩序"（contre l'ordre de Nature）、超越一切法律约束的绝对（absolue）、超秩序（extraordinaire）的权力来运行。

考虑到霍布斯所作出的这一区别，我们还可以进一步挖掘狄德罗所提出的解释的意味。他强调的是以神的"有序整饬之后"＝有序能力作为模式而产生的统治的表象。在这种基于理性和法律并在法律范围内运行的统治表象中，主权者除了自己的权威之外，也同样遵从法律的权威，接受法律的约束和限制。对于不受一切制约、只求满足自己的绝对意志、超越所有法律约束这一绝对统治模式进行了原理性的批判，在此基础上，提出承认多个在多元意志的协作中运行的统治模式的可能性，从狄德罗对《保罗》的解读当中似乎可以读出这一点。

三 王权与议会——冉森主义、沙夫茨伯里

如果至此的解读是正确的话，那么就有必要进一步从另一观点出发，考察为什么要选择这样一种模式。我想探讨一下"政治权威"这一词条被执笔写作和阅读的那个时代的背景。

《百科全书》第 1 卷刊行于 1751 年 6 月 28 日。众所周知，该卷执笔时的政治状况是，法国绝对王政下的舆论建设正迎来一个决定性

---

① Francis Oakley, "Jacobean Political Theology: The Absolute and Ordinary Powers of the King", *Journal of the History of Ideas*, Vol. 29, No. 3, 1968, p. 332.

的历史转折点。高等法院以拒绝国王的宣言、法案的通过和提交建议书等作为武器，展示了对王权进行强烈抵抗的姿态，这个时期，在已经拖了近四十年的两个问题上，双方关系变得尤为紧张。一个是宗教问题，即围绕《唯一圣子》①的冉森教派境遇相关的宗教问题，另一个是租税问题。1751 年 3 月，对詹森教派采取严厉立场的大法官拉穆瓦尼翁起草了一份国王宣言，在高等法院引起了很大的反响。王政一方提出的增税政策以及高等法院的抵抗造成了 1749 年 5 月"二十分之一税"的创设和高等法院拒绝法案通过、王政一方强制通过的局面，二者之间的紧张矛盾不断激化。在以王权和高等法院之间的冲突为中心的政治对立不断加剧的过程中②，大量支持或反对王政的印刷品或写本在国内外大量流传，并迅速形成了国民性的公共舆论。③

对《罗马书》第 13 章的解释应该将之置于身为国王的主权者和作为法律执行者的高等法院之间当时关系紧张这一历史背景中进行重新解读。狄德罗选择的有序权力模式强调的是君主意志和其他多种意志在法律范围内的分配、结合和交换，而不是绝对能力所决

---

① 《唯一圣子》，*Unigenitus*，又译为《一圣通谕》《克雷芒通谕》。——译者注

② 木崎喜代治「18 世紀におけるパルルマンと王権」、『経済論叢』、第 134 巻、1984 年、18—41 頁、同「18 世紀におけるパルルマンと王権（2）」、『経済論叢』、第 135 巻、1985 年、1—28 頁、同「18 世紀におけるパルルマンと王権（3）」、『経済論叢』、第 136 巻、1986 年、1—24 頁。尤其是冉森教派和高等法院之间的问题，可参考 Dale K. Van Kley, Les origines religieuses de la Révolution française. 1560 – 1791, traduit de l'anglais par Alain Spiess, "Points", Paris, Seuil, 2002（*The Religious Origines of the French Revolution：From Calvin to the Civil Constitution 1560 –1791*, Yale University Press, 1996），Catherine-Laurence Maire, De la cause de Dieu à la cause de la nation. Le Jansénisme au XVIIIe siècle, Paris, Gallimard, 1998。

③ Keith Michael Baker, "Public Opinion as Political Invention", dans *Inventing the French Revolution*, Cambridge, Cambridge University Press, 1990, pp. 167 – 200. 另外，关于凯斯·迈克尔·柏克的论点在内，整理了关于哈贝马斯、达恩顿、奥塞、夏提叶等人关于法国启蒙思想与公共性的讨论的日语文献有：山崎耕一『啓蒙運動とフランス革命——革命家バレールの誕生——』、刀水書房、2007 年、尤其是「序章」、3—24 頁、以及安藤隆穂『フランス自由主義の成立——公共圏の思想史——』、名古屋大学出版会、2007 年、尤其是第二章「啓蒙思想と公共空間」、15—51 頁。最新的研究史概述参考了竹中幸史「過ぎ去ろうとしない革命—フランス革命二〇〇就年以後の日本における革命史研究」、『歴史評論』、第 765 巻、2014 年、77—95 頁。

定的君主意志"单一"的贯彻。选择这一模式与其说是支持王权的绝对性，不如说是通过与之对抗的高等法院所主张的解释来赋予其正当性。

正如约翰·洛夫所指出的，整个词条中随处可见其与同时代的冉森教派和高等法院的文书的概念和措辞的接近。[①] 狄德罗的这一逻辑是不是在其与冉森教派有着某些直接接触、交流或是在认真阅读的过程中摄取了其思想之后产生的呢？这种可能性当然是有的。正如扬·莫克·李所详细分析的那样，狄德罗所写的该词条与 18 世纪身为詹森教派且发挥了核心作用的著述家们，尤其是与主张詹森教派神权论的雅克·约瑟夫·都盖所著的《君主教育论》（1750 年第二版）在整体上有着很明显的亲近性。[②] 都盖的君主统治理论也非常强调君主的有序能力而不是主权者的绝对能力的意义，它重视基于美德的相互尊敬和敬意这种君臣社团内部的和谐关系。其主题是，君主只有通过与臣下们保持相互和谐，才能在最完美的意义上实现其统治。更积极地说，或许我们应该看出其中有着孟德斯鸠的混合政体论和巴洛克政体论这些思想史框架的介入。[③] 但是，尽管二者的观点在论证结构上存在明显的相似之处，但并无证据表明狄德罗确实阅读过这些高等法院以及冉森主义思想家们的文书。

---

① John Lough, "Les idées politiques de Diderot dans l'Encyclopédie", dans *Thèmes et Figures du siècle des Lumières*, Genève, 1980, pp. 137 – 146.

② Young-Mock, Lee, "Diderot et la lutte parlementaire au temps de l'Encyclopédie", *Recherches sur Diderot et sur l'Encyclopédie*, No. 29, 2000, pp. 45 – 69; Lee, "Diderot et la lutte parlementaire au temps de l'Encyclopédie (deuxième partie)", *Recherches sur Diderot et sur l'Encyclopédie*, No. 30, 2001, pp. 93 – 126.

③ Lee 指出，尤其是词条第 12 段中君主政体和专政对比时与孟德斯鸠的政体论很接近，同样的主题亦见于都盖的著作中。Young-Mock, Lee, "Diderot et la lutte parlementaire au temps de l'Encyclopédie (deuxième partie)", *Recherches sur Diderot et sur l'Encyclopédie*, No. 30, 2001, p. 111. 关于孟德斯鸠的巴洛克整体概念，这里参考了武真隆一系列的研究。请参考『モンテスキューにおける共和政の理念と君主政 ——『法の精神』における「富」と「名誉」』、1994 年、41—83 頁，以及「モンテスキューと共和主義」（田中秀夫·山脇直司編）、『共和主義の思想空間——シビック·ヒューマニズムの可能性——』、2006 年、324—355 頁。

但还有一条更重要的路径。通过对沙夫茨伯里著作的阅读，狄德罗应该已经充分地意识到了通过多种意志共存及分享来实施统治这一政治表象的意义。在翻译《试论美德与成就》的过程中，狄德罗阅读了《常识——关于机智与幽默的自由散论》。[①] 该书的写作意图是，试图在理论上克服名誉革命以后的英国辉格体制中存在的国内政敌托利党和清教徒的政治和宗教狂热。[②] 沙夫茨伯里在该著作的开篇中问道："以过度严肃的态度表达自己的意见，这算有诚意吗？"其说到，所谓"机智"，就是将某种"意见"挪到别的语境中，以重新对其进行探讨，即不仅仅是将别人的"意见"，而是将自己的"意见"也纳入再探讨的范围当中。不探讨他人得出的"意见"就有可能被视为神圣的东西，是一种教条。沙夫茨伯里指出，只接受特定的光照射而没有暴露在别的光之下的东西是很可疑的。"所谓真理，就是指那些被从所有角度探讨的东西。"[③]

从这里我们可以读出，其主张反对高教会派权威主义统治，支持从低教会，即国家教会的立场出发，提倡多样性。[④] 当然，把自己的一切献给神或主权者的宗教及政治狂热问题与霍布斯关于在自然状态下"一万人对一万人的战争"的论述处于同一层面。沙夫

---

① Anthony Ashley Cooper Shaftesbury, *Essai sur l'usage de la raillerie*, trad. Justus Van Effen revue par Pierre Cost, Amsterdam, 1710. 作者为荷兰人，记者，在十八世纪初翻译了很多英国文学、思想方面的著作。关于 Van Effen 与狄德罗的译文对比的具体例子，可参考 Ann Thomson, L'âme des Lumières le débat sur l'être humain entre religion et science Angleterre-France, 1690 – 1760, "Époques", Seyssel: Champ Vallon, 2013, p. 218。

② Lawrence Eliot Klein, *Shaftesbury and the Culture of Politeness: Moral Discourse and Cultural Politics in Early Eighteenth-century England*, Cambridge England; New York, NY, Cambridge University Press, 1994.

③ Anthony Ashley Cooper Shaftesbury, *Essai sur l'usage de la raillerie*, trad. Justus Van Effen revue par Pierre Cost, Amsterdam, 1710, p. 4.

④ Lawrence Eliot Klein, *Shaftesbury and the Culture of Politeness: Moral Discourse and Cultural Politics in Early Eighteenth-century England*, Cambridge England; New York, NY, Cambridge University Press, 1994, p. 167.

茨伯里是从具有自由表达意见的权利，能够公开议论的沟通问题以及他人共有、共存的语言这种语言的政治层面来追问与统治模式相关的问题的。沙夫茨伯里又指出，不能让一个人始终掌握话语主导权，必须让每一个人都能够发声。如果只有一个人执牛耳、发表长篇大论是很危险的。如果不允许参加者发言，那么真诚的讨论就会在缺乏自由的讨论场合中萎缩。① 沙夫茨伯里随后又写道：

> 如果意识到每个人都渴望获得无限制的权力，那么我们就能更好地避开这个陷阱。正如这个假设的捍卫者（霍布斯）所希望的那样，根据需要来分配权力、而不是通过将所有的权威都授予一个人的方式。为了确保权力保持正当的均衡，确保良好的法律及公共的自由，需要通过种种限制加以限定。②

权力的平衡和分配在这里被视为社会语言的交换和法律沟通的问题。不是要垄断语言，而是要将其适当地分配给多个权威，让其自由交换。权力的正统性在这里被转换为荣誉革命后国王和议会的语言分配问题。③ 在阅读沙夫茨伯里的一系列论述时，狄德罗或许没有将政治权威的概念同样定位到论点的层面上。与十八世纪初英国所处的情况一样，1750 年前后的法国围绕宗教和税收问题也出现了以国王和高等法院为代表的各种政治性社会性语言之间的激烈对立。狄德罗没有

---

① Anthony Ashley Cooper Shaftesbury, *Essai sur l'usage de la raillerie*, trad. Justus Van Effen revue par Pierre Cost, Amsterdam, 1710, pp. 17 – 27.

② Les Essais, Gallimard, Paris, 2007, Paul Henri Thiry, Baron d'Holbach, *Système de la Nature ou des Lois du Monde Physique & du Monde Moral*, 1770, Ⅰ, 4, pp. 69 – 70。着重号为作者所加。

③ Lawrence Eliot Klein, *Shaftesbury and the Culture of Politeness: Moral Discourse and Cultural Politics in Early Eighteenth-century England*, Cambridge England; New York, NY, Cambridge University Press, 1994, pp. 97 – 100, 167 – 170. 亦参考了以下资料：Laurent Jaffro, "Ethique de la communication et art d'écrire Shaftesbury et les Lumières anglaises", *Fondements de la politique Série Essais*", Paris, Presses universitaires de France, 1998。

想到围绕"公共意见"的新型语言政治正在出现吗？当然，我们已无从知晓。但分析一下文本后半部分的长篇引文及其布局我们可以知道，实际上权威和语言的问题才是其关注的焦点。最后，我想谈谈这一点，以此来结束这篇文章。

四　亨利四世的意志分配——讨论式统治

在该词条的后半部分提到："为了给该词条所阐述的诸原理以应有的权威性，我将以我国一位伟大的国王的证词来支持这些原理。"其中，亨利四世的话被引用了两次，添加在狄德罗文字被引用之处的前后部分，采用的插入的形式。正如词条中指出的那样，这些引用的出典文献是财政总管苏利所写、讲述亨利四世事迹的《回想录》。苏利的《回忆录》在亨利四世死后出版，在国内外被广泛阅读，是对亨利四世的神格化作出重要贡献的史料之一。它多次被不同的编者编纂过，而狄德罗使用的文本是 1747 年由 de L'Écluse Des Loges 神父所编辑的版本。[①] de L'Écluse Des Loges 神父出生于 1716 年，其叔父为耶稣会士。这位神父在达恩顿的《猫的大屠杀》一书所收录的论文《一位整理作家个人文件的探长》中，他作为所谓的"小伙计"（garçons）之一，在德姆里探长的调查报告中与狄德罗等一同被提及。[②] 他是一位著述家，属于当时的巴黎知识分子团体。他也是柏林科学院·塞缪尔·福米书信的收件人之一。[③]

---

① Mémoires du Duc de Sully, *Mis en ordre par M. l'abbé de L'Écluse Des Loges*, Vol. 1, Londres, 1747.

② ロバート・ダーントン『猫の大虐殺』（海保真夫・鷲見洋一訳）、岩波書店、1986年、「作家の身上書類を整理する一警部」、217 頁。关于使用达恩顿所说的"小伙计"（garçons）的概念来进行的实际分析，请参考寺田元一『「編集知」の世紀——一八世紀フランスにおける「市民的公共圏」と『百科全書』——』、日本評論社、2003 年。

③ Antoine-Claude Briasson et Nicolas-Charles-Joseph Trublet, *Correspondance passive de Formey* (*1739 – 1770*), textes édités par Martin Fontius, Rolf Geissler et Jens Häesler, Paris-Genève, Champion-Slatkine, 1996.

正如开头所说的那样，迄今为止的评论大多没有对占了相当篇幅的国王的言论的引用问题进行考察，而是关注了在引用这些言论之后、处于词条全文结尾部分的狄德罗的观点。笔者之所以特别注意这一段，是因为狄德罗本人说了，尤其是下臣对主权者的"被动服从"才是法律。然而，除非放弃神的有序能力的逻辑，站在绝对能力这一逻辑上，否则得出这样的结论基本上只能是矛盾的。出现这种矛盾的原因是什么呢？词条前半部分所涉及的狄德罗的论述说起来不过是一种假象，狄德罗的真正立场是支持绝对主义的，支持这一解读的根据就在这里。

但这样的解释无疑过于草率了。至少在狄德罗的文本构成中，被插入《百科全书》正文文本中的典故在当时究竟发挥了多大的作用，这在近年渐渐得到了阐明。① 被作为他人论点引用的文本片段本身已经脱离了其原典的意味，在正文这一新的位置上发挥着另外的作用。对于那些了解《百科全书》这种复杂而多层次的语言策略的人来说，以往的那些解读显得过于朴素了。

对于解读来说具有决定性重要意义的是我们所关注的最后一段正文的生成过程。首次将这个问题呈现在关于本词条的研究史上的，是对原典进行了详细考察的李。正如李所指出的那样，这段文字基本上是苏利《回忆录》的部分节选，而且就是狄德罗在前面刚引用的亨利四世所发表的演说的一部分。通常认为这个结尾为狄德罗本人所写，实际上它原本并不存在于该词条中。②

那么，如果将原典和《百科全书》正文进行详细比对的话，可以

---

① Tatsuo Hemmi, "Les références implicites dans le supplément éditorial de l'article AME de Diderot", *Recueil d'études sur l'Encyclopédie et les Lumières*, No. 1, mars 2012, pp. 41 – 61; Tatsuo Hemmi, "Le temps métaphysique et le temps philosophique — à propos du supplément éditorial de l'article AME", *Recueil d'études sur l'Encyclopédie et les Lumières*, No. 2, mars 2013, pp. 41 – 56; 逸見龍生「形而上学の時間と哲学の時間——『百科全書』ディドロ執筆項目「靈魂」の生成論の解釈学の試み」、『日仏哲学研究』、第 18 号、2013 年、16—30 頁。

② Young-Mock, Lee, "Diderot et la lutte parlementaire au temps de l'Encyclopédie (deuxième partie)", *Recherches sur Diderot et sur l'Encyclopédie*, No. 30, 2001, pp. 103 – 104.

看出哪些特征呢？狄德罗大体在四个地方对原文进行了改写。

首先第一个重大的改动与本段落观点的主体有关。苏利《回想录》原文中提及的亨利四世的论点是极其明确的。"就臣民的立场而言来看，他们被宗教、理性和自然要求遵守的第一条法律就是坚决地服从（sans contredit）"。① 被动服从的逻辑——在所有意义上臣民都应该放弃对君主的抵抗、被动地服从——在这里被明确地以"坚定地/毫无异议地"表达展现出来。但狄德罗将这句话修改如下：

> 就臣民的立场而言来看，他们被宗教、理性和自然要求遵守的第一条法律如下：自觉遵守他们所缔结的契约条例；不要丧失他们政府的本性；不要忘记，在法国，只要统治王室中因男子而得以延续，就不能让其臣民免除服从。②

狄德罗给臣民的服从附加了几个条件。双向地遵守契约是服从的第一个条件（自觉遵守他们所缔结的契约条例）。第二个条件是，服从者不得怠慢"政府和统治的本性"，须时时关注这一点（不要丧失他们政府的本性）。此外还加上了第三个条件，即保证王室的正统性（在法国，只要统治王室中因男子而得以延续）。可见，这种服从被附加了多个条件。

第二个改动同样是强调了契约的时机。《回想录》的原文忠实地重复了被动服从的逻辑："即便出现一位不公正、有野心、粗暴的国王，能对抗这种不幸的唯一手段就是通过服从来使国王的心安静下来，通过祈祷使神的心软下来。"③ 但狄德罗在这里又对这一逻辑增添了如下条件：

---

① Mémoires du Duc de Sully, *Mis en ordre par M. l'abbé de L'Écluse Des Loges*, Vol. 1, Londres, 1747, p. 467.

② 《狄德罗全集》卷五，第 544 页。

③ Mémoires du Duc de Sully, *Mis en ordre par M. l'abbé de L'Écluse Des Loges*, Vol. 1, Londres, 1747, p. 467.

因为，无论他是什么人，由于自古以来与统治君主及其男性继承人们所立的服从契约的结果，这一手段是唯一正当的。①

服从被正统化，归根结底是因为它是一种契约（"无论他是什么人，由于自古以来与统治君主、男性继承人们所立的服从契约的结果"）。狄德罗始终坚持的做法是，引入了原文中本不存在的契约论逻辑。

再来看看狄德罗从原文中抹去了什么。一个是在本章中可以忽略的东西。"另外，要考虑到，即便是那些被认为可以抵抗的所有的动机，在仔细探讨之后我们就能知道，这些都只不过是巧妙润色之后不诚实的借口而已，而且就算反抗了，也不能纠正君主的错误，不能废除课税，只不过是在哀叹不幸的基础上又增加了新的悲惨的程度罢了。"② 狄德罗抹去了原文中的以下部分："这种悲惨的程度，对于小人物，尤其是对于农村地区的小人物来说，不去追究为好"。删减这一细节的原因是什么，目前还没有得到充分的解释。

但他抹去另一处的意义却很重要。在《回想录》的原文中，被作为被动服从论的第一个重要论据举出的是王权与神的同一性。原文如下：

臣民必须尊重、敬畏和畏惧君主，因为他是至高无上的主的形象。这位至高无上的主希望自然而然地被地上的臣民们看到，就像在天堂时他因为那些辉煌的光的杰作而被人看到一样。③

---

① 《狄德罗全集》卷五，第 544 页。

② Mémoires du Duc de Sully, *Mis en ordre par M. l'abbé de L'Écluse Des Loges*, Vol. 1, Londres, 1747, p. 468.

③ Mémoires du Duc de Sully, *Mis en ordre par M. l'abbé de L'Écluse Des Loges*, Vol. 1, Londres, 1747, p. 467.

正如尼克尔的国家论一样，这里强调了神的意志和王权之间的连续性。但狄德罗所做的是抹去这种连续性的逻辑，并将二者割裂开来。

> 臣民们希望神的身影出现在地上并肉眼可见，对作为其媒介者的君主则抱有敬畏之心。①

神的意志和主权被割裂开了。神的意志已经无法在世上树立政治权威了。人民早就把神看作君主 = 主权了。人民的意志成了服从的条件。看起来与神权理论相近的这些叙述实际上是对神权理论基础的破坏。如上所述，将这些叙述作为主要根据，将狄德罗视为绝对主义支持者的解释不得不说是一种谬误。

最后需要探讨的一个问题是，狄德罗在后半部分引用这些内容的理由是什么，以及他如此布局有什么意图，对于考察他为何写下这个词条以及该词条在时代背景中的地位来说，这个问题有着重要的意义。

实际上，从这个角度出发再次考察《回想录》的文本时，可以发现一些有趣的事实。狄德罗从有着一个共通而显著主题特征的两个语篇中选取了这些引文。那么，它们是什么呢？它们所描述的场景都是说，因遭遇一场前所未有的国家危机，统治处于风雨飘摇的危机状况中，于是法国国王亨利四世召开集体会议，试图与大臣们及众议院和好。以下说明一下。

一方面，因财政超支而濒临破产的国家在 1596 年召开了一个名士会议，并说服高级法院，让其决定引入销售税（pan-carte）。狄德罗从苏利著作中引用了国王在会议上的发言。② 国王演说的内容成为有序统治而非绝对统治的权威的例证。国王的权力受到法律的限制

---

① 《狄德罗全集》卷五，第 544 页。
② 《狄德罗全集》卷五，第 541—542 页。

（"诸王有两位君主，即神和法律。正义必须登上王位，仁慈必须居于一旁"）。主权者的意志必须以语言来分配（"这是错误的……因为君主是所有臣民的生命和财产的主人，不需要用'吾意如此这般'等数句话来说明自己的理由，甚至不需要理由""我并不是要学先王们，将大家召集到这里，强行让大家盲目地赞同我的意见"）。议会的参与是向公众自由开放的（"国王的意图是让所有人都能自由地参加议会，不论其身份、地位如何。其目的是为了使有学识和才干的人能够毫无顾忌地向议会提出他们认为对公共福利有必要的建议。当时国王仍然没有主张对代表们进行任何限制"）。国王和议会的话语被交换和分配（"我命令诸位聚集于此，是为了听取诸公建议，信任它，依照它来执行，总之一句话，是为了接受诸公的监护"）。在这里，各种意志自由地竞争（"诸公鼓励我履行职责，同时我也鼓励诸公履行职责。我们一起相互竞争"）。

接下来他又引用了什么呢？1598 年南特敕令颁布后，法国国内长期的政治动荡终于得以于翌年结束。狄德罗所引用的演说是亨利四世在国王会议上发表的国王演讲，当时因宗教问题导致的国家分裂的政治危机已得到缓解。在这里，文本中也写有包含多样"意志"及其表明这些"意志"的语句。该国的长期分裂始于巴黎高等法院拒绝通过敕令，这一状况最终随着 1599 年 2 月敕令得以通过而得到解决。国王的话语在合议庭中被听取和分配的情况如下所述：

> "我实现了对外的和平，也想给王国内部带来和平。"国王在陈述了发布敕令的理由后又补充说道："任何干扰我的命令的人都是想要掀起一场'战争'。或许我明天就要向宗教相关人士发布战争宣言了。但我不会发动战争。我是要把他们逼到战争的境地。我已发布敕令。我希望它能被遵守。我的'意志'必须发挥理性的作用。在一个习惯服从的国家中，人们不会要求君主理

性。我是国王。我是以国王的身份对诸公说话。我希望诸公能服从。"①

国王的各种意志中都带有"理由"和"理性"（都是 raison）。就像"战争"与"和平"一样，国王和他人的意志共存并相互竞争。对敕令的遵守和对国王话语的服从并非是强加给臣民的，而是只有在臣民同意时，国王的意志才有可能实施。这种讨论式的意志在这一文本中反复出现。

通过讨论，多种意志汇集在一起，在国家内部汇合，这是辉煌的法国王政的历史性的瞬间。在抄写这段文字时，狄德罗在想什么？很难想象他会想象不到 1751 年时的形势，当时的情况完全相同，法国面临着税收问题和宗教问题，国内一片混乱，但却找不到有效的政治解决方案。狄德罗引用这两个文本作为"政治权威"定义的例子，并非偶然。亨利四世平息了国内的动荡，避免了一场前所未有的危机，通过唤起这一过去的政治记忆，狄德罗解读了当时的政治事件，提出了主权者将来应采取的行动。《百科全书》定义"政治权威"的言语行为，在这个意义上，不外乎是要通过《百科全书》这一辞典来实践一种政治行为。"使有学识和才干的人能够毫无顾忌地向议会提出他们认为对公共福利有必要的建议"，这才是《百科全书》这一辞典应该承担的政治使命，此时狄德罗所设想的不就是这个吗？

但是，狄德罗等"文人们的结社"所寄托的迎来本应到来的"公共舆论"的梦想是否实现了？现实恰恰相反，不幸的是，随着 1754 年 9 月国王颁布《沉默法》，法国的公共话语在法律上的地位遭受了强制性的、显著的缩减。这是因为同年发布了一项国王宣言，赋予高等法院一项权限，即命令所有人对《唯一圣子》保持沉默，违令

---

① 《狄德罗全集》卷五，第 544 页。

者将加以处置。以《百科全书》出版史危机而得名的这一段艰难时期与公共话语构建过程中知识分子或参与或拒绝、或采取战略或予以抵抗的历史交织在一起。